伦敦传

LONDON
THE BIOGRAPHY

[英国]
彼得·阿克罗伊德
著

翁海贞　等译

译林出版社

1572年伦敦地图（上）

17世纪的伦敦地图（下）

KILBURN
CAMDEN TOWN
PENTONVILLE
SOMERS TOWN
PADDINGTON
WESBORN GREEN
SERPENTINE RIVER
KENSINGTON
KENSINGTON GORE
BROMPTON
EARLS COURT
LITTLE CHELSEA
CHELSEA PARK
TOTHILL FIELDS
NEAT HOUSES GARDENS
CHELSEA REACH
BATTERSEA
COMMON FIELD
NINE ELMS
SOUTH LAMBETH

19世纪初的伦敦地图

LONDON IN MINIATURE,
WITH THE
Surrounding Villages
AN
ENTIRE NEW PLAN
In which the
Improvements both present and intended
are actually reduced (by permission) from the surveys of the
Several Proprietors
The whole laid down from the best Authorities and
Carefully corrected to the present time
BY
Edward Mogg
LONDON
HACKNEY
BOW
BROMLEY
STEPNEY
Poplar Cut
RIVER LEA
POPLAR
East India
Docks
Perry's Dock Yard
WEST INDIA
DOCKS
BLACKWALL
BLACKWALL REACH
LONDON DOCKS
TOWER HILL
LIMEHOUSE
LIMEHOUSE REACH
ISLE OF DOGS
GREENWICH REACH
GREENWICH
Greenland Dock
One Mile

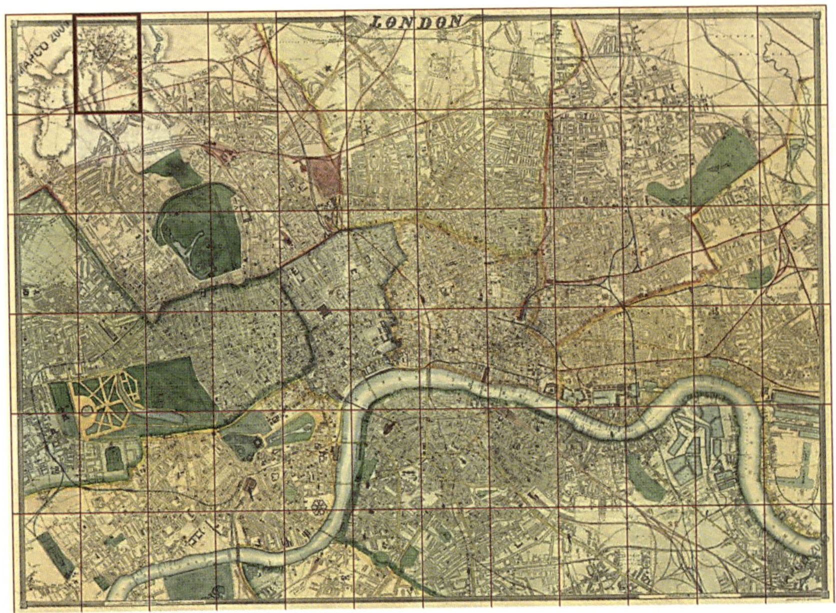

1868 年伦敦地图

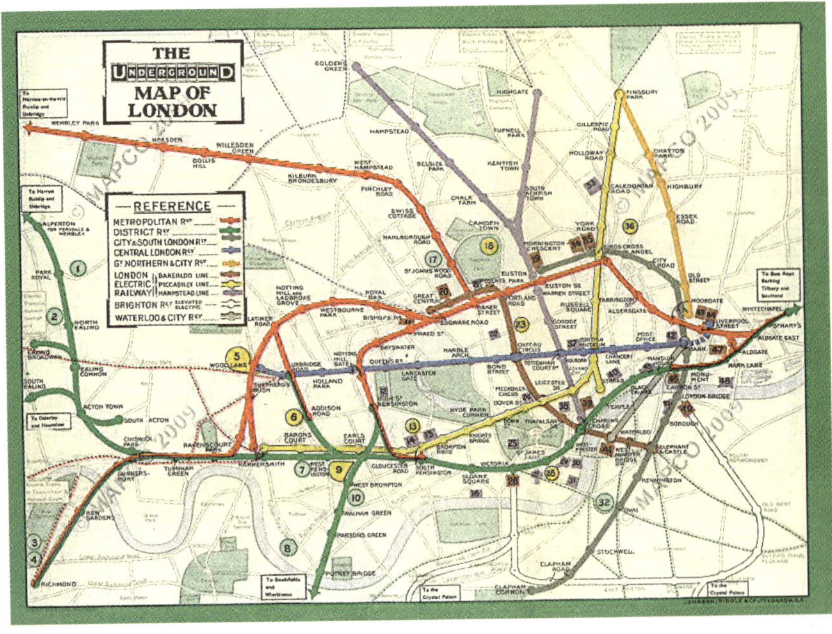

1911 年伦敦地铁图

媒体评论

阿克罗伊德是伦敦驾轻就熟的向导……这部锦绣之作不止于历史，它还编织着作者对伦敦的灵感与深情。

——《观察家报》

一桌丰盛的宴席，这座首都的所有趣事都容纳在这六百多书页间。

——《泰晤士报》

倘若伦敦能够给自己选一位传记作家，它肯定会选彼得·阿克罗伊德。

——《名利场》

此书宜闲读，若读得稍急切，便可能失去书中提供的多样乐趣……绝无仅有的一部著作。

——《波士顿环球报》

这是阿克罗伊德赠予伦敦的一份礼物，较新兴的城市只能望而兴叹，奢望有一日也能得到似这等重礼。

——《旧金山纪事报》

一如既往地精彩，涉笔成趣……奇想与异思在阿克罗伊德笔下涌现……成就一部壮观的著作，读来激动人心。"若是你厌倦了伦敦，那就是厌倦了人生。"这句话也可以贴切地形容不能从阿克罗伊德的著作中获得快乐与教益的读者。

——《旁观者》

阿克罗伊德以生动绝妙的文笔，带领读者轻松地走过历史的冷巷。

——《丹佛邮报》

一位文学高手的绝活……关于一座世界大都市的知识与轶事的宝库，一部让人不时拿起翻阅、寻找乐趣的著作。

——《西雅图时报》

充满奇趣与怪事……阿克罗伊德擅写易记、节奏古怪的文句，让人不禁大段地引用。

——《新闻日报》

妙不可言、长篇巨制……此书乃是阿克罗伊德为这座独特城市举办的盛大庆典。

——《华尔街日报》

献给伊恩·约翰斯顿

和

弗雷德里克·尼古拉斯·罗伯逊

LONDON

The Biography

目录

瘟疫与火灾

大火之后

罪与罚

贪婪的伦敦

伦敦河川

地下

维多利亚大都市

伦敦弃儿

妇女与儿童

源远流长

城东与城南

帝国中心

年　表

公元前

公元前 54 年，恺撒首次出征不列颠

公元后

41 年，罗马军团入侵不列颠

43 年，冠名伦蒂尼亚姆

60 年，布狄卡焚烧伦敦

61—122 年，伦敦重建

120 年，哈德良时期伦敦大火

约 190 年，修筑哈德良长城

407 年，罗马人撤离伦敦

457 年，布立吞人逃避撒克逊人，逃进伦敦

490 年，撒克逊人主宰伦敦

587 年，坎特伯雷的奥古斯丁前往伦敦传教

604 年，伦敦设立主教辖区，建造圣保罗大教堂

672 年，文献记载“伦敦港口”。伦敦维克蓬勃而起

851 年，维京人攻袭伦敦

886 年，阿尔弗雷德收复、重建伦敦

892 年，伦敦人驱逐丹麦入侵舰队

959 年，伦敦大火，圣保罗大教堂被烧毁

994 年，丹麦军队围困伦敦城

1013 年，伦敦城再度被围困，打败丹麦首领斯韦恩

1016 年，伦敦城第三次被围困，击退克努特

1035 年，伦敦人推选哈罗德一世为王

1050 年，重建威斯敏斯特教堂

1065 年，威斯敏斯特教堂启用典礼

1066 年，征服者威廉擅国伦敦

1078 年，建造白塔

1123 年，华西亚建造圣巴塞洛缪大教堂

1176 年，建造一座石桥

1191 年，设立一个伦敦社区

1193—1212 年，伦敦首任市长亨利·菲茨—艾尔温在任

1220 年，重建威斯敏斯特教堂

1290 年，驱逐犹太人，切普和查令十字街建造埃莉诺十字塔

1326 年，伦敦革命：废黜爱德华二世

1348 年，黑死病夺去伦敦三分之一人口

1371 年，建造卡尔特修道院

1373 年，乔叟住在奥德门外

1381 年，瓦特·泰勒暴动

1397 年，理查德·惠廷顿首次被推选为市长

1406 年，伦敦瘟疫

1414 年，罗拉德教派暴动

1442 年，铺设河岸街

1450 年，杰克·凯德暴动

1476 年，卡克斯顿印刷店开业

1484 年，伦敦流行汗热病

1485 年，博斯沃思原野战役胜利后，亨利七世凯旋进入伦敦城

1509 年，亨利八世登基

1535 年，托马斯·莫尔在塔山被处决

1535—1539 年，伦敦修道院和教堂受掳掠

1544 年，温格尔德创作伦敦宏伟全景图

1576 年，肖尔迪奇建造剧院

1598 年，斯托的《伦敦调查》出版

1608—1613 年，开掘新河

1619—1622 年，伊尼戈·琼斯建造国宴厅

1642—1643 年，修筑土墙、堡垒，抵御国王的军队

1649 年，处决查理一世

1652 年，咖啡馆涌现

1663 年，德鲁里巷建造一家剧院

1665年，大瘟疫

1666年，大火

1694年，英格兰银行奠基

1733年，掩埋弗利特河

1750年，修筑威斯敏斯特桥

1756年，修筑“新路”

1769年，修筑黑衣修士桥

1769—1770年，威尔克斯在伦敦引发暴动

1774年，颁布《建筑法案》

1780年，戈登暴动

1799年，西印度船坞公司成立

1800年，皇家外科手术学院成立

1801年，伦敦人口达一百万

1809年，蓓尔美尔引进煤气灯

1816年，激进分子在斯皮塔菲尔兹暴动

1824年，成立国家美术馆

1825年，纳什重建白金汉宫

1829年，成立伦敦首都警队

1834年，大火烧毁议会大厦

1836年，伦敦大学成立

1851年，世界博览会在海德公园开幕

1858年，“大恶臭年”促使巴泽尔杰特建造下水道工程

1863年，世界第一条地下铁路开通

1878年，出现电气照明

1882年，出现有轨电车

1887年，特拉法尔加广场的“血色星期天”游行

1888年，开膛手杰克在白礼拜堂周边出没

1889年，成立伦敦郡议会

1892年，泰晤士河底黑墙隧道动工

1897年，出现公共汽车

1901年，伦敦人口达六百六十万

1905年，斑疹传染病。奥德维奇和国王大道通车

1906年，妇女争取选举权运动在议会广场游行

1909年，塞尔福里奇百货公司开业

1911年，悉德尼街围困

1913年，切尔西花展开幕

1915年，伦敦首次被炸弹轰炸

1926年，总罢工

1932年，BBC公司在波特兰广场建造广播大楼

1935年，伦敦绿化带动工

1936年，卡伯街战役

1940年，纳粹德国展开伦敦轰炸

1951年，不列颠节在南岸举办

1952年，伦敦雾霾

1955年，希思罗机场开始运营

1965年，废除伦敦郡议会，成立大伦敦议会

1967年，东印度码头停运，建造中心广场

1981年，布里克斯顿骚乱，成立伦敦码头区开发公司

1985年，布罗德沃特农场骚乱

1986年，M25环线竣工，废除GLC，股票交易所实施“大爆炸”改革

1987年，建造金丝雀码头

2000年，市长竞选

城市如人体

伦敦是一具人体，这个形象奇特又卓绝。这个意象可追溯到城市之神的图像，这是一具神秘的身体，其头颅为耶稣基督，余下部分为市民。伦敦也被想象为年轻男子，伸展两臂作解放状。这个形象虽源自一尊罗马铜像，却充分展示了一座以磅礴的进取精神和自信永在开拓的城市。“伦敦的心脏热腾腾地跳”或许可以在此得到印证。

城市街巷似微细血管，公园似肺腑。秋雾秋雨中，老街的石头和卵石油亮光溜，似在流血。威廉·哈维在圣巴塞洛缪医院做外科医生时，走过这些街道，看着消防车水龙头喷出的水，似从切开的动脉涌出的血液。伦敦身体的隐喻形象流传了数百年，诸如：“gob”（唾沫）于 1550 年、“paws”（爪子）于 1590 年、“mug”（脸）于 1708 年，“kisser”（嘴）于 18 世纪中期初次载入书册。

哈维那家 17 世纪的医院邻近史密斯菲尔德肉市场，这份毗邻关系或许暗示了这座城市的另一形象：它肥硕而贪婪，因为无厌地欲求吃喝、人类、货物，从而不断发胖。它吃喝拉撒，体内保持着永恒的贪婪和欲求。

在丹尼尔·笛福看来，伦敦是一具奇伟的躯体，它“循环着一切，喷吐着一切，最后为一切买单”。正因为如此，它通常被描绘为一头怪兽，如同臃肿的巨人，杀生多于繁衍。它的头颅过大，与余下部分不成比例；面庞和双手也巨大可怕，畸形“无状”。它被形容为“脾脏”，或者“大疔疮”。它备受高热煎熬、烟尘呛咳，接连遭逢瘟疫和火灾。

因此，无论我们将伦敦看作刚睡醒的年轻人，一派神清气爽，还是悲叹它那畸形巨怪的境况，我们都必须把它看作一具人体，自有其生命和成长的法则。

那么，这就是它的传记。

有人会说，这样一部传记不能构成真正的历史的一部分。我承认过失，并且想要申辩，我局限着研究的风格，以求适合题材。伦敦是一座迷宫，半为砖石，半为血肉。我们无法窥见全部，而只能把无尽的小巷和过道、庭院和大街当作一片荒野去体验。在这片荒野上，纵使最有经验的市民也会迷路。伦敦也很稀奇古怪，这座迷宫一直在变化、延伸。

伦敦的传记也不遵照时间顺序。当代理论家提出，线性时间本身便是人类想象力的虚构，然而伦敦早就料到他们的结论。这座城市有很多不同的时间形式，倘若我为了写作一个传统的故事，而改变这座城市的特性，那未免失于愚妄。正因为如此，本书的叙述本身也是一座迷宫，在时间里纵横驰骋，唯意所之。我若把伦敦的贫穷历史和疯癫历史相提并论，那么相比其他史料编纂的传统综述，这里的关联也许可以提供更意味深长的信息。

历史的篇章犹如约翰·班扬描绘的边门，四周全是沮丧的沼泽和耻辱的山谷。因此，我时或偏离小巷，以求寻找都市体验的高山和深渊，这些体验从不曾载入史册，也鲜少成为理性分析的对象。我所知有限，但希望这点理解足以支撑局面。我不是维吉尔，没有引导胸怀大志的但丁周游轮廓分明的环形国度的抱负。我不过是一个走路磕磕撞撞的伦敦人，愿意带人一起走上这条我终生求索的道路。

本书的读者须与我一起辗转游荡，叹嗟思忖。他们可能在路上迷失，可能会有疑惑不安的时刻，并且怪诡的幻想或理论也许时常让他们迷惑。在有些街上，形形色色的怪人或可怜人会在他们面前驻足，乞求引起他们的注意。正如这里有模糊和不定，这里也有诸种反常和矛盾。伦敦如此之大，如此狂野，从而囊括了所有一切。但这里也有启示的时刻，从中可以看见这座城市隐藏着人世间的秘密。那么，向宏大膜拜，也不失为明智之举。那么，让我们怀抱期待上路，脚下的里程碑指向“去往伦敦”。

彼得·阿克罗伊德

伦敦

2000 年 3 月

壹

LONDON

The Biography

史前至 1066 年

第一章

海！

你若伸手抚摸查令十字街查理一世骑马雕像的底座，你的手指可能会落在海百合、海星、海胆的裸露化石上。这尊雕像的形象留存在一张摄于1839年的照片上；图上那些出租马车和戴高筒大礼帽的男孩，已经让这幅景象显得离我们的时代格外遥远，那些微小的海洋生物的生命自然更是遥远得难以想象。太初是海。曾有一支歌舞曲题名为“我们伦敦为什么不能有大海?”然而这是多此一问。五千万年之前，这座都城的地基便是一片汪洋大海。

那片海水至今未曾全然消退，伦敦沧桑的石头上仍残留着海洋生命的痕迹。海关大楼和圣潘克拉斯老教堂的波特兰石灰石上可以看见斜纹底层，那是海水潮流的印迹；市长官邸和大英博物馆的砌石里可以看见古老的牡蛎壳。滑铁卢车站灰白的大理石里看得见海藻，行人隧道石头的颤痕上看得出飓风的强力。在滑铁卢桥的结构内，也可观察到晚侏罗纪海的海床。因此，海潮和风浪仍在我们周围，并且正如雪莱描绘的伦敦，“浩兮荡荡……那滔漭之海仍咆哮着欲吞没更多生灵”。

伦敦一直是一片汪洋大海，在这里，生存浮沉靡定。人们曾见圣保罗大教堂的屋顶在“恓惶的雾海”之中颤抖；还有黑压压的人流，涌过伦敦桥或滑铁卢桥，再如一道道惊湍，滔滔滚滚地奔入伦敦狭窄的街巷。19世纪中叶，社会福利工作者讲述救援在白教堂、肖尔迪奇等地“被淹没的”人。同时代小说家阿瑟·莫里森勾画了一幅《人类废墟的咆哮之海》呼喊救命。17世纪作家亨利·皮查姆在《伦敦生活艺术》里写道，这座城市是“一片汪洋大海，狂风不断，巉岩峭壁乱峙”。1810年，路易·西蒙德怡然自得地“聆听涛涌在我们周围从容地拍打”。

你若举目眺望，就会看见屋顶构成一片海洋。那股黑压压的人流，如同未知海域的生物，全然不可见。然而，这座城市总在奔忙，总是熙熙攘攘，自有惊湍的急流、汹涌的波澜，无休地溢浪扬浮。市井声息仿佛海贝的呜咽。从前起大雾时，市民深信自己躺在大洋深底。就算身边有灯光，或许也仅是如乔治·奥威尔描述的“大洋深处，闪闪发光的游鱼群”。这是伦敦世界不变的意象，尤其体现在20世纪的小说里，当时绝望和沮丧使这座城市陷入沉默，变成神秘的深渊。

然而，伦敦跟大海和绞刑架一样，一向来者不拒。有些人趁波逐浪，企图求名求利，而通常大多数人淹溺在深渊。乔纳森·斯威夫特把股票经纪人比拟为等候海难、扒死者衣物的商人；城里的商行常用舟船作为风向标，象征财运。城市墓园里三个最常见的标志是贝壳、航船和锚。

特拉法尔加广场的椋鸟便是在苏格兰北方筑巢的那些椋鸟。伦敦的鸽子是在这座岛的北部、西部海岸陡峭悬崖上翔集的野原鸽的后代。在它们的眼里，这座城市的建筑依然是从前的悬崖，街道就是在眼前展开的无垠大海。然而，真正的融合落在如下事实上：在贸易和大海之间担当了如此长久的仲裁者角色之后，伦敦的身上理应有潮汐和海浪留下的默然落款。

水劈开之后，显露出伦敦大地。1877年，在一桩维多利亚时代典型的大规模工程里，托特纳姆宫路南端开掘了一口深井，直探到地下三百五十米。井底的土地可回溯数亿年，直抵这座城市地基的原初地貌。从这口井提供的证据里，我们可以罗列脚下的地层，从泥盆纪、侏罗纪到白垩纪。这些地层之上是一层近两百米厚的白垩岩，在构成伦敦盆地边缘的唐斯山或切尔顿山可以看见其矿苗。这座城市便奠基在那片浅茶碟般的斜坡上。在这层白垩岩之上，就是那层厚实的伦敦黏土，这层黏土转而被覆盖在沙砾和砖土之下。那么，可以说，这就是城市的构造，并且不仅是在单一意义上的构造。近两千年来，黏土、白垩岩、砖土被用于建造伦敦的住宅和公共大楼。简直可以说，这座城市从原初的根基上自行拔地而起，从往古时代的蒙昧材料里创造出人类定居地。

这层黏土经过烧烤、压制，便成为“伦敦砖”。这是伦敦独有的一种棕黄或红棕色的砖，供应伦敦的建筑材料。这种砖确实如同城市的守护神，克里斯托弗·雷恩爵士曾说："伦敦的泥土，倘若处置得当，所产之砖不亚于罗马人的……在我们的气候里，承受能力会胜过我们岛上的岩石。"威廉·布莱克称伦敦砖为"久经锻炼的深情"。他的意思是说，黏土和白垩转变为铺砌街道的砖头这一过程，就是文明开化的过程，使这座城市与其原始的过往紧密地交织。17 世纪的房屋，是由两万五千年前冰川时期刮进伦敦地区的尘埃所建。

伦敦黏土还能提供更直观的证据：鲨鱼骨架（东区的人们相信鲨鱼牙能治痉挛）、切普赛德街发现的狼头骨、伊斯灵顿区黏土中发现的鳄鱼。1682 年，德莱顿辨识出如今早已被遗忘并且已经隐没的伦敦景象：

> 而在你蕃庶的繁衍里，我们看到怪兽
> 在你留下的泥浆里孳生。

八年后，也即 1690 年，在此后被称为国王十字的地区附近发现了一只猛犸的遗骸。

由于天气的魔力，伦敦黏土会变成泥浆。1851 年，查尔斯·狄更斯形容道："街上如此泥泞……倘若撞见一头四十英尺来长的斑龙，似巨大的蜥蜴爬上霍尔本山，那肯定不会让人惊讶。"1930 年，路易—费迪南·塞利纳觉得皮卡迪利广场的公共汽车是"一群乳齿象"，重归它们曾经背离的领地。在迈克尔·摩考克的《伦敦母亲》里，生活于 20 世纪末的主人公穿过与亨格福特铁路桥并行的步行桥时，看到"怪兽，立于泥浆和巨大蕨类植物旁"。

1690 年的猛犸仅是伦敦地区挖掘的首例原始遗迹。特拉法尔加广场下还躺着河马和大象，查令十字街下躺着狮子，圣马田教堂旁躺着野牛。伍利奇北角发掘出一头棕熊。霍洛韦的老砖厂下发现鲭鱼，布伦特福德发现鲨鱼。伦敦的野生动物包括驯鹿、巨型水獭、鬣狗。犀牛曾在泰晤士河的沼泽和潟湖吃草。并且那片自然景致如今仍不曾全然消失。在犹新的记忆里，我们可以提起从威斯敏斯特古老的沼泽地吹来的雾毁损了圣斯德望教堂的湿壁画；还有，在国家美术馆附近，如今依稀能够寻到泰晤士河在更新世时期的中层、上层阶地之间的隆起。

即便在那个时期，这片地区也并非杳无人迹。国王十字区的猛犸骨骼内还发现了燧石手斧碎片，可以断代为旧石器时代。我们可以颇有把握地说，五十万年以来，伦敦一直有人类栖息和狩猎的痕迹——倘若不是定居。在二十五万年前，伦敦第一场大火在泰晤士河以南的森林燃烧。这条河的流向当时便已经确立，但尚未赋形为现今的面目。当时水面十分宽阔，汇纳众多支流，森林掩蔽，两岸多湿地和沼泽。

伦敦的史前时期让人浮想不绝。悬想数千年后，有些人类定居地上会筑起马路，造起房屋，这些设想颇有意趣。至少一万五千年来，这片地区一直有人类栖息，这是毫无疑问的。萨瑟克区发掘出大量燧石工具，据推断是中石器时代工坊的遗迹。汉普斯特德西斯公园发现了同时代的狩猎营地，克拉彭挖掘出一只新石器时代的陶碗。在这些古老的遗址里，发现了大坑、柱洞，还有人类尸骸和宴饮的痕迹。那些古人喝的酒类似蜂蜜酒或啤酒。正如他们的伦敦后代，那些古人也在各处留下无数垃圾。并且，他们聚集起来，也是为了做礼拜。数千年间，那些古人视这条大河为神灵，须得安靖，并将他们伟大亡人的尸体抛到河中作为献祭。

新石器时代后期，两座相连的山丘从泰晤士河北岸一般多为沼泽土的地方浮现，山上覆盖沙砾和砖土，绕山长满莎草和柳树。这两座山大约十五米高，相隔一道山谷，谷中有一道涧水。我们如今称它们为康希尔山和拉德门山，那道水就是如今已沉埋在地底的沃尔布鲁克溪。就这样，伦敦浮出水面。

据说，城名源自凯尔特语，这个说法让相信罗马人在此建城之前未曾有人类定居的人感到十分难堪。然而，关于这个名字的真正含义一直争议不断。城名也许源自 Llyndon，即湖畔或溪畔（LLyn）的小镇或堡垒（don）；但这个解释更应该属于中世纪威尔士语，而不是古凯尔特语。也许词源是 Laindon，“长山坡”，或者盖尔语 lunnd，“沼泽”。这中间还有个更有趣的猜想，考虑到伦敦人在后世素称蛮勇，有人认为这个城名源自凯尔特语形容词 londos，意为“勇猛”。

另一更有想象力的词源，将冠名城市的荣誉赋予拉德王，据说在罗马人入侵的那个世纪里，他是这座城的国王。他规划了城中的街道，重建城垣，死后埋在以他为名的城门旁，这座城便被称为 Kaerlud，或者 Kaerlundein，意为“拉德之城”。那些持怀疑态度的人，也许不屑理会诸如此类的故事；然而，这毕竟是流传了千百年的传说，其中可能包含深刻而重要的真理。

纵然如此，城名的来源仍然十分玄秘。（或许，让人惊异的是，跟这座城市关系最密切的矿石煤，偏巧也没有确凿的词源。）伦敦这个名字以厚重的音节力量，简直似暗示威力或雷霆，在历史上不断回荡：Caer Ludd、Lundunes、Lindonion、Lundene、Lundone、Ludenberk、Longidinium，以及其他二十多个名字。有人甚至认为这个名字比凯尔特人更古老，源自新石器时代。

我们不可就此便认定康希尔山和拉德门山有人类定居地或是筑有防御的圈地，或者以为如今通衢大道的所在处，当时便已铺砌了木板路，但这个位置对公元前三四千年前人们的吸引力，显然不亚于对后世的凯尔特人和罗马人的诱惑力。这些山坡防御良好，形成天然的高地，南面有河，北面有湿地，东边是沼泽，西边也有一条河，后来被称为弗利特河。这里土地肥沃，沙砾下不断涌出泉水，灌溉土壤。在此地，泰晤士河舟航通畅，弗利特河、沃尔布鲁克溪是天然的港湾。英格兰古老的道路也近在咫尺。因此，自古以来，伦敦便是最适宜交易、市集、易物交换的地点。在这座城市的大半历史上，这里是世界的商业中心；倘若我们认识到这一切可能始于石器时代的人们在本地市集上的交易，也许会颇有启发意义。

这一切俱属推测，却也不是纯属浅陋无稽之谈，但伦敦后世土层发掘出了更重要可观的遗迹。在被称为“青铜时代后期”和“铁器时代早期”的那些漫长岁月里（几乎横亘一千年），伦敦到处留存有陶器碎片、破碗、盆罐、工具。现今被称为圣马利亚斧街、格里歇姆街、奥斯丁托钵僧会、芬斯伯里圆场、主教门、希兴巷的地区都有史前人类活动的痕迹；康希尔山与拉德门山、塔山、萨瑟克这片地区集中发掘出二百五十件“古物”。单从泰晤士河底便捞出数百件金属器物，河两岸则频频发现金属冶炼的痕迹。伦敦那些神奇的早期传说便源自这个时期。这个时代的晚期，便正是我们所谓的凯尔特时代。

公元前 1 世纪，尤利乌斯·恺撒描述的伦敦周边地区，表明这里有复杂、富饶、组织完善的部落文明。人口“极稠密”，“地面密布村庄”。我们无法确定康希尔山与拉德门山在此时期的始末对于社区的功能和角色。这两座山也许是圣地，也许其轮廓分明的山界适宜作山寨，以便保护沿河的贸易。我们很有理由认为泰晤士河周边地区曾是贸易和工业的中心，设有一个铁器市场，还有发达的青铜制造业。商人从高卢、罗马、西班牙带来萨摩斯岛器皿、葡萄酒、香料，前来交换谷物、金属和奴隶。

1136 年，蒙茅斯的杰弗里完成关于这段时期的历史，其著作认为不列颠岛最重要的城市无疑是伦敦。然而，据现代学者看来，他的著作参考的都是散佚文本，佐以可疑的辞藻和寡陋的臆度。譬如，杰弗里提及的国王被这些学者称为部落酋长；他的纪事以《圣经》事迹为时间参考系，现代学者则用诸如“铁器时代后期”等名称；他从人情角度阐释冲突和社会变化的图式，更近期的史前史则用贸易和科技这些较抽象的原则。这些方法可能相互冲突，但并非格格不入。譬如，研究早期不列颠的史学家认为有个被称为特里诺文特人的部族曾定居于伦敦以北的地区。偏巧，杰弗里认为伦敦最初的名字是特里诺文特姆。他同时提起伦敦有一些神庙；这里即便曾有神庙，那些栅栏和围篱也早已消失在罗马时期伦敦城的砌石以及后世的砖头水泥之下。

然而，东西不会彻底地消失。20 世纪前四十年里，史前史学家尤其着力于搜罗伦敦所谓隐藏的过去。诸如《伦敦失落的语言》《传奇伦敦》《史前伦敦》《伦敦早期居民》等著作，彻底地盘究伦敦赋有凯尔特或德鲁伊历史的诸般遗物和迹象，并且认为这些遗迹十分重要。第二次世界大战有效地终止了这些研究，战后，规划和重建城市重于研究城市的过去。然而这些初期著作留存下来，并且值得细读。如今的街名也许透露着凯尔特的过去——譬如 Colin Deep Lane（科林第普巷）、Pancras Lane（潘克拉斯巷）、Maiden Lane（梅登巷）、Ingal Road（英格尔路）。这些名字跟老城考古所记载的任何物质“发现”同样富有启发意义。早已掩没的野径，在遥远的过去就已经为今天的马路铺垫方向；譬如，伊斯灵顿的天使前的十字路口，便是史前不列颠两条大道的交叉点。我们知道老街是通往老津口的，梅登巷穿过本顿维尔和战桥，一直通到海格特，还有从上街到高贝利的路向，这些道路全是依循古道和如今沉埋地底的野径。

然而，就这个时期的历史背景来说，再没有比德鲁伊教更玄虚或更困难的问题。德鲁伊教在凯尔特人定居地扎下根基，这已是毋庸置疑的；尤利乌斯·恺撒（他的话在这个问题上有一定的分量）提到德鲁伊教诞生在不列颠，凯尔特信徒到岛上接受奥义教育。这种宗教代表一种高度发达的宗教文化，尽管有些狭隘。诚然，我们可以揣度，康希尔山与拉德门山以北那片橡树林提供了适宜的祭祀和崇拜场所。文物研究者劳伦斯·戈姆爵士拟想拉德山顶有神殿或圣地。然而，很多证据都与之相悖。人们曾普遍认为海格特附近的议会山曾是宗教集会场所，但那里发掘的遗迹不能回溯至史前时期。据传伦敦南部的奇斯尔赫斯特洞穴源自德鲁伊教，作为类似观察天象的地点，但如今几乎可以确定，洞穴实属中世纪的建造。

有人认为有三座圣山掌统伦敦地区，即本顿山、托特尔山和白山（也叫塔山）。我们可以毫无顾虑地把诸如此类的理论视为无稽之谈，但这中间颇有些稀奇的相似和巧合，从而，相比今日心理地理学家那些俗套的幻想，这些理论倒更富妙趣。

我们知道，史前崇拜的圣地由泉水、树丛、水井或仪式坑为标志。

有一处文献资料提及怀特水道楼公园里的“灌木丛迷宫”，位于本顿维尔高地，迷宫的化身就是圣山或树丛。它附近就是沙德勒泉这眼著名的泉水。近期，泉水在剧院乐池之下涌动。然而，自中世纪以来，这眼泉水被尊为圣水，由克拉肯维尔的神父承侍。本顿维尔的高山也曾有一座蓄水池，不久前是伦敦水资源委员会总部。

另一座迷宫位于威斯敏斯特那片曾被称作托特山原野的地方。17 世纪中叶，温斯劳斯·霍拉绘制这个地区的全景图，图上便绘有这座迷宫。这里也有一眼圣泉，源自威斯敏斯特神父院的“圣井”。这里早年也已建有类似怀特水道楼公园的露天市集，现存最早的记载是 1257 年。

因此，这些古迹可以相互比照。耐人寻味的巧合还有很多。譬如，在老地图上，托特山原野旁的“圣隐士山”是显著的地标。及至今日，本顿维尔路尽头仍有一条赫耳墨斯街。或许下面这则逸事可算得有趣：据传，这里有间房子里住着一个医师，推销一味药，名叫“人生香膏”；这间房子后来演变为天文台。

塔山上有一眼清澈的涌泉，盛传治病十分灵验。这里有一口中世纪泉井，并且也发掘出铁器时代后期的葬地。这里虽没有迷宫，但也有源自凯尔特的传说。据《威尔士三题诗》讲述，天之骄子布兰的头颅葬在白山，守护着王国免于外敌内犯。传说伦敦著名的开创者布鲁图斯也葬在塔山，及至 17 世纪，那片圣地一直用作天象台。

本顿山和托特山的词源尚有确凿的根据。Pen 在凯尔特语里指头或山，ton 是 tor/tot/twt/too 的变体，意为泉水或隆起的土包。（例如，威克利夫用 tot、tote 指锡安山。）更风雅的人们则认为，tot 源自埃及月神 Thoth（托特），他演变为希腊神赫耳墨斯，为风或里拉琴音乐的化身。

那么，这其中的假设就是：伦敦的山赋有如此众多相似的特征，事实上全都是德鲁伊教举行仪式的圣地。迷宫等同于神圣的橡树林，井和泉则代表水神崇拜。那么，伦敦水资源委员会确实选对了位置。公园和市集是在同一地点举行的史前节庆或集会的现代翻版。因此，文物研究者称托特山、本顿山、塔山为伦敦三大圣山。

当然，人们普遍认为本顿维尔得名自 18 世纪一个名叫亨利·本顿的投机商，他投资开发这片地区。一个地方能否赋有不同的身份，留存在不同时期和不同版本的现实里？关于本顿维尔名字的两种诠释有无可能同时为真？比灵斯门这个名字源自凯尔特王比莱勒斯或比林，如 16 世纪伟大的文物研究者约翰·斯托的观点，还是源自这片土地曾经的地主贝灵先生？拉德门确实承袭了凯尔特水神拉德的名字吗？这些确实颇可推敲。

同等重要的是探索历史延续性的证据。在德鲁伊未曾成为当时文化的高等祭司之时，布立吞人极可能就早已有古老的崇拜，凯尔特的崇拜仪式似乎在罗马人占领、撒克逊人入侵的时期留存下来。据圣保罗大教堂的史籍记载，其周边的建筑被称为“狄安娜之阁”。15 世纪一位编年史家记述，伦敦曾有一段时期崇拜狩猎女神狄安娜。这些史料至少为圣保罗大教堂那个诡谲的节庆提供了一种解释。及至 16 世纪，这座大教堂依然一年一度举行这项祭祀，拉德门山圣地搭起基督教圣殿，一只鹿头刺在长矛上，高举着在教堂巡行。然后披戴花环的牧师站在教堂台阶上受纳鹿头。那么，正如伦敦市民中间依然潜存着异教信仰，伦敦的异教习俗依然遗存在有文字记载的历史里。

另一继承自史前崇拜的遗产也值得一提。基督徒接纳了崇拜某些地方或尊某地为威灵的信仰，如视某些古址为“圣泉”，并举行诸如“敲地界”等仪式以表达地域性的虔诚。在伦敦伟大作家的作品里也可以找到同样的描写，从威廉·布莱克到阿瑟·梅琴，他们的著作都将伦敦视为圣地，自有其欢欣和悲伤的奥秘。

伦敦的伟大传奇源自这个凯尔特时期。那个时期如同希腊神话中的妖怪喀迈拉，潜伏于我们这个已知世界的阴影里。史册仅记载这是一个颇发达、组织严密的社会，由各种争战的部落构成。换句话说，这些部落人不一定是野蛮人，希腊地理学家斯特拉波描写一位布立吞外交官，形容他衣着讲究、富有才智、温和友善，希腊语讲得如此流利，“让你简直以为他出身希腊学园”。在那些赋予伦敦大都市地位的记载里，这正是适当的背景。布鲁图斯（相传为这座城市的开创者）就葬在伦敦城墙内。洛克利努斯将情人爱思崔尔迪斯安置在伦敦的地下密室。布拉达德施行巫术，造了一对翅膀飞过伦敦天空，却掉在位于城中心的阿波罗神殿顶，也许那就是拉德门山。另一位国王邓维洛制定圣所庇护的古法，葬在伦敦某神殿旁。李尔王和辛白林的传说也是源于这个时期。更富气势的是巨人格力马高特的传说，由于某种诡异的炼金术，他变形为一对双胞胎，高格和马高格，后来这对双胞胎演变为伦敦的守护神。有人认为，这对双胞胎十分凶悍，各自守护伦敦双子山之一。数世纪以来，他们的雕像伫立在市政厅内。

约翰·弥尔顿在《不列颠史》中记载了这类故事，此书在距今三百多年前出版。“之后，布鲁图斯于一上选之地建造新特洛伊，移时更名为特里诺文特姆，即现今的伦敦。而后颁布法令（当时，厄里在犹太地做大祭司），宰治全岛二十四年后，薨，葬于新特洛伊。”布鲁图斯是埃涅阿斯的曾孙，后者在特洛伊沦陷一些年后，带领特洛伊人逃出希腊世界；在流亡途中，女神狄安娜在梦里传授他预言：在遥远的西方，远在高卢之外，有一座岛，“适宜你的子民”；你要扬帆前去，布鲁图斯，建造一座城池，那座城将成为又一座特洛伊。“王者将自你而出，他们的威严将震慑世界，将以勇猛征服世界。”伦敦注定要撑起一个帝国；然而，正如古代的特洛伊，伦敦可能也要经受一些危险的大火。耐人寻味的是，关于1666年伦敦大火的绘画作品都明确地影射特洛伊沦陷。这确实是伦敦起源神话的中心主题，散落在6世纪《塔里森》的诗行间。在这首诗里，不列颠被称颂为特洛伊的鲜活遗迹。我们也可以在后人埃德蒙·斯宾塞和亚历山大·蒲柏的诗里读到这些故事。蒲柏生长在伦巴底街旁的犁院，自然会营造一个富有幻想的都市文明；而这个文明也配得起作为一座最初在梦里赐给布鲁图斯的城池。

布鲁图斯的故事已被视为纯粹的寓言和虚诞的传说，然而，正如弥尔顿在其史书“导言”里的审慎辩解：“往往，前世目为虚妄的关联，后世探悉实则包含真事实物的众多足迹与遗迹。”有些学者认为，可以将布鲁图斯那段疑似传奇的漂泊航程断代为公元前1100年。以当代历史编纂学的术语来说，就是青铜时代末期，当时新人群或定居部落占据伦敦周边地区；他们造起庞大的防御围墙，过着英雄般的生活：大厅上开蜂蜜酒宴，赏赐戒指，展开激烈的争战。这些事迹流传在后世的传奇里。英格兰也发掘出玻璃珠碎片，类似特洛伊出土的东西。泰晤士河底发现一只黑色双耳杯，出处为小亚细亚，大致断代为公元前900年。那么，这表示西欧与地中海东部之间有贸易往来，我们大可推测弗里吉亚商人或后世的腓尼基商人抵达阿尔比恩海岸，驶进伦敦的市集。

中世纪人将伦敦攀缘到特洛伊城，攀缘到这座沦陷古城的旧址小亚细亚，这个关联还有其他物质依据。第欧根尼·拉尔迪乌斯认为凯尔特人类似亚述的迦勒底人；确实，英国著名的装饰图案主题狮子和独角兽，也许便源自迦勒底。恺撒颇惊异地说，德鲁伊使用希腊字母。《威尔士三题诗》描述某入侵部落从君士坦丁堡地区航行到阿尔比恩海岸。也许富有启发意义的是，法兰克人和高卢人也自称是特洛伊后裔。虽然失陷的特洛伊城某些部落迁徙到西欧并非不可能，但更有可能的是，凯尔特人原本出身于地中海东部。因此，拥护伦敦为新特洛伊城这一传说的依然大有人在。

任何文明的起源都自有寓言和传说，唯在最后才能证明这些传说是确凿的。

有一个关于布鲁图斯及其特洛伊舰队的象征如今可能仍然留存着。你若在卡农街向东走，沿火车站对面一路走，就会看见中国银行内有一圈铁栅栏。这道铁栅栏保护一座壁龛，里面安置着一块高约两英尺的岩石，岩石顶端有一道隐约的凹槽。这块岩石叫作伦敦石。数百年来，民间普遍相信这是布鲁图斯之石，被他奉为神祇一路带到这里。伦敦有一句老话是这么说的："只要伦敦石在，伦敦就会繁荣。"这块石头无疑十分古老；约翰·斯托在一部"书写精美的福音书"里发现关于这块石头的最早记载，这部福音书曾属于10世纪早期西撒克逊国王艾塞尔斯托恩，其中写道，当地有些土地和租地"被称为散布在伦敦石附近"。根据《维多利亚郡历史》，这块石头原本标志古城的中心，但在1742年被从卡农街中段取走，纳入圣斯威辛教堂建筑范围内。及至第二次世界大战时期，这块石头便一直安置在那里。1941年，德军的炸弹虽将教堂摧毁殆尽，伦敦石却完好无损。鉴于这块岩石为鲕粒灰岩，质地十分易碎，不可能是从史前留存下来的。然而，它一直过得安然无恙，如有神助。

15世纪的诗人费边有一行诗，赞颂这块石头的宗教意味如此纯洁，"虽有人威胁……却不曾有所损伤"。然而，我们至今依然不知伦敦石的真正意义。有些文物研究者认为它标示公众集会地点、关涉债务清偿，另有研究者认为它是罗马人的里程碑。但克里斯托弗·雷恩主张，倘若作为里程碑，石头的地基似乎过大。这块石头更有可能赋有司法功能。1589年间，有一出如今早已被遗忘的戏剧《帕丝奎尔和马尔法留斯》，戏中有个角色说："把单子搁到伦敦石上。吹号敲鼓正儿八经地做起来。"接着另有一句："要是黑黢黢的冬夜高兴吹刮搁在伦敦石上的那些纸。"毋庸置疑，这块石头成为极受敬畏的对象。威廉·布莱克坚信它标志德鲁伊杀人献祭之地，祭牲"在伦敦石上引颈呻吟"。不过，这块石头的实际用途也许并非如此惨怛。

1450年，平民暴动的领袖杰克·凯德闯入伦敦，率随从奔到伦敦石前；他拿剑点触石头，宣告"莫蒂默"（他自称的名号）"从此为此城的主人!"伦敦第一位市长在12世纪后期上任，名为伦敦石的亨利·菲茨—艾尔温。因此，这块老石头似乎极可能逐渐开始象征城市的权威。

如今，这块石头久遭冷落，布满污痕，落在车水马龙的大街旁。它的周围曾经驶过手推车、马车、轿子、双轮双座马车、篷式马车、出租马车、公共汽车、自行车、电车、汽车。它曾是伦敦的守护灵，也许如今依然是。

它至少是伦敦及其本源的古老传说的物质遗迹。对凯尔特人来说，这些故事构成那座曾被称为“Cockaigne”（安乐乡）的城池。在这个物阜民康的地方，浪游者可能找到财富和神赐的幸福。正是这个神话为后世的传奇奠定了背景，诸如狄克·惠廷顿的故事，还有那些无人知其出处的谚语，将伦敦的马路形容为“黄金铺地”。然而，事实证明，伦敦的黄金不如伦敦石经久。

第二章

石　头

伦敦塔正北方的圣三一教堂附近，如今依然可见一截伦敦原初的城垣，以及中世纪加盖的建筑；伦敦塔部分建筑也被并入城墙，形象地展现了威廉·邓巴所谓的“你周围耸立石墙”。墙基约三米宽，墙高约六米。圣三一教堂遗迹旁边，可以看到一座角楼的石砌轮廓，内有一道木楼梯，通向墉堞，站在那里朝东眺望，远处的沼泽地便尽收眼底。

从这里开始，我们可以在脑海里勾勒这道幽灵般城墙的原貌。朝北延伸到库伯斯罗排屋，这里有一间废弃大楼的院子，还可以看到一截老城墙，裸露在地下停车场。这道墙穿过高楼大厦的水泥和大理石，越过芬丘奇街站高架桥的钢筋砖头，在美洲广场又浮现一截老墙根。这截残缺的城墙隐藏在一幢现代建筑的地下室，这幢建筑本身也筑有墉堞、角楼、方塔。这里有一道红琉璃瓦残片，跟古罗马建筑所用红地砖的相似程度颇经得起推敲。曾经有一段时间，这截墙根被称为横渡墙，横穿一家名为伊奎塔斯的公司总部。老城墙绵延穿过葡萄藤路（这条街三十五号停车场有一台监控摄像头直接安装在如今已隐没的古城墙上），通往犹太街，这条街的走向几乎跟古墙完全一致，最后通到奥德门。可以说，所有这些建筑构成一道新墙，隔离城西与城东。我们还可以在森图里昂写字楼和博姿药店看到老墙根的痕迹。

奥德门地铁的台阶通向地下，此处曾是中世纪后期的伦敦。但我们且先沿墙走下公爵地，转进贝维斯马克斯；这两条大道的十字路口，现在安装着被称为“钢环”的中央监控系统，其目的跟老城墙一样，都是为了保护这座城市。在一幅16世纪的地图上，贝维斯马克斯跟老城墙的走向一致，并且今天依然如此。数百年来，这些街道依然如旧。就连小巷胡同，譬如海纳阿戈巷，也仍在那里。贝维斯马克斯和圣马利亚斧街角有一幢白色大理石建筑，安装着垂直的窗墙，入口悬有一只金色巨鹰，仿似皇家旗帜的一部分。这道墙转下黄金菊街，一路通往主教门、苦蒿街，这个地段也有装在城墙上的监控摄像头。

在圣博托尔夫教堂庭院，城墙沉埋到地底，落在一幢贴白石黑玻璃幕墙的建筑后，再走过去，城墙上的万圣教堂里又露出老城墙的断垣，这幢教堂秉承古老的做派，也是为保护这些防御工事而建的。那条现代马路的名字最终演变为伦敦墙街。伦敦墙街85号耸起一座类似边门的棕色石塔，靠近一座新近发掘的4世纪棱堡旧址，然而从布伦菲尔德街到摩尔门一路上，城墙上多半建造着19世纪的事务所。伯利恒医院，或者又被称为精神病院，曾经依傍城墙北面，但如今早已消失。然而，当你沿着这条路（此路可追溯到罗马占领后期，如今整饬、笔直又平坦）一直走，你就不能不感到那道城墙的存在或威迫。摩尔门外开了一道新伦敦墙，建在第二次世界大战的废墟上。炸弹卓有成效地把湮没已久的古城墙暴露出来，它们隐没在野草和苔藓之下，依稀可见罗马和中世纪的残垣。然而，这些古老的石头被困在主宰这座城市新建筑的晶莹大理石和抛光岩石中间。

罗马堡垒的旧址周围，在城墙的西北角，如今涌现一些崭新的堡垒和塔楼：罗马大厦、不列颠大厦、城市大厦、奥尔本门（略作修改，这道门大可称为阿尔比恩门），还有巴比肯艺术中心那幢混凝土加花岗岩的大楼，这些建筑将肃重和桀骜的气象带回罗马军团屯扎的营地。在这片广袤的地方，即便羊肠小道也高如古城墙上的雉堞。

然后，城墙南转，在通往市府参事门的山坡西首，仍可看见一段漫长的旧迹，从市府参事门到新门，再到拉德门，城墙虽早不见踪影，但依然可辨一些迹象。城墙北面雕有古代著名的怪兽米诺陶，正对着邮差公园。老贝利街刑事法庭旁民事大楼那些斑驳黯淡的石板，依然勾勒着城墙防御工事的外围轮廓，阿门厅有一道后世建造的城墙，正对着刑事法庭背面，仿佛老城墙以砖头和砂浆的形式起死回生。我们抄过圣马丁拉德门，穿过拉德门山，走上朝圣大街，沿裴杰玛斯特走去，在这里，今日的城市泰晤士联线站铁轨，跟湍急的弗利特河道走向并行，我们一路走到水边，古城墙在此止步。

这道城墙大约环绕三百三十英亩地。在当时，绕走一圈需近一个小时，现代人步行，大概也可以在同样的时间内走完。墙侧的街道如今仍然通畅，多半城墙及至1760年才拆除。那时，这座城市的外观仍似堡垒，在冰岛的萨迦里，这里被称为Lundunaborg，即“伦敦堡”。这道城墙被不断地重建，仿佛城池的完整性及其身份地位全然仰仗这些老石头的存亡。墙侧筑起教堂，隐士守护城门。平民则依傍墙根造房舍或木棚，因此，你可以处处看见（或许闻到）腐烂的木头和发霉的石块混杂的独特气息。在19世纪，铁道线的砖砌拱门被用作店铺和车库，可以说是现代版本的类似境况。

纵然在拆除之后，这道墙依然存在，石砌墙体被并入教堂或公共大楼。库伯斯罗附近有一截墙根构成保税仓库的地窖，裸露地面的墙体则成为房屋地基。再如，美洲广场旁修于18世纪末的新月街，是小乔治·丹斯在18世纪70年代所设计，便以老城墙的路线为基础。可以说，后世的建筑在古城的废墟上起舞。在19、20世纪，老城墙的残垣断壁被不断发掘，因此，城墙在后世的发展与演变，初次得到全面且完整的评估。1989年，城墙东侧发现八具罗马后期的骨架，头颅朝向不同方向；还有数条狗的尸骨。这里曾经叫作狗沟。

人们通常认为，罗马城墙最初环绕的是罗马占领时期的伦敦。然而，城墙建造之时，入侵者已在伦敦占据了一百五十年，在那段漫长的时间里，这座城池经历了不同的阶段，有时血腥屠杀，有时野燎焰天。

公元前55年，恺撒率兵侵犯不列颠，未几，迫令伦敦周边部落屈从罗马宰治。大约一百年后，罗马人筹谋了更明确的侵略和征服政策，再度犯境。罗马军团可能在威斯敏斯特、萨瑟克，或沃灵福德渡河，军队可能临时屯泊在梅费尔，或者象堡。我想明确地指出这一点，意在强调军队将领因为伦敦地势的战略优势、有利贸易的河川位置，从而最终选择这里为主要驻地。至于罗马人占据的是否为荒弃的定居地，原本在此定居的部落是否早已沿着野径逃进沼泽和森林，我们就不得而知了。无论如何，自占据时期之初，入侵者就可能已经看出此地的重要性。这里地处河口，两道潮汐交汇。因此，此地成为不列颠南部海上贸易的中枢、陆地交通的要冲。近两千年来，那些道路依然留存。

考古发掘揭开第一座城池的轮廓。山丘东面，两条石子铺砌的主干道与河流平行，一条绕泰晤士河岸，今日的卡农街和东切普街依稀可以辨认那条路线；另一条大约靠北首一百码远，构成伦巴底街靠近芬乔奇街的东段。这里就是现代伦敦城的真正源头。

然后，还有桥。罗马人的木桥位于第一座石砌伦敦桥东首一百码外，横跨萨瑟克区圣奥拉夫教堂以西与北岸列德列斯巷（布丁巷）这片地区。如今无人知其奠基的确切年代，但这座桥无疑是巍然，甚至奇迹般的建筑，并且不只是在罗马人治下的土人眼里是如此。伦敦大半传奇源自这座桥的根基，这座木头大道见证过奇迹、神迹。鉴于木桥的唯一目的是驯服这条河流，也许它也羁束了某位神灵的威力；然而那位神灵可能因为被剥夺了河权而发怒，从而便有了那首著名诗歌《伦敦桥要塌下来》里面描述的种种关于复仇和毁灭的征兆。

伦蒂尼亚姆（Londinium）最初是否为罗马军队的行营，而今已经无法确定。但这里无疑很快成为军队补给中心。在最初阶段，我们须想象这是一个繁忙的社区，土墙、茅顶、泥土所筑的屋舍错落簇聚，屋舍之间有狭路相通，联接两条主干道，社区里充满各种生活气息和喧闹。作坊、酒肆、店铺、铁匠铺攒聚街旁，河边则是仓库和大作坊，依傍一座方形木制码头。比灵斯门旁发掘了类似的码头遗迹。两条大道（旅客抵达伦敦之后，都要走上这两条路）沿路是酒肆和店铺。城外造有老不列颠式的圆形小屋，用以储存货物，城墙侧有木围篱圈养着牲口。

伦敦的建基时代，大致可断代为 43 年至 50 年，寥寥数年后，在罗马史学家塔西陀的笔下，伦敦就已经拥挤着中介人，成为著名的贸易旺地。这么说来，未出十年，伦敦便已从军队补给中心发展为繁华城市。

中介人不一定都是商人，有些是做交涉。我们或可称他们为交易人、代理人。因此，延续性的脉络（或者简直可以称作和谐的脉络）可以追溯到这里。如今建造在罗马城墙上的这些光鲜的现代大楼里的代理人和经纪人，便是 1 世纪来伦敦的那些人或直接或间接的后裔。这座城市一向视金钱和交易为统领。正因为如此，罗马总督（掌控此省经济要脉的罗马高级官员）将本部设在此地。

因此，伦敦奠基在权力之上。这是处决和压制之地，穷人人口总是远远超过富人。无数可怕的火灾和死劫降下审判。建城仅十年后，一场大火烧尽伦敦城全部建筑。60 年，布狄卡率部落攻城，以刀剑和火焰将这座城市夷为平地，报复那些企图贩卖爱西尼族妇女孩子为奴隶的人。这个史实最早展现了此城吞噬人类的胃口。在一层被焚烧的黏土、木头、灰烬的土层所夹杂的红色氧化铁里，我们可以看到布狄卡毁城的证迹。红色是伦敦的颜色，是火灾和毁灭的象征。

在罗马占领时期，至少还有一次部落入侵，大约发生在 3 世纪末叶，但当时这座城市及其防御工事皆十分坚固。布狄卡毁城后，城市旋即开始重建。今天，你若站在这座城市的几处大十字路口，譬如慈恩堂街将伦巴底街和芬乔奇街分隔的路口，便正面临对罗马人的广场，两旁林林总总摆着店铺和摊贩。这座广场的建材是肯特开采的石板，从梅德韦河船运而来，粉墙红砖，俨然如同安放在异域土地上的一片罗马碎片。

然而，罗马文明经久的影响力不止体现在这一方面。18 世纪英格兰银行总出纳的办公室便是仿照罗马神殿设计，酷似位于早期广场左侧的柱廊大厅。数百年以来，伦敦一直被颂为或被斥为新罗马，依各人眼界不同，或强调其威望，或强调其堕落；我们可以有把握地说，那些创城者奠定了这里的部分形象。

伦敦开始生长、繁荣。在 1 世纪晚期一个旧址上，造起了更大的广场、更大的柱廊大厅。这间柱廊大厅比圣保罗大教堂更大，也就是雷恩提及的建造在拉德门山的那座 17 世纪的大教堂。城西北首建了大堡垒，便是今日巴比肯艺术中心所处的位置。还有很多公共浴堂、神庙、店铺、货摊。在今日市政厅的地面，当时有一座圆形露天剧场。圣保罗大教堂正南面有一座赛马场，由于这座城市的某种殊异魔力，骑士街这个街名留存了近两千年。

我们还能在其他街道的线路（倘不是街名）寻到更多历史的迹象。五金店巷与慎道的街角，可以看到自东向西的罗马道路及沿路建筑的痕迹；傍路而建至少有七幢相连的建筑，显然都是经营同种行业的店铺。然后看得出因火灾而中断活动的迹象，之后可见有近五百年的间隔期，及至 9 世纪初，在这些古罗马人的路基上，立起了一些新建筑。至 12 世纪，五金店巷被载入史册，这条一千年前铺砌的道路北侧，依然不断地造起建筑。至 17 世纪，这些建筑仍在使用，为这座城市也许不可比拟的延续性提供了证据。

我们可以引据左近很多老街，譬如牛奶街、木头街、市府参事门街，作为罗马街道的显然遗迹。并且颇具启发意义的是，及至近年间，切普赛德街和东切普的伦敦大集市，就坐落在罗马人最初落脚之时所造的通衢上。在五十年间，至 1 世纪末，伦敦便已确定了自身的命运。伦敦不但成为这个国家的行政和政治首都，而且也成为贸易中心。作为交通往来和商业活动的中心，这座城市的贸易、婚姻、国防俱处于罗马帝国的法律之下，这些法律比罗马人更经久。从根本上说，这是一座城邦，虽直接受罗马掌控，却有独立的政府。那份独立与自治将成为这座城市在后世历史长河里的印记。

伦敦发展最迅猛的时期，是在 1 世纪晚期，城里至少有三万居民。兵卒、商贩、工匠、艺人、凯尔特人、罗马人，俱混杂聚居。城中必定有大商贾与高官的豪宅，但大多房屋大抵只有一间起卧兼用的小室，四壁或彩绘或饰以镶嵌画，隔墙甚至可以听见邻居交谈。

现存有一些关于经济和贸易的信件（这自然不出意料），但留存下来的还有私人通信。“普力姆斯做了十块瓦。够了！……这十多天来，奥斯塔利斯每天擅自离开……真丢人！……在伦敦，就是伊西斯神殿附近……克莱门提努斯制造此瓦式样。”这些是伦敦人留存的最早语言，刻画在瓦片或陶罐上，偶然散落在伦敦土地上堆积的废墟里，从而得以保存下来。还有一些较虔诚的铭志，刻写追悼先人、祈祷神灵的文辞。还有眼病郎中所用的标签戳记，记载治疗泪眼、红肿、视力微弱的药方。

倘若能够重构这些散佚的历史遗迹，我们看待过去的视野或许就会更加清晰。泰晤士街下发掘出一只三十三厘米长的铜手，泰晤士河底发掘出哈德良大帝头像，也是大于实物。因此，我们或可揣想，在当时，城市各处装点着大雕像。发掘出来的还有凯旋门残片、诸神祇石浮雕。这座城市曾经到处是神殿和雄伟的建筑。还有公共浴堂，并且有一家澡堂开在城外北奥德利街。19 世纪晚期，工人在一间拱顶地窖发现这家浴堂之时，浴堂里仍积着半池水。历史的遗物还包括还愿小雕像、匕首、圣瓮、银锭、剑、钱币、祭坛，所有种种遗物都传达着这座城市的灵魂。在这里，贸易和暴力皆不曾偏离诚挚的宗教精神。然而，最微芥的细节也会透露深远的意味。沃尔布鲁克溪发现一百多支尖笔，料想无数忙碌的书记员随手将秃笔抛到窗外。如此忙碌的景象，放在伦敦任何一个时期都不会不合适。

然而，伦敦的安全保障和繁华并非一向安稳。伦敦如同有机物，向外生长、发展，总是寻求吸纳新的疆域；然而，当城市的灵魂蒙羞之时，它也会经受虚弱和疲惫的时刻。也许就在沃尔布鲁克溪东岸，罗马帝国的书记员抛掷秃笔的那条河边，我们就可以找到这种变迁的迹象。1954 年，这里发掘出一座崇奉密特拉以及随后崇拜其他异教神祇的神庙遗迹。罗马时期的伦敦人信奉各种信仰，这并不稀奇，类似的证迹颇多，譬如，凯尔特部落初民的信仰，融合为一种古怪的罗马—凯尔特式崇拜。然而，密特拉秘宗的入会礼式极尽繁琐，再加上各种仪式十分玄秘，至少从理论上说，这种信仰似乎预示了社会的躁动和焦虑。

罗马治下的伦敦最繁盛的时期，是在 1 世纪与 2 世纪之交，继而是荣枯交替的动荡时期。衰落的原因一半在于伦敦两尊名义上的神灵（火和瘟疫），但也是因为罗马帝国式微，伦敦跟随着政局逐渐地产生统治更迭。大约在200年，密特拉神庙落成五十年前，伦敦周边垒起一堵厚墙。这道城墙透露了时代的焦虑，然而，这项建造工程也表明这座城市仍有无比雄厚的实力。城墙内大片土地当时没有人烟，或用作畜牧地，但大河附近较热闹的地区建有很多精致的神庙和房屋。伦敦第一座铸币厂建于3世纪。这幢建筑再次印证了伦敦城的真正天性。在那个世纪，沿河造起一道墙，从而圆满地巩固了城池防御。

那么，在罗马统治末年，伦敦人是什么来历，从事什么活动？他们大抵多半是罗马—不列颠人的后裔，并且有时服从不列颠"国王"的统治。然而，伦敦自始便是混杂的城市，放眼看去，大街小巷里必定有各色人种，包括凯尔特部落土著。三百年来，土著居民大约也习惯了罗马新秩序。这座城市经历的罗马岁月，跟都铎王朝的历史一般长久，可惜我们通常仅能找到零落的古物，诸如酒杯、骰子、澡堂刮刀、钟铃、写字板、里程碑、胸针、拖鞋等哑物。如何能让这些古物复活？

在那段漫长的时间里，自然有动荡和战乱。无数事件不曾留下文字记载，但其中有一两件震撼山河的大事得以保存下来。在这些记载里，沉默的黑暗被剖开，一个历史场景自行呈现，暂时定格，在历史进程里搅起更多混乱和迷惑。有个名叫阿勒克图斯的罗马军官率兵渡海到不列颠平乱，镇压当地民众叛乱之后，在伦敦设立总部。有个名叫阿斯克列庇欧多图斯的凯尔特族长，转而攻袭这位罗马帝国的凯旋者，双方在城外展开激战，不列颠方面告捷。罗马残军生恐遭到屠杀，逃进城墙内，关闭城门。不列颠人搬来攻城装备，攻陷某处城防。凯尔特人拥进城，罗马残余军团的首领求降。双方议定罗马人可以撤退，上船离开伦敦，但某部落或某部落里的一群人背约，突袭罗马士兵，以凯尔特仪式砍落人头，据蒙茅斯的杰弗里记载，他们将首级扔进"城中一条河内……在撒克逊语中，此河被称为加洛布洛克河"。1860年，沉埋地底已久的沃尔布鲁克溪河床里发现很多头颅。余下是一片沉默。

然而，我们不能单靠这个故事，就推想伦敦的历史是一些土著部落合力抵抗罗马强敌的历史。其他所有证迹显示事实并非如此，反而暗示双方达到一定程度的融洽，互通贸易，进行几乎无间断的政治和商业往来。当时大概就开始出现一种伦敦风格，也许就是后世被称为伦敦特色的"混杂"面貌。无疑，市民操一种拉丁语方言，混杂当地的口音，人们的宗教信仰大概也是混杂又独特。密特拉神庙仅是其中一种秘教，其主要的崇拜者是商贾、胥吏，基督教在这里也并不陌生。313 年，某个名叫雷斯提图斯的，以伦敦主教之名出席阿尔勒议会。

这座城市的经济活动也同样混杂、务实。商业区和军事区依然十分活跃，但考古证据发现很多公共建筑逐渐遭到废弃，并且有些定居地被土壤覆盖，改为农田。城墙内遍布农田和葡萄园的景象，也许叫我们有些难以想象，然而即便迟至亨利二世时代，伦敦大半地区仍是旷野，散布着农田、果园、花园。还有迹象表明，在 3、4 世纪，有一些相当可观的石砌建筑，有可能是当时的农宅。城里住的虽然多数是农民，伦敦城依然赋有强大的威势，能够禁受前来滋扰劫掠的部落。368 年，阿塔科提部落将肯特地区夷为荒地，却不敢攻打伦敦城。

然而，410 年，罗马撤走庇护大手；正如泰晤士街下发现的那只手，罗马之手是铜铸而不是金制的。据传是盎格鲁人和撒克逊人袭城，但现在找不到政权崩溃或统治过渡的记载。不过，确实有衰落的迹象。下泰晤士街曾有一间澡堂，在 5 世纪早期已成为废址。玻璃破碎，风吹毁了屋顶，再往后，屋顶塌陷之后，这幢建筑的东侧墙壁被有组织地拆毁。瓦砾堆里发现一枚撒克逊胸针，也许是某个妇人在这些异域废墟上攀爬之时掉落的。

撒克逊人抵达伦敦的日期被断定为 5 世纪初叶，借用历史学家吉尔达斯的话，在当时，“血红、野蛮的舌头”舔舐不列颠土地。城内一些地方，“街巷中央掉落着塔顶、高墙的砌石、神圣的祭坛、人体残肢，在地上滚动”。然而，事实上，盎格鲁人和撒克逊人早已在伦敦周边定居，从考古发现可以清晰地看出，4 世纪晚期，日耳曼出身的军队领受罗马帝国军旗，作为外籍军团驻守伦敦城。

然后，曾有假设认为，撒克逊人导致了这座城市被毁、被弃。事实上，罗马人撤离之时，伦敦地区并无激战的痕迹。数处旧址发现一层“黑土”，曾被认为表示城市的荒废和凋耗，但当代专家建议说，这层黑土与其说表示荒废，不如说表示人类的劳作。另有一个迹象表明，在曾被称作“黑暗时期”的那段时期里，伦敦依然人烟不断。在奇迹般留存下来的历史遗迹里，有一处表示中世纪人自始至终使用罗马占领时期的伦敦法，尤其是遗嘱法和财产权法。换句话说，撒克逊人占领时期并未中断连续的行政传统。

老编年史坚持认为，伦敦向来是布立吞人的主城和堡垒。在南尼厄斯、吉尔达斯、蒙茅斯的杰弗里、比德的史书里，这座城市经常被视为独立城市，也被视为不列颠诸王的出生地。这是君主称王的地点，也是召聚市民集会的地点。这座城市也是主要的军事防御，布立吞人屡次逃进城墙内避难。这里是不列颠和罗马贵族的宅邸，也是基督教王国一大堂区。不列颠古时的国王（包括沃蒂根、沃蒂默、乌瑟尔）传说都据伦敦为都城。

然而，在这些早期编年史里，史实诠释跟想象重构之间没有差异。譬如，在这些叙述里，巫师梅林预言伦敦城的种种未来。在神话和历史的夹缝里，还有另一位伟大人物亚瑟王，也是在伦敦发现的。据威斯敏斯特的马修记载，伦敦大主教为亚瑟加冕。拉亚蒙添笔说，亚瑟拜位后进入伦敦城。这个都市文明的标记就在于其高度的雕琢。譬如，蒙茅斯的杰弗里称赞亚瑟的部属殷实、文雅，处处彰显装饰艺术的“富丽”。马洛里的伟大散文史诗《亚瑟之死》源自数种原初文本，诗中多处提到伦敦是亚瑟王国的都城。尤瑟·彭德拉根谢世之后，由于心头不祥的预感，“梅林造访坎特伯雷大主教，向他进言传召各地领主、领兵的绅士，齐往伦敦”，并且在“伦敦最大教堂召集”。在后世的记载里，阿斯托拉的美貌少女伊莱娜躺在泰晤士河畔；兰斯洛特爵士骑马从威斯敏斯特前往兰贝斯，也渡过这条河；桂妮薇儿“来到伦敦”，“占领了伦敦塔”。

争议略少的史家和编年史家的资料，为这个恢廓的传奇添饰细节。基督教会的卷宗记载，429 年，伦敦或维鲁拉米恩举行了主教会议。鉴于这次会议的议程是诛伐不列颠修士贝拉吉乌斯的异端邪说，这份记载透露了伦敦地区的各种信仰当时依然繁荣。

大约十二年后，据当时一部编年史记载，不列颠诸省领命于撒克逊霸权。尽管那部文献不曾提及伦敦的命运，但这座城市似乎保持了城邦独立性。然后，至 6 世纪，可以推想这座城市也归附了撒克逊统治。城墙内大片土地被用作牧地，宏伟的建筑无疑被用作市集，或改为关牛群的围场，或者在空地上搭建木屋和店铺，对于那些居住在气象寥廓的废墟间的人们来说，那片废墟属于杳远的古代。撒克逊人有一首好诗，描述这样一座古老的不列颠城。这些古迹属于“巨人之工”，残碑断碣纪念某部落一百个世代之前陨落的伟大先人。这首诗形容破塔、空堂、残瓦、废弃的澡堂之时，文辞间流露哀伤与惊异。这首诗也表达了另一真相。这座石砌古城消溶在“命运”和岁月里，而不是遭到残暴的攻袭或劫掠。因此，撒克逊人并不是毁灭者，这首诗歌展示他们真挚地敬畏那个古昔时代、那座曾经住着英雄的煌煌大城。

我们转而可以推想，撒克逊人治下的伦敦城有何特色。城里建起一座大教堂，王宫筑在如今属于伍德街和市府参事区的位置。7 世纪的记载提及伦敦有一座“王府”，两个世纪后，这座城仍被称为“那显赫之地，那王城”；王宫的位置设在城西北角的罗马堡垒旁，表明了城墙与城禁仍用于保境安民。然而，还有更让人惊异的证迹，体现了传统的延续性。在现市政厅的位置发掘出一座罗马圆形露天剧场，这是近年间最重要的一大考古发现。这个位置正是撒克逊人召开民众大会的地点，文献记载总是专门说明，会议地点设于大教堂西北角。因此，可以说，撒克逊公民将罗马人的露天剧场转用为议事场。他们坐在两百多年前垒起的剧场石阶上议事，这无疑为思考他们与远古的关系提供了赋有启发意义的暗示。当然，现代市政厅造在同一位置这个事实也颇具深意。至少，这是行政永恒性的证迹。反过来说，城墙内的城市似乎极可能被视为权力和威势的中心。

也许，这有助于解释撒克逊人的集市伦敦维克（维克意为集市）何以设在如今名为科文特花园的地方。换句话说，一个典型的撒克逊社区，依傍这座大城的城墙蓬勃而起。

我们或可想象，数百人在科文特花园到泰晤士河一带生活、劳作。新近发掘出当时的砖窑、陶器、别针、玻璃杯、梳子、织布机的石质工具和砝码。靠近河岸街的埃克塞特街发掘出一家肉店旧址，特拉法尔加广场发掘出一些农舍。所有这些遗迹表明此地曾有繁荣的集市，周边散落着农民和工役的住所。泛伦敦地区仍然可以听见那些撒克逊村落的名字和旧址，譬如肯辛顿、帕丁顿、伊斯灵顿、富勒姆、兰贝斯、斯特普尼等。公园巷的面貌及其不合常规的路线，是依照撒克逊农民的田陌划定的。朗埃克街也反映了畜牧传统。从而，那是一个延展的社区，比德描述道，这座城市坐落于“泰晤士河畔……乃是各国商人从水陆两路前来的贸易中心”。也许他指的不是伦敦，而是伦敦维克。

673年至685年之间的文献资料，大多涉及肯特与伦敦维克的居民须遵循的贸易法令。同一时期流通铸有“LONDUNIU”（伦敦纽）字样的金币，从而，重政的伦敦与重商的伦敦维克之间便省却了不必要的差异。类似地，从前的布立吞人和撒克逊人也在定居地相互同化、接纳，彼此通婚、和睦地贸易。鉴于“撒克逊”英语里有很多老不列颠词汇，最可靠的证据可能是语言。诸如basket、button、coat、gown、wicket、wire等词语，可以揣想编织和柳条工艺大概属于布立吞人。另一英语词印证了伦敦的融合本质：Walbrook（沃尔布鲁克溪）这个河名源自Weala broc（威尔士之溪流）。这个词语表明古城内有专门划给“老布立吞人”的聚居地。

比德说，“伦敦纽”是东撒克逊的都城。然而，在中撒克逊时期，这座城看似臣服于任何能在此地称王的主子，诸如史上有过出身于肯特、韦塞克斯和麦西亚的国王。城墙坚固的城池也是权力的传统台地。然而，由于宗主权代嬗频繁，接位大权握在教会手里，这并不让人惊讶。601 年，奥古斯丁抵达伦敦四年后，教皇格里高利宣布伦敦为全不列颠大主教辖区；三年后，肯特的埃塞尔伯特筑造圣保罗大教堂。继而便是一部教会擅国的萧然编年史。圣保罗大教堂落成之年，奥古斯丁（不列颠大主教）授祝默利图斯为伦敦主教，从此，伦敦市民正式成为基督徒，但十三年后，由于王权易主，默利图斯被驱逐。在最终重归罗马教廷之前，伦敦固有的异教传统又得以探头。

然后，来了丹麦人。在攻打英格兰南部之前，丹麦人先去劫掠林迪斯芳和贾罗。《盎格鲁—撒克逊编年史》记载，842 年，“伦敦发生一场大屠杀”。在这场战斗里，维京人被打退。九年后，他们再度来袭，洗劫了坎特伯雷，率三百五十艘船舰从泰晤士河驶来，扑向伦敦。沿河城墙大抵早已毁圮，然而纵使撒克逊人有能力整治城防工事，也不足以抵抗这支入侵军队。伦敦被攻陷、洗劫。大多市民早已逃离，仍留在城中的人便死在剑下（倘若维京人遵循其传统的话），房屋或店铺则被付之一炬。有历史学家认为，851 年的事件是伦敦历史的决定性时刻，但这个看法也许误解了一座总在火焰和废墟中重生的城市。自古以来，伦敦城的特色便是重生。

十六年后，外寇卷土重来。庞大的军队穿过麦西亚和东安格利亚，欲图攻破韦塞克斯。872 年，他们在伦敦近郊安营，无疑是为了防守沿河的战舰，并且也极可能是把守伦敦城和泰晤士河盆地，以便强索邻边各国进贡。他们无疑也占据了这座城市，用于驻防和堆栈基地。军队在此驻扎十四年。因此，此地并非似一些学者所称的废城，而是再度成为行政和补给中心。北欧统领哈尔夫德瑞铸造自己的银币，饶有意味的是，其银币仿照罗马人的模版。自那个遥远时代以来，伦敦造钱的传统便保存了下来，再次证明了这座城市经济生命力的有机延续性。伦敦也为韦塞克斯属国国王阿尔弗雷德铸币。当地的居民也许不如阿尔弗雷德这般幸运，北欧占领初期的钱窖考古发掘表明，城里的富人跟每个跑得动的英格兰平民一样，早已逃出城外。

883 年，阿尔弗雷德展开攻城战斗，在城墙外纠合一支英格兰军队。伦敦是个头彩，三年后，伦敦终于落在阿尔弗雷德手里。事实上，正是在这座城里，他宣告对于整片地区的至高权力，“所有没有归附丹麦人的英格兰人俱慑服于他”。换句话说，即便在北欧占领之后，伦敦依然是政权的象征。丹麦人求降，阿尔弗雷德拨利河一带为其驻地。伦敦从而成为边镇重地，阿尔弗雷德着手规划重新定居和防御工事的策略。修复城墙、重建码头，将伦敦维克的所有行业迁进复苏城市的防御之内。正是在这个时期，伦敦维克在史书里被称为奥德维奇，或者“老市集”。

由于阿尔弗雷德开创的可谓早期城市规划的一系列工程，伦敦再度复兴。他铺设从奥德门到拉德门的道路，今日城市各街道上可以依稀辨认这条道路的路线。新街的路线沿王后码头和比灵斯门附近而设。他重建了伦敦，使之再度适宜居住。

这座城市无疑具备强悍的兵力，足以抵抗维京人此后的攻袭。893 年和 895 年，市民甚至冲到城外反击。再往后，伦敦人或潜师突袭，或劫掠敌舰。维京人不曾奋起报复，这一事实表明伦敦的防御尤为坚固。

伦敦的生命力与威势的中兴，或许并不全是阿尔弗雷德的功劳，虽则从他作为城市规划者的天才可以想见他的显著作用。他授女婿埃塞雷德为伦敦领主，将城墙内的土地分封给教会领袖和鼎族高门。随后演化了那种殊异的区域划分，从今日城市分区或堂区的现状可见一斑。伦敦某地可能起初以河流或者罗马时期的废墟遗迹为界，然而一旦分封给某领主或主教之后，便成为其专有的领地。或木制，或石灰石，或者砂岩的教堂立地而起，赐福、守护伦敦土地上壤界分明的各堂区；这些神圣的建筑转而成为贩夫走卒、工匠艺人的活动中心。

10 世纪初期一片太平景象，虽则市民组成的军队协助阿尔弗雷德解放了仍处于丹麦统治之下的英国地区，历史文献却仅记载了麦西亚的诸王嗣承伦敦领主。961 年发生一场火灾，继而暴发瘟疫热病；圣保罗大教堂毁于大火，我们又一次目睹这座城市周期性的厄运。二十一年后，又起一场大火，同年，三艘维京战舰袭击多塞特郡沿海。在随后数年间的历史事件当中，最醒目的要属维京人屡犯这座繁华城市。无疑，伦敦造币厂及其白银储备尤其招人垂涎。但是，阿尔弗雷德修复的城防坚固，足以抵抗数次侵袭。994 年，丹麦人派遣九十五艘战舰驶进泰晤士河，企图封锁、攻陷这座城池，被伦敦军队击退。据《盎格鲁—撒克逊编年史》，伦敦人“屠戮与杀伐丹麦人实属出乎市民本身的意料”。值得注意的是，在这些战争和袭击里，伦敦组建了自己的军队，从而具备一定程度的独立武装。因此，伦敦赋有独立王国或主权国的特征，并且继后数百年间一直保持这个特征。

因此，伦敦士兵不断地抗拒丹麦人，史册记载他们夺取敌舰，开回伦敦城。他们出兵牛津，济助同胞战斗，维京人的抢掠虽偶或扫进城墙内，但城池始终岿然不动。伦敦依然保持着繁荣港埠这一地位。1001 年，一位冰岛诗人描绘他对这个港口的印象：鲁昂、佛兰德、诺曼底、列日的商人在码头缴纳货物通行税，他们运来羊毛、布匹、木板、鱼、油脂；小船纳税半便士，这些远道来的水手回程载走猪、羊等牲口。

1013 年，丹麦领袖斯韦恩召集斯堪的纳维亚所有武士，进军伦敦，“因埃塞尔雷德国王在彼地”。据《盎格鲁—撒克逊编年史》，“市民不曾屈服”，“而是奋起反击”。然而伦敦的兵力不足以抗拒敌人，持久围困之后，他们向丹麦人献城投降。国王逃亡，但他在次年伙同最出人意料的盟军（挪威国王奥拉夫）卷土重来。奥拉夫手下的北欧人将舰船部署在伦敦桥附近，以绳索、铁链系住木桥墩，然后，得潮汐之助，生拉硬拽，拖倒桥墩，桥面倾翻到泰晤士河里。这不失为那条著名大道史上的一段丑话。近年来，这段河床下发现了铁斧、铁剑。有一部冰岛传奇描述道：“眼见敌方水师占据自己的河川，导致内地诸省往来一概断绝，市民不禁惴恐。”鉴于这次事件实是帮助他们摆脱暂时的外来统治，这股情绪或许有待商榷。但没有了伦敦桥，确实严重地妨碍了贸易和交通。不过，这部传奇的结尾却是欢喜踊跃，或者说，至少是歌功颂德：“哦，奥丁众子之雷，你倾覆桥梁！沙场上最骁勇善战。伦敦这座蜿蜒城池的土地不胜欣喜等你来取。”奥拉夫后来也被封圣，伦敦相继造起六座教堂来崇拜他，其中有一座造在他摧毁的桥梁的东南角。哈特街上的圣奥拉夫教堂今天依然屹立，塞缪尔·佩皮斯曾在此做礼拜。

继后三年里，英格兰人和北欧人之间围困、交战、突袭不断。在这场旷日持久的战争里，伦敦一直是军事和权力的要地。1016 年，埃塞尔雷德国王去世后，“所有彼时身在伦敦的参赞与市民推戴埃德蒙为王”，这也是根据《盎格鲁—撒克逊编年史》，这部记载认为国王在类似民众大会的会议上被推举、加冕。1016 年，克努特终于赢得王位之后，强向全国索贡，伦敦则须负荷占总数八分之一的贡品。

同时，一定数量的丹麦人在城外曾为撒克逊人所据的地区和平地做买卖。河岸街口的丹麦人圣克莱芒教堂就是这个定居地的标志。并且，某支丹麦部落甚至可能已在这里生活、劳作了数个世代。不过，克努特执政时期，这座木教堂被改造为石砌。民间传说，克努特的儿子飞毛腿哈罗德葬在此地，一块如尼文石碑铭文记载三名丹麦首领也被“葬在伦敦纽”。这么说来，我们再次看到繁华的集市依托城墙的证迹。马姆斯伯里的威廉认为，时日长久之后，“伦敦市民”跟丹麦人相熟，“几近接纳了他们的习俗”。这再度表示文化的融合。

有个风俗被彻底吸纳。丹麦人圣克莱芒教堂旁曾有一座石十字架，作为此地权威和仪式的标志。在“石十字架旁”，人们公开审理讼事，缴纳庄园税。附近这片土地以马掌和铁钉为税金。有人相信，这是某种异教仪式的模糊记忆，但也流传为现代仪式。及至21世纪初期，作为向王室缴纳租金的一部分，有一个仪式是向老石十字架旧址旁司法院内财务法院呈送六副马掌、六十一枚铁钉。

如此说来，史书仅记载“伦敦市民”或“伦敦军队”在这里为争取独立而战斗，而事实上，在这一时期，丹麦人和伦敦人欣欣向荣地共同生活。面色苍白、精神虔诚的爱德华（后被称为“忏悔者”）受膏之时，《盎格鲁—撒克逊编年史》记载，“所有子民推戴他为伦敦王”。事实上，有一条法令界定伦敦为“王权和法令之首，永为王者朝堂”。法令和王权皆自此而出。

第三章

圣哉！ 圣哉！ 圣哉！

忏悔者爱德华留下了比家族财富更经久的纪念。退位之后，他住进威斯敏斯特一座王宫，建造了一座修道院。

自 2 世纪以来，这里便有一座教堂，但伦敦古文物学家认为，这个旧址上曾建有异教阿波罗圣祠。其左近确实发掘出一具罗马石棺、一截镶嵌画地板。无论如何，由于威斯敏斯特（尤其是议会大厦和修道院所坐落的托尼岛）是多佛港的道路和朝北的沃特林街的交会处，这里便成为重地。退潮时，可以从这里渡河，再驾马车跑上古罗马大道。不过，地形学不单是道路走向的问题。威斯敏斯特旁的托特山原野是权威和崇拜仪式的地点。有一份出自 785 年的记载，将此地描述为“威斯敏斯特那可怕之地”。在这里，“可怕”意为圣洁或神圣的威慑力。

因此，威斯敏斯特教堂的建造，被描绘成笼罩在梦境和神启里，也并不是不妥。7 世纪，这里筑造起第一座撒克逊教堂，启用大典前夜，圣彼得向一名渔夫现真身，从兰贝斯区坐渔舟渡河前来，这位圣贤跨过新教堂门槛，顿时一道光芒照彻教堂，光明胜过千支蜡烛。圣彼得教堂的历史从此肇始。继而，忏悔者爱德华也梦见或者蒙神示，示意他筑造大修道院。这座修道院收藏了西奈山的沙、各各他的土、耶稣诞生的神圣马厩的一根梁柱、耶稣十字架碎片、基督肋下的血、圣母马利亚的乳汁、圣保罗的一根手指、圣彼得的头发。近一千年后，威廉·布莱克在此蒙神示，见修士走下中央过道，口中诵经。而在这位诗人见到神示的一百年前，忏悔者爱德华也现了真身：一名唱诗班成员偶然撞见这位尊贵国王的破棺，从中拎出一只头颅。那么，这位已被封圣的国王变成了死人的头领。由于这座修道院渐渐地演变为伦敦的死者之城（世代的国王、领袖、诗人都默默地躺在里面，象征过去与现代交融的宏大奥秘），似这样的故事也许十分贴切。这是伦敦的奥秘和历史。

12世纪初，圣巴塞洛缪大教堂落成后，西史密斯菲尔德见证了无数奇迹，都是类似罗马或耶路撒冷的奇迹。在一个神示梦境里，忏悔者爱德华被告知，上帝选择史密斯菲尔德为礼拜地。次晨，爱德华前往该处，预言这片土地应成为上帝的见证。同一时期，三个希腊人到伦敦朝圣，因为这座城市早已成为远近闻名的圣城。他们走近史密斯菲尔德之时，拜倒在地上，预言这里将会兴起一座神殿，“企及日出与日落两端”。

这些话出自圣巴塞洛缪大教堂《奠基志》，记载于12世纪。这部卷宗里有许多供人推想的资料，但也记载了伦敦和伦敦人的虔诚信仰。教堂创始人华西亚前往意大利，途中梦见自己被四足双翅的灵兽举到“高处”，在那里，圣巴塞洛缪向他现身说：“吾奉圣父、圣子、圣灵意旨，荷蒙上天朝堂眷顾，择伦敦近郊史密斯菲尔德地。”华西亚须在此处为上帝的羔羊搭建神龛。于是他前往这座城市，与“伦敦一些诸侯”叙谈，得知“这片神示之地属于国王管辖之内，王子及管理者俱不可干犯寸地”。于是华西亚设法觐见亨利一世，以求伺机解释自己的神圣使命。国王赐了华西亚一块地，当时是“一片极小的茔地”。

接着，华西亚“将自己弄成小丑”，以便召集随从开创这项伟大的工程。他“聚拢起大群孩子、仆役，在他们的帮助之下，轻易地开始收集石头”。这些石头来自伦敦各地，在这层意义上，这座教堂的建造故事，真切地传达了圣巴塞洛缪大教堂是这座城市集体劳动的成果和梦想。这座教堂名副其实地成为城市的缩影。

于是教堂耸立起来，很多神父慕名而来，以创始人为院长，生活在他制定的“日常教规之下”。自从启用大典以来，“一道光芒自天而降，照耀教堂，整整停留一个小时”，教堂内见证的奇迹如此之多，编年史家声称由于篇幅有限，仅能记载自己亲眼所见的事迹。有个名叫沃尔默的瘸子，“身后拖着两条小凳”支撑着走路，被装在篮内抬进圣巴塞洛缪大教堂，拜倒在祭坛前，旋即痊愈。“圣约翰堂区来的某妇人”治愈了无力的四肢，哑巴韦蒙德开口说话。无数诸如此类的奇迹也出现在圣巴塞洛缪节。那么，一直以来，这座城市不但自视为圣城，也自视赋有神圣的节日。奇迹也出现在“教堂医院”，如今这家医院更名为圣巴塞洛缪医院。这样说来，圣巴塞洛缪大教堂是一座历经近九百年的圣灵神殿。

有些伦敦市民需出远门（“去往遥远的世界尽头”），害怕遭遇海难，都会彼此安慰：“我们这些没歹心的，有什么好怕的，我们有仁慈的巴塞洛缪，行无数奇迹，就在我们伦敦旁边……他怎会对同胞市民收起慈悲心肠？”教堂有一间圣堂内设“供奉荣（真）福童贞马利亚尊像的祭坛”，马利亚在此向一名俗家兄弟现身，宣告道：“我听取他们的祷告和誓言，赐他们永世慈悲福祉。”

那间圣堂依然存在，但已不再是朝圣之地。如今，圣巴塞洛缪大教堂多半被冷落，被连接肉市与医院的环线公路隔绝。这条公路环线围绕老圣巴塞洛缪节场地。然而圣巴塞洛缪或许依然可被视为这座城市的一大守护圣徒，纵然在21世纪初，城里还有十多条街以他为名。

因此，伦敦曾是一座圣城。关于史密斯菲尔德，我们读到：“解悟之人以敬畏之眼看此地。此地别无他物，唯有上帝之神所，以及为信仰者开启之天门。”这句祷文得到伦敦其他一些神秘主义者、幻想家的踊跃呼应。“天门”会在阴森污秽的伦敦街头开启。

伦敦曾有很多治病的灵泉，尽管大多早已填塞或拆除。圣克莱芒的古井埋在司法院下，查德井埋在圣查德街下。巴尼特井先被埋在一家济贫院下，后来改建为医院，从而治疗气氛不曾全然驱散。名字古怪却十分灵验的险塘躺在老街圣路加医院旁。克里普门左近有一口治病灵泉，原是修士护侍的，现在仍然存活在修士井路这个名字里，黑玛丽井摇身变为法灵顿街旁那片地区的名字，名为巴尼格井。今天仍然可见的唯一古井是执事井，护在一扇玻璃窗内，位于克拉肯维尔绿地北端数米处。数百年来，这里上演宗教剧，还有俗世的摔跤赛、骑马比武。肖尔迪奇的圣井（在圣井里和圣井弄这两个名字里留存下来）标志着英国最早的一大剧院，是由詹姆斯·伯比奇在1576年所建造，比环球剧院早二十多年。沙德勒泉曾经也是游乐苑，后来变成剧院。那么，圣泉的神灵以一种适宜伦敦的方式化身为剧院。

隐士时常被选为护井人，但他们的主要职责是看护城门和十字路口。他们收取关卡费，住在伦敦城墙的棱堡里。那么，在某种意义上说，他们是伦敦城的守护者，因神召的使命感宣称这是上帝之城，也是凡俗之城。至少，在理论上是如此。然而，很多人显然靠手段而不是出于使命感，才做了隐士。威廉·

朗兰在《农夫皮尔斯》里斥责他们“Grete lobyes and longe that loth were to swynke”，意为欺世盗名之徒，纯粹是不肯干活的懒汉。譬如，1422 年，威廉·布莱克尼因“赤脚披发、冒窃圣名”，被市政厅判决。饶是如此，形象地说，伦敦城周边住满了隐士，在石砌小圣堂里守值，彻夜诵经祈祷，这幅景象可谓惹人神往。

隐士这个角色另有一大意味。数百年以来，这座城市的故事里总是充满孑然、畸零之人，在熙熙攘攘的街头更显孤寂。乔治·吉辛称他们为日常生活的隐修者，每日悒悒不欢地回归冷清的居所。因此，这些早期的城市隐士，也许可以说恰当地象征了很多伦敦人的生活方式。那种隐居精神，可以追溯到守护四城门的四座圣博托尔夫教堂。博托尔夫是 7 世纪时的撒克逊隐士，尤其契合游子行客。因此，漂泊者、自我流亡者，也都被视为伦敦街头的短途朝圣者。

然而，这些街头也会挤满祈祷者。在马里波恩的里森格罗夫酒店再次开发之前，洞窟走廊通向天堂街，附近就是值夜地和礼拜堂街。也许这是隐居旧址或圣地，从而使得这座城市承接永世。圣保罗大教堂邻近地方可以看到主祷文巷、万福马利亚巷、阿门厅、信经巷。在这里，我们可以颇有助益地想象游行队伍穿过街巷，念诵祷文或应答。那么，伦敦的老教堂保持了往古风貌，并且它们的历史似乎定期重演。

正因为如此，圣潘克拉斯老教堂周边依然如此荒凉、萧瑟。这里一直与世隔绝，略赋神秘色彩。伊丽莎白时代的地形学家告诫：“莫在那里行夜路。”这里是谋杀和自杀的地点，还有白垩农场决斗的丧生者也被埋在此地。但死者绝对不得安息：尸体不断地被挖出来重埋。前一次大规模迁葬是在 1863 年，因为圣潘克拉斯火车站建造在这里。墓碑堆在一棵老树下，树根在墓碑之间�蟠缠绕。远远望去，这些墓碑宛如老树结出的果实，已经熟透，等待被人收获。在这些古老的石碑当中，有一些是天主教徒。对他们来说，这里是圣地。民间相信圣潘克拉斯教堂是英国第一座基督教堂，由奥古斯丁亲手奠基，据说教堂里收藏了最后弥撒时敲打的一口钟。从而，潘克拉斯被诠释为万福（Pangrace）。然而，这个名字更可能源自 Pan Cruis 或 Pan Cross，一个名叫潘克拉斯的圣洁男孩，或者象征基督的首字母缩写或符号。因此，我们读到梵蒂冈史学家马克西米利安·米颂的记载：“伦敦近郊，海格特外，圣潘克拉斯教堂……为所有基督教堂之首、之母。”谁能想象到，如此显赫的威望竟出自国王十字站北端的荒野？

一如伦敦其他教堂，这里也有大钟。罗切斯特巷圣斯德望教堂的大钟名为

“福泽”“荣耀”“智慧”“感恩”“尊荣”“权柄”“万能”，以及“永世遵奉我们的主，上帝，阿门，哈利路亚”。

我们无须著名的童谣来提醒，也知道钟声是伦敦人日常生活的友善存在：

> 圣马丁的钟声说，
> 你欠我五法寻，
> 老贝利的钟声说，
> 你何时还我。

1994年，气象局报告说，在汽车的喧闹声汇进早已阗塞不堪的街道之前，“全伦敦都能听到”切普赛德街圣马利亚勒布教堂的钟声。那么，确切地说，每个伦敦人都是听得见勒布钟声的伦敦佬。不过，东区也许可以专擅那个尊称，因为这里最古老的行业便是伦敦白教堂铸钟场，始于15世纪。市民曾经喜欢打赌哪个堂区的钟敲得最响，传得最远。据说，钟声能够融融怡怡地温暖冬日。在某个时期，人们开始相信，最后审判之时，天使会敲响伦敦教堂的大钟，而不是吹起他们手里的小号，以便叫市民们相信末日果真来临了。钟声构成伦敦一种日常的喧嚣。乔治·奥威尔在《1984》中提起博区和肖尔迪奇区的丹麦人圣克莱芒教堂和圣马田教堂，回想那支名曲，仿佛“听见失落的伦敦敲起的钟声，依然停留在某个地方，被掩盖、遗忘”。我们依然听得见那个失落的伦敦的一些钟声。

XX

LONDON

The Biography

中世纪早期

第四章

你等配得起法治

1066 年最后一个月，诺曼底公爵威廉南下攻打威斯敏斯特之前，先领军走过圣贾尔斯高街。他已攻陷萨瑟克，意图攻取拉德门城墙（当时进城的主门）。我们通常认为，当时因城池防御坚固，伦敦人“既不畏敌，亦不惧突袭”。然而，事实上，秘密议和或谈判之后，有些撒克逊贵族打开了城门。威廉的军队进入圣保罗大教堂、切普赛德街，但继而在“城中高地”（某处空地或大街）受到一群市民甚或军队的攻袭，这些士兵都是不肯接受外来首领内犯的平民。11 世纪的编年史家朱米埃日的威廉记载，诺曼人旋即迎战，导致这座城市陷入巨大的悲悼之中，因为无数儿子和市民死于战场。伦敦市民最后投降。然而这次事迹体现了他们自视这是一座能够抵御外敌的独立城邦。这一次他们是想错了，但接下来三百年间，伦敦人会重申独立城邦的主权。

然而，伦敦之役已经告终。近年来，拉德门西南角挖掘出十一具骸骨，显示被肢解的迹象。沃尔布鲁克溪畔发现出自同一时期的钱窖，有数千枚钱币。

新君即位后，当务之急是收服城市。首要的是在周边城墙各处修筑军用牢栈（蒙特费雪塔、贝纳德堡），倚墙东南段筑造了如今被称为“伦敦塔”的建筑。然而，伦敦塔从来不属于伦敦，在市民眼里，此塔侮辱或威胁他们的自由。在《伦敦沿革》一书里，劳伦斯·戈姆爵士揣度说，市民“听见人们奚落说，这些城墙是为羞辱他们而建造，倘若谁人敢争取这座城市的自由，就会被关进这些墙内囚禁”之时，会是如何地愤怒。

1077年一场大火之后（如同从前的火灾，这场火也几乎烧尽这座城市），在原城防旧址造起一座石塔。这座石塔建造二十年才竣工，强征周边诸郡的劳力。这座塔被称为白塔，高约二十七米，威风凛凛地耸立在天际，震慑这座城市。并且，政府创制了繁文缛节，以便巩固塔内伦敦首领的司法和行政权威，此塔本身却不受这些首领管辖。这座塔的砌石是诺曼底的奶油色卡昂石，从而形象地象征了外族统治。

威廉欣然赐予伦敦一纸“宪章”。在十五厘米长的一小片羊皮纸上，以盎格鲁—撒克逊语和法语书写，敕书“这座城市的首领”，敕许伦敦自罗马占领时期以来便有的“权利”。译文如是：“吾欲尔等知，吾意令尔等如爱德华王之日般守法，吾意令子为父亡后之嗣，吾不容人欺侮尔等。上帝护佑尔等。”

这道诏书看似颇为空泛，但正如戈姆在《伦敦的管理》中指出的，这纸宪章标示“伦敦史上一大全新的宪法因素”。伦敦人被赋予在这座城市中生活于自己制定的法律下的权利。国王宣告总揽伦敦古老的权纲。

然而，威廉认识到一大根本事实（关涉他本人及其所征服国度的命运），也即这座城市具备至关重要的地位。正因为如此，他将伦敦从独立城邦转变为都城。1086年，《土地清丈册》的调查略过伦敦，无疑是因为城中错综复杂的经济和商业活动，并无益于国王的国库收入。同时，这位诺曼国王及其诸位继任者，开启了一项卓越的公共工程，借以在新政治格局里强调伦敦的中心地位。他们重建圣保罗大教堂，威廉的继位者威廉·鲁弗斯开始建造威斯敏斯特大厅，这个时期还造了很多修道院、女修院、隐修院、医院。从而，伦敦及近郊成为一片旷日持久的建筑工地。自此往后，伦敦便总是在建造、重建。譬如，在12世纪，罗马圆形露天剧场周边被清理出来，造起第一座市政厅，于1127年竣工。15世纪在此重建第二座市政厅。

伦敦最早的行政形式是民众大会，一年三次在罗马圆形露天剧场召开，后来移到圣保罗十字布道坛。还有一个较正式的法庭，被称为哈斯丁法院。这些制度都极古老，可以溯源到撒克逊人和丹麦人治下这座城市的自主自治时期。伦敦的疆域分界依然存在，也是在古老时代划定的。及至11世纪，疆域的主要辖地成为选区，由一位长老领导和代表。选区不仅是一群市民管理自己的街道和店铺，也包括防御和出征的武装队伍。根据亨利三世时期一份官方文件，仲夏审查之时，“每位长老集结其选区和田地、检查马具武器，确保人人有剑和匕首，不符弓箭手装备规格者，转为长矛手”。迟至14世纪，书记员仍然可以称伦敦为共和国，备有组建精良的市民军。因此，这里依然可以看到罗马共和国理想的影响力和古老历史。

倘若说选区疆界是城市最重要的分界，它却并不是最明显的界线。选区下有警区及其集会，之下再有堂区及自治神父会。这座城市包含一系列关系错综的权威，这一隶属关系和利益网络影响城市的物质生活。譬如，纵贯19世纪，总见有人抱怨政府的死板和一意孤行。改革的阻力是传承了千年的遗风，正如城里的煤烟和浓雾，牵制、滞碍着这座都城。这也是透彻地理解后世事件的历史背景。

征服者威廉的继位者威廉·鲁弗斯执政时期，向市民苛征税赋、关卡费。英格兰的诺曼贵族叛乱之时，鲁弗斯立下规矩，解送囚犯到伦敦行刑。也许，这是伦敦为都城的象征，但也是王权的象征。

1100年，鲁弗斯逝世后，亨利一世赶到伦敦擅国。史料记载了他治下的长老的名单。自1227年开始，记载有形形色色的英语和法语名字，可以想见这两国人当时已演变为“伦敦人”，彼此之间衍化了修明有秩、协同合作的关系。事实上，古英语名字逐渐被源自法语的名字取代，从而使得研究这个时期的伦敦人名饶有趣味，并且赋有深远的意义。在当时，姓氏并不普遍，而是以地名或行业称呼某人：面包师戈德温纳斯区别于铸币者戈德温，鱼贩戈德温或布商戈德温尼也区别于帽商戈德温尼。一般市民称以父系名，或者更常见的是绰号。Edwin Atter 意为伶牙俐齿的埃德温，Robert Badding 是指娘娘腔的男子，Hugh Fleg 十分警醒，Johannes Flocc 长着一头毛茸茸的卷发，John Godale 卖上好的艾尔啤酒，Thomas Gotsaul 为人实诚。

然而，纵使市民与国王之间有生意往来，双方的关系也演变得越来越紧张。对国王来说，这座城市首先“出产”岁入，亨利一世之所以极少干预伦敦市民的生活，实是因为他需要这座城市繁荣昌盛，以便从中获利。

1135年，亨利一世去世，伦敦庶民的人心所向直接影响诸继承人争夺王位的成败。亨利一世的外甥布卢瓦伯爵斯蒂芬宣告其继承权，旋即“前来伦敦，伦敦人纷迎于道……在仲冬日加冕为王”，《盎格鲁—撒克逊编年史》这样记载。其他古老的史料添道：“长者和智者召开民众大会，为王国大事计，全部自愿一致决定推选一位国王。”换句话说，伦敦市民为全国正式推选国王。至于斯蒂芬做了什么承诺或赏赐作为报酬，我们不得而知。然而，自此往后，在决定国家大事之时，伦敦占据首要的地位，发挥一定程度的独立性。这一事实表明伦敦城近乎自治。

然而，单凭加冕不足以巩固斯蒂芬的王位。1139 年，斯蒂芬的对手，亨利一世之女玛蒂尔达皇后登陆。1141 年，斯蒂芬在林肯之役被生擒，这意味着伦敦又面临选择。威斯敏斯特召开大会，商讨玛蒂尔达的继承权，斯蒂芬的胞兄弟发表为她美言的演讲："我们已遣使者召集伦敦市民（鉴于这座城市在英格兰的重要地位，他们几乎可以算作贵族）前来商讨此事，并且为他们颁发了安全通行权。"他们次日抵达，说自己来自"伦敦一个社区或群体"。这则事迹引自马姆斯伯里的威廉，最鲜明地证实了这座城市的重要地位。继后，因各领主之间的争夺导致国土分裂，伦敦便不再是都城，再度成为城邦。玛蒂尔达执政的短暂时期发生的事件，更加深了这一印象。她意欲限制伦敦的权能，不明智地向最富有的市民索取钱财。正因为如此，斯蒂芬的王后莫德抵达伦敦之时，据《斯蒂芬功绩纪》记载，市民执械冲上街巷，"似成群结队涌出蜂窝"，前去保护她。玛蒂尔达逃离公愤，不敢再来收复王位。

这里须添加一句，就算只是为了避免让人误解伦敦是全然自治的城市。政权动荡扰乱国策之时，伦敦自然地挑起领袖责任。然而，政清人和之时，伦敦市民同样自然地接受君主统治。因此，玛蒂尔达之子、斯蒂芬的继承人亨利二世在位时期，伦敦的权势略减。这位国王在宪章里赐伦敦人"吾先祖考亨利之治时期所享全部自由权和自由风俗"，然而，处理政务的却是国王手下的司法长官。

譬如说，1170 年冬，托马斯·贝克特在坎特伯雷被暗杀，这原是属伦敦人管的大事。时人称这位主教为"伦敦的托马斯"，接下来数百年间，他是唯一被封圣的伦敦人。他的夸奢也是这座城市的特色。然而，我们却找不到伦敦人支持他使命的证据。也许，他也是这座城市历史上一大异人，他们跨越时代，迈进永恒。

不过，正是贝克特的 12 世纪传记作家威廉·菲茨—斯蒂芬称颂这座城市在当时的世俗品德。他采用颂词这一都市新体裁，因为这座繁华都市及其市民的举止已经成为欧洲人的中心话题，纵然如此，菲茨—斯蒂芬的描述带有的热忱本身就极其出色。并且，作为关于伦敦的最早统述，这些描写赋有重要的意义。

他描写磨坊在芬斯伯里和摩尔门原野的溪水里转动的声响或"咔嗒"声，还有集市小贩的叫卖声，"各有固定的摊位，每日清晨便来摆摊"。泰晤士河畔有很多酒家，招待当地的手艺人、到码头做买卖的商贩。还有一家大型“公共食堂”，仆役可以在此替主人购买面包和肉，当地小贩可坐下进食。菲茨—斯蒂芬也描绘包围与保护这些活动的“高耸的坚固城墙”，有七道双重大门，北面耸立着高塔，东面有一座巨堡，“这座建筑的砂浆在回火之时掺进野兽的热血”，西面有两座“防御坚固”的城堡。墙外是花园和葡萄园，其间点缀着贵族和有权势家族的宅第。这些豪宅大多位于西郊，就是今日的霍尔本区，北郊是原野和牧地，紧挨一片“无边无际的森林”，而今仅留下汉普斯特德西斯公园和海格特。城墙外西北角是一片“平坦的原野”，现名为史密斯菲尔德，星期五这里曾有马市。附近的马场也屠宰、出售猪牛肉。这种活动在此地经营了近一千年。

菲茨—斯蒂芬的描述着重强调生机盎然、斗志昂扬、十分活泼的市民。城外原野上，每晚都有早期形式的足球赛，年轻人受到导师、父母、同伴的观望和欢呼；每逢星期天，同一时间还有比武，年轻人高举长矛和盾牌，纵马互相攻击。纵然在体育活动上，伦敦也以暴力闻名。复活节时，泰晤士河中央立起一株大树，树上挂着靶子。一艘船奋力朝树划去，船上载一名手持长矛的年轻人。倘若失手投不中，他便会摔进河里，引得观众哗笑。冬天最冷的天气里，穆尔菲尔兹的沼泽地会结冰，好耍的市民便坐上冰块，让朋友拖拉，一般人则拿动物胫骨当冰鞋。这些娱乐活动也有竞技和暴力的元素，他们滑冰时彼此冲撞，直到“一人或两人都摔倒，不乏肌肤伤痛”，并且“摔倒者的腿或胳膊”经常折断。甚至连儿童的课堂和日常讨论也充满争斗的词汇，嘴里总是吐出一连串“嘲弄和挖苦”。那是一个套熊和斗鸡的暴力世界，在某种程度上跟菲茨—斯蒂芬的陈述一样。他说伦敦能够纠集八万兵勇，在这个充满暴力和欢笑的世界里，夹杂着菲茨—斯蒂芬所说的“富裕、贸易广博、极尽壮美、宏伟”的世界。他所描绘的是一座庆祝自身命运的城市。

因此，那是一段繁华昌盛的时期。随着近水地区不断地开垦，以便容纳络绎前来的佛兰芒人、法兰西人、汉萨人，还有来自布拉班特、鲁昂、蓬蒂厄的商人，港口也不断地扩建，买卖的有毛皮、羊毛、酒、布料、谷物、木材、盐铁、蜡、鱼干等上百种货物，供应这繁衍不息的人口。这里大多数人也忙碌地经营买卖，譬如沃尔布鲁克溪畔的毛皮加工匠、古德伦巷的金匠、东切普的屠夫、考德维那街的鞋匠、西切普的布商、泰晤士河街的鱼贩、比灵斯门的木材商、洛思伯里的蜡烛匠、老犹太街的五金商、教皇头胡同的餐具匠、主祷文巷的念珠匠、文特雷的酿酒商，所有这些人都从事着永世不变的行业。

从前，这座城市确实比今日更喧嚣，填溢着脚夫和挑水夫无休的叫喝，还有马车和铃铛的喧噪，铁匠、锡匠敲打器皿的叮当声，仆役、学徒、木匠、箍桶匠聚集在狭窄的胡同和巷口一道干活，交汇出一片沸腾。当然，有声音，自然也有气味，城里混杂着皮革店、啤酒铺、屠宰场、酿醋店、小食肆、粪堆。川流不息的垃圾和污水在狭窄的街巷中央流淌。所有这些酝酿出一股浓郁的恶气，纵使最凛冽的狂风，也刮不尽这股臭味。啤酒店、面包店、铁匠铺的用煤量不断增长，更为这股恶气添味。

这个时期也在不断地建造和重建。城里无一个角落受冷落，到处修建新店铺、天篷集市、教堂、修道院、石块与木材房屋。对城市这个时期的地层进行考古发掘时，可以看到白垩岩、硬质岩、白垩粪池、赖盖特石砌拱门、建筑瓦砾、山毛榉木料堆、橡木木料、门槛梁柱、墙壁、下水道、地板、地窖、水井、垃圾堆、木桩洞等痕迹。这些都是长年累月繁忙活动的证迹。

郊区，或者说，城墙外的原野上，也是一派熙熙攘攘的景象。12 世纪造起了克拉肯维尔、史密斯菲尔德、圣约翰、圣巴塞洛缪大隐修院，往后年月间，相继筑造了奥斯丁托钵僧、圣海伦娜、圣嘉勒、伯利恒圣母等宗教建筑。这个时期也修葺了圣保罗大教堂，造起圣马利亚修道院医院。相继二十年间，白衣修士会和黑衣修士会在城西造起宗教建筑。这块地段是伦敦的投资旺地，闲地出售之时，旋即保证开发，建筑物和租赁则无尽地分割，以便谋求更高的利润。然而，在所有重建工程当中，伦敦桥的建造最为壮观。这座石砌大桥成为商业和交通往来的通衢，留存了近九百年。

桥南两侧，如今耸立着两头狮身鹰首、红银两色相间的彩绘怪兽。它们是这座城市的图腾，在所有入口和门槛上振翎，安置在这里确实相当合适。狮鹫原是守护金矿和沉埋宝藏的灵兽，如今，为了守护伦敦城，它飞出古典神话。本地的主神一向是金钱。15 世纪约翰・利德盖特这样评价伦敦："没钱我就跑不动。"18 世纪时，亚历山大・蒲柏呼应这份情绪，祈告道："看啊，那是伦敦的声音：'挣钱，再挣钱！'"

菲茨—斯蒂芬写道："伦敦仅有的烦恼是愚人滥饮和火灾频起。"这句话既包含预言的意味，也是精辟的描绘。12 世纪稍后年代里，其他批评者则更加苛刻。有个来自约克郡的作家，名叫豪登的罗杰，说较富裕市民的儿子在夜里"聚伙"，威胁或攻袭路人。温切斯特有个修士，名叫德威斯的理查德，措辞更加生动有趣，指责伦敦为邪恶、劣行之地，不但到处是流氓和拉皮条的，而且每个种族里最恶劣的分子也全都蜂拥到这里。他指责在人众济济的食馆和酒肆里，掷骰子、赌博是必不可少的俗例。也许颇具意味的是，他也提及剧院。这就是说，除克拉肯维尔上演的宗教剧之外，伦敦的戏剧胃口也以其他戏剧形式过瘾。（1576 年建造的“第一座”剧院帷幔剧院，可能是仿照某个失落的原型。）这位修士也饶有意趣地描述城里的人口，大半是“俊俏的男孩、娘娘腔和恋童癖者”。还有“卖假药的、跳肚皮舞的、女巫、敲诈勒索的、夜游的、魔术师、表演哑剧的”，这番高张艳帜、炫异争奇的景象，在其他世纪里，在诸如约翰逊、菲尔丁、康格里夫、斯摩莱特等风格殊异的作家笔下却备受称颂，而非似此受尽诛伐。换句话说，这是伦敦永恒的境况。

威廉·菲茨—斯蒂芬提到“逢有好官时，这座城市确实让人遂心适意”。“Governor”这个词也许可以理解为“头领”或“主子”，通常被认为是指国王。不过，他记事之后的时代里，这个词又有其他用法。曾有一时（12 世纪的最后十年）海外流传一种呼声：“伦敦人不要国王，只要市长!”这次转眼即逝的革命之所以爆发，直接的原因在于国王缺席，前往巴勒斯坦和欧洲参加十字军。理查一世来伦敦登基，于 1189 年 9 月第一个星期天加冕，这一日在“日历上标为凶日”。“对于当日被诛的伦敦犹太人来说”，这一日确是凶日。这些隐晦的词语暗示一场大屠杀（德威斯的理查德称之为犹太大屠杀）。对此次事件，历史学家通常忽略不谈。据说，罪魁祸首是拖欠了犹太人债务的人们，但伦敦群氓的残暴从来难以低估。这是一个暴戾的社会，当地人被形象地比喻为一窝肆虐的蜂群。据 16 世纪《伦敦城之特色》的作者说，民众是“奔忙的蜜蜂”。据同时代的托马斯·莫尔说：“其喧嚣既不响亮亦不分明，而是如同一窝蜜蜂嗡嗡营营。”然而，这一次，这一窝蜂氓将犹太人往死里螫。

国王出征圣战，伦敦的首领再度成为英国的主导权威。伦敦人的睿智和志愿，在物质方面得到理查一世的辅政大臣摄政王威廉·朗香的援助和巩固，他本人迁进伦敦塔，环塔修筑防御工事。这是权势的象征，为伦敦人所不能容。1191 年，理查一世的兄弟约翰觊觎王冠，伦敦市民召集民众大会，意在拥他为王。在这一历史性时刻，市民们提出条件，他若认可伦敦为独立社区，赋予伦敦以自治自选的城邦这一不可剥夺的权利，便拜他为王。约翰同意这个要求。这个权利并不是新的名分，却是首次由执政君主认可伦敦为公共机构，“王国所有贵族，甚而本省主教，俱须为此立誓”。这是德威斯的理查德所说的原话，他认为这个新格局仅是民众中间的“肿瘤”或肿胀，不会结出好果子。

“Commune”这个法语词包含众多含义，通常被认为有些激进或革命的意味，但这次革命却由伦敦最富裕、最有权势的市民发起。事实上，市政府的寡头统治者俱来自权贵世家，诸如贝辛、洛克斯莱、菲茨—西德玛、菲茨—赖纳，他们自封为上等人。这是一群统治精英，望时而起，利用政治时局，重申这座城市在诺曼国王治下被限制的权能和独立。因此，在这座城市的伟大编年史《伦敦城白皮书》里，我们读到这样的叙述："伦敦城的诸侯每年在自己人中间推举市长……如此推举之后，市长亲自觐见国王，国王或不在朝中之时，觐见摄政王。"因此，市长以及长老级的"正直廉洁的市民"构成的行政公署，获得正式的封授和官仪。伦敦石之亨利·菲茨—艾尔温享有伦敦首位市长的尊荣，奉职二十五年，及至1212年去世。

随后不久，市长与社区便有了权威，伦敦事务从此赋染了一股传统的气息。恢复古老权力的同时，伦敦几乎重新获得了历史。社区的档案和记载，以及遗嘱、法令、同业公会文件都存放在市政厅。也是在这一时期，涌现出无数规章、特命、法令。从而，伦敦有了一种行政身份，发轫了诸如19世纪的都市工程委员会、伦敦郡议会，20世纪的大伦敦市议会。这些机构是传统不曾在时间里剥蚀、保持有机发展的证迹。

城市的行政机构需要全职职工、公证人、律师。然后他们制定、颁布了一套极尽繁细的民法，设立法庭，审理各类轻罪。这些法庭也管辖城市的普遍状况（诸如伦敦桥路况），铺设供水系统，各堂区分别管辖本区卫生、路面、照明。各堂区不但负责公共卫生，也负责公共安全，各备二十六名警员，档案将他们归类为"无薪警官……保安或街头公告员、巡逻人或守夜人"。尚存记载表明，这些人绝不是闲职冗员。我们可以估计，12世纪末叶，伦敦约有四万人口，其中大多数人不太乐意服从当局制定的规矩，不太乐意领受那些上等人强加的良好秩序。

1193年，伦敦市民被要求捐钱赎回国王之时（其兄弟短暂的图谋篡位已经被镇压），惹起颇大民怨。次年，理查一世亲躬归返伦敦，迎接他的是一场盛大的庆典，但他继而更苛刻地向伦敦征税，据传他曾说"倘若寻得到买主，他愿卖掉伦敦"。这样的话实难讨好已是苦不堪言的市民。看起来，在上等人的统治之下，手艺人和生意人已经承受了最重的税负。1196年，"长胡子"威廉·菲茨—奥斯伯特领导伦敦人起来暴动。此人胡子长，暴动却短命。他似乎在市民中间纠集了一伙追随者，各种记载赋予他各种不同的名号，诸如煽惑人心的政客、穷人的捍卫者等。事实上，这些名号并非各不相容。然而他的叛乱遭到残酷的镇压，当然这完全合乎伦敦城惯有的行事风格。菲茨—奥斯伯特逃进切普赛德的圣马利亚勒布教堂寻求庇护，但当局随即将他捉捕，在他从前追随者的围观之下，他与其他八人在史密斯菲尔德走上绞刑架。然而，这场短暂的骚乱赋有深刻的意味：一群公民拒绝服从主宰这座城市的王家官僚和商贾巨子，这预示着必然而不可避免的变革。

不过，紧张与可能冲突的中心位置依然落脚于城市与国王之间的关系上。1199年，理查一世去世，约翰登基。约翰丝毫未曾施策缓解伦敦政府本能的反君主制倾向。这个时期依旧演绎俗套的故事：市民被勒征越来越高的税金或田租，以满足国王的开支。市长和市民权贵企图维持合作精神，纵然仅因为他们大多数人与王室有所瓜葛，国王若倒台，于他们并不一定有好处。然而，在伦敦社区内，怨声不断地滋长。尽管先前有约，约翰还是废除了市政厅一些权力，亲自揽权，这一点使得13世纪的编年史家马修·帕里斯得出结论，认为市民简直变成了奴隶。然而，民众大会的选举仍得以发挥作用。1216年，五个伦敦富人凑齐一千马克，送给法国王子路易，让他当作路费来伦敦加冕，代换约翰。然而，约翰死于当年秋天，这场民间加冕典礼便成多此一举。伦敦又给路易更多钱，打发他回家，接年幼的亨利三世（约翰九岁的儿子）前来，作为正统的继承人。

我们可以走过亨利三世漫长的执政时代（1216—1272）的那些街道。大街两旁有宅第楼观，也有陋室蓬门，精美的石砌教堂映衬木板搭建的临时货棚。清爽与污秽这一对比，可以放在另一统计数字的背景里：在四万市民当中，近两千人无计谋生，只得以乞讨为生；较体面的商贾筑造厅堂和庭院，寒碜的店户则将吃住和买卖都挤在十平方英尺的两间屋里。富人拥有华丽的家具、银餐具，囊中羞涩的人则仅靠数件厨房家伙外加做手艺的工具过日子。

在一桩谋杀案里，有个年轻人拿刀捅死老婆，卷宗记载其家庭资产，透露此人属于“中等收入”家庭。这对不幸的夫妇住在一间两层两室的木结构茅顶房里。底楼的居室敞向大街，设一张折叠桌、两把椅子，四壁“挂着厨房器皿、工具、武器”。包括一只煎锅、一支铁烤肉扦、八只黄铜锅。一架梯子通向二楼，房内布置一张床和床垫，两只枕头。一只木柜内装有六条毯子、八条棉床单、九条桌布、一条被套。两人的衣服“或摆在橱内，或挂在墙上”，包括三件外衣、一件风帽外套、两袭长袍、另一件风帽外套、一副皮革盔甲、半打围裙。还有一支蜡烛、两只盘子、一些靠枕、一方绿地毯、门上挂着布帘挡穿堂风。地上原本大概铺着灯芯草，但不曾编入清单。这户人家房子虽小，却颇舒适。

较贫寒的人家寄居在夹于大街之间狭巷里的廉价公寓。这些小屋的二楼被称为“太阳房”，悬垂在巷子上空。因此，从小巷两旁悬垂的“太阳房”夹缝之间仅能望见一小块天空。很多更小的公寓是木结构茅顶，仍保留撒克逊或早期诺曼王朝治下的建筑样貌。在这个时期，伦敦依然保存早期城市的一些气氛，颇有部落或领地的意味。然而，由于火灾频起，尤其是1212年那场大火，促使官方勒令屋主造石墙瓦顶房。粪池、水井、地窖、垃圾堆、路基等地方，都可以见到这个时期留存的残瓦。那么，这里透露着变革的大势头。然而，由于管理不甚完善，新修的石砌房屋跟老木板屋并肩而立。

从这个时期留存的档案里可以探悉街道路况。譬如，在市政厅的请愿状和备忘录里，我们读到拉德门城关将垃圾倒进弗利特河，导致数处河道堵塞；公共茅房“缺修”，“自内冲出的恶气熏烂了石砌城墙”。圣布莱德堂区的酒肆将空酒桶和泔水扔到街上，“令过路人极其嫌恶”。关于霍西尔巷的塌陷路况，怨声总是不断；福斯特巷十四户住家习惯“随手把污秽杂物抛出窗口，全区居民十分怨愤”。面包街的厨师被指控将“屎尿和垃圾”扔在摊位下；“屎尿、污水，以及其他各种脏物”，从加丽克希瑟街旁的三一巷和考德维那街沿街如洪水般涌下来，冲进约翰·哈瑟勒和理查德·惠特曼的店铺，最后灌进泰晤士河。熊巷旁的水门街有一处粪堆，“令社区所有居民望而生厌，茅厕以及其他可怕景象的恶气传遍整条巷子”。所记载的还有腥鱼、烂牡蛎、台阶失修、大街阏塞，以及有些地段或“公共方便处”演变为小偷扒手和“娼妓”的巢窟。

不过，城市的规章制度是街道状况的最好证据。从法庭记录看来，人们总是知法犯法。摊贩按规定只能在街道中央摆摊，设在两条排水沟之间的空隙里。在较狭窄的街上，排水沟挖在街道中央，行人被挤得“贴着墙根走”。各区的拾荒者和扫水沟者都须“维持、刨净、抬高人行道，清理所有龌龊腌臜”。所有此类“龌龊腌臜”都被装上马车和手推车，拉到河边，在那里装上专用船只运走。屠宰场（设在肉铺街、伦敦牲口市场、东切普市场）安排了专门的方法运秽物。然而，关于这些地方恶臭的怨声仍然不断。在其《乌托邦》（1516）里，托马斯·莫尔将屠宰牲畜的行业规划在城墙外；这个尖锐的建议充分体现了很多市民痛恨此行业设在城内这一事实。

《伦敦城白皮书》也有指令，命猪狗不得在城内游荡，也许更稀奇的是，书中还诫令“理发师不可将血液摆在窗口”。市民不得携带弩弓，“交际花”不得在城墙内居住。最后一条法令总被公然藐视。关于房屋和墙壁的建造，须遵守的规章条例十分繁琐，还有针对邻里争执的特定条款。这让人感觉这座城市人口是如此密集。也是出于维持良好秩序的精神，法令规定较大房屋的屋主须长期配备一架梯子、一桶水，以防火灾，鉴于法令规定屋顶的标准建材须为瓦片，而不是茅草，于是，各区市府参事巡视之时，有权手执长杆或挂钩，以捅落违规的茅草。

关于私人和社会的生活，也有不可计数的规章条例，从中可以想见市民处于何等严密的监督之下。繁细的法律、规章、习俗笼罩日常生活的方方面面。“陌生人”在市民家中留宿，不得超过一天一夜；各区居民不得在区内收留外人，“除非此人有好名声”。城内绝对容不下麻风病人。“宵禁之后”（也即教堂敲过宵禁钟后），市民不得在街上行走，除非此人意欲被当作“夜游者”逮捕。也禁止“任何酒肆在上述宵禁后卖葡萄酒或啤酒……店内也不得留任何顾客，无论或睡或坐；市民白天黑夜俱不可在家接待从酒肆出来的人”。

在夏季，宵禁钟在九点敲响，冬夜略早些。切普赛德的圣马利亚勒布教堂的宵禁钟响起之时，圣马田教堂、圣劳伦斯教堂、圣布莱德教堂的钟声呼应而起。酒肆打烊，学徒下工，灯草或蜡烛熄灭，城里灯火暗淡，城门关闭。有些学徒认为，圣马利亚勒布教堂的教士故意迟迟敲钟，好让他们多干活，据约翰·斯托记载，有一首歌谣这般数落那位教士：

打勒布钟的黄卷毛教士，
敲得那么晚，你的脑袋该挨敲。

这位犯事的教士对答道：

切普小孩，莫要闹，
总有一天勒布钟随你敲。

从这段酬唱可以看出居民之间的亲密关系，因为大家都认识黄卷发的敲钟人。然而，最惊人的景象或许是黑暗、静寂的城市，似乎与外面的世界完全隔绝。

有时，尖叫、大喊、高呼声会刺破那份静寂。面对破坏和平的违法者，市民有责任“高呼嚷叫”。譬如，倘若市民“失职不曾高呼嚷叫”，须支付大笔罚金。在伦敦城，人人都在监视他人，以便维护社区精神，很多记载说，学徒或妻子受虐待之时，邻居们会“高呼‘不要脸’”。

然而，我们也需揣想，在商业文化里，最重要的法律必然涉及贸易。这个时期制定了无数规章条例，控制贸易的各个方面。诸如，出售芝士和家禽肉的食品摊贩“须在玉米壳市场的排水沟之间设摊，以免滋扰他人”，其他买卖也被分派在城中各处。摊贩“不得在圣保罗敲响第一次钟声后购买或转卖食品”。在二十条专门针对烘焙业的条例里，最引人注目的是烤劣质面包者不得出售白面包，每个面包师须在每块面包上“烙印”。规定“所有鱼类须装在封闭的篮内带进城，篮底的鱼应与摆在表面的一样新鲜”，还有“陌生人不可向陌生人购物”。

渔夫须遵守数百条规章制度，包括可捕鱼类、捕鱼方法、捕鱼地点。渔网尺寸和网孔都经过细致的测量。还有一系列繁复的关卡费、各种名目的税务，因此“带价值四个半便士的芝士或家禽肉进城者，须缴纳半便士。徒步带一百只及以上鸡蛋者，缴纳五只鸡蛋。马载任何状态的家禽肉并且令其跌落地面者”，须缴更多税金。这个体系错综复杂，但旨在确保城里居民丰衣足食，试图预先制止生意人的过度索求，抑挫“外来人”或“陌生人”，保护市民在城里交易的权利。这些规章条例另有一层深意，致力于将买卖交易系统化，以图尽可能减少假秤、掺假食物、劣质商品。

正是在这个生机勃勃、丰富多彩、精神焕发的城市背景里，我们得以追溯一些特殊事件，从中想见当时街道的凶险。在那个时期的法庭记录里，我们读到一无名女丐在街头晕倒死去，偶然能读到自杀，还有频发的意外身亡：“在市府参事门外的阴沟淹毙……掉进滚热的浓汤锅。”我们读到“一名叫爱丽丝的可怜女人，被人发现在城墙外淹死。没有疑凶……某名叫埃利亚斯·普图的，扛着一袋芝士，死在面包街……一名约八岁女婴死在圣马利亚萨默塞特教堂庭院。据称被某妓女抛弃在此。没有疑凶”。在这个虔诚的时代，自杀者被视为患有精神病。帕姆佩斯沃斯的伊莎贝尔在面包街家中“精神病发作之时上吊自尽”。范威克的爱丽丝“由于精神失常，在兜门港口跳水自尽”。酗酒很普遍，常有记载说，市民从楼上掉到地上，从台阶坠进泰晤士河，从楼梯上摔下。这些记载以及其他死亡事件，都是出自切与温鲍姆共同编撰的《1244年伦敦巡回法庭卷宗》。我们也可以从其他事件看到这个时期的特征。“某个名叫图罗克的男子”被发现死亡，但“发现死者死亡时，有三名男子同时躺在死者床上……此三人领有慈恩。”最后这个词语表示他们被宣判无罪。在另一案件里，“罗杰拿铁锤击打吉尔伯特的老婆莫德的肩头，摩西拿剑柄击她的脸，打破数颗牙齿。她挨到抹大拉的马利亚节后死去。”

这些关于死亡和灾难的记载，体现了伦敦马路上不加掩饰的暴力。人们脾气暴躁，贱视性命。“布克的亨利在弗利特河桥街拿刀捅死一个爱尔兰瓦工，逃进萨瑟克区圣马利亚教堂。他对罪状供认不讳，并且……离开英格兰出走他方。他没有私人财产。”牛奶街一家酒肆里，三名男子争执，其中一人被“爱尔兰刀”和“短剑”（这种利器的好处在于一剑致命）刺伤，这名男子身受致命创伤，设法抵达切普赛德圣彼得教堂，但无路人上前援助。

各同业公会也在街头斗殴。譬如，一群金匠围攻一名马具匠，用剑劈开其头颅，拿斧砍下其大腿，然后拿棍棒击其身。此人五日后去世。律师所的学徒在市府参事门暴动之时，有个市民“为了消遣”，朝人群中射了一支箭，杀死一名倒霉的旁观者。伦敦专门设有“宣爱日”，旨在调解铜匠和铁匠之间的纠纷。但这一日通常演变为杀气腾腾的骚乱。一群气焰嚣张的男子走进一家酒店时，有个顾客问道：“这些都是什么人?”他的话音未落，便已被剑刺死。街头随时发生无缘无故的斗殴、埋伏、争执，或者仅为了通常所说的鸡毛蒜皮之事。掷骰子或赌博通常以撒酒疯斗殴告终，并且可以看出，有些骰子酒店老板也从事欺诈。这里让人觉得稀奇却也颇有教益的是，各区的管事积极地照料伤残或垂死者的宗教需要，却鲜少有医师或理发师—外科手术师前来为他们医治。伤者通常听天由命，或自行康复，或死去。

也有很多对妇女行凶的事件。抄本记载有些伦敦女性被活活打死，或踢死，或被残酷地谋杀。莱蒂丝指控葡萄酒商诺顿的理查德“强奸她，夺去她的贞操”，但此案件不曾得到审理。打老婆是家常便饭，通常无人记载；然而，受虐待的妇女也可能变得暴戾。有个喝醉的女人辱骂在银街拐角干活的建筑工人，骂他们为“tredekeiles”（这个词也许可以翻译为懒猪），双方随即干架，一名男子心口被捅一刀。妇女也是正义的倡导者，然而，即便是以伦敦的标准，她们有时也显得太粗暴：有个布列塔尼人在床头谋杀了一名寡妇，“同堂区的女人抄起石头和大棍冲出来，大白天把他砸死”。

各区的市府参事和守卫另有特殊的职责，这份公务更为中世纪伦敦的习俗增添炫目的色彩。譬如，他们受命逮捕街头“戴面罩或假面”之人。戴面罩者被视为罪犯。法庭卷宗表明，这些官长也有权拆除名声可疑的房屋门窗。有一处记载说，他们进入“科克斯巷屠夫威廉·考克的房子，用铁锤和凿子拆掉十一道门、五扇窗”。这里值得留意的是，罪犯的姓名、行业、街名总是以典型的中世纪记载方式连用。可以看得出来，某一种行业（这个案件里是家禽屠宰业）能够占领城里整个地区。其他案例可能也很典型，尽管不似这般暴力。守卫逮捕一些学徒，因为这些人在大酒桶里装满石子，然后从慈恩堂街推下山坡，滚到伦敦桥上，“吓得街坊邻居惊恐万分”。

在稍后时代里，司法卷宗也记载淫猥事件。这些记录栩栩生动，读来简直如同与早期伦敦人共处一室。“威廉·佩格登说，有个名叫莫利斯·荷瑞的，带来一名叫西塞尔的，刚才提到的那个克尔维尔得了刚才提到的那个伊丽莎白的身子，刚才提到的爱丽丝·戴伊烧了（传染性病）刚才提起的西塞尔……刚提到的爱丽丝·戴伊立马来了，跳到床上跟刚才提到的西塞尔抱在一起啃，双腿叉得那么大，套了轭的母猪都能穿过去。”

这些罪状或许穷凶极恶，但所得的惩罚却赋有公共意味。时常有人指出，相比17、18世纪的后继者，中世纪这座城市的官吏较宽容。这个说法不失为道出大半真相。诸如，截肢之类的刑罚通常减为轻刑。然而，公民的精神确实相当暴烈，至少在受到威胁之时。很多案件记录罪犯扰乱城市和平，被判绞刑或斩首。死刑几乎只加之于叛乱分子，或者以其他方式触犯国王威严的罪犯。譬如，有一名男子篡改王印，被判绞刑。造反者和叛徒被扔进滚水中，然后搁在伦敦桥上，有时身上饰以常青藤王冠，作为这一出刑罚戏剧的最后装饰。在伦敦城的紧张或动荡时期，市长和市府参事也求之于死刑，作为治民的最迅捷方式。谋杀一向是要判绞刑的重罪（除非凶手被证明怀有身孕）。但在较和平的时期，牢狱和颈手枷是救治犯罪的常见措施。沃尔特·沃尔德斯克夫被指控“夜里嗜耍抛接子游戏”，卷宗记录形容他为“夜游者，穿戴体面，出手大方挥霍，虽则无人知晓他以何为生”。他被逮捕释放一年后，在伦巴底街被人捅伤，死于沃尔布鲁克圣斯韦辛教堂。阿格尼丝“因在康希尔卖老毛皮”而下牢狱；罗杰·温洛克“因以二便士一加仑的价格卖啤酒”被关进班房。面包师约翰·蒙迪“因制作、出售假面包，在康希尔戴颈手枷”；同月，阿格尼丝·德特因卖“掺假的黄油”，也戴颈手枷。形形色色、不可计数的欺诈被揪出，受到惩罚。有个面包师在模具板上戳洞，顾客将面团拿给他烘焙时，面包师的家属藏在柜台底下，从洞内扯去一块面团。另一案例里，一位司法官的仆役被解雇后，依然去各家酒肆，佯装没收啤酒。酒肆老板娘使钱买通他。他最后也被捕、戴颈手枷。

还有一些刑罚十分古怪。鸨母和“皮条客”被剃光头，男人前额留两英寸长的刘海，女人留一小撮，然后被游方艺人领去戴颈手枷，女性的颈手枷被称为“thew”，意指良民出气或高兴取乐的对象。倘若哪个女人卖淫被揭发，“就把她从监牢带到奥德门”。她被戴上条纹布罩，手举一支白蜡烛，游方艺人领着她去戴颈手枷；在经受这个仪式的虐待之后，她被领着游街，走下切普赛德街，穿过新门，前往西史密斯菲尔德考克巷，被狱长关押起来。

因造假或出售劣质商品而戴颈手枷者，须眼睁睁看着自己的货物在眼前被焚烧。约翰·沃尔特出售煤块时在分量上做手脚，受罚戴颈手枷站立一小时，看着“麻袋在自己脚下被烧毁”。前往耻辱地点的途中，还伴随各种被消遣：犯罪者有时被迫戴小丑帽，倒骑在马背上，马尾正对着他。神父犯法当场被捉住之时，会被脱下裤子，教士袍由人捧在面前，穿街走巷游行。叛徒特伯维尔的托马斯爵士身穿条纹外套，脚穿白鞋，在伦敦游街。他被绑在马背上，周围有六名骑警随行，都是一身红制服，象征恶魔。惩罚成为一种欢庆的形式，在这座相对狭小封闭的城市里，这种形式转而变成社区精神的庆典。

然而，严厉（也许简直可称为野蛮）从来不曾沉没在深底，这一点典型地体现在不必戴颈手枷或绞索的伦敦罪犯抵达的终点：新门监狱。1315 年至 1316 年间，验尸官所验的八十五具尸体当中，六十二具来自新门监狱。也正因为如此，那么多囚犯孤注一掷，企图亡命逃离那座实为死亡囚室的地方。有一次，囚犯冲上屋顶，“跟市民对阵，久久把持牢门不败”，这一事件更加着重强调，从根本上说，伦敦市民才是真正的狱长和捕快。那么，现存最早以伦敦英语撰写的文本，出自 13 世纪中叶，题名为“囚犯的祈祷”，也许是很贴切的。

从根本上说，逃脱市民的愤怒仅有一种方式，那就是逃进圣所。重罪犯可以逃避追捕，躲进无论哪一座教堂，四十日内可以安生。教堂周围总有人据守，以防罪犯突然逃出来，市民必定日夜在此扎营守望。其他避难的地方诸如萨瑟克、泰晤士河南岸、伦敦塔东侧。换句话说，在城市权威止步的地方，罪犯便可逍遥法外。这一事实再次强调这座城市的独立性，纵使在这类情况之下，这座城市也许宁愿赋有更广泛的司法权。逃进圣所后，罪犯通常会向司法官认罪，四十日期限一满，便被迫“出境”逃亡。然后民众大会将宣告这个社会弃儿的法律地位。

那么，从这些古老的事迹、验尸官的验尸报道、大法官的卷宗和逮捕令、审判日程、法庭记录里，我们可以想见中世纪伦敦街头流传至今、依然鲜活的精神风貌。然而，若说这个都市社会通常充满了暴力纠纷，那么这里的政治文化也不例外。

在13世纪大半时间里，历史上记载了无数骚乱、屠杀、街头斗殴。在这个时期，伦敦几乎长期跟亨利三世处于对峙状态；城中赋有野心的人，则分为上等人与平民两派，一派是社区寡头统治的商界巨子，另一派是日渐感受到自身权利的手艺人和小生意人的代表。商界巨子往往属保王派，平民（有时也被称为庸人）直觉地支持跟国王公开冲突的分封贵族诸侯。这样一来，时局便愈加复杂。伦敦又一次成为要地。不论谁人控制这座城市，便相当于控制整个王国。周期性发作的诸侯争战潜含这一深层意味。城里各派、各家族的忠心各有所向，因此伦敦街头的纠纷是王国权力斗争的缩影。这里的确是整个英格兰的化身。

LONDON

The Biography

伦敦的反差

第五章

喧嚣与永恒

伦敦的喧嚣向来被视为这座城市让人厌恶的方面。这也是它非自然的部分特征，如同一头咆哮的怪兽。然而，这个特征同时也象征这座城市的干劲和力量。

从远古时代以来，伦敦城就回荡着工匠的铁锤咣当声、摊贩的吆喝声，声响胜过这个国度的任何地方。城中一些角落里，譬如铁匠和桶匠的工坊旁，鼓噪声确实让人吃不消。但还有其他吵闹。中世纪早期的伦敦城里，买卖和手艺行业的聒噪之外，还有钟声，有寻常百姓家的、教堂的、女修道院的、宵禁的、打更的。

或可揣想，宗教改革之后，伦敦不再是虔诚的天主教城市，城市上空交织的钟声大概也静息了。然而所有迹象表明，市民依然如故地痴迷钟声。1602年9月12日傍晚，一位德意志公爵进入伦敦城，惊异于这座城市独特的声响。"一抵达伦敦，我们便听见几乎所有教堂传来不绝如缕的钟声，直响到天黑，次日，也一直敲到夜里七点或八点才歇。我们得知年轻人将敲钟作为运动和消遣，有时下相当大的赌注，打赌谁敲得最悠长，或者钟声响得最合正统。堂区不惜代价购买悦耳的大钟，最受欢迎的教堂拥有最动听的钟。据说老女王很满意这一行为，视为国泰民安的象征。"这段叙述出自布鲁斯·R. 史密斯的《早期现代英格兰的声音世界》，书里地道、熟稔地描述伦敦的历史。这里暗示说，在某种意义上，和谐的钟声旨在体现这座城市的和谐，同样象征市民的康泰，但也有伦敦和伦敦人固有的好嬉戏或玩耍的元素。确实，他们酷爱喧嚣这一嗜好，简直透露了暴力的劲头。1598 年，另一德意志旅人描述伦敦人“极喜吵闹，吵得震耳欲聋，譬如大炮开火、打鼓、敲钟，因此，一伙人……爬上钟楼，纯粹为了伸展筋骨，一连数小时不停地敲钟，这样的事情十分常见”。威尼斯大使的神父也报道说，伦敦男孩打赌“谁能把堂区的钟敲得让最远的地方听见”。在这里，表演之外又增添挑衅和竞逐。

因此，定义伦敦人须援引喧嚣这一事实，也许就不值得令人讶异。伦敦佬是指那些生于听得见切普赛德圣马利亚勒布教堂钟声的地区的人，据约翰·斯托说，“其声名远胜于整个城市或郊区的其他堂区教堂”。1617 年，法因斯·莫里森宣告道：“所有听得见勒布钟声的伦敦人，被斥为伦敦佬、吃黄油吐司的人。”布鲁斯·R. 史密斯提出意见：“伦敦佬”这个词实则源自“公鸡状的风向标”，曾经立在圣马利亚勒布教堂钟楼，伦敦人认同此钟声，实是因为他们“好健谈”或“夸诞自大”。

随着城市愈发昌大，喧嚣声也随之高昂。据沃尔特·贝赞特的《伦敦》记载，15 世纪初，“世上再无更嘈杂的城市”，纵使站在海格特和萨里山，也能听见城里的喧闹。在《伦敦七宗死罪》里，托马斯·德克尔形容连绵不绝的嘈杂声：“一处铁锤不息地敲打，另一处大盆相互滚撞；一边锅盘相碰，另一边大杯倾倒，水流如注。”在这里，一切嘈嘈切切的声响，都象征着精神劲头，尤其象征着挣钱。木匠、铜匠、铁匠、盔甲匠的手艺天生就带吵闹声。其他行当，诸如码头工、脚夫、港口的装货工、卸货工，也积极地采用闹声招徕生意。这些鼓噪声是肯定或表现他们在这座商业城市所扮演角色的唯一方式。

有些地区传出特殊的声响。譬如，洛思伯里的铸造厂传出“一种闹声，让不惯听闻的路人极痛恨”，铁匠区弥漫着“铁锤和风箱的喧杂声”。再次引据托马斯·德克尔，伦敦街头还有一些缭绕不去的声息，“牛车马车轰轰阗阗”，“大街上行人扰扰、口舌嚣嚣、奔走急驰，关窗声如此霹雳，议院大门如此擂捶，如此狂呼买酒，如此吆喝卖肉，如此叫唤，每当此时，我确实深信自己身处战乱城市”。暴力和行凶的景象，畅行无阻地在伦敦喧阗中浮现。1598 年，埃弗拉尔德·吉尔潘以伦敦“人潮汹涌的大街”为主题写了一首讽刺诗，将其形容为“如斯阗咽的大杂烩……诸般形色的声息”。在这里，伦敦的多样化被视为吵闹声的一个方面。不过，当时没有如今街头特有的车流和机械不休的轰鸣，各种声响也许听得更真切。主干道两侧的木结构灰泥房屋，简直如同回音室，因此，16 世纪城市的一大特色想必是轰轰隆隆、此唱彼和，交汇成一出无穷无尽的对话。或许可以说，这座城市在跟自己对话。

有些地方的声响如此高亢，实在可以说是伦敦声音的典范。圣保罗大教堂以音色著称。再次援引布鲁斯·R. 史密斯的叙述："其中声响似蜂群嗡营，一种殊异的汹汹之音，交织着足音、人声，犹如一种寂静的呼啸或者高声的耳语。"在皇家交易所这个世界各地商贾的聚集地点，"空旷的拱顶回荡着如此的回音，仿佛将说出口的每个词语加以繁衍"。商业中心赋有如此宏大的回响，好似经济交易只能在万钧雷霆之中开展。然后，转到经纪人和商人休憩的酒肆，"男人们说是来此取乐凑热闹，实则是来鼓噪喧闹"。这样说来，在权势和投机的地方，聒聒不休的是男性拔高的嗓门。塞缪尔·约翰逊有句论酒肆的妙语："先生，越聒噪就越受欢迎的地方，除了这儿没别处了。"这句评语十分隽永，道出了好嬉耍、好斗为伦敦日常生活的一部分。你越"聒噪"，就越显得是地道的伦敦人。戏院也是喧阗不绝，小贩吆喝、公告员报幕、人群蚁拥蜂攒；人人都在叽叽喳喳，砸坚果吃，唤仆役买啤酒。

街上则是钟声回荡、马车疾驰、人们吆喝、狗叫、店铺招牌在风中嘎吱作响。另有一种不为后世伦敦人所知的声响，那就是流水湍鸣之声。在 16 世纪，城中错杂着溪水和河流。十五道水渠的淌水声，交汇着泰晤士河及其激浪，身处通往河边的大街小巷各个角落，都听得真切。大水轮从泰晤士河汲水，导入木质的水管，水流过盘盘绕绕的管道，发出淙淙的回音，更增添了城市的烦嚣。

1682 年，也是同样无休止的吵闹声，如同永在更新的同一声呐喊。约翰·奥尔德姆爵士在当年宣告道："我在暴风雨中躺下；在雷霆声中起来。"他描摹"不息钟声"的"轰鸣"，还有：

> 醉汉高呼、更夫午夜打点，
> 店铺聒噪、小贩清早叫卖。

这是暗示一座不眠之城。黑夜白天，总是热闹不断，活动连绵不绝。17 世纪时，伦敦也依然既属于人类，也属于动物。塞缪尔·佩皮斯有一夜被"一个阉猪人，以及一头母牛、一条狗发出的该死的吵闹"搅得无法安生。都城里养着马、牛、猫、狗、猪、羊、鸡，这种种叫声，混杂着赶往史密斯菲尔德和其他露天市集的牲口的叫唤；曾有一句话说，伦敦消耗乡下，而这些伴随着其吞噬胃口的声音则无处不在。

时或听到有人说，伦敦的声响让外国人或外地人感到惊怪或困惑。在某层意义上，这个声响被认为代表伦敦的“许可证”，无政府状态与自由之间的界线模糊。在这座充溢着内在平等主义精神的城市，每个居民都自由地以不息的喧嚣占据自己的空间。在荷加斯绘于1741年的雕版画《被激怒的音乐家》里，一位外国访客被种种喧嚣搅扰：阉猪人（也许就是让佩皮斯恼火的那个阉猪人的后代）弄出的声响、猫的叫唤、姑娘的絮叨、男孩的锣鼓、卖唱的忧伤呼告、磨刀匠和锡匠各自操持活计、一架编钟琴、一只鹦鹉、吹双簧管的流浪男孩、怒叱的垃圾工、狂叫的狗。这些各异的形象的意味就在于都是显著而又熟悉的伦敦典型。荷加斯是在歌颂这些吵闹声，它们是这座城市的生命力，是伦敦人的特权。因此，吵闹是他们生活在这座城市自然而不可避免的一部分。譬如说，若无这份权利，很多摊贩、叫卖小贩就会消失。

当然，这座城市的过客并不一定能够感受荷加斯对本地喧嚣的一腔热忱。在托比亚斯·斯摩莱特创作于1771年的小说《亨佛利·克林克历险记》里，亨佛利·克林克被伦敦的夜生活吓得惊慌不安：“我每个小时都要惊醒，被更夫报点的恐怖声响惊醒，他喊着钟点走过每一条街，擂打每一扇屋门。”这说明时间本身可用吆喝声强加于人。清晨也是如此：“我翻身起床，因为心里更畏惧乡下进城的车发出的吵闹，聒噪的乡下人在我窗下吆喝卖豌豆。”买卖与时间，都得用鼓噪的词语去理解。约瑟夫·海顿抱怨道，得飞到维也纳“才能较安生地工作，因为百姓在街上做买卖弄出来的声响，叫人不能忍受”。但也有人一心想融进伦敦的精神，喜闻这份烦嚣，如同拥抱恋人。1762年，詹姆斯·鲍斯威尔初到伦敦，这样写道：“那喧闹、那人群、锃亮的店肆和招牌，甜蜜地让我迷惑。”他从海格特进城，站在高山上，想必早已听见城里的尘嚣。拉蒂希娅·兰登在19世纪早期说道：“夏日从海格特山坡下驾车前来的人们，都看见大片建筑如同黑压压的全景在眼前展开，都听见不息且殊异的声响，被比拟为海洋低沉的咆哮，却另有一种迥异的音色……然后说，倘若见识过此等山峦与山谷，以如此雄浑、如此巍巍可畏的感觉震慑想象力，那就是诗歌中的史诗。”那么，这座城市的喧闹有其伟大的方面。

大体上说，伦敦的吵闹声在19世纪被赋予让人不安、近乎超验的意味，这时候，伦敦象征着世界上最伟大的都市神话。伦敦的喧嚣成为其威势和恐怖的方面，从而被赋予灵性。1857年，查尔斯·曼比·史密斯在题名自相矛盾的著作《伦敦小世界》里这样描述：“那个难以名状的轰隆声，遥远又永在眼前，表示伦敦睡醒了、在走动，随着白天的过去，就会演变为一种震耳欲聋的咆哮，眼下正隐约而连绵不绝地传入耳内。”在这里，“咆哮”暗示某种大兽，赋有深意的则是这种持续而遥远的声音，似是一种冥想的形式或喃喃自语。在这部书里，我们读到“这聒耳声响持续不断、汹涌地咆哮，讲述着伦敦生活之流滔滔涌过千万条水渠……然而，伦敦人自己早已习以为常，不再意识到这个现象，就如印第安野人，趴在瀑布底下，听不见那永恒的激水声”。这个譬喻饶有意趣，将伦敦等同于某种自然力，同时潜含承认在一个未驯服也无法驯服的地方生活的市民赋有的野蛮。

三英里外的地方，当时是“偏远的”郊区，不久之后便被纳入城市的漩涡，伦敦的声响“犹如在内陆聆听澎湃的海浪拍打卵石海岸”。这句话生动地道出了郊区如此紧挨着那座伟大的城市。各方人士将那个常驻不去的声响比拟为尼亚加拉瀑布，因其始终不渝、永无休止，也比拟为心跳。这个声响既亲切，又客观，犹如人生的声息。雪莱得天赐这份直观，写下：

> 伦敦：那滔漭大海，浩兮荡荡，
> 既聋又聒噪，在岸上吐出
> 海难残骸，仍然咆哮着，要吞噬更多。

“聋”与“聒噪”这两个形容词描绘了一幅残酷活动的情景，动词“咆哮”生动地传达了同等程度的畏惧、痛苦、愤怒。这个喧闹声既贪婪，也无助，便似永远处于婴孩状态。这个声响虽古老，却永在更新。

19世纪一位著名的美国人詹姆斯·拉塞尔·洛威尔写道：“我得说，每想起伦敦（我喜爱的城市），我就不由得想起大卫给拔示巴建造的宫殿，坐落的地方听得见一百道溪流：思之流、智之流、活动之流。伦敦给我的深刻印象是一种远甚于我所听闻的任何声音，是那种总是在空中听见的低沉、无息的咆哮。不单是偶然而起，譬若暴风雨或瀑布，而是极其令人敬畏，因为这个声息表示人的意志、冲动、有意识的运作；我得说，每当听到这个声音，我恍惚觉得好似听见时光咆哮的织机。”

那么，这里另有一层神灵的意味。伦敦成为时间本身的象征。那股澎湃的思想和智性的“河流”从不息止。倘若换个说法，这些河流类似天宇的风。只是，这座城市的喧嚣是否也是时间的喧嚣？那么，过去穿梭到未来的飞逝，必定会在这份喧嚣里画下痕迹，“当下”时刻发生的这一瞬息即逝而不可挽回的过程，我们永远不能真切地看见或知晓。那么，这个声响也是一种浩大的失落，是雪莱诗里的“咆哮”。以 T. S. 艾略特（他对时间和永恒的意象直接源自在伦敦生活的经验）的诗句来说，“所有时间俱不可赎回”。伦敦也是不可赎回的，并且我们或许可以看到这股喧嚣实则是无数私人时间的汇聚，不息地迥逝，进入非存在。

然后，纵使身处 19 世纪的嚣尘糜沸里，我们依然能够分辨出仅属于伦敦的声响。“德国人乐队”吹起号角、长号、单簧管，有手摇风琴、手卷钢琴的悲鸣，一名老者托着一盘火柴叫卖“火柴火柴”。高头大马“头戴丁当作响的铃铛串成的头冠”，拉着拾荒者的马车，轰隆隆地驶过。马蹄声连绵不绝，这个声响消逝之后，伦敦尤其显得孤寂。东区有一位女士这样说：“我会怀念夜里的马蹄声，听来颇惊心动魄。简直成了我的伴侣。”当然，还有车轮不断滚过的声响，在不可抵抗的动力的驱使之下不休地滚动。1837 年，有个记者这样写道：“在初来乍到者耳中，数不尽的车辆无休止地碾过伦敦街巷的汹汹喧噪，实在让人难以忍受。午后在街头偶遇朋友，绝不可能说上一言半语……对方的话，一个字也听不清楚。”简·卡莱尔及其夫托马斯在伦敦定居，1843 年，在给一位友人的信中，她这样问道：“你不觉得奇怪吗，我耳边总回荡着一股常驻不去的声响，男人、女人、小孩、公共马车、马车、玻璃窗马车、牛拉车、狗拉车、教堂钟声、门铃、绅士闲聊、邮差闲聊、脚夫大侃，乱哄哄的，什么闹声都有。”听似整个世界在她身上决堤。《19 世纪 40 年代伦敦回忆录》也表达了同样的感受，无息的车水马龙被描绘为“仿佛现世所有马车的所有轮子全都融汇起来，交织为一种低沉、粗嘎、悲悼的哼声”。

19 世纪 30 年代，很多主干道铺上了木板防噪音（最突出的例子要数牛津街和河岸街），然而，没有什么能够抵挡伦敦这种鲸吞一切的喧嚣。在《化身博士》里，史蒂文森写道：“伦敦那低吼从四面袭来。”丁尼生的一部传记这样评价这位诗人：“一向喜听伦敦‘那中心的咆哮’。”他对儿子说：“这是伦敦的精神，那是它的一种情绪。”夏洛蒂·勃朗特听到这“咆哮”之时，不由得心荡神驰。对他们来说，那份喧嚣蕴含着一种鲜活的存在，或许稍带些许不安。这是一种由众多个体生命的总和构成的宏大生命，因此，在《小杜丽》结尾，年轻的女主角及其丈夫“静静地走上喧闹的街头，形影不离，幸福美好。他们走过阳光照耀的街巷，走过阴影，那些啰唣的、汲汲然的、牛气的、暴横的、浮夸的、苦恼的、愠怒的，依然发出通常的聒噪”。“幸福的人”保持静默，如同初来这座城市的陌生人，而那些“汲汲然的”“蠢蠢然的”，则照旧鼓噪。或者更确切地说，伦敦的声息通过他们释放出来。

20 世纪以来，这份喧嚣已经改变。世纪初的人们追忆马车的喧腾、公共马车如雷震的呼啸，交汇着异常祥和、让人惬怀的马蹄声。那么，20 世纪最初十年住在伦敦的作家常以陶醉之情描写这个喧闹声，也就不足为怪了。他们似乎感觉到这些声音即将销声匿迹。

1929 年，据《伦敦协会期刊》，英国医学会派遣代表团前往卫生部，提出“城市的噪音”是“公众健康的一大威胁”。伦敦的声响不再被歌颂为生命本身的象征，或者至少是这座城市的活力，如今被视为有害健康、为人所不容。这个喧嚣声越来越千篇一律，以至于两年后，有报道指出：“人们开始反抗这个搅扰生活、让他们疲惫的因素。”这喧嚣也渐渐失去个人色彩，变得客观。“分贝”标准呼应这个丧失人性化的潜能而出现。而今，各种被视为滋扰的声源都一一揭示出来。这跟荷加斯的雕版画《被激怒的音乐家》形成怪诞的对照。在那幅版画上，各种喧闹源自人类，而在 20 世纪 30 年代，搅乱祥和气氛的则包括街头的风钻、电动喇叭、建筑工地的噪音，火车站的汽笛被形容为“刺耳、聒噪”。大多数人谴责噪音的“不自然”性质（铆钉枪是 112 分贝，雷声则只有 72 分贝），因此再度引入这座城市的老观念，也即本能地反对生长和发展的自然法则。也有人提出，伦敦的声响对“大脑和神经系统”产生有害的影响，导致疲劳、注意力涣散，以及常见的疲惫。

D. H. 劳伦斯对于这座城市的吵闹声的变迁尤其赋有敏锐的直觉，在 20 世纪最初十年，他视其为传达了“所有冒险的溶溶其不可量的咆哮之心”，强调“咆哮”或者“喧嚣”象征精神飒爽。然而，城里的交通继而变得“过重”。这也是官方报告的主旨，从而可以推断，这位小说家触及了真正的时代变动。“伦敦的交通曾经与人类冒险旅程的奥秘一同咆哮”，而今却“如同千篇一律、从远处传来的枪声一般砰砰地响，乏味地碾过，碾过大地，碾过生命，碾死一切”。

关于单调声响的这些反复描述，是现代伦敦声响的典型描摹。弗吉尼亚·伍尔夫将交通的噪音描绘为“翻腾成一种声响，铁蓝色、循环”，颇贴切地传达了周围吵闹声的人为状态，或者无人情味的客观意味。近年来，也有报道指出，到处都能察觉一股隐约的低鸣。也许这是伴随荧光灯或城市表面之下永在运作的庞大电力系统的声息。在今天，正是这个低沉的“背景”声音掩盖了其他声响。汽车和冷气系统的声音改变了伦敦的空气（就空气这个词的每一种含义来说），主要是钝化声响的多样性和复杂性。19 世纪伦敦的大咆哮，在今日已失去了强劲，但效力却蔓衍得更加广阔。远远便可听见一种无休的碾磨声。然而，这里所召唤的意象不再是大海，而是机器。伦敦那颗跳动的“心”，不可能再赋有人类或自然的品性。

人声曾是街头固有的一种声音，而今也变得微弱，只有偶然听见冲着手机叫喊的个别大嗓门，生硬、响亮，甚过日常谈话。然而，在这片声音景观的变迁里，有两个方面依旧如故。数百年来，伦敦本地人素来以大嗓门著称，简直有叫嚷的倾向。伦敦已经变成一声顽固又没完没了的呐喊。另有一个典型的声音。无论白天什么时间，你若站在伦巴底街，这条逼仄的路，正如附近每一条街道，回荡着匆忙的脚步声。数百年来，在这座城市的中心地带，这股橐橐的回音从未间断过。也许这些急逝的足音所回荡的稳健而常驻的回音，才是伦敦在瞬间与永恒里赋有的真正的声音。

第六章

沉默是金

然而，在星期天和公众假期，伦巴底街冷冷清清，整座老城复归沉默。

沉默的历史是伦敦的一大秘密。有人说，这座城市最辉煌的事迹俱被隐匿起来。这个说法精辟地道出了伦敦沉默的天性。这种沉默突如其来，不期然侵袭行人或旅人，一时淹没感官，仿佛从明亮的阳光下走进暗室。然而，倘若伦敦的喧嚣象征着能量和活力，那么沉默必定是城市生活内一种模糊的存在。它或许可以给人宁静祥和，但或许也暗示无物存在。它或许是一种反面力量。这座城市的历史刻画着一个个沉默的时刻：1390 年，《吝啬伦敦》的无名诗人离开切普赛德周边郊野之时，陷入沉默；1483 年，理查三世称王的民众大会陷入沉默；1666 年大火之后是满目疮痍的沉默。

16 世纪，午夜的最后钟声敲过之后，伦敦陷入沉默：

上紧门锁，
看好灯火，
睡个好觉。

当然，伦敦的黑夜并非全然静默。哪一个伦敦夜是静默的，或者是否会有这样的夜？静默夜晚的反差才是意味深长之处。从近乎戏剧的意义来说，因为这标示着对于市民天生激情的一道禁令。在这个意义上说，伦敦的沉默确实不自然。17世纪中叶，亚伯拉罕·考利写了一首诗，暗示说，设若所有邪恶和愚蠢之人都离去，这座城市会变得“近乎凄凉”。这份肃静暗示着喧闹和繁忙都跟罪孽或愚蠢难分难解。在这层意义上说，伦敦永远不能成为沉默之城。

在这个具有无尽对比的地方，无声息也标示另一种对比。18世纪有一位旅人说，河岸街通往泰晤士河的各条小巷里，有一种“如此使人愉悦的平静”，简直震人耳目。类似这样的话反复出现。美国文物鉴赏家华盛顿·欧文在弗利特街旁坦普尔绿地游荡，这样形容道：“怪异地坐落于脏乱的车水马龙的正中心。”他走进圣殿骑士团的教堂，写道：“对于俗人，猛然间转离钻在钱眼里的生活，坐在阴影下的墓地里，所有一切都沉入暮色、尘埃、遗忘里，我以为再无比这更崇高的体验。”在这里，沉默成为永恒的暗示，隐指伦敦曾经从浩大的沉默里浮现，终有一天仍要复归其中。

在19世纪的咆哮声里，这片唯一沉默的地方从而赋有近乎神圣的地位。那个世纪的另一位美国作家纳撒尼尔·霍桑走进伦敦城，在霍尔本迷了路。他走过“拱门入口，里面是‘斯坦伯会馆’……这里有个朝内开的庭院，是一处幽僻、安静的所在……整个英格兰找不到比这里更安静的地方。自伦敦建城以来的数百年里，其咆哮的浪涛不曾淹没这片安静的小岛”。在这里，沉默的力量源自其抵挡伦敦喧嚣的能力。在抵挡过程之中，沉默本身也涵育了某种无垠：“整个英格兰找不到比这里更安静的地方。”

狄更斯也十分熟悉这座庭院，在《艾德温·德鲁德之谜》里大肆渲染：“有这样一个角落，行人在这里转离纷纷扰扰的街头，顿觉如释重负，恍似耳中塞了棉花，或者脚下穿了天鹅绒靴底。正是这样一个角落，数只被烟熏黑的麻雀在被烟熏黑的树梢叽喳，仿佛彼此叫唤着，‘我们假装是在乡下吧。’”因此，这片沉默之中简直有一份戏剧味，好似沾染了伦敦的人为性。这不是自然的沉默，而是一种“嬉耍”，属于伦敦居民必须承受的一系列强烈对比之一。在那种意义上说，这份沉默完全是模棱两可的，或许触动静穆的冥想，或许激起忧思。

霍桑在沉默的中心继续朝圣（这是一个文物研究者肆志证明“现代”伦敦不曾全然驾驭沉默的旅程），他走进格雷律师学院市街，写道：“在这座怪物之城的腮颊看到如此之多的古老的静默，实为咄咄怪事。”这印证了他的直觉，也就是说，喧闹源自冷漠或无知。沉默与过去相通，而沉默救赎现在。“伦敦再没有哪一样东西，似沉默这般赋有魔咒的效验，走过某道拱门，便觉得此身脱离了纷繁、奔忙、漩涡、聒噪，仿佛整整一个时代的工作日浓缩为眼前一个小时，浓缩为一个永恒的休息日。”那么，沉默等同于休憩的圣日。沉默是不工作、不钻在钱眼里的声息。

然而，这番景象也是模棱两可的，因为伦敦的星期天素来以萧瑟著称，一派的愁黪、黯然。那么，沉默是否也同享这股寂寞凄凉？在伦敦，没有喧嚣和忙碌，可能会尤其显得虚顿。19 世纪法国旅人加布里埃尔·穆雷这样描绘某星期天：“好似身在死亡之城；过去六天的全部生命和活动尽然消逝。”人人都体察到这个突变。这实在“可怕”，彰显了地球上其他任何地方绝对找不到的对比。这一突变的独特性再次得到强调，从而使沉默本身也成为 19 世纪伦敦滔滔不绝的烘托。

然而，也有另一些形式的沉默，似乎预示着繁忙的活动。《伦敦小世界》的作者察觉、听见所有这些形式。清晨时分，远处还没有传来“马蹄声和车轮滚动声”之前的片刻寂静，标志着这座城市正从沉睡中醒来，还未开始奔忙。还有，午夜，“一种坟墓般的沉默似乎统治着空旷的街头，而仅仅数小时之前，在这些同样的地方，耳内塞满了形形色色的闹声”。这份“寂静突如其来，万籁俱寂……赋有一种肃穆的意味”，在“突如其来，万籁俱寂”的休止里，包含着死亡的概念。正因为其自身包含了生与死的元素，19 世纪这座城市赋有如此的本性，召唤、激发这般“肃穆的”沉思。换句话说，这不是乡野的寂静，在那里安定的休憩显得自然、不牵强。伦敦的沉默是一种积极主动的元素，包含了一种明显的缺席（缺乏人群、缺乏买卖），从而也包含了在场。这是一种内涵丰富的沉默。

正是因为如此，这种沉默竟能惊醒沉睡之人。一名伦敦记者采访切普赛德一个居民，询问他如何知道已过凌晨两点。“他会告诉你，一如他这样告诉我们，城市的沉默时常在这个时间把他惊醒。”沉默颇似闹钟。亨利·梅休说，在伦敦一些僻巷里，“一种近乎痛苦的沉默，令人几欲悲痛绝地，铺天盖地而来”，仿佛声响的缺席触动心灵或身体的痛楚。沉默也可以令我们联想到诗人詹姆斯·汤姆逊描绘的“一座城市的劫数”。沉默的石头这个意象层出不穷。黑夜的城市，曾被称为“死者之城”，也有人说，仿佛是“一片史前石林”。在查尔斯·奈特编辑、出版于 1841 年的一套“伦敦”丛书里，有一位作者想象这座城市“沉默的街头，门户空虚……试想这样一番动人的景象，我们该会多么地激动、多么地震颤！”怪哉，这份即将来临的沉默竟会让他心荡神驰，仿佛代表了全然抹除人类的活力。

在 19 世纪，这座城市的沉默亦能召唤起一种简直可谓为超越的精神。马修·阿诺德在肯辛顿公园写下一些诗句，在那里，安宁和沉默压过“人类不敬不逊的喧嚣”和“城市的嘈杂”：

> 万物清湛的灵魂！让我
> 去感受，在城市的瓮中
> 有你一方安宁，
> 非出自人手，不能为人伤缺。

那么，“万物的灵魂”要在这份沉默里去体会。查尔斯·兰姆认为这份沉默象征着失落和过往的所有一切，但也有人相信这份沉默从秘密和隐匿之物散发或彰显出来。那么，这沉默代表了当代一位批评家所谓的“伦敦的不可知性”。诚然，在19、20世纪，这沉默赋有一种不可名状的吸引力，朱利安·沃弗雷在《撰写伦敦》里称之为“隐蔽的庭院，被遗忘的广场、无人留意的柱廊”，好似伦敦的奥秘都在沉默之中。这也是惠斯勒在《夜曲》里描绘的奥秘，是世世代代的伦敦人在沉默的大街和冷僻的深巷里的日常遭遇。

坦普尔的喷泉庭就是这样一个圣地，及至21世纪初依然存在。这里似乎依旧如故地给人慰藉。坐落在东区正中心的陶尔哈姆莱茨墓园的沉默，也是深邃而常驻。繁忙的霍尔本区的殉道者圣奥尔本斯教堂旁的广场上，也是一片沉默；卡勒多尼亚路上拱顶石新月街蓦地变得沉默；肯蒂什镇的凯瑞街、肯宁顿巷旁的考特尼广场、肖尔迪奇的阿诺德广场也是一片沉默。自然，或外围郊区的沉默，等候着伦敦的喧嚣前去侵袭。

也许势必要有这些沉默的地方，才能维持伦敦城的和睦。也许伦敦需要对立面，以求恰当地定义自身。这便好似伦敦憩息在死者的安宁之上，沉默象征着瞬间与终归消亡。因此，在这座城市的生命里，遗忘与清醒，沉默与喧闹，总会始终相伴。正如那首创作于19世纪后期的伟大的都市诗歌《恐怖夜之城》：

> 因此，一步一步，零丁的脚步，踩起回音，
> 我们走过漫长、昏暗、沉默的街巷。

XX

LONDON

The Biography

中世纪末期的城市

第七章

人 生 百 态

1348年，“死亡”天罚导致伦敦丧失40%人口。城中死亡人数或许有五万之多。十年后，城墙内三分之一土地仍无人定居。这场灾难被称为“大瘟疫”，也被称为“死亡”，十一年后，它又毁灭性地重现。这个世纪接下来的年月里，伦敦（如同欧洲大多城市）依然腺鼠疫频仍。腺鼠疫不是都市病疫，但都市的环境使其猖獗。病菌通过活跃在中世纪房舍的麦秆茅草之间的老鼠传染，也在近距离交谈时通过呼吸道传染。

然而，伦敦似乎习惯了灾难，没有任何迹象可以表明这个时期的历史有所中断。据说，城里缺乏人手埋葬死人。然而，对于活人来说，这场疫病提供了发财致富的空前良机。譬如说，很多人继承了意想不到的遗产，再有些人，由于劳力匮乏，身价便出奇高涨。14世纪后期，很多家庭纷至沓来，有生意人，也有体力劳动者，从邻近外省迁进这座大城，谋求财富。迪克·惠廷顿的杜撰历史便出自这个历史时期，又开始散布伦敦为“安乐乡”或者黄金遍地的故事。

真实的理查德·惠廷顿是布料商行会的成员，倘若不先理解这些融合行业规矩、宗教戒律、堂区责任为一体的兄弟会本质，便无法准确地理解伦敦的历史。伦敦也许不曾被视为人间的“上帝之城”，但中世纪后期有很多理论家深信，这座城市本身就是人类存在的图式，是世间和谐的象征。

似乎从撒克逊时期以来就有同业行会，称作“gegildan”，后来被称为“兄弟行会”，同时赋有军事或防御职能。在12世纪，一些生意人，譬如面包师和鱼贩，被准许自行收税，不必缴纳王家税务。作为一种相辅而行的过程（倘若不是直接相关的话），我们可以发现各种行业各自聚集在不同地区，譬如，面包店都开在面包街，鱼店则位于星期五街（虔诚的天主教徒星期五不吃肉）。

手工业行会集中出现在某个专门的地区，跟邻近地区的堂区行会不可分解。譬如，在弗利特河畔操持恶臭手艺的鞣皮匠，习惯去弗利特街的卡默利特楼跟自家“兄弟”会面。13世纪后期，融合手艺行业规矩和宗教规条的兄弟会有将近两百多个。譬如，科尔曼街上的圣斯德望教堂登记有三个兄弟会，大圣雅各教堂有一个细木工人的“过梁会”。这是典型的中世纪后期组织，在经济发展蒸蒸日上的城市背景里，有效地容许自治、自生的社区发展兴旺。14世纪早期，王家颁布一道法令，正式规定没有同行六名成员的保举，不能参加手工业行会；另一条款规定只有手工业行会成员才能享受城市的自由。换句话说，只有市民才能参加行会。如此一来，行会在城内渐渐获得强大的经济权威。譬如，有一条款要求只能从在伦敦居住、有选举权的自由民那里购买艾尔酒或啤酒。

而在伦敦，经济权力转而可以购得政治和社会的领导地位，从而，在1351年和1377年，手工业行会自行选举市议会。同时我们也不该忘记，“很多手艺人”和“小本生意人”在本地教堂聚集单纯是为了做生意。这些手艺人的“会”（mysteries，这个词没有神圣意味，而是缘自法语 métier，即职业）遵奉的规矩已经包含了宗教和社会的约束，强调诚实和好口碑。譬如，圣劳伦斯犹太教堂的圣安妮兄弟会会规要求，“倘若任何人有恶名，抢夺不属于自己之物”，此人就要受到规诫。两次、三次规诫仍不悔改，便要被逐出行会，“不至于连累会中正派者的名声”。

这些行会规矩的其他一些方面揭露了当时的时代境况。上述同一份规章里提出，“躺在床上睡觉，不起来去工作挣钱，养家糊口，去酒肆买艾尔酒，浪费时间，会被逐出同业行会”。显然贪杯跟今日可能称之为“爱看球赛”一样，被认为不符合良好的工作态度。在其关于17世纪伦敦手工业的手册里，丹尼尔·笛福也同样地训诫这些都市娱乐活动。出于同样的精神，很多戒条禁止任何人取“诨名”，因为“盗贼、滋事者、拉架人”才会起这种名字；在这里，行会谴责那些破坏公共和谐的人，好似在一个需以极大力气维持和谐的社区里，吵嘴或争执便足以成为罪恶。这里强调的是好名声，避免在同行之间出丑。“小人物”制定规矩保护自己的“好名声”，从而援引规矩来帮助他们在行业里“向上攀升”时抵制残酷的压制，这些都属于这些规矩的典型特征。正因为如此，普通工人或者“雇工”有时试图联合起来抵抗老板雇主，但城市的官僚通常能够抑制低级工人的“联盟”。曾有一段时期，食品供应和生产行业确实就等级和权力展开过激烈的争执。然而从本质上说，这只是焦躁、心怀不满的“低等”行业和手艺人不肯罢休，企图逐步挤入这座城市的社会和政治生活的这一大运动的发展阶段。这是伦敦真正的历史，在史料记载的事件之下散发出生趣和活力。

然而，倘若不理解教会作为这座城市事务的最勤饬、最权威的指导者那种复杂的方式，关于中世纪伦敦的叙述就不能算全面。在单纯的物质领域，教会的管理监护人是城墙内也是城墙外最大的地主和雇主。数千人，或神职人员或庶众，指靠这座城市的大教堂和修道院为生，但也有一些庞大的教会组织拥有城市管辖之外的古老土地和庄园。譬如，圣保罗大教堂的主教拥有斯特普尼的庄园，领地东至埃塞克斯地界，西南至温布尔登和巴恩斯。这座教堂的教士拥有其他十三座庄园，属地包括潘克拉斯、伊斯灵顿到霍克斯顿、霍尔本。这种领地权势直接地传达了世俗与神职的权威，这一权威实在可以追溯到很早时代。罗马治下的不列颠稳步瓦解之时，这些教会巨头便已成为这个国家真正的统治阶级。各省主教沿袭了“罗马执政官的衣钵”，由于缺乏其他公共机构，堂区教堂和修道院便成为所有组织活动的中心。正因为如此，伦敦最早的行政记载俱强调教会权威的势力。在九百年的记载里，我们讲到“主教和伦敦城辖下各庄头以市民的名义制定法令，经国王批示”。隐修院和修道院的院长担任市府参事也是俗例。世俗和宗教的权威之间没有区别，因为两者皆被视为教会固有的本质。

伦敦本身是一座教堂之城，教堂数目之众，胜过欧洲其他任何城市。老城内有一百多座教堂，单是奉圣马利亚之名的教堂就有十六座，并且可以颇有把握地推断，很多教堂原是撒克逊时期建造的木质结构。沃尔特·贝赞特在《伦敦》里指出：“无论哪条街上，都有自己的修道院、女修道院花园、牧师学院、托钵修会修士、卖赦罪符者、教堂司事、执役兄弟。”这话听来也许有些夸张，然而，虽然并非每条小巷都有修道院、女修道院花园，但是查看任何一幅地图，都会发现每条大街上确实都有或大或小的宗教建筑。除了一百二十六座堂区教堂之外，还有十三座女修道院教堂（包括大圣马丁和耶路撒冷的圣约翰隐修院），还有七座大托钵修会，包括哈特街上的加尔都西托钵修会；还有五座隐修院，其中有史密斯菲尔德的圣巴塞洛缪大教堂和贝尔蒙德赛的圣救世主大教堂；还有四座大修女院、五座牧师学院。至于为病人和穷人建造的医院和收容所，我们读到记载有十七处，散落在诸如奥德门、查令十字街、圣劳伦斯普特内［其中有一所精神病人收容所，位于巴金区（Barking），“狗叫疯”这个说法由此而来］。尚且不提祈祷室、教会学校、私人礼拜堂。可以看得出来，在13、14世纪，这些神圣建筑不断地重建，这是伦敦之圣洁的更进一步证迹。伦敦人的虔诚是毋庸置疑的。

伦敦中世纪留存的遗嘱也颇具重要意义，在葡萄酒酿制人约翰·托克（1428）、鞋匠罗伯特·阿麦瑞（1420）、蜡烛商理查德·怀特曼（1428）、蜡烛商的仆人罗杰·艾尔麦斯莱（1434）的遗嘱当中，都透露一种简单而深刻的虔诚感。这些遗嘱的细节传递了伦敦日常生活的所有琐屑物什，遗赠的有毛巾、汤匙、床铺、毯子。罗杰·艾尔麦斯莱留下一只烤鸡蛋的铁架、数支孔雀毛，以及“我的毛巾滚筒”，但他的主要遗愿是想葬在小塔街圣玛格丽特帕顿教堂“门廊外石头下”。他也十分关心教子的精神归宿，留给他“一个物件侍奉上帝”，还留给他“一个小保险箱，装小物什”。所有这些遗嘱都提到散钱给穷人或囚犯或病人，前提是要这些可怜人替死者的灵魂祈祷。譬如，葡萄酒酿制商约翰·托克给面包街圣美德的神父留下诸般遗赠，让他们“为我的灵魂祈祷”，赠钱给“关押在拉德门、马切尔塞凯杰斯本切监狱”的囚犯，还赠钱给“躺在主教门圣母医院、圣母疯人院、圣母病院、艾尔森医院、史密斯菲尔德圣巴塞洛缪医院，还有萨瑟克圣托马斯医院的可怜病人”。这当中很多机构今天仍在，尽管已经改换面貌，另一些则仅留存在伦敦民间的记忆里。约翰·托克给他的学徒亨利·托米孙留下“面包街上我那间叫作美人鱼的房子”，据说，这就是莎士比亚和约翰逊喝酒的酒肆。伦敦的历史是几经辗转涂改的不同版本的现实，是萦绕不去的真实。

这座中世纪城市的守护圣徒是一位7世纪的修士，是当时掌管伦敦的主教：圣俄肯沃做了东撒克逊王国十八年的精神领袖，辞世之后，惠赐了很多奇迹。俄肯沃主教年迈体衰，不能在堂区走动后乘坐的木车或木轿，成为受崇拜的神物。这副坐骑的断片和木屑被视为赋有治愈灵效，这副坐骑本身则跟圣徒的遗骸一道被供奉在圣保罗大教堂的主祭坛。俄肯沃的遗骸密封在一具“打造为三角墙房屋或教堂状”的铅棺内，从而使得这个神圣的处所赋有这座城市的地貌特征。

俄肯沃崇拜在伦敦风行了数百年，再度举证了伦敦市民的虔诚或轻信。利河畔的斯特拉特福德（如今是工业园）显现了奇迹，圣保罗大教堂周边的大街上据传也显现很多奇迹。事实上，这座大教堂屡遭火灾，而圣俄肯沃的遗骸却幸存下来，这也可算作一桩奇迹，尤其是在 1087 年那场大火中幸存下来。之后，其遗骸被供奉在与“伦敦最神圣人物”相称的银龛内。我们在记载上读到，教堂仆役在夜里秘密地将圣徒的遗骸迁移到另一神龛，因为倘若白日迁移，便会引起聚集而来的庶众狂喜失控。这种崇拜不仅在平民中间风行，即便在 16 世纪早期，伦敦城最得意的律师被提名为法学博士之后，就会去瞻仰圣俄肯沃的神龛，游行前往圣保罗大教堂，在这位圣徒的遗体之前参拜。

已故圣徒的传说或许显得无涉主题，但这些正是伦敦生活的一部分韵味。市民最初将俄肯沃的遗体抬到圣保罗之时，宣称道：“我们就像强壮、勇猛的男子汉……就算颠覆、推翻有着强大兵力和武器、严加防御的城池，我们也不能弃这位上帝的仆人的遗骸、我们的守护者而不顾……我们要这座如此辉煌的城市和教众因这样一位圣徒而巩固、荣耀。”21 世纪，伦敦城西确实还有一条俄肯沃街。那么我们或者还可以称他为伦敦的守护圣徒，其崇拜盛行了八百多年，及至过去四百年间才消退到暂时的黑暗之中。

因此，我们可以用多种方式去理解这座中世纪的城市，或从其暴力或虔诚，或从其重商精神或宗教守则。教堂的钟声敲响，各行买卖打烊，商人的秤砣在市场十字架上试验、衡量。我们能否说伦敦教会的行政人物全然世俗化？或者说，伦敦市民热衷生意，做得出最凶暴的行为，却怀抱最真诚的虔心？这个问题激发人们对于中世纪伦敦人生活的极度好奇心。也许他们是以永恒的眼光看待生意买卖和家常生活带来的无休的压力，或许他们的生活里有如此之多的暴力行为，实是因为相对于不朽的灵魂，人生被视为相对地低贱。那么，这座城市就成了堕落人类的真正家园。

LONDON

The Biography

伦敦的发展

第八章

黑暗与拥挤

16世纪伟大的古文物学家约翰·斯托给我们留下都铎王朝时代伦敦最生动、细致的描述。他描写城墙外与城内不断涌现的新街道和新建筑，“吞食大街小巷、公共区域”。曾是棚屋或店铺的地方，有个老妪曾在此设摊出售“籽实、块茎、香菜”，而今很多房屋“造在左右两侧，越造越高，有三四层楼，甚或五层”。发展是这座城市始终不变的境况，然而，当这个发展过程吞食、改变他童年所熟悉的鞋匠巷的古老地貌之时，斯托为之痛心。

我们可以跟随约翰·斯托走过圣尼古拉斯屠宰场和臭巷旁的肉铺巷，他论述此地肉价高涨。他说，从前一头肥牛顶多值二十六先令八便士，一只肥羊值一先令，“至于而今的价格，就不需要我赘述了”。在这座城市的编年史家当中，似这般赋有地方色彩的描述，斯托是独一无二的。据说“他叙述琐屑之物、玩具、小玩意，城中如此热闹，他在市政厅待不住，他的笔墨非沾染那好兴致不可”。然而正是这一点，令他成为如此出色的伦敦勘测家、如此典型的伦敦人。在其《伦敦调查》里，他细致又生动地描述自小熟悉的街巷。

斯托生于1525年，至少父祖两代都是居住在针线巷或三枚针巷的油脂烛匠。亨利八世的亲信议员托马斯·克伦威尔霸占他父亲位于这条巷内的花园，斯托懊恼地慨叹道：“某些人遽然摇身发达，飞黄腾达，做起事来便忘了本分。”关于斯托接受的教育，我们所知极少，不过，他很可能上过伦敦免费开设的语法学校。他自己回忆如何徒步到属于米诺里女修道院的一座农场，“我自己多次去买过半便士牛奶”，从这里可以看出，紧靠着城墙就是一片牧地。但他不曾提起其他少年往事。然而，我们知道他以裁缝为业，在奥德门水井旁边那座儿时曾买牛奶的农场边开了一间裁缝店，但他真正的追求还没有开始。

研究古物似乎是伦敦人天生的激情，斯托则依然是这方面最伟大的典范。因此，他的第一部著作便是纂辑乔叟，确实再相称不过。斯托的初衷是研究这位绝妙的伦敦诗人，后来才转向养育了这位天才的城市。他成为“领薪的编年史家”，开始研究伦敦史料，大多存在市政厅。我们可以想象他身处一卷卷羊皮纸、手稿、散了架的书籍中间，试图破译这座城市的历史。在其早期著作《英国编年史概要》里，他写道：“自从眼见我们近代英国编年史纷繁芜杂，人们对过往历史无知，我放下本行，就任圣职，研究我们那些著名的古事，至今已有八载。”这番话或许暗示他丢下裁缝这个行当，全身心投进历史研究之中，但现存史料表明他的裁缝店仍开了一些时候。他抱怨被人称为“刺针佬”（这是对于裁缝的蔑称），并且作证某邻居朝他的学徒扔石头砖块。

他的周围遍布着“古迹”。离他家数英尺处，在比利特巷和酸橙街之间的地底约“两英寻深处”，埋着一堵墙、一道石门，1590 年拆除工程之时挖掘出来。斯托研究这些古迹，深信这是四百五十年前斯蒂芬王在位时期的老石砌建筑。伦敦的地面一直在升高，不断地在前身的废墟瓦砾之上重建。斯托走遍每个角落，曾坦白地说，他的求索“耗费无数英里疲乏的跋涉、无数辛苦挣取的便士和英镑，无数寒冬深夜的钻研”。他身量单薄高挑，“神情愉快、和颜悦色；眼力和记忆皆好，十分清醒、温和、客气地对待请求他下指示的人”。

鉴于在 16 世纪早期，伦敦无疑是文物研究者的乐园，他当时必定需下达很多指示。斯托时常提起伦敦有很多大宅，“古时造在拱顶地窖之上，造有石砌大门”，大约建造时期是 11、12 世纪。当时必定还有罗马时期留存的墙垣、大柱、人行道。那个时代留下来的砖石早已被劫掠，转用于现代建筑，但无疑可以在伦敦后世的历史里看出 1 世纪的光景。然而，在斯托勘察之时，很多建筑正被摧毁。亨利八世开始施行的宗教改革，不但导致伦敦人的信仰改革，并且也改变了伦敦城的建筑面貌。原本受到市民狂热拥护的罗马堂区这种组织形式开始瓦解，而伦敦人在此过程中感受的不定和困惑，转而形象地体现在城市本身经受的面貌改换上。修道院、祈祷教堂、贵妇的礼拜堂被恣意毁坏。修道院、教堂，尤其是修道院医院的解散和毁坏，意味着这整座城市正处于摧毁和建造的狂热时期。城市多半地区必定类似大片建筑工地，而另一半则被弃置，用斯托的话说，变成“触目的衰落”。

从很多方面看，当时的伦敦是一片废墟。斯托提到市府参事区街有一处“老法庭”遗迹，而今成了“木匠作坊”；老犹太街上，某市长宅第相继转用为犹太教会堂、修士会、某贵族和某商人的住宅，后来摇身变为店名为“风车”的“酒肆”；有一间礼拜堂，“临街的空间被用作仓库和店铺，楼上是宿舍”；有一位主教的居所转变为经济公寓，等等。其他史料提及一幢西多会建筑被“彻底”拉倒，继而那片地基上造起仓库和经济公寓，还有“供应轮船的饼干烘焙店”；俗称为米诺里的穷克莱儿女修道院也被铲除，以便腾出空间造仓库；拄拐修士会的教堂转变为木匠作坊和网球场；黑衣修士的教堂被用来堆放“庆典”所用车辆和各种器具（这里后来成为黑衣修士剧院，也许这是相当贴切的）；大圣马丁被拆毁，旧址上造起一家酒肆。

还有很多例子，但最突出的一点在于，宗教改革之后，都铎王朝后半期的伦敦是一片荒凉破败的景象，大街小巷的店铺和房屋之间，断壁残垣、破门洞、古老的石砌窗隐约可见。即便在城墙外，从河岸街通往泰晤士河一带，俱是主教和贵族的宅第。据一位威尼斯大使说，这些华屋“因周围遍布着无数破败的教堂和修道院而不堪入目”。

饶是如此，哀悼之余，也看得出推陈出新的迹象。在面包街和切普赛德十字街附近的金匠巷，斯托不遗余力地称赞那些店铺和住宅（就在他出生三十五年前建造）：“临街的门面以金匠手艺装饰得十分美观……乘坐灵兽，所有这些装饰俱为铅质，绘得五彩缤纷、金碧辉煌。”15 世纪旅行家多米尼克·曼奇尼也来到这里，说道：“这里有金杯银盏、彩染的玩意、各色绸缎、地毯、挂毯。”这些都是都铎王朝时代伦敦的真正风味。也许老教堂被拆了，但斯托说，在同一块地基上造起了“结实漂亮的木结构建筑……里头住着各种行业的人”。有个老十字架被搬移，腾出地方修筑闪闪发亮的水渠。有一位贵族的宅第被转用为集市，“销售细呢、粗呢、法兰绒等面料”。有一座十分古老的石砌建筑逐渐被推翻，在这片地基上造起“无数漂亮的房屋”。

这是都铎王朝的伦敦的行当和活力。斯托本人便是典型的伦敦人，往往禁不住地悉数构成城市生活的花园、磨坊、石砌和木质的房屋、酒肆、水渠、马厩、院落、集市、公寓、同业公会会馆。

环绕一个独立院落而建造的伦敦老宅，已不复适宜这座城市的新生存境况。这些老宅或被拆毁，或被蚕食，以便容纳早已以“颇黑暗、颇狭隘”著称的小屋。即便是富裕商贾的宅第也建造得颇紧凑，底楼是店面和仓库，一楼是大厅和客厅，二楼是其他生活起居空间。这样的房屋砌得五六层高，每层有两个房间，以木材和砂浆为建材，实属常见。在这个蓬勃发展的城市里，空间如此宝贵，地窖和阁楼便成了穷人的居所。人口统计只能取大概数字，1565 年的数字是八万五千人，1605 年便已升至十五万五千。而这个数字不包括住在“铁窗内”的那些人，那里的人数不下两万。借用或许有些时代错误的词语来说，这体现了人口激增现象。

房价如此高涨，即便最逼仄的店面或房舍也无人肯拆毁。因此，城市发展便意味着古代的阴沟原本既作防御，也倒垃圾，如今则被填平，其上造起更多房屋。通往各城门的大道“有所改善”，铺砌了石块，因此，道路两旁很快涌现了店铺和住宅。譬如，据斯托说，通往奥德门的大道，“非但大道旁密密麻麻地造起房屋”，而且“各种小巷两旁也开满了酒肆”。即便城外的田野上，年轻人曾经射箭或沿河水徜徉的地方，“如今不过数年，便不断涌现花园房、小农舍，两旁的原野变成了菜园、晒布场、保龄球场，等等”。

城市如此拥挤不堪，以致伊丽莎白一世于 1580 年颁布“鉴察伦敦城（自古以来称作她的厢房）及郊区生齿日繁，限令本城居民渐次发展”，从而使得“饮食以及其他生活必需品维持合理价格，欠缺此等必需品，无城市可得以长治久安”。另有一个原因导致城里人口过多成为隐忧，“无数人挤在一间小屋里，大多数人十分贫穷，是的，诸如以乞讨或更糟糕的方式谋生，这等人挤在一处，人丁和仆役众多的家庭挤在一间房屋或狭小的公寓内”。这是关于伦敦过度拥挤的最早记载，诚可读作是第一次描述这座城市自此以降纠缠不去的苦恼。女王的对策是勒令“距伦敦城各城门三英里内不得建造任何新房舍或公寓”。人们认为这是伦敦初次企图在城市周边留出一圈“绿地”，这个揣测至少强调了这座城市所有“现代”规划里显而易见的历史延续性。然而，这则禁令实则可能更是为了保护城墙内的市民（他们嫉妒城外纷纷涌现的行当和店铺）对于买卖的垄断。

这份文诏的另一方面也赋有重要意味，女王及其城市顾问勒令“不得有超过一户以上家庭共同安置或居住在任何房屋之内”。实际上，一幢房屋仅可居住一户人家这一观念，确实是这座城市在 17、18 世纪发展背后的目标；这甚至被视为伦敦特有的解决方案。之所以说这是伦敦特有的，实是因为历史上流传下来的伦敦精神；正如拉斯穆森在《伦敦：绝无仅有的城市》一书中指出，伊丽莎白一世的措施体现了“保守地坚持中世纪的住房政策”。出乎类似的时代精神，唯有造在“老屋基”上的新建筑才能领到批准。我们从这里可以粗浅地认识到伦敦依然呈现的那份延续和永恒感。

然而这道文诏行之无效。伊丽莎白女王颁令后三年内，伦敦城官吏嗟叹城墙外涌现大批棚屋、房屋、公寓。她的继位者也定期颁布各种诏书和法令，然而没有一道得以行之城中，并且无一道在抑制城市发展上发挥丝毫效力。

事实上，伦敦城的发展，无论在从前还是在今日，都无法抑制。这座城市往东沿白教堂的大路，往西沿河岸街，往北朝克拉肯维尔和霍克斯顿，往南朝萨瑟克及其周边，不断地扩展，用斯托的话说，这些地方都“纠集”无数游览胜地、酒肆、妓院、游乐园、戏院。律师学院则挤在霍尔本“郊区”，夹在伦敦城和威斯敏斯特王宫之间，翻修、装饰一新。

不过，从郊区进城的路况并非向来平坦。亨利八世在位后期数年间，议会卷宗记录从坦普尔到“查令村”的大路（现名为河岸街）：“坑坑洼洼，十分危险……十分嘈杂、恶臭，多处地段对来往行人，无论步行或骑马者，造成极大隐患。”然而较现代的交通工具也不见得受欢迎。出租马车出现之时，被称为“双轮马车”或“轮车”，引得斯托评论道：“世界在车轮上滚过，但大多父母辈更乐意靠自己的双腿走路。”

在16世纪，首都交通一直是人们抱怨的话题，一如之后世代也是这般抱怨。斯托又说：“双轮马车、平板车、推车、四轮马车的数目，远远超出人们习惯的程度，大街小巷都修得平荡，必定十分危险，正如日常经历所见证。”马车夫绝不探头张望身后便挥鞭驱马驰骋，或者醉醺醺的车夫频频在大道中央蛮横地争吵谁有权先行，这些事都加剧了路况的危险程度。并且，大路上纷嚣得“连大地都在震荡，竖铰链窗碎裂、碰撞、丁当作响”。

然而，对于那些买得起新“奢侈品”的人们来说，都市生活条件有了巨大的改善。人们曾经躺在木板和麦秆床上睡觉，如今买得到枕头和床单；就算较贫穷的人家，吃饭的家伙也从木制换成了锡制器皿，“中等”人家则有了墙饰、黄铜器皿、柔软的床单，橱柜里摆设着绿釉陶盘、陶罐、陶盆。城里还时兴造砖头和石砌的烟囱，这些烟囱转而不但改变了伦敦城的外观，而且影响了气候。

伦敦城将其部分独立性丧失给了议会和君主，甚至到了接受亨利八世举荐市长的地步，但它转而也成为这个统一国家得到公认的首府。城市理想被一种国家理想取代，在如今这个大多数人是移民的城市里，怎能不变成这样？新来者来自英格兰四面八方，康沃尔郡、坎伯兰（据统计，16 世纪后半期，六分之一英格兰人变成了伦敦人），外国移民的数目也激增，使得这座城市成为名副其实的国际性大都会。死亡率如此之高，出生率如此之低，没有这些不断拥入的手艺人和工人，伦敦人口必定会稳步下降。然而，这座城市继续扩展，吸收来自低地国家的啤酒商和书籍装订匠、来自法国的裁缝和绣工、来自意大利的制枪工、来自荷兰及其他国家的织工。切普赛德有个非洲人或“摩尔人”，擅长做铁针，从不肯将丝毫手艺传给别人。时尚跟随人潮，正如人潮跟随时尚。伊丽莎白一世时代（1558—1603），城里涌现大量绸缎店，贩卖金线、银丝袜等等，一应俱全。据说，女王登基之时，乡间绅士“绝不肯穿戴本地裁缝做的斗篷、大衣、紧身外套、袜带或衬衣……必得从伦敦购来”。

倘若说伦敦成为时尚中心，那么这里也成为死亡中心。死亡率超过这个国家其他所有地区，两大死神是瘟疫和汗热病。较贫穷的堂区，平均寿命只有二十到二十五岁，较富庶的堂区则高达三十到三十五岁。这些致命的传染病证实了 16 世纪伦敦是年轻人之城这一显明的真理。绝大多数市民年纪在三十岁以下。正是这个统计数据，帮助我们解释都市生活以纷呈的形式展现的活力和浮躁。

最触目的典范是嚣张的学徒，他们是伦敦城特有的现象。这些年轻人被束缚于严格的合约，却依然设法保持高亢的情绪、近乎狂热的乐观劲头，这股精神散溢到大街上。他们“聚在酒肆，喝得脸红脑涨，或者在切普赛德街嚼肉末派；但更多时候，按照伦敦学徒的规矩，他们在星期天跟师傅去教堂，然后离开，跑去下酒馆”。有无数打斗和“斗殴”，受害人通常是外国人、“夜游者”，或贵族的仆役，他们被视为沾染了主子的高傲习气。1576 年一道法令规诫学徒不得“虐待、骚扰、恶伤任何贵族的粗役、跟从或仆人”。足球赛后常有骚乱，三个年轻人因“在切普赛德足球赛上举止极端无礼、放纵”，被关进当地监牢。学徒、手艺人、孩子都参加 1517 年“五月节暴动”，洗劫外国人的房屋。16 世纪最后十年，暴动和骚乱格外频繁，然而，伦敦不似欧洲大陆的其他城市，从来不曾陷入动荡或无治。

外国旅人的叙述体现了伦敦在这个时期的特殊地位。有个希腊游客描述说，伦敦塔里的宝藏“听说胜过古代传说中的克里萨斯或迈达斯的财富”。有一名瑞士医学院学生描述道：“听说不是伦敦在英国，而是英国在伦敦。”当时有专门为游客设计的标准导游路线，游客先被带到伦敦塔和皇家交易所，再被带到西区，看切普赛德、圣保罗大教堂、拉德门、河岸街，然后前往壮观的威斯敏斯特和白厅。有些道路虽不曾铺设，但骑马仍然比行船可取。魔法师兼间谍乔达诺·布鲁诺生动地描述了他雇船的经历。他与同伴欲往威斯敏斯特，花费了无数时间找船，徒然大呼“船家！船家!”最后，两名老船夫终于摇着一艘小船而来：“反复盘问从何来、往何处、为何、如何、何时等之后，才将船首拨到河畔台阶。”这些意大利人以为终于可以抵达目的地了。然而，船行了三分之一水程之后，两船夫靠向河岸。他们到“站”了，不肯再往前去。诚然，这是小事，却揭示了外国人眼里典型的伦敦人举止的粗鲁和固执。也许同样典型的是，布鲁诺上岸后发现，小径烂泥淤积，无奈之中踩过“丛莽苍苍、阴暗的地狱”。

还有很多叙述强调伦敦百姓的粗暴与仇外。有一位法国医生在 1552 年至 1553 年间到伦敦，评论道，“普通人十分兀傲，生性好煽乱……这些市侩恶棍仇恨所有外国人”，甚至“朝我们脸上啐口水”。学徒们搭伙在街头跟外国人寻衅，有个旅人亲眼看见一个西班牙人被一伙群氓追打，逃进一家店内避祸，因为他胆敢公然穿戴其民族服饰。在这方面，那位瑞士医学院学生可能太善良，才会把话说得这般温和：“一般人仍有些粗俗、不文雅……认为英国之外的世界都是蛮荒之地。”

在这些外国人的描述里，这座城市也充满了细节。另一位旅人注意到伦敦街头有很多鸢，“颇温驯”，好似这些街道是其家园一般地悠游闲步，觉得十分稀罕；这些鸟是这座城市的垃圾工，屠夫把动物内脏扔给它们。只有酒肆的数量可以攀比肉店的数目。游客也注意到伦敦人热爱隐私权，邻里房屋之间有石砌墙壁；酒肆也是如此，设有木隔板，“以使一桌不能张望另一桌”。也许在这座拥挤、人头攒动的城市里，诸如此类不受干扰的企图是自然或不可避免的。然而，这也体现了伦敦特色一个重要而永恒的方面。

在其他描述里，“两餐之间也总在街上看见男女老少边走边嚼”。要是这些孩子不是在啃苹果、嗑坚果，就可看见他们在伦敦塔山行刑之后，“捧起绞刑架缝隙间滴下的鲜血”。在这个场合里，行刑者身穿白围裙，“就像屠夫穿的那种”。在这个被暴力、鲜血、肉、无止境的胃口所宰制的城市里，我们似乎已经完满地走完了一圈。

第九章

黑咕隆咚一天地

中世纪之时，城里有一条黑巷，巷里有家酒肆，叫作黑楼。后来这条狭窄的通道改名为黑楼巷，可以在18世纪的伦敦地图上看到。在这块地上，如今伫立着黑楼码头，香港银行的总部大厦高耸在天际。这幢大厦覆盖着墨蓝钢条和暗色玻璃。如此看来，这座城市保持了其黑暗的秘密生命。

灰尘、泥土、泥浆、煤灰，一向是人们抱怨的对象。在17世纪，约翰·伊夫林发牢骚说："出门时，房间锁得再紧密不过，可是回来之时，屋里一应物什俱蒙了一层黑煤灰。"同一世纪里，一位维也纳牧师描述道："一年四季，一种软绵绵又馊臭的泥土充塞城中，以至于这地方更该被称作 Lorda（污秽），而不是 Londra（伦敦）。""伦敦的污秽"也被形容为"似浓墨般浓郁、乌黑"。18世纪时，奥德门外的道路"犹如一深潭凝滞的泥浆"，河岸街的龌龊污水洼则有三四英尺深，"倘若人们忘了拉起马车窗，泥浆就会灌满车厢，溅得房屋下半截全是污渍"。街上倘若不是遍布泥泞，便是飞满了灰尘。即便在19世纪中期，根据《季度评论》，伦敦无一个男子的"皮肤、衣衫、鼻孔不会势必或多或少地布满花岗岩粉末、煤灰，以及更让人恶心的物质"。据说，圣保罗大教堂大有权利被染黑，因为其建造资金来自海煤税，可是城里的动物也跟着遭受煤烟和污秽的侵袭，那就实在说不过去了。红尾水鸲和燕鸟羽毛覆盖了一层煤灰。据说，伦敦的灰尘导致无处不在的蜘蛛的呼吸道阻塞、感官迟钝。所有生灵都遭受损害，正如在艾丽丝·默多克的小说《黑王子》里，一位生活在20世纪后期的人物说："我能感到伦敦的污垢和粪便在脚底、屁股、后背滑动。"

并且不止是物质的污秽。乔治·沙夫在19世纪30年代后期画了一幅鱼街山素描，正如他的所有作品一般出色、细致。然而这幅素描的前景却是大片阴影，遮没了人物和房屋正面。实际上，这是伦敦大火纪念碑的轮廓，在视线之外，沙夫精彩地在那片阴影里描摹出某种属于伦敦本质的东西。这座城市向来影影绰绰。

正如《伦敦步行者》的作者詹姆斯·博恩在1931年所说，伦敦栖息在"不可能再有阴影的宏大阴影的表面，上上下下投射黑影"。还有保尔·魏尔伦对伦敦的看法，他写道："这座骇人的城市里，这阴暗的龌龊……如深切的哀悼，如此各种阴影！"伦敦大多建筑所用的石板，布满了地质学家所谓的"压力阴影"，但是在波特兰石灰石污黑表面的衬托之下，这些阴影便显得不起眼。有一位外国旅人评论道，伦敦的街道如此灰暗，市民似乎乐于跟光线"捉迷藏"，就像森林里的小孩。1782年夏天，查尔斯·莫里茨评论说："让我吃惊的是，那些房屋好像都是黑糁糁、阴沉沉的。"那份阴沉让他难以忍受："当时，我无法冷静地将伦敦的外观与此前见过的任何城市相比较。"

中世纪之时，城里大约有二十多个带"脏"字的地名，诸如脏巷、脏冈、脏胡同。还有墨角场、臭巷、死人区。伦敦城的伦巴底街，处于资本帝国主义的中心，便是一条阴暗得恶名远扬的街。19世纪初，砖砌的墙壁被煤烟熏得如路上的泥浆一般乌黑。而今，在21世纪，这条街依旧逼仄，依旧阴暗，石墙总是回荡着匆匆而过的跫音。这里仍然似一百年前纳撒尼尔·霍桑所形容的"伦敦黑暗的心灵"。霍桑的同胞亨利·詹姆斯也留意到这股"要命的黑暗"，但他却陶醉于此，好似"天生的伦敦人"。1870年，伊波利特·泰恩觉得这片黑暗简直"可怕"，从远处看，房屋"好似吸墨纸上的墨渍"，就近细看，"那些高耸平滑的外墙原来是乌黑的砖头"。伦敦的灰暗似乎深入泰恩的灵魂，在他暮年的呼唤里，"骨炭工厂"，也即伦敦一处住宅楼，"门廊煤灰污浊……每道缝隙沁透了……一排排拉下百叶窗的窗户……柱子的凹槽俱是油腻的污秽，好似黏稠的泥浆从上面直淌下来"。

还有些人也熟悉这份黑暗。仁厚的编年史家查尔斯·布思在《伦敦人的生活和劳动》里描绘19世纪的白教堂时，提起穷人的餐桌都是"颇乌黑"，稍有余留的空间，便集满了苍蝇，外面街上，齐臀处，"是一块龌龊的大印，显示男人和小伙习惯在此地久立”。

查尔斯·布思描绘的疾病和死气沉沉的状况，多少增添了这座都城的阴暗气象，这些阴影象征了财富和权势对一无所有者与弱者的倾轧。工业革命的影响，尽管在伦敦不似北方制造业城市那般显著，却也加深了这层阴影。由于工厂和小作坊不断建造，煤需求量越来越大，对于这座自18世纪初以来便是欧洲制造中心的城市来说，只能是愈发加强其典型的灰暗面貌。

在另一种意义上说，其灰暗象征着隐秘，并且无数关于这座城市的书籍也印证这层隐匿的意味，譬如《未知的伦敦：罗曼史和悲剧》《不为人知的伦敦》《阴影里的伦敦》。那层隐秘属于这座城市的精髓。在《间谍》一书里，约瑟夫·康拉德把这座城市描绘为“半迷失在黑夜里”，这是呼应查尔斯·狄更斯七十年前在《博兹札记》里的评述：“伦敦的街道，若要看其最鼎盛的时期，须在阴沉冷清昏暗的冬夜去看。”这个语调虽有些讽刺，其间的意味却诚挚。在他最后一部完成的著作里，狄更斯又回到这个话题，描述道：“一座黑色尖叫的城市……黑糁糁的城市……无望的城市，铅灰的苍穹根本找不到出口。”黑暗属于这座城市的精髓，属于其真正身份的一部分。直白地说，伦敦着了黑暗的魔道。

第十章

地图与古文物研究者

伦敦的历史以伦敦地图史为代表。这些地图可被视为这座城市的符号象征，可以看作是人们试图以流畅、和谐的图式描绘混乱的努力。从 16 世纪中叶第一幅伟大的铜版地图，到 20 世纪后期的“地铁”地图，伦敦的地图绘制历史代表了人们试图理解城市的混乱从而将其缓和的努力，也是试图认识不可知之事物的努力。

约翰·斯托本人借鉴的那幅最早地图，总是令观看者惊奇。这幅铜版蚀刻地图不知出自何人之手，但所有证迹都表明，这幅精心绘制的地图是玛丽一世女王所委托。这幅地图的完整面貌（而今仅存三个残片），必定有八英尺高，五英尺宽，囊括城内与郊外所有地区。有些方面极尽细致之能事：利德贺市场肉市每一杆秤、花园里的狗窝、树木的位置或井旁水桶的数目，都忠实地绘制。穆尔菲尔兹晾晒的衣衫和床单，邻近牧地里展开的火枪和射击比赛。教堂和修道院遗迹也清晰可见，有些描摹得如此琐细，连建筑石块和木头都分明可辨。在莎士比亚戏剧里，冈特的约翰把环绕英格兰的大海比拟为“保护一幢房屋的护城河”，我们看过这幅地图之后，便会明白他的观众从肖尔迪奇走上城外通往戏院的路，穿过芬斯伯里原野，恰好经过这样一幢被护城河环绕的房子。16、17 世纪的大多伦敦地图，都是参照这幅铜版地图。因此，从线条上，我们可以看到最清晰、最重要的伦敦轮廓。

然而，在某些方面，这幅地图不可避免地有失误。现实里错综、狭窄、密集的小街巷都被遗漏，以便突显大街和要道。从这方面来说，城市被荡涤了一番。房屋的数目和种类也被忽略，以便呈现更划一、悦目的面貌。地图上所绘的市民，或劳作或嬉戏，个头也魁梧得反常，表明这位绘制者希望强调城市里人的维度。饶是如此，地图的蚀刻技艺十分精湛，从而，它成为数年后地图绘制的底本和灵感来源，也并不出人意料。

譬如，都铎王朝中期有一幅彩色伦敦地图，人称“布朗与霍根伯格”，便是那幅伟大原作的小型摹本。在这幅地图上，这座城市显得小巧紧凑，虽然绝非赋有宗教的形状，却与周围一切天然地协调、融洽。舟船排列为优美的队列，在泰晤士河上行驶，通衢大道的路线似乎也依循河道。这幅地图描绘当时盛行的所谓“美丽城市”，但也突出另一重要意义。地图前景里，站着四个伦敦人，比例颇为失调。较年长的男子身穿商贾的长袍和镶皮毛大衣，头戴帽子，右手站着学徒，穿着类似紧身外套的短上装，腰上佩剑，手执小盾。商人的妻子着一袭简洁的蓝礼服，底下衬西班牙式裙撑，侍女穿着朴素的衣裙和围裙。他们属于平常人家，却站在伦敦以北耸立的山顶，作为这座城市名副其实的代表人物。这幅地图可以看作是伦敦商业权势的宣传，这四名伦敦人身后，泰晤士河上航行的船只则表示伦敦作为港埠的地位。

1666年大火彻底烧尽伦敦的面貌之前，还有两幅伦敦“全景图”以类似的精神将泰晤士河作为其地图的灵魂。温斯劳斯·霍拉绘于1647年的全景图令17世纪中期安东尼·范·登·温格尔德的河景图相形失色，但温格尔德的地图价值在于展示了泰晤士河的繁忙景象，有摇桨的、有打鱼的。旅人在星门马渡口等渡船，行人走上萨瑟克高街，朝伦敦桥而去。

诚然，霍拉那幅气势强大的雕版，也许是伦敦全景图当中最美观、协调的。在他的地图上，伦敦是一座世界之城，几乎看不到地平线。这位艺术家站在岸畔圣马利亚奥维丽教堂顶俯瞰城市，因此版画前景是伦敦桥入口那大片屋顶和房屋正面。那些烟囱、窗户、屋顶上的木板与瓦片，表明当时桥南已是人口密集。泰晤士河上有近八十艘大船，还有数不清的小船，河水似一条光与空间交织的大带，使得伦敦尤显壮观。南岸还有很多可人的细节，在密密麻麻的屋顶和烟囱当中，霍拉劈开两截街景，可以看见一条狗、一名骑马的男子、散步的夫妇，各自点缀着一二零丁的人影，所有这些人物都永远地凝固在这幅地图上，成为伦敦图式的一部分。从霍拉的高空视点，可以望见一处围墙内的花园；在花园之外，有两幢圆形建筑，分别标有“环球剧场”和“套熊”。这两幢建筑之外是原野，马儿在吃草。泰晤士河北岸，屋顶和教堂尖塔丛立。尽管圣保罗大教堂近八十年前已经被雷电击毁，这座大教堂的建筑却依然耸立在天际，俯视街巷和码头，可以看见人们在这些地方或劳作，或等候船只。从伦敦塔到沙德井往东，不断地立起新建筑，城市边界朝西则一直延伸到白厅。这幅地图以巍然的视域呈现浩繁的活动，为城市赋染了荣光。就好似形形色色的古典神祇完成这幅全景图，伸展翅膀飞到天空，展开这座城市的景象，为之喝彩。阿波罗的形象在圣保罗大教堂外隐约可见。

这幅全景图也许是伦敦最精湛的代表作，倘若不是的话，那么无疑是1666年大火之前这座城市最伟大的图画。后世的地图，诸如诺登、纽科、费索恩的地图，风格和精神都是借鉴第一幅伟大的铜版地图。同样地，我们今日所熟悉的伦敦地下地图，也跟1933年第一幅以清晰为意旨而绘制的地铁地图相辅相成。第一幅地铁地图仅大致接近地铁和地铁站的真实位置，然而就审美来说，却如此地悦目，因而其线条从来不曾被改动。

1658年，温斯劳斯·霍拉完成另一幅城西蚀刻地图。我们可以看到，在很多原本是田野、野径、村路的地方，广场、集市、住宅代之而起。有些房屋高达数层，有些则低矮，所有房子都呈现悦目的对称，然而这种对称实则子虚乌有。以我们后世的眼光回顾，这幅地图有一特点十分显著：街巷和空旷的地方不见人影或活动的迹象（城市已经大得让绘图师难以捕捉市民的典型象征），从而使得这座城市看似一片广袤的虚空，默默等待大火来将它毁灭。

然而，大火烧尽数日内，便出现了很多建造新伦敦的规划图。这些都是耽于幻想的规划，从某种程度上说，类似巴黎，以及即将在19世纪华丽展开的纽约城的规划结构。在这些17世纪的规划图当中，很多将棋盘式街道布局融入交错的通衢大道，以林荫大道连接主要的公共建筑。雷恩和伊夫林以上帝之城的图式为基础，设想了一座人性化、文明的城市，而他们的一些同代人则以数学原则为基础，设计高妙的道路和广场系统。所有这些高明的规划都不可能施行。击败它们的是这座城市的本性：其古老的根基扎在任何大火都无法触及的地底，这个地方的精神依旧安然无恙。

伦敦从来不是文明或优雅的城市，尽管那些地图意欲呈现那一番景象。这座城市迂曲难行、笼统、令人窒息，根本不可能再以数学的精确性加以重新规划。无论如何，至少由于街道和产权的漫长历史，业主、地主、房主各有所有权或特权，其中纠缠着让人摸不着头脑的复杂关系。这既是社会现象，也是地形事实，但转而隐示了伦敦又一个显明的方面。这是一座立基于效益和投机，而不是需求的城市，市长或王室都无法抵挡它最本质的意志。

正因为如此，重建后的伦敦地图（火灾十年后出版）显示这座城市已经大致恢复原貌。从泰晤士河到市政厅新修了一条大马路，即新的国王街和王后街，但新马路周围那些小街巷（牛奶街、木头街、参事区、老犹太路等）照样凌乱地出现。依照更严厉的火灾预防措施，大马路修得较宽阔了，也开始施行建房规章制度，但街坊邻里最基本的地貌还是恢复了原样。

还有另一大变化。火灾后，地图测量员约翰·奥格尔比和威廉·摩根说他们将根据“测量和规划”的科学原理，以经纬仪和测量罗盘，绘制“所有小街小巷，所有场院、胡同，所有教堂和墓地”。换句话说，这座城市初次经受科学测量，从此以往，它不能再被描绘为一种美学或和谐的整体。吊诡的是，这座城市也从而变得零碎、混乱、不可知。在二十张地形测量图纸上，全都是长方形和数据（“I90……B69……C54”），旨在帮助人们快速地辨认，实际上却造成令人困惑、眼花缭乱的复杂。当伦敦被抽象的数据和度量衡描述之时，就变得难以想象。

不过，指南书取地图而代之，开始时髦起来，使伦敦变得可亲近、可辨认，其中有库奇著于1681年的《历史品鉴》、德·劳恩的《伦敦现状》、考尔松尼著于1693年的《伦敦指南》。跟这些书籍相得益彰的有诸如《伦敦和威斯敏斯特的古迹》这类卷册，记载城渠、城门、学校、医院、教堂、选区。

及至18世纪，那些侧重于“壮观、高雅、新奇或实用当中最显著”的书籍臻及百花齐放的繁荣景象。还有专门为游客或新迁来的居民编撰的导游书，以及指导初来乍到者在城里的得体举止。譬如，有本书建议说，倘若抬轿的人举止鲁莽无礼，“记下该轿号码，如同记下马车号那般，向上述公署投诉，该司将督正其无礼行径”。著于1790年的《伦敦顾问和指导》也给予类似的建议，并且指出，倘若被投诉当街说脏话，平民须罚款一先令，绅士面临更高的五先令罚款。书中不曾提及定罪的数目。

1783年，约翰·罗克接继绘制一幅详尽、完备的地图这一壮志。他的地图侧重于突出那些如今已是避无可避的问题。街道的三角学测量衡不符合实际的测量，街名混乱无章。他的项目费了七年才告成，与此同时，罗克本人濒临破产。这幅地图本身十分庞大，出版商建议印为滚轴，以免“干扰其他家具摆设”。然而，这绝对算不上是详尽又彻底的测绘。一些较小或不起眼的细节被省略，很多地名被遗漏，并且不包括形形色色的建筑。在这样一幅覆盖近一万英亩建筑面积的地图上，这样的状况实属常情，出版商十分圆通，邀请、鼓励认购者指出“失误和遗漏”。因此，在很多方面来说，这幅地图仍然属于印象派的测绘，真实的街巷、公寓楼、店铺被简化为小片阴影，以《地图上的伦敦史》作者的话说，这幅地图赋有“隽永的魅力”。然而，那是远处的魅力。

18 世纪末，英国印刷了历史上最大的地图。在当时看来，这幅地图似乎传达了伦敦的庞大。理查德·霍伍德的地图近九平方米，包括街名、房屋、门牌号。此项目进行四年，但地图出版四年后，霍伍德身心交瘁辞世，卒年四十五岁。从相继出版的四种订正版上，我们可以看出他所面临的一些困难。在短短十三年间，毗邻商贸路的原野上，渐渐地盖起了房屋和排屋街道。继而二十年间，麦尔安德的房屋数目翻了三番。在某种意义上说，伦敦永不懈怠的孳生繁盛累死了它的地图绘制者。

霍伍德的目的多半是功利与实用。这个项目的赞助商是凤凰火灾保险公司（伦敦最重要的一大机构），其宣传广告自称是“驱逐租户或反驳诉讼，房产租赁或过户等”不可或缺的机构。在这一点上，这幅地图确实做得很成功，纵然仅因为从此往后，城里某房屋或建筑楼企图过户之时，都被淹没在城市自身的庞大之中。譬如，1850 年，伦敦土地测量局完成了伦敦测绘，总共画了 847 张图纸，付印时大加缩减，但是如此一来，由于尺寸过小，于游客和居民无益。这幅地图，以及维多利亚中晚期的地图，都仅以交织的线条表示街道，不加区别地用阴影表示店铺、公署、房屋、公寓楼，以及其他公共设施。

我们当代人所熟悉的 A—Z 地名索引，也是继承前辈的事业。在这样的索引里，这样一座无法以一个大形象去辨认或理解的城市，便需要数百页来罗列。A—Z 地名索引的始创者菲丽丝·皮尔索尔痴迷于伦敦的庞大浩瀚，“凌晨五点起床，每天行走二十九公里”，于 20 世纪 30 年代中期辑录了首部索引。她走了四千八百公里街道，收录两万三千条记载，装在床下一只鞋盒里。《伦敦》的作者迈克尔·赫伯特披露说，那些地图“是一名绘图员独力完成，而皮尔索尔自己则辑撰、设计、校读该书”。然而，出版商俱无兴趣印刷这部索引，最后她把稿本装在独轮车里，推到 W. H. 史密斯公司的一位采购员那里。1996 年，她去世时，伦敦的街道数目已增至近五万条。

19 世纪的城市，似乎已经大得超越理解力，有的地图分门别类为不同的主题。诸如“打的费地图”，勾画某个金额可乘载的距离；路况改善地图，以鲜红色勾勒翻新过的马路；“伦敦现代瘟疫”地图，以红点标示酒吧；还有绘制霍乱死亡发生率的地图。地铁、有轨电车，以及关于其他现代交通工具的地图随即涌现，伦敦从而成为地图之城，一张地图覆盖在另一张地图之上，如同反复涂抹书写的羊皮纸。这座城市从不停歇地蔓衍，并且同时永远焕发着斑斓的色彩：死亡、酒精、贫穷的色彩，跟改善和铁路的色彩相竞逐。

1869年，亨利·詹姆斯写道："及至此时，单是伦敦的巨大已然把我压垮，其不可想象的巨大，如此地压迫，以致我的思想瘫痪，从而不能欣赏细节。"然而，对于伦敦真正的古物研究者来说，这些细节存活在记忆里，任何规划图或测绘都无法企及的记忆。在16世纪，约翰·斯托就已经写过："我记得，城里的虔诚人士，无论男女，通常都有个习惯：每个星期，尤其是星期五，专门走那条路去［狗沟］施舍；贫穷的男女躺在床上，窗户朝街，开得那么低矮，外面的行人看得清清楚楚。"在这个到处是热闹场面和仪式的城市里，这幅景象依然显得分明、醒豁。他接着写道："我记得，在这五十四年间，马姆齐甜酒不可超过一个半便士一品脱。"在这里，须用记忆辅助观察的任务，即便仅是为了"堵住那些不识好歹者的口舌，这批人总要质问，你怎么没看到这个，或者那个？并且毫不感激你所做的"。

斯托依然是后世心怀同等抱负的伦敦人的守护神，他们用自己对已经过去与正在流逝的时间的记忆，来充弥这座城市。19世纪20年代，就有查尔斯·兰姆在坦普尔游荡，看到"那些早已磨灭了刻痕的日晷，以及所镌的训诫铭文，散发如此古昔的气息，似乎与它们度量过的时间一般古老"。他又说，这些是"我最早的回忆"。十年之后，麦考利说起未来某个时代，伦敦的市民"将会在新修的街道、广场、车站之间徒劳地寻找那些旧址，似这般古老、庞大"，那些曾是他们年轻时代的人生和命运中心的地方。1848年，雷·亨特在《伦敦城》里这样评论："也许伦敦城没有一处不向我们展现过去，或以老建筑的形状，或至少以街名提醒我们。"19世纪初，一名被称为"阿列夫"的伦敦记者走过洛思伯里，回想起以往此地"那些高耸楼房所构成的弯弯曲曲、暗淡的景象"，照明的只有煤油灯，自从阿列夫走过之后，这里早已几经变更，却依然独特而显著地昭然可辨，尤其是那惯有的"暗淡"和"高耸"。

听说，石头永不离开伦敦，而是被反复地回收使用，砌成另一幢建筑，奠定这座城市屹立的基础。这里的悖论是不断的变化与永恒的根本特征。这正是古物研究者的激情所在，求索那不断变化、拓展的城市，它是迷失的记忆和未酬的欲望的回音室。或许正因为如此，普里切特在 20 世纪 60 年代后期说："伦敦有一种让人感觉自己具有历史性的魔力。"他还曾写道："怪的是，伦敦虽抹除过去，却不太遗忘。"那么，每一次穿越伦敦的街道，便成为走进过去的旅程，并且总会有一些伦敦人痴狂地为过去而激动。20 世纪 20 年代早期，另一位伦敦幻想家阿瑟·梅琴走过卡姆登镇，感觉似乎目睹 1840 年的城市起死回生了，街上跑着小马车，车厢内隐约透出灯光，而所有这一切全是因为骤然间瞥见"小马车和小马厩；一种早已消逝的生活模式的幻景"。

及至近年间，还可以发现贝尔蒙德赛的居民依然（用一位记者的话来说）"醉心于其区的历史"。这是地道的伦敦激情。托马斯·哈代在大英博物馆所陈列的古石间听得见"保罗的声音"，伦敦人则在最逼仄的房屋和最狭隘的街巷里听见过去的所有人。查尔斯·兰姆记得南海屋里有一个名叫伊万先生的出纳，善谈"老伦敦和新伦敦的关系……老剧院的旧址、教堂、塌坏失修的街道……曾经的罗莎蒙德池塘……桑树园……还有切普的水渠"。《伦敦的公路和小道》的作者 E. T. 库克女士，某冬季黄昏站在威斯敏斯特桥头，"日光转暗、薄雾渐起之时，我眼前恍惚看不见现代建筑的形状，仿佛在梦幻中一般，看见遥远过去的拓尼岛"。然而，就在这位 20 世纪初的观察者看见 8 世纪的幻影之时，一名丐妇讨钱的祈求打断她的沉思。"我晚上没地儿过夜。上帝知道我没地方睡，亲爱的女士。"过去与现在以千百种殊异的方式碰撞。罗斯·麦考利参观第二次世界大战轰炸后的废墟之时，恍惚看见"在伦蒂尼亚姆之前的原初的混沌和古老的黑夜"。19 世纪的雷·亨特也曾说圣保罗教堂的墓地"是你可能获得最新的小说灵感、找到老布立吞人和海洋遗迹的地方"。亨利·詹姆斯虽然畏惧这座城市的浩大，却也亲身体验到"老伦敦那种幽灵般、游魂般的存在感"。泰晤士河下有一条河底人行道，联接格林尼治和狗岛，似乎蕴藏着某种神秘的气息。在《伦敦的夜》的作者斯蒂芬·格雷厄姆看来，这条隧道"讲述一个永远解不开的谜；伦敦的悲伤、负担、奴役的谜"。

一直以来，总会有畸零的伦敦人思索城市的过去，甚或沉思过去类似眼前这般的文明的衰落和消逝。爱德华·吉本孑然一身坐在邦德街寓舍，耳听马车轰隆声，沉思罗马的衰亡。年轻的约翰·弥尔顿在面包街的卧室枯坐了大半夜，烛光在窗上映现闪烁的微光，而他则在构想古老的伦敦及其开创者。每一个世代都有这样的人"将生命抛掷在研究这座城市的可敬的古代之上"。他们当中最早的是费边，一名治安官、市府参事。他撰就《编年史或历史索引》，初版于 1485 年刊行。在他所集辑的诸多主题当中，有关于圣保罗大教堂相继使用过的风向标。阿诺德的《编年史，或伦敦风俗》于 1521 年出版，关于伦敦各种章程的记录之外，还可在书中读到“关于伦敦生活的看法”，还有一道“腌鲟鱼”食谱。

斯托的著作相继经由芒戴、戴森、斯特赖普之手的编辑、订正，他们也俱自诩为伦敦的忠实的记录者，因为这里是“生养我们的地方”。威廉·斯蒂克利追随他们之后，在圣潘克拉斯老教堂附近发现尤利乌斯·恺撒的军营遗迹，在 18 世纪的伦敦追溯罗马时期的道路走向。如同无数伦敦人，他“看似赋有成为古文物研究者须备的所有安详的品格与温和的性情，也即活在过去的半幻想世界里的人”。他在王后广场逝世，遵照他殊怪的指示，葬在东哈姆荒凉的教堂墓地。

不过，最详尽浩博的古文物研究要属 19 世纪中期的著作。这是百科全书式调查盛行的时代，包括索恩伯里和沃尔福德所编辑的六部巨著《老伦敦和新伦敦》。还有数百种著作记述世上最大、最富饶城市的“珍稀品物”和“显达闻人”。也是在这个时期，出现关于伦敦的形形色色的历史，这个传统一直传到 20 世纪初“人民之宫”的创始人沃尔特·贝赞特爵士手里，而今，在亨格福德铁路桥下可以看到他的纪念碑。贝赞特临终时说：“我在伦敦走了三十年，每天都看到新鲜事物。”每个迷恋伦敦的人都会认同这句话。

迄至 19 世纪 70 年代，当都市编年史家开始歌颂新城的庞大和多样化之时，另有一些人，跟以往世纪的那些先辈一样，哀悼消逝的老城。由于沃里克巷牛津兵工厂面临拆除威胁，从而促动了老伦敦遗迹摄影协会于 1875 年成立，与这个协会互补的书籍有《已消失与正在消失的伦敦》《未知的伦敦》等。还有一些独立作家，大多是伦敦报刊的记者，探索隐藏在老场院和旧广场之下的过往痕迹。他们的辛劳转而反映在 20 世纪出版的著作里，诸如《伦敦秘史》《已消失的城市》《失落的伦敦》。这座城市总是激发失落和短暂无常的情愫。

然而，古文物研究可以有很多方式。19、20 世纪之交，伟大的行政史学家劳伦斯·戈姆爵士撰写了一系列著作，提出伦敦在罗马统治时期便已赋有领土和司法独立性，尽管他没有完全证明这一主张。从而，伦敦的变化印证了其恒常的本性。在某种意义上，刘易斯·斯彭斯的《传奇伦敦》补充了戈姆的著作，将这座城市的历史联接到凯尔特部落的特征与德鲁伊的巫术。

遗憾的是，他们对于伦敦历史的贡献不是被忽略，就是遭人嗤诋。这多半由于伦敦诸考古协会的工作成果非常宝贵，就这座城市的发展作出更精确、

“科学的”记载。但更根本的挑战来自无数社会学家和人口学家，在战后，他们更关心重建与城市规划的新格局。

因此，古文物研究本身可能被认为已经过时，唯一留存的迹象是圣安德鲁安特沙夫教堂一年一度举行的独特仪式。约翰·斯托的墓地筑于此地，这位都铎王朝的古文物研究家的纪念塑像立在墓上，手持一管翎笔。每年 4 月初，伦敦市长大人率一位著名史学家参拜这尊纪念像，将一管新翎笔奉置在斯托的石头手心。也就是说，这座城市尊奉它生养的最伟大的市民之一。翎笔的更换，实是肃穆地象征着撰写伦敦历史这桩事业永远不会停歇。

XX

LONDON

The Biography

贸易街与贸易区

第十一章

泰晤士街的芝士哪里去了？

在 19 世纪，卖旧衣服的都是犹太男人；在同一世纪里，绝大多数面包师傅来自苏格兰，而伦敦的理发师都是清一色的当地人。烧砖工也都是伦敦人，他们所雇的劳力“几乎都是爱尔兰人”。“挖土工”来自约克和兰开夏，大多数鞋匠来自北安普顿。炼糖业和玩具业曾经完全操控在德国人手里，他们都聚居在白教堂以及附近地带。大多数屠夫来自史密斯菲尔德，鱼贩则来自比灵斯门，都是土生土长的伦敦人，卖芝士的通常从汉普郡来，卖牛奶的从威尔士来。威尔士“挤奶女士”曾是首都的日常景观。棉布商都是曼彻斯特人，只有少数帮工是伦敦人，大多来自德文和萨默塞特。在每一桩买卖里，同种行业的从业者通常聚集在一处，圈出一块居住与工作的飞地。

这种隔离现象一向是伦敦商业的一部分。因此，在 17 世纪，眼镜店通常集中在拉德门街，典当店开在长巷，书商在圣保罗大教堂庭院。在 18 世纪，卖芝士的去泰晤士街做买卖，在河岸街打牌。店铺和酒肆的招牌在箍巷和鞋巷出售，招牌匠的存货从茶壶、白鹿、红狮一应俱全。卖鸟的把店开在七星盘，造四轮马车的在朗埃克街，雕塑匠在尤斯顿路，服装店在托特纳姆场路，牙医在圣马丁巷开业。

然而，街道有时会甩脱老本行，改做其他买卖。圣凯瑟琳街曾以黄色书贩著称，尽管这位圣女的名字源自意为“纯洁”的希腊词。在 19 世纪最初十年，这条街转行做餐饮、报刊、广告代理。河岸街曾以报社林立而闻名，后来报业东迁去了弗利特街，然后再往东迁到重新复兴的码头区。

有些堂区以某种行业著称，这些行业依然在堂区内兴旺发达。譬如，圣乔治堂区的家禽贩、圣马丁堂区的蕾丝商、新门外圣墓堂区的艺术家、兰贝斯的木材商。可以在德特福德找到造车轮的，在斯特拉特福找到磨坊工，在查令十字街找到马具匠。

即便街道被拆除之后，做买卖的人有时仍然迁延不肯离去。爱德华·沃尔福德在《老伦敦和新伦敦》里写道："看那些老店、老居民如此在原地磨蹭着不肯走，着实稀奇。"他举例考博街的银匠。这条街以及毗连的考博巷都早已拆除，然后，近来修建的新考博街上，骤然间平地里"挤满了银盘、首饰、小什件"。

伦敦城内商业区的隔离现象，也反映在这个古怪的事实里："在伦敦手艺人中间，除了学徒时代学会的一小部分专门技术之外，鲜少有懂本门手艺其他方面的技艺。"乡下的工人则通常会全套手艺。这是伦敦"专业化"的另一象征。及至 19 世纪，连最小的地方和最不起眼的行业也有了这等专门分工。譬如，霍克斯顿区涌现毛皮、花翎服饰店，沃尔特·贝赞特在《伦敦城东》里说，"其分支与分工简直令人困惑"，"雇员可以仅懂极细微的一点工作，就可以安心地过一辈子……人们通常只做一件工作，并且只会做这么一件工作。倘若得不到这样一份工作，由于不会做其他事，此人就没有了指望"。

那么，这些雇员成为伦敦和伦敦商业这一复杂而庞大的机制的小零件。在一幅《1948 年伦敦东北部工业区》地图上，淡蓝色块以分明的轮廓标示"卡姆登镇仪表厂区""哈克尼服饰厂区"，以及"南哈克尼鞋厂区"。深蓝色块标示"市府参事门服饰厂区"，紧挨着"肖尔迪奇印刷厂区"，北首是"家具区"，南端是"东区服饰区"。这些地区囊括很多小工种和小生意，《〈泰晤士报〉伦敦历史地图集》将这些地区形容为"起源于中世纪时期的历史悠久的手工艺的接班人"。这么说来，更多偏远地区似乎在模仿这座城市中世纪时的生存境况，开始专攻某种行业。汉默史密斯和伍利奇以工程和冶金著称，霍尔本和哈克尼以纺织业著称。

有些行业合伙迁移，好像是出于直觉或冲动，数百年间成群结队搬到新的地盘。众所周知，医师和外科医生如今屯聚在哈莱街。然而在 18 世纪以及 19 世纪初，有名的医生都住在芬斯伯里广场、芬斯伯里街、芬斯伯里地、芬斯伯里圆场，资浅望轻的医生则在邻近地区赁居。1840 年至 1850 年间，他们偕同迁徙，芬斯伯里就成了"在社会意义上被遗弃的地区"。帽业也有类似的集体迁移。帽子曾经出自贝尔蒙德赛人称“迷宫”的地方，位于贝尔蒙德赛街和博罗高街，还有图利街；然后，某种不为人知的迁徙本能把“帽业大中心”往西推，最后来到黑衣修士路。无人知道贝尔蒙德赛何以被遗弃，尽管我们大可设想这是缘于某种隐秘的商业机制。类似地，家具业也从肖尔迪奇的幕布路搬到卡姆登镇。

通过“土地用途”地图，也可以从更大城市规模上看出商业街和商业区的现象。这些地图表明伦敦整片地图曾经划分为各区域，展现了极其精良的组织，诸如“建筑密集区”“土场（贫瘠）”“蔬果园”“牧地”“混合耕种区”“作物轮种区”。18 世纪有一幅农贸集市地图，也显示类似的图式，好像伦敦的地形是由商业那沉默无形的线条所界定。

托特纳姆场路上依旧困守原地的家具商，何以在一百五十年后的今天迎来了电器店的加盟？克拉肯维尔的钟表匠何以被设计咨询公司和广告公司所取代？原本聚集着古玩店的沃德街何以如今变成了影视业中心？在 19 世纪晚期，索霍区成为音乐发行中心，或许这一事实有助于说明此地转型的原因，却无法解释这一现象。正如伦敦其他众多方面，这里也找不到缘由来揭开其中的隐私的变迁。

XX

LONDON

The Biography

伦敦社区

第十二章

十字路口

根据一份教堂报告，原野上的圣贾尔斯教堂大钟“虽年深日久，状况却甚良善，颇为响亮”。这些大钟已有三百多年历史，但每星期四午餐时分依然听见它们敲响。不过，这个伦敦堂区的历史还可以追溯得更远。

在圣贾尔斯教堂的现址上，曾有一座撒克逊教堂以熟悉并且几乎属于伦敦特色的方式矗立于其上。德鲁里巷曾名为“奥德维奇路”，是从伦敦维克或科文特花园的聚居地通往沃特林街的主干道。北面有个村庄十字架，有一座由“好口碑约翰”主持的礼拜堂。12 世纪初数年间，这片地基上专门为麻风病人建造了礼拜堂和医院。这些建筑都冠名为圣贾尔斯，这位圣徒是麻风病人的守护圣人。这些建筑坐落在原野和沼泽里，将传染细菌远远地隔离于城市之外。不过，圣贾尔斯也是乞丐、跛子、受苦受难者或孤独伶仃之人的说情圣人。他自己就是跛子，却拒不接受治疗，以便能够更虔诚地禁欲。

孤苦和凄凉的祈祷，最早彰显于这片 12 世纪的地基上，此后便从未彻底离开。这里一向是日暮穷途之人和社会弃儿的出没之地。而今，连流浪汉也来这边街头游荡，教堂周边依然是流离失所之人的聚集地。

附属医院的那片土地，最终纳入圣贾尔斯堂区的辖地，如今大致由查令十字街（曾名为猪巷，再早些名为艾尔德斯特拉特巷）、新牛津街和沙夫茨伯里大道的三角界定。及至 15 世纪，这里仍是麻风病人的收容所，当时也给养贫病之人。援用伦敦郡议会调查报告的话来说，这里赋有“殊异的伦敦体制”。

收容所旁出现了一个村庄，涌现很多小店铺，迎合病人的需要。医院的档案里记载有一名叫吉尔瓦塞尔·林吉德拉普（棉布商）的中世纪晚期商人。宗教改革之际，收容所被解散，礼拜堂改用为原野上的圣贾尔斯堂区教堂。第一座后天主教建筑于 1631 年建造，然而，及至这个时期，此地区的本质早已改变。这里向来是界定模糊的地区，处于城市和乡村之间，在 9 世纪，这里地处撒克逊要道，随着伦敦日渐繁荣，贸易和交通日渐增加。1585 年伊丽莎白的诰令颁布之后，又有另一类游民拥进此地。因为很多外国人被从城里驱逐出来，来到邻近地区定居。流浪汉和穷途末路者转而跟随这批人前来。同时，圣贾尔斯堂区位于城外，毗邻威斯敏斯特，吸引各等贵族在此筑造豪宅，将牧地改造为花园。17 世纪时，圣贾尔斯堂区以惊人的贫富差异而著称。穷人聚集在堂区南端，在现名为新牛津街的地方。数百年以来，这个地方一直十分混乱。19 世纪一位堂区编年史家这样写道："居民人口一方面似乎以深重的苦难为计数，另一方面似乎以极端的奢侈来度量。"

那么，这里既是入口，也是出口。它热情地招待新来者，接纳城里驱逐的人。这里是十字路口，具有这个词的任何一种意义。在今天的托特纳姆场路、查令十字街、牛津街和新牛津街交汇处曾设有绞刑架。在如今被称为圣贾尔斯环线的地下，铺设有地铁系统北线和中央线的交汇点。圣贾尔斯堂区也一直是时间和永恒的交汇处。教堂堂会理事的账本上有一条记载："施舍给绞刑架上绞死的贫穷老妪的裹尸布。"即便在 15 世纪后期，绞刑架被移走之后，圣贾尔斯依然守卫着通向死亡的门槛。所有罪犯在前往泰伯恩刑场的路上，都要在原野上的圣贾尔斯教堂那道名字再恰当不过的"复活门"前停步，在门前领一碗艾尔啤酒，以慰藉他们的旅途。这简直可以说是当地的喜事，因为圣贾尔斯当时以出产刽子手而著称，并且也是绞刑犯的第二大产地。用一首老歌来说："圣贾尔斯的种，吊起来比种下合适。"

在另一层意味上，履行人生一大仪式之时，喝这样最后一杯酒也很适宜，因为这个堂区素来因为酒肆数目和酒后滋事，或被歌颂或被谴责（根据各人的趣味取向）。13 世纪修建的白鹿巷，如今至少在特鲁里巷角落里还留存着名字，但其他很多街巷已经化作尘土。譬如德约特街的梅登巷、坎特巷的鸱鸮碗，以及黑熊、黑杰克、黑羊羔、葡萄藤与玫瑰等。特鲁里巷外的月中仙子古怪地被查令十字街上的水中月所取代。这里还有一个地方跟酒精相关联：今天的葡萄街跟医院的老葡萄园并行。

这里也是威廉·荷加斯《杜松子酒巷》的素材来源地。根据 19 世纪约翰·廷布斯所著《伦敦珍奇》，喝最后一碗酒或“圣贾尔斯一碗酒”这个传统，“使这里成为这些可恶、卑劣的社会弃儿的隐退处”。然而，再没有哪个描述能够企及这幅18世纪版画呈现的混乱和绝望。荷加斯为此地设置了最本质的精神。今天，流浪者依然三三两两地提着艾尔啤酒罐坐在一起，羸瘦的年轻男子、患梅毒的烂醉女人、自杀的、草草埋葬的，以及眼看要摔死的孩子，所有这些都呈现在圣贾尔斯直面死亡的酗酒现实里，同时也奇异地预示了19世纪早期被称作“乌鸦巢”的贫民窟，五十年后将在这同一个地点出现。

1818年，酒精给原野上的圣贾尔斯带来另一场灾难。马掌啤酒厂位于十字路口北首的大酒桶发生爆炸，释放出一万加仑啤酒，啤酒洪水冲走货摊、板车、房屋墙壁，旋即灌进附近房屋的地窖，淹死八人。杜松子酒巷和啤酒巷从而相互交汇。

如此致命的地窖也自有历史。“住在圣贾尔斯一个地窖里”这个表达是人们指代龌龊和悲惨的口头禅。早在1637年，教堂堂会理事的记载指出“穷苦之人大量拥进堂区……家住在地窖以及其他不宜居住处”。这些地窖之所以污名远扬，纯粹是因为其所在位置——原野上的圣贾尔斯素有“潮湿、肮脏”的恶名。1606年，一条议会法案谴责德鲁里巷及周边环境“令过路人极其不快、感到危险”。克里斯托弗·雷恩爵士提交的一份报告中控诉，由于周围环绕着沼泽、水渠、开敞的阴沟，这里散发“恶浊之气”。同一时期，有一项调查在威斯敏斯特展开，调查报告抱怨此区“水流泛溢街衢”，“泥泞、肮脏、危险得超乎想象”。

这种危险并不只有一种含义。从德鲁里巷及其左近众多小场院里，酿出了后来称为伦敦大瘟疫的祸害。1664年最后数星期里，最早接触传染病菌的那些人都住在这条小巷的北角，对过就是十四岁的妮尔·格温居住的科莱场院。丹尼尔·笛福在《瘟疫年纪事》中写道，瘟疫的爆发导致“人们将目光转向那个地区”。这个堂区的葬礼陡增，使人人都误以为“瘟疫在这座城市尽头的居民中间蔓延”。于是这个倒霉的地方成为混乱的源头，威胁着要摧毁伦敦居民，直到最后被大火焚尽。很多房屋关闭，1665年6月7日，塞缪尔·佩皮斯在日记中写道，他“不由自主地”看到木板门上涂抹了红十字。人们以一种古怪的方式把剧毒的疾病归咎于这个地区。托马斯·佩顿写道：“伦敦某个名为圣贾尔斯的堂区给我们带来所有这些祸害。”招惹这个坏名声的，极可能是此地作为穷人和弃儿的胜地这一模糊身份。可以说，这座城市原先甩脱的废物以最威吓的形式回城。

然而，这不是圣贾尔斯悲惨遭际的尽头。穷人大批拥进，通常住在经年间辗转改造为经济公寓和地下室的大楼。鉴于这里原是医院，又颇有施善济贫的名声，若说圣贾尔斯本人的精神气质吸引穷人来圣贾尔斯，那也不算是离奇的设想。17世纪中叶，堂区的账本中提到："施给托特纳姆场病重的麦格一先令，施给唱芭蕾曲的鞋匠一先令……施给老费利兹维格一便士……为疯贝丝付房租十四先令六便士。"很多记录提到施舍给"遭掠劫的可怜的爱尔兰人"，"爱尔兰来的"家庭。实际上，爱尔兰人在这个地区的稳固地位近两百年不衰。不过，法国人也跟着来了，他们因为流浪罪被从城中驱逐，还有沦落为乞丐的黑仆，被人们唤为"圣贾尔斯的乌鸫"。自从这个地区出现了行乞传统，便至今无法彻底驱除。早在1629年，便有呼吁遣走"无业人员"，同时代人抱怨这个堂区是"爱尔兰人、外国人、乞丐、游手好闲之辈"的好去处。三代人之后，这个地区被视为"负担过多穷人"。研究这个小地方，就可以理解伦敦的整个流浪管制历史。

也许最悲惨的是那些被载入济贫编年史的个人的悲惨命运。18世纪中期，"老西蒙"和他的狗住在德约特街一幢废屋的楼梯下。J. T. 史密斯在《雨天宜读之书》中给他所作的描绘，类似20世纪人们或能给游民所作的描绘。"他有数件马甲，同样数目的外套，一件比一件大一号，从而，他可以用最外面的衣服包裹大部分包裹，颜色各异的破布，系在身上形状各异的包裹，有书，有装面包芝士以及其他食物的罐子，还有火柴、引火盒、喂狗的肉。"养狗或者狗的陪伴似乎是伦敦流浪者的一个固定特征。

七十年后，"老杰克·诺利斯，爱唱歌的虾贩"住在同一条街上（已改名为乔治街）。这个乞丐表面上卖虾，实际上"乞讨蹭饭吃"，后来饿死，或者以陪审团的话说，"天赐死亡"。还有一百〇五岁的安妮·亨莱，1820年春天在斯马特楼去世。"她总是坐在霍尔本各幢房屋门前卖针垫。她身材矮小，举止温和谦卑，衣着洁净，通常穿一件灰罩衣。"

笔者写作之际，一名剃光头的粗壮妇女正坐在位于恩尔肖和德约特街（恢复了旧名）之间的新牛津街。她手中提着数个装满报纸的包，不停地自言自语，但从不向路人讨钱。不知她究竟何以非得每日选择同一个公共场所，我们禁不住地揣测，德约特街的老魔力也许未曾在重建工程之中尽然消失。有个年轻男子理着极短的平头，戴着钢丝边眼镜，坐在德约特街旁的角落乞讨。恩尔肖和德约特街之间的圣贾尔斯高街上，有个中年人坐在一幢废弃写字楼的台阶和门口讨钱，“想买杯茶吃”。圣贾尔斯的确依旧是乞丐和流浪者的庇护所，他们中间有一个女人，坐在高霍尔本附近某个尿臭的角落，身边围满鸽子；多米尼昂剧院旁坐着一个老人，总是醉醺醺的，却从不乞讨。这个地方曾是啤酒厂。年轻的流浪者在剧院街角向过路人讨钱。他们躺在睡袋里，正对过就是基督教青年会的招待所，这就更加彰显了在圣贾尔斯堂区的生活里，过客从来不曾消逝。

圣贾尔斯堂区的边界，高霍尔本的大道过了南安普敦里和普罗克特街的入口之后，便总能看到流浪者，或孑然一人，或三五成群，仿佛是这个地区的守卫。他们也在原野上的圣贾尔斯的墓地逗留，络腮胡子，脸盘红润，喝着烈酒，仿若从前的先辈。

在这些关于个人的故事里，我们便有余暇注意此地典型短暂人生的终点，正如堂区档案的记载，譬如，“伊丽莎白·奥特莱，还有某个名叫格蕾丝的女人，被禽肉胡同一根断落的烟囱砸死……科莱场院的农夫之子，淹死在一桶水里……一名男子死亡，被男仆戳眼睛而亡……某个名叫戈蒂特·怀特的女人自溺身亡……豪格巷一女子上吊自尽……长野南安普敦伯爵府，一名孩童死亡，部分肢体被狗或猫啃掉……一名男孩被谋杀，弃尸在国王头酒肆后面……状告普丽西拉·欧文咬伤其夫手指，直接导致死亡”。

另有一种方式可以描绘此地的居民。在形象生动的叙事里，他们被视为某类城里人的象征，其堕落或酗酒不可避免地导致他们因疾病而早死，或者上绞刑架。那么，死亡又归圣贾尔斯管辖了。荷加斯的《妓女生涯》这个丧命图景便是以德鲁里巷为背景，在附近一家地下夜店里，荷加斯所刻画的“游手好闲的学徒”因谋杀罪被捕，然后被送上绞刑架。荷加斯另一出名的角色，《残忍的四个阶段》中的汤姆·尼禄，在圣贾尔斯堂区靠赈济过活，最后也上了绞刑架。由于圣贾尔斯的死亡率居全城第二位，那么在另一层意义上，这个堂区也充斥着死亡。

当这里的生活经由那些颇好新哥特风奇闻秽事的人们复述之后，穷人也会成为另一种叙述方式的对象。查尔斯·狄更斯屡次被吸引到这里，或只身前来，或由警员陪同，在其《蒙茅斯街沉思录》一文中，他描绘了这里最著名的一条大道，使其百世留名。托比亚斯·斯摩莱特写道：“两个衣衫褴褛之人自圣贾尔斯附近走来，两人加起来只有一件衬衫，一条裤子。”1751 年，亨利·

菲尔丁（又一位伟大的伦敦小说家）出版自己就圣贾尔斯的那些丑事所作的记载："男女通常互不相识，淫乱地睡在一起，双人床价不过三便士，以便鼓动他们一起睡：因为这等地方惯于卖淫，于是也不免酗酒，鉴于所有酒肆以一便士一品脱出售杜松子酒……其中一间屋里，面积不大，他［威尔切先生，霍尔本的高级警员］清点共有五十八名男女，室内恶浊之气让他吃不消，只得退出。"醉酒、性交、恶臭在这里融合为一种飘飘然的混合物，意在挑惹那些平常幸运地能够躲避此地的人们的感官。正是这些场景和气味，使得菲尔丁无法在正式的小说里畅快地予以描绘，而在报告文学里，他大可以放纵小说家好"污秽"和"恶浊"的脾胃。

我们没有必要强调圣贾尔斯区穷人的生活着实悲惨，也没有必要强调这个堂区颇有几间男女幽会的肮脏场所。然而值得一提的是那些伟大的伦敦小说家，诸如查尔斯·狄更斯和亨利·菲尔丁，他们创造了一幅古怪的都市形象皮影戏。他们笔下那些或自闭或成痴的角色，与这座城市的黑暗力量交织，创造了一个戏剧化、象征性的伦敦。很多时候，他们的伦敦取代了诸多方面的"现实"。

关于原野上的圣贾尔斯最耸人听闻的记载要属 19 世纪最初几十年的记录。这是"乌鸦巢"的年代，圣贾尔斯高街、班布里奇街和德约特街大致圈定了这个地下室和廉租公寓的孤岛。在这个倒霉的三角里（新牛津街还没有修筑，不曾变成贫民窟之前）有教堂巷、梅纳德街，卡里尔街、常春藤巷、教堂街，以及众多场院、胡同，使这片地区变成一座迷宫，既是栖居者的渊薮，也是藏身处。爱德华·沃尔福德在《老伦敦和新伦敦》里写道："外人不会来此办事，倘若有事，他们也会尽可能赶紧办完离开。"

因为这里栖居着很多爱尔兰人，"乌鸦巢"也被称为"小都柏林"或者"圣地"。但这里也住着盗贼、造假币的、娼妓、流浪者，还有苦力、扫马路的、摆地摊的。这里街巷狭隘又污秽，糟朽的廉租公寓的破窗塞着破布破纸，室内则潮湿而不卫生。墙壁凹陷，地上散满了垃圾，低矮的天花板霉迹斑斑。那股混合的气味糟不可言。在《伦敦的贫民窟》里，托马斯·比姆斯描述这些恶劣的街巷："屯聚着无所事事之徒……女人嘴里咬着烟斗、面庞肿胀，从开蔬果店到捉鸟，男人什么行业都干。"这里还住着"污秽的儿童，憔悴的男子留着蓬乱的长发，身穿破衣……狼一般凶残的狗"。这条最繁忙、最拥挤的大街背后，是这等陈腐的停滞与困穷的倦怠。这是伦敦城最亘古也最难以克服的对比。因其怂恿酗酒和嚣乱，俗语称这里的夜宿为“乞丐的歌剧”。

数世代以来，这里还有一年一度的乞丐嘉年华。事实上，也只有性和酒让这种生存境况堪可忍受。据 1847 年一份官方报告，一幢房屋的一室“白日仅三家住户，夜里则容纳尽可能多的人口”。一间狭室通常接纳二十多人过夜，连同他们在街头摆卖的货物，其中最畅销的是橙子、洋葱、鲱鱼、水芹。教堂街背后某胡同里有个房间，类似“牛棚”，住着“十七人，吃、喝、睡都在一处”。在这个可怕的房间里，“地面潮湿，位于院子地底下”。

这个堂区特有的潮湿和恶臭，便是雷恩爵士以及其他作家所抱怨的“恶臭”，在此再次得到强调。这片地区充满了形形色色的毒菌，在这样的境况里，热病、霍乱、痨病层出不穷。托马斯·比姆斯见到一年轻男子患重症痨病，咳嗽不已，写道：“他简直全身赤裸，背上没有丝毫破布，但身上盖了一条蓝色薄毯，类似马鞍毯。他揭开毯子让我们瞧底下当真没有衣服。”患不治之症的患者，大多任其独自死去，无人照料看顾，“他们一声不吭地死去……嘴里全然不流露丝毫虔诚，丝毫不曾感受上帝在这个世间。”无人在他们身旁低语：“圣贾尔斯，保佑他们!”因为人们或许会说，这位守护圣人早已逃离此地。爱尔兰人深信自己走进了“异教徒之城”，从而恣行无忌、猖狂。“乌鸦巢”象征着伦敦整个历史上最悲惨的生活境况。这里也是人类被死亡攫获之前所能沦落的最低点。在爱尔兰人眼里，这座城市及其居民都已落进恶魔手里。

然而这些居民不是落进恶魔手里，而是落进地主手里。伦敦奠基于商业利润和经济投机，其住房图式自然也遵循类似的规则。大多房屋原是投机性建筑，跟随投资和追求利润的浪潮而扩建，同时也会因经济萧条而暂时停滞。圣贾尔斯堂区是尤其耐人寻味的剥削范例。一小群人持有这片地区的房屋股票，譬如说，大概八人持有教堂巷小区 80%的房屋，这些个人转而按街道租赁。某人以议定的年租租下整条街，然后以星期出租街上的房屋，每幢房屋的租主转而出租各个房间。租房间的租户转而向占据室内一个角落的人收租金。这个图式代表了一种绝对的需求或者绝境的等级体系，在这种体系里，无人为这种可怕的生存境况承担责任。反过来，他们全都归咎于“爱尔兰人”，或者“底层人”的恶行，指责他们自作孽。荷加斯的讽刺蚀刻画，或者菲尔丁的报告文学，都是诅咒受害者，而不是谴责那种压迫。

圣贾尔斯堂区也出现了“群氓”，这群人跟旁人无异，却对城市的秩序和安全构成威胁。彼得·莱恩博在《绞死的伦敦》里叙述，警方持械突击搜查“一处爱尔兰人巢窟”之时，“整个地区都被惊动，数百人向我们冲来：男人、女人、小孩。没错，女人！这些女人面目如恶魔一般狰狞，身体半裸”。在这里，描绘异教徒之城的恶魔语言被用于形容受苦受难的人。然而，我们倘若仔细观察这伙“群氓”，也许就会看出他们形色各异。人们通常认为，因为圣贾尔斯堂区是过客的栖息地，所以这里全是暂住人口。然而，事实上，根据这个时期的定居档案和调查档案看来，这里的人口相对固定，堂区的迁移仅局限于截然分明的界限内。换句话说，穷人死守着这块邻近地区，全然不想往外搬。后来，这个地区重建，迁移大片“乌鸦巢”，但居民只是搬到附近的街巷，导致那些街巷越发拥挤。实际上，这是伦敦人的典型特征，他们的日常活动范围相对局限。譬如说，即便在今日，有些住在哈克尼区或雷顿斯通的人，可能从未去过“城西”，同样地，住在贝斯沃特区或阿克顿区的有些人，可能从未去过城东。至于原野上的圣贾尔斯那些身无分文的人，地域规矩则更加强大。他们活在数平方米的地面上，身边有他们需要的店铺、酒肆、集市、社交圈，也死在这里。

伟大的社会地志学家查尔斯·布思将原野上的圣贾尔斯形容为“寻常劳力”的宝库。然而，跟“群氓”一样，这个词语也不曾贴切地传达伦敦底层的工种本质。事实上，这里活跃的有磨刀的、街头卖唱的、卖水果蔬菜的、织门口地垫的、驯狗的、替人清道的、卖鸟的、做鞋的、推销印刷品的、叫卖鲱鱼的。

及至 1666 年，这个堂区的南部仍然是荒野，被称为考克和皮亚荒野。直到 1693 年，这里还没有完全城市化。那年之后，这里修了七条马路，在中心交汇，构成一个星形，从而被称为七星盘。也许 17 世纪末这一发展的象征性意味，在相当大程度上鼓励了占星术士汇集到此地。有个叫作吉尔伯特·安德森的，住在十字街一家叫作摇篮与棺材的客店，是个“出了名的江湖郎中”。还有个叫作詹姆斯·蒂尔伯里博士的，住在原野上的圣贾尔斯教堂旁的黑天鹅客店，卖的草药据说掺了金粉。W. 贝纳姆住在圣贾尔斯堂区七星盘附近的圣马丁巷，替顾客预卜“赛马或赛跑的冠军”。再有，“贾尔斯堂区七星盘附近住着一位女士，是第七个女儿的第七个女儿”，能够预卜妊娠和诉讼结果。“她也解梦。”另一出名的江湖郎中、炼金术士住在“圣贾尔斯教堂旁，你可以在他的门上看到一纸布告”，承诺为你揭示“硫黄和水银”的奥秘。还有那位声名狼藉的杰克·爱德华兹，住在“原野上的圣贾尔斯堂区城堡街”，出售药品、药丸、药水，治人，也治畜牲。所有这些人都见于 C. J. 汤普森的《老伦敦江湖郎中》。

这些我们今日或许称为替代疗法的范例，都是引自 17 世纪和 18 世纪早期，但这里从来不曾抛弃其出名的秘术和奇门怪术。继后年代里，共济会、史威登堡会、神智会、黄金黎明会在这个堂区确立了自身的地位。蒙茅斯街数百米外有一家书店，叫亚特兰蒂斯书店，至今仍是英国最著名的神秘文学书库。那么，这也许再次彰显了地域规矩或地方精神，将居民和活动局限于同一片小范围内。

杰克·爱德华兹是民谣歌手，也是医生。七星盘的民谣因其所歌唱的事迹和人物而出名。住在蒙茅斯场院的詹姆斯·卡特那赫最早制作和推销单页印刷小报、歌曲、手册，在 18 世纪的伦敦大街小巷流传。这些印刷品一便士一张，从而被称为“卡特那赫便士”，可以说体现了他的销售才能。然而，因为无人敢碰他手里的铜币，怕感染硬币上蹦出来的病菌，他只好送到银行更换。七星盘名声素恶，让人觉得晦气，不过卡特那赫拿钾碱和醋煮他的便士，使之焕然一新，从而挽救了名声。

圣贾尔斯附近还有五人在印刷民谣、出版街头文学，诸如《哈克尼区的不幸女士》《耶稣基督的信函》《某某人临终之言》等。对于伦敦人来说，这些印刷物是民间传递的真实“新闻”，大多是扰乱式或鼓噪式的新闻，关系到市民切身经验的事件。譬如，18 世纪中叶，七星盘流传出一首民谣，唱的是当地的劳动救济所：“劳动救济所残酷，劳动救济所变成监狱，监狱狱长变成刽子手。”“某个名叫玛丽·惠斯勒太太的人”死在这座机构里，这一事件引起了公愤。还有民谣控诉穷人和乞丐的生存境况，很多人就是死在民谣诞生的街巷里。在这层意义上，也许因为这些愤怒的居民与可怕的死亡率，原野上的圣贾尔斯成为权威的另一来源，使其适于庇护“造假币者”，这些人实则是发行另一种形式的钱币，以扰乱正规的商业和经济体系。这个正规的体系在此地区的贫穷居民身上投下鲜明又浓重的阴影。

那么，这个堂区包藏娼妓和“夜店”，也就没有不妥当之处。以德鲁里巷为中心的场院和小巷是这门行业最出名的地盘，在其出版于 1851 年至 1862 年间的《伦敦劳工和伦敦穷人》里，亨利·梅休描述一名妇女，“四十多岁，衣着破烂、一副招人嫌恶的邋遢穷相”。梅休的叙述十分出色，引述市井生活、街谈巷议。尽管他的真实性与准确性时或受到质疑，但这多半由于他是属于维多利亚中期那一代作家，颇好渲染或虚构作为伦敦“大疮”的事件与居民。但梅休的基调和真诚是可以信赖的，正如这个不幸女人的故事：“我现在住在德鲁里巷上的查尔斯街，以前住在诺丁汉场和伯爵街。不过，先生，我住过的地方多了，说了你都不会信，我敢保证你连一半都不会信。我一直换地方，从这里到那里的，敢情你会说，像风一样……我不太想过我这种生活。你们这等人金贵，有尊严，有品格，有感觉，没法理解我这种人，那些东西早就给践踏没了。我没感觉。我习惯了……我想我不会活很久，这是让我高兴的一件事。我不想活，不过，也没在乎得想弄死自己。我没有自杀的人拥有的那么多感觉。事情就这样了。”梅休表态道：“她已经变得残酷。”事实上，是这座城市在残酷地对待她。

不过，D. M. 格林在《贫民窟里的人》中描写的那些人，并不一定认同她听天由命的心态。格林在书里论道，由于悲惨的生存境况，圣贾尔斯堂区蕴藏着“革命的种子”。1903 年，列宁组织的俄国社会民主党第二次代表大会在托特纳姆场召开，这次会议导致布尔什维克与孟什维克的分裂。正如《列宁在伦敦》的作家莱昂内尔·柯查所写：“可以说，布尔什维克作为一个政党，实则成立于托特纳姆场。”那么，原野上的圣贾尔斯堂区确实蕴藏着社会暴动的“种子”，纵然这种本能的复仇来自一个遥远的国度。

用当时的俗语来说，圣贾尔斯的周边地区是一个“疮疥”或一块“脓肿”，可能会毒害全身，因此便隐而不发地预设须以某种方式清除或烧灼这块脓疮。于是，1842 年至 1847 年间，这个地区修筑了一条大马路，剖断这片地区，这条马路称为新牛津街，修建工程彻底地拆除了最糟糕的街巷和场院，迫使贫穷的住户迁移，尽管绝大多数人仅往南搬到数条街外。当代道德家再度启用这个身体譬喻，通常绝无例外地歌颂这项拆除工程为清除“一块腌臜”。然而这个地方那股浓烈的气息绝不曾断绝，被驱逐的穷人仅是陷入较从前更糟糕、更拥挤的境况，而新马路上的新楼和新商铺数年无人租赁。这条马路依然阴湿、惨淡、“恶臭”，鲜能招徕住户。现今依然如此。新牛津街是伦敦最无趣的马路，除了中心广场的阴影里闪现的一些可疑迹象之外，没有丝毫特色。中心广场位于老绞刑架旧址上，也许可以看作是相当合适的继承人。在今天，这片地区毫无特色或目的，开着一些电脑器材店，还有阿戈斯百货，以及一些不起眼的写字楼、专门兜揽游客的商店。仍有些流浪者窝在某些角落不肯离去，聊作这个地区过去历史的象征。然而，对于这个曾经充满了生活和苦难，而今只有惨淡的安宁的地方，圣贾尔斯本人也束手无措。

XX

LONDON

The Biography

伦敦大剧院

第十三章

表演！表演！表演！表演！表演！

表演！表演！表演！表演！表演！据内德·沃德的《暗访伦敦》记载，这是17世纪伦敦城人群的叫嚷。伦敦街头确实可以看到很多表演，但最大的盛会要属史密斯菲尔德，人称“圣巴塞洛缪节”。

史密斯菲尔德起初只是简易的商贸市集，有一处卖布，另一处卖牛，但其沿革历史一向充满了动荡和热闹场面。14世纪，此地开展骑马比赛和骑士比武；这里也是绞刑和火刑的刑场。此地的节庆气氛也以略不令人生畏的方式呈现。这里常有足球赛和摔跤赛，草地外那条冠名贴切的公鸡巷，曾是娼妓出没之地。宗教剧也是这里的一大娱乐活动。

16世纪中期，布市已经过时，但市政委员会仍然保留其“集市权”。因此，原本为期三天的市集，转变为长达十四天的节庆。这个节庆不断地在后世的戏剧和小说受到传颂，人们叫嚷着“你缺什么？你要买什么？”自声名鹊起之初，这里便有木偶戏、街头艺人、畸形人、掷骰子赌钱、跳舞或喝酒的帐篷、专卖烤猪肉的食肆。

琼森在其同名剧本里称颂这个圣巴塞洛缪节。他描写响板、锣鼓、小提琴的声响。木板搭的摊位上摆卖老鼠夹、姜饼、钱夹、小包袋。还有很多货棚和玩具店。“鞋子和拍子的招牌”下展览着“大自然的神奇造物，一个女孩，大约十六岁光景，出生在柴郡，不足十八英寸……善朗读，口哨吹得好，声音十分动听”。附近陈列的是个“一头两身躯的男子”，在众多畸形表演和戏剧棚里，其中有一处是“巨人”和“小仙女”在表演。有木偶、会呼哨的鸟，还有卖马的、唱民谣的，到处是艾尔啤酒和烟草。精巧的男子表演圣诞剧，娼妓兜揽生意。琼森自己也注意到一些细节，看着人们把苹果核收集成堆，准备喂熊。正如他笔下的一个角色所说：“祝福我！拯救我，救济我，抱紧我！圣巴塞洛缪节！”

奇怪的是，在清教共和国年代，这个节庆继续举办，其首要动机无疑是给难以驾驭的市民发泄积蓄的火气。不过，1660 年王政复辟之后，自由和许可证重新风行起来，圣巴塞洛缪节便越发繁荣了。在这个时期，有一位诗人看见化妆剧上演《巴比伦的女人、恶魔与教皇》，以及黑熊跳舞、杂技表演等。有些戏年复一年地上演，譬如《高大的荷兰女人》至少连续十七年无间断地露面，《马与无马，尾巴长在脑袋位置上》也是如此。节庆上总能看到走绳索的，他们当中著名的那名丑角“在绳索上跳舞，推着独轮车，里头坐着两小孩、一条狗，头上顶着一只鸭”，跳绳索舞出名的雅各布·霍尔“能不停地跳，不停地跳”。然而，这些表演中最著名的也许要属约瑟夫·克拉克，人称“英国姿势大师”或者“摆姿势的克拉克”。据称他能“捅出脊椎或任何一块骨头的关节，然后将其复位”，他的身体扭曲到如此的地步，连最亲密的朋友都不能识认。

于是，如同所有的庆典，圣巴塞洛缪节一如既往地举办。后来还搭起一架摩天大转轮，当时人称“旋转马车”（后来称为“转上转下”），据内德·沃德的《暗访伦敦》（1709）记载：“儿童被锁进飞翔的马车内，此车毫无知觉地往上攀升……升至一定高度之后，遵循地球圆周运动的规律，又往下降落。”

喧闹嘈杂的人群，连同势必成群结队而来的小偷扒手，使得圣巴塞洛缪节终于让城市当局感觉难以容忍了。1708 年，十四天的节庆被减为三天，在 8 月底举办。然而，纵使节庆不再那般骚乱，热闹却绝无减损。当时的记载总是详述“搞笑的安德鲁组合”滑稽戏，也就是杰克·布丁斯一家，或者人称腌鲱鱼。他们身穿带驴耳的戏装，其他演员拉小提琴为他们伴奏。其中最著名的小丑在科文特花园卖姜饼坚果，由于他在圣巴塞洛缪节表演的工钱是一天一个几尼，“从而余下三百六十二天里，他竭力绝不作践自己，绝不张嘴笑或者听笑话”。

跟搞笑的安德鲁组合一起蹦跳的还有卖膏药的，向容易上当受骗的人们卖灵丹神药。在马塞勒斯·拉龙所绘一幅插画《喜剧艺术家》里，有个卖膏药的便打扮成小丑，牵着一只拴着绳索的猴子。我们也可以在喧哗和骚乱的人群中听到这个小丑的声音：“罕见的甜酒，能够鼓舞任何不幸的心灵……最稀罕的洁牙剂……强胃功效，抵抗所有感染、不卫生的潮气、恶浊空气。”就这样，圣巴塞洛缪节轰轰烈烈办着。1688 年，在这等喧嚣热闹之中，约翰·班扬在斯诺希尔和公鸡巷之间的街角晕倒死去，也许这等死法是最适宜不过的。

然而，若说节庆须有中心人物，那么此人非属潘趣不可，他是“木偶剧、骑木马、蛇皮鼓、人群、风笛”的无冕之王。他于 17 世纪末出现在小舞台上，由一个小丑报幕，小提琴、喇叭或蛇皮鼓伴奏。他不是伦敦独有的现象，但渐渐成为这座城市的节庆和街头常驻的艺人。他的暴力、庸俗、性影射，显然模仿的是都市角色。“他常转向一群挤挤挨挨的女孩，坐到她们旁边，一面调皮地挤弄眼睛，一面说着：亲爱的美人，又一个女伴来跟你们耍了！”大肚皮、大鼻子，加上手里的长棍，他身上确实体现了粗俗黄段子的精髓。可惜这个角色在后世演变得越来越小，声音越来越尖厉，沦落为逗小孩的小丑。托马斯·罗兰德森有一幅绘于 1785 年的水彩画，画上有潘趣表演木偶戏。画面上，乔治三世和夏洛特王后正乘马车前往德特福德，但市民们的视线大多转向潘趣打老婆光臀的木戏棚。他通常被描绘为“妻管严”的丈夫，但在这幅画上，看来脓包也给逼急了。罗兰德森这幅作品的大旨多半是讽刺王室，但也体现了更广大、包容一切的都市气息。

在圣巴塞洛缪节上，日常生活的社会等级地位差异消失殆尽。对于这种气氛，人们抱怨学徒和师傅可能喜欢同样的娱乐，或者在同一张赌桌上赌钱。而这完全属于伦敦本身的典型特征：各色混杂，本能地赋有平等主义精神。譬如，史密斯菲尔德招待扫烟囱童工的年度晚餐，也是在节庆时举办，这当然不是巧合。查尔斯·兰姆在散文《扫烟囱童工赞》里使这顿晚餐千古留名，他描述“数百张嘴笑得露出牙齿，以灿烂惊动黑夜”，同时听见远处传来节庆“愉快的喧闹”。我们或可争论，这里所体现的并不是真正的平等主义精神，这些肃重的节庆仅是为了让这些扫烟囱的小孩顺从惨淡的命运。也许这可以看作伦敦的一大吊诡，这座城市先安慰它即将吞噬的人。

潘趣也出现在荷加斯的蚀刻画《萨瑟克节》。人们称这个节庆为“女士节”，设在博罗的邻近街区，就在圣巴塞洛缪节后的月份举办。但是，由于荷加斯将蚀刻画题名为“节庆”与“某节庆的幽默”，我们大抵可以推想，他所描绘的是典型又常见的伦敦娱乐活动。在这幅画上，潘趣被描画为在舞台上骑马，马则啃着小丑的衣兜。他头顶的宣传画写着“潘趣剧”，绘有大鼻头的人物把装了老婆的独轮车推进巨龙张大的嘴巴。

在其他宣传画上，这个节庆的潘趣表演是一大群各色各样的演员站在木板搭的楼厅上，垂下一匹彩绘的布，写道“本处上演特洛伊围困”，演员被辨认出是来自汉娜·李剧团。事实上，一张广告招贴画一直留存下来。“此外添演新哑剧……杂在潘趣、小丑、胆小鬼、皮埃罗小丑、可鲁宾小丑之间。请注意：我们上午十点开演，表演到夜里十点。”节庆的一天着实漫长。

小丑演员两旁总有各种杂技表演，走绳索的跨越两座木建筑，走飞绳的从殉难者圣乔治塔上纵身跳下。在节庆的另一角落，一座木板舞台塌陷，演员们摔在卖瓷器的货摊上，打翻一张两名赌徒正掷下骰子的赌桌。还有侏儒、魔术师、捏蜡像的、会表演的狗和猴子，一女孩打鼓，一卖膏药的叫唤，扒手寻机下手，有艺人正在吞火。画上看得见有一位顾客正趴在小孔上看木质西洋景，不知道身旁的男子已被警察逮捕。

圣巴塞洛缪节本身也成为虚构文学角色的舞台，作家以此节庆为背景，设置人物角色的故事，但其中最著名的也许仍是带自传性质的叙述。华兹华斯的《序曲》第七卷描述18世纪90年代在伦敦定居的回忆，便是以圣巴塞洛缪节为伦敦一大象征，“无政府主义、犹如骚闹的野蛮人、不拘礼节”。“不拘礼节”这个词，在这里诠释为杂乱无章也许更合适。这里

> 颜色、动作势态、形状、景象、声音都十分可怕

充满了

> 切切嘈嘈、吊在绳上的猴子
> ……儿童在旋转木马上旋转……
> 吞石头的、吞火的

显然，通贯18世纪与19世纪初期，娱乐表演都不曾更改。不过，华兹华斯面对这种野蛮的“骚乱”和无序的独特反应，也传达了他对这座城市抱持的态度。蒲柏的长诗《愚人志》开篇以颂扬的语调传达类似的态度：

> 万能之母，她的子嗣将会把
> 史密斯菲尔德的缪斯，拉到众王耳边

这是无序、无政府的象征，以一应俱全的粗俗套路，“节目、机关、戏剧，曾经仅供乌合之众的取乐”，威胁着颠覆伦敦的人道化、文明化的道德价值。从而，仅为小众读者圈写作的作家，便带着最严肃的怀疑眼神看待这座城市的平等主义能量。

华兹华斯前往观赏之时，圣巴塞洛缪已经逐渐扩展，及至 1815 年，一面沿圣约翰街一侧铺展开来，另一面几乎一路摆到老贝利街。并且节庆的地点也渐渐变成危险的地方，毫无法纪，盗贼团伙出没，人称“荷兰夫人帮”的流氓团伙，“抢劫游客，以短棒击打无辜路人，向无辜之人扔石头”。这里再无 18 世纪的喜庆气氛，19 世纪中期的社会氛围较体面，自然便容不得这样的场合。圣巴塞洛缪节绝不可能在维多利亚时代长久存活。1855 年，节庆消失之时，公众没有流露丝毫感伤情绪。

纵使如此，在圣巴塞洛缪节上，华兹华斯直觉地感受到伦敦生活永恒的方面。他认识到这里有一种内在的、热情洋溢的戏剧性，满足于呈现纯粹的对比、展示无内在或剩余的意义，这让他本能地退缩。在《序曲》“寄寓伦敦”一卷，他说道：

> 所有各种年纪的陌生人，色彩、
> 光线、形状，闪烁交织，巴别塔下的骚乱

这里上演的是差异，流动性和无定性是其特征，而这一切都让他不安。数行诗句之内，他看到“一家又一家店铺，挂着招牌，纹饰的店名……店门面如同书籍扉页”，仿佛这座城市包藏着无尽的表达形式，却没有哪一种形式比另一种更高明。他记下挂在墙上的民谣招贴画，巨大宣传画，“伦敦歌唱团”，以及老套的都市角色“瘸子……单身汉……当兵混日子的”，仿佛他们全在某场无休的大戏里演出。

然而，他虽如此生动地描绘眼前这幅景象，却不曾完全理解这中间的蕴意，至少这是可能的——这些“变化无常的哑剧场景”，这些“活人的戏剧”，这个“大戏台”和“公众表演”，这些壮观的节庆活动和表演者，也许确实体现了伦敦的真实本性。从而，伦敦的戏剧性导致“人们在姿态、风度、衣着上讲究夸张奢侈”，正如在大街小巷里，市民是“鲜活的形状”，连路边的乞丐也挂着“一纸手写告示”，讲述自己的人生经历。因此，这一切或许似乎显得不切实际。华兹华斯认为自己仅看到“部分”（在这个词的每一种意义上），从而

所获的不是“整体感觉”。也许他想错了。

关于这座城市本质的戏剧性，华兹华斯说得一针见血，但或许也可以从另一角度去看，这个本质或许是值得歌颂的理由。查尔斯·兰姆这位伟大的伦敦人，赞美他这座城市为“一出哑剧、一个化妆舞台……这些神妙的景象，驱使我夜里走上她那些拥挤的街巷，站在鱼龙混杂的河岸街，眼见如此涌动的生命力，我常欢喜得落泪”。麦考利惊叹“让人目眩神迷的伦敦景象”，詹姆斯·鲍斯威尔则认为这里包含“人类生活的所有种类”。在狄更斯眼里，伦敦是“魔灯”，让他的想象力瞥见怪诞的戏剧和陡现的奇景。对于这些伦敦人（无论土生土长的或后来定居的）来说，伦敦的戏剧性是其最重要的特征。

《维多利亚时期伦敦的发展》的作者唐纳德·J.奥尔森在一篇报纸文章里，将1863年观看第一条地铁开通的人群比拟为“哑剧表演当晚剧院门口拥挤的人群”，把当时城市交通的速度和规模比拟为“哑剧的魔幻变形不停被转译到现实生活”。正因为如此，伦敦人向来被视为戏剧角色，譬如“破落贵族”“油头滑脑的城里人”“小赤佬”，18世纪中期，印刷店橱窗陈列着伦敦“典型人物”的漫画，同时，较时尚的市民爱穿戏服或假扮身份。

马塞勒斯·拉龙的《伦敦城各色人物写实》是展现伦敦人典型特征的最著名画册，出版于1687年，描绘很多行业和手艺，画像的主要特征是人物都在从事劳作。很多乞丐穿戏服，以图取悦过路的观众，拉龙则选择一个流浪女作为典型，“非但精于看相，并且善于模仿……能根据任何悲苦状况变换面部表情”。无疑她也是穷人，清楚地意识到自己的落魄。伦敦的神秘也在此呈现，苦难与模仿、贫困与戏剧彼此相通，以至于难分难解。

在伦敦，连犯罪的方式也沾染戏剧的乔装打扮。18世纪中叶，伦敦的犯罪大师乔纳森·怀尔德宣称“面具是我们时代的至善”，稍后年代的治安官或民警则头戴卷檐帽，制服钉着光闪闪的纽扣。城里的侦探能买到更精妙的乔装道具。这让人想起夏洛克·福尔摩斯，这样的人物也只能存在于伦敦市中心。据他的助手说，福尔摩斯“在伦敦各处有五个据点，让他便于更换身份”，化身博士那桩疑案，也只能在伦敦的浓雾“龙翻凤舞”之时才行得通，因为只有在浓雾之中，人物和身份才会骤然之间变得模糊。

若说犯罪和侦探依赖乔装打扮，那么伦敦的惩罚也有审判和吃苦头的戏院。老贝利这幢建筑设计的原旨是容纳盛大的演出，并且也确实被比作是“一场壮观的潘趣和朱迪木偶剧”，法官坐在颇似戏台背景的露天柱廊法庭上。

然而，由于潘趣（最终设法绞死了执行绞刑的刽子手杰克·凯奇）实是混乱的化身，那么他的精神也可能体现在可厌的境况里。人们把弗利特街监狱的地下室称作“圣巴塞洛缪节”，新门的礼拜堂设有廊座眺台，邀人们观看那些死囚，他们会刻意作出或荒诞可耻或藐然不敬的滑稽举止，以图逗乐看客。譬如，我们在文献里读到，一名叫约翰·里格顿的死囚，“在监狱牧师闭上眼睛祈祷之时，悄悄挨到他身边，贴着他的耳朵尖叫”。这自然是哑剧里的小丑角色。

不过，这出戏在监狱礼拜堂还没有收场，而是搬到刑场继续上演。《新门监狱编年史》的某位投稿人这样写道：“兴奋热切的看客仰头观望，类似德鲁里巷节礼日那些‘神祇’。”另一目击者评论说，恰在行刑之际，人群叫嚷着，“‘帽子摘掉！’‘前排的坐下’，简直似在戏院看戏。”1820 年，以叛国罪被判死刑的西斯尔伍德及其卡托街同党，上演了一出殊为怪诞的戏目。根据传统刑法，他们须先被绞死，然后砍头。“刽子手走到最后一颗首级前，伸手拎起，却失手，掉在地上。人群高叫道，‘哎呀，笨手笨脚的！’”这个插曲彰显了伦敦看热闹人群的独特的脾性——融合了同等分量的幽默与野蛮。

欣赏都市戏院的伦敦居民并不仅限于在刑场看热闹的人。借用约翰·萨默森在《乔治王朝时代的伦敦》中所说的话，伊尼戈·琼斯于 1622 年所设计的国宴厅，“实是他的舞台设计作品的放大版”，或许也可以这样形容他所设计的其他大型都市建筑。同样地，两百年之后，约翰·纳什竭力伪装其意图，以布景效果，设计城市规划图，借助于建造体现“如画美”原理的马路和广场，以图分隔城东的穷人与城西的富人。乔治·摩尔评论说，摄政街的“环线”肖似圆形剧场。也一直有人指出，在纳什“整治城市景观”的时代，也是伦敦风行全景图、仿真模型的时代。从林荫路尽头望去，白金汉宫似乎只是一座精美的舞台，下议院则类似感伤的新哥特式练习，并非不似同时代特许剧院上演的精美戏剧。《佩夫斯纳指南》最新版指出，伦敦金融城的清算银行，“其建筑设计旨在内外皆让人惊叹”，20 世纪 60 年代的众多建筑则“将混凝土赋有表现力的潜能演化到戏剧的极限”。

建筑师和艺术家都直觉地捕捉到伦敦的精髓。在荷加斯的作品里，街巷以舞台布景的透视界定。在他的很多蚀刻画上，也许最著名的是他所刻画的节庆，就实际功能而言，艺人与看客之间的分界全然消失，台下的市民比台上的戏子更生动地表演其角色，并且人群里的热闹比台上演的戏更扣人心弦。

有些最著名的伦敦写照也从这个时代的戏院借鉴艺术效果。譬如，爱德华·佩尼的画作《城里骤然下雨》借鉴了大卫·加里克的剧本《多疑的丈夫》中一出场景。19世纪中期最伟大的城市风景画家约翰·奥康纳，也是精湛的舞台布景画家。就城市风景画家与舞台布景设计者之间的关系这一问题，最集大成的著作《画中伦敦》的编辑们甚至进一步建议道："就此二种职业之间的重要关联，需要作更深入的研究。"也许这两者并不是两种职业，而是同一种。

在伦敦，似乎人人都身穿戏装。自最早时期以来，市政府的文献记载便体现相当生动的品阶和等级，尤其注重镶纹彩的衣饰、斑斓的礼服。譬如，城里的贵族参观圣巴塞洛缪节开幕式时，须不负众望地穿"带衬里的紫罗兰礼服"。不过，话又说回来，伦敦各等市民都十分讲究色彩与效果。事实上，在如此拥挤的城市里，人们也仅靠衣服识人。譬如，以"蓝袖毡围裙"识屠夫、以"风帽、头巾、顶髻"识娼妓。所以在节庆上，更换戏服之后，所有社会等级被尽然颠覆。

18世纪中叶的商人登广告推销货物的传统价值之时，会"戴假发、银膝扣、鞋扣，手腕套着一圈精致的褶裥饰边"。20世纪早期，还可以看见银行收发员、送鱼男孩、侍应生、警察仍然身穿维多利亚中期的服饰，似乎意欲展现其行业的古风的尊崇或体面。事实上，在伦敦历史上任何一个时期，街头都可以看到数十年前的服饰和仪态。

不过，乔装打扮也会成为欺骗的方式。有个声名狼藉的拦路强盗"打扮成卖牡蛎女"从新门监狱越狱，《亨佛利·克林克历险记》里的马修·布兰布尔评论道，伦敦城的普通技工，"装出很体面的模样"，四处走动。相反地，鲍斯威尔热衷于扮"底层"身份，穿戴起来，装成"无赖"或士兵，去街头巷尾勾搭娼妓，到酒肆寻乐。鲍斯威尔对伦敦如此着迷，就在于这座城市让他得以乔装成各种不同的人物，从而逃离自己的身份。正如马修·布兰布尔所说，"不留丝毫差异或等级差别"，这句话解释了平等主义和戏剧性相融合这一如此典型的伦敦特征。

伦敦确实是盛大演出之乡，无论是生者或死者的演出。1509年，亨利七世的遗体被送往切普赛德，棺椁上放置一尊他的蜡像，披挂国王衣袍。主教和牧师拥在马车前后左右，泣涕流泪，王室六百多名成员手捧蜡烛跟随在后。伦敦向来擅长此等隆重的出殡礼。1852年威灵顿公爵出殡礼的堂皇气象也丝毫不逊于此，当时有人以极夸张的词藻描述葬礼场面，“效果奇特、惊人”，偶然一点明亮的色彩，调剂大片沉重的黑影，尤其是“一名近卫兵，其猩红制服映衬周围深色的装饰”。

异国君王来访，或者王子出世，或者前线传来捷报之时，这座城市便盛装打扮，举行五彩缤纷的庆典。1501 年，阿拉贡的凯瑟琳进入伦敦之时，伦敦人供奉造在石砌地基之上的彩绘木质城堡，以及柱廊、雕像、泉井、假山、自动天象盘、城垛。数百年以来，伦敦人好大场面的胃口是再高估也不为过的。1425 年，亨利五世从阿金库尔返城，远远望见伦敦桥头摆了两尊巨像，桥上则立着“无数男孩，装扮成天使，身穿白衣，背着闪烁的翅膀，头戴桂枝冠”；康希尔水渠上则盖了一座红布披搭而成的凉亭，国王近前之时，“人们放飞大群麻雀、小鸟”。切普赛德水渠旁则站满了少女，全身洁白，从合捧的手心里吹出金叶，飘向国王身上。还有一幅太阳图，“在一切事物之上闪耀”，放置在宝座上方，“四周飞着天使，歌唱、演奏各式乐器”。继而数世代里，康希尔和切普赛德的水渠会被如下道具所装饰：树木、洞穴、假山、淌着酒或奶的溪流；马路上也披挂彩色织毯、锦绣绸缎。伊丽莎白一世的早期传记作家阿格尼丝·斯特里克兰讲述这些现象，形容说：“在当时，伦敦城或许可谓戏台。”有一位德国旅人观看乔治四世的加冕典礼，也作出类似的评价，国王“只好像哑剧主角一般表演”，朝袍则“酷似某出历史剧的戏服，这里演得着实精彩”。

另一个戏种似乎更接近城市的市井生活。譬如，街头是永恒的舞台，任何“闲谈者”或叫卖的商贩都能吸引好奇的看客。16 世纪的戏院舞台朝南，以便尽量让光线照到演员身上，我们或可想象，在伦敦拥挤的马路上，不那么专业的艺人的表现和仪态也会有类似的光线效果。街头艺人则演出历史情景剧。现存仍有 19 世纪街头艺人的照片，他们似乎颇贫穷，也许还有些污秽，但身上穿的却是亮晶晶的紧身裤、考究的戏服，衬托花里胡哨的背景幕布。20 世纪早期也可以看见敞篷板车在原地上演狄更斯小说里的场景。

狄更斯大抵会心领罢，因为正是他将伦敦转变为一座符号化的大戏院。他的大部分夸张的想象灵感源自少年时代进入那些布满了街坊的戏院，尤其是草台班子和德鲁里巷戏院周围的小戏房。在一家戏院里，他看了一出哑剧，“发现那些演开店的、演路人的演员，完全不走套路，而是罕见的真实”。他所指涉的是当时一种现象，也就是普通伦敦人，尤其是年轻人，受雇表演当季最新的都市剧或哑剧。他的同代人萨克雷在《名利场》中描写两个伦敦男孩，“颇擅描绘戏剧角色”。同样地，从《切普赛德街的贞女》到《芬切奇街的瘸子》，从《比灵门的老板》到《拉德门的恋人》，从《兜门的恶魔》到《新门的黑小子》，几乎每一条马路曾经都赋有吸引戏剧好奇心的题材。看客也在这些地方看到本·琼森在《圣巴塞洛缪节》里所看到的，这里的戏台既反映他们的人生，也反映这座城市的本性。这些戏的主题通常暴力而夸诞，然而正因为如此，也真切地体现了这座城市的拥挤生活。

伦敦生活本身也会转变为街头戏剧，纵使时常是无意间发生的悲剧。尤其是穷人和社会弃儿，没有隐秘可言。正如吉辛在小说《地狱》（1889）里所说的，“或温柔或愤怒的场景，大半皆须以百姓的方式上演”，从而人们可以听见他们的高呼和低语。

第十四章

他永不得在本区肇事

"Out you rogue, you hedge-bird, you pimp ... Does't so, snotty nose? Good lord, are you snivelling?"（滚，你个无赖，泼皮，拉皮条的……还不是，你个泼才？上帝呐，抽起鼻子来了?）本·琼森的《圣巴塞洛缪节》这段对白，虽不曾捕捉到伦敦话的口音与语调，却传达了其特色。

依各人的看法，伦敦话既被形容为粗嘎，也被形容为轻柔，但最突出的特征是懒散。《伦敦佬今昔》的作者 W. 马修斯曾说："伦敦佬尽可能地不动嘴唇。"《伦敦方言》的作者 M. 马克布莱德研究小音段、句末升降调形、韵核、音渡之后，也得出同样的结论，声称"伦敦佬尽最大可能避免用发音器官做任何不必要的移动"。换句话说，他们说得懒散。或许还可以指出另一显著特点。倘若伦敦佬说话的嗓门确实"粗嘎"，这也许是由于他们向来居住在嘈杂的城市，若要说话让人听见，首先便是得让自己的声音压过"永不松懈的伦敦"的咆哮。

在人称考克尼的伦敦方言里，有很多著名的例子，譬如，他们说"piper"，而不是"paper"（纸），"Eye O pen"，而不是"High Holborn"（高霍尔本），"wot"，而不是"what"（什么）。还有很多耳熟能详的句式，譬如，"so I goes ... and he goes"，比"so I says ... and he says"（所以我说……以及他说）更常见，但还是能够感觉到那份即时感。"Innit?"或者"Ennit?"现在比"Ain't it?"（不是吗?）更常用，而我们现在仍然能在东区某些地方听到诸如“'E didn't'alf 'it 'er，'e did”（他这儿没有，对吧?），“You ain't seen nuffin”（你什么也没看见），或者“nuffink”（什么也没有）这样的话。然而，经历20世纪中期的方言变迁之后，其他典型的考克尼方言不曾幸存下来。诸如“For why?”“summut”这样的表达，如今难以听见。连“blimey”（哎呀）也淡出了日常谈话。某些东区方言也许是通过狄更斯的小说为人所熟悉，而今已经成为老古董。说“Wery”而不是“very”（非常），“wulgar”而不是“vulgar”（粗俗），这样的发音早已废弃，虽说这个手法一向也是更常见于小说对话，而不是街谈巷议。说“Hexcuse”而不是“excuse”（抱歉）这个例子，也可以说是同样的情况。在20世纪最初几十年里，也许还能听见摆摊的叫唤：“Plees to reck-leck [please recollect] that at this 'ere stall you gets ...”（要记得你是在这个摊上买的……），现在已经听不到了。一度还能听见东区侍应生说这样的句子：“There are a leg of mutton, and there is chops.”（这样的句法似乎已经失宠）有些词语索性另投主子，19世纪中叶，东区喜用“Ax”，而不是“Ask”（问），而今这种省略的发音主要在伦敦黑人口中听见。有个句式现在仍然通用：“paralysed, like”或者“fresh, like”（虽说这样的话在伦敦人嘴里至少已经流传了两百多年）。由于有确凿的证据表明，五百多年以来，考克尼英语不曾有所变化，那么这一点确实赋有更重要的意味。

因此，考克尼英语赋有重大的历史意义，即便仅是用来再次表明伦敦生活最本质的延续性。考克尼英语一向代表着一种口语，而不是书写文化，由一代又一代的本地人保持下来。但话又说回来，数百年以来，伦敦并无标准语。在伦敦中世纪早期，古英语口音在市民中间留下截然分明的方言。我们可以识辨东南口音、西南口音、东米德兰口音。由于执政王室与温切斯特之间的历史渊源，西撒克逊语是威斯敏斯特的语言，这座城市本身则主要操东撒克逊语。从而便有了伦敦方言与埃塞克斯郡方言在这些世纪之间的关联。伦敦人说“Strate”，威斯敏斯特人则说“strete”。换句话说，没有标准或统一的发音。并且每个堂区也各有差异。扼要地说，还有其他口语，令这座城市的语言更多样化。一项关于伦敦英语语域的语言学调查，发现自13世纪最后十年至15世纪初，伦敦英语有着广泛的词源和普遍的外语借用情况。在之前不曾被研究过的伦敦桥档案里（这些档案大多记录泰晤士河渔夫的就业情况），可以读到古英语、盎格鲁—诺曼语、中世纪拉丁语、中世纪荷兰语、中世纪低地德语。这也许可以看作仅是受过教育的书记员努力把俚语转录为更优雅、正式的文风。不过，事实上，所有迹象表明，由于当时确实有“杂糅”或“通心粉”式的口语，源自“伦敦英语的不同语域之间的交流”。《伦敦英语源流》的作者劳拉·赖特也指出：“在工作场合习惯使用法语和拉丁语的伦敦人，即便说英语之时，也很可能使用这些语言里的词汇来谈论或思索其工作。”我们当然不必想象泰晤士河渔夫操古典拉丁语。他们的拉丁语该是某种粗话或行话，包括从罗马占领时期流传下来的词语。法语的影响完全不出意料，诺曼入侵之后，所有这些语言全都交汇到活生生的口语里。

然而，这中间可以看出变化的大图式。14 世纪时，英国中部和东中地区的方言取代原先在伦敦居主位的东撒克逊语。这一变化毫无缘由，但也有可能因为更富裕或受过教育的商贾家庭在数世代之间逐渐从这些地区迁进城里。同一时期，还有另一根本的语言变化，这种迥异又显明的更“斯文”的语言，是英语标准化这一漫长过程的肇始。14 世纪末出现一种独特的方言，人称“伦敦英语”，《剑桥英语语言史》的编辑转而称之为“现代文学标准英语”。官方的书记员也逐渐定下写作标准，强调正确、统一、规范。

于是，中部和东中地区的方言成为受过教育的伦敦人的语言，继而更是成为通常意义上的英语。那么，伦敦本地人说的东撒克逊方言又怎样了？在某种程度上说，这种方言已经被取代，然而，更具重要意义的是被降格。对于这种方言的偏见，主要由于它一向是口头语言，极少书写为文字——倘若有的话。因此那些“叫唤声”里充斥着“不和谐、粗鄙”。及至 16 世纪，“标准英语”与后人所谓的“考克尼英语”之间的差异，已经昭著得足以成为批评的对象，然而，最突兀的事实是，这种语言依然留存下来。

16 世纪末至 17 世纪早期的教堂档案显示，考克尼英语非但已经确立地位，并且展现出某些固定的特征。因此便有了这样的写作语言：“the abbot of Westmynster and the monks reprevyed ... Mr. Phipp who was chosen constable in which complaint he made appear his imbecility ... yt was erecktyde by most voysses ... without the least predyges of the paryshe ... he wold nott church a woman owt-septshe wold com at vi in the mornyng.”还有双重否定句式：“he shuld neuer trobell the parish no more ... not otherwysse to be ussyd at noo tyme.”17 世纪有一出舞台剧，模仿这个句式：“Were you never none of Mister Moncaster's scholars?”我们仿佛可以听见他们的对白：“Att this vestry it was ffurder menshoned whether the parishe would be pleased to Accept of Mr. Gardener for to bee a Lecterrer ... greytt necklygence of our pyssheners.”16 世纪人们的日记里，尤其是亨利·马琴的日记，照语音拼写灵活地捕捉了早期伦

敦佬的口音和语调，譬如，以“anodur”拼写“another”，以“alff”拼写“half”。同时可以读到 Vestmynster、Smytfeld、Hondyche、Powlles Cross、Honsley heth、Bednoll Grene 这样的地名拼法。马琴的一则日记这样描述突然打闪电：“on of servand was so freyd that ys here stod up，and yt wyll never come down synes.”一位精勤的调查员也传达了16、17世纪伦敦佬所使用的很多语言手法，诸如，用“Stren”而不是“Strand”，“sattisfectory”而不是“satisfactory”，“texes”而不是“taxes”，“towled”而不是“told”，“owlde”而不是“old”，“chynes”而不是“chains”，“rile”而不是“rail”，“suthe”而不是“south”，“hoathe”而不是“oath”，“orfunt”而不是“orphan”，“cloues”而不是“clothes”，“sawgars”而不是“soldiers”，“notamy”而不是“anatomy”，“vill”而不是“will”，“usse”而不是“house”，“'im”而不是“him”。有些关键词语和成语也在数世纪间流传下来，其中包括“sav'd 'is bacon”、bouze（drink，酒）、poppet（girl，姑娘）、elbow-grease（energy，精神劲）、paw（hand，手）、swop（exchange，交换）、tick（credit，赊账）。扼要地说，在很多方面，21世纪的考克尼方言，跟16世纪的一模一样。作为一种口头传统，这种方言从未消亡。

16、17世纪的考克尼方言被搬上舞台，也出现在书面报告，但在这个雏形阶段，仍属于拙劣的模仿，而不是嘲讽。在莎士比亚的《亨利四世》里，东切普野猪头酒馆老板娘快嘴桂嫂，可以说象征了东区女性当中较嚣张的类型。“I was before Tisick，the debuty t'other day，and，as he said to me，'twas no longer than Wednesday last，'I' good faith，neighbour Quickly，' says he；Master Dumbe，our minister，was by then；'Neighbour Quickly，' says he，'receive those that are civil；for' said he，'you are in an ill name.'”［“前天我碰见典狱长铁锡克大爷，他对我说（那句话说来不远，就在上星期三）‘桂大嫂子，’他说；咱们的牧师邓勃先生那时也在一旁；‘桂大嫂子，’他说，‘你招待客人的时候，要拣那些文雅点儿的，因为，’他说，‘你现在的名声不大好。’”］这段话大可出自三百年后狄更斯笔下的甘朴太太之口。莎士比亚走过伦敦城时，必定亲耳听见这些略音、重复、旁语。

菲尔丁是18世纪最初几十年中伦敦生活的出色旁观者。他也听见这些嗓门，精确地将其重现。“It would be the hiest preasumption to imagine you eggnorant of my loave. No，madam，I sollemly purtest.”（“倘若设想您全然不知我的情意，那可是最最冒昧之事。哦，不，夫人，我最庄严地抗议。”）乔纳森·怀尔德致信一个他幻想在崇拜自己的人："I have not slept a wink since I had the hapness of seing you last; therefore hop you will, out of Kumpassion ..."（"自前次见您一面之后不曾合过眼，因此希望您会体恤……"）

稍后年代里，托比亚斯·斯摩莱特也听到同样的口音。"Coind sur, Heaving the playsure of meating with you at the ospital of anvilheads [invalids], I take this lubbertea of latin you know ..."（"善良的先生，很荣幸在这间病弱者医院里认识您，您知道的，我冒昧借用拉丁语……"）这里传达的不只是幽默，还有滑稽与独特性，而绝不是数落伦敦佬说话装模作样。同样地，莎士比亚戏剧里所见的戏剧性的生动和共鸣，在其他都市作家的笔下呈现出来。斯摩莱特在唐宁街做外科医生，菲尔丁在博街做法官，他们都很熟悉这些市井言谈。他们之于伦敦口语的关系，有助于解释卡尔·弗里德里希·申克尔的评价。在 1826 年的日记中，他写道，对于"意欲借莎士比亚和弥尔顿陶冶自身的有识之士，且不论如何谦逊地……伦敦必定赋有阐发和启示的价值，诚可谓一种神圣性"。

接下来世纪里的作家们更在乎上流趣味，以及维持"好"英语作为启蒙的媒介。在这种社会背景下，考克尼英语便变得荒谬、受尽谴责，于是在 18 世纪中叶的戏剧里成为嘲讽的对象。"I have heard, good Sir, that every Body has a more betterer and more worserer Side of the Face than the other ... It is the onliest way to rise in the world ... all them kind of things."（"我听说，好先生，人人都有一副更好些、更坏些的面孔……这是往上爬的唯一路子……所有这类的事情。"）旋即便涌现大量文论、教育手册，谴责考克尼英语的粗鄙与不正确。寄宿学校与教会学校的数量激增，更加壮大、巩固了他们的偏见，在国民教育的社会大气氛里，说考克尼口语的，就被视为"没文化"、文盲。由于"伦敦英语"已成为"正宗"英语的标准，伦敦地道的方言转而就受到更激烈的抨击，成为错误和庸俗的标志。

然而，伦敦佬这一形象从不曾消失。这个词语本身便被视为赋有嘲讽意味。"Cockney"这个词通常被认为源自中世纪的"cokenay"，即公鸡蛋。换句话说，指反常的东西或者造物的怪胎。另有一种同样讥嘲的解释。某伦敦人初次到乡下，据说天真地问道："公鸡也下蛋么?"还有一种较中听的可能词源。有一位历史学家曾提出，此词源自拉丁语 coquina，或者"cookery"（烹饪），起源于伦敦被视为小吃店之乡的时代。也可能源自凯尔特神话称伦敦为"Cockaigne"，淌着奶和蜜之地，而这些伦敦佬则是此地的原住民。然而，就连这个词源也被人们用来轻视他们。及至15世纪，这个词等同于“优柔寡断的人……娘娘腔”，在16世纪，此词成为“讥嘲女里女气的城里人，对照乡下较粗犷的居民”。有时，这样的人物似乎是让人可怜的形象，诸如狄更斯笔下重现的清道夫的对话：“a sov'ring as waw give me by a lady in a wale as sed she was a servant and as come to my crossin' one night as asked to be showd this 'ere ouse.”（“这块金币，一位夫人给我的，她说她是女仆，有天夜里到我这个路口，叫我带她到这边房子来。”）但狄更斯笔下很多人物依旧保持鲜活与生动。在《博兹札记》所收录的《瓦金斯·托特尔先生的一段人生》里，伊凯身上赋有伦敦佬典型的举止：“He seed her several times, and then he up and said he'd keep company with her ... the young lady's father he behaved even worser and more unnat'ral ... So then he turns round to me and says ... and wasn't he a trembling, neither.”（“他坐了数次，然后站起来，说陪她回去……对这位女士的父亲，他的态度更糟糕，更做作……然后，他转向我，说……而且，他并没有发抖。”）狄更斯是口语大师，在小说中展现了自己在伦敦方言上的造诣。或许甚至可以说，19世纪是伦敦佬与考克尼风格的全盛时代。他们不再是17世纪戏剧里的商人或酒肆老板，或者18世纪小说里有抱负（虽也粗鄙）的邻居，他们被视为属于一个显著而广大的群体。

譬如，押韵俚语的兴起年代可以确定为19世纪初期。这时，当地出现诸如以“apples and pears”（苹果和梨）代替“stairs”（楼梯），“trouble and strife”（麻烦和争吵）替代“wife”（老婆）。倒拼暗语也出现于这个时代，譬如，“yob”是“boy”（男孩）的俚语。

在同一世纪，伦敦佬的形象也变得清晰（倘若并不总是可爱）。诸如皮尔斯·伊根、亨利·梅休、G. A. H. 萨拉（其写作生涯跨越整个世纪）这样的作家，诸如“She's a bloody rum customer when she gets lushy”（她喝醉后可不是好惹的），或者“They doesn't care nothink for nobody”（他们可不在乎别人），或者“She tipp'd him a volloper right across the snout”（她朝他鼻子抡了一拳头），显然借自方言。

就实用目的而言，19世纪的考克尼方言文献资料无穷无尽，但在音乐厅里，这门方言有了特殊的重点。阿尔伯特·希瓦利埃、丹·利诺、马里·劳埃德、格斯·埃朗这些表演艺术家，赋予考克尼方言以艺术形式和走向。譬如在《我的影子是我唯一的朋友》《我纳闷做穷人是什么感觉》等歌曲里，这种方言十分适宜群众感情的真诚流露。这些都是地道的伦敦歌曲。“音乐厅”的常规惯例也鼓励艺术家发挥创造才智，因此，可以相当公允地说，19 世纪 80 年代奠定了考克尼英语的标准。毋庸置疑的是，这个时期见证了现今仍被称为现代东区英语的赋形过程。

也许东区英语最挑剔的倡导人要属萧伯纳笔下的伊莉莎·杜利特尔。“There's menners f'yer. Te-oo banches o' voylet trod into the mad ... Ow eezyee-ooa san, is 'e?”还有最后一句“Oh he's your son, is he?”，展现了萧伯纳重现语音的造诣，但读来或听来却并非总是让人愉悦的。20 世纪里其他伦敦佬范例或许较容易让人接受。这段话出自 1901 年：“The other dye I ‘appened ter pick up a extry 'alf-thick-un throo puttin' money on my opinyun of the Gran' Neshnal. Well, nar, the fancy tikin' me, I drops in on a plice as were a cut above whart I patterinizes as a yooshal thing.”二十一年后，我们可以读到下面这段话：“Vere was a bloke goin' dahn Tah'r Bridge Road, an' ve Decima Stree' click se' abaht 'im. Vey dropped 'im one ...”

诸如“relytions”（relations，关系），“toime”（time，时间），“owm”（home，家），“flahs”（flowers，花），“inselt”（insult，侮辱），“arst”（asked，问过），“gorn”（gone，走了），“I done it”（I did it，我做的），这些词的发音成为标准。有些词语和成语经过更改，譬如，“Smashin”变成“blindin”或者“brilliant”。还有一些老词语起而复用，“Mate”或“mite”早已过时废弃不用，却由于澳大利亚电视肥皂剧流行，而又重新启用。但大体说来，句子结构和语调依然保持原样。20 世纪 60 年代伦敦佬的日常用词，跟 21 世纪初的伦敦佬并没有迥然差异。譬如：“He did not say nothing ... so he come in and just as he come in ... Right in the corner it was ... Of course they was cursing ... So — any way — I give one look ... I seen them ... Them days.”（他啥也没有说……他就走进来，就这么走进来……就在角落里……当然他们骂了……所以——不管怎么说——我瞪了一眼……我看着他们……那些天。）

但这里须添一句。伦敦年轻人中间仍然有操现代或标准考克尼英语的，只是嗓音较柔和，或者说，较怡声。也许是由于较良好的正规教育，但更可能是由于大众“传媒”交流所导致的本地方言或土话的普遍缩减。

然而，考克尼英语仍然惊人地标志了传统的延续性。这种伦敦土话经受了文化潮流、教育或社会偏见的侵袭，在数世纪之间的演变里维持着鲜活、生动。它的成功反映了（甚或可以说代表了）这座城市本身的成功。与伦敦一样，考克尼英语通过吸收同化而生长，借取其他语言，化为己用。它借用荷兰语、西班牙语、阿拉伯语、意大利语、法语、德语，也取用盗贼的黑话、监狱的暗号。鉴于这座城市本身经常被称为监狱，在某种程度上，考克尼英语也成为罪犯的语言，也是再贴切不过的。譬如“nark”（线人）、“copper”（警察）这些俚语。由于伦敦生活里常驻不衰的暴力，伦敦土话套用拳击台的词语和成语，也就不足为奇，譬如，常见的有“kisser”（拳击手）、“conk”（鼻子）、“scrap”（废物）、“hammer”（痛打）。另有一些词语来自伦敦佬参军的陆军和海军部队用词。并且近年来，考克尼英语也开始美语化。这种语言因此茁壮地成长着。

考克尼英语的其他特征，也可用来界定这座城市的生活。这种土话从戏剧受益匪浅，包含无数不无自诩意味的豪夸和强调。16 世纪亨利·马琴的日记里，我们已经见识此中一流的范例。倘若稍加改动文句，仿佛便是今天仍能在伦敦街头听见的话：“the goodlyest scollers as ever you saw ... the greth pykkepus as ever was ... ther was syche a cry and showtt as has not byne.”这也是源自伦敦佬好套用或瞎用大词说服听者的习惯。浴室墙上会“covered in condescension”［布满了屈尊感，把“condensation”（凝结的水汽）拼写为“condescension”（屈尊感）］，或者老人可能患“Alkaseltzer disease”［把“Alzheimer”（老年痴呆症）拼写成类似 Alka seltzer（苏打水弱碱泡腾片）］。还有观察者指出诸如“Yer a septic ... collector of internal residue ... jumbo sale ... give 'im a momentum when he retires.”类似的例子举不胜举。

这种方言里还有一些欢快和喜庆感。不过，这个特征既是这门土话也是这座城市的特征。伦敦人尤其喜用谚语、流行词汇，以及综合了喜剧、敌意、反讽意味的诅咒。因此，他们的嘴巴通常被形容为“粗鲁又功利”。但正因为这些特征，这种土话酷似并且反映了为它赋形的这座城市。

俚语和流行词汇跟这门语言一般古老。伦敦街头总是充满着口号和暗号。有些这样的词语可以确定早在 15 世纪便已出现。譬如，“Who put a turd in the boy's mouth?”“As bare as a bird's arse”“God save you from the rain”等是市井言谈的典型例子。还有一些说法源自城市生活。譬如，有一匹著名的表演马，名叫摩洛哥，主人叫它在看客人群中找出最愚蠢的人，它挑了喜剧演员和小丑理查德·塔尔顿，后者的反应“God a mercy，horse”（上帝保佑，马儿）传遍了 16 世纪伦敦的大街小巷。这句话可用来表达恼火，但由于其渊源，又略带喜剧色彩。在 17 世纪，“Oh good，Sir Robert，knock!”（天啊，理查德先生，捶!）这句话在伦敦人嘴里成为数落调皮捣蛋的口头禅，源自布莱德韦尔监狱以敲锤表示停止鞭笞的惯例。

19 世纪初，市井俚语也会无缘无故地出现或消失。譬如，“Quoz”这个词突然时髦起来，几乎可以用在任何场合。据查尔斯·麦基在回忆录《非同寻常的大众幻想与群众性癫狂》中所说，这个词表达怀疑或狂欢或优越感。“调皮的小混混想捉弄路人、给同伙取乐之时，就会盯着某路人的脸，大吼一声‘Quoz!’Quoz 在每一家啤酒店里回荡，在每一个街角嚷起、每一堵墙壁连绵数英里用粉笔写满了‘Quoz’。”继而，街头兴起另一句口头禅，“What a shocking bad hat!”（这帽子多糟糕透顶!）用来品评几乎所有各种突出的外表。接着，“Walker!”这个孤立的词语起而代之，用来尽最大可能地冒犯他人，“说这个词之时，将第一个音节特别地拉长，最后一个音节猛然收住”。年轻女人用来回绝追求者，年轻男孩用来嘲讽醉鬼或任何挡道的人。这个词仅流行了三四个月，就被另一伦敦俚语所取代，而后者的存活时间也是一般长久。“There he goes with his eye out”这句话的意思难以捉摸，堪可匹敌其模糊的意义还有“Has your mother sold her mangle?”，这句话在伦敦佬中间成为习惯性的辱骂。大众的口味崇尚短暂与晦涩。1830 年，另一词语“flare up”简直成为这座城市的万能词，查尔斯·麦基写道：“用来回答所有问题、解决所有争纷……突然之间成为英语万能词。”某人突然插话，或者喝多了，或者被卷进争吵，其结果都是“flare up”。这个词也仅时髦了一阵子，取而代之的是“Does your mother know you're out?”用来质问外表有些过于浮夸或者沾沾自喜之人，譬如出租车司机反驳不肯付双倍车费的乘客。

还有很多诸如此类层出不穷地创造的新词或新句，一旦被人创造（无人知道是谁），似乎旋即便神秘地在伦敦街头回荡开来。简直好似城市本身造出这些词语，然后以伦敦各代人的抱怨声音传送到大街小巷：“I can come it slap ... Would you be surprised to hear? ... Go it! ... Immensikoff! ... It's naughty but it's nice ... Whatcher me old brown son ... Chase me ... Whoa, Emma! ... Have a banana ... Twiggey-voo! ... Archibald, certainly not ... There's a lot of it about it ... He's a splendid performer, I don't think ... Can I do you now, sir ... It's being so cheerful as keeps me going ... See you later alligator ... Shut that door.”新近的例子分别源自音乐厅、广播、电视。电视连同电影、流行音乐，如今成为街头俚语最富饶的源泉。

这个传统仍在持续，主要是因为它属于曾被称为“糙”的伦敦佬幽默。我们听说，18 世纪的伦敦人看到一对男女性事之后打哈欠的图片，就会笑得“前仰后合”。这份幽默也可以说更是属于个性方面。在 1712 年 8 月 11 日的《旁观者》里，斯梯尔讲述 18 世纪一位绅士的故事，有个乞丐走到他跟前，礼貌地向他讨六便士，好去下酒馆。“他恳求道，作出悲伤的表情，说自己的家人全渴死了。老百姓都颇有些幽默，有那么二三人开始俏皮起来。”在此，“老百姓”的“幽默”隐含对绅士的嘲讽，这是伦敦佬幽默形式当中最常见的诙谐模仿形式。扫烟囱的打扮为牧师，擦鞋的“把脚凳顶在头上”，社会名流出来游街之时，在海德公园“马术场”被人们追赶。他们争竞出众，显耀财富或身份。1826 年，威廉·哈兹里特在《直言者》里预料说：“你们中间真正的伦敦佬是你真正的平等者。”他归结道：“在他心里，一切都粗俗化。没有任何东西能够长久得足以令他产生兴趣；没有任何东西值得细加研究，以激发好奇或惊奇……他不看重自己，更不看重你（倘若有可能的话）。倘若能拿你开涮，他根本不在乎自己能否得到好处。他所体会的每一种感情都是经由轻率与无礼而来。”也许这个看法过于刻薄，然而，鉴于争先的幽默也关涉“做事公道”的风气，据说后者在伦敦百姓中间十分普遍。考克尼英语有一句著名的俗语，“Fair play's a jewel”（“做事公道是个宝”）。在这个社会风气之下，19 世纪的街头无赖或可天真地询问一位绅士：“Is the missus quite well?”（太太好吗?）斯威夫特记得有个小孩叫唤道：“Go and teach your grandmother to suck eggs.”（回家教你奶奶玩蛋去），意为班门弄斧。

街头拾荒者遭遇新发明的“扫街机器”时，“发起一场活跃的街头斗智，民众怂恿两方”。类似地，街头斗殴无论多么自发地发生，也总是遵循伦敦围观人群所谙熟的规矩。伦敦佬经久不衰的异装癖，或许也是源自伦敦这种诙谐模仿的平等化精神。数百年来，自中世纪露天历史剧里的诺亚太太，到伦敦单人秀俱乐部的最新剧目，剧院的异装癖一直在伦敦娱乐界占据主流。1782 年，演员班尼斯特表演《乞丐的歌剧》里波莉·琵裘这一角色，这出戏本身便是伦敦的一大典型象征——某观众“笑得歇斯底里，一直没有间断，直笑到星期五早晨死掉”。

第十五章

戏剧之城

关于圣保罗大教堂西南首一座罗马时期剧院的方位，如今已经断定得确凿无疑，就坐落在美人鱼剧院东侧 150 英尺左右的位置，邻近水坑船坞区。还有迹象表明，白教堂的旧址上，1567 年曾有一间剧院，位于奥德门外，舞台大约五英尺高，设有一系列楼座。

继而又建造了肖尔迪奇原野上的剧院。这座剧院是木结构茅顶，设计考究，配得起“原野上所造的那家雕梁画栋的戏院”这等形容。马洛的《浮士德博士》和莎士比亚的《哈姆雷特》皆在此上演。这里无疑相当受欢迎，因为一年之后，两百码外又建起一家剧院。这家剧院便是“帷幔剧院”，或者后来又称作“青戏幕”，大概是因为剧院外所挂的彩色招牌。跟酒馆、店铺一样，剧院门外也彩绘图案，以吸引市民的视线。

这两家早期剧院为后世更著名的剧院制定了标准，在伊丽莎白时代的文化史上发挥了非常重要的作用。这些剧院总是位于城墙外（不似黑衣教士的“私人”剧院），并且这两家剧院都建在曾经隶属圣井隐修院的城北郊野。正如地名所显示，这附近曾经有一眼“圣泉”。也许当时人们刻意选择曾经演宗教剧的位置建造剧院。或许这也解释了黑衣教士老隐修院何以有一家剧院。伦敦人一向熟悉这座城市及其周边的地形历史，从而在很多情况和背景之下，可以看到同一种活动在同样的位置开展。至于 12 世纪的“剧院”的方位，我们不得而知，但至少可以合乎情理地说，大概位于最终在 16 世纪 80 年代与 90 年代所建造的玫瑰剧院、天鹅剧院、环球剧院的位置。

关于早期剧院建筑起源的推测，有人认为类似游方艺人或演员队伍在设有楼座的酒肆院落里表演，人称“酒馆戏”，慈恩堂街有两家，一家叫“钟”，另一家叫“十字凯斯”。还有一家坐落于拉德门山，叫作野蛮女王，并且正如其他酒肆戏院，很快就坏了名声。1580 年，枢密院颁旨，勒令伦敦官员“将戏子驱逐出城”，并且“拆毁伦敦塔自治区内之戏院赌坊”，戏子在这些地方活动，导使“伤风败俗、聚赌、无度……学徒和派系斗殴”。那么，戏院可能会激起似乎一直在城市生活表层之下潜伏的骚乱，并且也给伦敦的两大恐怖（火灾和瘟疫）提供可乘之隙。

也有剧院历史学家总结说，伊丽莎白时代剧院的真正原型不是酒肆戏院，而是逗熊马戏场或斗鸡场。诚然，这些娱乐活动与严格的戏剧不相称。有些剧院改为逗熊马戏场或拳击场，有些斗鸡场和斗牛场则改成剧院。这些娱乐活动之间并无必要的区别，历史学家认为，杂耍艺人、击剑手、跳钢索艺人也都可能在环球或天鹅剧院表演。爱德华・阿莱恩是 17 世纪初伟大的演员兼剧院经理，也是国王逗熊马戏场的大师。这说明公众舞台融通五行八作。

伊丽莎白时代戏剧的时誉，刻画了市民爱看戏的特征，戏剧迎合了他们嗜好绚丽多彩的仪式与崇尚夸诞的藻饰。群众好暴力的胃口在戏剧里得到充分的满足，伦敦人对本城历史的天生自豪，也表现在那些戏剧化的历史剧里（这些戏剧也是剧院的固定戏目）。莎士比亚的福斯塔夫及其同伙被安排在东切普的酒肆，实则是追述这座城市两百年前存在的生活。热闹与暴力、城市自豪感与民族荣誉，全都在伦敦的剧院里寻到舒适的家园。

当然也有熟悉的抱怨声。1596 年，詹姆斯・伯比奇企图重开黑衣修士的剧院之时，寄寓在老修道院的“贵族和绅士”抗议说，“流浪者和粗鄙之人”会集聚而来。他们还宣称“锣鼓喇叭的喧哗”会妨碍附近教堂的祷告仪式。黑衣修士剧院终于重新开张后，前来观看莎士比亚或查普曼戏剧的观众，须在圣保罗大教堂西端或弗利特街水渠旁下马车，步行到剧院。这是预防惹起更大的骚乱。

财富剧院位于哥丁巷，今名叫黄金巷，以“火戏、小爆竹……雷霆声……人工闪电”而闻名。票价是立位一便士，硬座椅两便士，三便士就有“最舒适的软座”。表演之际，据托马斯・普拉特《英格兰旅行记》记载，“有食物饮料在观众中送卖”。

清教运动时期，剧院被关闭。据说，人们看够了民间的悲剧，不再需要任何戏剧性的版本。戏剧转而秘密演出，或者打着其他活动的旗号。克拉肯维尔的红牛剧院（就在史密斯菲尔德北端数百英尺处）仍然开张，表演走绳索等杂耍，但也设法上演一些“滑稽戏”与“旧戏”。伦敦百姓对于这类热闹的胃口如此之大，以至于当时有人这样写道：“我去过红牛剧院，很大的地方，挤满了人，很多人进去了，又因为没有地方站，只得退出来。”不断有人投诉戏剧和戏子，即便在 1642 年和 1648 年的各种抑制法令之后，仍然屡禁不止。因此，我们或许可以揣想较活跃的伦敦人依旧能够找到“旧戏”看。

那么，我们或许以为，市民会认同他们的同类人塞缪尔·佩皮斯的看法。他认为，王政复辟之后，剧院“较从前更出色，胜过一千倍”。他是指新获特许证的多塞特花园剧院和德鲁里巷剧院，但新剧院全然不似旧剧院，佩皮斯继而说道：“现今一切都讲文明，见不到鲁莽的迹象。”换句话说，戏剧变得文雅，以便吸引国王、宫廷，以及跟随王室价值观的伦敦人。正如“考克尼”方言而今受到诋毁，从前年代的通俗剧院也解散了。

然而，较本色的“伦敦佬”照样设法看新戏。在较发达亨通的市民出没的包厢或雅座之间，伦敦佬不太受欢迎，但他们可以去楼座，在那里辱骂叫嚷，或者朝戏台和体面的观众席扔果皮。然而，伦敦佬票友仅体现了都市戏剧观众群盲目、煽动性的一面。“捧场面的人”去看戏，为的是替新戏捧场或喝倒彩，使之垮台。“上等”绅士中间会爆发斗殴，并且骚乱时起，致使戏剧表演中断。的确，这些骚乱看似颇有些戏剧味。18 世纪中期，大卫·加里克倡议废除“半便士”门票，也即五出戏剧演过三出之后所出售的门票。演出晚上六时开场，试用这一革新当天，德鲁里巷剧院坐满了哑然的观众。1772 年，格罗斯莱在《伦敦之旅》里描述了这桩事件。戏一开演，便响起“满堂抗议声”，伴随着“拳头、短棍”，继而越演越烈，观众“拆下后座区和楼座的长凳”，“拆毁包厢”。镶嵌在国王包厢上的狮子被扔到舞台上戏子中间，独角兽落到乐池，将大拨弦键琴砸成碎片。1763 年 1 月 19 日，鲍斯威尔在其《伦敦日记》中记载：“我们冲进剧院，占据后座区中央，手里拎着短棍，兜里装着响哨，稳坐着等候。”

首都剧院里类似这样的行为，直到 19 世纪仍然层出不穷。1827 年，一位德意志旅人皮克勒·穆斯考亲王（后来在狄更斯《匹克威克外传》里被夸张地描绘为斯摩尔托克公爵）记载道：“在外国人眼里，英国剧院里最惊人的是观众那股前所未闻的粗俗和残酷。”1807 年的“老票价”暴动历时七夜；由于埃德蒙·基恩的私人生活（被指控为酒徒和奸夫）导致德鲁里巷剧院连续四夜激烈的骚动。那种被称为“热衷于聚会”的精神，不止一次在观众与演员中间激起斗殴。舞台上出现外国演员也是激发公愤的一大原因。历史剧团从巴黎来到德鲁里巷剧院演出之时，舞台上便十分匆促。1805 年，一出名为《裁缝》的喜剧冒犯了裁缝同仁，群氓便包围秣市的王家剧院。早在 1743 年，各敌对团体邀请专业拳击手一同看戏，以便随时跟对手一决高低。这是名副其实的城市戏剧。然而，在城里，真正的戏剧还是那些街头表演。

第十六章

暴力的乐趣

这座城市自始就有艺人与娱乐，从街头口技艺人赋其双手以声音，到“租望远镜的”，只消两便士便可在夏夜看星星。有在圣保罗大教堂的风向标上平衡站立的艺人，有午夜狗秀和老鼠决斗，还有街头要抛接杂技的、魔术表演的，以及吹箫打鼓的。还有套在绳索上走街串巷卖艺的黑熊和猴子。18 世纪晚期，流浪艺人展示在铃鼓上跳舞的野兔，另一艺术则展示“艺人将蜜蜂像面罩一样罩在脑袋和脸上”。19 世纪早期，有个叫作“幻想”的摊前挤满了看客，孩子则围在“万花筒”前。伦敦塔山上造起以无数机械人组成的“精妙机关”，宣传广告说“请鼓励发明创造者”；同时，议会街有头驴拉着一面西洋镜，冠名为“滑铁卢之役”。曾经印刷铺林立的街巷，此时转变为娱乐拱廊，沿河岸街的埃克塞特交易所，便是今日伦敦动物园所在地，曾经是“野兽动物园”，野兽的嗥叫声传到大道上，惊煞了过往马匹。

这里一向不缺惊奇和稀奇。约翰·斯托记载了一名铁匠精湛的技艺，他所打造的挂锁、钥匙、锁链，可用来锁住表演跳蚤的脖子。约翰·伊夫林描述一个“蒙茸女”，眉毛掩盖了整个额头；还有一个荷兰男孩，两只眼睛的虹膜各印着“Deus Meus”（“吾神”）和“Elohim”（“埃洛希姆”）。乔治二世时期，“从早上八时到夜里九时，黑荒原大摊尽头，一名来自英国西部的女人，三十八岁年纪，活人，长有两个脑袋，一脑袋长在另一脑袋之上……她得以荣幸地受到汉斯·斯隆爵士以及数位王室成员的光临。绅士与女士可以随意在府邸召见她”。这则广告借自《古时欢乐英国》手册。如此说来，天生残废者被带到伦敦有钱人家加以仔细观赏，尽管在以往年代里，这类“丑怪的连体人”就已经以其他名号展览，同一时期展示的还有“Anatomic Vivante”，或叫作“活骨架”，此人身高一米七五，体重不足七十六斤。另一伦敦展览也吸引很多好奇的看客，此人叫作“前所未有的重人”，体重一千多斤。伦敦让人恍惚觉得像是着了魔法，所以特林库罗初遇卡利班之时说道：“他们不肯给要饭的瘸子一个子儿，却会掏十个子去看印度死人。”

弗利特街曾是伦敦精彩事迹之乡，奇人奇事胜过报端的“故事”。戏剧作家本·琼森曾说：“伦敦骚动得似亚述时代的尼尼微，约拿和鲸鱼在弗利特街桥头表演。”1611 年，“弗利特街曼陀罗秀”票价只要一便士。1702 年，一个十四岁的男孩，仅四十五厘米高，在鞋巷旁一家叫作“鹰与小孩”的杂货店展览；白马街附近展览一头林肯郡公牛，身高一米九一，体长三米六五，当然还有那些稀松平常的巨人和侏儒。在“比例失调”的伦敦，但凡异乎正常比例或大小的东西，都大受欢迎。“小机器人”以及其他机械装置也引起不小的骚动，好似这些机械模拟了这座城市本身的运动。因此，1742 年《每日广告》所刊登的文章让人读来觉得纳闷：主教冠客栈在展览“最稀奇的马车，不用马拉自动跑。这是最美妙便捷的机械，设计如此简单，一日能够轻松地跑四十英里”。

弗利特街还有蜡像。萨蒙女士是最早做蜡像展览的，可以说是杜莎夫人的前辈，在市府参事门旁挂起金鲑鱼（鲑鱼拼写同萨蒙）的招牌。《旁观者》在1711 年 4 月 2 日刊登的报道里说：“倘若别出心裁的萨蒙女士所打的招牌是鳟鱼，那可就荒唐了。”但她迁到弗利特街，在此收藏了一百四十尊蜡像，成为公众叹赏的对象。她的展览底楼是玩具店，出售潘趣偶、板球拍、国际象棋盘，楼上两层则陈列诸如约翰·威尔克斯、塞缪尔·约翰逊、西登斯夫人等伦敦名流的蜡像。门面挂着醒目的招牌，简单地写着“蜡像作品”。馆外陈列女先知希普顿修女的淡黄色蜡像，倘若按下杠杆，她就会不期然踢路人一脚。

这些或机动或固定的蜡像，显然也发挥较严肃的作用。数世纪以来，为逝世君王和大臣所制造的蜡像，经彩绘与妆饰之后，陈列在威斯敏斯特教堂。在那里，伊丽莎白一世的蜡像曾在出殡礼上抬在送葬仪式之首，激起“人群中大片叹息、呻吟、哭泣”。这尊蜡像在 18 世纪中期已颇陈旧，令她显得“半似女巫半似食尸鬼”。然而“蜡人”一词仍在使用，当时尚不隐含任何贬义，仅仅指某位要人将会享有陈列在威斯敏斯特教堂的殊荣。

萨蒙女士早已湮没在历史之中，但杜莎夫人的蜡像作品依然受人注目。奇怪的是，蜡像艺术家总是女性，并且，杜莎夫人可说是发明了《潘趣》所谓的“恐怖之室”。今天，蜡像馆坐落在同等壮观的天文馆旁。

梅费尔（Mayfair）这个地名源自每年在皮卡迪利广场北端举办的5月节庆。而今只有牧羊人市集的妓女唤起其过去的回音。但秣市依然维持其古老的渊源。自18世纪以来，这里便一直是娱乐街，上演的名戏诸如1758年的《猫的歌剧》直到20世纪最后十年的《歌剧魅影》。1747年，著名演员与模仿剧演员塞缪尔·福特，在秣市剧院开设一系列喜剧课。在1992年，在建造于同一地基上的另一家剧院里，约翰·塞申斯也开设了类似的表演课。这座城市的恒劲自有其动力，无法作理性的解释。

这是一座向来以活泼与躁动而闻名的城市。我们从托马斯·伯克的《穿越世纪的伦敦街道》得知，市民们“走过马路，总是带着一股冲劲，不停地较劲比试”。从1772年，皮埃尔·让·格罗斯莱的《伦敦之旅》就进一步告知我们：“英国人走路急匆匆，一门心思钻进生意里，约会十分准时，那些碰巧挡着他们道的人，必定须偿付代价。他们总是往前冲，卷挟着与他们运动的体积、速度成比例的力量奔忙。”

一个世纪之后，一位法国旅人看到，整个伦敦城“攒动着奔忙、横冲直撞的人群，就连我们最繁忙的林荫大道也难望其项背……出租马车以两倍速疾驰，船工和公共马车司机把交通工具上传来的一整句话截成了一个单词……每一个动作、每一分钟的最后一截都被抽离”。连娱乐活动也格外豪迈，在格林尼治，“复活节星期一，伦敦百姓聚集而来，男男女女在草地上淫乱地打滚”。性放纵与商业冲劲全都交织起来，推搡着市民旋风似的向前疾驰。20世纪一位法国旅人相信，在伦敦，“英国人的腿脚比我们动得快。这阵旋风甚至卷着老年人奔跑”。这阵“旋风”一半是变动，一半是混乱，但同样也是人、物、车辆的无休运动。托比亚斯·斯摩莱特在《亨佛利·克林克历险记》里仅提起“高谈声、马蹄声、马车声、滚动、冲撞、奔忙、搅拌、颠簸、噼啪、碰撞……一切都是骚动混乱、匆忙；简直可以想象他们的头脑有某种骚乱驱使着他们，绝不容许他们静止休息”。的确，这有时确实似某种高烧。1972年，《伦敦结构指南》的作者莫里斯·阿什面临这种无休的“来回奔忙”，不禁总结道，他们实则并没有非做不可的正事，而“只是交通状况本身逼迫他们如此”。换句话说，这座城市所呈现的是运动本身。这让人想起乔治·博罗的《拉文格洛》里“小船飞桥”的场景，一伦敦船夫无畏地从伦敦桥拱之下冲过奔流，

"得意洋洋地举起船桨，船尾的男子打起呼哨，女子挥舞着披巾"。这幅情景形象地展示了伦敦生活蓬勃的活力。

罗伯特·骚塞询问一个做糕点的妇人，何以天气恶劣也开张，她答道会失掉很多顾客。"那么多人路过随手拿走圆面包、小松饼，扔进便士，不进门来。"一百年以来，这节奏几乎不曾舒缓，最新一项伦敦调查《聚焦 97 年伦敦》显示："伦敦的经济活动比率持续地比整个联合王国高 1%到 2%。"这种无限的运动已经持续了一千多年，总是充满朝气，并且永在更新，却也依然沾染往昔的气息。正因为如此，那"旋风"和街头的生意仅构成表面的混乱，有些观察者察觉一种中枢的节奏或历史动力，推动着这座城市前进。这正是秘密所在：不休的奔忙本身如何能够永恒？这是伦敦之谜，永远崭新，又始终古老。

但即便在混乱的城市，也有休息日。常听说，在所有城市当中，伦敦的星期天最无趣，也许是因为这座城市不太习惯休息和沉默。但并非向来如此。伦敦人通常在假期或圣日寻找"暴力的乐趣"。自中世纪初开始，便有了箭术和马术比赛、保龄球、足球，还有"掷石子、木头、铁器"。但伦敦百姓的趣味也并非总是投向此类有益健康的运动。当时还有斗鸡、斗野猪、套公牛、套黑熊、套狗。他们为这些黑熊起昵称，譬如"哈利·亨克斯"或"沙克尔森"，却施以残暴的行径。17 世纪初，有位访客到泰晤士河畔，见人们鞭笞眼盲的黑熊，"五六人一齐鞭打，围成一圈，手拿鞭子，毫无恻隐之心地痛打，而它被锁住，无法逃避，便奋力自卫，抡起近身前来而来不及逃离之人掷到地上，从他们手中抢走鞭子扯断"。17 世纪晚期，我们读到河畔的套马，人们纵数犬攻击一匹"高头大马"，马战胜了这些迫害者，然而"屋内的群氓大喊它侥幸逃脱，不肯罢休，威胁着要是不把马牵出来再纵狗战，再套到死，就拆了房子"。这就是伦敦群氓的娱乐。

公牛也被纵犬袭击，但它们时常由于耳朵被塞了豌豆，或者背上绑了爆竹而发狂。18 世纪，贝思纳尔绿地有猎阉牛，托特纳姆场路旁的长野有纵犬袭獾，旮旯里的豪克莱有凶猛的摔跤比赛。克拉肯维尔弗利特街正对过那片地区是伦敦最危险、治安最差的地方之一，这里提供"所有残暴的娱乐"。

17 世纪较体面的市民并不一定热衷于此等消遣。相反地，他们可以在很多精心规划的公共场所做有益健康的"散步"。17 世纪初，穆尔菲尔兹已经排空了水，做了规划，开辟了"上步廊"和"下步廊"，数年后，林肯院原野也做了规划，用于“公共散步和运动”。“格雷丝院人行道”极受欢迎，海德公园虽然仍属于王室园林，赛马和拳击赛已向公众开放。稍后又规划了圣詹姆斯公园；在这里，用当时一位新闻记者汤姆·布朗的话说：“绿荫游步道为我们提供了来自男女两性的各种话题……时或夹杂聒噪的卖牛奶贩的叫唤，叫卖着：夫人，一罐牛奶；一罐红母牛牛奶，先生。”

然而，伦敦真正的“自然本色”并不是灌木丛或绿荫公园，而是人的本色。据罗切斯特伯爵说，夜里，树荫下，“有鸡奸、强奸、乱伦”，圣詹姆斯公园西南侧的罗莎蒙德湖则成为自杀胜地。

斯普林公园有一处保龄球绿地和一排练习打靶的靶子。新斯普林公园里，后来更名为沃克斯豪尔花园，铺设了数条林荫道和步廊。有些绿荫下的小棚供应茶点，出售葡萄酒、宾治酒、鼻烟、烟草、切片火腿、鸡块，品行不端的女士在树木间闲荡，颈上挂着金表，标识其行当。学徒携女友逛拉肯韦尔的温泉原野或洛索曼街的格洛托公园，一路载歌载乐，通常还有“低级趣味”的娱乐。

此等声势浩大的消遣，如今大多已经消逝。今天，公园通常是喧闹伦敦城的休憩场所。这些地方吸引痛苦或彷徨之人。无业游民和流浪者，以及被城市生活折腾得筋疲力尽的人，觉得躺在树下睡得更安稳。伦敦的公园常被称作城市的“肺”，所发出的却是沉睡的声音。1666 年 7 月 15 日，佩皮斯写道：“极热，我身体疲倦，躺在［圣詹姆斯公园］运河旁的草地上，沉睡片刻。”在其一幅蚀刻画里，荷加斯所描绘的也正是这样一个疲倦的世界。画面上，一名伦敦染工率家属从沙德勒泉郊游后回家，他们身后是迷人的田园风光，前面则是返城的尘土飞扬的道路。怀有身孕的丰满妻子穿着入时，手里举着一把描古典图案的扇子，但她怀孕是因为给丈夫戴了绿帽子；男人则疲惫不堪、垂头丧气，手里抱着婴孩，另两个孩子在争斗，狗看着运河，这条运河把水从伊斯灵顿送进伦敦各条水渠。在这幅画上，城外郊游不可避免地结束之时，一切都透露着热与疲惫。在较新近的时代，市民远足回来，也是如同囚徒回到监狱似的疲惫又烦躁。

第十七章

来点音乐

及至19世纪中叶，游乐园已经过时，其遗风转移到城里兴起的音乐厅。曾有广告宣传说，1763年，在斯普林公园的“大室”可以看到七岁的莫扎特“完美地演奏拨弦键琴，超越所有……想象力”。但正式的音乐制作并不是伦敦仅有的音乐。伦敦的咏叹调和挽歌始于最初的街头小贩，并且至今依然如此。人们时常发现伦敦当地人的“低级”文明能够复兴、改良传统文化的力量。亨德尔的评论，可以说跟神童莫扎特在音乐厅演奏这一热闹场面相映成趣：“他暗示说，他最佳的乐曲深受耳边传来的市井喧嚣的影响。”在这座城市里，“高级”与“低级”难分难解。

无数大部头著作记载这些伦敦叫卖声，我们也能看到这些街头贩子的形象。这种识辨是破译这座城市的混乱，以及在穷人或“底层人”中间创造一系列典型形象的一种方式。譬如，卖鳕鱼的系旧围裙，摆鞋摊的则披着斗篷。卖白鱼干的姑娘把鱼篮顶在头上，卖橘子和柠檬的则把篮子挎在腰间。爱尔兰人以卖兔子和牛奶出名，犹太人卖旧衣服和野兔毛，意大利人卖镜子和图片。卖火铲的老太婆戴一顶老式的锥形帽，象征冬天。乡下妇人进城卖货的时候，总是身穿红斗篷、戴草帽，乡下汉子则头上插花。卖鱼的通常穿得最破烂，卖衣服的穿得最俏。

然而，大多街头小贩的衣服明显地流露赤贫的印记，衣裙或外套都是既磨损又破烂。很多生意人或跛足或畸形，正如马塞勒斯·拉龙《伦敦城各色人物写实》一书的编辑肖恩·谢思格林指出："倘若他们比其他人稍突出，那是由于愁苦的面容。"拉龙所描绘的是截然分明的个人肖像，而不似某些"典型"或种类。在他的艺术里，我们可以看到特定的命运和生存境况的面貌特征。他在17世纪80年代所描绘的那些显著的面容，依然是在这座城市、无数世代里走街串巷的叫卖者的沉默的标记。

即便在穷生意人死后（或者将微薄的存货转手给他人），他或她的叫卖声似回音一般被人接替。正如艾迪生在1711年写道："人们从他们的叫卖调子而不是词语得知他们所售何物。"这些词语通常模糊或者难以分辨，修老椅子的工匠以低沉、忧伤的调子，卖碎玻璃则用适宜其货物的悲痛的尖叫。但就连语调本身也会含混不清，让人迷惑。卖虾的可能会冒用卖水芹的调子，土豆也会用樱桃的调子叫卖。

在有些年代或世纪里，也出现行话简化或缩减的现象。"Will you buy any milk today, mistress?"（今儿买点牛奶吗，夫人?）变成了"Milk maids below"，然后变成"Milk below"，然后是"Milk-o"，到最后演变成"Mieu"，或者"Mee-o"。"Old clothes"（旧衣服）变成"Ogh clo"或者"owld clo"。"Salted hake"（咸白鱼）变成"Poor Jake"或"Poor Jack"；然后"Poor John"成为卖干鳕鱼小贩的叫唤声。扫烟囱的叫唤变成了"we-ep"或者"e-ep"。《伦敦的生活》的作者皮尔斯·伊根回忆道："有个贩子的叫卖声，我从来没能听明白，只听得他叫唤 happy happy happy now。"

小贩的叫卖声中汇入了"街头公告员"宣告大众新闻的叫嚷声，诸如"倘有人知道一匹灰色母马，长鬃毛，短尾巴……"切普赛德、主祷文巷、东切普，以及数以上百计的地方，店家不定地叫唤"你缺什么……要买……""水银女人""伦敦公报啦"等叫唤声，最终被报童的"报纸！晨报啦"替代。骟猪的招揽生意吹响喇叭，跟垃圾工的铃铛，"补铜壶煎锅啰"，以及万象纷乱、无穷无尽的伦敦市井之声交织成一片。

今日，市集上依然喧闹，大多叫卖声已经消失，虽然在21世纪，你或者依然能够听见卖小松糕的铃铛，或者磨刀匠的喇叭，看见"收铁皮"或挨家挨户收废品的马拉板车。还有推着手推车"卖活虾活螺蛳的"、卖薰衣草的、卖"白皙的"西芹和水芹的男子叫唤着"卖西芹和水芹啰"。

过去还有唱民谣的、街头闲谈的、巡演的歌手、卖年历书的，还有"新闻贩"在不论哪个街角扯开嗓门，出售谋杀新闻或时髦歌曲单页。

也许最古老的单页是单页印刷小报，刊登最新新闻、最新轰动事件。从16世纪初开始，这些印刷品便使用市井语言，诸如：Sir Walter Raleigh His Lamentations! ... Strange News from Sussex ... No Natural Mother But a Monster ...（沃尔特·雷利爵士的挽歌！……来自萨塞克斯之怪闻……不是平常母亲而是怪物……）在这些可谓头条的新闻之外，还有活页歌曲，诸如：A Maydens Lamentation For A Bedfellow Or I Can Nor Will No Longer Lye Alone ... The Mans Comfortable Answer To The Mayden ... This Maid Would Give Ten Shillings For A Kiss（一位少女为一床伴痛哭，或者我无法不再独眠……该男子对少女的宽慰话语……此少女肯为一个吻出十先令）。这些歌谣在街头传唱，歌词涂抹在墙头。小贩不指望靠卖唱挣钱，而是招揽看客，然后半便士一张出售歌词。当然，正当行刑之际，那些“传单散布者”，也被称为“死亡猎手”，在人群里出售“临终遗言”，那是尤其叫人起劲的事。在这座靠谣言生存的城市里，危言耸听、轰动新闻、群情突变、叫唤新闻、唱民歌，都是交流的完美形式。才略深茂的约翰·德莱顿无法跟民间歌谣相媲美，《利利布勒罗》无论在哪一种意义上都卖得比他好，有一位民谣歌作家写道：“德莱顿，你的聪明用尽，/这下勒罗勒罗成了唯一的歌谣。”跟口号和流行语一样，歌谣也会在街头巷尾喧嚣数日或数周，然后被彻底地遗忘。

继而，新歌，再加上老歌伴唱，转而演变为由数曲民谣组成“长歌”的部分乐章，印在一大卷纸上。这些长歌可能辗转落到“糊纸人”手里，他们将数百曲民谣一同糊在铁杆或“死墙”上。19世纪30年代，牛津街南墙糊了两百四十多米乐曲，直到后来马路上开出店面，更换了街道的面目。

但有些民谣会持续走红数年。《维力金与他的黛娜》《比利·巴洛》《捕鼠人的女儿》一直在伦敦百姓中间受欢迎，捕鼠人的标致女儿“有那么一副嘹亮的好嗓门，先生，/你在议会街都听得见/远在查令十字街也听得见，先生”。她代表了漂泊的街头艺人，其人生便如自己口中所唱的歌谣一般凄惨。他们主要在傍晚表演，有时用笛子或破吉他伴奏，从河岸街到白教堂，各处街头都可以见到他们的身影。查尔斯·狄更斯回忆在泰晤士南岸的上泽遭遇这样一名“漂泊的卖唱女”：“唱啊唱！极少有人见此凄苦的生灵，而不思及她的心灵的苦痛、灵魂的沉重，而正是这成就了她的歌声！”

在伦敦街头，唱民谣的也有对手，那就是“跑新闻的”，他们叫唤着当日的风流韵事和悲剧。亨利·梅休以惯有的简洁风格描绘这些人：“这是……一伙或者一群跑新闻的（因为两个词都见使用），通常是两三人，或者四人。这些人都说叫得越响，挣钱越多。”他们会占据马路上任何一处，假装相互抢焦点，从而越发激起人们对最新的犯罪、谋杀、私奔或处决的兴头。这再次印证了这座城市的首要生存条件纯粹是大嗓门。

骚乱和谣言自然比“真相”更重要（倘若伦敦城真能找到后者这种商品），跑新闻的通常为听众供应“cock”，客气地被称为“令人愉快的虚假消息”，转而以一便士一张出售。此类新闻编造者被称为“cock-crower”，有时配以惊悚的图片，通常以伦敦典型的杆顶挑刺血与火的装饰图案，以便销售这些虚假的货物。

倘若谴责这些当地艺术作品，那就不公道了。约书亚·雷诺兹坦承从一幅钉在死墙上的木版画借鉴装饰图案，沃尔特·司各特研究街头文学、廉价小书、民谣，以便激发对民间神话和历史的兴致。这里值得再次强调的是，伦敦佬的趣味可以进入更“文雅”的文化传统，使之更赋生趣。

跑新闻的和流浪歌手的声音，一贯伴随着街头音乐家那不和谐的曲调。19世纪中叶，埃克托·柏辽兹访问伦敦，写道，“世上无哪一座城市”似这座城市一般被音乐所充塞。尽管他是专业音乐家，却并不太关注音乐厅的旋律，而更倾心于街头随处可见的手摇风琴、手摇钢琴、风笛、锣鼓的调子。正如查尔斯·布思在其东区调查里指出，“且让手摇风琴在任何一个街角摇响，正要路过的女孩，从水沟里爬起来的小孩，全都旋即欢快地跟着节奏跳舞。有时男子也会加入，通常两个年轻男子一起跳”，同时会围来一群人观看赞赏。

街头有德国乐队、印度鼓手，还有黑皮肤的阿比西尼亚人拉小提琴、弹吉他、拍铃鼓、打响板；有唱滑稽曲的，也有流浪艺人（通常是一对夫妇）柔情款款地吟唱“哦我的情郎今夜在何处?”“你可会在喷泉畔等候我?”19世纪40年代，有个盲人音乐家用脚拉大提琴，有个跛脚的小号手坐狗车卖艺。

嘈杂声喧天。然而，在伦敦生活渐冉又必然的一大转变里，喧闹声大多已经消逝，仅留下街头歌手为电影院前排队的人们做娱乐表演，还有搞地下音乐的乐手在伦敦交通系统的地道里上演赋有创意的节目。

第十八章

时间的落款

18 世纪有一位旅人说：设若城市的名字取用其接待初抵此地的旅客的欢迎辞，伦敦会被称为“Damn it!”20 世纪初，会被称为“Bloody”，今天则是“Fucking”。

“Fucking”是为伦敦人效力时间最长的粗话。自 13 世纪以来就在伦敦街头传诵，从而，描述伦敦人谈吐的形容词是“恶心”一词，也就不足为奇了。“恶心”一词是回应象征这座城市生活的暴力和愤怒，诸如性虐之类的惨事，也许印证了伦敦人对于自身堕落和曾经肮脏的生存境况的厌恶。然而，现代的卫生标准与较开放的性观念并未在多大程度上降低“fucking”与“cunts”(屄) 在街头的使用频率。也许现代伦敦人仅是无意间张嘴吐出这座城市传下来的遗产。

在这个背景里，不宜遗漏淫秽下流的手势。在 16 世纪，咬大拇指表示泼赖，这个手势转而变成将帽子往后推，在 18 世纪晚期则变成“大拇指往左肩一捅”。然后大拇指移到鼻尖，表示轻蔑，到 20 世纪则演变为竖起两根手指做朝里的 V 形。再接下来是胳膊和手肘一耸，表示嘲笑。

街头的手势也可能不包括任何性影射。马路上一度四处有人拿手指往手心一戳，向问路人指示目的地，无论询问的是食馆或玩具店，“请走这条路。”伦敦是手势之城。1762 年，据珍妮·厄格洛的《荷加斯》所说，“招牌画匠协会”宣布作品“大展览”，在博街旁一些展室里陈列“钥匙、钟、剑、杆、甜面包、烟草卷、蜡烛”，各色“装饰性木雕家具”。这次展览旨在批判艺术协会那些较有趣味的产品，然而这份喜剧色彩也印证了街头艺术那古老又依然鲜活的传统。

理发师—外科手术师曾经支一根系红布条的木棍，表示领有执照，可在店里为顾客放血，那木棍本身也派上用场，顾客放血时抓住它支撑身体。后来红布条变成红条纹，直到后世演变为理发店惯常的转花筒。伦敦大概每一间房屋、每一个行业必定都有标识，从而使得这座城市的马路永远是彩绘图像的森林：“百合……渡鸦头……康沃尔红嘴山鸦……圣餐杯……红衣主教帽。”还有套锁链的黑熊、日出、航行的轮船、天使、红狮、金钟的图案。还有标志住宅的简单符号。譬如，贝尔先生可能在门外挂个小铃铛。但很多符号颇为出名，有些甚至还出人意料，譬如，酒吧招牌的图案是狗和烤架，或者三个修女加一只野兔。也有一些图案尤其与众不同。正如艾迪生所指出：“我曾见香水店门前摆着一只山羊，刀剑店挂着法国国王脑袋。”在亨利·菲尔丁的同名小说里，汤姆·琼斯列举起来没完没了：“我们在这里看到约瑟夫的梦、公牛与唇吻、老母鸡与剃须刀、斧头与酒瓶、鲸鱼与乌鸦、铁锹与靴子、腿与星星、《圣经》与天鹅、飞盘与锣鼓。”亚当和夏娃代表水果店老板，独角兽的角象征药店，一袋铁钉表示五金商店，一排棺材表示木匠铺。男女两只手相握的图案有时可能配以文字解释，表示“此地办理结婚仪式”。

人们在一个需要全面破译从而舒缓其混乱与多样性的环境里，解读市井、作出正确的联想与联系。譬如，书名高雅的《良友指南》这类诠释性手册也开始面世。不过，约翰·盖伊在1716年所作的描述最为精彩，出现在《行走伦敦街头的艺术》里（后来很多作家继续谈论这个话题），他描写一个陌生人“在每个招牌前驻足，愚蠢地呆视/走进狭巷可疑的迷宫”。

伦敦建筑石料上也有雕刻的符号和匾牌。小石匾标志新修的马路，譬如“这是约翰路，1685年”，各色图案组合的纹章则用于地区或公司企业的“盾形徽章”，刻在各幢建筑墙头。圣马利亚勒布教堂的徽章包括百合和玫瑰，因为这些花卉长在圣马利亚的教堂墓地，这个地区便是以此地命名。在稍后年代，连低贱卑微的窨井盖也装饰得十分奢靡，于是那些不想观看周遭环境，宁愿低头看地面的人，仍然被一地的狗与花卉图案所侵袭。门或墙上的钉箍表示油漆未干，小束麦秆则表示附近施工。

这座城市确实是符号的迷宫，偶尔让人气馁地怀疑，也许除了这些吸引你的注意力，却又把你引入歧途的彩绘符号之外，这里根本没有真实的存在。正如有位评论家如此评价现代金碧辉煌的皮卡迪利广场："景象妙不可言——除非你看得懂。"

在另一层意义上，这座城市的符号也让人分神。这些招牌挂得离墙壁颇远，几乎能够碰到街对面的墙壁，有些大得挡住整片天空。有时还会造成危险。按规章，招牌须至少挂在人行道上空九英尺高度，但并非总是人人都守法。这些招牌都极沉重，有时墙壁支撑不住招牌及其铅架而坍塌，弗利特街类似的一家店面便是这般倒塌，伤及数人，导致"两位年轻女士、一名鞋匠、国王的珠宝商"丧命。首都刮风的日子里，城里的声响十分不祥，招牌"嘎吱作响"，摆明了是"雨天洪水将至"的预兆。于是，在博街招牌展览会的同一年，市政当局认定这些招牌妨碍街头愈加拥挤的交通，勒令一概摘取。十年后出现了门牌号。

然而，那精彩的光景并没有消失。随着广告业扩展，伦敦人对街头艺术的激情只是变换了形式。街头木桩灯柱上总是裹满了招贴画，宣传最近的拍卖会或最新的戏剧，但唯在店面招牌消失之后，其他大众艺术形式才得以全然崭露头角。19 世纪早期，伦敦"已经神奇地图像化了"，商店的橱窗里摆满形形色色的纸糊装饰品或绘画，象征其行业与商品。《伦敦小世界》文集里有一篇文章，题名为"商业艺术"，饶有兴味地细谈这些装饰艺术。很多咖啡馆以面包芝士加杯子为象征，鱼贩在店里"以宏大的气势画一群鱼"，每条鱼都是五彩缤纷，绝无雷同，蔬果店老板则擅长"场景艺术"，描绘和蔼的伦敦妇女们"围在烧开的水壶或煨着的炖锅前"。靴子、雪茄、火漆等，俱做成庞大的形状，高挂在各家店铺门上，庞贝城毁灭似乎十分适于宣传灭蟑螂的专利药粉。

19 世纪一项伟大的创新是巨幅广告牌。在一些伦敦最早的摄影照片里，可以看到这些广告牌布设在街头和新火车站，供应之全，从梨牌香皂到《每日电讯报》，应有尽有。在那种意义上，广告诚可说实现了"进步"的部分理想，因为广告牌本身最初是为了保护街道免受建筑工地和铁道线维修的影响而设置。为了盖满那些大型木框架，招贴画被扩放，然后便渐渐出现了适合这座城市的巨幅广告形象（庞大、花哨、俗艳）。有些位置特别受欢迎，譬如滑铁卢桥北面、南惠灵顿街英国歌剧院旁的实墙。根据查尔斯·奈特所编辑的《伦敦》所述，这里可以看到"七彩的海报画得五彩缤纷，跟透纳的最新绘画作品争竞媲美……笔的图画，硕大如奥特兰多城堡里的盔胄的羽毛……庞大的图景……爱尔兰人借着健力士公司都柏林陶特啤酒的酒力起舞"。

约翰·帕里于 1833 年所绘的《伦敦街景》，可以说为过去两个世纪的所有街景画拉开序幕。浑身漆黑的扫烟囱男孩羡慕地仰头看一张宣传《奥赛罗》新戏的海报，正覆盖在另一张替《假冒王子》里的约翰·帕里打广告的海报之上，有一张节目单宣告“马修先生在家中”，“汤姆和杰瑞——洗礼——!!!!!!”有一片长纸板询问“你看过《勤快的跳蚤》吗?”因此，城市的墙头成为即将来临的、新近的、过去的轰动事件的公告板。

今日，靠近我写作这本书的地方，就在距离1833年那幅绘画作品的不远处，有一堵实墙上贴着“世界末日”“十五分钟内去希思罗机场”“爱裤子先生来了”“98年崩溃节”“药店——清醒药现货出售”“脑子长在腿里的女孩”。更玄虚的广告暗示“一场革命隐隐在望”，或者“魔法比你所以为的更近在咫尺”，以及“除此无它能够感动我”。

1830年，街头出现“行走海报”。这种现象如此新颖，连查尔斯·狄更斯也不禁采访一位表演者，将他描写为“一块人肉夹在两片硬纸板中间”，从而创造了“三明治人”这个新词。乔治·沙夫以此为主题画过很多画，从小男孩身穿大外套，扛着绘有“约翰·豪斯麦芽威士忌”字样的酒桶，到老妪高举“人体解剖模型”，各色各样，应有尽有。

继而，遵循伦敦时尚的潮流，单独举广告牌的人们汇集起来，以便营造类似庆典或哑剧的效果。譬如，一群人挤在纸浆糊成的黑锅里排队游行，替“河岸街三十号的瓦伦斯黑鞋油厂”打广告，这里正是狄更斯度过曲折童年的地方。随之而来的广告形式是轻便的双轮马车，车顶立着一顶巨帽或者埃及方尖纪念碑。伦敦人追求新颖的兴趣一向浓厚，而他们对海报的激情，则在19世纪90年代催生出“紧张刺激的”广告，“维诺丽亚香皂”的烫金大字悬挂在特拉法尔加广场之时，遭到连珠炮似的批评。皮卡迪利广场上，看得见晶莹的红酒瓶往玻璃杯里倒波特酒，一辆汽车转动银轮。这些转动灯光广告旋即铺天盖地而来（在地上，在地下，在天空）。

灯光广告很快开始转动，这些充斥天空的广告启发赫胥黎想象出《美丽新世界》的未来之城。在那座城市里，在威斯敏斯特上空，“电光天空符号阻挡住外围的黑暗：‘凯文·斯托普斯及其十六位萨克斯管演奏’”。21世纪的公交车（它们也许不在反乌托邦小说的范围之内）如今贴满了花里胡哨的图片，恍如中世纪伦敦庆典上的彩车。

人行道艺人在这座城市的事业一直不怎么风光。这门艺术的创业时期始于街道铺石板之后，而不是铺鹅卵石之时，在这层意义上，可以算是伦敦城的一门新兴职业。乞丐们曾一度在石头上写求告书，“你能帮我一把吗”是最受他们喜爱的表达，但在19世纪50年代，人行道艺人补充了一种变体，用粉笔书写“俱属本人创作”或者“一点一滴都是帮助。谢谢你”。这些街头艺人，或者以曾经的称号“马路画家，告地状者”，各自都有独特的语调。时尚广场的角落被视为最理想的地盘，但库克斯波街与河岸街盖提餐厅对面是优选之地。沿维多利亚堤岸站着一路此类街头艺人，人人相隔二十五码地。在这些马路画家中间，很多是意气消沉的艺术家，其正规的作品无人赏识。譬如，作为拉斐尔前派画家，西米恩·所罗门的前半艺术生涯受人赞赏，但他最后沦落到贝斯沃特做马路画家。其他的诸如雁户、无业游民等，发觉自己也有干这一行的天赋。这个行当仅需数支粉笔、一块抹布，场景或肖像便可呈现在石头上。有人专攻当代政客肖像，有人擅长缠绵的家常图景。有个画家沿芬奇利街画宗教画，白教堂路另一名画家则善画火灾和大火焚烧的房屋。无论如何，他们全都以最粗糙、最俗艳的风格绘画满足伦敦人的趣味。尽管借助于某种诡异的联系，他们确实与城市上方的夜空相冥契。库克夫人在《伦敦的公路和小道》里记载说，这些艺术家寄身的德鲁里巷或哈顿公园廉租房背后的天空经常染上“浓郁的橙色、紫色、猩红色”，好似效仿他们粉笔的颜色。在《巴黎伦敦落魄记》里，乔治·奥威尔回忆与一个名叫波佐的马路画家的对话，此人的场地在滑铁卢桥附近。他和奥威尔一同走向兰贝斯的寄寓，但他一路上总是抬头看天。“我说，你看看金牛座的毕宿五阿鲁迪巴！看那颜色。就像，像个大血橙……我常夜里出来看天象。”并且，波佐跟皇家天文学家通信，交流伦敦的天空。于是，在一名街头漂泊艺人的人生里，这座城市与宇宙在一瞬间紧密地相连。

然而，倘若不提及涂鸦历史，任何关于伦敦艺术的故事就不能算完整。最早的涂鸦是一行诅咒，某伦敦人诅咒另两人，以罗马人的字迹手写：普布利乌斯和提图斯“特此被郑重地诅咒”。当代伦敦小说家伊恩·辛克莱尔最近记载了可堪与此媲美的一行12世纪末的涂鸦，“TIKD. FUCK YOU. DHKP”，充分地体现了伦敦典型的街头书写风格。据《哈巴谷书》第二章第十一节：“墙里的石头必呼叫”，而在伦敦，呼喊声里通常充满了愤怒和敌意。很多涂鸦全然关乎私事，除了在墙上刻画或喷写词语的人之外，旁人完全不解其意，并且依旧是这座城市里最让人费解的特征。一时的愤怒或困惑失落，被铭刻在这座城市的表面，构成无处不在的符号和象征的迷宫。帕丁顿站外到处可见

"Fume"，以及"Cos""Boz""Chop"。泰晤士河南岸桥头刻有"Rava"。20 世纪 80 年代，肯迪什镇站到处都涂着"伟大的救赎者，人们的解放者"。一扇古老的窗户上涂写着："托马斯·乔登擦洗了这扇窗户，该死的工作，我说——1815 年。"而在一堵墙壁上，某个托马斯·贝利写下："哦，主啊，拿您的剑宰了他们。"据一名涂鸦艺术倡导者对伊恩·辛克莱尔说："你要是一直在城里转悠，那不如索性把名字刻上去。"那么，数百年以来，人们光把自己的姓名或姓名缩写涂写在任何可用的表面，偶尔附带"was here"或者更常见的"woz'ere"（"在此"），其中缘故正在这里。也许这是突显个性的一种方式，但一旦涂写完毕，便立即融入伦敦平常的纹理之中。或许可以将这些涂鸦跟脚印或手印相比较。人们把脚印或手印摁进水泥，编织进城市的基本结构。弗利特街和汉普斯特德都曾发现手印，如同刻在古石上的符号一般神秘，又动人心弦。

涂鸦时或紧密地关切这个区域，（"詹姆斯·奔尔接吻技术不好"或者"罗丝玛洛内是小偷"）类似这样的涂鸦默默地传递信息，相当于丛林里的鼓声。但还有更一般意义上的告诫。在一篇散文里，托马斯·莫尔引用 15 世纪涂写在墙头的口号（"D. C. hath no P"），他总结说，"妇人一旦喝醉，言行就容易淫秽"，在这个诠释的帮助之下，或许可以破译这句涂鸦。或许可以假设 D. C. 表示"喝醉的屄"，但"P"还是让人摸不着头脑。

过去一千年间，每年都出产特有的咒语、粗话、警告。譬如，1792 年出现这样一些涂鸦："基督是上帝……取消马车税……谋杀犹太人……乔安娜·苏斯考特……该死的里士满公爵……该死的皮特！"1942 年，最显眼的涂鸦是"现在攻打西方！"在稍后年代里，出现了两句最令人生畏的口号是"乔治·戴维斯是无辜的"与"取消投票税"。这座城市似乎总是借助这些留言，以既生动又扑朔迷离的词汇自言自语。有些新近的涂鸦，语调则更深沉：有一堵砖墙上涂写着"无物永恒"，帕丁顿一桥头写着"服从即是自杀"，诺丁山门巴辛街拐角诸多"Rangers"（护林员）、"Aggro"（闹事）、"Boots"（解雇）和"Rent Revolt"（租金暴动）等字样上方刻写着"愤怒的老虎比驯良的马更智慧"。"租金暴动"这个涂鸦强有力体现了人口拥挤的现象。一堵墙可能数年不受侵犯，但是一旦第一个涂鸦画上去，其他人就避无可避地竞相跟风或者挑衅一般地显弄。挑衅通常关涉性事。很多此类信息赋有匿名的性意图，暗示此人的孤立感与欲望："哦老板请别那么狠笞我……11 月 23 日我就三十岁了/我在维多利亚西南有一间房/我爱打扮/现在穿着粉红裤头。"

自然，公厕最适合表达这些刻薄又不带个人色彩的爱情宣言。公厕成为所有城市涂鸦的主要发源地。在这里，独自又隐闭，伦敦人使用跟这座城市同样古老的词语和符号，向整个城市宣告。有一名侍从告诉杰弗里·弗莱彻（《无人知晓的伦敦》的作者）："您若想看墙壁上的字，最好去查令十字街的公厕……能叫你看得血都变凉了。"事实上，数世纪以来，伦敦公厕一直臭名狼藉，1732 年，赫洛·斯朗波收集穆尔菲尔兹伯利恒墙头的涂鸦，汇编成《欢快之思或玻璃窗与蹲坑杂集》出版。我们可以从中摘取一些较显著，或许可以说是不朽的警句。潘克拉斯泉井的《蹲坑篇》：

我匆匆入此拉屎（shit）
却见此等机智之便（wit）
为展吾人诗才（verse）
不得工夫揩吾屁股（arse）。

继而引发其他便秘者的对话或合唱，"write"（"书写"）经常跟"shite"（"拉屎"）押韵，"London"（"伦敦"）跟"undone"（"衣衫不整"）押韵。在伦敦的蹲坑里，这位无名作者确实是衣衫不整。但这其中或许也有更忧伤的蕴意，他们是在伦敦"undone"（"被毁"）。圣殿关的《蹲坑篇》：

英雄战时最凶猛
人逼屎时亦如是。

科文特花园一家酒肆墙上：

我们所做无一事污秽
唯有我们写的、拉的才污秽。

伦敦涂鸦的另一大发祥地总是监狱，从托马斯·罗斯在伦敦塔博尚塔楼墙上的留言（"紧挨着/那些没有犯过法的人。1666 年 5 月 8 日"）到现代监狱牢房里一位囚犯所写："你或许有罪/但对于那些无罪之人/这会是如何滋味。"这些人也是在伦敦被毁的。托马斯·梅荷在 1581 年写下，"bi-tertvre-strange-my-trouth-was-tryed-yet-of-my-libertie-denied"，这些字母用铁钉艰难而细心地刻下。这些留言依然保存在伦敦塔，在那座古老的监狱里，很多人刻下十字架、骷髅、骷髅头、沙漏，作为痛苦的象征或符号。还有些词语理应是提供慰藉的：“但愿终点来临，忍耐……我相信上帝……忍耐会战胜一切。”这句话可以比照在现代伦敦监狱发现的涂鸦：“5 月前回家……这是我度过人生大半时光的地方……仅有一次/因为另一人被捕我没有逃脱……小心待我/我七年了/倒霉。”在很多铭文里，监狱本身似乎被看作世界或这座城市的形象，这也许可以启发我们理解伦敦某堵墙头的另一涂鸦：“我无法呼吸。”

第十九章

他们全是市民

还有其他种类的匿名性。狄更斯常在河岸街附近街头看见一个妇人。“她佝偻着腰，驼着背，由于某种脊椎病，近来头耷拉到身体一侧，垂在胳膊手腕边。看见她一路摸索前行，谁又能认不出她的拐杖、披巾、篮子。她的双眼只落在地面，从来不往别处看一眼，从不乞讨，从不停步，永远无目的地向某处走去！她如何生存，从哪里来，往哪里去，为何如此？”狄更斯见过她很多次，但从不知道她的名字，她也不能认出走过她身旁，或许回首反顾她的这位著名小说家。

我曾经常碰到一个侏儒，身穿旧衣衫，面容干瘪，站在西奥博兹路与格雷律师学院路之间的十字路口，以粗嘎的嗓门指挥交通。他每日必至，然后，1978 年夏天突然消失了。更新近的还有一个西印度群岛年轻人，身穿银色箔纸，两只手腕上系着气球，走在肯辛顿教堂街。以前还总看见一位绅士，人称“波兰国王”，身穿红天鹅绒长袍，头戴花冠，赤脚走在河岸街。当然，他也毫无预警地消失了。

这些伦敦怪人在固定地点出没，鲜少在这个范围以外被看见。他们是某个特定地点的精怪或精灵，单单属于这座城市。克拉肯维尔有个“唱歌的木炭人”，每日买卖结束之后，在耶路撒冷走廊的寄身处开音乐会。有个人称“说话的史密斯”的口技艺人拿他开玩笑，假装上帝的声音，宣告他的命运，他就旋即死去。还有个昆斯伯里阁下，人称“老 Q”，每天坐在皮卡迪利广场一百三十八号自家房子窗前，尽管他只有一只眼睛，却总是色眯眯地斜睨街上走过的每一个漂亮女性，朝她们挤眉弄眼。还有个“残疾女孩，脸色苍白、面无表情”，数年来一直坐在托特纳姆场路的马掌店附近，“在此嚣杂之中，坐忘时间，无视苦痛”。

每个地方都有这样一张熟悉的面孔。在今天，人称棒棒糖人的交通安全员，引导学童穿越马路。但及至20世纪最初十年，这里最出名的还是清道夫。很多清道夫一连三四十年固定在同一岗位（或者通常称之为他们所管辖的“地盘”）。康希尔有个长胡子的清道夫：“有时我被人侮辱，只是拿话侮辱我，有时我被清醒的人取笑。”卡文迪什广场角上有个比利，还记得从前的骚乱：“那暴民抱着浸了牛血的半块面包，我看见了以为是人头，我给吓得逃跑。”有个年迈的清道夫保管伯克利街通向斯特拉顿街的小过道，身穿老猎人外套和帽子。他曾作为证人走进治安法庭，梅休记载了下面这段对话：

法官：你是陆军元帅？

证人：不是，大人。我是兰丝唐过道的清道夫。

据《老伦敦和新伦敦》记载，七星盘有个哈利·迪姆斯代尔“爵士”，是个“贫穷的矮个子，畸形，半痴傻”，在18、19世纪之交沿街叫卖花边和丝线。他总是走同一条路线，沿霍尔本或牛津街，忍受小孩和马车站下来的船工的嘲弄。他只有四五颗牙，却能咬弯银币，“要是他能哄别人信得过他，给他一枚咬”。他最喜爱的消遣是捉弄、折磨孩子，拧一把或抓起来摔在地上，但他主要的乐趣是喝酒。他“每晚都醉得一塌糊涂……他那些暴躁的女儿冲他发狂，他就不停地长号，或者因饥饿或痛苦唉声叹气”。据说他的神情“愚蠢、忍受病痛，一副伺机搞恶作剧的模样”。但是，据租给他那间凄惨的公寓（铺了麦秆的阁楼后间）的房东说，她夜里听见他在祈祷。亨利“爵士”名贯伦敦，现存有他三十七岁时的一张蚀刻肖像。但他也突然间消失。他的人生是苦难与孤绝的离奇故事，但在这个现代都市里，这样的故事仍有其回音和对仗。

其他奇人较亲和地在街头做买卖。19世纪初，霍尔本山有位名人，叫作彼得·斯托克斯，人称“飞派人”。在《伦敦之景与伦敦之人》里，“阿列夫”描述他“总是穿黑西装，看得出经过一番精心的打理，外加燕尾服和背心，七分裤，厚实的黑长袜，配铁搭扣的鞋子”。这个生意人神情“开朗、友善，流露着才智与道德修养”，中午十二点钟声敲响之际，就会见他奔出费特巷，接下来四个小时里，只见他跑过这个街区的大街小巷，躲避奔马、马车，嘴里不停地叫唤“买！买！买!”他闻名全城，右手巧妙地托着一篮馅饼的形象由此成为蚀刻画家的题材。

大约一百多年前，“克利·莫利·帕夫”在伦敦街头享有同等名声，他是个矮小的驼背，也是卖糕点的。虽然骨骼孱弱，却仍喜欢把篮子顶在头上，而不是托在手里，以洪亮的嗓门叫卖货物。他的叫卖声尤具特色，绝不会让人听错，游行或绞刑之时总能见到他的身影，手里总是挥舞着一根粗棍，驱赶企图偷食的小偷或顽童。

在秣市卖姜饼的提蒂娃娃，总是穿一袭鲜艳华丽的衣裙，头戴插羽毛的帽子，荷加斯替他画下一幅生动鲜明的肖像。“他某次去了乡下集市，不曾在城里的固定位置露面”，全伦敦人都觉得缺了点什么。“……一份谣传他被谋杀的一便士传单在街头卖出数千份。”但他真正的死因几乎同样地耸人听闻：泰晤士河冰面举行的霜冻节，提蒂娃娃掉进冰面突然裂开的缝隙溺毙。

在街头扬名的伦敦奇人、好出风头之人数不胜数。克拉肯维尔有个出名的守财奴，叫作托马斯·库克，临死之际逼迫没有将他治愈的医生赔钱。还有个声名狼藉的医生，名叫马丁·万布切尔，骑着一匹两肋涂抹斑点的小马在西区转悠。而在位于蒙特街的家中，他在门前台阶上摆卖橙子和姜饼，用防腐剂保存去世的原配，陈列在客厅里。据爱德华·沃尔福德的《老伦敦和新伦敦》所述，“他让原配穿黑色，继室穿白色，从来不许两人交换颜色”。让同代人吃惊的是，他蓄了一把胡子（那是 18 世纪末），并且同样让人吃惊的是，“他滴酒不沾”。

1810 年，本杰明·科茨包下秣市皇家剧院表演罗密欧，他从此开始为公众所知。他在舞台上亮相，“身穿天蓝色丝绸斗篷，缀满闪光的饰片，红色灯笼裤，白蝉布背心，头戴查理二世时代的假发，外加黑高帽”。不幸的是，他的嗓音带浓重的“颚辅音”，再加上“底衣太紧身，无法掩饰绷开的线缝”，越发逗得观众哄堂大笑。那晚演出之后，人们称他为罗密欧·科茨，时常见他乘坐一辆海贝状的马车在街头奔驰。就这份饱满的活力和精神劲来说，可以把他与威廉·乌勒特相提并论，后者每完成一幅作品，就在莱斯特广场格林街的自家屋顶发射一记大炮。

有些女性也颇有口皆碑。有一位博学的富家千金班克斯小姐，系一条棉衬裙，“缝有两只大口袋，内装各色大小书籍”。她在街头巷尾猎书之时，总是随身带一名男仆，是身高六英尺的大汉，“其手持一根同样长的藤条”。据沃尔福德说，这么一幅景象，“不止一次被误认为是唱民谣的组合”。住在牛津街的老姑娘玛丽·鲁克琳，总是锁着护窗板，近五十年不曾步出房子，属于典型的伦敦怨女，将自己与城市的焦躁与暴力隔绝。

有些伦敦人以古怪的饮食而闻名。17世纪中期，住在贝思纳尔绿地的罗杰·克拉布以“白辣蓼、荆葵、野草”和清水为生。20世纪末的斯坦利·格林则头戴帽子，身穿小西服，手举一面小旗在牛津街游行，旗上写道“心平气和来自低蛋白”。二十五年间，人群在他身旁汹涌而过，几乎不曾意识到他的存在，专注地投入他们自己通常的喧嚣里。

LONDON

The Biography

瘟疫与火灾

第二十章

愿你得瘟疫

伦敦是一座万劫不复的城市。这座城市一向被视为先知们所痛斥的耶路撒冷，以西结的预言总是被人用来节制这里的骄气："所以你要对那些抹上未泡透灰的人说：墙要倒塌……狂风也要吹裂这墙。"（《以西结书》第十三章：第十一节）14 世纪的约翰·高尔悲叹厄运将至，1600 年，托马斯·纳什写道："伦敦让人忧伤，兰贝斯一片荒凉，生意人悲叹，人生出世就是一场受苦受难……自冬天以来，瘟疫与灾祸，主啊，救救我们!"1849 年，沙夫茨伯里伯爵形容伦敦为"瘟疫之城"，乔治·奥威尔的《叶兰在空中飞舞》里有一个人物说这里是"死人之城"。

很多著作探讨伦敦城里恐惧的本性。1762 年，詹姆斯·鲍斯威尔来到这座城市，"我开始担心自己得了伤寒，这个推测倒并非不太可能，鉴于前次在伦敦时我便得了这病。我瘦了不少"。编辑指出，拉龙描绘街头小贩的肖像之时，强调人们脸上的焦虑痕迹，尤其是"凹陷、惊恐的眼睛"。在威廉·布莱克的《伦敦》一诗里，叙述者走过泰晤士河畔的街巷，"留心观察我路过的每一张面孔/虚弱的印记、愁苦的印记"，以及"婴孩恐惧的啼哭……士兵叹息……妓女诅咒……新生儿流泪"。在诗歌右侧所装饰的插图上，布莱克画了一个小孩在一堆大火前取暖，而这堆大火本身可能就是灾难的象征。在关于 1664 年和 1665 年灾难的叙述里，丹尼尔·笛福把这座城市描绘为被高烧和伤寒撕裂。人们曾如此评价萨克雷，"好似伦敦是他的疾患，他忍不住要向所有人唠叨病痛”，然后再附加一句评语：“这是地道的伦敦人的另一特征。”在托马斯·胡德的一首诗里，伦敦的石头朝骑着马在街头横冲直撞的妇人叫嚷：“揍死她！打死她！踢得她淌脑浆！叫她血溅当场！”

叫人焦头烂额的事体（嘈杂、无休的奔波、群氓的暴行）如此之多。伦敦向来被比拟为监狱和坟墓。在德国诗人海因里希·海涅看来，“匆促的伦敦压迫幻想、撕裂心灵”。赫克索恩的《伦敦回忆录》记载，1750 年，有一名士兵预言即将有地震之时，“大群庶众离开伦敦去乡下，城外原野上挤满了逃避即将来临的劫难的城里人”。这个倒霉的先知后来被关进疯人院。然而，这些恐惧的症状从不曾缓和。闹瘟疫之时，很多市民实则死于惊吓。据说，19 世纪的日常对话里常出现“gloom”（沮丧）一词。这个词指那个世纪的雾或者“伦敦特色的烟雾”，但其中似乎也赋有较体己、让人不安的意味。11 月的雾最重，从而也是伦敦的自杀季，“亲身经历过这个现象的人们说，感觉世界到了尽头”。一家爆竹厂爆炸之时，附近白教堂路上的居民也一字不差地说出这后半句话。这句话十分顺口，似乎张口就来，也许是无意识地希望世界如此终结。陀思妥耶夫斯基访问伦敦世界博览会之后，说道：“你觉得紧张……不知如何的，一种恐惧的感觉潜上心头。你觉得，难道这就是万物最终实现的理想状态？这有可能是尽头吗？”

死神一向是伦敦的一大花招。圣保罗大教堂的墓地里绘有“死神之舞”，从而，在那座教堂进出做买卖或寻消遣的人们，总是意识到人终有一死。1557 年 6 月，某堂区户籍管理员记载当月的死因：“肿胀……疟疾……痨病……咳喘……痢疾……天花……青肿……饥荒……伤耗。”伦敦死亡名册每星期四发行，包括那些死于“被行星袭击”，或者“被马蹄踢了头”或者“光的升起”，后者如今简直难以诠释。还记载着“死于颈手枷”或者“新门监狱里饿死”。即便在 1665 年瘟疫和 1666 年大火之前，死神警示装饰图案也是“17 世纪城市墓地的一大特色”。《爱玛》里的伍德豪斯先生抱怨道：“在伦敦，找不到一个健康的人。无人能够保持健康。”斯摩莱特的《亨佛利·克林克历险记》里有个人物，叫作马修·布兰布尔，在伦敦时，身体得了一些病痛，“警告我赶紧离开这个传染病中心”。一百年之后，伦敦被形容为“大疮”，或者表示身体孱羸的肉瘤。

这座大都市总是流行病与死亡不断。1348 年的“黑死病”令伦敦丧失人口近 40%。大多数人被埋在城墙外的真空地带，此地也被称为特赦墓地或荒野里，便是今天卡尔特修道院后面克拉肯维尔路的一部分路段。在15、16世纪，“汗热病”这种流行病至少在这座首都发作过六次，1528年，“以如此猖獗之势降临伦敦，以致在五六小时之内带走了数千条人命”。沼泽地和敞开的下水道成了“蚊子的天堂”，从而导致如今被称为疟疾的“热病”。

瘟疫很早就降临伦敦，最早的记载见于7世纪。1563年和1603年之间，记载有五次厉害的袭击，1603年那次，近三万伦敦人丧命，“恐惧与战栗（死神的两大套索）攫获每一个人……听不见丝毫声息，只听到杀，杀”，沃特林“如同空荡的修道院回廊”。无一人安全。城里没有一人能够安然无恙，“到处坑坑洼洼，到处是泥沼，十分危险、恶臭”。污秽，弥漫着“腐味”。伦敦城成了疾病的水槽。然而，伦敦历史上没有哪一桩事件，能够给市民做好充分的心理准备，有备无患地遭遇1664年至1666年间所发生的劫难。

时有灾难将至的暗示与预言。1658年，沃尔特·科斯特洛写道：“倘若火不让这座城市变成灰烬，不让你的骨头变成灰烬，且永远称我为撒谎者。哦，伦敦！伦敦！”次年，贵格会发送一册题名为“关于伦敦的神示”的手册，其中预言道：“至于这座伦敦及郊野，以及所有属于她的东西，火将在其中点燃；但她不知如何，纵是所有好地，火起于她所有建筑的地基，无人能将它扑灭。”在其出版于1651年的《君主制或非君主制》里，伦敦占星师威廉·利利绘制了一幅象形文字插图，“一边显示人们在蜿蜒的街道上挖掘坟墓，另一边显示火焰中的一座大城”。1647年，温斯劳斯·霍拉留意到市民充满了活力和精神劲，但在1652年再来之时，他“发觉人们的神情全都变了，变得忧愁、刻薄，好似中了邪魔”。女先知希普顿修女预言将起一场大火，一名贵格会教徒赤身裸体走在圣巴塞洛缪节上，头顶一盘火和硫黄，展示其预言。主教门旁一条狭道里站着一个男子，试图说服周围的人，有个鬼魂正在“给房屋和地面做记号”，显然表示“大量人口将被葬在那块墓地”。

毗邻高斯维尔路的那片地区被称为山间磨坊，如今是一片空地，用作停车场。伦敦这个地区竟有一块荒地，实属罕见。答案在于其历史。在这里，根据丹尼尔·笛福的《瘟疫年纪事》所载，“高斯维尔路外有一块地，靠近山间磨坊……无数来自市府参事门和克拉肯维尔堂区的人被乱葬于此，甚至还有城外的死人”。换句话说，这里是瘟疫坑，1664年至1665年间大瘟疫之时，千万人被装上“死人车”，扔进这边的松土里。

这里堪可比拟为狗沟的乱葬坑，近四十英尺长，十六英尺宽，二十英尺深，埋有一千具尸体。有些尸身裹着棉床单，有些裹着破布，有些几乎赤裸，或者布头裹得松散，抛出板车之时便已掉落。据说，有时由于绝望，活人也跟着跳进死人坑。派伊酒肆就在狗沟死人坑旁，夜里，酒鬼们听见死人车的轰隆声、车上铁铃铛的响声，就会奔到酒馆窗前，嘲弄哭丧的人。他们也会说些“亵渎神灵的话”，诸如没有上帝，或者上帝就是撒旦。有个赶车人，倘若死人车上载着他的孩子，就会一路喊着“炸肉丸、炸肉丸，六便士五个”，说着抓起孩子的一条腿。

今天，山间磨坊周边依然是一片荒地。

这些都是摘自笛福的记述。瘟疫之年，他年仅六岁，大多叙述基于道听途说，但也有同时代的一些记载，可以提供额外的思考材料。在瘟疫时期，任何肯进城的观察者都会首先留意到沉默。除了死人车，没有任何交通，店铺与市集全都关张。不曾逃出城的人，就把自己锁在房屋里，河畔荒凉得不见人影。壮着胆子上街的人，便走在街道中央，远远地躲开街道两侧的房屋。他们也避免跟人碰面。整个老城静得连桥下的流水声都听得分明。十字路口和大道中央燃着大篝火，于是街巷里弥漫着烟气、死人和临死之人散发的瘴气。伦敦的生命似乎即将终结。

瘟疫始于1664年末的圣贾尔斯堂区。如今的看法是黑鼠（也被称为rattus rattus）携带传染病菌。这些老鼠是伦敦的老居民，考古发掘，4世纪的芬丘奇街下有其骨骼。它们可能从南亚乘坐罗马时期的船只而来，此后便永远定居下来。1665年初数月的寒冷天气暂时遏制了传染的蔓延，但一转春天，死亡率便开始上升。7月，瘟疫从西郊传进城里。那是一个干燥、暑热、无风的夏天。荒废的街巷野草青青。

有一位名叫约翰·阿林的牧师留在城里，致信远在安全地方的友人。贝尔在《未知的伦敦》重印了这些信笺。8月11日，他写道：“每个星期，我都担心自己就要病倒，担心他们在我们附近新挖掘的墓地。”这个“他们”表示某个不确定的权威，一向是伦敦特有的词汇，由于如此含糊，从而显得更紧迫。十三天后，他写道：“上帝见怜，在死人堆里，我仍安然无恙，但死亡越来越近了：仅隔了数道门，从我的卧室窗口看得见那个死人坑每天都在挖开。”在接下来的那个星期里，9月初，他描述道：“悲伤地，简直是无处不在地、不息地敲响丧钟。”那么，打破沉默的只有这个声音。在同一封信里，他提起他的牧师兄弟清早出门，从街上回来后，发觉“喉咙下有些僵硬，长出一个肿块，咳不出来，又咽不下去，使他窒息；上星期四晚，他死了”。五天后，阿林写到瘟热：“就在我的左右隔壁，在同一屋檐下……这三天以来，每十二户人家在街上点燃海煤火堆，可这不会让上帝之手停歇的。”他的焦灼跃然纸端。及至9月中旬下了点雨，舒缓了暑热，但些许消歇之后，瘟疫卷土重来。

约翰·阿林讲述了六个医生的故事，他们自以为找到了解药，解剖一具感染的尸体：“据说他们全都死了，其中一人疯得厉害。”六天后，传闻“有个小孩预言说，瘟疫要蔓延到一周内一万八千人丧命为止。”那个小孩死了。然后死亡率开始下降。1666年2月最后一周，只有四十二例死亡，而在1665年9月，每周近八千多人丧命。

在笛福的叙述里，伦敦变成活生生、受煎迫的生灵，而不是W. H. 奥登诗里所谓的“抽象的市民空间”。伦敦备受“高烧”煎熬，“泪流满面”。其“容颜顿改”，“蒸汽和烟气”在街巷盘绕，如同被感染之人的血液。至于伦敦这具病体是从市民而来，还是居民是这座城市的散发或投射，这个问题不甚清楚。诚然，城市的状况导致了很多死亡。在这个手工艺和商业的中心，买卖的过程本身便毁了市民：“在很大程度上，出门购买生活用品这一必要葬送了整个城市。”人们做买卖之时，“在集市当场死去”。他们“原地坐下，当场死去”，口袋里仍装着被感染的硬币。

笛福的文字里还传递了另一个让人悲伤的形象。在这座城市里，“因每户人家门户紧闭，显得城里监狱之多”。关押的隐喻在伦敦作家笔下反复出现，但在大瘟疫时期，出现了鲜活又真切的都市监禁比喻。这座城市的神话作家不曾辜负红十字架和“主啊，垂怜我们”这句祈祷的象征意义，但人们也许不曾完全认识到社会控制的措施。当然，很多人逃生去了，通常是窜过公园护墙或者屋顶，甚至谋杀守夜人，以便确保自己能够自由逃生。然而，理论上说，每一条街、每一幢房屋，都变成了监狱。

当时法令规定“所有墓地须至少六英尺深”，这条法令贯彻了三百年。乞丐全都被驱逐。禁止公众集会。在一座以千百种方式展示其狂躁习性的城市里，法令与权威必须断然、严酷地强制执行。因此，以“禁闭”将房屋变成监狱，即便在瘟疫之时，很多人也认为这一措施既武断，又无意义。然而，在一座监狱之城，这是城市权威所能做的最自然、本能的反应。

笛福借助轶事与间接推测的细节，提供了一个伦敦人对当时这座“完全陷入绝望”的城市的想象。从他的记述里，可以清晰地看到市民旋即返投迷信，并且显然是原始的信仰。街头陷入彻底的疯狂，先知、解梦者、算命者、占星师全都“把人们吓唬得魂飞魄散”。很多人怕暴死，冲到街上忏悔“我杀过人”，“我是小偷”。瘟疫最猖獗之时，全城都相信“上帝决心要叫这座悲惨城市的居民死绝了”，于是，市民们“发了疯、心烦意乱”。丹尼尔·笛福十分熟悉伦敦（也许胜过当时所有人），他声称“在当时，伦敦人的古怪脾性，极大程度上造成自身的毁灭”。

当时有“魔术师、女巫……江湖郎中、卖膏药的”，全都在街头张贴告示，推销自己的服务，向绝望之人出售药丸、饮料、糖浆、“瘟疫水”。“切普赛德大水渠旁天使路标酒肆”张贴了一张疗法清单，声称有“一剂上好的糖膏，可以预防瘟疫，切普赛德绿龙酒肆六便士一品脱”。

伦敦向来是治疗师、医生、手术师、魔术师之流汇集的中心。也许神经紧张转而导致人们的“身体”症状得以治愈。14 世纪的伦敦，圣徒日历与各式各样的占星图被用来断定草药的功效。教士是最早的手术师。13 世纪，教皇颁令禁止教士替人放血。之后，俗家手术师和医生便无处不在。然而，他们中间无一人经过通常的十年学徒期。在 16 世纪早期，据说“铁匠、织布工、妇人”都操持“医术和手术的科学和机巧”，使用“魔法和巫术”，达到治愈功效。譬如，人们相信，拿绞死者的头颅喝水，或者死人之手的碰触，都有极灵验的治病功效。

在 17 世纪的伦敦，“江湖医生”或“治疗师”也交好运，并且在查尔斯·麦基的《非同寻常的大众幻想与群众性癫狂》里得到适当的如数记载。17 世纪 60 年代早期，“治疗师”瓦伦丁·格雷特拉克斯搬到林肯酒肆原野，“伦敦街头巷尾尽谈其奇才；并且这些奇迹赋有如此的权威，困惑的群众几乎不经核查便信之”。另一魔术师也是这般“迷住伦敦人”。“芥子郎中”使用泰晤士河边野生的山姜辣根，而更害人的药物有诸如“珍珠精”，或者“金髓”。很多男女“智者”验尿（人称“尿壶科学”医生）或者验痣，以探究病根。第七子的第七子势必要干这一行，尽管很多不曾有幸如此投胎的人也自称享此殊荣。

有个名叫威廉·萨蒙的，就在圣巴塞洛缪医院大门外行医，声称治愈了以下病人：“住在韦斯特伯里街三罗盘的阿姆布罗斯·韦伯的鼻血症；有个年轻人，威廉·奥格本的儿子，是个裁缝，住在巴纳比街黑男孩附近，长期患疟疾，发疯……住在长巷的尼古拉斯·厄尔发癫疯；住在穆尔菲尔兹黑熊附近的琼·英格兰姆患痛风，住在沃平附近考克的安东尼·格斯图尔患痨病。”这些细节十分让人信服。这则广告也表明伦敦人以地名称呼某人之时，采用邻近的酒肆名号为代表。

无疑，威廉·萨蒙似乎确实治愈了这些人。正如现代精神病专家，他尤其灵验的手段是治疗或驱除那种在伦敦频繁复发的“忧郁症”。他本人就是伦敦本地人，一向兼任魔术师、巫师、医生。他生于1644年夏天，“给一个卖膏药的作助手”起家，后来创立自己的事业，出售“仙丹”。他也是大众教育者，1671年出版《医学概略，或占星术简明百科全书》《草本与化学医学》，后者至少刊印了四版。他撰写了其他数部通俗书籍，涉及数学、绘图、医学，但他最成功的作品是《伦敦历书》，老摩尔或采纳或窃用他在书里作预言的方式。我们可以颇准确地追溯他在伦敦城行医的踪迹：从史密斯菲尔德，到弗利特街的索尔兹伯里场，再从那里到霍尔本桥水沟旁的蓝廊，继而转到弗利特街的主教冠。正如很多伦敦人，他成为极端的不合作分子，加入一个名叫“自由思想者的新宗教兄弟会”，在皮革商会所旁集会。稍后时期，他开始操持人体解剖。1714年去世之时，他留下两架显微镜，一间藏书三千多册的图书馆。

当然，还有很多较上流的医师，或许不那么博学，打着理发师手术师行会或者医师学会的旗号（后来这派人分裂为两个行业，分别为理发师和手术师）。医师学会坐落于新门监狱旁沃里克巷，其屋顶被形容为“远看似镀金的药丸”。他们从邻居的监狱里得到很多解剖对象。解剖课是其主要并且令人肃然起敬的特征。他们在一间中央大厅上解剖课，荷加斯所绘《残酷的报酬》便是以此为背景。图中被解剖的是一个可怜的杀人犯，名叫汤姆·尼禄，其尸体被彻底地切开、糟蹋。人称这里为“剧院”，此地确实也成为伦敦一大固定的盛景。上绞刑后的尸体被送去解剖是一个老传统（我们读到需要“拿蜡烛照亮看尸体内部”），但后来尸体也被用来检验电流特性。1803年，一名刚死的杀人犯被通电后，竟睁开一只眼睛，抬起右手。据查尔斯·奈特记载，解剖课导师“当日下午休克而死”。较早些时期，在1740年，一具正待解剖的尸体“抬手甩到手术师脸上，意外地以柳叶刀划破其嘴唇”。逃过刀子之后，手术师瘫在椅子上呻吟，“极度不安”，终于缓过气之后，“由衷地”要求见他的母亲。

荷加斯的蚀刻画以螺旋形构图，所有部分相辅相成，令人联想起汤姆·尼禄在伦敦这座炼狱里的人生圈。这个构图似乎也展示了尼禄自己的残酷与眼前正在取其内脏的医师的残酷之间的关联。街头的暴力造成了尼禄的性格，令他成为最恶劣的伦敦“类型”的典型。但他跟那个欣然举起解剖刀捅进他眼窝的手术师又没有差别。荷加斯的手术师肖像以一个名叫约翰·弗里克的医师为模型。在这座城市里，一切相互牵连。

有两具著名罪犯的骨骼标本，一具悬挂在解剖剧院的壁龛，至今仍摆在皇家外科医学院博物馆展览。其一是18世纪中叶伦敦的犯罪大师乔纳森·怀尔德，其二是老红马厩谋杀案里杀害玛丽亚·马丁的威廉·科德，如今以地道的伦敦热闹场面的老式作派挂在一起。在同一展厅里，还可以看到爱尔兰巨人查尔斯·伯恩，其骨骼高七英尺十英寸，被安排在卡罗琳·克拉查米仅一英尺半英寸高的小遗体旁。他们都是伦敦的“怪胎”，即便死后也仍在满足都市剧院的胃口。

伦敦的药剂师跟解剖师一样，都擅长舞台管理。他们习惯穿黑色，并且无论店面多么寒碜，都必须摆设一具头颅，一册以某种古老语言书写的大开本书籍，这简直是强制规定。药店里出售草药、粉末、药丸、糖膏、迷幻药、洁齿剂、发油、良缘符。尤其在黄春菊街和巴克勒斯伯里，任何草药，应有尽有。斯摩莱特在《兰登传》(1748) 概述这门行当的艺术：“他能把牡蛎壳变成螃蟹眼，一般的菜油变成甜杏仁油……泰晤士河水变成肉桂水……把某种平常的东西卖给病人之时，他总是精心地妆点颜色或滋味，或双管齐下，从而完全看不出原貌。”

药物也跟着时代的潮流来了又去。在17世纪，市面上流行的药有苔藓、烟熏马睾丸、5月朝露、莨菪。在18世纪，常见的有豆蔻、裹着蜘蛛丝的蜘蛛。在19世纪，我们读到“掌叶大黄、硫酸”。在20世纪早期，东区闻名的有“铁凝胶、扎姆布克万用乌青膏、艾诺水果盐、欧桥养肺滋补水、克拉克血膏”。安德森的苏格兰人药丸于1635年面世，“1876年仍在出售”。

笛福叙述大瘟疫之时，强调伦敦百姓容易轻信，随便佩戴“吉祥物、春药、魔咒、护身符”以禳灾挡病。有些人在衣兜和印章里装着星座符号，或者书写咒语的纸条。他们回头去信仰最早在达格南（公元前2200）雕刻第一个木刻偶像以来便主宰这座城市的异教。

泰晤士河南沃尔沃思路外有一座博物馆，其“洛维特藏品”收藏着伦敦的吉祥物、护身符、遗俗文物。这是都市迷信的真正家园，人工制品包罗万象，可以看出伦敦吸纳了所有土生土长与移民带来的巫术与礼仪传统。1916年，东区收集到“五枚形状参差不齐的石头，串在一根绳上”，据博物馆的目录，这些石头“挂在床头可避噩梦”。同年，馆里陈列了“灰白色管状瓶，两端俱以线团密封，内盛水银”。这是治风湿痛的疗法。灰猫皮用来治咳喘，“涂成金色的皮拖鞋”象征幸运。从克拉珀姆收集到一只多米诺骨牌状针垫，标有七个圆点。从伦敦东部收集到一枚系在粗绳上的钥匙，作为护身符，可以护佑佩戴者不受女巫的诅咒。在 1917 年，收集到一条琥珀及其他宝石串成的项链，据说“可以带来健康”。巴金区是寻找曼陀罗根的地方，这种植物被拔出地面之时，会发出小孩似的尖叫。还有会带来财富的钱币、避雷电的黄铁橡实（摘自雷神之树的橡实）。牛心、公羊角、驴掌都被用作吉祥物。这座博物馆还收藏了一位伦敦巫术师的魔杖头或手杖头，上镌所罗门之印。这枝杖头雕刻于 14 世纪，后来落在河底。近在 1915 年，东区仍流行一个习俗，剪下生病小孩的一撮头发，夹在三明治里，扔给最先碰到的狗吃，病就会离开孩子，转投到倒霉的狗身上。也是在东区，女人和女孩按习俗在脖子上挂蓝色玻璃珠，这是“防支气管炎的吉祥物”。这些项链在成千上百家小店有售，“通常掌店的是老女人”，半便士一串。后来相沿成习，这些玻璃珠最后随同佩戴的女人埋葬。在 20 世纪早期，伦敦各地的年轻女人也去草药店买“委陵菜根”或“龙血”（苏门答腊岛某种树胶）作为媚药。

爱德华·洛维特所撰一部颇具启发意义的著作《现代伦敦的魔法》，出版于 1925 年，书里记载，据传伦敦土里取出的鲨鱼牙能治痉挛。在坎伯韦尔，通常拿红布盖一块马蹄，以避免噩梦；麦尔安德的居民则是带孩子去“哄住”或“治病”的地方。东区生意冷淡的时候，生意人就会大喊：“啊呀！我想我是忘了给新月鞠躬了！”看见陨星之时，人们就大喊“钱”这个流俗，自然很适合这样一座贸易城市。人们在壁炉上供奉奇形怪状的石头，作为“还愿供品”；同样地，这座城市的中世纪教堂里悬挂银铸的四肢。白教堂区有个女人告诉一位调查者，搬家时，人们有个习惯，就是拎着猫在某个房间摇摆，诱使猫留在此地。还有关于有些房子墙壁绘“猫祭”的有趣记载。新生儿出世之后，羊膜以十八便士出售，可以预防溺水，而在第一次世界大战时期，死亡近在眼前，此物售价涨到两镑。及至最近，在伦敦市场上还可以买到新石器时代的石斧或燧石箭头，用以避雷击。

由于伦敦类似一座监狱，钥匙总是成为忌讳的对象，这也许并不出人意料。钥匙跟魔法与魔鬼相关联，因此“撬锁术被称为‘妖术’”，据彼得·莱恩博《绞死的伦敦》所述，“最常见的撬锁工具被称为‘吉祥物’”。钥匙被用于调查嫌疑犯，将嫌疑犯的名字放在钥匙根，倘若钥匙转动或抖动，罪名便成立。妓女的住处常挂“一枚大钥匙图”，很多在夜间活动的女士脖子上挂着钥匙作为行业象征。

关于新门监狱的暴动，18 世纪留下了一段颇具启发意义的文字。有个闹事者回到住处，宣告道："我拿到新门的钥匙了。"事败庭审之时，有个狱友被执法官问及钥匙之事。"你没有碰，因为怕感染?""我不敢靠近它们。"

疯人院里不肯吃药的病人，就被用一枚专门设计的金属钥匙撬开嘴巴。

瘟疫之时，人们看见幽灵在大街上穿行。确实，伦敦向来受鬼祟困扰。克拉肯维尔墓地南侧有一幢精致的砖房，因名声不好而"极难招到房客"。德鲁里巷派克街七号是出了名的"不祥"，最终被拆毁。同一条街上另一幢房子，二十三号，有个死过人的角落里闹"可怕的声响"。伯克利广场有一幢鬼怪作祟的房屋，"空了很长时间"，王后门也有这样一幢房屋。

P. J. 格罗斯莱在18 世纪访问伦敦，评论说伦敦人"实在怕"鬼，而同时又"在理论上拿它们开涮"。同一时期，另一外国人拜访剧院，发现莎士比亚戏剧里的鬼魂激发观众的"惊异、害怕，甚至恐惧……到如此严重的地步，好似他们看到的场景是真实的"。时常有人指出，在这座热闹不断的城市里，伦敦人难以分辨戏剧与真实，但这里更耐人寻味的是，这类描述暗示着伦敦人那股惊人的盲目轻信。在 16 世纪中期，市府参事门旁有一幢房子里有个年轻女孩，捏造出一种神奇的声音，"全城人都受到极大的侵扰"。我们须想象那些飞短流长、传闻、畏惧。

伦敦作家"阿列夫"记载了另一个故事。1762 年最初数月里，人们相信考克巷，那条曾经"肮脏、逼仄、昏暗的巷子里"，其中有一幢屋里住着一个幽灵，人称"挠痒痒的芬妮"，爱敲别人家的门。有个年轻女孩被认为中了这个幽灵的魔，"身边总响着神秘的声响，尽管她的手脚都被捆绑起来"。成千上万的伦敦人拥进考克巷观看，较体面者则可以参观女孩的卧室，一次进五十人，"恶浊之气几乎令她窒息"。一些德高望重的伦敦人成立委员会，调查这些传闻（其中一人是迷信的塞缪尔·约翰逊），最后得出结论，这个女孩"赋有捏造声音的邪术"。她的父亲在考克巷尽头被戴颈手枷，"人们同情地对待他"。于是，在伦敦再次被"极大地侵扰"之后，此事便这般告终。这简直好似这座城市本身就是幽灵之城，到处是过去的影子，纠缠着居民。

"伊斯灵顿鬼魂"出没于克劳兹利广场三一教堂的一片空地上，导致"各处奇妙的骚乱，地面拱起，每个角落都翻起地皮"。据说迈克尔·法拉第的鬼魂捣乱布莱德街的一个电话交换机，这里曾是他的萨德曼教派集会的礼拜堂。霍兰勋爵、丹·利诺、迪克·特平、安妮·查普曼的鬼魂都曾有人见过。老医院和教堂是最常看见幽灵的地方，海格特公墓边史威恩巷一直是“见鬼”的地方。大英博物馆东方馆显然有个幽灵；数世纪以来，有只幽灵黑鸟在迪恩街一幢房子出没。霍兰伯爵的女儿在肯辛顿公园散步，“遇见自己的幻影、拥有她的习惯，以及种种一切，好似照镜子”。她一个月后死去。史密斯菲尔德的圣巴塞洛缪堂区牧师长在布道坛上看到一个神灵的幽灵“身披日内瓦黑袍……热忱高昂地激劝一群不可见的教众，慷慨激昂地比画手势，时而俯向布道坛右侧，时而俯身左侧，重击面前的垫子，嘴唇一直在动，似乎话语从嘴里滚滚而出”。

伦敦塔当然是无数幽灵的天然栖息地。很多熟悉的人物在这里出没，其中包括沃尔特·雷利、安妮·博林。后者曾被三个目击者看到她的“白色人影”，一名当值士兵在中尉宿舍门口“昏倒”。他被依军法判罪，但后来无罪释放。一只黑熊幽灵从伦敦塔内珠宝厅“门下钻进来”，目击此景的哨兵两天后死去。伦敦塔内确实有一间动物展览室或者动物园。狱长及其妻所透露的幽灵最模糊，两人坐在众人皆知的珠宝厅客厅桌前，“突然一支玻璃管子，跟我的胳膊一般粗”，在空中盘旋。里面装着“浓稠的液体，白色、淡蓝色……在管子里不定地翻滚、搅动”。它靠近狱长的妻子，她叫道：“哦，基督！它抓住了我！”然后穿过客厅消失了。

还有其他一些依然被伦敦人畏惧的地方。1290 年驱逐犹太人之时，被谋杀、被溺死的犹太人的叫喊声，如今依然能够在格雷夫森德退潮时听见。现今处于戈登广场地基下的“四十步原野”，视各人看法各异，曾被视为“着了魔道”或“受了袭击”。人们曾经到这里采芭蕉叶，据说可以影响梦境。但更重要的是，在同一块地面上，两个亲兄弟在决斗中杀死对方。据说，两人最后的脚印依然留存，杀戮的地面则寸草不生。骚塞确实找到七十六只脚印轮廓，“人类大脚型号，约三英寸深”；1800 年夏天，这片地区重建前夕，莫泽“数出四十多只脚印”。

19 世纪 30 年代，华盛顿·欧文评论史密斯菲尔德后面以及市府参事门旁边的小不列颠的居民，“彗星与月食让他们十分不安”，他用“杰弗里·克雷恩绅士”之名写作，“倘若狗在夜里悲伤地长嚎，就被认为是必死无疑”。他也罗列了民间的“游戏和习俗”。在这里，我们可以算上敲地界这一古老的仪式。这一重申堂区威风的行为，源自驱逐恶魔出界的重大仪式。曾经在区界用白柳杖鞭打的都是领赈济的孩子，但近年来演变为拿木棍敲界墙。从海格特的“以角起誓”到金匠会所的“圣体盒审判的裁决”，伦敦城里统共约有五十六个年度习俗和庆典，但其中五月节最悠久，虽说未必最诱人。

在最早记载的五月节庆典上，伦敦“欢快的牛奶妹”头顶“银盘金字塔”，而不是她们通常使用的大桶。也许听似古色古香，但这种装饰品的含义则更仪式化，并且粗野。牛奶妹极少“欢快”（在城里各行各业当中，数她们挣得最少，劳动最苦），这一叠银盘则是为游行从当铺老板那里租借而来，可以视为象征着她们余下一年里经济奴役。5月第一天也是性规范日，作为对于这个淫荡事实的表彰，扫烟囱的小伙们后来也加入牛奶妹的游行队伍。格罗斯莱记载他们黧黑的面孔“以面粉涂白，头上套着假发，粉扑得胜似白雪，衣服装饰着纸蕾丝。然而，尽管穿戴得如此不伦不类，他们的神情却庄重得似葬礼上的殡仪员”。跟矿工一样，扫烟囱的也一向被视为这个世界的黑暗和淫乱的力量。因此，他们在五月节现身也被视为如此。然而带着“庄重”神情的扫烟囱的小伙们，也是伦敦最受虐待的孩子。很多孩子被杀害，干活时爬进烟囱的烟道里清除煤烟或木炭灰，被烧死或烧得畸形。那么，他们在这一日轻率的嬉闹里炫耀其劳苦。

有一幅画十分耐人寻味，大约绘于1930年，题名为“切普赛德街卖乳酪乳清的人”，画面描绘一个盲女坐在切普赛德街水渠下，把手伸向三个扫烟囱小伙。这条水渠是他们经常出没的地方，他们的表情活泼得让人吃惊。其中两人的脸黑得仅露出眼睛和嘴。他们都很瘦小，其中一人似乎驼背。他们看似确实类似这座城市的恶劣行径，似乎在威胁或恐吓这个瞎眼苍白的街头小贩。因此，或许可以说，扫烟囱小伙在五月节游行里再度上演其威吓，这种威胁须象征性地用笑声缓解。然而，正如伦敦所有的仪式，这个庆典逐渐演变得别出心裁。在18世纪晚期，引入全身覆盖枝条树叶的“绿人”，人称“绿杰克”，或者单纯称之为“绿人”，由牛奶妹和扫烟囱小伙陪同，作为春天的俗艳象征，在各堂区游行。五月节后来转到街头艺人手里，最后彻底地消失。

然而，伦敦的迷信行为不曾全然消失。这座城市本身依然赋有魔力。这是神秘、混乱、非理性的地方，唯有借助私人的仪式或公众的迷信活动，才能让此地组织有秩，处于控制之下。伦敦的伟人塞缪尔·约翰逊走过弗利特街之时，不由自主地触摸每一根柱子。同样地，伦敦很多马路不容许出现十三号这个门牌，譬如弗利特街、公园巷、牛津街、普拉德街、圣詹姆斯街、秣市、格罗夫纳街。

然而，对一些人来说，大道的路线本身更赋通灵意味。一直以来，人们试图规划这座城市的轨迹，想借助“对准线”以直线连接某些地方。诸如，这样一条直线将海格特山与诺伯里南边的泊拉特山相连，一路连接数量惊人的教堂和礼拜堂。人们也试图连接尼古拉斯·霍克斯默建造的各座教堂，或者以意味深长的地形学描绘圣潘克拉斯老教堂、大英博物馆，或者格林尼治天文馆。从某种意义上说，这种现象可以说是复兴曾在这片地区活跃的凯尔特土地魔法，同时也赋予地方神力应得的认可。

威廉·布莱克描述洛斯走过伦敦之时，所想象的便是这股神力。“直待他走到老斯坦福特，/从这里走向斯特普内，/再前往勒萨狗岛/从这里穿过河边的小巷/一路把细节看在眼里。”如同瘟疫时期那些哭丧的日子，这座城市的生命和历史或许能够在这些细节里复苏。

第二十一章

把城市涂成红色

红色是伦敦的颜色。19世纪初，出租车是红的；邮筒是红的。及至近年间，电话亭仍是红的。公交车依然一如既往地涂成红色。地铁曾经也是红色。罗马时期的伦敦砖瓦也是红色。伦敦墙最早的砌石是红砂岩。伦敦桥是出了名的浸透了红色，古代建造仪式的一部分，就是“溅孩童的鲜血”。红色也是暴力的颜色。

伦敦最大的资本家商人同业公会，穿的是红色制服。1399年的《伦敦编年史》描述道：“伦敦的市长、书记员、市府参事也都穿猩红色。”1432年，一首赞颂亨利六世凯旋入城的诗歌描绘：“高贵的马萍身披挂红色天鹅绒。”切尔西医院领抚恤金的人，依然穿红色制服。

在伦敦地图上，红色标示路况改善，也标示此处“富庶”或繁荣。伦敦佬俚语用“红色”指黄金。1768年春，支持暴动的伦敦河工发明了红旗，象征对时局的极度不满。

小说家也将红色视为这座城市的本性。在《诺丁山上的拿破仑》（1904）里，切斯特顿想象未来的伦敦，一位主人公问道：“我说，你们谁身上有红色的东西”，然后刺伤自己的左掌，“鲜血如泉涌，倾注到石头上，不曾滴溅”。这是为小说里“红诺丁山人”的胜利作铺垫。

因感染瘟疫而紧闭的门前放置红十字架，因此印证了这种颜色与伦敦疾患之间的关联，这种瘟疫曾被视为如同余烬一般“总是闷燃”。伦敦消防员穿红色夹克，或者“猩红色制服”。在1861年大火里丧生的消防员指挥，殉职之前做了一个发人深省的动作：“仅略停片刻，解开脖颈上的佩斯利花纹红丝巾”。红色无处不在，甚至在这座城市的土壤里：伦敦土里有一层鲜红的氧化铁，表明近两千前曾起一场大火。然而，另一场大火烙印在伦敦人的记忆里永远不灭。正如约翰·洛克所说，这场大火令“阳光变成古怪的红色微光”，铺盖整座城市，甚至从他在牛津的图书馆也能看见。

1666年的“伦敦大火”被视为最大的火灾，而事实上，这仅是一系列灾难当中的一桩。譬如，公元69年和125年的火灾，几乎摧毁整个城市，造成考古学家所谓的“火灾水平面”，这正是城市本身的水平面。伦敦相继在746年、798年、852年、893年、961年、982年、1077年、1087年、1093年、1132年、1136年、1203年、1212年、1220年、1227年遭火灾。菲特在第二次世界大战后撰写《伦敦自然史》，书中指出：“城里大片地区荒废，必定使中世纪伦敦在很大程度上酷似1945年大轰炸后的伦敦，酷似程度可能超出大多数人的想象。”詹姆斯·波普—亨尼西编纂一部关于战时劫毁的书籍，在伦敦教堂的废墟里发现“某种延续性”。他忆起“1940年12月的伦敦火灾，确实一时颇似佩皮斯所描绘的1666年那场大火。那夜的天空，被摇曳的橙色火光照亮，恍如展示某种气氛，简直如同他所说的‘火弓’”。

从布狄卡到爱尔兰共和军，伦敦似乎总在邀请火灾与毁灭。关于这个主题的文献指出，有些地区尤其容易遭受火灾。阿瑟·哈德威克在《值得纪念的伦敦火灾》里揭示，沃特林街“位于市中心这片地区向来‘火爆’”。市府参事门和银街赋有“‘危险地带’的名声”，切普赛德街和面包街一再着火。伍德（木头）街也是“出了名的火爆街”（也许因为其街名），主祷文广场反复起神秘的火灾。圣马利亚斧街这片地区相继于1811年、1883年、1940年，然后在1993年被烧毁。赋有深刻意味的是，在这座爱看热闹的城市里，剧院也总是着火。从1789年至1919年的一百三十年间，有三十七家剧院被烧毁，为围观的人们提供了适宜的戏剧场景。伦敦火灾的本质也是用戏剧术语表达。1883年，主祷文广场起火之时，“火苗蹿出屋顶，灿烂地照亮城市”。两年后，卡尔特修道院释放炽烈的火光，“好似阳光照耀万物”。

跟皇家交易所、市政厅、国会大厦一样，伦敦桥也一再被火烧毁。从1833年到1841年的九年间，城里共有五千起火灾，“平均每年556起，或者两天三起”。1833年，城里共发生759起火灾，1993年“泛伦敦地区”发生四万六千起“一等”和“二等”火灾。1833 年，近 180 起烟囱火灾；1993 年，近 225 起类似事件。在各月份当中，12 月火灾最频繁，4 月最少。星期五是一周中最容易起火的日子，星期六则最安全。最危险的时间是晚上十点，最安全的是清晨七点。有些火灾始于纵火，但大多属于意外。1748 年一场大火吞没交易胡同旁街巷里一百多幢房屋，十二人丧生，火灾始于“一女仆在牲口棚里点着蜡烛，听天鹅酒肆的乐队表演”。焯巷有一个印刷商随即发行了火灾废墟的蚀刻画。

然而，火灾也能抖出这座城市已被遗忘或忽略的历史。温切斯特宫殿的旧址，坐落于泰晤士河南岸，是在河畔芥子酱坊一场大火后被初次发现。13 世纪一座瞭望塔的遗迹，在 1794 年拉德门圣马丁场一场大火之后被发现。因此，火焰能摧毁，也能再创造。在伦敦民间故事里，梦见火表示“健康与幸福”，或者“与深爱的对象结合”，也许这其中意味十分深长。

19 世纪法国《时报》一名记者发现，跟巴黎人相比，伦敦人听到“起火了！起火了!”之时，反应“快得惊人”。这是这座城市的战斗呐喊，1 世纪时，就有伦敦值夜人或者“水桶小子”在夜间巡逻。早在彼时，火灾就已经赋染了魔力或神秘感，因为这些男孩以“活跃和恶作剧”著称。在继后的世纪里，这个有组织的值夜监视体系衰退，但或可推断是由于中世纪早期的选区长负责扑灭辖地的火灾。接下来的预防措施便是简朴的宵禁或者“couvre-feu”(盖火)。傍晚钟声敲响之时，在 11 世纪的城市里回荡，火炉便一概须加以覆盖，耙平灰烬。如果大火蔓延，教堂的钟便反敲，作为警示，就好似恶魔在熊熊燃烧的火焰之中猛然蹿出来。较大的房屋外现摆着盛满水的木桶。在 12 世纪，关于如何灭火和扯落茅顶就有了复杂的规定。

在 15 世纪，按规定，每个新治安官和市府参事，在就职 1 月之内，“须制造十二只新皮桶，以备灭火之用”。简陋的木桶继而被“某种冲洗器或喷射器”所取代，继而出现一种早期的抽水泵。这种机器由消防员一路拖拉，一面齐声高喊熟悉的口号：“嗨！嗨！嗨!”它是“走上伦敦街头的第一台‘灭火机器’”。17 世纪早期，这台机器转而被“发动机或机械”所替代，这台机械“在十个劳力的帮助之下”，抽起的水“超过五百号人拿水桶和大勺所浇的”。这正是德莱顿在《奇迹之年》所称颂的机器。他描绘火灾的景象，以及“马路上如何人头攒动，比白天更繁忙”。这个印象也似将火焰视为阳光一般以光芒照耀街道。最早的火灾保险公司名为“太阳”，在很多房屋上，至今仍然可以看到此公司的徽章。然后，隐喻突然一转，火变成能量和力量的来源，似乎象征着这座城市本身火热的生命时或不规则地、暴烈地爆发。1799 年的“霍伍德规划图”是伦敦最伟大的地图之一，献给位于伦巴底街的凤凰火灾保险公司（1666 年大火之后，这个机构在很短时间内成立），这又表明处理火事者在首都的重要地位。说来古怪，凤凰火灾保险公司的首任行政长官名叫作石街先生。

数百年间，消防员的火警呐喊逐渐被手摇铃替代，继而被机动或电动铃接替。然后出现警报器，后者转而被一种复杂的警报系统替代，此系统包括“两个调子”，一为“长号”，一为“尖叫”。最早的消防员都穿盛装制服。譬如，有一队消防员上身穿“蓝色外套，袖口镶嵌繁丽的金边，装饰金穗带”，下身穿“黑色马裤，白袜，金色袜带”。庆典游行之时，他们执银杖佩徽章。他们出于职责而热情洋溢——心灵泛着红光，正如希莱尔·贝洛克的恰当形容。他们的威望如此之高，很多火事办公室总部被形容为“设计得貌似富丽的宫殿”。

在伊迪丝·内斯比特的小说里，两个小孩路过凤凰火灾保险公司。“火灾?”一个说道。“我猜，是祭坛?”的确，这是为伦敦最大的祭坛而设。

火成为这座城市的一大特征，甚至被称为“火国王”。通贯 18、19 世纪，火灾“越来越大，越来越频繁”，并且围观人群也越来越大，也许这是自然而然的结果。图利街一场大火烧了一个月才熄灭；1843 年下议院被烧毁，使得最精彩的伦敦绘画作品得以诞生。据《画中伦敦》诸位作者所言，威斯敏斯特的大火变成“19 世纪伦敦描绘最多的事件……吸引了大批蚀刻家、水彩画家、油画家”，其中包括康斯坦布尔和透纳。这些艺术家意识到，在火焰之中，或许也能召唤起这座城市本身的精神与存在。有很多报道描述 1936 年水晶宫烧毁之际的大批围观人群，还有关于船坞和仓库起火之时，据传人们看见在火灾中丧命的“维多利亚时代的鬼魂”在潜行。

直到 1940 年大轰炸时期，伦敦市民对于火灾的胃口才有所减弱。12 月 29 日晚，空袭定在泰晤士河水最低的时刻，城里一千五百处同时起火。当时传说“大火”确实卷土重来了。

那场大火作为这座城市历史上最关键的事件，或可追溯到 1666 年 9 月 1 日，佩皮斯与妻子“惊恐无状地看着火舌蹿进一处热闹场所，飞溅起更多火星”。这些“火星”象征这座城市灼热的青春。塞缪尔和伊丽莎白·佩皮斯回到自家位于希兴巷的房子，次日凌晨三点钟，他们被女仆叫醒，被告知城里起火的消息。佩皮斯看了看邻街另一端数处火焰，然后回头睡觉。这场火始于一小时前布丁巷国王的面包师法利纳的房子。后来审讯之时，法利纳坚称上床睡觉之前，他“查看了每个房间，没有发现任何火苗，除了一个壁炉，并且那个房间铺了地砖，并且他勤快地耙了灰烬”。这场大火的起因从来没有找到。火就这么起了。

那个 8 月一直炎暑，“并且总是极干旱”，从而邻近街巷房屋的茅顶木结构早已在热气里“熏灼了一半”。换句话说，火到了顺境，再加上刮起强劲的东南风，把火势从布丁巷带到鱼街和伦敦桥，再接着，沿泰晤士河街刮进老天鹅胡同、圣劳伦斯胡同、兜门。任何但凡有门路的，都带着火里抢出来的财物，逃到河面的小船、驳船、划艇里。佩皮斯也逃到河上，风吹过他的面孔，感觉脸“几乎被阵雨一般迸射的火花灼烧”。他看见几乎每户人家都抱着一张小键琴，也注意到“可怜的鸽子不肯离开家园，却在窗口、阳台盘旋，直到翅膀被烧毁，掉落下来”。

及至此时，火势已经失控，朝城北、城西蔓延。佩皮斯最终在这条会燃烧的河对岸一家艾尔啤酒肆找到避难所，在那里“看着大火蔓延……火焰从街角升起，蹿上教堂尖塔，在教堂和房屋之间燃烧；我们目之所及，直烧到山上，最恐怖、狰狞、血腥的火，全然不似平常看惯的火焰”。正是在那时，他看到火拱或火弓，大约一英里宽（1940 年空袭之时，波普—亨尼西也将会看到这样的火弓）。

那一夜，火从切普赛德街蔓延到泰晤士河，沿着康希尔山、伦敦塔街、芬乔奇街、慈恩堂街一路烧到贝纳德堡。火在切普赛德街烧得那么远，顺道烧着圣保罗大教堂，这座教堂外面碰巧搭了一圈木脚手架。约翰·伊夫林在这个钟点仍在街上走动，察觉“峻急的火焰声响、哔剥声、霹雳响，女人小孩的尖叫，人们匆忙奔逃，塔楼、房屋、教堂纷纷坠落，好似一场可怕的暴雨，周围的空气如此灼热，到处遍布火焰，最后根本无法近身前行”。

毫无准备的市民束手无措。他们没有试图灭火，而是拔腿逃跑。那些留下来的，属于“低等人”，尽其所能从着火的房屋里偷盗。那些没有逃到河上的人（此时河面也是烟火缭绕，笼罩着飞落的“火星”），便逃进伊斯灵顿、芬斯伯里、海格特周围的原野，一面观望、一面哭丧。

次日，星期一，火从拉德门蔓延到弗利特街，途中已经烧毁了老贝利。新门和比灵斯门也没了，圣保罗大教堂顶被销熔，铅水流淌到街上，“闪烁着炽烈的红色，以至于没有马或人能走在街头”。至此，烟火绵延五十多英里。逃出城去的人们，一连数小时得走在火灾阴影之下。

当晚，数道火势交汇。一道从康希尔山下来，另一道从针线街而来，两道火相遇，转而汇入另外两道分别来自沃尔布鲁克和巴克勒斯伯里的火舌。约翰·伊夫林评论道："这四道火舌交汇，在切普赛德街角蹿成一股大火焰，掀起如此耀眼的光芒，如此猖炽的热浪，再加上如此众多的房屋一齐倒塌，掀起如此的喧腾咆哮，场面蔚为壮观。"就好似某个古老的火神这座城市正中心扬起头来。

星期二，风势稍歇，火势在霍尔本费特巷入口收敛。位于费特巷另一端的主教冠客栈，其房契上写道："伦敦大火分界树所在地。"这场大火依然在城北瘸子门和城东伦敦塔肆虐，但市政府在查理二世（向来展现出对于火灾预防的浓厚兴趣）顾问之下，用火药炸毁火势走向途中的房屋，从而遏制火势的蔓延。

星期四，约翰·伊夫林再次走上他这座城市的街道，而今已成为一片废墟，"走过曾经是弗利特街、拉德门山的地方，路过圣保罗、切普赛德街、交易所街、主教门、市府参事门"，所有这些都没了。他发觉自己"爬上仍在冒烟的废墟堆，不时地弄错所在的地方"。1940 年，空袭轰炸之后，伦敦人也有这般经历。他们的城市突然间变得难以辨认，也不可辨认。熟悉的城市变成了陌生的地方，恍如从梦里醒来，遭遇一个完全不同的现实。伊夫林写道："没有任何人可能知道自己身在何处，但某座教堂或大楼废墟旁边，偶或有塔楼或尖顶依然让人惊异地矗立着。"地面热得令他难以行步，铁门和监狱铁栏杆都已销熔，房屋的砌石全都经过燔烧，变成光洁的白色。喷泉仍在沸腾，而"地窖、泉井、地牢"喷出"黑压压的烟雾"。六分之五城市便这般被吞噬，烧毁的方圆面积约一英里半见长，半英里见宽。城里二十六个选区当中，十五个烧毁殆尽，总共烧毁四百六十条街道，一万三千两百座房屋被夷为平地。八十九座教堂消失，七座城门当中，有四座化为灰烬。官方报告仅六人丧生，鞋巷有个做手表的，挖掘出来之时，"发现他的尸骨，连带钥匙"。

这场非凡的大火的最著名形象，也许见于文森特神父的《上帝以瘟疫和火灾传递给这座城市的可怕规谏》一书。他也看见横亘于城市上空的那道灿烂的"可怕之弓"。他目睹市政厅的焚烧，"着火之后，数小时里将火焰全部包容在建筑之内，不见丝毫火焰，（我推测是由于木材俱为结实的橡木），只见隐约透出炫目的炭光，宛如一座黄金宫，或者锃亮的黄铜大厦"。

大火之后，在 1667 年至 1668 年间，地上长出一种开黄花的植物，被称作伦敦焰火，“在圣保罗大教堂的废墟里长得尤其茂盛”；1945 年又见长出这种花，“就在城市边界外”。这实在是火之花。大火始发地所建造的纪念碑，也形似焰火或火器。起初有人提议说，应该在其顶端立一尊国王或大凤凰的雕像。但最终一致同意柱顶应该搁一瓮火焰，人称“Blaze”。丹尼尔·笛福将这根柱子解读为一支大蜡烛，那只瓮则是“漂亮的镀金火焰!”

关于那五日大火的事件，见于很多艺术作品，诸如《火中的伦敦、荣耀中的伦敦》诗集所收录的一系列长诗。焚烧中的城市，分别被比拟为罗马、迦太基、所多玛、特洛伊。由于火焰中伦敦的热闹场面召唤起昔日已死或垂死的文明，描述里便有古典时代的神祇走过焚烧的街道，同行的有维吉尔、耶洗别。画里的大火也同样地耀眼，尽管有些画简直似在焚烧之际所画。有些是清醒的研究，包括霍拉的画作，展现了 1666 年秋前“伦敦这座名城真实又准确的景色”，以及“悲惨的灾难与大火烧毁之后所呈现的面貌”。他在泰晤士河南岸观察写生，能够望见切普赛德街一路的废墟。但大多绘画作品以“大火绘画”为风格，据《画中伦敦》所述，其灵感源自“《圣经》或神话里的城市火灾”。其中两幅最著名的绘画，“简·老格罗菲”把拉德门的塔楼和吊门描摹得如同地狱入口。然而，由于在 17 世纪中期，此城门附近被视为“艺术家区”，关于拉德门也许另有一种解释。这些画描绘了很多小场景和小插曲：女人面无人色，挥舞着胳膊，逃离四面侵袭而来的火舌；男人头顶一摞银盘；在拥挤的人群中，人们拉着马、拖着马车，朝空旷的原野而去。但最触目的形象要数一个男子肩头背着一个小孩，映衬着背景里的火焰。布莱克和多雷，以及很多其他艺术家都反复借用这个形象，作为伦敦的神秘与苦难的真正象征。

因此，那场大火不但激发当时艺术家的灵感，两百多年以来，依然是 17 世纪最惹人注目的形象。菲利普·雅克·德·卢泰尔伯格是伟大的伦敦剧院布景设计家，在 18 世纪末也描绘了这场大火。在继后的世纪里，伦敦大火在萨里花园剧院每晚上演。

然而，这座城市与火灾相融合的深刻程度，超越剧院和热闹场面。在 19 世纪中叶，对于帕尼齐来说，伦敦赋有被焚之城的外观。弗吉尼亚·伍尔夫在《黑夜与白天》中将其描绘为“永被焚毁”。仿佛“黑暗永远不会袭上那些灯，仿佛数百年以来未曾有黑暗侵袭这些灯盏。这座城市似乎永在同一处焚烧，感觉可怕极了”。1880 年，有个法国人深信这整座都城是“拜火教的神庙”，其都市朝圣的旅伴阿瑟·梅琴继而描绘道：“伦敦所有火焰都隐约映现在天际，仿如在远方敞开可怕的熔炉门。”奥克塔夫·米尔博谈及伦敦之时，使用诸如“神秘、大火、熔炉”之类词语。19世纪末的莫奈，则希望描绘太阳“在国会大厦背后以硕大的火球沉没”的景象。事实上，在这位画家的一些作品里，伦敦便是在这样一团笼罩了所有街道与建筑、散发诡谲的红光的流火里呼吸和生存。19世纪中期，伦敦的天空以“都城上空悬挂数英里的红通通的流火”著称，在当时，无数砖窑倚城墙而建，构成状如舞台火焰的圆圈，城里的垃圾堆则似火山。这座城市“难以包藏火焰”，在20世纪被描述为“都市热岛”。民间素称伦敦为“大烤炉”，在20世纪20年代，普里切特承认身处这座城市，便感觉被“烟熏”。大火熄灭之后，这座城市又让人望而生畏，呈现一幅焦黑、残酷的模样，有些永恒的炭化遗迹充弥着济慈所谓的“神秘的重负”。

大火之后，控制火事的措施势在必行。道学家将火灾与瘟疫的联袂降临诠释为上帝因伦敦的罪孽与肆淫而激怒，施降惩罚。然而，也有些人，诸如克里斯托弗·雷恩和埃德蒙·哈雷，开始质疑把灾难归咎于天数或神谴这一智慧。1660年，皇家学会在伦敦成立，这两桩天罚促使会员试图为这等狂暴的事件寻找“科学”或“客观”的原因。以“理性”之名（也即“简单、扎实、明智”）希冀或可改变伦敦人的意识，从而在未来的时代或可避免遭遇此等瘟疫和火灾。吊诡的是，这场大火最大的功劳在于促进科学进步。即便在1666年9月之前，根据《火中的伦敦、荣耀中的伦敦》一句引文，“眼前，到处可见人们恢复精神劲，思考着修理老城，重建新城”。这场大火尤其被视为驱除以往时代“悖逆不道之心、亵渎之行、狂恣之风”的绝佳时机。这是指涉内战，指涉查理一世被处决，也是隐涉这座城市不再纵容过度的虔诚和迷信活动（正是笛福所记载的市民在瘟疫时期的反应）。这将是一座崭新的城市，以“崭新”这个词的每一种意义。

XX

LONDON

The Biography

大火之后

第二十二章

一处伦敦地址

大火在费特巷熄灭。这条巷子的大半历史是作为边界。这条路从弗利特街通到霍尔本，如今两旁矗立着装有空调的写字楼，还有一些 19 世纪的老建筑。靠近弗利特街的这段费特巷是克利福德院，属于大法官庭法院最古老的学院，曾是这条街上最重要的建筑，现今两侧街角各有一家书店和电脑器材店。现今重建之后，这幢建筑分隔为众多写字楼和公寓，位于一家名叫“胭脂咖啡馆”的时髦餐馆旁边，对面是一家酒馆，名叫“野猪头”。然而，这条小巷的司法氛围不曾全然消逝，因为克利福德院旁有一幢建筑，属于“科技与建筑院”。这段巷子的交通总是十分繁忙，尤其是出租车不停冲进弗利特街。

循着这个旧址，往霍尔本方向去，费特巷分出支路，东支路转进新费特巷。老费特巷则依然沿旧路往北去，尽管一路崎岖。随着高楼大厦在虚怀若谷的伦敦土壤里将地基打得越来越深，费特巷东侧早已拆除殆尽。在罗尔斯大厦之下、约翰·威尔克斯雕像西侧，公共档案局的前身依然可见，在霍尔本近旁，“灰鸭子”和“印刷商的学徒”摇身化作酒吧存活下来。三幢 19 世纪中叶的房屋依然存留，仿佛作为古老的看台，保存这条街道的记忆，其底楼如今开满了咖啡馆和三明治店。

费特巷因何得名？约翰·斯托十分熟悉这条巷子，认为之所以被称为“fetter”，实是因为“游手好闲的懒鬼躺在此地，挡住通向公园的道路”。但也有人认为此词源自诺曼语“defaytor”（拖债者）。更有人喜欢另一个法语词源

“foutre”（歪剌货）。但还有其他可能性。“Fetter”也许源自“feuriers”（毛毡匠）。据说，15 世纪时，这行手艺人在此聚居。或者源自一个世纪前此地地主的名字“Viteri”或“Viter”。更别出心裁的古文物学家转而提议，此名源自“fetor”（秽臭），这个词源乍看之下并不太可能，因为这片地区周边环绕着公园和果园，除非那些懒鬼、拖债者、歪剌货聚集起来，弄得此地脏臭不堪。另一词源追溯到 frater（兄弟），常在此地进出的律师法官之间称兄唤弟。另一更简单的关联指涉这条巷里的店铺，替圣殿骑士团打造“fetter”，也即防护衣，骑士们也爱在此地聚会。这个词源的疑团永远也解不开，人们的猜测也永远不会停歇。费特巷地名由来的模糊性正说明了无数伦敦名字的不可知。这座城市似乎竭力隐藏其渊源。然而，G. K. 切斯特顿曾经论道：“即便最逼仄的街巷，在其拐弯抹角处，也都禀赋其建造者的灵魂，也许此人早已躺在坟墓里。每一块砖都似巴比伦雕石一般，是赋有人情味的象形文字。屋顶上每一方瓦片，都似文档一般赋有教育意义，好似布满了加减运算的写字石板。”或许也可以说，每一件物、每一道门阶，都启示这片古老的土地，今天的费特巷则是其保管人。

从这条巷子的地底挖掘出一只装满钱币的罗马古瓮，从而印证了斯托的评述，也即附近曾经有一条罗马古道。弗利特河上也曾有一座木桥，从而，费特巷及其周边的早期居民享有居住在大河旁的优势。这条巷地下深处还发掘了一把 9 世纪的剑柄。工艺与材质皆属上乘，表示此剑用于仪式，而非杀戮。或许这跟 959 年韦塞克斯的埃德加王将此地赐给威斯敏斯特教堂的地界有关联，其中有一条地界跟费特巷平行。

在其生存史上，费特巷一向作为地界或者边界载入史册。伦敦大火在此熄灭，这里也是市政厅权威所及的极限。这里也是两个堂区（霍尔本的圣安德鲁与城西的邓斯坦）的交界。我们转而还能发现，这里总是吸引那些生活在“边缘”的人。

14 世纪初，这条巷子已经呈现今天所见的轮廓。1306 年被称为“neu strete”（新街），1329 年则改称为“叫作费特莱巷的新巷”。然而，最早的记载表明，当时这条巷子便有不光彩的名声。据传，费特巷里住着一个名叫“爱玛德·布腊克勒的娼妓”。又记载“法特巷”有个房东，包藏“娼妓和鸡奸者”。饶是如此，这里必定已经成为赋有十足的中世纪精神的“鱼龙混杂”的街坊，因为费特巷还有“法庭或法学院”的传统，并且 1345 年克利福德院在此建造，这一事实表明，在费特巷被载入公共档案之前，便已经赋有某种可以让这幢法学院奠基其上的原初地基。周边地区的宗教建筑也为这条巷子设置了外防，对抗南边的邓斯坦、北边的圣安德鲁和艾莱大道。1349 年，“某伦敦市民”约翰·布拉克威尔及其妻购买“费特巷”的房产，文献记载亨利六世向此地住户征收租金。这并不必然是体面的事，但这些空泛枯燥的记录表明，通贯中世纪，这个郊区在伦敦颇为知名，常见于史册。及至 15 世纪初，费特巷与霍尔本交界的街角有一家著名的酒肆，叫作“霍普上的天鹅”，设有给旅人歇脚的客房。时有人投诉其悬挑的屋檐，有些“酒肆外筑了一些障碍，妨碍道路”。但这间酒肆一直留存到 18 世纪中期，更名为“黑天鹅”。在距离巷子数码地外，如今开了一家酒吧，名叫“灰鸭子”，可以算是其优雅前身的忧伤纪念。

在一幅 16 世纪中叶的地图上，费特巷东侧清晰地标有十五间房屋，西侧标有十二间，这个地貌未必完全准确，但是比照北面的“利实巷”（即 Leather Lane，皮革巷），此路开辟在公园和旷野里。费特巷北端可以看见伯纳德院，朝下通向弗利特街，克利福德院便依稀可见。一道石拱横跨巷道上空，几乎位于巷道中心点，地图上也有清晰的标示。然而，从一个方面来说，鉴于这幅地图不曾体现新建筑不断侵食周边及巷道两侧地面这一现象，可以说画得极不准确。在曾经隶属于圣巴塞洛缪医院的一块地面，1555 年建造了“十户带花园的屋宅”，及至 1580 年，又造起十三户“非法建造的新房”。这幅地图也没有表现狭小的院落和小胡同，诸如百合花胡同、鹤院，都是远离主干道，至今依然存在。

跟伦敦其他地区一样，这里也同享火灾和死刑。事实上，两个巷口都是通常设绞刑架的地方。1590 年，有个不信奉国教的天主教徒在弗利特街彼端巷口被绞死并分尸。根据 W. D. 牛顿所撰的一部天主教历史《天主教伦敦》所说，这里是“我们的一大圣地”。忧郁的天主教徒作曲家约翰·道兰德，卒于 1626 年，曾经就住在费特巷。1643 年，两名图谋反对议会的密谋者，在此巷与霍尔本交汇的巷口被绞死，因为他们在这条巷内一间公寓里策划阴谋活动。两个世纪以来，这个地方经常成为行刑地。然而，这里也是另一种形式的死亡之地。18 世纪中期，费特巷与霍尔本交汇的街角有一家啤酒厂，便是在“黑天鹅”的地基上，也就是曾经的“霍普上的天鹅”，从而，这里跟酒精之间有着漫长的关联史。1780 年，戈登暴动最猖狂的日子里，街头巷尾响起群氓叫嚷“不要教皇!”谣传这家酒厂的业主是天主教徒，从而酒厂遭到洗劫，被焚烧，造成灾难性的毁灭。“街头的阴沟、石头上的每一道缝隙，都沁透了烧灼的酒精，忙乱的手掌筑坝拦住酒精，酒水淌到路上、人行道上，积成大潭，人们在潭边成群结队地喝得醉死。”这是查尔斯·狄更斯的描述，如同很多伦敦人，他也迷恋暴烈的死亡。不过，同时代的多方资料证明，他所描述的确是实事。那么，在费特巷旁边，“有的探身把嘴凑到酒潭边，然后再不曾抬头，也有的大口喝个痛快之后，纵身起舞，半是疯癫的胜利喜悦，半是窒息的痛苦，直跳得倒下，尸身泡在让他们丧命的酒精里”。也有的人走出酒厂，衣服着了火，误以为那酒潭是水，滚了进去，“成为自己所点燃的火焰的灰烬，撒满伦敦的街巷”。他们成为费特巷的一部分。

数百年以来，还有很多火灾与爆炸。古怪的是，1679 年 4 月 10 日的一场火，被民间认为缘自“天主教徒的阴谋”。绞死不肯信奉国教的天主教徒、焚烧酒厂，在当时成了病态的天主教三位一体的一部分。1583 年，霍尔本圣安德鲁教堂街坊“新刷了一层漆”，以便清除天主教迷信的所有符号，费特巷的火药大爆炸，震碎巷里所有窗户。裁决所有权纠纷的火事法庭便设在克利福德院。就这样，费特巷成为一处著名的地界。

法院造在酒肆旁，教堂是拉皮条男人的邻居，这条巷子一向担任中间人的地位。较可疑的治疗师也会在此地选择居所：17 世纪，费特巷犁院蓝色楼住着一个叫布伦菲尔德的人，宣传“治疗一切疾病的药丸”。塞缪尔·约翰逊有个朋友，名叫莱韦特，是个穷药剂师，在费特巷煤棚旁遇见“一个品性不良的女人”，被骗得跟她结婚，几乎因她的债务落入牢狱。据约翰逊的叙述，这整个故事“跟《一千零一夜》的任何一页一般神奇”。当铺商人也爱出入这条巷子。下面这段话见于 17 世纪一出戏剧，巴利的《公羊胡同》：

> 拿上这些书
> 去费特巷典当。

在另一种意义上，由于费特巷跟数位伦敦作家有关联，对于书籍的隐涉也就颇贴切，譬如，《伦敦生活艺术》的作者亨利·皮查姆和《多福之国》的作者迈克尔·德雷顿。据约翰·奥布里的《名人小传》，托马斯·霍布斯“大半生住在费特巷，在这里写作，或者说，以拉丁语完成《论身体》，再用英语翻译”。霍布斯更爱住在费特巷，相较之下，乡村生活“缺乏渊博的谈话，给他带来极大的不便”。约翰·德莱顿住在费特巷与百合院街角大火后翻新的一幢房子里。

据《国家名人传记词典》记载，他在此居住九年，对街曾一度住着另一戏剧家邻居托马斯·奥特威，他在旁边一家酒肆里饮酒醉死。查尔斯·兰姆在巷外一条胡同里上学。柯勒律治在这条巷里授课，塞缪尔·巴特勒、莱昂内尔·约翰逊、弗吉尼亚·伍尔夫，分别在不同时期住在克利福德院。斯威夫特小说的主人公莱缪尔·格列佛，也是住在费特巷。

费特巷里最恶名昭著的住户（或许也是如今最不为人知的）是艾萨克·赞美上帝·皮包骨，在弗利特街角卖皮革。出于某种隔代记忆，乔治·艾略特在19世纪说费特巷“有一股古怪的气味，颇似皮革味”。皮包骨也是狂热、坚持不懈的再洗礼派信徒，在17世纪40年代以其“混乱的布道、废话、胡扯”，在街坊间掀起各种骚动。在奥利弗·克伦威尔的煽动之下，他以伦敦市政成员身份进入议会。尽管其仇敌称之为“皮包骨议会”，但他不曾在议院发言。王政复辟之后，他落狱，但释放出来后，便重返老堂区。据记载他的墓地在霍尔本圣安德鲁教堂，便是费特巷北首那座教堂。

但皮包骨不是那条巷里唯一的持异议分子。16世纪，有一群清教徒在巷子中段东端一个木匠的院子集会。清教徒的迫害者玛丽女王执政时期，他们蹲在拉大锯的坑里做礼拜。在稍后年代，有一份匿名的宣传册《我们最古老的礼拜堂》，宣称持异议者以“近似敬奉的感情”看待这个地方。这跟南面数码地外天主教徒所敬奉的“圣地”形成古怪的对照，在那边弗利特街交汇的街角，耸立着绞刑架。发人深思的是，伦敦这么一条小巷，包藏着如此迥异的宗教记忆。

伊丽莎白一世执政时期（1558—1603），清教徒获准在大锯坑建造木神殿。后来，长老会迁至此地，在同一地点造起一座砖砌礼拜堂。如同那些不信奉国教的前人，他们之所以选择费特巷，便是由于其隐秘与僻静。这座礼拜堂“仅能从一条漫长狭隘的过道抵达”，人称金匠院。17世纪一幅费特巷地图揭示，巷内还有很多类似的场院和小院，从而，里面不可遏制的生活似乎涌向各个方向。这座礼拜堂“被一排连绵的房屋遮蔽，即便在这个时期，这些房屋便已将费特巷西边团团环绕”，而另一边“西面则是高大的建筑物……有效地将其掩盖，不引起路人的注意”。那么，即便在伦敦中心，也能找到遁迹之地。不过，伦敦的群氓深谙这座城市的冷僻小径，1710年，这座礼拜堂被暴动者焚烧。火后，礼拜堂又重建，但后来被激进分子且有门户之争的摩拉维亚弟兄会接管，接下来两百年里，他们掌控了这片地区。1739年新年第一天，约翰·卫斯理记载“上帝之大威能降临我们，如斯大能，令无数人极度狂喜欢呼，无数人仆倒在地”。“圣灵骤然倾注”，触及费特巷一个小院落，从那里生起一种“复苏……蔓延英格兰各地”。

还有其他激进分子、持异议者被吸引到这同一个地方。非法聚众集会的理查德·巴克斯特在费特巷演讲，还有浸礼会教友在黑渡鸦夹道集会，费特巷104号和107号之间的艾梨姆院还有一座持异议者礼拜堂。摩拉维亚弟兄会一些成员住在这个地区的“社区房”、内维尔院，以及其他各处。他们既住在城市的边缘，也生活在正统信仰的边缘。有些群众无疑受到某个特定区域的吸引，这其中的地形出奇地类似他们本身的处境。正因为如此，政治与宗教激进分子都聚集在同一个地方。“詹姆斯党人、伦敦通讯协会成员”托马斯·埃文斯在费特巷犁院设立活动中心。费特巷有一家名叫“隼”的酒肆，也因作为颠覆性政治活动中心而被当局监视。从18世纪90年代以来，埃文斯一直住在费特巷，以烈酒为其革命热情调味，以出售民谣和黄色读物为其革命活动融资。在这一点上，他完全吻合周围同样含糊的环境。他足够难以捉摸，操持各行各业，包括发行黄色读物、做印刷、开咖啡馆、卖颜料，所有这些行当跟费特巷都有关涉，从而在另一层意义上，他跟这条巷子一般变化多端、不思进取。那么，有些居民有无可能从居处的环境之中汲取他们的身份或性情气质？

考虑到这层激进分子的联系，还可以列举其他名字。托马斯·潘恩住在费特巷77号，其《人的权利》成为18世纪激进派的非正式圣经。威廉·科贝特在费特巷183号撰写、出版《政治周报》。20世纪初，基尔·哈迪住在费特巷外内维尔院14号。他以六先令六便士一星期，赁居伦敦最古老房屋内一间公寓，一幢“中世纪晚期半木结构的五层楼公寓”。因此，他栖居在费特巷的历史之内，尽管他也许不知道科贝特和潘恩在他之前走过这同一条巷子。如今，伟大的伦敦激进分子约翰·威尔克斯的雕塑立在费特巷与新费特巷的交汇点，似乎暗含对于往事的敬意。并且，这尊雕像赋有另一份次要的荣耀——作为伦敦唯一斗鸡眼的雕像，更为这个处所增添了含糊的意味。

在19世纪，这条巷子遭逢跟此时期很多街道类似的命运。它被庞大的伦敦吞没，不知如何，似乎变得越来越狭隘，越来越昏暗。一份教会报告陈述道：“住在费特巷及附近街巷的人们，都是最贫穷、最漠视信仰的阶层。这个堂区简直就是店铺的迷宫。”这是最接近伦敦古城中心无数街巷的共同境况。法学院早已拆毁，取而代之的是一座劳动救济所和登记总办事处。至于即将被此办事处拆除的房屋，有个匿名勘测员评论道：“费特巷那些房屋的住户，主要都是不关心赚大钱的人，据说租约绝没有长达二十一年的。”人口迁移向来是费特巷的特征。这里住的都是过客，只有摩拉维亚弟兄会成员定居下来（他们知道这个世界没有长久的城市）。

然而，在这座城市里，大图式之内总是包含小图式。在 1828 年的一份街名索引里，所罗列的酒肆不下九家。相对来说，在这条如此狭短的小巷里，这个数目显得奇大，体现了 19 世纪初伦敦的特征，同时也意味着大量或流动或匿名的人口。在 1841 年的商店名录里，大多是印刷商、出版商、文具商、蚀刻画家、书商（总共十九家），可以与此相竞的行业唯有咖啡馆、酒馆、食肆。这些行业都是依赖趣味潮流，以及或许可以被视为“新闻”的东西。因此，或许可以揣想，费特巷并不是稳定或定居地，而是融进这座城市惯常的骚动。

在 1817 年的街名索引里，所罗列的“油彩和颜料匠”不下三家。1845 年的邮政名录里，包括两名画家，一名“油彩和颜料匠”；1856 年出现一家“油彩和颜料批零店”。在一段人物素描里，查尔斯·狄更斯形容“费特巷某位奥古斯塔斯·库珀先生”是“做油彩和颜料生意的”。狄更斯或许洞察这个行业赋有某种殊异的巧合。再者，不知如何地，他以惯有的方式直觉地捕捉到这条巷子的精髓。他也提到，从奥古斯塔斯·库珀“那边过去”是“燃气安装工”，奇巧的是，1865 年人名地址录上出现了“黄铜抛光与煤气安装”。在那个现实与想象交织的魔幻都市空间，或许值得指出，在莱缪尔·格列佛做外科手术师的街上，1845 年的人名地址录里，另外还罗列了两个外科手术师。

有一幅绘于 1900 年的费特巷西侧素描，画面上显示很多房屋是 17 世纪的建筑，但也显然可见大道与底楼的店面处于同一平面。在 1905 年一册街名录里，有一个典型的地段连绵开有一肉店、一乳品店、一铁铺、一器具店、一手表店、一电子钟店、一酒吧、一面包店、一印刷店、一咖啡馆、另一酒吧、另一咖啡馆、一理发店、一地图装裱店。然后，转进场院和胡同里，诸如伯莱韦特楼、巴特勒特楼、教堂墓园胡同，等等，其中的租户和房客，在当地登记簿里通常被记录为“穷”“无力支付”“将不支付”。在内维尔院，就是基尔·哈迪的赁居处，宽敞的房屋分隔为小间出租。有些房子建于大火之前，另一些则在火后旋即重建，但屋前都带小花园。在 1928 年一份提交给伦敦地志学会的报道里，沃尔特·贝尔提及这些花园得到精心的照料，说道：“正是穷人替我们完整地保持着伦敦旧貌的残片。”在那层意义上说，这个街坊重申其 16 世纪青树翠蔓的院落与花园的身份。然而，在 20 世纪初，“你会惊诧拭目，不敢相信。这果真在城市里——人们果真在这个幽偏之地生活、照料花草、死去？在这座城市无人死去——这话不真实”。

但在费特巷，他们不会死。他们迁移。根据堂区和邮局的档案看来，店铺显然仅开张短暂一时，然后消逝。七十年间，83 号相继开过剃刀店、食肆、啤酒零食店、咖啡馆、印刷店、乳品店，所有这些店铺都消融在这条巷子的纹理之中。今天，这幢房屋的底楼是图克三明治店。

及至第二次世界大战时，这里仍然维持着小本经营的图式，直到 1941 年燃烧弹将此地夷为平地。重建之后，费特巷重申其文具店、印刷店、咖啡馆的历史。但住户们全都走了。如今，巷内的院落和胡同里，挤满了写字楼和商业公司。巷子两旁的三明治店，则隐约提醒人们，咖啡馆和食肆曾经也是此地熟悉的景象。然而，在这条变化无穷的巷子里，如今眼前所见的主要是拆毁与重建的景象与声响。

第二十三章

重新建造

1666年，很多市民立刻回到仍在冒烟的废墟，寻找自家房屋曾经伫立的地方。他们搭起临时窝棚，占地盘据为己有。大火熄灭当天，查理二世闻知“已有平民打算在伦敦城其旧地基上再造房屋了”。

三日后，国王颁布文告，承诺重建工程将神速展开，并宣告及至“指令与指示”下达之前，市民不得擅自动工。他继而开始构想某些原则，其中最主要的原则是须以砖头或石块建造新房。有些街道，诸如切普赛德街和康希尔，“必须足够宽阔，从而若得神佑，一侧起火之时，另一侧不至于受连累，一如近来切普赛德街的火灾所示”。这位国王也顾及百姓的健康，宣告“所有生烟的经营”，诸如酒坊、染印坊，宜“聚集一处”。

有些构想早已有著述，尤其见于雷恩和伊夫林的著作，他们以繁复又宏大的规模构想伦敦的重建工程。雷恩按照欧洲的模式，倡议一系列相交的林荫大道，伊夫林的新城则类似大棋盘，以十二座广场为主宰。但没有一个计划可行，没有一计划行得通。一如既往，这座城市依循其古老的地志轮廓重申旧地。

然而，拆毁工作已经开始。那些丧失了店铺或者失业的人，被召入市政服务。废墟须铲平，瓦砾须运走。冒烟的街巷必须清理、疏通，码头必须修理，以便恢复贸易通商。城墙外设了临时市集，更赋创业精神的银行家和商人则在大火未曾波及的主教门开设店面。及至年终，皇家交易所的商人迁到格里歇姆学院。在某种意义上，城里呈现出焕然一新、充满活力的自由气氛。债务和财产、贷款与房屋建筑，全都被大火烧毁殆尽。然而，比照这番经济净化，必须考虑到货物的损失，香料、酒、油、布匹，全都在仓库和工坊里烧毁。

然而，这座城市的生命力的标志，还是在于一年内便恢复了繁忙的贸易。在另一层意义上，这依旧是同样的城市。在新的生存境况里，小偷大盗仍有门路，“很多人被谋杀，尸身拖进废墟之下的地窖里”。这点额外的细节促动我们进一步的思考。大火之前关在此类“地窖”的囚徒怎样了？大多监狱的牢房设在地下，很难相信所有囚徒都被释放出来逃生了。他们不是更可能被烧死或窒息而死？官方报告的死亡人数是六人，但这个低得非同寻常的数字，或许旨在混淆由于官方渎职所导致的人命。那些囚徒在监狱铁栏杆熔化之后逃生了？那么，余下逃不出去的呢？

为了指导城市的重建工程，设立一个六人委会员，克里斯托弗·雷恩便是其中一员，他已深知不可能实现自己理想中的伦敦。还设立“火灾法庭”，裁决所有涉及土地与房产所有权的纠纷。次年 2 月，议会强制实施委会员的提议，有些街道确实得以加宽，但大体上极少有变动。然而，这并不出人意料。新开辟一条国王大道，有一条狭隘的马路开拓为王后大道，从而可以从泰晤士河径直抵达市政厅。然而，有一个较显著的变化倒是强制执行下去，那便是房屋的面积与建筑材料。正如国王的文告，必须以砖石盖房子，并且“考虑到更美观的标准、统一、优雅”，户型必须遵照四种类型。譬如，主干道上的建筑须四层楼高，巷道与支路二层楼便可。在其他方面，城市的老街也需重新修筑。

然后开始施工。市民与私人房主只能自谋人力物力，诸如重建教堂等公共建筑的资金，则靠征收海煤税。1667 年春，街道都已立桩标示，欢迎全国各地“所有人等为首都供应材料、砖石、石灰、玻璃、石板等建材”，因此，继而导致了伦敦最大的人口变动。

可以料想，很多大火前生活在这座城市的人们，灾后并不曾回来。有些迁到乡下，有些去了美国。这两种情况大概是由于有亲戚关系或就业机会。但城市重建工作一旦启动，便有成千上万人络绎前来。搬土工、烧砖工、推板车的、做模具的，都依傍城墙外定居下来。此外，由于城里市集与店铺大多烧毁，成百上千的叫卖小贩迁进城。当然还有建筑商利用时机建造整条大街的房屋。罗杰·诺斯描述其中一个最著名的投机商人尼古拉斯·巴尔翁如何最终设法改变伦敦部分地区，“将地基打进街道和小房子，尽可能缩小房屋正面，以便增加房屋的数量”。巴尔翁深谙简约与标准化的价值，“不值得他费时处理小节，”他曾说，“砌砖工便能搞定。”然而，砌砖工已经够忙碌的。

大火后两年内，一千两百幢房屋落成；次年，又有一千六百幢竣工。建造工程不似某些历史学家所揣想的那么迅捷、声势浩大，在数年间，伦敦依然是一座荒城，正渐渐地恢复生命。

在约翰·奥格尔比绘于 1677 年的地图上，仅在大火十一年后，这座城市已经呈现新面貌。大多地区已经重建，尽管有些教堂消失了。提案说，要在泰晤士河修建的一处码头，也从来不曾建起。在地图上，正面狭隘的砖砌新房以正方形标示，在当时便已经排列得十分密集，勉强留出穿梭其间的小巷和胡同。很多房屋带小花园或后院，但大体上是又拥挤又拘束的生活。你若朝东走下肉市街，走出比利特巷数百码之外，在芬奇教堂街路口，就会在左手边看到不止七条小巷或胡同（约翰·斯特赖普将其归类为“较差”或“狭窄、肮脏、贫穷”），要么是死胡同，要么通向小场院。在地图上，这些地方大多以阴影表示砖砌房子。

奥格尔比的地图展现了伦敦城在稳步扩展。城西林肯院周边的地区已经标示出来，表示将要建造街道和房屋。城北克拉肯维尔周边已开出很多新巷道和场院。尼古拉斯·巴尔翁开辟了埃塞克斯街、德弗卢院、红狮广场、白金汉宫街、维利耶街、贝德福德里。以其建筑商和开发商的才能，他对于伦敦城面貌的影响仅次于纳什。巴尔翁的实用主义与经济机会主义，似乎微妙地吻合这座城市的本性和气质，并且他为伦敦城的拓展付出了如此的大力。他们两者一同发达致富。多半归功于他的活动，较富裕的商人得以迁出污秽嘈杂的老商业区。这是逃离“整个东区的废气、烟雾、恶臭”的一种方式。

事实上，很多发展在大火之前便已经着手，此时更加快了脚步。科文特花园广场于 1631 年便已规划、施工重建。四年后，莱斯特广场继而动工。鉴于两座教堂都在“原野”，七星盘的修建跟圣贾尔斯和圣马田教堂的建造有关联。大罗素街于 1670 年竣工。大火前一年，布卢姆斯伯里广场已经奠基。及至 1684 年，城西的扩建已经拓展到红狮广场和圣詹姆斯广场。

建造这些广场的原理来自约翰·伊夫林所创造的“城中城”。在理论上，所谓的城中城无异于盎格鲁—撒克逊时代大领主治下的伦敦庄园。譬如，在 17 世纪，南安普敦勋爵拥有布卢姆斯伯里的庄园。他本人住在庄园的一幢宅第，余下土地则分为单元，租与建筑商。这些投机商人建造房屋，转而租赁。

九十九年之后，这些房屋成为庄园主的财产。

这些广场的其他特征在于其公共性质。在最好的状态之下，这些地方被视为小社区，开发时包括了教堂和市集，看似努力在老城墙外创造一座吸引人、人性化的城市。以麦考利的话说，最初兴建之时，广场被视为“英国一大奇迹”，融合了便利与雅致。这些广场的规律性与统一性，如此地迥异于巴黎或罗马的巴洛克式风景，也许是源自伦敦一度熟悉的老修道院庭院或女修道院的花园。走过王后广场、罗素广场、托灵顿广场、贝德福德广场，感觉“中世纪的传统一路传承了下来”，并且，基督教会的静谧在往城西传播。

然而，倘若低估伦敦的返祖元素，那就不明智了，即便当这座城市扩展到旧边界外之时也不例外。城市拓展工程如潮涌，突然间掀起大浪，转而又风平浪静。这座城市时而掠过某地，时而彻底占据某地。譬如，莱斯特原野和索霍区广场早已十分接近急剧发展的首都，却从来不曾有将其创造为优雅的公共社区的努力。在这个背景里，同样值得指出的是，这城市不息的发展活动（以约翰·萨默森的话来说）立基于“商业周期而不是更迭的野心与统治者、行政人员的政策”。城市的发展曾一度止于如今称为新邦德街的地方，当时此地是“一片空旷的原野”。牛津街南端也暂时没有施工的迹象，当时这里只是“一条凹陷的大路，布满了泥沼”，夹道灌木丛生。摄政街在当时是一块“凄凉地”，黄金广场曾是瘟疫乱葬坑，“仍是一片旷野，那个时代的伦敦人，但凡走过这里，无不心惊肉跳”。

新广场并不一定能长久维持城市或公共和谐的模范这一地位。麦考利指出，在17世纪末，林肯院原野是“乌合之众每夜聚集的旷野”，“到处散满了垃圾”。圣詹姆斯广场变成了“接收各种垃圾炭灰，还有威斯敏斯特的死猫死狗的容器”。并且，“有个粗鲁的汉子，擅自占地，在镀金的酒吧窗户下搭垃圾棚”。这正进一步体现了伦敦生活的对比与乖张，同时也暗示着，即便在当时，这座城市就已经建立在最根本的暴行与悖逆之上。我们可能会揣想，这些新广场作为隔离的社区，其四周依然是一片原野。而事实上，这些原野也已被开发。威斯敏斯特一个住户抱怨：“城市这一头，整片原野上造起了新房，全都开着艾尔啤酒店，挤满了穷人。”

伦敦西郊的大多开发，是以租赁权方式，隶属议会法案的管辖；东郊的开发则一团混乱，依旧遵照史塔普尼和哈克尼庄园的老成文法。因此，城东的拓展工程自始便无计划、较落后。沃平和沙德井在大火十年后才算有了起色，斯皮塔菲尔兹在世纪末“几乎造满了建筑”。麦尔安德成为兴旺的区域，从老鼠崖到波普勒的泰晤士河畔一路，则全是简陋的房屋和店铺。

奥格尔比的地图不曾包括城东较简陋的街道，也不曾包括城西杂乱无章的开发区。相反地，地图所体现的是德莱顿在《奇迹之年》里歌颂为“一座出乎更宝贵模具的城市”。

> 而今比人道更伟大、更雄伟，
> 她从火中升起，崭新地神化：
> 仰赖崭新的地基，她的街道拓宽，
> 并且，她飞向更大的广阔原野。

17 世纪 80 年代，一幅描绘兰贝斯宫的画作上，展示着威斯敏斯特和河岸街的远景。那简直是高雅的典范，丹麦人圣克莱芒教堂、原野上圣贾尔斯教堂的尖顶、瑰岸的杜伦大宅、索尔兹伯大宅，全都清晰可见。倘若这位画家的视线稍稍转向东方，便会看到在新建的城里，皇家交易所重建的塔楼。作为伦敦的经济中心，这里自然赋有第一幢崭新的尖塔。圣马利亚勒布教堂的大尖塔也重新建起，继而，东切普的圣克莱芒教堂、康希尔山上的圣彼得教堂、沃尔布鲁克溪的圣斯德望教堂、曲巷的圣米迦勒教堂，以及雷恩及其同僚所设计的其他四十七座教堂纷纷修建尖塔。

在雷恩所构想的伦敦规划里，圣保罗大教堂是中心点，街道自此朝四面八方伸展出去，他竭尽心力坚守原初设想的壮观和宏伟，找到废墟中的老教堂。佩皮斯指出，站在这里，“蹊跷的是，眼看着石头从尖塔顶滚动的情景，我竟有晕船的感觉”。迟至 1674 年，大火八年之后，这幢古老的建筑既不曾被取代，也不曾重建，并且大半伦敦依然在废墟之下。然而，雷恩此时已经开始动用火药和攻城槌拆毁旧墙，在 1675 年夏奠下第一块砌石。三十五年后，雷恩的儿子，在其父总建筑师的亲临指导之下，在大教堂穹顶放置最高的石头灯笼，象征竣工。雷恩说：“我为永恒而建。”不过，在此类抒情赋辞上，诗人费尔顿抢先一步预言，没有什么能像新门的石头一般持久。

XX

LONDON

The Biography

罪与罚

第二十四章

一曲新门谣

大火后四年内，新门监狱便竣工，《伦敦百科全书》称其设计图样为“最壮丽”“最奢华”。在某种意义上，这座监狱正是伦敦的象征。它建造在12世纪以来这座监狱的旧址之上，几乎自始便是死亡和苦难的象征。这里成为赋有传奇色彩的地方，连石头都被认为“似死亡”，比伦敦其他任何建筑激发了更多的诗歌、戏剧、小说。它作为城门的角色，也创造了神话的元素，因为这里是囚徒离开人间城市的门槛，被押往泰伯恩或史密斯菲尔德刑场，或者就地吊上新门城墙外的绞刑架。这里跟地狱相关联，其恶臭侵袭左近的街道和房屋。

在14世纪和15世纪早期，新门监狱开始破损、坍塌。1429年，六十四名囚徒死于被称为“监狱热病”的传染病，历任狱长则经常被指控对犯人施加酷刑与不公平的惩罚。犹太人被诬告给基督教孩子行割礼，造假币者、杀人犯被关在地牢，重重地套着锁链或刑枷。1423年，理查德·惠廷顿的遗赠使这座监狱得以彻底重建，但很快又陷入阴森与恐怖的天然状态。在这一幢分为三等的建筑里，半英亩的空间关押了近三百名囚犯，头等牢关押有能力支付饮食的囚犯，经济牢关押一贫如洗的债户和重罪犯，迫压牢关押“要犯”。那么，或可推想经济牢最是吃苦遭罪的地方。

新门监狱的狱长向来以暴行和无节制而声名狼藉。1447年，詹姆斯·曼宁把一具囚犯尸体抛到大道上，“导致恶劣的后果，给路过此地的国王造成无穷的危险”。数次警告之后，他仍不肯移走尸体，并且他的妻子口吐“不像话的”粗言，两人都被关进囚室。两年后，他的接替人也因“不光彩地袭击”一名女囚而下狱。这么说来，狱长们也嗅吸着那股容易感染人的暴行和监狱高烧。大火之前最出名的狱长也许要属安德鲁·亚历山大，在玛丽一世执政时期，他总是迫不及待地送清教徒囚徒去史密斯菲尔德刑场，一面叫喊着“摆脱我的监狱！摆脱我的监狱！”一名受宠的囚犯给亚历山大及其妻演奏鲁特琴，“他俩确实酷爱音乐”，因而得以住进监狱里最好的囚室。然而牢狱的境况无可逃避：“恶劣的气味……令这位可怜的绅士感染了高烧疟疾。”亚历山大让他住在自己的客厅，“但这间客厅靠近厨房，肉味十分难闻”。在《新门监狱编年史》的记载里，气味总是占据显著的地位，地牢里则是“暴动汹涌”。

那么，买得起酒的，就不休地喝“雪利酒……这是一种琥珀色的加那利白葡萄酒，或者烈性香料葡萄酒”。那些因宗教或政治信仰下狱的，就拖着手铐脚镣咆哮不已。据记载，“新门监狱里，有第五王国派教徒在布道，煽动叛乱，并且祈祷洒下正义的鲜血”。监狱已经过于拥挤，从而大多数囚徒患上“传染性的恶性高烧”。这里是“恶行与苦海的水深火热之地”，虱子是囚徒的“常伴”。有个囚犯被迫无奈睡在棺材里，另一人则连续十四天“不见光或火，每天靠半便士面包过活”。1537 年，十一名天主教修士“离世，僵立着锁在柱上饿死”。

“黑狗”的传奇正是在这个时期出现。“一个游荡的幽灵，形似黑狗，总是恰在行刑之前和庭审当夜在马路上来回滑翔。”有些人相信，这个幽灵是 12 世纪新门监狱的深重苦难的结晶，当时的饥荒迫使一些囚徒开始吃人。也有些人揣测这东西在“执役巡职”，换句话说，是狱长的恶毒本性变生出来的幽灵。然而，及至 18 世纪早期，“让黑狗去遛遛”这句话用来表示“老囚犯对待新囚犯的残酷手段”。在阿门厅尽头，靠近老法庭院处，有一道长满爬山虎的墙，据说这个恶鬼依然在此出没。

然而，在 16 世纪，这条黑狗仅是新门监狱众多恶鬼当中的一个。有一座地牢，人称“地狱边缘”，被形容为“充满了恐怖，没有光，毒豸害虫汹涌”。这间位于城门底下的死囚地牢，是“最可怕、最悲惨、最糟糕的地方……他们像猪猡似的躺在地上，一人仆在另一人之上，号叫咆哮——在我看来比死亡更可怕”。这句话（“比死亡更可怕”）反复出现在新门监狱的参观者的口中，而这里正是进入伦敦的一大城门。有一名囚犯因宗教信仰下狱，叫喊道：“我不肯拿我的锁链交换市长大人的项链。”在受罪之时，他企图将新门监狱的苦难跟城市的压迫相关联。17 世纪早期有一出佚名戏剧《德文郡的迪克》，它申诉道，如同躺在新门监狱的任何小偷，每个人都“身负重重的手铐脚镣”，印证了这是一座无可逃避的监狱这一观念。然而，这也成为小偷之间兄弟情谊的象征：“都锁着铐镣。”或者，正如巴道夫对福斯塔夫所说，“照新门监狱的样式，两个，两个”。托马斯·德克尔在《幽默诗人的脱解》里写道：

我们臂挽臂地走
好似带领彼此去新门。

这部分也象征了藐视压迫与将至的死亡。正因为如此，无赖或小偷中间流行的一句口号是“新门或胜利!”监狱成为权力的中心标志，也成为那些志在摧毁城市秩序的伦敦暴动者的第一个目标。就这种身份而言，新门监狱通常成为纵火的对象，那场伦敦大火则是愤怒或复仇的突出标志。

1670年，新门监狱重新造起，雕琢与装饰十分适宜其作为这座城市最伟大的公共纪念建筑的身份，甚至还有理查德·惠廷顿那只宠物猫的浅浮雕。这座监狱曾经在民间被称为“惠特”，再没有比这更清晰的证据，可以展现其与伦敦的亲密关系。这栋建筑高五层，从新门街到金马刺街，一路跨越雪山的陡坡。有五个囚室专门关押重罪犯和债户，一间新设计的迫压牢（“死命地催”，旨在逼口供）、死囚牢、一间礼拜堂，还有“杰克·凯奇的厨房”。

囚犯一到此地，便被上镣铐和铁锁，走过城门，押进指定的地牢。他们路过左手边的狱长寮，位于被判了绞刑的犯人的囚室之下。在其《英国的巴士底狱》中，安东尼·巴宾顿引用关在这间地牢的一名囚犯的描述，或许这间地牢跟大火之前的囚室并无多大差异：“隐约有点微光……凭那点光，你就知道自己身处漆黑、极黑暗的房间。”这间地牢全部都是石砌，出入只有一个小口，“一条敞开的下水道开在地牢中央”，散发“恶臭”，弥漫每一个角落。石砌地板上固定着挂钩和铁链，用来教训、约束那些“顽固不化、难以控制的囚犯”。

靠城门右侧有一间酒窖，某个囚犯获得特许，做赢利的买卖。由于这间酒窖也是开在地下，照亮仅靠蜡烛，“插在黏土捏成的锥形烛台里”。那些付得起酒钱的囚徒，可以白天黑夜地喝杜松子酒，喝得烂醉，人称这杜松子酒为“Cock-my-Cap”（戴歪帽）、“Kill-Grief”（灭悲伤）、“Comfort”（慰藉）、“Meat-and-Drink”（酒与肉）、“Washing-and-Lodging”（洗洗过宿）。有一名囚徒回忆说：“那地方恶劣悲惨得简直就是在地狱。”从这间地下酒店过去，沿着新门街，便是扣押普通拖欠债务者的“石厅”与关押普通重罪犯的“石室”。这些“实际上都是无光照的地牢”，弥漫着“难以形容的污秽”。囚徒们“踩着地面，被踩扁的虱子跳蚤就在他们脚下发出哔剥响，好似踩在公园小径上散落的果壳”。监狱的余下建筑，从“头等牢”到女囚牢，略微朝好的方向发展。

那么，这里以不同等级的住处欢迎每一个新来者。这里是医生从不到来的地方。18 世纪 60 年代，鲍斯威尔看到这些囚室，描写说：“有三排，每排四间，一间间地层叠。都有双重铁窗，铁窗内又有一排粗壮的铁栏杆；不幸的罪犯被拘束在这些黑暗的大宅里。”他一整天都无法忘记这些“悲惨地方”的景象，“新门监狱如同一片乌云压在我的心头”。卡萨诺瓦曾一时被扣押在此，将其描述为“悲惨与绝望之地，或许但丁能够想象出这样的地狱”。威廉·迈斯特巡视之时，穿过迫压场，“被一伙泼妇围攻，无计逃脱，就掏出一把半便士硬币扔进人群，她们似一群疯狂的野兽扑去争抢”，那些“被囚禁的人，从铁栏杆中间撑出双手，发出无比骇人的呼号”。丹尼尔·笛福讲述摩尔·弗兰德斯的冒险事迹之后，便将她打发到这里。由于这位作者本人曾在 1703 年被囚禁在新门监狱，故事的叙述栩栩如生。“我刚被押进来时，看着这个悲惨的地方周围那些恐怖景象，我心头的惶悸完全无法形容……仿佛发自地狱的声音、嘶吼、诅咒、喧嚷、恶臭、污秽，我在这里看见所有种种痛苦的东西交汇融合，使得这个地方好似成了地狱的象征，好似地狱的入口。”然而，小说里多处强调囚犯们或多或少地习惯了这座地狱，从而这里“不但尚可忍受，甚至宜人”，其居民“在苦难之中厚着脸皮欢快、寻开心，就如他们在外面之时的光景”。有个女囚说：“现在对我来说很自然了，我不再因此为难自己了。”当然，这是对新门监狱风格的睿智洞察，但也许可以放在伦敦城这个更大的背景之下理解。在这群“伙伴”的陪伴之下，摩尔“起初变得愚笨又颟顸，然后，变得残酷又无头脑”，最后变成“新门的老家伙，跟里面所有人一般邪恶、可恶”。

然而，有些囚徒远不是“无头脑”，他们谋虑各种精妙的越狱计划。伦敦城最伟大的英雄通常是从新门逃出来的罪犯。他们当中最伟大的要属杰克·谢泼德，前后六次成功越狱。两个世纪以来，他成为那些藐视权威、以自身的勇敢和技艺逃避压迫者的人们所效仿的榜样或象征。值得指出的是，譬如，1840 年，儿童就业委员会评论道，伦敦的贫穷儿童从未听说过摩西或维多利亚女王，“但通常都知道大盗迪克·特平的人生事迹，尤其熟悉强盗、越狱犯杰克·谢泼德的事迹”。

1702年春，杰克·谢泼德出生于斯皮塔菲尔兹的怀特里，然后被弃置在主教门的劳动救济所（跟新门监狱一样，这个机构也是建造在城市边缘），然后被送到维奇街做木匠学徒。学了六年之后，他摆脱学徒合同（尽管再过十个月便期满出师），转行做小偷。1724年，他在圣贾尔斯圆屋监狱初次下狱，但三小时内，他割开屋顶，拴起床单毯子降落到地上。落到地面之时，“他加入一伙人”，从圣贾尔斯的小巷里逃走。数星期后，他在莱斯特原野做扒手又被捕，被囚禁在克拉肯维尔新监狱。然后被转到“新门牢”，以沉重的镣铐铁链锁绑在椅子上。他锯断镣铐，不知如何切断一根铁链，然后钻透一块约九英寸厚的橡木板，如此逃脱。之后，他割断的椅子和橡木板保存在监狱当局，“以作证并且保存这桩惊人事件与元凶的记忆”。

自由了三个月后，以“收罗盗贼”而知名的大盗乔纳森·怀尔德找到他。再被捕之时，谢泼德被押往新门，因三桩抢劫案被判死刑，关进死囚室。即便在那个悲惨的地方，他仍设法偷带了一根“鞋钉”进去，在墙壁（或天花板）上挖洞。另一边的同犯帮忙拉他出去。那个星期恰好是圣巴塞洛缪节，他混进从雪山和金马刺街爬山去史密斯菲尔德的人群。从那里往东转进斯皮塔菲尔兹，住进保罗头酒肆。在诸如约翰·罗克所绘的18世纪的地图上，仍可以追踪他的路线。无论如何，这是一个强大的形象：一名囚徒简直奇迹般地逃脱死囚室，融进圣巴塞洛缪节的货棚与表演里暂时欢庆自由的人群。

据彼得·莱恩博的《绞死的伦敦》所述，随后数日里，他被“主教门一鞋匠和伊斯灵顿一送奶工看见”。在弗利特街，他走进一家钟表坊，跟学徒打招呼，叫他“好好干活，别跟他师傅学工作到那么晚的坏习惯”。然后劫了那家店，但随即被捕，捉到监牢。他再次被押往新门，关进一间隔离室，“以双重镣铐绑在地上”。人人都来参观，都在谈论他。他在伦敦轰动一时，人们“为他疯狂”，造成“伦敦有史以来最罕见的技工闲散时期”。换句话说，工人们全都去酒肆或啤酒店谈论这个天才。某些尊贵的绅士前来参观他的囚室之时，他称呼他们都是“姜饼面包家伙”，还宣称“一把锉刀胜过世上所有《圣经》”。伦敦人的异教脾性在此袒露无疑。“是的，先生，我是谢泼德，”他被监禁之时说道，“城里所有狱长都是我的羊羔。”他身上发现一把锉刀，于是被转移到第五层的“石堡”，锁在地板上，双腿以铁条禁锢，双手上镣铐。这些锁链都是每日检查，谢泼德则一直处于监视之下。

然后神奇地（倘若不说奇迹般地），他又逃脱了。他的双手不知如何地抽出镣铐，然后用一枚小钉撬松腿上的铁链环，就像圣巴塞洛缪节上的“缩骨大师”，他钻出全身缠绕的大团铁链。他用那段断链松脱烟囱上一条横梁，爬上“红房间”，“此室的房门七年不曾拔下门闩”。他用一枚钉子在七分钟内开了门闩，走过通向礼拜堂的走廊。然后靠从铁栏杆上取下的一根铁钉，他撬开四道反锁、上闩的大门。开启最后一道门之后，他发觉已经身在监狱外，眼底是城市的屋顶。然后，他想起把毛毯忘在囚室里了，就一路回到“石堡”，走过礼拜堂，溜下烟囱，去取毯子。他回到外头，把毯子钉在石头墙上，悄然滑到地面。

继而数日里，他扮成乞丐、屠夫（伦敦最常见的两大典型角色），街头巷尾则散满了关于他新近越狱的民谣和传单。他扮成脚夫去印刷商那里印刷“临终遗言”，他知道或者揣想，这种印刷品会陪伴自己上绞刑架的历程。他在德鲁里巷抢了一家当铺，以此购买了一套时髦服饰、一把银剑。然后，他雇上一辆马车，带着一股天生的、从来不曾泯灭的戏剧感，驶过新门监狱的拱门，走访那周围的酒肆、啤酒店。他当晚被捕，越狱两星期后，又被关进那座如此神奇地逃脱的监狱，此后一直处于严密的监视之下。然后他被带到法庭，再次被宣判死罪，他被“难以计数的人群包围，伦敦城从未见过这么多人”。他被判一周内执行绞刑。传闻，他会在霍尔本的小转磨逃脱。被押往泰伯恩刑场的路上，他身上发现一把小折刀。然而，在彼得·莱恩博称之为“最后逃生”的关头，他没有一线生机。

这是极私人却也极公众的伦敦故事。我们或可推断，他年少之时在主教门劳动救济所的经历，导致了他痴迷于逃脱的欲望，而他非凡的逃生技艺，则极可能是在做工匠学徒的时候学会的。无疑他是在木头上练习之时，学会了使用锉刀和凿子。他暴烈又爱欺诈，但他屡次从新门越狱的事迹，改变了这座城市的气氛。整座城市赋染了某种协同合作的兴奋。逃脱当局这座最扎眼、最压迫的象征（这是压迫着鲍斯威尔的“乌云”），在某种意义上，就是摆脱平常世界的所有束缚。那么，我们或可把监狱的经历等同于这座城市本身的经历。这确实是熟悉且常见的准确类比，杰克·谢泼德的历史揭示了这座城市的另一方面。他几乎从不曾离开伦敦，即便有机会并且万分必要之时也不曾逃离。譬如，在北安普敦郡“逃亡”三日后，他又驱车回城。在倒数第二次的新门越狱之后，他回到度过童年的斯皮塔菲尔兹。最后一次越狱后，他不顾家人的哀告，坚决留在伦敦。在这层意义上说，他是名副其实的伦敦人，不能也不会在自己的地盘之外行动。

他也赋有其他都市特征。越狱后，他伪装为形形色色的商贩，通常举止极戏剧化。乘马车驰过新门便是其戏剧天才的一大标志。他渎神得几近带有敌视宗教的意味，而他针对有产阶级的暴行也并非不符合“群氓”的平等主义精神。在他某次越狱之后，一名传单作者宣告道：“开店的就要倒霉了，卖器械的就要倒霉了，因为咆哮的狮子出来了。”因此，杰克成为伦敦神话的内在的一部分，他的英雄事迹在民谣、诗歌、戏剧、小说里传颂。

1750 年，新门监狱的恶臭弥漫了整片地区。然后，所有墙壁都用醋洗，并且安装了通风系统。为此工程工作的十一人当中，七人感染了“监狱热病”，表明了里面瘟疫的严重程度。五年后，新门街的居民仍然“不能站在门口”，顾客不太肯光顾附近的店铺，“生怕感染”。甚至还出版了专门给那些可能接近罪犯的人们准备的指导手册：宜在数日前审慎地清胃涤肠，以便清除体内可能积贮的腐烂或腐臭物质。

1770 年，乔治·丹斯重建这座监狱，诗人克拉布将其形容为“高大、结实、美丽的建筑”。漂亮，确实是无疑的，因为用途简单。当时有人写道：“里面空无一物，仅有两座无窗的高楼，每座九十平方英尺。”1780 年，这座监狱被暴民纵火烧毁，两年后，又按原图纸重建。可以说，在很多方面，相比伦敦很多监狱，这座监狱的环境变得较宜人，也较卫生，但其古老的气氛依然逗留不散。重建数年后，这座新监狱“便开始染上阴森的凶气”。牢内又开始恢复旧样，19 世纪初，据《新门监狱编年史》记载，“精神错乱者在牢房里疯狂叫嚷，令听者毛骨悚然……频繁发生假婚……犯罪的学校与温床……任凭最堕落者将颓丧传染给较无辜的狱友”。

1817 年，伊丽莎白·弗里的改革似乎使“这座地上冥府”的状况有所改善。然而，1836 年和 1843 年的监狱巡官的官方报告依然在谴责其肮脏与悲惨。在第一份报告之后，新门随即迎来了一位年轻的新闻记者，查尔斯·狄更斯，他自小就痴迷这座监狱那阴森耸立的大门房。在《博兹札记》里，他自述经常思索这一事实：千万人每日“川流不息地在伦敦这座罪孽与苦难的阴森仓库之下进出，全然不留意里面所积压的那群可怜的生灵”。时或可以听见“不远处某个同类生灵，浑身捆绑、无助，生命指日可数”，等待处决，“轻笑或吹起欢快的口哨”。在其第二部小说《雾都孤儿》里，狄更斯又回头描述“新门监狱那些可怕的墙壁，隐藏着那么多悲惨，如此难以言喻的痛苦”。费金坐在一间死囚室里。狄更斯指出，监狱厨房便在竖着绞刑架的院子旁，乔治·克鲁克香克走访一间“死囚室”后刻下的一幅雕版画，所刻的是铺一方软垫的石凳。除了固定在石砌厚墙里的铁栏杆与囚徒目光炯炯的双眼之外，这里不见一物。尽管狱长说，“这里不是小孩来的地方”，小奥利弗·退斯特还是来到这间死囚室，一路走过新门“那些黑暗迂回的小径”。或许，狄更斯是在重访童年，因为在他成长的关键时期，他对伦敦的大半经历，便来自看望作为债户扣押在萨瑟克区马夏尔西监狱的父亲及家人。也许正因为如此，新门监狱的景象总是萦绕在他的心头；也正因为如此，在身心交瘁的晚年，他在夜里回到这座老监狱，“抚摸其粗糙的砌石”，开始“想想沉睡中的囚徒”。

在狄更斯写作的时代，新门监狱已不再是一般的监狱，而是转变为专门关押死囚犯（以及那些等候隔壁中央刑事法院提审的囚犯）。1859 年监狱重新设计，又添加了一道细微的改进，添设一系列隔离室，关押须孤立、不可开口的囚犯。《伦敦图画新闻》刊登一系列文章，文中把等待笞刑的囚犯称为“病人”。那么，这座监狱变成了医院，或者说，也许医院并不胜于监狱。

这座城市的各种机构，以如此的方式彼此肖似。每星期三或星期四，从十二点到下午三点，新门监狱向游客开放之时，这里也成为某种剧院。观光客被带去参观著名罪犯的头模、曾经捆绑杰克·谢泼德的铁链和手铐。观光客还可以如愿以偿地被锁进死囚室，稍微品尝其中些许滋味，甚或坐上笞刑凳感受心情。游览的最后一站，他们被带到“鸟笼”道，这是从新门监狱的囚室通向法庭的过道。他们也可以在这里阅读“墙上那些怪异的字迹”，也就是说，死囚的尸体便葬在石头背后。古怪的是，这条过道的名字让人想起阿瑟·莫里森在《贫民窟的孩子》所描绘的一个场景：一个小女孩去看望父亲，站在新门监狱“罩着铁丝网的双重铁栏杆前……在以后的岁月里，总是记得父亲是住在笼子里的人”。

1902 年 5 月初，新门监狱最后一次处决死囚，三个月后，拆毁工程启动。据次日《每日邮报》报道，8 月 15 日下午三点一刻，“一块一英尺见方的砌石落到人行道上，墙洞上可以看见一只手拿着铁凿不停地敲打。旋即聚集起一群人，围观这一行动”。报道并且提及，“相比伦敦城的其他鸟群，这里的老鸽子也跟这座监狱一般粗糙、阴沉”，环绕着监狱尖顶的自由女神像盘旋。至少，这些鸟无意离开这个伦敦鸟笼。

六个月后，监狱内拍卖新门监狱的遗物。处决棚里的各种物件以五英镑十五便士的价格售出，著名罪犯的头模则“杀价”到五英镑。今天，好奇者可以在伦敦博物馆看到两扇大门，以及为“病人”所设的笞刑凳。今日的老贝利场便建造于其旧址之上。

约公元前150—前50年的凯尔特头盔，在伦敦滑铁卢桥附近的泰晤士河中发现

约公元200年前后，罗马人在伦敦建造的城墙，塔山附近

1381年农民起义被镇压，起义领袖瓦特·泰勒被伦敦市长威廉·沃尔沃思杀死

LONDON IN THE TIME OF THE TUDORS. A REPRODUCTION, REDUCED, OF THE MAP BY RALPH AGAS, CIRCA 1560.

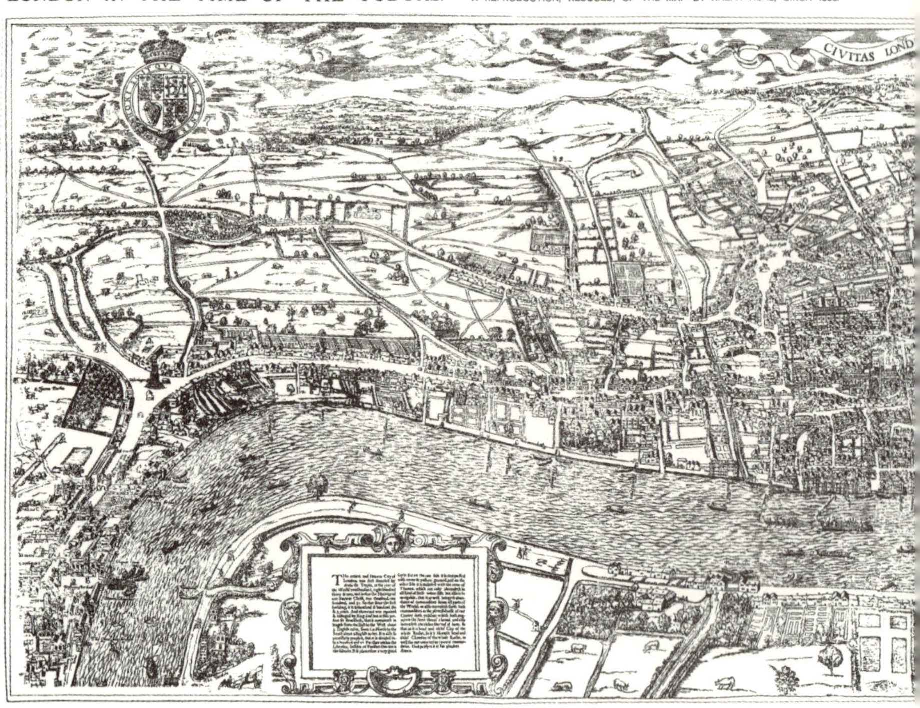

1666年伦敦大火，旧圣保罗大教堂

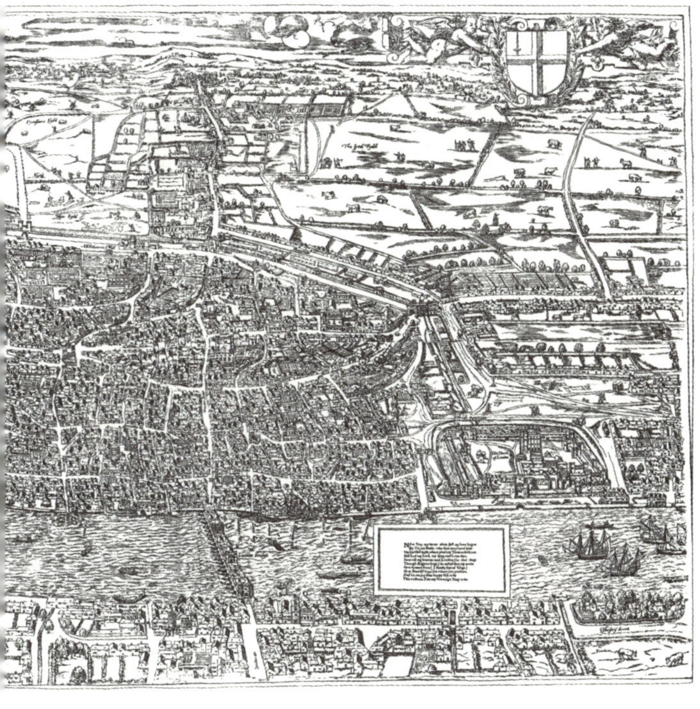

16世纪60年代伦敦地图，木刻画

圣保罗大教堂,1896年

伦敦城的纹章,2011年市长庆典时一匹马的马鞍毯子上

伦敦市长府邸,2014年

伦敦市政厅

利德贺市场，伦敦一处古老的市场

圣殿关纪念碑的龙雕像，标志伦敦城与威斯敏斯特的边界

芬斯伯里广场,伦敦城内面积最大的开放空间

英格兰银行,联合王国的中央银行

主祷文广场，2014年以来是伦敦证券交易所的所在地

1450年，平民暴动的领袖杰克·凯德闯入伦敦，率随从奔到伦敦石前

第二十五章

自杀简札

新门监狱墙内，很多囚徒“谋杀自己”，而在伦敦城里，自杀的方式十分繁多。人们从圣保罗大教堂的回音壁上跳下，在伦敦那些孤绝的阁楼里服毒，在圣詹姆斯公园的运河里殉情自溺。纪念碑也是受欢迎的地点：痛苦的人从柱顶跳下，摔死在基座，而不是摔到大街上。1765 年 5 月 1 日，据格罗斯莱《伦敦之旅》记载：“一名上校的妻子在圣詹姆斯公园的运河自溺，一名面包师在德鲁里巷上吊，住在疯人院旁的一个女孩也企图上吊自尽。”1862 年，“自杀热”成为公众的焦点话题。在同一世纪，泰晤士河里充塞着溺毙的尸体。

伦敦是欧洲的自杀首府。早在 14 世纪，傅华萨就已经把英格兰形容为“极凄惨的民族”，这一描述尤其适合，甚或主要适于伦敦人。这位法兰西人认为伦敦的自杀时尚归因于“追求特立独行的矫情”，尽管较有洞察力的观察者会认为这是“出自对死亡的藐视、对人生的厌恶”。有个法国人描述伦敦家庭的糟糕处境，“整整三代人不曾开口笑过”，并且发现市民们在秋天自杀，以便“逃脱寒冷的天气”。另一访客评论这种自屠“无疑是由于浓雾”。他也暗示，牛肉是另一大因素，“黏稠的沉重肉质仅能为大脑提供恶心、抑郁的蒸汽”。他的诊断与伦敦的民间迷信有殊异的雷同，民间相信梦见牛肉“表示某亲友死亡”。现代人的牛肉与“疯牛病”之间的关联也许由此而起。

格罗斯莱也提到：“伦敦家家户户、集会、公共场所、私人娱乐活动，都是一幅郁郁不欢的景象……即便是最底层的消遣娱乐，也总夹带着这股颓丧。”

陀思妥耶夫斯基曾说，即便在“兴会之时”，“这股颓丧也从来不曾抛弃”伦敦人。就连伦敦酒肆所出售的酒，也被视为“助长那股抑郁，于此地无处不在”。就连剧院也被责备导致这份痛苦的烦恼。有个旅人描述其房东的儿子，被人带去看《理查三世》后，从床上跳起来，一面对着护墙板头撞脚踢，一面口中像中了邪似地嚎叫，然后滚到地上抽搐，叫旁人看得忧心他的性命。他认为理查三世悲剧里的所有鬼魂，以及伦敦全部墓地的尸体，都来纠缠他。

一切都被怪罪，也许唯独沉重又令人疲惫的城市生存条件免受责难。

第二十六章

悔 罪 史

伦敦的监狱数量胜过欧洲任何城市。从圣殿骑士团骑士教堂的悔罪室到白十字街的债户班房，从河畔死人地旁的牢房到金马刺街的监狱，伦敦素有囚禁之名。兰贝斯宫有一座监狱，对早期宗教改革者罗拉德派施加酷刑。圣马丁巷有一幢圆屋，二十八人“被塞进六平方英尺的洞里，关了一整夜”，其中四名妇女窒息身亡。从 13 世纪末康希尔山上的图尔监狱，到 19 世纪末东艾顿蒿丛监狱，新监狱不停地建造。在新建的本顿维尔这座“模范监狱”里，囚徒被迫戴面罩，磨坊畔的“新监狱”据说遵照“全景监狱”理念设计建造，也即一个看守便可以监视所有囚室和囚犯。

及至 17 世纪早期，如同教堂，伦敦的监狱也在诗歌里传颂：

在伦敦，还没有走出一英里，
我就经过了十八座监狱、
六十个笞刑凳、刑枷、囚笼。

这首忧伤的怨嗟诗所提到的第一座监狱是威斯敏斯特的“门房监狱”，继而歌颂弗利特街监狱。

弗利特街监狱是最古老的监狱，比新门监狱更老，曾被称为“伦敦之狱”。这幢建筑也属于伦敦中世纪最早的石砌建筑，坐落在弗利特街东侧，便是现今泰晤士河段的法灵顿街，有护城河环绕，沿岸树荫披离。“沉没在地下”的最底层被称为圣巴塞洛缪节的活动场所，尽管其中的暴行、伤风败俗、死亡率，令这个绰号赋染反讽意味。然而这座监狱最声名狼藉的是其“秘密”，以及“堕落的牧师”，不消一个几尼便愿意为人主持非法婚姻。及至 18 世纪，附近酒肆有四十多间“婚房”，至少有六间取名为“手与笔”。被下了迷药或被灌醉的女人被带到那些房间，为钱结婚，天真的女孩则上当受骗，以为果真合法地结合。有个手表匠冒充牧师，自称“盖南博士”，可能意为“攒他们一把”。他住在砖巷，习惯在弗利特街走动。他“身穿丝袍和丝带”，穿过弗利特街桥。他以傲岸的身材著称，“仪表不凡，尽管脸庞极其彤红”。当地人称他为“地狱大主教”。

弗利特街监狱屡次陷入火海，最可观的一次是在 1780 年，一个暴民在一位扫烟囱工的引领下爬上监狱，将其点燃。这座监狱是老式的建筑，很多精彩的细节依然完好无损。譬如，沿着如今称为法灵顿街的监狱墙壁上，有一方铁条交错的空格栅。这里曾经放置一只铁盒求施舍，里面有一名特选的囚徒，不停地叫唤“记得可怜的囚犯哪”。这里就是关押塞缪尔·匹克威克的牢房，跟躺在里头那些“被遗忘”“被忽略”的囚犯交谈之后，他喃喃自语道：“我看够了……这些景象让我头痛，心也痛。”

1846 年，弗利特街监狱被拆毁，但往后十八年间，这片基地一直不曾清理。曾是墙壁与囚室的地方，变成了“死胡同”，如此狭隘、拥挤，纵使在夏天，也是“凄凉而阴暗”。即便全然拆毁之后，这座古老监狱的气氛依然缭绕不去。

弗利特街监狱很可能激发托马斯·莫尔把世界比拟为监狱的著名譬喻：“有人坐刑凳……有人关在地牢，有人关在上层囚室……有人哭泣，有人大笑，有人劳作，有人嬉戏，有人唱歌，有人斥责，有人斗殴。”莫尔最终也成了囚徒，在此之前，他是伦敦副警长，打发成百上千的伦敦人下狱。他将一些人打发到面包街的老班房，另一些到巴克勒斯伯里禽肉街的班房。1555 年，面包街的老班房迁到北面数码地外的木头街，在这间牢房里，有个囚犯可能呼应了托马斯·莫尔的思想，《老伦敦和新伦敦》引用他的话：“这个小地方就像联邦的一座小城，因为正如一个城市有各种各样当官的、做买卖的、干职业的，我们这里也有相当类似的分工。”关押在这里的男人被称为“老鼠”，女人则是“耗子”。这座牢房的地下甬道依然存留在木头街一座小院地下，石头触手冰冷，空气夹着一股潮气。曾经新来的囚犯须“喝一大碗红葡萄酒”跟“牢里同仁”干杯，如今这座牢房庆典之时举办酒宴。

这座城市是监狱，这一形象的根源十分深刻。在其创作于18世纪末的小说《凯莱布·威廉姆斯》里，威廉·戈德温描绘“大门、铁锁、门闩、铁链、厚墙、格栅窗”，然后肯定地说，“这是社会”，监狱的组织代表了“整个社会的机制”。

1852年，霍洛韦监狱落成，大门口蹲坐两尊狮鹫石雕，当然，这是伦敦城的象征。奠基石上镌刻“上帝守护伦敦城，令此地震慑邪恶”。也许发人深省的是，这座监狱的建筑师詹姆斯·B.班宁所使用的是跟煤炭交易所、大都会牲口市场同样的设计原理。在这座城市里，有些大型公共机构之间的相似处显而易见。

20世纪70年代，普里切特将伦敦描述为“这个监狱似的石砌地方”；1805年，华兹华斯诅咒这座城市为“他被长期监禁的监狱”；1851年，马修·阿诺德也将它形容为“寡廉鲜耻的监狱”，其居民“不梦想监狱墙外的任何东西”。1884年，威廉·莫里斯在这幅囚禁的景象里增添自己的看法，叙述道：

> 伦敦这张阴森的网，这座以所有世代的贪婪
> 建造的荒凉监狱。

一间简陋的租赁公寓是他的“囚室/在倦怠伦敦的牢房”。1901年，基尔·哈迪重返故乡埃尔郡，写道“伦敦这个地方，叫我回想起来也仍带余悸，好似曾在那里被囚禁一般”。也是在基尔·哈迪作此评论的同一时代，托马斯·霍姆斯在《伦敦的地下世界》记载伦敦真正的囚犯的报告，说道：“那大群面孔让我们惊愕、恐慌，我们立刻感到他们大多数人的人生已经残废，要我们去可怜，而不是去复仇。”城里的贫穷到了如此的地步，以至于“监狱的条件比他们自家更好些”。于是，他们只是从一座监狱转换到另一座监狱。然而，用东区俚语来说，监狱这地方“狗都不咬人”。

伦敦有些地区赋有“圣所庇护权”，监狱无法在这些街区投下阴影。这些地区曾经隶属显赫的宗教机构，纵然如今修士和修女早已离去，其魅力或威势依然留存。这中间包括大圣马丁教堂和白衣修士会。这两幢建筑内分别住着俗世教士和加尔默罗会士，但是由于作为收留逃避追捕者的庇护所，两者都转而成为“最低等之人，诸如恶棍、无赖、盗贼、歹徒、杀人犯”的庇护所。被推

定为谋害塔中王子的其中一名杀手迈尔斯·弗瑞斯特，逃到大圣马丁教堂避难，待在里面"浪费粮食"。"大圣马丁的珠子"在民间成为假珠宝首饰的代名词。17世纪初，大圣马丁教堂的特权被废除，但白衣修士会的庇护力仍然持续了较长一段时间。人称这片地区为"Alsatia"（以阿尔萨斯的失守前线为名），因为没有堂区巡逻或市政官员敢进入此地，倘若有人以身相试，周围便会响起一片"拿棍来！""救援！"然后被揪住痛打。如今，这片地区处于多塞特街和喜鹊胡同之间，周围的地标有索尔兹伯里广场、悬剑巷。

另外两处庇护所跟铸币有关，都是位于沃平和沙德井的铸币厂附近，仿佛造钱本身与修道院或礼拜堂的任何活动一般神圣。18世纪20年代中期，执法官员企图潜入此地，驱逐沃平的造币者，却都被打回去。一名法警"被摁进五谷轮回所（马桶），另一名法警嘴里被塞满粪便示众游行"。在此，金钱与粪便之间的关联以耸人听闻的方式呈现出来。

其他庇护所仍然紧挨着教堂，就如同乞施舍的传统以更不节制的形式继续存在。曾经被黑衣修士会宰制的那片地区，现在是出了名的罪犯和乞丐的出没之地。威斯敏斯特教堂附近有一处庇护所，数世纪以来"条件糟糕，名声恶劣"，圣克莱芒教堂旁的谢尔巷则被称为"无赖巷"。这里的房屋被称为"要饭厅""退步堂""砸废物"，最后一幢房子实则是造假币的工坊，据《老伦敦和新伦敦》记载，"每个房间都布设秘密的机关或嵌板……全部造币机械和雇工像变戏法似的，弹指间就被传送到别处"。在任何一幅非传统的伦敦地形图上，庇护所跟监狱一样，成为名声极恶劣的地方。有种的就去走走看。

第二十七章

无赖画廊

若说罪与罚的地方未必会变迁，而是留下坚固的印记，那么伦敦的罪犯或许也保持着一种延续性。我们读到14世纪的伪造者和敲诈者，1340年，王室私产管理官调查报告记录一长串“开妓馆的、夜游的、拦路抢劫的、卖淫的”。这个时期的窃贼如此猖獗，市政当局被赋予“当场处决权”，无须陪审团审判便可将“连人带赃擒捉的窃贼上绞刑”。

然而，及至16世纪，伦敦犯罪文献才开始涌现。尤其是罗伯特·格林和托马斯·德克尔的著作揭示了盗贼与拐骗者跟这座城市一般古老也一般新鲜的地下世界。诚然，盗贼的行话或黑话赋有十分古老的根源，其中有些表达在19世纪仍然使用。“And bing we to Romevill, to nip a bung”可以翻译为“我们这就去伦敦割个钱包”。在不曾被比拟为罗马帝国的首府之前，伦敦何以竟被赋予“Romevill”（罗马村）这个名字，一直是个谜团。“Yonder dwelleth a queer cuffin. It were beneship to mill him”（“那边住着个脾气不好的家伙。劫他一劫肯定过瘾”）。

在犯罪记录的老档案里，这些人及其言语栩栩如生。“晃脑袋的约翰·斯扎德林……说话拖腔拖调的亨利·史密斯……结巴的约翰·布朗”，这些15世纪的人都是干欺诈拐骗的行当。这个行当也流传下来。猜杯游戏（看客猜球盖在哪只杯下）依然在21世纪的伦敦街头玩耍。这个骗局在这座首都存活了一千多年。

德克尔和格林记载“abraham men”（装疯的乞丐）、clapper dogers（从住户敞开的窗户内钓取东西）、“priggers of prancers”（偷马贼）之时，或许有时犯下过度强调之失。16 世纪伦敦的街头巷尾也许并非如他们所暗示的这般暴力或危险。饶是如此，很多特定的场所确实可以看见真正的犯罪。譬如，克拉肯维尔的雏鸡巷和野地巷向来是出名的犯罪现场。雏鸡巷里有一幢房屋，曾名为“红狮酒肆”，18 世纪拆毁之时，发现这幢建筑已有三百年历史。赫克索恩在《伦敦纪念物》里披露，房屋内设有“黑暗的橱柜、活板门、滑动板、密室”。有一道活板门敞向弗利特街阴沟，“可以便捷地处置尸体”。老鼠崖大路周边布满了凌乱的巷道，巷名为诸如豪猪院、黑狗胡同、钱袋胡同、愣葱院，都是以“伤风败俗”而出名。弗利特街水巷也有一幢房屋，人称“血碗房”，由于“几乎每日必有流血事件，极少哪个月不见谋杀案”。

在略不那么耸人听闻的叙述背景里，17 世纪一名市政书记员见证警方突袭比灵斯门斯玛特街钥匙院的瓦顿啤酒店。这家酒肆实则是一所学校，“传授年轻男孩割钱包的技术”。口袋和钱包挂在串了“鹰铃”或“圣餐铃”的绳索上，倘若哪个小孩能不惊动铃铛而取走一枚硬币或筹码，“就被判定为好手”。随后的一个世纪里，史密斯菲尔德还有另一所类似的学校，酒肆的掌柜教小孩扒钱包，钻进店铺木窗入室偷窃，以及利用简单的手段打进房屋：假装靠墙睡觉，暗中凿开砖头和砂浆，在墙壁上开洞。

蹊跷的是，在这个犯罪描述里，罪犯们竟然采用“法律”术语。譬如，耍假骰子的诡计被称为“骗法”，流通假币的技巧被称为“写诗法”，割钱包则被称为“尾随法”。这是“底层”伦敦的非规范法。

不过，也会演变出新型的犯罪形式。譬如，17 世纪，劫道开始被称为“大路法”。马车时代自然也意味着马车盗贼，1699 年末，约翰·伊夫林写道：“本周，伦敦与肯辛顿道旁两盏路灯之间，马车与旅人来往之时，发生拦路抢劫。”在大道上耀眼的路灯之间，绝对有漆黑的地段，强盗可以轻易下手。我们甚至可以听见他们在《绞死的伦敦》书页之间的交谈。名叫爱德华斯·密斯的赶牲畜人，向同伴建议“去追赶拦路抢劫的”，“我们自个儿管好自个儿的将来，甭替别人操心”。要是他们被擒拿呢？有一段文章叙述有个强盗被拿住，送进伦敦：“他十分嚣张，把马拽来拉去，但凡有人靠近，就拿双手乱捅乱打，好似在打手枪，嘴里叫着呸！”对于不懂提防的人来说，豪恩斯洛荒野、特楠绿地、马里波恩、托特纳姆院路这些地方尤其危险。在这些地方出没的都是徒步的拦路贼，在盗贼圈被称为“low Tobies”（小毛贼）。18 世纪早期，商旅惯于成群结队出行，以便相互照应，走上危险路段之时，一路敲响铃铛，夜里也会雇小男孩一路持火炬照明。

即便在城里行路，火炬也是必不可少的。“有位绅士夜里十二点在霍尔本被两名拦路贼抢劫，二贼射死企图反抗的绅士，然后抢去财物……理查德·沃森，马里波恩收税卡的收费员，在收费站被残暴地谋杀。”在《伦敦》一书里，查尔斯·奈特引用在马里波恩某酒吧工作的女性的叙述：“我常纳闷自己怎么就毫发无伤地逃脱拦路贼的，到了夜里，这片原野上到处都是他们寻找目标下手的身影。我得一路走到朗埃克，也就是说，得穿过他们最密集的地方。”书中有一位评论员指出，伦敦市民“仰望这伙盗贼，就像新世界的定居者看着周围森林里出没的野兽”。

一个时期的“割钱包好手”还会迁徙到另一时期。据报告说，18 世纪伦敦“扒手云集，既刁滑、神妙，又胆大”，他们公然在绞刑后尸体示众架下行窃，而他们自己可能某天也会被吊在这里，“从不曾有哪场行刑不失窃一些手帕或诸如此类的东西”。他们要是被伦敦人亲手捉住，就会被拉到最近的水井或喷泉旁，“摁到水里，直到溺个半死”。要是被当局擒拿，就得面临更严厉的惩罚。18 世纪中期，可判绞刑的犯罪行为从八十种升到三百五十种。然而，这也许并没有太大的威慑力。数年后，《论大都会的警力》指出，“伦敦有十一万五千人长年从事犯罪活动”。这个数目大约占七分之一人口。1774 年，《绅士杂志》报道：“报端刊满了抢劫、入室偷窃，描述盗贼犯下的残暴罪行，甚过以往任何时代。”因此，我们或许可以揣测，在富裕、“炫耀”财富的时代，针对财产的犯罪行为与针对人的犯罪行为一样不可胜数，虽然偷盗或欺诈所涉及的金额越大，就越可能判绞刑。

彼得·莱恩博钻研了整个 18 世纪判绞刑的数据，得出一些饶有意思的结果。在伦敦土生土长的罪犯，通常在二十岁左右上绞刑，比这座城市的移民罪犯年轻。在绞刑架上结果了性命的，主要出自屠夫、织工、鞋匠这些行当。屠夫与大道劫匪之间的联系尤其显著（迪克·特平曾做过屠夫的学徒）。关于这两种行当之间的牵连，有从文化学和社会学角度出发的诠释。但总体看来，这座城市的屠夫素称嚣张、我行我素，并且有时带有暴烈的天性。他们无疑是伦敦买卖人中间最突出的一族，有位外国访客来到伦敦，说道：“每个堂区都有那么多肉店，实在叫人惊异，马路上各个方向都见他们的身影。”他们通常也是小社区的领袖，譬如，克莱尔市集的屠夫们，在此地特许剧院中间居住、做买卖，被形容为“楼座的仲裁人、剧院座位的领袖、女演员婚宴上的乐师、演员葬礼上的主殡礼人”。在物资短缺和混乱时期，他们也是社区的领袖。譬如，据说一次暴力袭击之时，“屠夫们给余下人起了榜样，因为在两天里，他们都起来造反”。那么，屠夫或屠夫的学徒成为铤而走险或亡命的犯罪活动的先锋，也就不矛盾了。

1751 年，亨利·菲尔丁发表《关于近期盗贼增多原因的调查》，一年后，《谋杀法案》给死刑再增添一份恐怖，颁布绞刑犯尸体须当众被外科手术师和解剖学家解剖。类似这般的措施也许是由于犯罪行为明显上升，但同时也是易受骗、爱焦虑的人们恐慌的产物。

伦敦素来是恐慌与谣言的中心。譬如，20 世纪末有一份官方调查报告指出，“对于犯罪行为的害怕本身便是一种社会问题”，相比住在其他地方的人，在自家和街上感到不安全的伦敦人口比例明显更高。他们或许是呼应 1816 年一个伦敦人的情绪，此人说：“以笔者本人在欧洲几乎每个地方的经历而言……说不出还有哪个地方似伦敦周围地区这般充满危险。”诚然，当时的伦敦是相对紧凑、封闭的城市，实际上，至关重要的是，犯罪率随着伦敦扩建而有所下降，伦敦的罪犯似乎从 18 世纪的生活里借取习惯和举止。

譬如，18 世纪的“小毛贼”或徒步的拦路劫匪，19 世纪早期被改称为“Rampsman”，但其残暴的袭击不曾改变。这个时期的入室行窃者被称为“Cracksman”，“Bug Hunter”是指专门扒醉鬼口袋的，“Snoozer”是订旅馆房间去抢劫房客的，“Area Sneak”是去敲人家厨房的门，指望没有上锁、里面无人而溜进去偷窃。这些都是典型的城市犯罪，作恶者通常是小偷、扒手、入室盗贼，还有那些欺诈的生意人和骗子，利用过往人群的轻信或容易上当而赚取好处。

托马斯·伯克在《穿越世纪的伦敦街道》里说：“那些深谙伦敦的人，光看衣服和举止就能识别他人的身份。”这句话虽有点言过其实，但是及至 19 世纪中叶，犯罪分子依然是城市生活里殊异而显眼的一个群体。他们的语言也似 19 世纪装疯的乞丐，十分扎眼、古怪。这门生计也自有其音乐。坏蛋歹徒被称为“升半音”，其受害者则被称为“降半音”。

据报告，在 1867 年，这个“犯罪分子阶级”已达一万六千人。然而，及至当时，街道比从前任何时期更安全。五年前发生一系列“勒索”（民间对于残酷抢劫的俗称），但当局以同等残酷的笞刑有效地加以镇压。此时不可能似威灵顿公爵在四十年前那般宣称，“酗酒的女人、流浪汉”，还有“组织严密的盗贼”每夜占领伦敦大街。在这座城市以往的历史里，这些“流浪汉”和“盗贼”肆意分布在大街外各处僻静的角落，及至 19 世纪中叶，他们已经退出如今发展得较文明的大都会中心，撤到边缘四角去了。他们通常在东郊落脚，为时不久，这里便被称为“东区”。大约十六年前，在“杰克”不曾玷污白教堂这片地区的名声之前，这里是出了名的窃贼藏身处，到处“弥漫着昭彰的、让人难以忍受的潮湿和霉味”的脏乱酒吧，侍奉街头的犯罪行为。贝思纳尔绿地也有酒吧和房屋，充当“方便且隐僻的交易和接头的地点”，里头挤满了“扒手”“浪女”“赖账欺诈的”，这些词语见于阿瑟·莫里森的《贫民窟的孩子》，此书著于 19 世纪末，当时俚语或“行话”再次演化，以便更加丰富多彩地描绘伦敦那些熟悉的犯罪行为。“house of call”这个词，就像“交易所”，事实上都用来指涉城市里商业交易的场合。因此，更诡秘的（或许更臭名昭著的）投机者在倒腾都市物资之时，以戏谑、同时暗含敬意的口吻模仿伦敦的经济和贸易术语。

莫里森发现，贝思纳尔绿地及其周边地区所出没的，都是 19 世纪晚期最知名的犯罪分子，属于“高级犯罪集团”，或者以此地某居民的话说，全都是“Igh mob，Oohs，Toffs”。事实上，莫里森所描绘的是伦敦一大传统活动（也即黑帮），通常有一两名头目，涉及高超或凶残的犯罪技术。此“集团”或黑帮掌控这座城市某地区或某种特定的活动。18 世纪 30 年代，迪克·特平带领“埃塞克斯帮”的窃贼和走私犯；十年前，诸如乔纳森·怀尔德这等天才人物主宰伦敦犯罪活动的整个走势。然而，随着伦敦的扩展，犯罪活动逐渐划分地界，各帮派只管自己的地面。

在 19 世纪，敌对的帮派争夺地盘和势力。在 20 世纪早期，城东再度出现凶狠的杀气。“哈丁帮”与“鲍嘉帮”之间的冲突飙升为在主教门蓝外套男孩酒吧的一场恶斗。在 20 世纪 20 年代和 30 年代，萨比尼与科特西两大犯罪家族争夺俱乐部和赛马场的控制权，在克拉肯维尔街巷斗殴，继而十年里，伊斯灵顿的白家受到来自七星盘的比利·希尔及其“粗帮”的挑衅。

还有其他犯罪团伙，诸如“大象帮”“天使帮”“泰坦帮”。这些团伙从事有组织的商店行窃活动或“砸窗盗窃”袭击，以及毒品、卖淫、“收保护税”诈骗。在 20 世纪 50 年代末与 60 年代，东区的克雷兄弟、南郊“水那边”过来的理查德森家族，都卓有成效地控制各自的地盘。在克雷兄弟的地盘上，用 19 世纪中叶的词语来说，“民间对大盗的钦佩”从不曾真正地减退。1995 年，龙尼·克雷的出殡队伍在贝思纳尔绿地路和瓦兰斯路游行，成为一场盛大的社交活动。正如伊恩·辛克莱尔在《此处灯火熄灭》中描绘的东区，“再没有哪个社会阶层赋有如此传统的意识”。在那个地方，巍然的犯罪行为传统追溯到特平的“埃塞克斯帮”，以及更遥远的记忆。

很难说某种罪行或犯罪行为是全新的。譬如，在20世纪40年代和50年代，“砸窗盗窃”流行起来，但这种犯罪行为并非起源于当时。17、18世纪便有此类记载。克雷兄弟和理查德森家族的帮派，如今被其他不同民族的人们取而代之，诸如牙买加人的“牙弟”、中国人的“天地会”，都在各自的地面上活动。20世纪90年代，诸如海洛因、咖特、可卡因药丸、摇头丸等毒品买卖开始赚大钱，来自尼日利亚、土耳其、哥伦比亚的黑社会加入这座城市的新犯罪活动之中。在21世纪，在这座谋杀案长驻不衰的城市里，“牙弟”被视为绝大部分杀戮的元凶。套用托马斯·德·昆西的话，谋杀是伦敦的一大艺术。

第二十八章

恐怖的谋杀

谋杀以各种不同的形式出现。18 世纪常见的受害者在被勒死之际被咬下鼻子。那个世纪末期，扼死和捅刀子最流行，继而在 19 世纪早期，是砍喉咙和棍打，19 世纪末受欢迎的则是下毒、各种截肢，或者砍死。

然而，伦敦谋杀最有意思也最发人深省的是疑案，好似这座城市本身也参与犯罪。17 世纪（这是人人对死亡司空见惯的时代）有一桩未侦破的谋杀案，涉及一个被称为埃德蒙·贝瑞·戈弗雷的，或者叫作埃德蒙斯伯里·戈弗雷。1678 年，他的尸体在今日名为报春花山的山坡上被发现，身上插着他自己的佩剑，但“衣服或身边都不见血迹”，并且“鞋子干净”。他也是被扼死的，脖颈被勒破，脱去衣服之后，发现其胸前“布满瘀青”。另一蹊跷的事实在于“他的裤子上有很多白蜡滴”。警方怀疑这是一桩天主教徒阴谋，便拿捏造的证据，逮捕了萨默塞特府三名宫廷成员，加以处决。他们的名字分别是格林、贝瑞、希尔（山）。发现尸体的这座报春花山，最早的名字就叫作格林贝瑞山。真正的元凶从未找到，但伦敦的地貌本身似乎扮演了巧合，或许也是陷害的角色。

1866 年春，某晚八时，在卡农街上，萨拉·米尔森下楼应门铃。一小时后，楼上邻居发现她的尸体躺在楼梯脚。她因头部多数重伤死亡，“她的鞋子被脱下，扔在过道一张桌上”。鞋上不见血迹。谋杀后，过道里的煤气灯被悄然熄灭，大抵是为了节约开销。邻居开门求助，见有个女人站在门阶上，显然是在避雨，外面正下着大雨。她不肯帮助，一面走开，一面说着："哦！天哪，不行；我不能进去。"凶手从来不曾拿获，但伦敦疑案的典型特征都呈现在这桩谋杀象征性的细节：卡农街公寓楼、大雨、煤气灯、干净的鞋子。躲雨的陌生女人愈加增添了这桩犯罪的亲密与邪恶的气氛。这座城市本身的精神或氛围似乎再度扮演其角色。

正因为如此，在1888年8月至11月间，开膛手杰克所犯的谋杀案成为最隽永经久的伦敦疑案，斯皮塔菲尔兹和白教堂周边地区是他作案的黑暗同谋。报纸评论说："杰克的谋杀案直接导致议会着手调查这些街区以及东区的贫穷状况。"从这个意义上说，在惨遭谋杀之后，慈善和社会援助接踵而来。然而以一种更难以捉摸的方式，那周边的街道和房屋被视为谋杀本身，几乎被看作犯有同谋罪。科林·威尔逊在一份学术研究里提及此地位于贸易街叫作"十个铃铛"的酒吧内一个房间里的"秘密"，暗示在这些无比贫穷的街道上那些房屋和房间是这位杀手的告解室。当时有报道说，白教堂谋杀案造成公众恐慌。《一个80年代的伦敦女孩》的作者M. V. 休斯写道："而今无人会相信我们当时被他的谋杀吓得多么提心吊胆、惊慌失措。"写下这份记述的人住在伦敦城西，离这片地区隔了数英里，她补充道："我们只能隐约想象那些狭巷所弥漫的恐怖，因为住户心里知道凶手就在周围潜伏。"这是都市心理暗示力量的见证，也是维多利亚晚期伦敦古怪氛围的见证，民间的看法为"谋杀赋染了一层迷信的色彩"。在此，伦敦最本质的异教精神重申其存在。一如谋杀继续发生，宣传册也开始出现，其中有《东区疑案》《主教冠广场的诅咒》《开膛手杰克或伦敦犯罪》《伦敦的可怕疑案》。因此，这个地方演变为关注的焦点，不久后，犯罪现场观光客涌到贝纳斯街、乔治场、花与院长街参观。白教堂街坊还设了一架西洋景，布置受害者蜡像供看客欣赏。这片地区及其犯罪活动赋有如此的吸引力，至今每日仍有数个旅游团（主要是外国游客）参观游览十个铃铛酒吧及其周边街道。

那么，伦敦与谋杀之间存在永恒的关联。《伦敦谋杀指南》的作者马丁·费多说道，"不列颠著名的谋杀案半数以上发生在伦敦"，并且某些地区盛行某种形式的谋杀方式。譬如，一桩谋杀案发生在坎伯韦尔可能显得"体面"，发生在布里克斯顿则显得残忍。19世纪涌现大批割喉杀手，紧接着一连串女性投毒杀人者。然而，这位作者也指出："伦敦的杀人方式多得难以枚举。"

然而，有些插曲和事件依旧赋有象征意味，并且值得注意的是，有些街道或街区被等同于那些犯罪行为。譬如，“特纳街谋杀案”与“老鼠崖大路谋杀案”，后者发生于1827年，激发德·昆西撰写论文《作为一种艺术的谋杀》。他开篇叙述一系列谋杀案，“本世纪超群出众的一流手法”，提起老鼠崖大路是“伦敦东郊或海边最混乱的地区”，“多种暴行”出没的地方。大路旁一家店铺内发现一户全家被谋杀，现场极其恐怖，三周后，紧挨着这条大路的新砾石巷里，有名男子高声叫唤“他们在屋内杀人”。八日之内，总共七人丧生，包括两名小孩、一名婴儿。其中一名凶手，约翰·威廉姆斯，被关押在克拉肯维尔冷浴原野监狱之时，在囚室里自尽。他的尸身以及作案工具（血迹斑驳的铁锤和凿子）都被带到他曾经协助谋杀的房屋前示众。之后，他被埋在后巷和卡农街的十字路口，如德·昆西所说：“正处于四条道路汇集的中心，一根木桩插在他心口。伦敦永不息止的交通在他身上驶过。”那么，威廉姆斯成为伦敦的一部分，在一条特定的地点作标记，他的名字已经湮没于“老鼠崖大路谋杀案”的都市神话里。他反倒成为这座城市神圣的受害者，享受正式且仪式化的葬礼。数百年后，有些妇女挖掘这块地方，发现他“腐烂的遗体”。那么，将他的遗骸奉为圣人遗物，平均分配给这片地区，也就再妥当不过了。譬如，他的头颅被赠予那条致命的十字路口街角如今依然开张的酒吧主人。

其他道路也可能有谋害。多塞特街是1888年冬玛丽·凯利被“杰克”谋杀的地点。在这桩殊为残忍的暴行之后，这条街起用旧名杜佛街，企图保持其无名的状态。然而，1960年，这里又成为可怕的枪杀案现场。这两桩案件都不曾缉拿到凶手。

这些无名的杀手在人群和熙攘的大道上游荡，身藏刀子或其他致命的工具，诸如此类的故事有很多。这是伦敦真正的形象。杀手的话有时也被记录在案。“她该死！干掉她，结果了她……下地狱去……把刀子拔出来！”马路便成为扣人心弦的调查打听的对象。譬如，我们在《伦敦谋杀指南》里读到，“女男爵奥希兹撰写的《苏格兰场的莫莉夫人》里的谋杀案受害者的办公室就在伦巴底街，威尔基·柯林斯《月亮石》里的宝石被抵押给伦巴底街的一位银行家”。数位推理作家把伍德街一个警察局当作虚构的作案地点，埃德加·华莱士将伦敦塔旁万圣教堂转变为“粉山上的圣艾格尼丝教堂”。在这样一座城市里，热闹场面与剧院构成平常生活不必或缺的部分，事实与想象可以巧妙又怪诞地交融。

街巷交织的街区也会成为犯罪场所，以至于马丁·费多（他本人便是杰出的犯罪学家）写道，“伊斯灵顿谋杀密集地位于上街的后巷和市府路”。在这个街区，1796年秋，查尔斯·兰姆的姊妹杀死亲母，在数码之外的房间里，1967年，乔·奥顿被情人杀害。20世纪早期发生数桩谋杀案，通常都被冠名为“伦敦城北谋杀案”，尽管霍利·哈维·克里平和弗雷德里克·塞登实则分头作案。

伦敦杀人凶手的清单确实冗长。凯瑟琳·海耶斯是一家名叫“苦恼绅士”酒肆的老板娘，在1726年春割下丈夫的脑袋，抛进泰晤士河，再将尸体的余下部分撒在伦敦各地。他的头颅被捞起，穿在一根长杆上，置于市政府墓地，最后被人认出。海耶斯太太被送交法院审判，判了死刑，挣得了在泰伯恩刑场被焚烧的最后一名女性这一后世殊荣。

有一名查案的警察这样形容托马斯·亨利·霍克尔：1845年2月某夜，“有个身穿黑色长斗篷的家伙”，在贝尔塞斯巷潜隐在树后移动。他一面哼着小曲，走过刚作过案的现场，跟发现受害者尸体的警察交谈，其身份还没有被识破。“太凶残了”，他说着拉起死者的手。正如《新门监狱编年史》所说：“这是他亲手做下的恶行，但他却克制不住好奇心，一直待在尸体旁，直到担架来。”

伦敦最出名的连环杀手是约翰·雷金纳德·克里斯蒂，其住所瑞灵顿街十号也随之声名狼藉，从而迫使这条街道改名。在留宿了形形色色的短暂房客之后，这幢房子最终被拆毁。从现存的照片上可以看出，这是伦敦典型的地方。20世纪50年代诺丁山公寓房的样板户型，窗帘破旧，墙头灰泥剥落、污迹斑驳，砖头熏得乌黑。在这等背景里，谋杀容易被掩饰。

伦敦杀人案的另一方面可以从推敲丹尼斯·尼尔森的事业去理解。20世纪70年代与80年代早期，他分别住在慕斯威尔山和克里克伍德，谋杀、肢解了很多年轻受害者。那些受害者的人生细节可能已经无关紧要，引用一份报告的措辞，“他们消失之后，极少有人察觉他们不在”。这是很多伦敦谋杀案的背景，孤独、无名的陌生人，走过这座城市，面临城市杀手的劫掠之时，尤其没有自卫能力。譬如，尼尔森的其中一名受害者，是他在原野上圣贾尔斯教堂旁的十字路口碰见的一个“穷困潦倒的人”，尼尔森显然“被他憔悴的样貌吓坏了”，便杀了他，在位于梅尔罗斯街的自家花园里烧毁尸体。另一受害者是年轻的“光头仔”，身上画满了涂鸦，脖颈上画了一圈点线，并写道“割这里”。在这种残忍的生存境况里，伦敦似乎又露出阴影的面孔。

1712年因偷窃被判死刑的伊丽莎白·普莱斯，我们仅知道她“以捡破布煤渣为业，有时卖水果和牡蛎，在街上叫卖热布丁和灰梨”。我们读到“割了又来的玛丽”被巡夜人抓住，便掏出乳房，“把奶水喷到那些家伙脸上，一边叫道，喷瞎你们眼睛，你们干什么谋我性命?”这股藐视法律和权威的精神是伦敦人独有的特征。这也跟旺盛的异教精神有关，譬如在一桩佣人被指控谋杀的案件里，据说此人“痛恶宗教的东西”。出于类似的精神劲谋杀其夫的安妮·马德也赋有同等的藐视态度。“怎么，”她说，“我逗乐子拿刀捅他后背。”

白教堂的谋杀案最早促使警方使用照相记录“犯罪现场”，1961年圣马丁巷塞西尔场的一桩谋杀案则促使第一幅人相特征拼合照片诞生。作为身份辨认方式，凯瑟琳·海斯丈夫的头颅被穿在杆头供人辨认这一做法，在后世演化出一些有意思的继任。但最根本的要点仍在于犯罪活动，尤其是谋杀，令都市生活赋有生气。正因为如此，在伦敦的神话里，最伟大的英雄通常是最大的罪犯。

第二十九章

伦敦的歌剧

杰克·谢泼德的事迹证明，一个罪犯的冒险能在伦敦掀起多么狂热的兴趣。当时最著名的画家詹姆斯·桑希尔爵士为描绘他的肖像前往拜访，然后以铜版点线雕刻印刷图片销售给公众。

九年后，1732 年，桑希尔的女婿威廉·荷加斯也出于类似的意图走访新门监狱。他去描画另一著名的罪犯萨拉·马尔科姆，她被关在死囚室。她勒死一对老年夫妇，割断他们女仆的喉咙。这桩鲁莽的恶行令她的恶名传遍伦敦城。她很年轻（年仅二十二岁），很平静。在法庭上，她声辩自己裙上的血迹是经血，而不是受害者的血，被判死刑后，她坦白自己是罗马天主教徒。在荷加斯的画上，她坐在囚室里，面前摆着一串念珠。这位画家在报端通告其蚀刻画将于两日内完成。他这是宣传自己的技艺，也是向绘画对象流传广泛的恶名致敬。在荷加斯传记里，珍妮·厄格洛描写萨拉抵达刑场的情景，按照惯例，她被绕道押过犯罪现场，“打扮得很齐整，身穿绉织丧服斗篷，立在囚车里，带着画上那股气势高扬着头颅”。她的尸体从绞刑架上放下来后，据说“人群里有个绅士，身穿重孝丧服，亲吻她，施舍半个金币”。

这中间包含了戏剧与阴谋的所有元素，赋予伦敦的罪与罚的仪式以深刻的蕴意。荷加斯便难以抗拒那些死囚的外貌特征。1761 年，西奥多·加尔代勒即将在潘顿街和秣市街角上绞刑架之时，荷加斯“走笔勾画”其绝望的面容。

那么，在 1728 年 2 月，荷加斯出席并赞赏约翰·盖伊的《乞丐的歌剧》

这一事实便饶有兴趣。在这出戏剧里，伦敦“底层”罪犯的生活以光鲜的戏剧伪装呈现出来。这是一出名副其实的伦敦戏剧，半为诙谐模仿，半为喜剧，以嘲弄的形式模仿时髦的意大利歌剧，也尖刻地讽刺当局的阴谋。这部戏剧以骑马持枪的拦路强盗麦基斯和收赃人皮契尔为主角，它成了伦敦犯罪世界的壮烈的代表作品，并且以新门监狱的狱长老锁儿这个形象作为妥当的收尾。

设置在新门监狱之内的戏剧场景印证了这座城市两大最恒常的形象：世界是一座舞台，以及世界是一座监狱。这出戏也包含伦敦生活的其他方面，根据约翰·盖伊最新也最优秀的传记作家大卫·努克斯所说，戏中频频指涉商业与货币，以及倾向于“将人与人之间的关系商品化”，标志着交易与经济那股既威赫并且可能也腐败的气氛缭绕着这座城市的一切活动。否则的话，伦敦马路上的小角色如何能够如此随意、轻松地随手捻来“商业的隐喻”？这些人“都毫无例外以买卖的术语被估价，也就是说，根据他们能够‘值’多少价钱”。这是城市贸易的真正精神，但也导致有意思并且意味深长的后果。“上等人”与“下等人”，宫廷侍臣与拦路强盗都在追求这一桩买卖，从而这部“歌剧”的欢快与活力多半也是源自其暗中拒斥等级与阶层的所有差异。这是伦敦平民直觉里的平等主义精神（简直可以说是反法律的精神）以多姿多彩、豪气壮烈的形式呈现在舞台上。

盖伊本人转而被指控为美化盗贼，受贿赃金，仿佛在将乞丐跟“上等人”的生活平等化之时，他也为较不光彩伦敦人赋予一层庸俗的品质。当时一位道学家说：“新门监狱数名窃贼与街头强盗招认，在剧院里听他们的英雄麦基斯唱歌，鼓起勇气后，再出发去干铤而走险的夜间冒险。”设若果真如此，我们可以看出，在热烈而亢奋的伦敦背景里，人们毫不内疚地把戏剧艺术照搬到街头。

这便是荷加斯称赏《乞丐的歌剧》这一事实的意味所在。这位典型的伦敦艺术家看出，可以借此发挥自己的天才。他前后六次描绘这出戏剧的同一场景，据珍妮·厄格洛所说，在创作过程中，他“突然绽现为真正的画家”。投入地描绘伦敦生活何以能令这位艺术家精神焕发、充满生命力，这其中的道理不难理解。因为在继后的作品里，他展现了自己极入迷地参与街头生活的迷人可能性。事实上，《残忍的四个阶段》（1751）里的“汤姆·尼禄”和《勤勉和懒散》（1747）里的“懒汉托马斯”，都属于他创造的属于自己个人风格的伦敦反面人物传统。此二人皆是杀人犯，吊在绞刑架上，然后将他们放置在这座城市“底层人”出没的背景里，从而赋予他们罪孽的人生以一种格外让人悚栗、骇人听闻的特征。

那里的一切都串通起来，引发可怕的事件。在《残忍的四个阶段》里，伦敦的城市生活本身便是残酷的真正引擎。在其讨论这些蚀刻画的文章里，荷加斯指出，之所以创作这些作品，“是希望多多少少地阻止残酷地对待这些可怜的动物，它们比任何东西更让伦敦的街道更不合乎人类的心灵，单是描绘这些场景就让人痛苦”。其中有一幅画面场景设置在霍尔本撒维斯院酒肆外，沿着从伊斯灵顿和马里波恩通往史密斯菲尔德的大道，二十四号马车夫凶残地毒打马匹，在前景里，一只绵羊被乱棍打死，一个小孩从啤酒商人的车轮上摔下，无人注意到，墙上则张贴着一张斗鸡广告。

在懒汉托马斯的刑场，绞刑架下醉醺醺且粗暴的群众反映并且象征他自己的一生。泰伯恩刑场的围观人群里，也有人人熟悉的人影：卖姜饼的怪人提蒂娃娃、肥胖而酗酒的老鸨道格拉斯嬷嬷，绞刑架上吊着的便是傻子“鬼花样乔”，此人被处决时以玩笑和演讲逗乐看客。画面底部有一句含义含蓄的《圣经》格言，出自《箴言》：“那时他们必呼求我，我却不答应。”荷加斯是在描绘一个异教社会，在这样的社会里，势必要出现这些恶人。

若说约翰·盖伊志在把这些盗贼或收赃人转变为戏剧里的英雄或人物，那么他实是接替了伦敦一种殊为显赫的传统。《乞丐的歌剧》面世四年前，舞台上便已经上演《哑剧丑角谢泼德》和《新门监狱的婚配》。前者表明了哑剧与犯罪活动之间非同寻常的联系。大约一百多年前，博蒙和弗莱彻的《乞丐的林子》，就在戏剧里为伦敦罪犯的诡计与俚语博得美名，也以极有力的影射，道出他们的行为并不比统治阶级的“上等人”更恶劣。类似地，1687 年，马塞勒斯·拉龙以优雅的风格和形式描绘《阿尔萨提亚的乡绅》，此人是穷凶极恶的窃贼，十分自信，人称“暴徒”道森；而在拉龙的版画里，他却摆出纨绔子弟和绅士两副模样，那戏剧化的仪态和服饰伪装象征了街头人潮的对比与多样性。所有这些作品转而彰显了人们迷醉于流浪者和社会弃儿的人生，好似伦敦的境况随时会驱使任何人沦落为困迫的亡命之徒。否则的话，伦敦的街头人生何以如此惊扰荷加斯的想象？

以耸人听闻的方式讲述著名大盗的人生，这个传统仍在延续，他们的冒险事迹全然似舞台上的角色一般夸诞。18 世纪后半叶，霍勒斯·沃波尔写道：“你简直无法想象人们参观新门监狱那股荒谬的狂热，还有那些罪犯肖像的版画，其生平事迹回忆录被追捧得胜似蒂雷纳大帅的回忆录。”数十年前，斯威夫特描述“汤姆·克林奇”被押往绞刑架的，讽刺那股“狂热”：

> 女仆们跑向门口阳台，
> 开口呼道：“唷哟喂！他还是像模像样的年轻小伙。”

在19世纪，有一篇小品文论述“大众对于大盗的崇拜”，文中指出，在18世纪，英国人也同样“虚荣地夸耀其拦路强盗的业绩，胜过称赞军队的凯旋”。因此，18世纪末，《新门监狱日历》等系列丛书十分风靡，第一部出版的书籍是《罪犯名录或新门与泰伯恩日历》，此书卖得十分红火，盛况堪比16世纪中叶福克斯的《殉道者名录》，或者中世纪那些无所不在的圣徒传奇。或许还可以比拼19世纪早期的童话热潮。同一时期涌现的“新门小说派”，其中名手诸如哈里森·安斯沃思、鲍沃尔·利顿，更进一步地加深了这种体裁的模糊性。也许意味深长的是，新门监狱的囚徒都“醉心于通俗文学……小说、流行歌曲、戏剧、书籍”。人人都相互模仿。

这些五花八门的出版物的内容也同等模糊，游离于歌颂与谴责之间。同样地，才能与狡猾、伪装与计谋，也都被赞美为街头生活的戏剧化权宜手段。18世纪40年代后期，有个出名的九岁扒手，人称“小卡瑟”，其偷窃技艺高超得令他成为伦敦的奇迹。还有个叫作玛丽·扬的，人称扒手珍妮，四十多年前也在同样的马路上行窃，她通常扮成孕妇，裙底藏着一对假胳膊假手，能够轻易地打开口袋和钱包。她因其“会看时机、擅长伪装、机智多计、会掩饰”而深受伦敦人的赞赏。

稍后出现了查尔斯·普莱斯，或者人称“老补丁”。他的造假手段十分高明，并且以多种精心策划的乔装出手假钞。他是“身材健壮的中年男子”，但通常乔装为虚弱的老伦敦人，身穿“黑毛料斗篷，大披肩扣在下巴”。他头戴一顶“宽边软帽，经常戴绿眼镜或者绿镜片的眼镜”。换句话说，他乔装为舞台喜剧里的“老人”。

19世纪后期，查尔斯·皮斯也以乔装和欺诈的上乘技艺知名。他是锉刀匠的儿子，先后在兰贝斯和佩卡姆过着郊区户主的平淡生活。“只要一抬下巴，他就能彻底改变外貌。他曾乔装成独臂人，另一只手臂藏在衣服底下……警方说他甚至能够不靠任何外物，就把自己的外貌改变得让人无法识别。”他还设计了一架折叠梯，展开时八英尺高，折叠起来仅为原长六分之一，约十一英寸长，可以夹在胳膊下。他曾是街头艺人，热爱小提琴。他也设法偷小提琴，尽管有时这东西在他的赃物堆里显得十分累赘。他上绞刑架后，所收藏的乐器被摆出来拍卖。然而，在这座充满了人物与热闹场面的城市里，最吸引人的还是他善于伪装的能力。苏格兰场的“黑色博物馆”曾一度展览一副蓝色眼镜，“他扮自己最中意的老哲学家怪人之时通常佩戴这副眼镜”。

他也是冷酷无情的罪犯，杀害任何妨碍他的人。从而，因为人们憎恶他的罪孽，便也降低了对他的伪装能力的赞赏。而这正是《新门监狱日历》本身的特征，譬如在《伊丽莎白·布朗里格施于学徒的可怕酷行的故事》。伊丽莎白是接生婆，圣邓斯坦堂区穷人的监管人选择她“去照料劳动救济所里临产的贫穷妇女”。她住在弗利特街百合院，家里住着数名穷困潦倒的女孩，有计划、有步骤地折磨、虐待这些女孩，最后杀死她们。1767 年秋，她被押往刑场的路上，伦敦人群高喊“她会下地狱”，“魔鬼会来取她”。她的尸体被解剖，骨骼陈列在手术师大厅的壁龛里。

此类事件之后，出现了“临终忏悔”这一行当。有些忏悔确实是重罪犯本人所写（他们很喜欢在囚室里朗读自己的“最后讲演”），但通常是出自新门监狱的“一般囚犯”或牧师所写的病态且说教的文辞。于是，这座城市变成了上演供都市观众取乐或担惊受怕的奇景。

阿瑟·柯南·道尔有一则故事，关于夏洛克·福尔摩斯揭破“假丐”的案件。在《歪唇男人》中，内维尔·圣克莱是住在肯特郊区的富有绅士，每日清晨进城做生意，每晚五点十四分从卡农街回家。然而，真相是他偷偷租赁了伦敦桥东上斯万丹巷一间公寓，人称“恶劣的胡同”，在此乔装打扮为“恶癞子”，人称休·布尔，在针线街卖火柴出名，“一撮橙色头发，脸上有一道可怕的伤疤”。这则故事出版于 1892 年，收在《夏洛克·福尔摩斯探案集》。十二年后，主教门出现了一个卖火柴的乞丐，邻近街坊都知道他，因为“他腿脚瘫痪……沿着水沟艰难地拖着身躯前行，头垂在一侧，四肢抖得厉害，一条腿在身后拖拉，右手耷拉，干瘪而无用。更甚者，他的面孔扭曲得可怕，使得这幅糟糕的景象无可复加”。这是伦敦市警察局探长欧内斯特·尼科尔斯在《伦敦城内的犯罪》一书里的叙述。1904 年，这个警察局一名年轻探员决定“尾随”这个卖火柴的。这位探员发现那乞丐拖着残废的身躯进入克罗斯广场，然后“变成手脚灵活的年轻小伙从另一头出来”。此人原来是一个绅士，名叫塞西尔·布朗·史密斯，住在“诺伍德的高雅郊区”，靠在主教门乞讨施舍这项收入，日子过得相当殷富。这种殊异的巧合（倘若不是别的）或许可以说是伦敦的生活所创造的众多古怪巧合当中的一桩。

在关于警方案件的同一部书里，有个故事讲述一辆公交车座位上发现一把染有血迹的剃刀。发现这把剃刀的年轻人犹豫数日之后，才交给警方，因为数年之前，他自己曾以这种谋杀工具割断“相好”的喉咙。这便似这座城市从历史之中掏出物证。假丐的故事也许暗示塞西尔·布朗·史密斯读过阿瑟·柯南·道尔关于伦敦流浪汉的故事，决定以身试演，抑或有些作家能够直觉地察觉城里的这么一种特别的人生方式。

无论如何，在20世纪的犯罪王国里，现实与虚构之间关联也不曾全然消失。汤米·斯蒂尔扮演《杰克在哪里》的杰克·谢泼德，菲尔·柯林斯扮演《火车大盗》的大盗爱德华兹，罗杰·多特里扮演《麦克维卡尔》的约翰·麦克维卡尔，史班德芭蕾合唱团两名演员演出《克雷兄弟》。《乞丐的林子》和《乞丐的歌剧》的传统仍在继续。

第三十章

生龙虾及其他

若说坏蛋成为英雄，那么警察的命运就是沦为滑稽的角色。在《无事生非》里，莎士比亚讥嘲“狗不理”警官，便是继承这座城市拿守护者开涮这一漫长的幽默传统。

起初，数世纪以来，警察被称为“放哨的”。他们确实在伦敦城墙望风放哨。1312 年一份文件规定“两名放哨，武器装备适当精良，全天候驻守城门内或城门外，以及城墙下，对于骑高头大马或佩带武器入城者严加盘查”。那么，城内的敌人又当如何防范？按照习惯，每个选区的“德高望重者”负责维持秩序，但在 1285 年，这种非正式的邻里互助被正式的体系所代替，成立了以本区一名里胥为首，带领本选区的户主“打更”。每名户主在服差役、里胥或拾荒之时，必须遵守“追捕犯人法令”，担任放哨职责。从而，我们听说不服管制的学徒被追逐，“夜游者”被擒拿。描述鼓噪者（在街头喝酒、赌博、打人之徒）的故事层出不穷。这些人被捉拿、关押，次晨送到市政执法官面前。

“打更”被视为一项市民义务，但渐渐地，时间紧的户主通常雇人代替。然而，肯干这个活计的通常素质低，从而伦敦打更人这个群体便被描述为一群老人，“从社会渣滓里挑出来，除了一盏灯笼、一根棍，别无其他武器。他们在街上巡逻，敲钟时叫唤钟点”。

《无事生非》的“狗不理”警官手下的打更人，“人称你是这里最蠢的、最适合给警官打更，因此拿上你的灯笼”。18 世纪 30 年代颁布了《打更法》，规范这一体系，新的薪酬体系据说是为了鼓励录取资质较好的更夫，有些地方招募遣散的士兵或水手，而不再雇佣堂区领抚恤金的人，但事态似乎并未有所改善。19 世纪中期有一张伦敦最后一名更夫威廉·安东尼的照片，他右手抓着棍子，左手提着灯笼，头戴古怪的宽边帽，身穿厚重的军大衣，标示他的职业，他的神情介于严厉与愚蠢之间。

他们被称为“查莱”，总是受人讥嘲。他们巡逻指定的街道，本应作为财产的守护者。1725 年，塞萨尔·德·索绪尔评论道：“此人在街上巡逻，一路拿棍子捅店铺和房屋的门，确保全都上了锁，如果不曾上锁，他就告诫业主。”他也叫醒“须起早赶路”的市民。但查莱们也并非全都可靠。一名高级警官突击视察拘留所和更夫站点，“大声叫‘更夫！’却得不到任何协助……无值班警员，远远地在巡逻路线找到一名更夫，从那里到一家夜店酒肆……发现圣克莱芒堂区四名更夫在喝酒”。在 16 世纪，这些更夫是出了名的“迟迟才上更，然后聚坐在一处观望，有些因日间劳动或酗酒或自然母亲要求人类夜间休息而沉睡不醒”。三百年后，他们依旧被辱骂为老家伙，“跑得跟蜗牛一般快，胳膊无力，连在洗衣盆前蹲了一整天而累垮了的八十岁洗衣妇也逮不住”。这些更夫转而成为捣蛋或醉酒的小伙的欺侮对象。“巡逻叫喊那声单调的钟点后，更夫间歇时在站点亭打盹，要是被人发现，就会连人带亭给掀翻，就像仰面朝天的乌龟，任人踢蹿，无助地挣扎，直到有人来援救。”查莱们在黑暗的街头巡逻之时，经常遭受暴力袭击。

因此，从 14 世纪到 18 世纪，伦敦不太可能是一座治安良好的城市。证据表明，堂区与辖区内的合作精神风行了数百年，伦敦市民确保自己的城市至少相对来说安全，世行民间的本地公理。人人都躲避扒手和妓女、假医生或假商人。戴了绿帽的丈夫被致以“charivari”，即众人鄙视地“敲打罐头、水壶、髓骨”，交汇成音乐。这是自行维护治安的体系，必定也卓有成效，即便仅是因为设立警力的呼吁总是被驳回这一事实。

然而伦敦的发展要求更有效的治安措施。18 世纪 50 年代，亨利·菲尔丁几乎只手在博街组建了一间警察局，作为镇压伦敦犯罪活动的总部。他的“捕快”身穿红背心，从而被称为“知更鸟”或者“生龙虾”。及至该世纪末，捕快数目从六名增至七十名。1792 年，首都各地另设置了七所“警察局”。伦敦老城区为了保护其中世纪的身份，早已设立了常规的警察巡逻队，在 1784 年组建了日间警察，蓝大衣制服旋即成为其身份特征，据唐纳德·朗比洛《三重树》的描述，“尤其在行刑日押囚犯上刑场之时，给他们增添一股醒豁的气派”。传统的警察制服来自如此悲惨的源头。1798 年成立了泰晤士河警察局，保护码头、仓库，以及沿河新建的船坞。这片地段处于通常的选区与辖区的体系之外。七年后成立骑警队，威慑大道上的拦路强盗。

有一幅以岗哨为主题的绘画作品，绘于 1835 年。这是一幢 18 世纪早期的两层建筑，底楼的窗户闭着百叶窗。这个岗哨坐落在科文特花园圣保罗大教堂旁的广场西侧，画面上有数名蓝衣黑帽的警察在铁门前兜圈。楼上窗台架上摆着盆栽植物，正面白砖墙头鲜艳地绘有“岗哨楼”字样。画面给人的印象是这个机构跟周围环境十分融洽，盆栽植物象征着科文特花园如画的景致。然而外表可能是靠不住的。安妮女王风格的立面之后就有地牢，这幅画则是绘于《大都会警察法案》通过六年之后，这项法案深刻地改变了伦敦的“法律与秩序”的面目。

问题的症结在于腐败。一如城市里惯见的现象，那些理应管制犯罪活动的人，结果却姑息或怂恿暴力。博街的捕快被查出收受钱物，跟“恶棍”在酒肆聚头。这传神地表达了这座城市的大众化与商业精神。因此，罗伯特·皮尔费尽周折才得以强制实施提议，为伦敦城建立一支组织严密、实行中央集权的警队。有些人认为这项提议直接威胁了城市的自由，据《泰晤士报》说，他们是“专制统治所发明的一架机器”。然而，皮尔通过将老城警力排除在他的职权之外，以街头犯罪和流浪罪数据逗乐特别委员会成员这些手法，确保了其提议成功地通过。

1829 年，“新警察”在白厅一座小院里设立办公室，人称大苏格兰场，总共三千左右警力，组织为十七个部门。我们可以在科文特花园岗哨楼那幅画里看到这些警官，头戴黑高帽，身穿蓝“燕尾”外套。他们在伦敦街头并不受欢迎，人称“蓝色恶魔”或“掐喉蓝人”，后者隐涉 19 世纪 30 年代霍乱时期的劫掠。1832 年，一名便衣警员在克拉肯维尔绿地被刺死，验尸官陪审团记录的裁决是“正当杀人”。

警察都在本人出身的同一阶层和街区执法。在这层意义上，他们被视为企图控制、逮捕自己人。正如他们之前的“捕快”，他们也容易被指控酗酒和堕落。根据《伦敦百科全书》，此等犯罪仅惩以草草地撤职，结果导致“原本三千人，不到四年，剩下不足六分之一”。那些仍干着的，被称为“crusher”“coppers”，还有较无个性的绰号“peelers”“bobbies”，源于他们跟罗伯特·

皮尔的关联。这些词语渐渐染上色彩，演变为现代的“老比尔”，这个词似乎转而又赋有先前“查莱”那股鄙薄的意味。事实上，这些名称赋有一种延续性。20世纪中叶，警察经常被称为“bluebottle”（蓝瓶），而这正是《亨利四世》里的桃尔·悌尔朝一名捕快扔的家伙：“你个吹瓶的无赖，让我给你好好地整一整。”近年来，他们也被称为“bogeys”“rozzers”“slops”“narks”“fuzz”“pigs”“creepers”“Flatties”。然而研究伦敦警察的历史学家指出，在二三十年间，罗伯特·皮尔的警力在镇压犯罪活动方面，已经达到一定程度的权威和成功。

在这样的背景里，通常会浮现隐涉个别警官外表举止的描述。有一位观察家写道：“那些靠犯罪为生的人，对于警察的惯有心态，与其说是憎恶，不如说是彻头彻尾的奴隶般的恐惧。”这是暗示巡警的“牛眼提灯”有效地驱散了伦敦的黑暗。1853年，外国旅人文图拉·德·拉·维加注意到他们半军装式的制服，蓝色外套“立着直领，以白线绣数字”，高帽内衬钢铁。他继续写道，若有必要，“他们从外套背后口袋里掏出一节棍子，半码长，形似节杖，顶端嵌着一只铁球”。然而，他们从没有机会动用此杖，因为“一听到警察的声音，无人敢作声，人人驯服得似羔羊”。从而，衬托着伦敦人群的暴力和活力，我们必须将此等现象视为几近本能的服从。当然，这不是说每个小贩或摊贩一见穿制服的，就吓得要命。无论彼时或此时，袭警的统计数字便是一大证据。然而这些观察者大体上是正确的。这里似乎确实存在一个关键点或者人群，使得这座城市平息下来，而不至于在全民骚动或叛乱里自我毁灭。动荡达到一定地步之时，便会减退。

即便在20世纪末，也发生过一些触及伦敦根本的事件。譬如，1867年克拉肯维尔监狱的芬尼亚爆炸案便属于一个大图式，这个图式也体现于1996年爱尔兰共和军炸毁金丝雀码头的事件里。1887年特拉法尔加广场暴动所占据的地点，正是1990年3月人头税暴动示威的地点。关于警察渎职与腐败的控诉，跟警察这个职业一般古老。1998年，官方调查一黑人少年斯蒂芬·劳伦斯的谋杀案，由此揭开无数误判与管理不善的案件。这桩案件也表明警察队伍里潜在的种族歧视，而这一指控确实困扰了警方五十年。自从第一名“peeler”穿上蓝色“燕尾”外套以来，伦敦警察便成为嘲笑和怀疑的对象。然而，那些在科文特花园外岗哨楼前兜圈的捕快，倘若得知其警力将会伸展到方圆近八百平方英里的地方，据最新统计数据，犯罪行为升至八十万桩，无疑会惊讶吧。然而，倘若得知结案率仅25%时，他们大概不会很吃惊。

第三十一章

绞刑的故事

在罗马与撒克逊时期，被活活烧死、乱石砸死、砍头的人不可计数，溺死、绞死、上十字架丧命的人不可胜数。及至14世纪，我们便可读到一些报告，譬如，一名死囚穿“条纹外套和白鞋，头上套着布罩”，被绑在马背上。刽子手骑在后面，而“拷打者”则骑在两侧，从切普赛德到史密斯菲尔德一路调弄、嘲笑死囚。这是在伦敦街头游行的公众化、形式化的死亡仪式。不过，忏悔与自我惩罚跟任何形式的严酷惩罚一般重要。一名囚犯被指控侮辱市府参事，其惩罚是赤脚从市政厅绕道弗利特街走到切普赛德，手捧一支三磅重的蜡烛。捧着燃烧的蜡烛游街是对于侮辱公务员或教堂权威最常见的惩罚，也体现了向伦敦城赎罪。

对于买卖欺诈者，首选的惩罚是上颈手枷。在这个惩罚里，店主跟上当受欺者直接面对面。抓获的罪犯被置于马背，面对马尾，头戴小丑帽。有时可能还有一队喇叭和小号开路。抵达颈手枷之时（有一架在切普赛德，另一架在康希尔山），店主出售的假货被当面焚烧。倘若是造币者，伪造的钱币或和筹码就挂在其胸前。倘若犯的是欺哄罪，身上就被挂一块磨刀石，好似表示尖利的舌头。戴颈手枷有精确的计时。惩罚传布谣言（外国商人跟自由民享有同样的权利），受罪时间为一小时。出售劣质金属而非银质杯盏者，受罪时间为两小时。出售走味的康吉鳗鱼片者，受罪时间为一小时。然而，这段时间仅是衡量痛苦与羞辱的一种尺度。对于任何伦敦市民来说，在街坊邻里和买卖同僚面前游街、被指戳，都是极难堪与羞耻的事。并且也可能有人身危险。有的被砸以烂水果、烂鱼、粪便，无耻之极或极不得人心者，有可能被棍打或扔石头，以致丧命。及至1837年夏，颈手枷才被废除。这个事实体现了伦敦守旧或严厉的程度。

在伦敦其他的热闹场面里，有观看刺穿在长杆上的叛国者首级。伦敦桥主门上有一排铁杆，叛国者的头颅挂于其上示众。大多插图通常描绘五六颗头颅，尽管事实上位置是否供不应求，便不得而知。1661年，有一位德国旅人数出十九或二十颗头颅，这个数据表明，那个悲惨时期的动荡社会至少在一个方面作出了卓越的成绩。

在接下来的世纪里，这些头颅被迁到圣殿关，“这里有人以半便士出租小型望远镜为业”，这些人头也可以从莱斯特原野上设置的望远镜观看。这说明这些人头是城市的一大景点。无疑，市民们见惯了这些庄严的惩罚场面，据“阿列夫”所说，“除非有新近受难者的首级挂出来，好奇心重者才会停步询问：‘那颗新脑袋是谁的?’”

18世纪60年代，奥利弗·戈德史密斯与塞缪尔·约翰逊一同走在威斯敏斯特教堂的诗人角，约翰逊审视献给伟大死者的碑铭，喃喃说道：“Forsitan et nostrum nomen miscebitur istis”（“或许我们的名字会在这些人中间”）。但是，当他们走上圣殿关，看着那些首级之时，戈德史密斯拉住约翰逊，说道：“然而我却悄声嘀咕，‘Forsitan et nostrum nomen miscebitur istis’。”

1772年一场大风暴里，两颗詹姆斯二世追随者的头颅被风吹落。《记事晨报》编辑的妻子布兰克太太回忆说：“它们掉落之时，妇女们尖叫起来；我听说，男人也尖叫。我身旁有个女人当场昏倒。”三十年后，这些铁杆终于从这道阴厉的圣殿关撤除。

然而，绞刑架从不曾有休息的时刻。在15世纪，八十桩罪行应得上绞刑架的下场，其中包括纵火和“轻度背叛罪（妻子谋杀丈夫）”。凡会背诵《圣经》里一段话的，人称“免罪诗”，便被视为神职人员，从而移交给教会权威。因此，在那两百年里，读书识字的一大好处是逃避死刑。

自12世纪以来，最受欢迎的绞刑场是泰伯恩刑场，此地最早是在1196年出名（绞死长胡子威廉），最后一次使用是1783年绞死约翰·奥斯丁。但绞刑架的实际位置向来争议纷纭，这份恶名或被赋予康诺特地，或被赋予康诺特广场，两处都位于荒凉的埃奇韦尔路旁，位于大理石拱门偏北端。但根据古文物学家的研究发现，这个绞刑场位于康诺特广场东南角。有个木匠回忆其叔父“搬来竖绞刑场木桩的石头”。19 世纪 20 年代，广场重建之时，广场角有一间“矮房”被拆毁，其中发现大量人类尸体。这么说来，有些绞死者被就地埋葬。19 世纪早期，附近修筑街道和广场之时，也发现另一些遗骸。布赖恩斯顿上街有一间房子，俯瞰这个刑场，“一楼和二楼的窗上安装古怪的铁阳台，治安官在此监督行刑”。周围还有木头搭建的楼座，类似赛马场的看台，好奇的看客可以租到座位。有个颇有恶名的出租者，人称“泰伯恩租凳子的道格拉斯嬷嬷”。

诚然，行刑者尤其会沾染恶名。最早知名的刽子手是某个叫作布尔的，其后更出名的是德里克。德克尔在《伦敦敲钟人》（1608）里这样描写一名窃马贼：“德里克一定会来招呼他，泰伯恩将是他的落脚点。”有一句谚语说，“If Derrick's cables do but hold”（要是德里克的绳索顶得住），这是指一种十分精巧的装置，形似起重机，可以同时绞二十三名死囚。后来，这个装置有了更广泛的用途，给船只装卸货物，虽然依旧袭用这位刽子手的名字。

继德里克之后出名的是格雷戈里·布兰顿。从他的名字衍化出数个匠心独具的双关语，诸如“Gregorian calendar”（公历）、“Gregorian tree”（绞刑架），然后他的儿子接替其名，继承这份公职。继而接位的是“乡绅”邓恩，然后在17 世纪 70 年代传位给臭名昭著的理查德·雅凯，也即杰克·凯奇。街头涌现无数控诉凯奇的宣传册和民谣，诸如《泰伯恩的幽灵，或绞刑架的诡怪崩折：关于帕丁顿附近最著名的三重树如何被某些恶鬼连根拔起、折毁的最真实故事，以及杰克·凯奇悼念其店铺之失落，1678 年》。这座绞刑架之所以被称为三重树，是因为其三角的形状，以三根柱脚为支撑。三根横梁上，每一根可绞八人，从而一次可以绞二十四人，比德里克的机械更有效率些。

星期一是“行刑日”。那些即将被绞的死囚被押进新门监狱一辆敞篷板车，通常会有一大群激情高涨的围观者。有位外国旅人评论道：“英国这个民族善于嘲笑其他民族的雅致，视绞刑为盛大景况。即将受刑之人，精心地修容打扮，刮脸，穿丧服或新郎礼服……有些女孩穿白裙，披大丝巾，挎着装满了鲜花和橙子的篮子，一路撒向看客。”这么看来，去往泰伯恩的仪式也是一路的庆典。照习俗，伦敦著名的罪犯还会在帽上戴缎花结，作为胜利或讥嘲的象征。缎花结偶尔也表示他们的清白无罪。更放肆侠行或声名狼藉的罪犯则从“文弱的姊妹手中”接来一小束花，也就是在监狱对面的圣墓教堂门外做买卖的妓女。

游街队伍一路走下雪山，穿过霍尔本桥，爬下霍尔本山，转进霍尔本区，即将上刑的死囚一路接受欢呼或诅咒，他们周围总有一群官员骑马护卫，管束人群。费迪南·德·索绪尔在《一个外国人眼中的英格兰》中指出，在18世纪，有些罪犯“满不在乎地走向死亡，有些人竟如此全无悔意，喝得烂醉，嘲笑悔过者”。在原野上圣贾尔斯教堂外，罪犯们惯常地接过一大碗艾尔啤酒。囚犯止渴之后，队伍继续前行，走下圣贾尔斯阔街，转进牛津街，进入泰伯恩。

板车一直驶到绞刑架前方才停下。死者被押上另一辆为此场合特制的马车，类似一座平台，径直驶到三重树底下。马缰套在死囚的头颈上，马匹踢蹿，囚徒就这么吊着受苦，直到最后咽气。此时可以看到亲友“抱着被绞者的双脚，好让他们快些死去，免受苦楚”。

尸体解下之后，人群通常扑上前去，因为民间流传被绞者的遗体治病尤其灵验。《伦敦百科全书》评论道，有个法国人看见“一个年轻女子，相貌美丽，脸色苍白，浑身颤抖，被刽子手拉着，后者终于允许她当着数千人群袒露胸脯，把死者的手搁在胸前”。这幅貌似戏剧的场景底下潜伏着让人不安的异教信仰。在17世纪中期，绞死者身上割下的一只手可以卖到十个金币，因为民间传说“拥有这样的手能够更灵验地治病、防灾”。

人们还会争夺尸体，一方是想背尸体回家治病的，另一方是手术师雇来背尸体去解剖的。在混战里，“民众经常拳来脚去，哄抢比拼，看谁能把买到手的尸体搬到马车里等候的父母那边”。再次引用费迪南·德·索绪尔的话，对于坐在周围楼座上观看整个事件的人们来说，这个场景“最有趣”。

有个入室窃贼，名叫约翰·海恩斯，尸体被搬进一位著名的手术师家之后，显露出仍然活着的迹象。他被询问记得什么之时说：“我记得的最后一件事就是在一辆板车里上霍尔本山。我当时想着自己是在一片美丽的绿野上；我只记得这事，醒来就在大人您家的解剖室里了。”就这样，惛惛呶呶地，他去死，又转生。

伦敦的确成为绞刑架之城。1776年《晨报》报道：“在老贝利场判死罪的罪犯，将在‘红帽妈妈’院旁的十字路口处决，这间房屋位于通往汉普斯特德的中途，附近不得设任何楼座、脚手架或临时看台。”在激进主义冲击伦敦政治的时期，这一防范措施旨在抑制人群的骚乱。刑场通常设在现今卡姆登镇地铁站所在地的十字路口。其他十字路口也是设绞刑架的天然位置，打发旅人前往模糊不清的旅程（伊斯灵顿的市府路和高斯维尔路之间的十字路口也曾有此用途），17 世纪和 18 世纪的惯例则是将罪犯在犯罪地点绞死。譬如，在 1790 年，两名纵火犯被吊死在市府参事门街纵火烧毁的房屋正对面。史料上记载的最后一桩罪犯在犯罪地点被处死的谋杀案是 1817 年发生于皮革商街，盗贼被在其所抢劫的造枪店门前处决。

沃平有一个处决码头，但凡海上犯罪的囚犯都送到此地处决，可以看见黑墙对面，以及诸如布格斯比洞等泰晤士河沿岸各处，悬吊的尸体在摇荡。奥德门、本顿维尔、圣贾尔斯、史密斯菲尔德、黑荒野、芬奇利、肯宁顿郊野、豪恩斯洛荒野也可以见到死囚尸体，因此，出入伦敦城的人都不免看到这些尸体。这是一幅十分难看的景象。譬如，杀人犯“先挂上绞刑尸体示众架，尸身涂满动物油脂，再套上一件浸泡了沥青的衬衫，以铁条加以锢束，然后尸体以铁链挂在示众架上……直到化为尘土”。至于这幅景象何以被视为适于供进出伦敦的人们观看，则又要另当别论。这倒古怪地让人联想起，进出伦敦的主城门被建造为监狱这一事实，也体现一种既戒备又警戒的态度。

然而，有些惩罚形式较隐秘。新门监狱有一间“迫压牢”，专为不肯认罪者而设。在此，他们被扒得一丝不挂，“关进低矮的黑室，身体压着的钢铁超过他们所能负荷的极限，更甚者，直到被压死”。有一幅版画刻画 18 世纪一名重罪犯，名叫威廉·斯皮哥特，关在新门监狱的“迫压牢”，他赤身裸体躺在光地板上，手脚摊开，绑在墙根的铁钩上。胸膛上搁着一块木板，上置重负。一名看守手执钥匙，站在他身上，另一名看守手持点燃的蜡烛，俯身观察他的苦楚。这种半中世纪式的酷刑，人称“压死”，一直延续到 1734 年，贴切地象征着这座城市司法部门的残暴。

在 18 世纪后半叶，也是出于同等的残暴，被绞死的人数也在上升。譬如，1763 年某月，“近一百五十人因抢劫或其他犯罪行为被打入新监狱和克拉肯维尔监狱”。据《年度大事录》记载：“鲁莽的恶棍简直似蜂拥而来，叫嚣着‘你们没法把我们都绞啰’。但他们可以试试看。”

然而，刑场很快便转移阵地。上流社会逐渐往城西扩展，意味着从新门到泰伯恩的游街老路开始妨碍牛津街旁的时尚街区。于是，1783 年，市政府将绞刑架迁到新门监狱，从而连根斩断了游行队伍。百姓感觉被剥夺了看“the cheat”的热闹，“the cheat”为意指绞刑架的黑话，较有学问的伦敦人则认为伦敦这一项习俗不合时宜地被废除。塞缪尔·约翰逊对鲍斯威尔说：“这个时代疯了似的追逐创新，连泰伯恩也难逃创新的狂热……哦，不，先生，这不是进步：他们反对古老的处决方式吸引大批旁观者。先生，行刑的本旨就是吸引旁观者。倘若不吸引旁观者，就没有达到目的。老方式令各方都满意：百姓高兴看游街，罪犯从游街里得到鼓舞。为何彻底扫除这一切？”鲍斯威尔或许有他的答案。他自己就是看行刑成瘾的。“我想去那里的心情热切得可怕”，他曾如此写及泰伯恩。感谢新门监狱狱长理查德·阿克曼的热忱周旋，他得以在那座监狱目睹无数绞刑。

新门监狱第一场绞刑在1783年12月9日行刑，但革新的“新落法”很快夺去更多人的性命。法庭宣判死刑数日后，罪犯被“投狱”，“死亡令”送达其死囚室。《新门监狱编年史》详尽地记载这些囚犯上绞刑台之前这些时间里的举止。在死囚室第一夜，“死亡临近的肃穆告令让所有人都清醒着”，但他们很快就较自在地睡着。这位编年史家记载道：“人人都颇有胃口，直到最后一刻仍吃得有滋有味。”在秣市街谋杀一个法国女人的“意大利男孩，贪婪地吃个不停”，好似要在辞世前塞个饱。有个名叫杰弗莱斯的，在七星盘地下室吊死自己的孩子，一进死囚室就叫烤鸭吃。

处决前一小时，死囚被押出囚室，带进一间“冷石室”，在此被绑上绞索，再押往“新落法”。这架死亡机器会转动，也是由马拉着，一路循着新门街留下的马蹄印。一座平台上架起三根平行的横梁。平台的一部分设在监狱旁，附带一个天篷看台，内设治安官座席，感兴趣的人则可以站在其周围观望。平台中央有一道活板门，长十英尺，宽八英尺，横梁便设于上方。行刑时辰一贯是早上八点，数分钟之前，治安官带出囚犯。信号旗一落，活板门的插销拔起，死囚被“落下”死去。

当时有数幅版画描绘“老贝利场的新绞刑架”，画上显示待死的囚犯脖颈上绑着绞索，或在祈祷，或在垂泣。周围的人群被士兵团团地管束着，兴致勃勃地盯着那个致命的平台。事实上，《新门监狱编年史》有位投稿人这样写道：“刑场从泰伯恩转移到老贝利，不曾改善看热闹的人群或其举止。汹涌前来看这种可怕表演的人潮，并不见有所减少，并且如今挤在更有限的空间里，依然如从前那般喧闹嬉戏、粗鄙地开玩笑、发狂似的叫嚷。”

在某次这样的场合里，“数分钟最惊心动魄的停滞状态，囚犯们面面相觑……终于听得报时钟响，那些可怜人似乎吃了一惊”。笛福讲述摩尔·弗兰德斯关在新门监狱的时期，圣墓教堂的钟声引发一阵阵“惨厉的呻吟和哭泣……继而里面传出一阵混乱的喧哗，数名囚徒困窘地向临死的可怜死囚表达同情悲伤……有些为他们哭泣，有些粗野地表示认同，祝愿他们一路顺风；有些谴责、诅咒那些把他们送进此地的人”。

处决前夜，新门监狱外须摆开行刑所需一应物什（绞刑架、路障、看台）。这些准备工作自然吸引一群无事或好事之徒。“新门街、史密斯菲尔德、弗利特街一带的低级酒肆和啤酒店人头攒动，人们不时从酒肆里冲出来，去看工人的布置进展”，“到处是一些鬼头鬼脑的家伙”，聚头讨论次晨的行动。警察前来驱散，但他们又转到别处聚头。星期天晚上，一过凌晨，大多饮酒狂欢者已经散尽，杜松子酒店和咖啡馆敞开店门，出租房间，打起广告，“房间舒适！”“最佳位置！”“视角美观！”“视野上乘！”邻里的屋顶和窗口全都出租，“兰姆咖啡馆的顶层阁楼”可以租到五英镑，店门面一楼的租金则能翻五倍。凌晨四五点，人群纷沓而至；及至七点，新门监狱前门已是围者如堵。到行刑时刻之时，有些观众已在路障前挤压了数小时，“累得差点晕过去”。

在新门监狱其他囚徒的辱骂和诅咒声中，总督沃尔从迫压场走向刑场。这位戈雷岛的总督在非洲之时，施刑过重，将一名士兵笞打致死（伦敦人最可憎的官僚滥用职权的一大所在）。他出现在绞刑架前之时，新门街上围观的人群里响起三声刺耳、悠长的呼喊。绞刑完毕后，拉绞索的马夫割下一截绞索，以一先令一英寸出售。有个人称“红润爱玛”的女人，谣传是马夫的老婆，“健谈，热气腾腾地从馅饼铺出来，每天清早必喝的苦味杜松子酒刚下肚”，以稍低的价格出售那根致命绳索的一小截。

总督沃尔以坚忍和缄默面对自己的命运。1820 年，阿瑟·西斯尔伍德以卡托街密谋者的罪名被判死刑，升到绞刑架上之时，他高喊道：“我即将得知最后一桩大阴谋！”1849 年，曼宁太太以一桩极端恶劣的谋杀被判死刑（在她丈夫的纵容之下，她用一把榫凿谋杀情夫），身穿一袭黑缎裙吊在绞刑架上。她的“喜好令这种昂贵的面料名誉扫地，近三十年里成为冷门货”。这倒让人联想起特纳太太，詹姆斯一世时期恶名远扬的罪犯。她是时尚女性，发明了黄色浆洗的轮状皱领和翻边袖口。因此对她的判决是“穿黄色浆洗的轮状皱领和翻边袖口在泰伯恩上绞刑”。为了强调这一寓意，刽子手当天“把自己的双手和袖口”涂成黄色。自此，一如曼宁太太的黑缎，彩色浆粉“也深受憎恶，遭到废弃”。新门监狱、泰伯恩能够影响当代的时尚潮流，可说是体现了行刑仪式的枢纽地位，再度彰显了伦敦城为一大热闹场面这个形象。那么，从根本上说，上绞刑架是街头剧院的一种形式。五名海盗因叛乱在新门监狱前门上绞刑架之时，《新门监狱编年史》记载道：“兴奋热切的看客仰头观望，类似德鲁里巷节礼日那些‘神祇’……人群中传出的自然是赞同声，笔者听到一水果贩对同伴喊道，‘倒帮了我，不是挺好的?’”戏剧性与残酷微妙地交融。

人群里“无息的咕哝”，转变为“响亮而深沉的咆哮”；死囚走向绞索之时，人群里一声声地吼道，“帽子摘掉!”“前面的坐下!”继而一时鸦雀无声，绞绳骤然坠落一声响，才打破沉默。坠落的时候，“震动人类纽带的每一个环节，一整条延长的绳索的运动被撞击”。在突如其来的“震动”之后，沉默随即被打破，人群中传出声响，“仿佛海贝梦幻般的呢喃”。继而响起更清晰的声音，叫卖“姜汁啤酒、馅饼、炸鱼干、三明治、水果”等小贩的熟悉声音，叫卖声中伴随着著名罪犯的名字，其宣传册子依然在他们曾经坠落的地点出售。在这片喧嚷声里，旋即便汇入“诅咒、斗殴、下流的举止，以及更不堪的言辞”，也许还夹杂极轻微的扫兴抱怨声。总是希望或期待出差错——死囚可能企图为自由而恶战一场，或者死亡机器失灵。1832 年，查尔斯·怀特以纵火罪被判死刑，瞧定活板门开启的时刻纵身跳开，立在地板洞口边缘平衡身体，“他跟刽子手及其副手怒战之时，人群报以雷鸣般的鼓舞欢呼”。刽子手抓紧他的双腿，终究把他扔进洞里。在这些事件里，伦敦人群的同情本能地涌向死囚，似乎在观看自己被政府权威处死。

有些时候，绞刑架的死亡还会有街头的死亡作陪伴。1807 年 2 月，两名杀人犯，哈格蒂和霍洛韦将被处死。民间期待如此之高，近四万人挤在监狱前门及周边，这两个杀人犯还不曾出现在绞刑架前，已经有妇女儿童在一片“谋杀”的叫嚷声里被踩死。监狱债务人囚室对面的绿凉棚院里，有一个馅饼师傅俯身捡被打破的器皿，“一群人双眼不看前面，绊倒在他身上。那些跌倒的，再没有一人爬起来”。另一处，一辆载满了看客的板车塌陷散架，“车内很多人被踩死”。在这些混乱与死亡的场景当中，行刑仪式如常进行。唯在绞刑架卸下、人群散去大半之后，警察才发现二十八具尸体，数百人受伤。

19 世纪两位伟大的小说家似乎皆含蓄地赞赏星期一早上这个仪式的象征性意味——这座城市聚集起来，为一个子民的丧命而喝彩。1840 年 7 月 6 日，威廉·梅克皮斯·萨克雷凌晨三时起床，为的是去看一名因谋杀主人而被判死刑的男仆本杰明·库瓦西耶上绞刑架。他在一篇题为《去看绞刑的路上》的小品文里记载此景。坐在前往雪山的马车里，萨克雷跟随去看行刑的人群。四点二十分后，在圣墓教堂旁，“街头已有数百人”。在这里，萨克雷初次瞥见绞刑架在新门监狱的大门内突现，感受到一股“刺激感”。他询问周围的人是否看过很多处决？大多人说是。看这场面可有受益？“正经说来，没有；我们不在乎那些劳什子。”改写为地道的伦敦英语，也就是说：“看完就完了，谁去想它。”

店铺橱窗内随即站满了公子哥儿，还有“安静、肥胖的家族”，一个劣绅用虹吸管从阳台朝人群喷射白兰地和苏打水。随着大钟指针趋近八点，人群越发急不可耐。圣墓教堂敲响钟声报时，所有人摘下帽子，“传出一阵连续低沉的声响，比我以往听闻的所有声音更可怕、古怪、难以形容。妇女儿童的尖叫声让人毛骨悚然”，继而“某种可怕的匆促、亢奋的焦躁气息，汇入人群的喧闹声，大约持续了两分钟”。这是狂热与惊慌的场面，仿佛伦敦全民从不安的睡梦里惊醒。萨克雷所直觉的正是这种近乎残酷的哄闹。

即将被绞死的囚徒从监狱门内出来。他的胳膊捆在身前，“无助似地摊着手掌，然后攥紧一次两次。他转头看看这里，看看那里，四下看看，一时露出极度哀求的神情。他的嘴巴缩起，挤成一个貌似可怜的微笑”。他快步走到横梁下，刽子手转过他的身体，用一顶黑色睡帽罩着“病人的头和脸”。萨克雷再也看不下去。

这段经历给他留下“极强烈的恐怖和耻辱”。有意思的是，他显然无意间使用了“病人”这个词语描述死囚；这个词语也用来称呼布莱德韦尔监狱受笞刑的囚犯。这座城市仿佛是一座大医院，充满了各种患病或垂死之人。然而这座城市也是手术师的解剖室，小说家和人群俱在观看那些在劫难逃者与死人。萨克雷形容这是“隐秘地贪恋鲜血”。他在暗示这里存在某种亘古的、返祖性的力量。

同一日，查尔斯·狄更斯也赶早去了新门监狱。他告诉朋友：“我想至少得看一次类似这样的场面，瞧瞧好戏的收场。”在这里，这位伟大的伦敦小说家本能地捕捉了贴切的词语来形容这个丧命的场合。他在靠近刑场的一幢房屋里租到楼上房间，从那里热切地俯瞰伦敦人群。不久之后，他将在《巴纳比·拉奇》的戈登暴动一节栩栩如生地重现这个场景。他观望人群时，瞧见一个熟悉的高个身影：“唷哟，萨克雷在那里!”狄更斯的小说充满了伦敦街头的偶遇，而在新门监狱的大门前，在浩大的人群里，伦敦的真实生活印证了他的想象。

九年后，11 月一个寒冷的清晨，他又起早去看绞刑。曼宁夫妇要在萨瑟克区马贩巷监狱外上绞刑。行刑结束后，狄更斯立刻致信《晨报纪事》。在监狱前的如堵人群里，他看到“撒旦的形象”。“似此偌大人群的歹恶与轻率，可怕得如此让人难以置信……我相信不可能出现在太阳底下任何异教徒国家。”

跟萨克雷一样，人群的喧闹也让狄更斯惊骇，尤其是“呼喊与吼叫的尖锐刺耳”，如同萨克雷听到的那股“亢奋的焦躁气息”。“尖叫、大笑，模仿黑人的曲调高声大吼，把‘苏珊娜’改为‘曼宁太太’，昏厥、打呼哨、模仿潘趣、开粗暴的玩笑。”人群中另一个“曼宁太太”，“叫嚷着她身上带着一把刀子，恐吓着要杀另一个女人，以便接继她的‘同名人’登上绞刑架”。狄更斯对于这个场面的描述，充满了人群的狂热与亢奋，鲜明地体现了“大众的易受感染与堕落”。他说：“伦敦生活里没有多少能让我吃惊的。”然而这段经历让他惊悸、恐慌。

新门监狱和马贩巷监狱外的人群经常嘲弄刽子手、发嘘声。库瓦西耶和曼宁夫妇的刽子手是卡尔克拉夫特，曾在新门监狱对小男孩施笞刑为业。曼宁夫妇是他在1849年仅有的受害者，当时已经不太需要他的效力。1811年至1832年之间，每年近80人被处决，而自1847年至1871年，这个数据降为每年1.48人。威廉·卡尔克拉夫特的后继者是威廉·马尔伍德，此人改进“长落法”，使之臻至完美。他曾说：“对于我绞的那些人来说，要是他们宁愿勤劳，不懒惰，那会更好些。”从而，一根致命的绳索，贯穿他的手艺与荷加斯所描绘的上绞刑的懒学徒。

马伍德死于酗酒。在这份独特的职业里，他最新近、最出名的继任者是阿尔伯特·皮埃尔普因特，此人吹嘘能在20秒内将人绞死。然而皮埃尔普因特秘密地执行职务。新门监狱外最后一场公开绞刑是在1868年，自此往后，绞刑都是在监狱墙内专设的棚屋内进行。1955年露丝·埃利斯在霍洛韦监狱上绞刑；她与两年前18岁的德里克·本特利的死刑，在相当程度支持了废除死刑的运动。在萨克雷祈求上帝“涤净我们大地上的鲜血”之后一百多年，伦敦在1964年执行最后一场死刑。

然而，这是伦敦又一大奥秘：根据这座城市的迷信，梦见绞刑架预兆发大财。钱和血依然一同流淌。

LONDON

The Biography

贪婪的伦敦

第三十二章

进入漩涡

1800 年初数月间，德·昆西乘坐敞篷马车前往伦敦，感受到一股“如此强大的吸力，在如此遥远的路途外便能体会，同时潜意识地感觉，在陆路或水路更遥远的道途上，同样的吸力也在起作用”。这段话摘自其小品文《伦敦这个国度》。这个意象“拥有强大磁力的幅度”，将世上所有力量吸进自己的中心。当他驶进距离伦敦四十英里地之时，“隐约预感一座浩荡的首府难以捉摸地向你靠近，如同一种疑虑”。一股未知的、未见的力量将他俘获，拉他前行。

有个典型的表达方式（“伦敦征服大多进城的人”）如今大约已是老生常谈了。19 世纪早期有一幅著名的漫画，后世以千百种不同的形式加以渲染与改编。在画上，两个男子在一块伦敦里程碑前相遇，一人从伦敦出来，弯腰驼背、惨怛不堪；另一人朝他走来，精神抖擞、胸怀大志，一面跟他握手，一面询问：“果真黄金铺地?”

沃尔特·贝赞特在《伦敦城东》评论道：“很久以前就发现伦敦吞噬其儿女。”譬如那些大家族，在一百年内便会消亡或消失；15 世纪的望族惠廷顿、奇切利，及至 16 世纪便彻底消失了。在 17 世纪伦敦活跃的家族，及至 18 世纪便不见了踪迹。正因为如此，为了补充损耗，伦敦必须不断地释放吸力，拽拉新人和新家族进城。进伦敦城的路上，德·昆西看见“大群大群的牛羊”，朝着首都而去。不过，这座城市既需要牲畜，也需要动物精神。

1690 年的报告显示“73％的伦敦学徒出生在伦敦城外”，这个数字实在惊人。18 世纪上半叶，每年近一万人迁进伦敦城，1707 年，据说英国家庭里但凡有儿女“或相貌出色，或机智，或胆大，或勤快，或者其他任何难得的品质，伦敦便是他们的北斗星”。这座城市是一块天然磁石。及至 1750 年，这座首府的居民占全国总人口的 10%，促动笛福不禁评论道：“整个王国的每一个部分，百姓、土地，以及海洋，都忙于为伦敦城供应必需品，或许我该添一句，都是最上乘的东西。”18 世纪末，一百万人口涌入这座大都会，五十年内，这个数字翻了一番，并且丝毫不露消减的迹象。1892 年，有个观察者写道：“纵使下场比这更糟糕，谁会纳闷人们会被吸进这样一个旋涡?”直到 20 世纪中叶，人口数字仅朝独个方向去，永在上升，以百万为单位。1939 年记载，大伦敦地区的人口近八百万。

近些年来，数字逐渐有所下降，然而德・昆西所感受的那股力量依然肆其所欲。新近在中心广场夜间收容所（距离原野上圣贾尔斯教堂这个老避难所仅数百码地）调查发现，“五分之四的年轻人……来自伦敦城外，大多初到此地”。

正如福特・马多克斯・福特所说：“它从不遗漏，它从不错过任何一人。它不爱任何人，不需要任何人；它容忍各色各样的人类。”然而，若说伦敦不需要任何具体的个人，却要求所有一切的存在，以便维持其动力。它吸进商品、市场、货物。《来自阿尔比恩的信》（1810 至 1813）这位佚名作者适宜地欢喜道：“眼见这样的繁华景象，实在难以不大为惊奇。这边是东印度来的昂贵披巾，那边是中国来的绸缎和织锦，那边是金盘银碟……戒指、手表、项链、手镯的海洋。”贪婪是伦敦最突兀的特征，无穷无尽地变换花样展示出来。

据说皇家外科医师学会博物馆收藏着一组颇让人心悸的解剖样本，“搜索了整个地球，以充实其仓库”。搜索便是劫掠与摧毁，这也正是伦敦的本性。站在皇家交易所的盛大场面旁边，约瑟夫・艾迪生也激动得如此狂热，“把这座大都会变成整个地球的市场”。市场转而肩负起帝国，因为贸易的主子自然也是世界的主子。葡萄牙的水果交换波斯的丝绸，中国的陶瓷交换美洲的药，锡折换为黄金，羊毛折换为红宝石。1711 年 5 月 19 日，艾迪生在《旁观者》写道：“看到市民进口这个国家所需的、出口剩余的，人人在发家致富，同时推动公开股，我心里十分高兴……”

从这里可以看出，在 18 世纪早期，伦敦便已是世界贸易中心。那是彩票、募股、“泡沫”的时代。一切都是买卖交易：政府机关职位、教会等阶晋升、地产女继承人。斯威夫特说：“根据古老的格言，原本跟随地产的权力，如今投奔金钱去了。”约翰·班扬在《天路历程》（1678）里也讥刺伦敦的虚荣，“房屋、地产、交易、地位、荣誉、晋升、头衔、王国、欲望、享乐，以及所有种种享受”，都归置到“交易”的名下。

及至1700年，英格兰76%的外贸转道伦敦。

交易的既有货物，也有钱财。商业中心也是信贷中心，银行家与股票经纪人接继投机商人的精神。银行家出自金匠公会。金匠深谙保护货物之道，他们的办公室曾是人们存钱的非正式保险库。不过，在17世纪，金匠的贮藏与保护这一主要职能巧妙地转换，取而代之的是发行银行汇票或支票，方便都城及城外的货币流通。弗朗西斯·察尔德和理查德·霍尔在开银行之前都是金匠。正如克拉伦登伯爵爱德华在1759年的自传里所述，他们三四人“素称如此富有，享有如此嘉名，王国的所有金钱都托付或存储在他们手里”。这些银行企业衍生出英格兰银行。然而，伦敦城的财富与自信的最大象征是在1780年6月戈登暴动之时，当局派重兵把守这座建筑，从而本质上属于投机性的这个企业随后被赋予宪法的地位。其黄金在伦敦塔铸币厂变成金几尼，其雄厚的金条储备是这个国家抵御一系列股市泡沫、经济恐慌，并在战时维持经济稳定的主要媒介。然而纵使它维持了良好的统治，却加快了伦敦商人的投机与交易步伐。从棉布商、钻石商人到小煤矿主，从帽子出口商到糖进口商，一个个都在加快脚步。

在这个时期，诗歌与戏剧所讽刺的一大关键人物是股票经纪人。盖伊谴责道，在这座都城、在这个时代，“轻佻的政府里坐着患胃绞痛的股票经纪人”。事实上，他们坐在交易胡同的咖啡馆里。股票经纪人是伦敦公证人的直接后代，曾经制作地产或房产让渡文书，如今他们关注公司上市、股票或资产转让。1720年，科利·西伯的剧本《拒绝》剖析了这个场景，“在那里（交易胡同），你会看见公爵跟在某董事屁股后，贵族跟学徒一分钱一分钱地讨价还价，犹太人跟牧师言归于好，年轻的贵妇向贵格会教徒购买东西，老人向近卫步兵团中尉推销戒酒丸”。

交易胡同的乔纳森或盖拉维咖啡馆终于变得过于喧噪，股票经纪人便更换地盘，转移到新乔纳森咖啡馆。1773年夏，这间咖啡馆改名为“股票交易咖啡馆”。二十多年后，卡佩尔院建造了一幢新楼，1795年的《银行镜报》记载了一段对话：“来了一份邮件——有什么新闻？什么新闻？镇定，镇定——对于明天的莫大安慰——一幢大楼立起——5%贸易回报——穿越莱茵河——直通奥地利人！——法国人连连追逐！4%开盘！”

英格兰银行与股票交易所依然主宰着这片建筑密集的地区。市长官邸立在近旁，造在原牲畜市场的旧址。这是13世纪以来买卖鱼肉的市集。这三大机构也许标示了这座城市的圣地地位，纵观各时代的地图显示，这片地区的颜色描绘得越来越深，随着英格兰银行大楼逐渐扩张，最后占据了洛思伯里与针线街之间整块地面。正是在这片地区的南端，1666年大火之时，约翰·伊夫林看见两团大火球相撞交汇。无须心理地理学家的专门知识，我们便可以看出这个地区致力于力量与权势。

这座城市合并了更多金钱和信贷，从而稳步地加快了发展。城市不断地向城西、城东绵延。及至1715年，伦敦初次提出建造卡文迪什广场以及泰伯恩路以北某些街道的规划，继而开辟了亨里埃塔街和威格莫尔路。这两条马路促进了马里波恩周边非凡的发展。18世纪30年代，城西建起伯克利广场。城东建起贝思纳尔绿地和沙德井，西郊建起帕丁顿和圣潘克拉斯。地图的密度也越来越大，1799年的一个方格，囊括了1676年六个方格的范围。1791年，霍勒斯·沃波尔写道，“在皮卡迪利广场上，我两次几乎停下马车，以为是民众集会”，细看之下才知道，不过是伦敦市民如常地从大道上“或闲散或疲惫地走来”。他抱怨道：“很快就会修起从伦敦到布伦特福德的马路，还有从伦敦到方圆十英里各村庄的路。”他是在预示生命本身的法则。权力与财富的直接后果便是增长。

18世纪都城内的“改善”，也是那权力与财富的一个方面。1735年圈起林肯院原野；四年后，愈加污秽不堪的畜牲市场迁离市中心。1757年拆毁伦敦桥两侧的房屋，同年填塞恶臭的弗利特沟，并且撤去城门，以便鼓励人们不受限制地进入伦敦市中心。城门撤了，街道标志也撤了，令通衢大道“更通风、卫生”，但也剥夺了伦敦的旧身份。所有这些措施都是旨在鼓励人与货物的往来，在都市范围内更自由地流通，新颖地侧重于速度与效率。

也是出于强调速度与效率的精神，1762年的《威斯敏斯特铺路法案》开创了城市范围内道路照明与铺设的立法体系，从而启动了全面清理与整顿街巷的计划。况且，在一个进口丝绸、香料、咖啡、金条的城市里，何不也进口照明？18世纪80年代，一位德国旅人写道：“单是牛津路的路灯数目，就胜过巴黎整座城市。”这些路灯代表了这个急剧发展的世界贸易中心拥有更多光明。据皮尤的《汉威传》所说，这些措施完美地“赋予大都会的马路以一定程度的雅致和对称，这种审美趣味是全欧洲所称赏的，现代世界的其他城市中，没有哪座能够望其项背”。“对称”是千篇一律的另一说法。1774 年的《建筑法案》试图更进一步推进统一标准，将伦敦房屋按一系列的“等级”或“级别”分类，从而这座城市便可以像货币一样统一，可以无限地复制。这是灰泥粉刷墙或白光的时代。

公共纪念建筑也是贸易的荣耀，诸如新海关大楼、老宽街的税务大楼、马克巷的谷物交易所、下泰晤士街的煤炭交易所，都是朝宗于交易。针线街的南海大楼和利德贺街的东印度公司争竞威风；同时，1732 年拔地而起的英格兰银行，则无休地雕琢藻饰、廓张。各商业行业公会也纷纷建造大楼，显耀财富。

继而修造的是威斯敏斯特桥。1750 年冬，此桥在小号和锣鼓声里开通。十五道石砌桥拱横跨河面，以便营造“壮丽大桥”的形象。在另一层意义上，这座桥之于伦敦城的外观赋有决定性的影响力，因为乔万尼·加纳莱托在 1746 年绘画这座桥之时，委托人说服他亲往伦敦观看之后再落笔。他绘画之时，这座桥仍在施工，但他对伦敦的想象早已被威尼斯人柔媚的画风调和。在他的画笔下，伦敦被微妙地程式化、意大利化。在纯净、均匀的光线里，伦敦沿着泰晤士河辽辽落落地铺展开来。这一座渴望流畅和典雅的城市，找到了完美的画家。

然而，威廉·荷加斯也在同一时期以画笔颂扬这座城市。再没有比这个事实更能够体现伦敦的多样性与反差。在他的某幅画上，一条“新改善”的马路前景里，荷加斯描绘了一个乞丐小孩在吞食馅饼碎末。

第三十三章

一堂烹饪课

"Cockney" 其中一个最可爱的词源是拉丁词 coquina，意为烹饪。伦敦曾被视为一间大厨房，"一片膏腴之地"。因此，如前所述，这里便成为 "Cockaigne"，也即安居乐业的乐土。

单在 1725 年一年里，伦敦消耗"六万头牛、七万只羊和羔羊、十八万七千头猪、五万两千头乳猪"，以及"一千四百七十五万磅鲭鱼……一千六百三十六万磅芝士"。大火起于布丁巷，熄于馅饼角。在那个位置，一个胖男孩的金色雕像依然立在当地，其上曾经镌有一行铭文，"此男孩像为纪念伦敦由贪吃罪孽引发的大火而立，1666 年"。

馅饼角素以食馆著称，尤其是腌猪肉。沙德威尔写及"馅饼角油腻的伙计所腌制的猪肉"，约翰逊则描述那里有个肉摊，饥饿之人以嗅吸其蒸汽"聊为充饥"。煮肉的蒸汽从史密斯菲尔德数码地外飘荡而来，那里曾经也在火堆上烤圣徒的肉身。现在史密斯菲尔德旁有一间 21 世纪的餐馆，菜单上有脾、牛肚、猪头、牛心。

伦敦博物馆再现了 2 世纪一间厨房，内有一台大炉灶，上有煮熟的牛肉、猪肉、鸭肉、鹅肉、鸡肉、鹿肉。郊野的林子和森林里野兽丛生，伦敦从而成为肉食者的天堂，并且依旧如此。

近年大规模发掘罗马治下的伦敦，考古研究也揭示散落的牡蛎壳、樱桃核、李子核的痕迹，还有小扁豆、黄瓜、豌豆、核桃的遗迹。萨瑟克区挖掘出一只双耳细颈罐，镌有广告词：卢基乌斯·泰提乌斯·阿菲卡努斯供应来自安提波利斯的最精美鱼酱。

撒克逊治下的伦敦人饮食，略逊异国风味。“午饭”和“晚饭”时分，主食肉盘佐以葫蒜、洋葱、欧防风、红萝卜仔。一头阉公牛价值六先令，一头猪一先令，但也有迹象表明，稍后时期，伦敦也需求大量的鳗鱼。泰晤士河很多鳗鱼渔场，至少可以断代为 11 世纪。自那个世纪以来，圣潘克拉斯地下也挖掘出樱桃和李子核。

面包一向是伦敦历史上最重要的商品。13 世纪，市政厅便已经就面包师行业颁布很多规章制度，这个行业划分为“白面包师”与“黑面包师”。“pouffe”是法国面包，“simnel”或“wastel”是白面包，配料有精面粉与普通面粉。“bis”是棕色面包，“tourte”是较劣质的面包。大面包房都开在东城斯特拉特福德，面包装在长板车里，送进城内各家店铺和小摊。面包是名副其实的生活主食。譬如，1258 年，面包供应匮乏，直接导致“一万五千穷人饿死”。从德国进口一船船大麦与谷物，有些伦敦贵族也施舍面包给百姓，但“不可计数的穷人死去，肚腹因饥饿而鼓胀”。匮缺与富饶，伦敦这个亘古不变的对比赋形为无数迥异的模样。然而，在 13 世纪较繁荣的年月里，市民的饮食也包括牛肉、羊肉、猪肉，还有七鳃鳗、鼠海豚、鲟鱼。蔬菜的需求不大，但“卷心菜汤”是本地一味著名的佳肴。伦敦人也发明了某种混搭的肉肴，将猪肉和鸡肉一同捣碎为糊状。13 世纪末有一本家庭开支账目显示，吃鱼的日子里，可供选择的有“鲱鱼、鳗鱼、七鳃鳗、鲑鱼”，吃肉的日子里，肉类有“猪肉、羊肉、牛肉、鸡肉、鸽子肉、百灵鸟肉”，以及“蛋、藏红花、香料”。

14 世纪的记载文献略逊色彩，但斯通指出，1392 年至 1393 年间是匮乏时期，穷人被迫以“苹果和坚果”为生。至于穷人在繁荣年代是否过得优渥，这个话题则没有定论。伦敦劳工的平均工资是一天六便士，一个阉公鸡肉馅饼要八便士，母鸡肉馅饼五便士。七便士可买到一只烤鹅，十只烤雀一便士，十枚煮鸡蛋也是一便士，一条猪腿三便士。牡蛎及其他贝类较便宜，画眉和百灵鸟也便宜。在这里，各种各样古怪的食物，再佐以珍馐异味：“杏仁粥……蛾螺浓汤……鱼冻……猪肉粥……浓汁猪肉。”在乔叟的《坎特伯雷故事集》里，厨师被雇来“煮鸡肉和髓骨……煲汤、烤馅饼”。煲汤材料包括鱼、猪肉、鸡肉、蛋、面包、胡椒、艾尔啤酒。我们大可想象，急躁的伦敦人在食摊上买一只烤百灵鸟或画眉，边啃边挤马路，兴许还拿鸟骨头剔牙，完毕之后弃鸟尸于道旁。

在15世纪，主食仍是肉类，“天鹅肉……烤阉公鸡……高汤炖鹿肉、肉肠、山鹑、烤公鸡”，佐以甜得发腻的甜点，诸如“伦巴底奶”，这是“一种奶油、鱼胶、糖、杏仁、盐、蛋、葡萄干、枣、胡椒、香料制成的果冻”。所有菜肴似乎口味极重，添加无数香料，搭配肉类的调料尤其畅销。《吝啬伦敦》的作者被新门的商贩左右包围，“一个冲到我面前，叫卖羊酪，又一个叫卖鲭鱼”，他逛下东切普，“一个叫卖牛排，很多小贩卖馅饼”。有一位仅被称为“伊恩园丁师傅”的权威描述说，15世纪的菜园和修道院菜畦里，种着鼠尾草、繁缕、琉璃苣、迷迭香、小茴香、百里香等最基本的食用“蔬菜”。其他受欢迎的蔬菜有“大蒜、洋葱、韭葱”。这个描述表示人们不太爱吃绿色蔬菜。

都铎王朝时期的编年史家哈里森记载了饮食风尚的转变，他指出“在旧日”（指13世纪）香草调料和块茎十分吃香，而在14、15世纪渐渐不见使用。然而“在我们这个时代，草本调味料不但在穷人中间起用（我是指瓜类、南瓜、葫芦、黄瓜、小红萝卜……胡萝卜、西葫芦、欧防风，以及各种沙拉菜），并且也摆上雅致的商贾、绅士的餐桌，被视为佳肴”。然而在贸易成就与丰饶的时代，肉类通常十分吃香，以便维持伦敦人的动物精神。

也许正因为如此，当时的编年史家如此地着重强调盛宴，大约即此一端，便可概览这座城市的权势和财富。写及一场筵席之时，斯托说道，“倘若记录这场筵席的鱼肉及其他食物的置办状况，必将十分冗长絮烦”，却继而罗列了二十四头公牛、一百只肉羊、五十一头鹿、三十四头野猪、九十一头家猪等。

饮食应依时令而变换，9月米迦勒节吃鲱鱼，11月诸圣日吃猪肉和西鲱，复活节吃牛肉和培根。1562年夏，一位威尼斯观察者留意到本地人喜食生牡蛎配大麦面包。

法令也改变了一些饮食习惯。譬如，错综复杂的斋戒法稍微放宽之后，廉价的肉类通常替代鱼类。探索航行也滋养饮食的变迁，16世纪这座城市，在每一个已知的国度采撷果实，市面上开始销售弗吉尼亚的甘薯和中国的大黄茎。

17世纪早期，我们读到烤牛肉简直赋有象征意义，新鲜牡蛎简直是市民生存的标志。这些主食必定佐以牛奶布丁或“苹果馅饼”等甜点。据此世纪初期的米颂·德·瓦尔伯格说：“恰在吃布丁的时候来，就等于说在世上最幸运的时刻抵达。”在较优渥的市民餐桌上，烤牛肉和布丁有时替换为“一块水煮牛肉，先盐渍数日，再以白菜、胡萝卜、欧防风或者其他蔬菜或块茎将牛肉团团包围，佐以大量胡椒和盐，令其在黄油里游泳”。每逢雅集，伦敦家庭便围坐一台烤架前，“烤涂满黄油的面包片……被称为‘吐司’”。

17世纪也留下关于伦敦叫卖小贩所售食物的记载。插画家马塞勒斯·拉龙把蔬果贩和“叫卖‘来卖我的肥鸡哟!’的鸡贩”安置在卖“成熟芦笋”的女贩旁边，因为鸡和芦笋同被伦敦人视为美味。鸡肉其实也便宜。街头出售的肉类似乎只有鸡和兔。叫唤着“买只兔子！兔子!”的卖兔小贩，极可能是爱尔兰人，秋天带着山货进伦敦城做生意。那些被派出去向他买兔子的人，总是被嘱咐，“得靠气味嗅那兔子是不是刚杀的”。牛奶和清水被挑在桶里穿街走巷地叫卖，但酒不能这么卖。初夏可以买到樱桃，接着仲夏有草莓，秋天苹果上市。自秋入冬，蔬果贩叫卖梨子，或者头顶一只锅，叫卖新出炉热气腾腾的“瓦登梨”。斯摩莱特《亨佛利·克林克历险记》(1771) 里的马修·布兰布尔，最形象地展现了乡下人对城里人喜欢水果的态度，他说道：“我无须细说他们称为草莓的那种乏味、污秽的膏糊，经过无数油腻的爪子，转过二十只结了厚厚一层污垢的篮子，污秽又稀烂。”当然，这里所强调的是污垢，但也是强调伦敦人口过多，每一样物什都经由无数无名的“爪子”。鳗鱼是伦敦饮食里便宜的一种，通常由女贩卖活鱼，做馅饼或油酥糕点时当场剥皮。马路上叫卖的不光有鳗鱼，螃蟹、鲭鱼、比目鱼也都很廉价，牡蛎则是“一配克十二便士”，大约两加仑。

年轻男子从郊区进城卖“百合一般洁白的醋，三便士一夸脱!”这是一种苹果酒醋或白酒醋，可以作调味汁，也可用来预防疾病，但主要用于腌制。核桃、花菜、桃子、洋葱、柠檬、牡蛎、芦笋，不论什么食材都可腌制。

及至18世纪，烤牛肉已被称为“老英格兰”，尽管以往数百年间，牛肉仅是餐桌上众多肉盘当中的一样。也许牛肉作为民族特征的标志，更应当归因于外国旅人的看法，也即伦敦人“通通是肉食者”。他们普遍认为伦敦人饕餮。1718年5月，一只硕大的肉布丁，十八英尺二英寸长，直径四英尺，由六头毛驴拉往鱼街山的天鹅酒家，但显然“伦敦那些馋嘴经不住香气的诱惑，拦下押送队伍，劫了布丁分食”。1767年，一位德国牧师访问伦敦，写道：“眼见英国这个民族是如此的食肉之徒，实在会让外国人意外。他必定会目瞪口呆地看着摆在他桌上那块庞大的牛肉，这辈子从未见过如斯大胾。”这位观察者也注意到，“普通伦敦人”每天必吃“牛肉或羊肉”配白面包和烈啤酒。牛肉并不一定是牛排或腰腿肉。不过，在18世纪50年代，牛肉香肠在烹饪界时尚起来。

这位牧师所讲述的见闻里，还有一点颇有意思。在这些文字间，他提到伦敦人要求饮食须有鲜艳的色彩。白兰地和葡萄酒必须“色泽浓郁”，蔬菜必须水灵，绿得像“刚摘的”；譬如，白菜和豌豆要生吃，“恐怕煮掉了颜色”。也许这一事实暗示了伦敦人味觉的反常性。在一个戏剧城市里，连食物也须尽然摆在眼前，才能被理解。但这个事实或许体现了渴望获得某种效应的症状，这种效应本身可能是病态的。他注意到牛肉之白，提起小牛被迫舔白垩，以便肉质染上这种颜色。他也注意到较穷的伦敦人，“对于食物的颜色成见更深……他们认为面包越白就越好”。斯摩莱特笔下有个角色，认为白面包不过是“有害的面团，掺了白垩、明矾、骨灰和面”。这么说来，伦敦人单凭外貌下判断，误以为外貌就是事物的本性。当然，这也是社会道德学家的批判，认为恶棍和暴发户靠打扮和举止而被接纳为绅士。

不过，也有迹象展示对于如此饕餮饮食的憎恶。正如诗人约翰·卢克诺所说：“他们吃下如许肥腻之肉做何用?”斯摩莱特另一主角走进一间食馆，弥漫着“水煮牛肉的蒸汽”，满目是“牛皮、牛肚、牛肉馅饼或香肠……直让我反胃”。在这个时期，尊敬的屠夫同业公会，由于负债累累，欠了一屁股债，又被郊区的对手纠缠不清，结果完全无法控制肉类的销售制度。市面上无论多么劣质、发霉的肉都有。贸易的混乱统治再度成为这座城市生活的象征。

一如在 19 世纪早期，“食品加工业”设在泰晤士河沿岸的工坊旁边。肉高汤和肉酱汁来自伦敦桥，罐装肉或“专利牛肉”来自贝尔蒙德赛。这是鳀鱼酱、腌舌头、净化黄油、罐装鹅肝酱的世纪。还有一些较熟悉的食品。有些叙述描写 19 世纪旅人早餐食火腿肉、舌头，再加“一个恶魔”（即腰子），或者食羊排、牛臀肉、“牛排”，场面较小的地方则供应“火腿肉、里脊肉、鹅杂、火鸡杂，仅留鳃、鳍、尾巴的鳕鱼”。

但这个时期最多的文献仍是关于街头小贩叫卖的食物。这座城市里拥挤着大量躁动不安、急遽移动的人口，街头的叫卖等同于当代的快餐业，是最典型、最适宜的饮食形式。无论买的是裹在油纸里的炸鱼，还是装在棉袋里的煮布丁，穷人们都习惯“蹲在石头上吃”。霍尔本山卖刚下的鸡蛋，下圣贾尔斯宽街卖猪肉，随处可见烘烤土豆的摊贩，还有卖布丁卷或李干布丁的店铺。白教堂有个生意人告诉亨利·梅休，“他每日卖出值三百便士的布丁。其中三分之二卖给不到十五岁的少年……这些男孩通常十分烦人，他们会说：‘先生，你就不能给个李子多点儿的?’或者‘刚出炉的吗，我喜欢热的，热烘烘的’”。然后，三明治来跟这些热点心竞争，“这是我们最伟大的一大习俗”，查尔斯·狄更斯如此称颂道，认为三明治象征了恒常的活动与恒常的消耗，在霍克斯顿区不列颠剧院里成架成架地被吞噬。

在城市的商业区和时髦区，用餐时间早已有了改变。在过去五百年里，正餐时间大约前进了十个小时。15 世纪晚期，很多伦敦人“上午十点食正餐”，尽管有些人会稽延一个小时；16 世纪，主餐时间大概在中午十一点至十二点之间，但不会更晚。17 世纪，通常是十二点至下午一点。然而在 18 世纪早期，膳食时间急遽推进，及至 1740 年，妥当的正餐时间是下午二点，及至 1770 年，下午三点钟是最重要的进食时间。18 世纪晚期以及 19 世纪早期，正餐时间滑到下午五点或六点。19 世纪 50 年代，比切·斯托夫人写作伦敦生活，提到在“贵族”的餐桌上，晚上八点甚或九点吃正餐被视为最适宜。

18 世纪的道德学家们把主膳时间的延迟，归咎于道德力量的衰微与社会堕落的加剧，好似在成功地消耗一日光阴之前，消耗食物是万分重要的大事。然而促动这个进程也许是另一更明确的境况。尤其在 18 世纪早期年代，据格罗斯莱说：“做买卖的时间妨碍正餐的时间，于是生意人认为做完正事之后，再回家食正餐最可取。”贸易的亟务在伦敦生活道路上再度发挥重要作用。

第三十四章

堂吃还是拎走?

数百年以来，食馆或餐馆在人们生活道路上丝丝入扣。12 世纪有一位修道士描述泰晤士河畔有一间十分热闹的“饮食店”，可购得常见的鱼肉（炙烤、油煎、水煮），较讲究的食客可以点牛肉，无疑佐以艾尔啤酒或葡萄酒解渴。这家食馆或许可以自诩为伦敦第一家餐馆，只是有一位伦敦历史学家声称这间饮食店实则是罗马公共食堂的遗存。如此说来，伦敦殷勤好客的传统确实相当古老。譬如，12 世纪这间饮食店设有“富人餐室，穷人食肆”，家里倘有不速之客来访，还能在这里叫“外卖”。诚然，这是十分庞大的经营，也许类似特伦斯·康兰开设在索霍区和西区的大量餐馆，因为据威廉·菲茨—斯蒂芬说：“无论哪队士兵或过路人，无论白天黑夜何时进城或者离城，都会先转进这里。”

随着人口上涨，餐馆数量也成倍地增加，于是及至 14、15 世纪，面包街和东切普开满了厨子店。这些马路素称美食街，直接受市政府监管，食物价格都有严格的管制。食客有些自带食物，在餐馆的炉灶里现烧，炊火和人工的价格大抵一便士到两便士之间。

食馆是 16 世纪版本的厨子店，食馆的价格有十二便士，也有三便士，视菜式、舒适程度，以及主菜的价格而标价各异。木凳和支架餐桌排在铺了灯芯草的泥地，老板或堂倌在食客中间穿梭，叫唤着“您要点儿啥?”或者“您带了啥下锅?”肉、鸡禽、野味、馅饼按顺序上桌，“开始吃雀儿了?”是指快要吃好了。市民大约十一点半下馆子，等待肉盘上桌之时，或独自一人，或三五成群地逛来逛去，“有的炫耀衣服，尽量高声谈说，以便感觉自在”。这的确是颇自在的环境，演变为伦敦餐馆的范式，及至下世纪依然进行。

17 世纪晚期，弗朗索瓦·米颂形容似这样一个食馆的屠夫肉案：“牛肉、羊肉、小牛肉、猪肉、小羊肉；任你喜欢切割多少，肥的、瘦的、烧得嫩的、生的；盘上佐一点盐巴和芥末，一瓶啤酒和一块面包卷。”食毕，买了单或“结了账”，堂倌挎着一只篮子到餐桌前，提起厨刀刮去面包屑和肉末。很多餐馆设有“上等房”，供娇气或高贵之人进食，对于普通百姓来说，在“大餐厅”食一盘六便士的肉就不错了。

及至此时，这些餐馆早已漫延到东切普和面包街之外，发展到首府人烟稠密的地区。主教门街、林肯院原野、老贝利、科文特花园、秣市，以及其他很多地方，所有这些地方都有在当地极受欢迎的餐馆。

在 18 世纪，这些餐馆被称为“牛肉馆”或“猪排馆”，同时出现一些餐厅，专营更正式或较费时的大餐会。开在主祷文街的多利“猪排馆”尤其受欢迎，肉盘“热气腾腾地”上桌。也就是说，一烧好就给端上来。圣马田教堂后也有一家著名的厨子店，当地人称之为“粥岛”。不过，此地有些让人反感，因为跟“盖着一只白镴盘”从厨子那边端出来食物一样，杜松子酒和艾尔啤酒在这里也是主食。

当然，18 世纪最著名的餐馆是咖啡馆。事实上，其前身源自 17 世纪中叶，据某位时人在《伦敦地志》中记载：“在这个时代，也有一种土耳其饮品，名为咖啡，街头到处可见，另一种饮品名为茶，再一种名为巧克力，此物滋味极其畅怀。”1652 年，康希尔山附近圣米迦勒胡同开设第一家咖啡馆，两三年后，附近又开出一家，就在圣米迦勒教堂庭院。第三家叫作彩虹咖啡馆，位于内殿律师学院大门旁的弗利特街，1657 年因“滋扰、侵害街坊”而被起诉。然而，显而易见的是，泡咖啡馆在伦敦人中间旋即风行起来，如麦考利所说，既出于“方便在城里随便哪里订约会”，也是因为便于“花极小的钱就能在社交场合消磨一夜”。及至世纪之交，这座都城已有两千多家咖啡馆。

有一幅佚名的画作，大约断代为 1700 年，描绘数个戴假发的绅士，坐在咖啡“盘”前。桌上点有蜡烛，地面是糙木地板。有个顾客在抽一根长陶土烟斗，其他人在读期刊。这样一份期刊，在 1711 年春天发行第一期，刊登关于咖啡馆世界的文章，“时或见我把脑袋探进威尔咖啡馆的政客圈，聆听这些小圈子的谈话。时或我在切尔德咖啡馆抽烟斗，似乎对周围全然漫不经心，浏览着《邮报》，耳朵旁听咖啡馆里每张桌上的夜话。星期天晚上，我去圣詹姆斯的咖啡馆，有时参加内室的政治家委员会小圈子，因为我们来这里正是为了听大事、提高自身素质。此外，我也频繁光顾希腊人咖啡馆、可可树咖啡馆……”在所有这些咖啡馆里，当日的新闻和谣言得以传播。

每个行业和职业都有其咖啡馆，麦考利提到：“外国人说咖啡馆尤其令伦敦有别于其他任何城市，咖啡馆是伦敦人的家，倘若想找某个绅士，通常不会询问他是否住在弗利特街或大法官巷，而是打听他是否经常光顾希腊人或彩虹咖啡馆。”那位著名的医生约翰·拉德克里夫，从博街一路走到康希尔交易胡同旁的盖拉维咖啡馆，总是站在固定一张桌前，“被手术师和药剂师包围着”。他扣准了“交易所满员的时刻”去咖啡馆，无疑是希望有钱的商人和经纪人也前来侍候。

在另一些咖啡馆里，律师约见委托人、经纪人之间碰头、商人跟主顾喝咖啡、政客跟新闻记者喝茶。针线街的弗吉尼亚和马里兰咖啡馆成为公认的跟俄国做生意的商人的碰头地点，于是改名为波罗的海咖啡馆。康希尔山的耶路撒冷咖啡馆是从事西印度群岛贸易的商人的港湾，而康希尔山的巴森咖啡馆类似医生等候接见城里客户的“诊疗室”。马丁巷的老屠夫咖啡馆被认为是伦敦艺术家的中心，辉格党员光顾圣詹姆斯街的圣詹姆斯咖啡馆，保守党员和詹姆斯二世党人则出入不远处蓓尔美尔街角的可可树咖啡馆。德弗卢院的希腊人咖啡馆迎合律师的需求，科文特花园罗素街北侧的威尔咖啡馆是知识分子和作家的天堂。甚至还有一家漂浮的咖啡馆，开在一艘船上，停泊在萨默塞特府阶梯畔。这艘船名叫“浮里”号，“似军舰一般庞大”，设有数个隔间，供应咖啡、茶，以及“烈酒”。正如伦敦诸多河上消费场所，起初出入的都是上流社会的人物，但渐渐地吸引来酒鬼或不名誉的顾客，简直变成河上窑子。最后船身腐烂，变卖为柴火。鉴于不是生在陆地，它就没有顽强的根底。

无论在陆地还是在水上，咖啡馆通常都有些昏暗，弥漫着浓重的烟味。木地板通常经过打磨，随处摆着痰盂。有些咖啡馆的桌椅污渍斑驳、肮脏不堪，也有些摆设“直背椅子和狭窄的座位”，灯罩熏黑，蜡烛噼里啪啦地摇曳着火苗。那么，这些咖啡馆何以挤满了平常百姓，何以跟21世纪的酒吧一样，成为城市生活的象征？一如既往地，其中一大缘由是买卖。咖啡馆充任账务室、拍卖会、办公室、店铺，商人、代理人、出纳、经纪人在此谈生意。出售庄园或房产的代理人在这些咖啡馆里约见委托人，同时也促进其他货物的交易。譬如，在1708年，我们可以读到一则颇让人不寒而栗的告示："黑人小男孩，十二岁，擅侍候绅士，在芬奇巷丹尼斯咖啡馆出售。"

咖啡馆的气氛本身也用于促进交易，拍卖渐渐成了咖啡馆的特色服务。在盖拉维咖啡馆的"蜡烛法"（以蜡烛燃尽或烛身所插大头针掉落时刻的出价者为买家）拍卖会上，店家供应咖啡、酒、松糕以助兴。盖拉维咖啡馆在交易所对面，从而成为"跟市政府打交道的要人以及富贵人士"出没的场所，从而这里所拍卖的包括书籍、画作、茶叶、家具、葡萄酒、硬木。这间咖啡馆宽敞，屋顶低矮，贴墙排着桌椅，中央一道大楼梯通向楼上的拍卖室，位置靠得如此接近，使得买卖与娱乐殊异地交错。这种欢快融和的气氛，兼加燃烧着海煤炉火，插在叉上烤的松糕，再添上如"阿列夫"在《伦敦之景与伦敦之人》所描绘的顾客形象，"兴致极高，机智的玩笑在人们中间咬耳散布，人人似乎都相熟"。然而，在伦敦，外表往往靠不住。1720年南海公司倒闭之时，大笔财产损失，斯威夫特评论南海泡沫事件所引起的效应，把"盖拉维咖啡馆悬崖上"那些投机者形容为"靠打捞海难物品为生的野蛮种族"。

1770年5月，托马斯·查特顿写信给母亲说："我经常去查普特咖啡馆，认识那里的所有天才。"查普特咖啡馆位于常春藤巷对面的主祷文街拐角，是书商和心怀抱负的作家的据点，这些咖啡馆的典型特征是安装小玻璃格的窗户，四壁装饰护墙板，天花板低垂，粗壮的横梁裸露，即便在中午时分，里面也是一团昏暗。查特顿提到天才之时，所指的可能是一个出版商与作家的小俱乐部。他们总是坐在这间咖啡馆东北角的包厢里，自称"湿纸俱乐部"。他们推荐"一本好书"之时，此书必是已经十分畅销的书籍。在这样的背景和交往里，也许值得一提的是，查特顿貌似自杀的死亡，被认为直接缘自他无能从伦敦出版界的交易作风之中受益。

查普特咖啡馆也深得牧师的惠顾，因为据"阿列夫"所说，"这里也是穷堂区牧师的待雇处，等待临时受雇去做星期天的祷告"，这些穷牧师也包写布道文。布道文从两先令六便士到十先令六便士不等——"买家只消给主题和教义"，当即就会出来一篇相宜的虔诚说教。譬如说，倘若关于施舍的布道文"供过于求"，那么就可以极低廉的价格买到"修建堂区学校的感人呼吁"。

查普特咖啡馆的价格跟其他此类经营场所不相上下。19世纪之交，一杯咖啡五便士；夹四片火腿肉的三明治搭一玻璃杯雪利酒两便士；一壶茶配三只茶杯，外加六片面包、黄油、一块松糕、两块烤面饼，十便士，或者更应该说，一先令，因为另外两便士进领班威廉的衣兜，似他这样的角色似乎是伦敦一大典型，永远驻守在他们工作的地方，彻底地体现了伦敦的本质。威廉中等身量，略胖，传说他有钱投在“基金”里。他总是十分镇定，彬彬有礼，正如永不疲倦的观察者“阿列夫”所说，“穿得比任何顾客都讲究，上身黑西装外套，及膝裤，黑丝紧身裤，一尘不染的阔领巾”。总是殷勤又寡言，“眼神留意每个角落”。他希望收到一便士或两便士“小费”，但时或有意外的丰厚赏金。“他怀疑某顾客极贫寒之时，会端上两块松糕，仅收一块的价钱。”常客与他颇随和，总管他叫“威廉”，但他“以好奇的眼光”估量陌生的面孔。对于那些他认为不宜进门者，他打发他们走，说他们“必定走错门了——蓝野猪咖啡馆在沃里克巷”。

在查特顿来过七十年之后，夏洛蒂和艾米莉·勃朗特前往比利时，途中来到这间文人或“操笔头者”的咖啡馆。夏洛特后来忆起一个领班，“花白头发，上了年纪的男人”。此人极可能就是威廉。他领她们上楼到一间临眺主祷文街的房间。她们倚窗而坐，但“对面灰沉沉的黑房子里，不能看见丝毫动静或变化”。街道如此寂静，行人的足音听得十分真切。夏洛特的一个女主角，《维莱特》（1853）里的露西·斯诺，初到伦敦的第一夜便住在这间咖啡馆。次日她望向窗外，“我的头顶、屋顶，几乎触及天上的云，我看见一团球状的大块，蓝黑色，灰暗——是教堂顶。我看见我的内在自我一动，我的灵魂扇动深受桎梏的翅膀，几欲挣脱。我猛地感觉仿佛自己不曾真正地活过，终于体味到了人生”。于是，在圣保罗大教堂的阴影之下，伦敦咖啡馆亦能赋予启示。

咖啡馆也延续到19世纪的伦敦。当时，有些咖啡馆专营交易，有些转变为俱乐部或私人旅馆，也有些做回餐馆生意，装饰了红木餐桌、油灯，以绿帘隔开包厢。19世纪初，涌现了另一类咖啡馆，经营劳工或搬运工上工之前的早点，供应的菜式有猪排、腰子、面包、腌菜。最常点的是“茶加一枚鸡蛋”。在很多此类咖啡馆里，不同“房间”的咖啡价格不等。清晨四点钟，穷主顾花一个半便士点一杯咖啡，一片薄面包加黄油；早上八点钟，境况略好的顾客点一便士的面包，一便士的黄油，加价值三便士的咖啡。阿瑟·莫里森在《贫民窟的孩子》（1896）里描述一间咖啡馆：“干瘪的腌熏鲱鱼……可疑的蛋糕……无味的烤饼……陈腐的腌菜。”然而，这里仍然比附近那间厨子店体面些，那里热气蒸腾的，也许由此而引发了那句穷途末路之时的感慨：“但愿我死了开间咖啡馆。”查尔斯·布思走访东端之时，有一次走进一间“怪简陋的咖啡馆”，只见长柜台上“摆着很多面包块、培根片、大量黄油、两只茶罐……三只售寇普艾尔酒的啤酒泵……一只玻璃瓶盛满腌洋葱……全都糟乱地堆积在一起”。请留意这无处不在的腌货。伦敦人喜食辛辣。三十年后，乔治·奥威尔走进伦敦塔山一间咖啡馆，发觉自己身处“一个沉闷的房间”，摆设着 19 世纪 40 年代制作的“高背椅”。他点茶、面包、黄油（19 世纪以来中产阶级的固定早餐）之时，被告知“没有黄油，只有人造黄油”。墙上还有一张告示，大意是“不得顺走方糖块”。

也有食粗茶淡饭的早餐店。“早餐店”本质上是咖啡馆的另一个名字，“热得令人窒息”，咖啡味混合“煎培根片的气味，还有一些绝非宜人的气味”。自从 18 世纪以来，就已经有了“早餐摊”，实际上就是街角或桥下摆数张餐桌，供应价为半便士的面包块和黄油，加一大壶在煤火上温热的茶或咖啡。较讲究的咖啡车转而替代这些摊位，仿制伦敦中世纪店铺的外观，以木板搭建，配百叶窗。这些咖啡车通常漆为红色，配两副车轮，由一匹马拉到熟悉的地带，譬如，查令十字街、萨洼街尾、威斯敏斯特桥头、滑铁卢桥下、海德公园角、西印度码头大门旁。车上供应从萨维罗猪肉熏肠、水煮蛋、咖啡到伍德宾牌香烟等，一应俱全。

有一幅断代为 1881 年的画作，画面十分生动，描绘伦敦人围在公园或广场大门口开设的“日档”前。老板娘正在洗一只杯子——大多摊档确实主要由妇女经营，及至今日很多酒吧依然延续这一传统。由于有女性在场，暴躁好斗的顾客便稍作收敛，不那么倾向于惹是生非。桌上有面包，却不见火腿三明治和“水芹”的踪迹，这些原是常见的食物。一个男孩身穿红色外套，绣着伦敦城徽章，坐在独轮车上，吹凉茶碟里的液体。他是市政府雇佣的马粪童，在马路上跑在马后铲马粪。一个扫十字路口的女人和女摊贩，面容忧愁或疑惑，似乎都在旁观这车吃食。一个衣着光鲜的年轻女士，手拎遮阳伞和衣帽盒，在摊位另一端文雅地啜饮。这幅画意味深长地体现了维多利亚晚期的伦敦生活。跟这类摊档抢生意的是烤土豆车，一种在大街小巷推卖的便携式烤炉。还有牡蛎摊，正如俗语所说，伦敦人“吮着拇指吃的”。

进入 19 世纪，食档和食肆摇身变为猪排店、火腿牛肉店或时髦的牛肉馆。也有酒肆或酒吧招待自带肉块的顾客，堂倌当场现加佐料，搁在烤架上炙烤，收一便士人工费。21 世纪的酒吧食物便起源这些 19 世纪的食店，在这些餐馆里，“上好的老芝士”、老羊肉馅饼、烤土豆通常现摆在柜台上出售。

那些老猪排店和牛肉店也不一定都有好名声。纳撒尼尔·霍桑在《英伦笔记》(1853—1858）里描绘这样一个场所，“桌布污秽，落满其他食客留下的食物碎屑；铁叉子、装盐的铅罐、最寻常的陶盘；供人坐下吃喝的摊档逼仄又阴暗”。并且，他注意到这个名叫阿尔伯特食铺的条件并非属于特例。从历史角度来说，这彰显了伦敦人长期以来使自己所适应的肮脏与苦寒。当然，也有不同等级的服务和舒适。在较正式的餐馆里，侍者左手搭一块餐巾，以“快捷又千篇一律的口吻”向食官口诵哪种食物“刚出锅”，道说一长串“烤牛肉、水煮牛肉、烤羊腰腿肉、水煮猪肉、烤小牛肉、烤火腿、三文鱼、虾酱、鸽子馅饼、臀肉牛排布丁”。在较时髦的牛肉馆，有六便士一盘和四便士一盘的菜肴。侍者会朝旁边的厨房喊一声“两个六便士、一个四便士”。

数百年以来，此类饮食场所赋形为各种形式，主宰着伦敦城，在 19 世纪后半叶，转而被新兴的酒店，跟新建火车站“点心室”相连的“餐厅”和“餐馆”所取代。这些饮食经营场所并非势必胜过其前身。伦敦拥有饮食单调又难吃的名声，实则始于 19 世纪中期。1877 年，亨利·詹姆斯尖刻地批评伦敦的酒店“其恶劣简直臻至神人级”。然而这些酒店依旧生意红火。圣詹姆斯酒店据称是第一家“引进单独餐桌的餐馆”，但真正利用并且发扬这个创意的是里兹，里兹酒店的兴起，有效地终结了“食客在大餐桌上一同进餐”这一伦敦老风俗。自 19 世纪 60 年代以来，餐馆、“餐厅”和“午餐吧”的数目倍增——皇家咖啡馆于 1865 年开张，标准餐厅（正如很多餐厅，以附近的剧院命名）于 1874 年开张。河岸街欢乐剧院旁的斯皮尔斯与庞德欢乐餐厅于 1869 年开张。现存有一张其“餐室与舞厅”的相片，外面停着一辆汉孙式马车，戴高礼帽的男子鱼贯而入。当时《建筑新闻》的报道提到一间午餐吧、一间咖啡馆、两间餐厅，全都装潢着“浮华的图案”，简直似“彩色玻璃设计师，甚至舞台布景画家的作品”。欢乐餐厅和剧院最终皆被拆除，以便腾出地盘修筑奥德维奇街。

餐馆的出现引发了社会更迭。譬如，女人不再被排除在晚餐桌外。20 世纪早期，沃尔特·贝赞特写道：“女士可以去这些餐馆，而不受人指摘，她们的在场带来了极大的改变。气氛总是令人愉快，倘若不说兴高采烈的话。”这个描绘委婉地暗示那种老式、只招待男性的猪排店颇有些凄凉或消沉。查令十字街的盖提餐厅最先引入音乐。这个时尚风行极快，及至 20 世纪 20 年代，唯皇家咖啡馆藐然保持肃静。其他的变迁则较渐苒、细微。1926 年，《夜生活》的作者拉尔夫·内维尔提到，相比快节奏和匆忙的现代餐馆，维多利亚餐厅的节奏缓慢得多，“总在各道菜之间稍作停歇”。这位作者将前者归因于伦敦马路上出现了汽车。在这座城市里，万物相连。

在这个世纪，也出现了莱昂斯连锁餐厅。这些连锁餐厅于1909年开张，演变自19世纪末的一些茶餐厅和餐馆，包括第一家完全位于地下的餐馆，位于斯洛格莫顿街的莱昂斯餐厅，其烤肉厨房位于地下四十英尺。正如混杂在较简朴的伦敦咖啡馆里的是形形色色的伦敦人，伦敦的茶餐厅也被视为“民主化……可以见到各阶层的人们坐在一起吃喝同样的东西”。1913年，西奥多·德雷塞走访一间位于摄政街外的“莱昂斯”，只见“一间大餐室，装潢仿照宫廷舞厅式样，天花板上悬挂庞大的棱镜玻璃吊灯，一间楼厅以奶油色和金色为装饰主调”。然而菜式“一般”，食客“很普通”。这么说来，伦敦生活的通俗与戏剧特征再度浑然天成。

沃尔特·贝赞特的《伦敦城东》有一段文字，生动地描绘了20世纪初的东区食物，描绘了星期天早餐的盐渍鱼、人称“尼尔森”的油酥团，还有夜间出售的“炸肉丸、萨维罗猪肉熏肠、豌豆布丁”，当然还有无处不在的馅饼店或“鳗鱼馅饼吧”，通常的菜式有鳗鱼冻、萨维罗猪肉熏肠、热腾腾的肉馅饼搭配土豆泥。唯有炸鱼薯条店的生意尚能比拼这些食店。

第二次世界大战前夕的年月里，典型的“东区”菜单上有萨维罗猪肉熏肠、豌豆布丁、德国香肠、黑布丁、炸鱼、腌菜、馅饼皮、土豆、炸肉丸、芥末泡菜。浓茶和涂黄油的大片面包也是日常生活的主食。伦敦其他地区的条件较复杂些，那些地方不似这里如此强调传统菜式，但标准的菜肴总是肉、土豆、两种泡在肉汁里的蔬菜，从而加固了伦敦缺乏真正烹饪技术这个名誉。

两次战争之间，以及第二次世界大战后，伦敦的餐馆被视为远远落后于欧洲其他首都的标准。有些餐馆招待英国中产阶级，供应牛肉、老羊肉、绿蔬菜、香肠、土豆泥、杏干、蛋奶糕。但在索霍区，由于法国人、意大利人、西班牙人、俄罗斯人、中国人带来了烹饪技术，餐馆业开始繁荣。在索霍区周边，也引进（或者说起复了）进食的轻松气氛。1933年，第一家三明治吧开张，是奥克森登街的桑迪三明治吧；随即首都到处开满了三明治吧和新零食摊。二十年后，这个口味革命有了一个互补：弗里斯街开了第一家咖啡吧，叫作米加咖啡吧，也是在索霍区。

因此，快节奏饮食界这一现象，先前体现于14世纪的馅饼铺，19世纪的烤土豆车也毫不逊色，然后在现代再度兴起。而今，三明治是伦敦午餐的主食，从“准备开动”连锁餐厅到繁忙十字路口的街角小店都有其踪迹。快餐业也增添了诸如牛肉汉堡、鸡翅等品种。因此，这座城市的主食依旧如故，其凶猛的胃口也始终不减。据一项全国统计数据，伦敦家庭“下馆子和咖啡馆……

外卖、零食”的开支预算大约“高出整个联合王国三分之一”。

20 世纪 80 年代，迎合各种口味与饮食氛围的大酒店开始流行，伦敦便逐渐摆脱了饮食地狱这一恶名。现今，伦敦人可以选择蛤蟆鱼天妇罗、辣椒鸡胸肉配椰汁饭、烤兔肉配玉米粥、煨章鱼配鹰嘴豆和芫荽。不少餐馆很快变成兴旺的企业，厨师成为伦敦城的名人、被议论的人物，业主则出入时髦的艺术界和上流社会。20 世纪 90 年代，某些餐馆在股票交易所上市，越发彰显了饮食与商业之间的关系，另一些餐馆则被大企业收购，作为一种投机的赢利形式。新近开张的一些餐馆确实极其庞大，未订座的餐桌则寥寥无几。这一事实见证了伦敦人典型的、常驻的饕餮胃口。正因如此，这座城市一向被称为市场之城。

第三十五章

集市时节

最初的集市摆在街头。事实上，我们可以想象，从新门的肉市到康希尔山的鸡禽市，12 世纪或 13 世纪伦敦中心是一串连绵不断的街头市集。1246 年，在肉市上，“屠夫的肉摊一概标定数字，盘查摊主、供应货物或服务、销售的对象”。圣米迦勒教堂的阴影之下是谷物市场。谷物是生活的主食，从而被纳入教会的羽翼之下。谷物市场不远处，老鱼街和星期五街（因为人们星期五不吃肉）设了鱼市。面包街和牛奶街就在近旁，从而为这座城市赋予地貌统一的重大意义。街道以可在此地购得的食物为名。那么，这座城市或许可以界定为人们前来买卖的地方。

13 世纪的伦敦市民走下西切普（如今称为切普赛德街），远离肉市和鱼摊的气味，途经出售挽具和马鞍的店铺，走过鞋匠兜生意的地方，还有面料商人陈列布匹的货摊。在这些店铺之外，便是鸡禽街，其街名无须解释，再过去是卖兔子的考内霍普巷。慈恩堂街原被称为“草本教堂街”，以此地出售草本调料以名。

在《给伦敦城的警告》里，有一些描绘附近街市的素描，画面虽怪异却十分活泼。圣尼古拉斯屠宰场旁，半爿牛、全猪、全羊，一排排挂在肉店外。在慈恩堂街，卖苹果、鱼、蔬菜的小贩正在支起柱子和凉篷摆摊，这种摊式源自埃塞克斯郡和肯特郡。但并非所有货物都摆在露天摊上，据估计，切普赛德街沿路大约有四百多家店铺（可能类似木制售货亭）。场面想必十分喧闹，当局颁布多重法令，试图遏制人群。当然也有其他风险，譬如严禁倒卖偷窃物品。康希尔山的服装市集素有恶名，正是在这里，《吝啬伦敦》的叙述者认出自己那件在威斯敏斯特失窃的斗篷。鉴于“很多风险和大乱子……无数斗殴与混乱”，在康希尔山“Evynchepynge”（晚市）上，官方勒令“康希尔山图尔监狱的钟响之后”，不得从市集带走任何东西。日落前敲钟，三十分钟后再敲响，可以想象，随着太阳慢慢沉没在这座城市的高塔和屋顶背后，摊贩们吆喝着，招呼渐渐散去的人群。

贸易的这片大混乱，正是导致1283年鸡禽市场东首建造“斯托克斯市场”的一大原因，在这个集市上，可以出售“鱼和肉”，还有水果、块茎、花卉、香草调料。“斯托克斯市场”这个名字并非源自所供应的“stocks”（货物），而是源自那个地区惩罚罪犯所设的刑枷。这个“享有特权的市场”在此地经营了四百五十年，素以货色齐全上乘闻名，直到18世纪中期迁到法灵顿街。有一幅版画，描绘迁移前不久的景象，显示查理二世的雕像立在市场中心，两只小狗仰头盯着售芝士的摊位，一个女人和孩子挎着篮子，坐在雕像基座台阶上。背景是买卖与讨价还价的活跃景象。在前景，一对恋人碰头，显然完全无视周遭的聒噪，一位本地人给一位外国访客指路。在此，我们或可就此评论泽维尔·巴伦的描述，在其奇妙出色的三大卷著作《伦敦：1066—1914》里，他叙述无数外地人口中的一段证词：“倘若你在街头询问某个绅士，无论他急于从事何事，你一开口相询，他必定会停下作答，经常会绕道给你指路，或者把你托付给似乎也往同一方向去的路人。”画面上方的阳台上，一年轻女人在拍地毯。在这番景象里，或可说伦敦再度复活。

比灵斯门也许是伦敦最古老的市集，据称其地基建于公元前400年。古昔时代的渔民在这里卖捕来的鳗鱼和鲱鱼也并非不太可能，但官方的记载仅可追溯到11世纪初。毫无疑问的是，这里向来与伦敦城保持距离。在这里，空气里弥漫着鱼腥味，脚底下粘着鱼鳞，周围“一片烂泥塘”，于便滋生了特定的人物类型与传统。

譬如，比灵斯门的“老婆”（也许是据说此地曾经崇拜比灵神的女信徒的后裔）身穿结实“材料”的罩衣和絮棉衬裙，由于头顶篮子的风俗，她们的头发、帽子、系带帽全都压作一团，扁塌无状。人称她们为“鱼婆”，她们叼着一只小烟斗抽烟草、吸鼻烟、喝杜松子酒，以丰富生动的语言著称。1736年有一本词典定义“比灵斯门女人”为“泼赖佻薄的邋遢女人”。然而，19世纪以来，鱼婆渐渐地绝迹，让路给伦敦脚夫这个新品种，他们头戴牛皮头盔，帽边垂到脖颈上，以方便扛鱼篮。跟这些扛鱼的脚夫相映成趣的是鱼贩，连冬天也头戴草帽。如此说来，穿着和语言的特定传统在伦敦这块小角落涌现。

这样的现象在很多地方都可见到。史密斯菲尔德不如比灵斯门那般历史悠久，但是在 11 世纪之时，城墙外的“史莫斯菲尔德”已是买卖马匹、牛羊的固定地点，以酗酒、闹乱子，以及常见的那些暴力行为出名，从而获得“痞子厅”这个名号。1638 年，这个牲畜市场获得皇家特许执照，然而暴力并未因此而有所收敛。

集市在星期二和星期五。马寄养在附近的马厩，但牛和其他牲畜都从偏远地区赶过来，给动物造成极大的苦恼，给市民带来极大的不便。福肖和伯格斯特龙合著的《史密斯菲尔德今昔》记载道：“手段异常残酷，可怜的畜牲两肋被尖头棒捅刺，驱打脑袋，以便赶到该去的位置。”19 世纪初期，每年出售一百万只羊、二十五万头牛。那喧嚣与臭气，料必可观。危险也是巨大的。1830 年某日，在高霍尔本，“一位绅士被一头十分强壮的公牛撞倒，他没有来得及苏醒，便已被重踩，顶死”。在转风车街，这是从附近原野通向集市的另一大道，一头阉猪“轧烂了一个少年，据说差点吃掉了他”。有时，畜牲被刺得惊跑，从克拉肯维尔和市府参事门那些泥泞的陋巷狂奔下来，而这里的混乱与放纵的大氛围，转而又被形形色色的地痞恶棍所利用，他们伺机对喝醉或粗心之人下手。

狄更斯赋有捕捉地方精神的直觉，他把史密斯菲尔德当作“污秽和泥沼”的中心。在《雾都孤儿》(1837—1839)，在一堆“未曾洗漱、未曾刮胡、邋遢、污脏的人群当中”，尽是“拥挤、推挤、驱赶、揍打”。《远大前程》(1860—1861)的主人公开始意识到“这个龌龊的地方，到处涂抹着污秽、油腻、血迹、泡沫，似乎胶附在我身上”。在这段文字成书的八年前，活畜牲市集已迁到伊斯灵顿的哥本哈根原野，但死亡的气氛依旧未散。1868 年，中心肉市在史密斯菲尔德畜牲市集旧址上建起之时，被形容为“适宜屠宰牛、猪、羊的完美森林，悬挂在铸铁栏杆之下”。

至于蔬菜市场，说来便无穷无尽。萨瑟克的博罗市场诚然可以自称是最早被载入史册的市场，起源于 11 世纪之前，但科文特花园仍是最显赫的。这里确实曾经是花园，种满了香草、果树，似乎灵异地逆料了其后世的缤纷色彩。

然后，还有威斯敏斯特的菜圃，毗邻16世纪末修建的贝德福德庄园的花园。但市集本身却是缘于贝德福德公爵的提议，他想建造一处装饰精美的广场，以便完善他的意大利风格的郊区别墅的壮丽规划蓝图。1630年，广场及周边房屋开始立起，生意人随即涌进这片地区。广场南边，倚着花园围墙，支起了无数棚屋和摊位，出售水果与蔬菜；这些买卖原本属于当地的便利设施，但也拥有经济效益这一额外的好处，1670年，庄园申领了特许执照，可开设“买卖所有品种的水果、花卉、香草”市集。三十五年后，这个市集设立了一层楼的固定店铺，分两排摆列。逐渐地、不可阻挡地，市集在整个广场上蔓延开来。

这个集市成为英国最著名的市场，并且鉴于它在这座世界贸易之都的独特地位，这个集市形象反复出现在素描和绘画作品里。1647年，这个集市首次出现在温斯劳斯·霍拉的蚀刻画里，据《画中伦敦》诸位编辑所说，此画赋有“第一次特写伦敦一方地面”的优点。另一幅画作，出自18世纪早期，显示一群赶早集的购物者挤过木结构的店铺和露天货摊；柳条篮里露出新鲜水果和蔬菜，背景里，一匹马拉着板车驰过。二十年后，1750年，绘画的形象彻底地改变，如今两层楼房取代了破蔽的木棚，集市在整个广场上铺开。从吃力地挎着一篮苹果的少年郎，到正在包香料的中年女贩，一切都活泼生动。有来自巴特锡的卷心菜、德特福的洋葱、切尔西的芹菜、查尔顿的豌豆、莫特莱克的芦笋、哈默史密斯的芜菁。板车和轿子你推我挤，从乡下驱进城的篷盖马车驶过人群。这幅画描绘了一座贸易城市的精髓，另一幅稍晚时代的画作则体现了这个集会也有扒手和街头艺人的位置。

乔治·沙夫的两幅作品，创作时间分别被断定为1818年和1828年，细致地描摹了集市活动的很多细节。据沙夫的笔记记载，J. W. 德雷珀“橙子商人”的店铺招牌为“黄色和绿色”，还有“土豆商人怀特曼和巴特勒”的店面、卖香料和种子的小贩的素描。有满装着卷心菜、萝卜、椰子的手推车，还有流动货摊推卖苹果、梨子、草莓、李子。一个年轻蔬果贩的手推车上插着一面红白蓝相间的小旗，表示四个橙子一便士。

1830年，一座固定的市场落成，平行三排布设林荫道、柱廊、暖房，赋予这个市场以某种机构的气派，也巩固了其作为世界贸易的大商场这一地位。约翰·廷布斯在《伦敦珍奇》里宣告道：“一年到头无论哪天，在此地买到菠萝的可能性，胜过在原产地牙买加和加尔各答。”蒸汽船从荷兰、葡萄牙、百慕大群岛运来货物。

集市上也开始有了规矩和秩序，蔬菜摆在南面，水果设在北首，花卉放在西北角。伦敦人“在忙碌中偷空到这里看看剪扦的鲜花，享受这单纯的趣味”，此行渐渐地成为风尚。他们凝视水仙、玫瑰、石竹、康乃馨、桂竹香，然后重新投进城市惯常的喧嚣与聒噪之中。

这座人称为新市场的市集开放了一百多年，及至 1974 年迁到巴特锡。集市迁走之后，科文特花园的气氛自然也随即改变，但依旧不变的是喧闹与忙乱。叫卖小贩依然逗留不散，但小贩挎着篮子招徕顾客的叫卖声转变为流浪乐手的卖唱声，手脚麻利的脚夫变身为另一类街头艺人。

史密斯菲尔德、比灵斯门、科文特花园、“斯托克斯市场”，这些大市集被视为伦敦生活的中心，也被视为一种象征。在其《伦敦人的生活和劳动》里，查尔斯·布思透露，在衬裙巷市场，星期天早上可以买到“棉床单、旧衣服、破靴子、破油灯、剥落的牧羊姑娘瓷像、生锈的锁”，还有小贩在卖“荷兰甘草浆”、卖菝葜酒，还有床架球饰、门把手、装水煮豌豆的大盆。20 世纪早期，塔比·艾萨克斯在此摆摊卖面包和鳗鱼冻。21 世纪初，这间小店依然开张。附近温特沃思街有面包店和鱼店。砖头巷出售“鸽子、金丝雀、兔子、家禽、鹦鹉、豚鼠”。亨格福德市集以绿色蔬菜著称，斯皮塔菲尔兹市集以土豆著称，法灵顿街市集以水芹菜著称。高志街有个蔬果市场，皮革巷的市场出售工具、器械、流动小贩的家什，以及“旧床架球饰、生锈的钥匙或者长短不等的铁管”。自 13 世纪成立以来，利德贺市场最初以毛料著称，但其大院先后转变为屠夫和鞣皮匠的店铺。林肯院原野旁克莱尔市场的屠夫颇有恶名。贝尔蒙德赛市场以皮革和毛皮著称，塔特萨尔市场以马匹著称。鱼婆在托特纳姆院路做生意，“黑夜里在鱼篮上插一盏灯笼”。将这些市场数一遍，便是数遍伦敦城：弗利特街市场、新门市场、博罗市场、里森格罗夫市场、波特曼市场、新港市场、伊斯灵顿的礼拜堂市场。

市场这个隐喻，如今已扩展到伦敦全城，并且超出了贸易系统，但其源头在砖巷、衬裙巷、皮革巷、豪克森街、伯立克街。所有这些以及其他近百条街巷，依然作为街头市场留存下来，大多仍然摆在最初兴旺的地点。在这里，穷人辗转数手买到富人所购的新货。然而，也有些街头市场已经消失。伦敦塔山旁的旧衣市场已经消失：在这个荒凉的地方，“旧衣服”曾经摆在烂蔬菜、陈面包和臭肉中间出售，如今湮没在自身的垃圾之下。

第三十六章

垃圾问题

这座饕餮城市所吞噬的，终究必定以垃圾与粪便的形式排出。托马斯·莫尔是伦敦副治安官，亲身体会这座城市的恶臭和污秽，他在《乌托邦》(1516) 里决定，城墙内严禁沾染肮脏或病害的东西。16 世纪早期，免于这些秽物的城市确实是乌托邦。

在罗马文明统治的数百年间，公共澡堂和公厕体系积极地促进了城市的清洁，伦敦城的卫生状况不亚于罗马帝国任何一座城市。然而，设若想象这是一座光洁无瑕的大理石城市，便失于轻率了。城墙内空地上堆放的垃圾堆里，可以见到牛、羊、猪、马的骨头，虽则半驯服的渡鸦总是乐意消费街头散落的垃圾。往窗外倒尿壶是众所周知的行径，法庭卷宗记载了无数此类案件。罗马时期酒肆和工坊门口，挖掘出大量石制容器，据推测最可靠的用途是作为尿壶。这是伦敦洗手间设备的最早物证（在一处沿着鱼街山的考古挖掘地点，发掘一包大麻，也印证了这座城市漫长的毒品传统）。

撒克逊人和维京人占领时期，文献表明人们随地大小便，甚至在屋内解决，这意味着卫生习惯的恶化。我们转而或可想象，在这座中世纪城市的马路上，到处是马粪、尿堆，再加上屠夫随手扔出的动物内脏，还有木屑、厨房垃圾、人类屎尿、日常垃圾，通常将马路两侧的“水沟”壅塞。13 世纪的条例规定“不得在马路或巷道搁置马粪或其他污物，人人有责指使耙工将之转送到指定地点”。这些指定地点是垃圾场的雏形，垃圾装上板车或船运到偏远地区，粪便可作为田野肥料。猪可以在街头自由地溜达，作为天然的垃圾消费者，但它们挡住整条狭巷，或者闯进门户，十分滋扰市民的生活。限量捕杀之后，鸢取代猪的位置，执行1世纪之时在伦敦吃垃圾的渡鸦的职责。事实上，官方明文禁捕老鹰和渡鸦，违者死罪。这些鸟如此不怕人，竟会从小孩手里抢面包和黄油。

1349年，爱德华三世致手谕于伦敦市长，烦言连连，抱怨大道上“屎溺狼藉，城里空气污染毒恶，陷路人于极大的危境”。于是，市政当局颁布一道公文，谴责街头所淤滞的“令人痛心与憎恶”的秽物堆、粪便堆，以及种种腌臜之物。从《意见信档案》和《陈情与备忘录卷宗》显然可以看出，这座城市的官员们畏惧传染病，便接纳了卫生法。四名清洁工负责各区的垃圾，每个户主负责清理门口街面的恶臭废物。被抓获往弗利特河或沃尔布鲁克溪倒垃圾的市民要被罚款。政府任命“水沟巡佐”，确保马路的水沟畅通。俯瞰沃尔布鲁克溪的房主需缴纳税金，方可在河上建厕所，伦敦桥上有一百三十八间房屋和一间公厕，全都排泄到泰晤士河。

就这方面来说，公共场所的使用频率胜过私人空间。值得一提的是“从圣保罗大教堂通向主祷文街”的小便巷子，后来被称为小便胡同，另外还有两条同名胡同，各源自13世纪至16世纪。同样地，水坑船坞、白衣修士会、王后码头旁都有粪山，粪山阶梯则位于三鹤码头。

除罗马治下时期挖掘出来的尿壶之外，最早的公共厕所建于13世纪。泰晤士河上新建的大桥上配备了这样一处现代便利设施，有两个入口；弗利特河或沃尔布鲁克溪上较小的桥头也提供此类服务。河道和支流旁也设有“公房”，尽管大多仅用简陋的木板搭建，板上挖出洞坑。较讲究的公共茅房有四个甚至更多洞坑，及至15世纪，理查德·惠廷顿在修士巷尽头泰晤士河上建造“如意房”或“长屋”。这种茅房内设两排六十四个坑位，一排男位，一排女位，排泄物落进一条冲沟，然后被潮水卷走。然而，在公共茅房当众暴露也可能十分危险。铁匠巷墙边一间茅房里两个男子发生纠纷，最终导致谋杀。这里也会导致不同形式的死亡。泰晤士河口的弗利特河有一间茅房，令白衣修士会的修士们很不高兴。1275年，他们向爱德华一世陈情：“此地腐臭甚至压过祷告时所焚的乳香，熏死多位修士兄弟。”

伦敦有些地区以恶臭著名，受人指戳。譬如法灵顿街外和泊特苏肯的粪堆和垃圾堆都是出了名的，佩星豪尔堂区和市府参事门堂区因“往外扔垃圾和溲便”被罚款。在这个恶臭的清单上，或许可以再加上被称为穆尔菲尔兹的沼泽地。1527年，这片沼泽地枯竭之前，被视为“一片令人忧伤的地方，野径荒阡盘纡，秽物成山，阴沟漆黑不见底，敞开的下水道恶臭且令人憎恶”。据一部伦敦史书所说，这条路适于伦敦的自杀者和哲学家。

14世纪的伦敦备忘录（法庭卷宗）记满了投诉和敦促。一堵墙“倒坍，碎片在街头堆积，令道路污臭不堪……拉德门的茅房填满了溲便，恶臭熏烂了石墙”。在圣墓教堂堂区，有个名叫哈莱威尔的，被控告“以马棍两端的粪便惹恼路人”。有个名叫诺顿的，也被指控犯类似的罪行，“没有哪匹马或者板车能够不沾点他的粪便而通过的”。福斯特巷十四家户主被指控“往大街外倒屎尿”。在圣博托尔夫堂区，“粪便冲进水沟，导致水道壅塞”，从而给公众造成滋扰。面包街所有面包师一同被指控将“粪便与垃圾”扔在货摊下，水门街的粪堆则被视为造成“类似茅房的恶臭以及其他骇人听闻的景象”。在这些谴责里，我们简直可以听见伦敦人的声音，并且跟他们一同想象“大蒜贩旁的圣三一巷和鞋匠街下来的垃圾，在约翰·哈瑟勒店铺和里克·怀特店铺之间的小巷冲下去，粪便冲下泰晤士河”。

每个世纪都出现同样的投诉，住在希兴巷的塞缪尔·佩皮斯，悲伤地呼应这些伦敦备忘录：“我走下地下室，脚踩进一大堆秽物，才知道特纳斯的厕所满溢，渗进了我的地下室。”

伦敦人为粪便痴迷。16世纪早期，在其论战文章里，托马斯·莫尔爵士用五个词语形容粪便：cacus、merda、stercus、lutum、coenum。这些都是拉丁词语，但这个世纪的英语也向人类排泄物表示敬意，冠之以“Sir-reverence”（尊敬的阁下）。12世纪晚期，典型的伦敦艺术家（斯皮塔菲尔兹的“吉尔伯特与乔治”）举办粪便绘画的大型展览。

连伦敦的房屋也是建造在垃圾堆之上。被丢弃或遗落的东西，残留在老地基之下，一同支持这座现代城市的重量。于是，我们脚下踩着铜胸针、坩埚、皮鞋、铅制代币、皮带、搭扣、破陶器、凉鞋、小塑像、工具、手套、水罐、骨头、鞋子、牡蛎壳、小刀、玩具、锁、烛台、钱币、梳子、盘子、烟斗、儿童的玩具球、朝圣者的护身符，所有物什，全都默默地在大地上履行其职责。但是，若说这座城市建造在遗迹与废墟之上，也是取一种更字面的意义。1597年，在雏鸡巷发现三十幢出租公寓与十二幢小屋建造在一处大公共垃圾堆之上，霍利威尔街则建造在伦敦大火后一堆积攒了一百年的废物和垃圾堆上。据詹姆斯·文森特·埃尔斯登和约翰·艾伦·豪合著的《伦敦的石头》，连铺砌现代伦敦的人行道也是“市政当局拿生活废物烧为炉渣做成的石板”。

伦敦的马路也带有垃圾的印记。梅登巷（Maiden Lane）这个名字源自“middens”（生活废物），“Pudding Lane”（布丁巷）源自通过它运往锚在泰晤士河的粪船的“布丁”。公共垃圾场也被称为寄牛棚（laystalls），克拉肯维尔仍有一条街，名叫作寄牛棚街。舍伯恩巷曾被称为“Shiteburn Lane”（屎巷）。

在佩皮斯抱怨其地下室秽物的时期，大多人家里的茅房兼用于存放厨房垃圾和生活垃圾。尽管种种禁令、规章不断，街头依然恶劣得伤风败俗，“夏天里满是灰尘、不卫生的臭味，雨水泥泞”。这段出自1654年的一份报告。八年后，市府作出定期的周期性努力，旨在清洁整顿市容，勒令户主每星期三和每星期六将垃圾“放在洗衣盆或其他容器内，等候耙工或垃圾工前来收取”，他们以“铃铛、喇叭、拍板或其他乐器”通告其板车或马车即将经过，通知居民取出垃圾。溲便由“夜土工”从粪坑运走，其板车是出了名地爱漏，“几乎漏掉四分之一秽物”，18世纪伟大的慈善家乔纳斯·汉韦评论说，“粪车每一次偶然颠簸，污秽的团块令每一辆路过的马车、每一个行人，无论属于何种身份地位，都怖惧不已，很多人都曾与其有过最不堪的经验”。人们或许以为伦敦大火干脆利索地解决了伦敦的垃圾问题，然而市民的习惯并不那么容易更改。18世纪的小说依然以恐怖的眼光（或许也有些间接地）看待这座首都难闻、总体上伤风败俗的生存境况。

然而，若说大火不曾净化伦敦，那么贸易该取而代之做到这一点，这是最妥当的。1760年的农业改良法，意味着粪肥成为宝贵的商品。由于生活灰烬和煤灰也开始用于造砖，于是便涌现了全新的垃圾市场。于是出现了新的经销商，抢夺街头的废物垃圾。1772年，皮卡迪利广场圣詹姆斯的城市垃圾工汇报说，他“被一群非法垃圾工殴打导致重伤，这些人在本堂区各街道与住宅区收集煤灰”。他请求堂区居民们“将煤灰仅交付给一个名叫约翰·荷罗宾的人，此人是他雇来的人，以打铃为号”。18世纪一则广告炫耀约瑟夫·瓦勒的好处，此人住在伊斯灵顿关卡旁，“备有清空蹲坑的板车和马”。垃圾变成商业的一部分之时，城市的环境改善的速度，便胜过任何《铺路法案》或市容整顿委员会所能企及的。

19世纪，城市的垃圾史成为城市经济史的一部分。狄更斯在《我们共同的朋友》里描述的垃圾堆，以国王十字路旁那堆起初更恶臭的垃圾堆为原型，据说其中埋有宝藏，并且已经令其主人发了大财。伯菲先生解释道：“我对垃圾山挺在行，我能十有八九地说出一堆垃圾的价格，我也知道怎样以最大的效益出售。”伦敦各地区有众多“垃圾山”。伦敦医院西首便有一堆，人称“白教堂山”。站在这座山上，“望得见椴树舍、沙德井、老鼠崖曾经的墟落”。另一座垃圾山位于战桥，《老伦敦和新伦敦》的作者认为这座山是“堆积着马骨的山冈”，还有煤灰、破衣服、秽物。这里成为“无数猪猡”的谋食胜地，但在19世纪初年，这座垃圾山以非凡的方式体现了真正的商业价值：俄罗斯人买下此处所有灰烬，用于重建被法国人焚毁的莫斯科。这片地区恰在今日的国王十字站北首，已经成为“垃圾工和筛灰工”区，还有工作范围较宽泛的清洁工，或者换句话说，这座城市以垃圾为生的人都住在这里。在这层意义上，这是一个昏暗的地方，即便在21世纪初，依然以其荒凉与丑陋著称。废弃与雕残的气氛萦绕不去。

在勒兹码头，泰晤士河南岸靠近兰贝斯制弹塔的地方，另一伙伦敦人曾在这里筛选、挑拣垃圾。大多是女人，抽着短烟斗，系着“硬纸板绑腿、破帽盒作围裙”。她们这个行当十分古老，母女代代相传，有一位卫生干事写道：“这些女人的面貌最让人看了痛心，她们站在及腰的垃圾堆中间，脸和双手浸染了漆黑的污秽，呼吸周围恶臭、潮湿、闷热的空气，扑面是有机物分解冲出的气体。”垃圾被筛选为粗糙与精细两组，老锡片跟旧鞋、骨头、牡蛎壳一道回收利用。罐头锡片通常用来制作提箱的弹锁，牡蛎壳卖给建筑商，旧鞋卖给著名的染料生产商“普鲁士蓝”。没有一样东西被浪费。

曾经谣传伦敦的马路铺黄金，那么，你若听说在19世纪，“街头的垃圾每天都被清扫、收集……转铸为黄金，共计一年数千磅”，或许也不会吃惊。在维多利亚时代的照片上，阴沟里充塞着杂物和街头清洁工扫起的垃圾，更添加了无数橙皮。清洁工的报酬全然取决于工作地点，但最大的效益是“掏马路淤泥”，转卖给农夫或菜畦园丁。清洁工最珍爱的是那些“永不停歇”的大马路，譬如，秣市“比一般街道胜出六倍”，继之是沃特林街、博巷、老交易街、弗利特街。如此说来，在一座奠基在速度与生产率的城市里，连动态本身也创造利润。

“马路护理员”清扫马路和十字路口。有些“穷人劳工”是以惩罚加效率的便利措施置放到这个岗位，另一些则是“慈善劳工”，从各种慈善团体领薪金。及至此世纪中叶，所有这些劳工都得跟新兴的“扫马路机器”竞争，此物的机械能量“抵得过五个勤劳的清洁工”。

然而，这个产业相当复杂，捡垃圾的形式高度地专业化。穿红色制服的男孩捡马粪，他们在忙碌的大街上奔跑，铲起马粪，倒进道旁的容器内。马粪可以说是伦敦“黄金”较好的象征，至少对于迫切需要肥料的农夫来说。还有搜集骨头的、收破布的、捡雪茄和香烟头的、收旧木头的、掏井泥的、拾垃圾的、“淤泥百灵鸟”，所有这些人都志在收集城里“最卑贱的废物”，以防此地成为“大财富的来源”。

亨利·梅休（他称这些街头工作人员是城市居民的一种阶级）从萨瑟克桥路一家啤酒店老板那里得知，搜骨头的是如何从他的店里拿走骨头包。他们拿到酬金，“坐着，默默地看着地板角落，因为他们鲜少抬起眼皮”。收破布的也有不同的“节奏”，收“纯货”的则在街头捡狗屎。在19世纪早期，这是妇女的专业，人称她们为“奔头儿”，但随着鞣皮业的繁荣，这种粪便用于鞣皮收敛剂，需求随之上升，从而男性工人也加入工作队伍。

抱着希望“在悲惨的人生里寻找适宜的伙伴和朋友……抑或企图在生存的挣扎中隐藏自己、躲开世人的眼光”，这些收“纯货”者通常聚集在城东的廉租公寓区，它位于伦敦塔外码头与迷迭香巷之间。据梅休记载，这片地方“臭气熏天，包孕致命的疾病”。他不经意间使用“包孕”一词，暗示了人们通常将生活在肮脏环境的人与堕落的性行为相联系。的确，从伦敦街头肃清卖淫行为这一企图本身，与清除粪便、保持城市清洁这一活动相关联。出于类似的精神，也有人时常警戒穷人的革命潜力，以其“狂热……污秽”掀起暴动。这种警告再次暗示了贫穷、疾病与粪便之间的关联。收“纯货”者自己也意识到这种关联。有人告诉梅休：“我头晕得厉害，感觉好像不是自己的。没有，今儿一分钱也没挣到。我吃了一片面包，沾着水吃的。我不能想象去那间大房子[劳动救济所]；我习惯这里的空气了，宁愿死在街头，我知道很多人就这么死了。我认识的好几个人，就这么在马路上坐下死了，身边搁着篮子。”

从而，死者转而成为垃圾，需要由堂区来清理、处理。于是，生命的周期终结。

或许可以从孩子的面容看出一个时代的轮廓。捡河道垃圾的孩子，被称为“淤泥百灵鸟”，他们搜寻煤块或木块，装进水壶、篮子，甚或破帽。有些孩子十分年幼，大约七八岁。梅休询问其中一人，“他曾有一次听说耶稣基督之名……但从未听说过他是什么人或什么东西，也‘不怎么在乎’去知道……他说，伦敦是英格兰，英格兰在伦敦，但他不知道在伦敦哪个地方”。对他来说，“伦敦”这种生存境况无处不在，从而，一如梅休的评论，城里“所有孩子的故事都赋有让人心酸的特征”。

另一群垃圾工被称为“tosher”（淘沟眼），从而“tosh”一词成为贬义词。

他们淘阴沟，在城市地底翻寻宝贵的废物。在19世纪早期，他们钻进泰晤士河沿岸的沟眼，挤过衰败的砖墙和腐烂的石块，以便潜进地下迷宫。然而在19世纪50年代和60年代之间，由于伦敦“公共卫生革命”，一切全都变了。

19世纪早期的公共卫生与15世纪并无显著差异，这实是伦敦城市生活的一大奇事。伦敦城时或企图做些表面的改善，努力维持基尔伯恩河、韦斯特伯恩河、拉内拉赫河、弗利特河、肖尔迪奇河、埃法河、隼溪、公爵溪等所有重要河道与溪流的清洁。然而伦敦公共卫生的主要面貌仍是其最大的羞耻。二十万幢房屋地底仍掘有粪池。较贫穷的住户，污水冲上木地板。

1847年，都会下水道委员会提出解决方案，勒令所有茅房须直接排进下水道，在当时，此项措施似乎颇有说服力。然而结果却是污水直接排进泰晤士河中心，导致天鹅、三文鱼，以及其他鱼类，从开放的水沟里绝迹。援用迪斯雷利的话说，这条河成了“冥河的水潭，充满不可言述、不可忍受的恐怖”。威斯敏斯特议会大厦窗户曾经贴玫瑰花瓣，而今贴的是浸透了氯的窗纸。很多伦敦居民的供水直接来自泰晤士河这一事实，越发加剧了问题的严重性。自此以后，这条河总是被形容为“偏棕色”。同时，霍乱猖獗，人们普遍相信“所有气味俱是疾病”，在这座每日排出三百万居民的排泄物的城市里，结果只能导致恐怖的上升。人们汇集到首都寻找工作，维多利亚时代中产阶级的消费上涨，相应地导致排放量的上升。在这层意义上说，弥漫的恶气或许可以被视为进步的气味。迟至1858年（“大恶臭年”）伦敦的生存境况便一直如此。

1855年，迫于极端的形势，都市工程委员会得以组建，以图补救这个悲惨的状况。三年后，在一个火热又漫长的夏天，约瑟夫·巴泽尔杰特着手其污水改道泰晤士河的方案，通过其他水沟（大水沟、拦截水沟、暴雨水沟、排放口），排放到巴金河和克罗斯内斯。《旁观者》形容此方案为“当今最广大、最了不起的工程”。这位伟大的工程师执职告竣之时，以硅酸盐水泥修筑了一百六十五英里大水沟，外加一千一百英里小水沟。21世纪初，巴泽尔杰特修造的大部分水沟依然畅通。这是在都市环境面临急剧恶化之际，公共卫生事业所成就的典范。然而，一如伦敦行政的习惯作风，这项工程是在近乎恐慌的境况之下迅捷开展。在某种意义上，这座城市的所有伟大工程似乎都是草率、仓促而成就。

20世纪早期，垃圾山、煤灰堆迁出都城，大多垃圾被碾碎，或烧毁，或以化学物质处理。疾病的环境理论规定垃圾须转移得尽可能遥远，这种理论转而被“细菌”理论所取代，此种理论要求垃圾须有效地中和。因此，流行病学研究的风尚会影响这座城市的地貌。伦敦的面貌很容易受理论的影响，从而，在19世纪，大规划的下水道净化系统，便辅以大量涌现的焚烧厂。旺兹沃斯的斯姆格勒大道旁庞大的垃圾中转站贝克顿大污水处理厂，通常不为人知。它们象征着这座城市的秘密产业。

都城各地仍散落着垃圾堆，虽则海鸥和鸽子如今代替了渡鸦和老鹰，拾荒者（曾被称为“totter”）依旧如故地在伦敦街头出没，在垃圾箱里翻寻烟头、吃食、酒。这座城市排放垃圾的能力（事实上，是必要性）依然以各种伪装形式展现。在这座永在增长的城市里，垃圾数量远甚于19世纪任何一座垃圾山，首都平均每年排放一千万吨垃圾，其中废铁近一百五十万吨，废纸近五十万吨。现代废水史依然是贸易史的一部分，这自然也不出人意料。16世纪发现排泄物释放的氮气可用以制造火药，20世纪则发现人类粪便赋有多种功能。譬如，位于埃德蒙顿的焚烧厂，年均以人粪生产数千万瓦特电力。汽车配置的催化变流器喷射的尾气，积存着黄金和铂金。据一位科学家在1998年某期《泰晤士报》上说，在伦敦马路上“淘尾气将是有利可图之事”。那么，伦敦马路如今果真铺满了黄金。

第三十七章

喝一两口

跟着食物上桌的，还有酒。大约四千年前，伦敦地区的居民喝多种啤酒或蜜酒。自那以后，伦敦人就不曾搁下酒杯。最近在老肯特路旁考古发掘出一枚古罗马时代的水苍玉胸针，镌有酒神巴克斯的导师、酗酒的萨堤尔塞列努斯头像。再没有比这个神祇更适宜在伦敦发掘的了。1730 年，托马斯·布朗提起伦敦之时说道："目睹酒肆、啤酒店等酒店的数目，只能想象巴克斯是这里所崇拜的唯一神祇。"

在 13 世纪，伦敦便以"愚人无节制地饮酒"而恶名远播。莱茵兰、加斯科涅、勃艮第、马德拉的葡萄酒，西班牙的白葡萄酒，葡萄牙的红葡萄酒大量涌入，而略逊阔绰的伦敦人则喝艾尔酒和啤酒。啤酒花藤似乎在 14 世纪初便已开始栽培，但大多艾尔酒佐以胡椒，人称"蜇味儿"。这一事实再次体现伦敦人嗜食重口味的食物，也许这种口味才能搭配他们在这座城市里精力充沛、争强好胜的生活。乔叟《坎特伯雷故事集》里的厨师深谙这些烹饪要求，诗人在别处称之为"又湿又冲的艾尔酒"，他笔下的磨坊主嗜好艾尔酒，"喝得脸色发白"。在同一时期，威廉·朗兰《农夫皮尔斯》里的老饕，"灌下一加仑"艾尔酒。诚然，城里有很多供人烂醉的去处。及至 14 世纪早期，伦敦有"三百五十四家酒肆，一千三百家啤酒厂"，较后被称酒窖或饮酒楼。15 世纪早期，据记载伦敦有二百六十九家啤酒厂。1427 年，伦敦啤酒同业公会合并，挂起自己的徽章，并且制定会员规矩。譬如，在 1423 年，公会规定"艾尔酒零售商须以密封酒罐出售艾尔酒，给买家送酒者，须一手拎酒罐，另一手持酒杯，任何不密封酒罐者，处以罚款”。15世纪早期，葡萄酒商也受到类似的质量监督，严禁“掺”葡萄酒。1429年，某个名叫威廉·哈罗德的，被指控“在圣马丁堂区的葡萄酒店，以劲道弱的陈西班牙葡萄酒，假冒上好的罗姆尼葡萄酒”，被判戴颈手枷一小时。

及至16世纪，据约翰·斯托记载，酗酒问题臻至如此严重的地步，导致1574年伦敦关闭了两百家艾尔酒肆。当时，伦敦有二十六家啤酒厂，其出品的牌子诸如呼飞杯、疯狗、天使之食、抬腿、大跨步。啤酒材料似乎也各异，原料包括金雀花、白蜡杨莓、冬绿树莓，配以麦芽、燕麦，尽管唯有以啤酒花酿制的才被冠以啤酒的名号。伊丽莎白的编年史家威廉·哈里森提到街头的酒徒，评论道：“我们这些麦芽虫躺成一排，咬他们母亲的奶头，直灌得不能动弹。”在这个时期，有些艾尔酒肆在民谣与戏剧里被视为伦敦的化身，成为这座城市的象征。东切普的野猪头酒馆是福斯塔夫、毕斯托尔、桃儿·贴席、快嘴桂嫂活跃的舞台，在伦敦民间留下如此鲜活的印象，从而人们普遍认同，莎士比亚必定在这些地方喝过酒。18世纪，有个文学俱乐部的会员毕集于此地，扮演莎士比亚戏剧里的角色，这家酒肆的联想力量如此强大，纵然在1831年摧毁之后，朝圣者依然络绎前来。不过，这其中尤其有一点特别的记忆。1730年3月16日，罗伯特·普雷斯顿，“是野猪头酒馆的酒保，倒了上好的葡萄酒，仔细地灌满酒罐”之后，辞世而去，时年二十七岁，其墓碑倚靠殉难者圣芒努斯教堂的墙壁。

“切普的主教冠”，就是切普赛德的主教冠客栈，是当地人的据点，据本·琼森说，倘若“陌生人走进去，他们全都站起来，瞪着他，好似看着非洲来的什么野兽”。这里的酒保叫作乔治，琼森在1599年的剧本《人人都用尽了幽默》提到他的名字，从而令他不朽（“乔治在哪？快快去替我把乔治叫来。”）。1607年，德克尔和韦伯斯特在《一路朝西》也提起他：“噢，你是主教冠的酒保乔治。”这体现了某个伦敦人会被同时代人模式化，被视其为代表一种典型人群。美人鱼酒肆也保持了艾尔酒肆与戏剧之间殊异且持久的关联。

> 我们在美人鱼见过，
> 做过多么美妙的事；听见的言辞
> 如此灵巧、如此赋有细微的火焰。

博蒙特如此致信琼森。两百年后，济慈呼应这份感触，感慨找不到哪一处

快活的原野或苍苔深深的酒肆
胜过美人鱼

这位诗人是伦敦人，自小住在摩尔门天鹅与箍环酒肆，在想象里挪移星期五街和面包街街角的主教冠客栈在大火中烧毁的场景。

据托马斯·德克尔在1609年的《戏院大观》记载，酒肆是“好朋友碰头的唯一去处”，结识酒保挺要紧的，还有“要记得他们的名字，诸如杰克、威尔、汤姆”，以便得到快捷的服务以及赊账。这样，你才好对酒保说：“小子，替我去吧台拿钱。”账单被称作“reckoning”或“the shot”。酒肆里掷骰子，流浪艺人拉提琴一家家酒肆地卖艺。从主教门街一家店名得宜的大嘴酒肆的存货单上，我们得以窥进17世纪一家酒肆的包间。清单上列着酒肆里的包间以木板间隔，各有名称，诸如吊门、石榴、三酒桶、葡萄藤、国王头。这么说来，一家酒肆有五个“吧台”，设置桌子、长条凳、高脚凳。吊门包间里有“一张橡木长桌”，还有“一张牡蛎桌”，“一只老橡木高脚凳”，还有“一张掷骰子桌”，国王头包间里也有一张牡蛎桌，还有“一方小孩凳子”，楼上客房里，清单上列有枕头、亚麻床单、编织的床罩，以及橱柜。

1606年一首诗提起“野猪头，伦敦城墙旁坚立……兜门的天鹅……切普的主教冠……鱼街的城堡”，其他酒肆“让人喝红了鼻头”。不过，17世纪酒肆掌柜所供应的不只是酒和住宿。有个业主从霍尔本桥搬到沃里克巷牛津徽章院，打广告说，“他也有一辆灵车，以及将尸体运往英格兰任何地方所需的一应物什”。17世纪初，托马斯·普拉特写道：“数不尽的酒肆、啤酒店、葡萄酒店，出售任何想象得到的品种：阿利坎特、加那利、葡麝香葡萄酒、波尔多、西班牙、莱茵。”关于伦敦艾尔酒肆的诗歌也数之不尽。内德·沃德的《良友指南》和约翰·泰勒的《朝圣旅》仅是其中两首诗歌，将酒肆及其位置视为这座城市的地貌学。在他们的诗里，伦敦的本质与面貌被赋予陶醉的遐思词藻：

尔后去斗篷巷，转向兜门山旁
在三酒桶下锚买好啤酒……
尔后，欲速则不达，太阳下山岗

旋即我就能抵达肖尔迪奇的大酒壶。

十点我出了酒肆，顶着月亮

摸到钟楼酒肆，陷入昏迷状态。

为了精确地传达这座城市为了生存必须喝到底这一主旨，这两位诗人的措辞都有些混乱了。

1643年征收啤酒消费税这一事实，印证了这种酒的日益风行。佩皮斯注意到伦敦大火之时，女人们“因喝酒或醉得似恶魔而受训斥”，也许在那段炼狱时期，她们这样的行径情有可原，但冷静的观察者亨利·皮查姆在1642年撰写《伦敦生活艺术》之时，训诫道：“首要的是提防极度醉酒……某些人有时醉得如此厉害，不能动弹或移动。酒后容易滋事……喝醉之人容易遗失帽子、斗篷、长剑，不知花费的钱数。”佩皮斯也记载一位女士，在一位共同的朋友家进餐之时，一气喝下一品脱半白葡萄酒。

然而，若说17世纪流过伦敦血管的酒精可以比附前世的，那么18世纪则要让17世纪黯然失色，此时酒风之盛臻至巨大，甚至危机的关头。正是在这个时期，那位伟大的伦敦杰出人物塞缪尔·约翰逊宣称：“人除非喝醉，不然在当下永远不会快乐。”他的绝大多数市民同胞似乎都认同。

当时风行“棕色艾尔”，一种甜啤酒，但麦芽进口税加重，啤酒厂在其酒类当中添加更多啤酒花。这种啤酒成为“苦啤酒”，据卡萨诺瓦说，“苦得我喝不下去”。这种啤酒掺入一半艾尔酒，便成为“一半一半”。同时，“淡艾尔酒”面世，并且如此地时兴，城里开起了专售淡艾尔酒的酒肆。18世纪20年代早期引入一种醇啤，酿制四五个月，“劳动人民、搬运工等发现此物适宜”在早餐或晚餐之时饮用，从而便被称为“porter”（黑啤酒）。这种啤酒仅在伦敦城酿制，后来演变为被称为“stout”的一类啤酒，包括诸如棕色黑啤、浓黑啤、爱尔兰黑啤、全黑啤，或者被称为重湿，或者伦敦特产。

艾尔酒肆直接与贸易相连，也是伦敦的特色。对于很多手艺人行业来说，其雇工代理所便设在某家酒肆或“中介酒肆”。面包师、裁缝、水管工、装订工，聚集在某家酒肆等待老板前来，“打听他们何时需要帮手”。酒肆掌柜本人通常属于同种行业，资助失业者（通常是以酒精的形式）。行业老板也在同一家酒肆的账台上给雇工发工资，更不幸的是，他们非得等到午夜之后才能换钱，还有星期天早上不能换钱。

还有另一些工作规矩，要求人们消费酒精。学徒从师受业或满师入行的

"入门费"都花在艾尔酒肆，各种迟到或未完成工作的罚金，也以同样的方式消费。据一位伟大的历史学家多萝西·乔治在《18世纪伦敦生活》记载："自学徒生涯开始，每个人生阶段皆与饮烈酒相关联。"我们也可以推知，手艺人的行业精神（对于伦敦的生活来说如此重要）借此保持其乐观与激情。酒与火相携同行，啤酒商总被指责失职，酒厂"频发可怕的火灾"。

伦敦城有一些独特的醉酒花絮：奥利弗·戈德史密斯反戴假发，以逗乐圣殿公寓的朋友；在儿时洗澡的新河畔，查尔斯·兰姆醉得踉跄步上回家的路；约瑟夫·格里马尔迪每夜都是被康尔瓦利斯侯爵酒肆的掌柜背回家。王政复辟时期的戏剧家纳撒尼尔·李喝得被送进疯人院，他在疯人院里写道："他们说我疯，我说他们疯。该死的，以多数票打败我。"他最后被放出来，但在去世当天，"他醉得那么厉害，在街头倒下，被马车碾过。尸体摆在圣殿关特鲁基特的香水店，直待有人前来认领"。19世纪早期的传记作家威廉·希基被人发现躺在议会街一条水沟里，"根本不知自己是何人，甚至不能清晰地开口说话……对于过去十二小时里所发生的事，没有丝毫记忆，简直似死了一般"。次日他醒来，"手脚无法动弹，身体无处不是青肿、伤口"。18世纪另一位伦敦怪人理查德·帕森，是伦敦学院的第一位图书馆员，经常被人瞧见清晨"摇摇晃晃地从老据点梅登巷苹果酒窖酒肆走出来"。他是欧里庇得斯的编修者，是很著名的学者，"能够像希腊农奴一样打希腊语酒嗝"，却喜欢吹嘘他能背诵斯摩莱特的全篇《兰登传》（1748）。据沃尔福德的《老伦敦和新伦敦》记载："据说但凡能沾上手的酒精，帕森全都喝，甚至喝用来擦伤口和油灯的酒精。塞缪尔·罗杰斯形容他待人们离开后回到餐厅，喝光他们杯里的残酒。"受惊或困惑之时，他习惯叫一声"喔！"十分为人们所熟悉。他去世当天，人们听见他背诵《希腊语诗集》。在这个最后的场景，一位朋友注意到，"他的希腊语吐辞快捷，但英语说得极缓慢，好似希腊语来得更自然"。被灌下葡萄酒和融化在白兰地和水里的果冻后，他苏醒过来，被带到康希尔山圣米迦勒胡同一家酒肆，后来回到伦敦学院，半夜中风去世。

然而，"烈酒"这个词被应用于这座城市的饮酒风气之时，这种酒精通常是指杜松子酒（以谷物、黑刺李果或杜松子酿制）。执法官约翰·菲尔丁爵士就此谴责道："人们喝下这种液体火焰，就是提前品尝自己的地狱。"整整半个世纪里，这种酒精是伦敦的撒旦，令千万伦敦人丧命，其中有男人、女人、小孩。不论死亡率（这些数据存有疑问）的真相究竟如何，但杜松子酒无疑受欢迎。据估计，18世纪40年代和50年代伦敦有一万七千家“杜松子酒肆”。荷加斯描绘《杜松子酒巷》之时抄用的口号“一便士喝醉、两便士喝死醉、烂醉如泥不要钱”。这些“日内瓦店”开在地窖或改造的底楼工坊，较贫穷的地区开得更密集，从而相形之下，使城里较传统、历史较悠久的艾尔酒肆显得颇为体面。荷加斯这样提起自己的版画：“杜松子酒巷呈现杜松子酒带来的所有种种恶劣影响，in terorem（警诫）：这里能看到的只有贫穷、悲惨、毁灭和痛苦，及至疯狂与死亡的地步，除了当铺和杜松子酒铺，找不到一间条件尚好的房屋。”在这幅著名的画上，一个婴儿从醉醺醺的母亲的干瘪胳膊上滑落，眼见就会摔死。这个母亲坐在木台阶上，双腿溃疡，面容仅流露超乎绝望的无意识状态。或许看似夸诞，实则却体现了伦敦的一大突兀事实。譬如，有个叫作朱迪斯·德富尔的女人，从劳动救济所抱走两岁的女儿，然后把她掐死，只为了扒下婴孩身上穿的新衣裳。她卖掉婴儿的衣服，换来一先令四便士买杜松子酒。

1751年，亨利·菲尔丁写道：“新近，我们中间出现了一种不为我们祖先所知的新的酗酒形式，倘若不严加禁止，绝对会毁灭大部分下等人。我在此旨在指出的酗酒为……这种名为杜松子酒的毒物……大都会数十万人赖以为生的主食（倘若可以如此称呼的话）。”官方屡次企图“禁止”这项买卖，最显著的是1763年的《杜松子酒法案》，却仅招来“群氓的憎恶”。这项法案被嘲笑、规避，杜松子酒被当作药剂或换用假名出售，譬如桑格烈、图罗、临时、科西嘉岛的西奥多王。杜松子酒店里仍挤满了男男女女，“有时甚至还有儿童”，醉得那么厉害，“简直迈不动脚走出门”。伦敦玉米蒸馏商声称他们的出产“超过全英格兰蒸馏厂的十二分之十一”。有位叫作兰斯当勋爵的时人，在1743年敏锐地指出：“迄今，杜松子酒的过度消耗，绝大多数局限于伦敦城和威斯敏斯特一带。”此物为囚徒和流浪汉提供遗忘的慰藉，为圣贾尔斯堂区的穷人提供沦亡，此地每四幢房屋便有一家杜松子酒店。

蒸馏法造酒利润极高。这项买卖“开放出来”，免于征收过度的消费税。从而，那些欲谋取轻松利润的商人，实则是创造出下层穷人的毁灭者。当局迟迟才回应所有权犯罪，因为对于杜松子酒的需求加剧，堂区官员抱怨不堪负担“衰弱、不健康”的孩子。1751年，有些杜松子酒店被查禁。这项措施似乎有些管用。改善蒸馏厂条件、严格监督杜松子酒店、提高税收，终于导致了1757年这样一句评议：“自从这些限定措施执行以来，街头见不到1%的穷人醉酒。”狂热过去了。杜松子酒的时尚来得快，去得也快，令人们以为这是伦敦历史上的一段危机时刻，好似这座城市本身猛然发狂，焦渴如焚。

然而被视为使人上瘾和危险的饮品不止是松子酒和艾尔酒。还有茶。

杂货店老板丹尼尔·罗林森是销售茶叶的第一人。那是在 17 世纪 50 年代。五十年后，康格里夫描述道，“茶桌的副食”包括“橙味白兰地、茴香籽、肉桂、橘子、巴巴多斯水”。1762 年，《一部完整的伦敦新调查》的作者 J. 艾利弗也谴责“过度饮茶”使“百姓的肠胃无力，导致不能执行消化职责，从而胃口大为下降”。1758 年，一位宣传册作者宣称饮茶“之于生活在底层、做辛苦劳力的人们十分有害”，谴责饮茶为“最恶劣的习惯之一，令你失去自己，身体不健康，丧失原有的体力”。1830 年，威廉·哈兹里特在索霍区弗里斯街去世，盛传死于过度饮用那种植物的泡剂。这里所强调的仍是伦敦人容易上瘾与成癖过度的倾向，连哈兹里特这样的外来市民也不例外，从而一种显然无辜的饮品也变得危险。也正因为如此，伦敦的茶叶园旋即沾染了恶名。郊外度假地取有宜人的名字，诸如白渠屋、牧羊人与牧羊女、库珀花园、蒙彼利埃与巴尼格井，原是喝茶以及其他各种怡人的消遣活动的场所，却全都粘连着“放荡的女人与道德败坏、摧毁了体质的男孩”，并且出了名地“怂恿奢侈、浪费、闲散，以及其他邪恶的非法用途”。就好似娱乐或消闲一到伦敦便旋即变得无节制、恶劣、不道德。这座城市永远不能泰平。

我们仍有茶和松子酒，但有一种 18 世纪的饮品全然灭迹。沙露普汤是一种檫树、牛奶、糖一起熬煮的甜味热饮，三个半便士一碗。据说，这种饮品的名称源自街头喝汤的吸吮声响。咖啡和茶较贵，因此出售沙露普汤的摊子通常设在伦敦较贫穷的地区。夏天，沙露普汤摆在装有轮子的大桌上卖。据说，此物治宿醉最灵验。查尔斯·兰姆忆起工匠、扫烟囱的孩童跟垃圾工一道，清晨围挤在沙露普汤的摊前，扫烟囱的孩童“身无分文，将乌黑的脑袋探进升腾的蒸汽里，尽可能地满足感官”。这个场景促动兰姆反思在这样一座城市里，“赤贫两极相通”。

兰姆在为《伦敦杂志》写文之时，年幼的查尔斯·狄更斯走进议会街一家酒肆，点了“你们上好的——上好的——艾尔酒”。上好的艾尔酒名叫“地道绝色”，这个十二岁的男孩说：“烦您就给我倒杯那个，满满地。”在 19 世纪早期，时常（倘若不说十分平常的话）可以看见孩子在街头、艾尔酒肆喝酒。迟至 19 世纪 50 年代，亨利·梅休写道，“我被告知女孩通常比男孩更喜欢杜松子酒”。她们喝此物“御寒”。

保尔·魏尔伦（1873）认为伦敦人“跟鸭子一般聒噪，永远醉醺醺”，陀思妥耶夫斯基（1862）提到“人人都急于将自己灌得麻木”。一位德国新闻记者马克斯·施莱辛格（1853）眼见一家酒肆的顾客“或坐或摇摇晃晃，或蹲伏或卧倒，或呻吟或诅咒，饮酒、遗忘”。另一位较本土的观察家查尔斯·布思，注意到19世纪90年代女性饮酒比例显著地增长，他引用东区一个男性居民的话：“一条街上有一个酗酒的女人，就会带动整条街的女人醉酒。”几乎所有女人“都在星期一喝醉。她们说：‘我们放松一下，我们喜欢在星期一稍微糊涂些。’”伦敦所有阶层的女性似乎都在醉酒，主要是因为女性走进酒肆“啜一口”不再被视为伤风败俗。傍晚，较贫穷阶级的孩子被支使去当地酒肆打一壶艾尔酒，正如布思所记载：“孩子们不息地穿梭，一个拎着壶进门来灌酒，另一个灌满了出门去，没有一个孩子停下来跟另一个孩子交谈或玩耍，都立刻急匆匆回家去。”绅士跟穷人喝得一般起劲、一般放纵。萨克雷注意到那些“纵酒者”都长着“酒糟鼻”和“丘疹脸”。他记得酒徒常用的一个习语是“昨晚我喝得太高了”（so cut）。

19世纪的每一年，大约有两万五千人因在街头酗酒被逮捕。然而，生存境况时常将较贫穷的伦敦逼进如此的境地。其中有一个酒徒，拾“纯货”（狗屎）的，告诉梅休说，他经常“一连三个月”醉得不省人事——他“脑袋钻进杯里喝，完全没有力气举起酒杯凑到嘴边”。

这么说来，尽管杜松子酒的狂热已经消退，酒店关闭，其精神（或许可以这么说）依然留存在19世纪的“杜松子酒宫殿”。这些大酒家安装着闪亮的平板玻璃窗、拉毛粉饰的玫瑰花形图案、镀金屋檐，外观十分富丽堂皇，煤气灯照亮的广告牌宣告“伦敦独家真正的白兰地”或“著名的甘露酒，药杜松子酒，饮家极其强烈推荐”。小字标示“劲道十足!”“绝对不错”“适宜掺和”“非常地道”。然而光鲜的外表通常是欺人的。这些“宫殿”内部阴沉黑暗，简直是老杜松子酒肆的翻版。仍是典型的红木长吧台，吧台后漆成金绿色的酒桶，顾客站在吧台前狭窄且肮脏的小地方，或坐在老酒桶上。这里也值得一提的是，社会观察家认为饮酒“是他们触及的所有贫困的根源”。这里所强调的又是这座城市悲惨的生存境况本身，逼迫男男女女以不休的节奏、紧迫感、压抑感去喝酒。圣布莱德教堂穷人墓地所调查的骨骼当中，“身上有一处或以上骨折的人接近10%”。在亚历克斯·沃纳所编纂引人入胜的《伦敦的身体》里，也揭示了“近一半都是肋骨骨折，通常是跌倒或斗殴所致”。

同一时期，啤酒厂成为伦敦一大热闹场面，成为外国游客被引往参观的一大旅游胜地。据查尔斯·奈特《伦敦》记载，及至19世纪30年代，总共有十二家大啤酒厂，每年为大都会每个居民（男人、女人、孩童）生产两桶或七十六加仑啤酒。谁不想亲眼看见这项工业与事业呢？有个德国游客对齐斯维尔街的惠特布雷德啤酒厂赞叹不已，啤酒厂的建筑“比教堂还高”，养的马是“其品种当中的巨型”。类似地，1827年夏天，一位德国亲王“将我的马车转进萨瑟克区公园街的巴克莱啤酒厂，其广阔的面积令几乎所有东西赋有浪漫色彩”。他评论蒸汽引擎驱动机械，每日生产一万两千至一万五千桶啤酒，九十九只较大型的酒桶，每只“跟房屋一般高”，安放在“巨大的棚屋内”，运送啤酒的一百五十四马“似大象”。在这里，他对于伦敦巨大体积的印象，投射在其消耗啤酒的能力上，在最后一个比喻里，他提到从啤酒厂屋顶，“你可以看到十分优美的伦敦全景”。

游客与画家都看出这份象征性意义。19世纪初，伦敦艺术史家所谓的“啤酒厂风俗画”便已有确定的规模。譬如，在那位亲王来访的十年后，就有一幅佚名的巴克莱啤酒厂风景画，画上描绘啤酒厂大门口，以及周边繁忙的伦敦生活景象。画面右侧是大啤酒厂房，一座吊桥连接街道对面。前景有一个屠夫的伙计，身穿标志行业的蓝围裙，跟另一顾客一同站在烤土豆板车前，高头大马拉着装在车上的啤酒桶进院子，错过一辆驶离的平板马车。这是一幅描绘食欲的画作，屠夫的伙计肩头扛着肉，十分适宜地象征了伦敦的饮食及其无穷的能量和劳作。

不过，还有其他方式传达这座城市的饮酒无度。

布兰查德·杰罗尔德和古斯塔夫·多雷为创作《伦敦：一次朝圣之旅》，去访问这家啤酒厂（1871年，杰罗尔德称其为“麦芽和啤酒花之城”），要亲眼看见那种名叫“Entire”的啤酒（自诩可以缓解“焦渴的伦敦”）的酿制过程。杰罗尔德看见，衬托着高塔与大酒桶，工人们“好似苍蝇”。确实，在多雷的蚀刻画上，这些无名的黑影如同虔诚的信徒一般从事捣啤酒花、酿制啤酒的职责，画面全是黑影、明暗交错，寥寥数道高光照亮这些小人影在庞大却封闭的空间里活动的轮廓。在这里，这座城市的生活也似在一座腐朽的大监狱，金属管和汽缸是监狱的铁栏杆和大门。与之前那位德国访客一样，杰罗尔德爬上屋顶俯瞰伦敦“北边圣保罗教堂所主宰的景观”，然后顿呼啤酒是这座城市的神圣饮品。他评价道：“我们立在古典土壤之上。”

杜松子酒宫殿被酒肆和艾尔酒肆的直接后裔所取代。当然，伦敦老城区依然开设酒肆，忠实的顾客爱其隐秘和安静，诋毁者则斥责其阴沉和静寂。酒吧延续着隔离的传统，设有雅座、休息室、包间吧台，跟公共吧台、酒壶、酒瓶部相隔离。很多酒吧的环境并不宜人，室内简陋且肮脏，男人们围坐在一张“镀锌台面”的长柜台前安静地喝酒：“你推开沉重的店门，门是用一方厚皮带夹着半启……进去之时，皮带敲打你的后背，经常打落你的帽子。”酒吧不设杜松子酒宫殿那种长吧台，而是典型的马掌形，里面陈列各种颜色的酒瓶。家具朴素之极，撒锯末的地板，摆设椅子、条凳、桌子、痰盂。及至 1870 年，大都会开有两万家酒吧和啤酒店，每日招待五十万顾客，让人联想起“尘土飞扬、泥泞、烟雾腾腾、啤酒气熏天的伦敦”。

1854 年，据《伦敦小世界》记载，陌生人问路之时，得到的答案多半会是“直路走到三个土耳其人酒店，然后右转，穿过狗和鸭子酒店，笔直走到熊和酒瓶，然后转到快乐的老公鸡酒店，接着路过老兵酒店、福克斯小子酒店、铁公爵酒店，到第一个拐角，往右转，就到了”。在这个时期，有七家酒吧名为国王头，九家为国王徽章，五十家王后头，七十家王冠，十五家船工徽章，十六家黑公牛，二十家公鸡，三十家狐狸，三十家天鹅。酒吧名称偏爱红色，无疑是源自伦敦的饮酒与火灾之间的类比，伦敦酒吧最中意的数字似乎是三，诸如：三顶帽、三鲱鱼、三鸽子等。也有更玄秘的招牌，诸如严肃的毛利斯、猫与问候、火腿与磨坊。

19 世纪酒吧的多样性与丰富性一直延续到 20 世纪，基本的形式和性质不曾有多大的改变，从奢华的西区酒吧到波普勒或佩卡姆撒锯末地板的街角小酒馆，各色俱全。然后，第二次世界大战期间，以伦敦生活特有的吊诡方式，酒吧成为更加混杂、热闹的场所。打烊之前，啤酒可能早已卖光，酒杯可能短缺，但菲利普·齐格勒在《战时伦敦》提到：“在战时，这些酒吧是伦敦人仅有的能够便宜地消遣或招待客人的地方，寻找到战时尤其需要的陪伴。”当时有个古怪的迷信，认为酒吧更可能被炸弹击中，但这一迷信并未影响其兴隆的生意。事实上，男子被迫缺席之时，女性再度开始光顾酒吧。1943 年一份报告记载：“经常可以看到她们跟其他女人一道或独自喝酒。”约翰·莱曼回忆说：“伦敦的酒吧从来不曾如此刺激，从来不曾听闻如此非同凡响的启示，从来不曾目睹如此让人难以置信的遭遇。”

1945 年战争结束之时，首都仍有四千多家酒吧，和平重新激发了一种兴趣。小说与电影传达了 20 世纪 40 年代后期和 50 年代早期的酒吧气氛。在东区的酒吧里，男人依然戴帽子和围巾，女孩“手指夹着香烟”跳舞。本地的酒馆里，奥威尔描写“香烟和啤酒的温馨雾气”环绕着“熟客”。

强调欢快气氛这一特征，一直延续到21世纪，电子游戏逐渐取代了钢琴和自动点唱机，足球频道取代了大多老虎机和宽屏电视机。然而，在20世纪60年代和70年代，大啤酒厂和连锁店渐渐开始收购小酒吧，推行一种大规模的标准化和现代化，自此以后，很多伦敦酒吧一直未能恢复常态。譬如，有些连锁店将天花板烟熏或漆为棕色，模仿古老的艾尔酒肆，再加上装点着各式各样的19世纪饰品，素雅又不经意地摆设着旧书籍，以便增添地道的氛围。然而，在世界上所有的城市里，唯在伦敦，这种人为的历史行不通。

在伦敦市中心一千五百家注册获得当局颁发许可证的酒店当中，那些熟悉的名字依然可见。纵使1857年的“伦敦”与2000年的“伦敦市中心”之间并没有真实的相似之处，看到那么多红狮、王后头、绿人酒吧的名称，至少也让人觉得安慰。“三”依然是最受喜爱的数字，从罗瑟希码头街的三罗盘到波特曼马厩街的三酒桶。斑点狗或快乐的水手不见了踪迹，但涌现了一大批蛞蝓和生菜。依然可以看见圣徒和莎士比亚头；不过，有五家芬尼根的守灵夜，一家堂长斯威夫特，一家乔治·奥威尔，一家狡猾的扒手道奇，一家吉尔伯特与沙利文。奔跑的脚夫也不见了，但出现了三家邋遢的摩菲。

纵使关于伦敦啤酒和饮酒环境标准化的抱怨赋有正当的理由，21世纪初酒吧的多样性胜过伦敦历史上任何一个时期。有些酒吧设楼上剧院，有些设夜间卡拉OK，有些设现场音乐，有些设舞厅，有些设餐厅，有些设花园；沙夫茨伯里大道的剧院酒吧、利德贺市场的商业酒吧、艾莱走廊的主教冠酒吧和史密斯菲尔德的主教手指的怀古酒吧；有些酒吧上演男扮女装的秀场，有些表演脱衣舞，有些专营特色啤酒，主题酒吧则各自痴迷开膛手杰克、福尔摩斯，以及其他伦敦名人。还有男同性恋酒吧、异装癖酒吧；自行车手则依然遵循较传统的精神，在克莱普顿的唐斯酒吧聚头。1870年6月22日，匹克威克自行车俱乐部首次在此集会。

还有另一个延续的传统。最近的调查报告显示，纵然通贯20世纪，各种程度的醉酒一直不曾间断，伦敦人恢复了老习惯。据1991年出版的《酒精需求与供应服务调查报告》，现在的数据表示这座城市的平均酒精消费高于其他任何地方，从而使“一百五十万伦敦人低于所建议的‘明智程度’”，并且“二十五万人口的酒精消耗达到危险程度”。因此，一如既往地，这座城市彰显了“愚人无节制地饮酒”。伦敦人称酒徒与醉酒的名称丰富多彩，诸如“soaks” “whets”“topers”“piss-heads”和“piss artists”都醉得“boozy”“fluffy”“well-gone”“legless”“crocked”“wrecked”“paralytic”“ratarsed”“shitfaced”“arse-holed”。他们全都“up the Monument”或者“half seas over”，他们都是“on a bender”“out of it”或者“off their tits”。

今日，斯皮塔菲尔兹、斯特普尼、卡姆登镇、滑铁卢、伊斯灵顿某些地区的流浪者酒徒被称为“死神酒鬼”。他们靠甲基化酒精、医用酒精，以及其他未加工的酒精为生。据估计，这座城市有一两千穷困潦倒的嗜酒者，聚集在拱门下、小公园里，或者不曾施工的建筑工地。这些地方以各种名称在他们中间流传，诸如洞窟、流水、坡道。这些流浪者自己的名字也类似，譬如无脚趾、生姜、奔跳的乔、黑山姆。他们身上布满伤疤和疮口，面目被轰炸后的废墟里点起的临时篝火熏得乌黑。他们死去之时（相对来说，他们做此事比较快捷），就被埋在森林门的公墓。伦敦埋葬他们，因为伦敦置他们于死地。

第三十八章

泡俱乐部

那个不幸的夜晚，威廉·希基在红房饮酒俱乐部喝醉之后回家。17世纪，“clubbing”这个词首次被用作词语，1660年7月，佩皮斯写道：“我们去伍德酒吧，泡俱乐部。”但在接下来的世纪里，出现了各色各样的俱乐部，吸引各色各样的成员。艾迪生道出一句典型的评价：“人是社会的动物，我们利用所有场合和借口，为自己形成那种小小的夜间聚会，通俗地被称为俱乐部。”然而，俱乐部跟帮派并没有大差异，《旁观者》在1712年3月12日的文章隐涉当时正在撰写的《俱乐部通史》之时，便指出这一点。文章建议这部简明百科全书理应包括一章“莫霍克俱乐部成员的背景”。这些人在城市街头恐吓市民，有些被“殴打，有些被捅伤，有些被砍伤，有些被锉伤”。《旁观者》以同样的语调指出，歌剧院所流露的“俱乐部”精神的迹象，女人们坐在对面装饰各种“党派符号”的包厢里，表现各自效忠于辉格党和保守党集团。

那么，这就是18世纪饮酒俱乐部的社会背景。他们典型地每周在客栈聚头，吃酒、唱歌、争论。有个奇巧俱乐部，成员都是辉格党要人，在郡巷聚会，屠夫街有个罗宾汉俱乐部，其成员包括“石匠、木匠、铁匠，以及其他手艺人”。郡巷的讨论一直持续到深夜，在屠夫里，“每个成员限定五分钟发言时间”。有个牛排俱乐部在科文特花园剧院一个房间聚会，成员致力于饮酒和机智的言谈，“点缀着些许歌谣、无数人身攻击”。内德·沃德在《暗访伦敦》里描绘这样一个地方的气氛：他走进“一间老式的房间，一群散发浓重体味、穿戴花哨的城市精英，手里拿着帽子，前后走步，不敢戴到头上，生恐压坏了假发顶……在这里，他们交换最新式的领结和褶边……他们就像烟囱角落里一群大黄蜂似的嗡嗡不息”。与此形成鲜明对照的是穷人的两便士俱乐部，这里的一条规矩是“若有人诅咒或谩骂，旁人可踢此人小腿胫”。有个人称勋爵之屋的俱乐部，在钟院的三鲱鱼酒吧聚头，其成员有“道德较沦落的律师和生意人”。还有潘趣俱乐部，还有泰晤士河上摆船工的“独桅船”俱乐部，还有刚崭露头角的公众演说家的“萌芽”俱乐部。

在好斗的伦敦传统里，这些地方是争论的中心，淫秽的歌谣和平等主义的演讲以同等的价值相交融。这些经常都被称为椅子俱乐部，但也有专为赌徒而设的纸牌俱乐部，为年轻小伙和妓女而设的公鸡母鸡俱乐部。瘸子门有一家没鼻子俱乐部、一家放屁俱乐部，成员们“每星期一次聚会，毒害街坊，以其霹雳之声，竞比谁人屁声最响”。赫克索恩在《伦敦纪念物》里吟诵了一连串的伦敦其他俱乐部：比灵斯门旁一家客栈的粗戾俱乐部，成员都是当地生意人，聚集起来相互砥磨“反驳和下流语言”；有个吐口水与放屁俱乐部，在主教门王后头酒吧每周聚头，成员“大多是守财奴和吝啬鬼”，破落户俱乐部在萨瑟克区的迪克酒吧聚会，成员都是或破产或生意不好的店主。假英雄俱乐部在鲍德温花园一家艾尔酒肆聚会，每个成员须冒用某个“不复存在的英雄”之名，在威斯敏斯特钟楼客栈的撒谎俱乐部，成员聚会期间不得说出“一个真字”。丹麦人圣克莱芒教堂旁的一条陋巷里有一家客栈的杀人俱乐部，不招任何“不曾杀人者”。不过，也有一个庸人俱乐部，成员都是“温和的绅士，满足于在客栈里聚会，抽烟斗，一言不发地坐到深夜”，然后回家去。有个俱乐部叫作天长地久，之所以有这个名号，是因为“数百成员分配日夜二十四小时轮流出席，从而俱乐部里总是有人占坐，在继任者未来换班之前，成员不得擅自离席”。

俱乐部传统一直延续到接下来的世纪，“不拘形式”的酒吧俱乐部成员每周认购一先令，也有辩论俱乐部，通常都设在斯皮塔菲尔兹、索霍区、克拉肯维尔、芬斯伯里的手艺人街坊。这些俱乐部多半源自18世纪的无神论社团，曾经在泉井街、天使、圣马丁胡同集会，也跟其前身一般招惹市政当局的憎恶。很多此类俱乐部公然藐视官方的政策，在19世纪早期十分滋茂，其中包括新街的天鹅、风车磨坊街的羊毛、东哈丁街的乔治、穆尔菲尔兹的桑树。这些客栈成为伦敦激进分子的中心。譬如，1817年汉普登俱乐部在铁锚客栈集会，在这家艾尔酒铺首次提出男性普选权的要求。

我们有充分的理由相信，这些社团和客栈辩论俱乐部跟18世纪咖啡馆里时兴的辩论相关，至少在伦敦是如此。然而，这一习俗赋有如此重大的影响力，从而促使一种迥异于风车磨坊街或穆尔菲尔兹聚会的俱乐部涌现。这个俱乐部被称为“绅士俱乐部”，据19世纪一份报告，由于“咖啡馆或客栈装潢恶劣”，他们试图引起“一场社会制度的革命”。怀特俱乐部是最古老的（1736），实则原是怀特巧克力店；布鲁克斯俱乐部和布德尔俱乐部也是源自18世纪的老店，但其他俱乐部，诸如雅典娜神殿、加里克，却是源自19世纪。较新近的俱乐部糅合跟建筑物的独特关联，这些建筑曾经被视为、规划为公共用途，都是由威尔金斯、巴利、斯默克等建筑师所设计，装饰有浅浮雕和精致的镶板，酷似乡间别墅或意大利宫殿。这些建筑依然显得十分气派，主要是因为其张扬的粗俗外观。在这层意义上说，这些建筑可以算得上伦敦的舞台道具。

这座城市的无穷对照可以在19世纪其他绅士俱乐部找到范例，譬如，工人俱乐部通常设在当地酒吧一楼，通常是粗俗的娱乐消遣。有时也有讲座，譬如吉辛在小说《阴间》所描写的：“克拉肯维尔那些房东得到应得的报应之时，是怎么样的下场。哎呀，我说小子们，会怎样，然后，不久后”，然而成人教育或欢快的辩论通常让位给“掷骰子、拨班卓琴，以及间或传出的高呼”。阿瑟·莫里森描述贝思纳尔绿地的羽毛酒馆（1896），里面有个俱乐部房间“开始唱歌，至少有一打人急切地‘效劳’”，尽管莫里森说那些参与者的神情透露着“大悲苦之中强颜欢笑”，导致这番评论极大地削弱了情景的生动性。这里再次心照不宣的是饮酒的重要性，或者实则是苛刻的必然性。

这些场所依位置不同而名称各异，诸如寻欢俱乐部或者酒屋。唱歌间歇，有干杯和演讲。较正式的俱乐部被称为沙龙，通常需缴纳入场费，然后免费供应饮品，诸如“艾尔酒、墨色啤酒或醇啤”，以及茶、白兰地。铺油布或皮革的桌子靠着墙壁，房间另一端设一张大桌、一架钢琴或竖琴。在其《伦敦：一部社会史》里，罗伊·波特记载一个顾客的话：“娱乐节目不固定，间或某个年轻女人会说，‘我想我来唱支歌吧’。”有个法国访客描述拍卖商的锤子在桌上敲响之时，“三位绅士，严肃得像英国国教牧师”，如何地开始“唱伤感的民谣，时或独唱，时或合唱”。他也提到在另一些同类客栈里，老板“不幸地安装了机械管风琴，没完没了地弹奏”。如此看来，关于酒吧娱乐活动的抱怨跟酒吧本身一样古老。这些酒馆和沙龙也有与其相当的“夜店”，诸如梅登巷的苹果酒窖和河岸街泉水院的煤洞。在这些场所，知名艺人以歌手或表演者的身份登场，在艾尔酒、煤气喷嘴和烟草的蒸腾雾气中表演……

第三十九章

烟草小记

俱乐部和酒吧的所有访客都看见、闻到“烟斗的烟雾”，自从沃尔特·雷利爵士以来，这团烟雾便在伦敦酒馆里缭绕，据说他是在伊斯灵顿抽烟草的第一人。数年后，17 世纪初，一位德国访客注意到伦敦人“不休地抽烟草，特地用陶土烧制烟斗，以便在烟斗另一头塞进烟草，熏得脆干，可以揉成粉末，易于点燃”。在考古挖掘地，到处可以看到陶土烟斗。

起初，烟草被视为赋有药用价值，可在药店购得，用来“治愈多痰”。儿童也被允许抽烟草，“学校用烟草代替早餐，教师传授学生从鼻孔喷烟的技巧”。1702 年，有个日记作者回忆某傍晚跟兄弟一起泡加勒韦咖啡馆，“吃惊地看到兄弟三岁的孩子，病蔫蔫的，装了一筒烟斗，然后又装了第二筒、第三筒，兄弟却视若无睹”。

在 17 世纪，伦敦无处不见这种“古怪的药”，但也有诋毁者，谴责其导致人们闲散、神志不清。连詹姆斯一世也撰写了一份《驳烟草论》，文中描写“吸食大量烟草者的尸体解剖发现一种油腻的黑煤”。然而，在一座如此依赖过度消费的城市里，没有什么能够阻挡伦敦人找乐子消遣或麻醉。尽管广告打的是烟草的药用功效，但其易上瘾的功效随即彰显为防御焦虑和孤立的符咒。正如一位观察家所说，它是“孤独时的伴侣、聚会上的娱乐、忧郁时刻的无辜消遣”。我们听说 17 世纪早期的流浪者，诸如咆哮男孩和博纳文托，都在抽烟斗。在这层意义上说，烟草成为伦敦穷人一大必需的乐趣。

17 世纪另一位伦敦访客看到市民看戏或下酒馆时抽小烟斗，描述这根小烟斗如何“令他们变得放纵、欢乐，颇昏昏欲睡，好似喝醉了酒……由于其提供的乐趣，他们便极频繁地使用”。值得指出的是，烟斗也在一群人中间“传递”，伦敦女人“私下偷偷”抽烟斗。烟草是一桩大买卖，接近五十万磅，出售烟斗和烟草的店铺如此众多，俨然形成“一座大城”。于是，烟雾之城被笼罩在贸易之城里。有人提出，18 世纪 70 年代，抽烟斗的时尚（倘若不说风俗的话）有所减缓。然而，尽管塞缪尔·约翰逊在 1773 年说“烟斗已经过时”，而在现实生活里，烟斗不需吹灰之力地跟香烟相融合。

香烟在克里米亚战争后不久进入伦敦。1857 年沃尔沃思建起第一家香烟制造厂。维多利亚王后街和莱斯特广场建起第二、第三家，业主是希腊移民，1865 年出品第一种过滤嘴香烟：人称“剑桥”香烟。“Fag”一词仅用来指较廉价的香烟。人们一直深知吸烟容易成瘾。事实上，这座城市似乎在宣传这个理念。兰姆曾经写道：“我努力抽烟，一如他人努力做好事。”19 世纪伦敦码头的烟草仓库容纳价值近五百万英镑的存货，无数穷人整日“在街头捡拾被吸烟者视为废物的烟头”，然后以六到十便士一磅的价格转卖这种垃圾。伦敦的各方各面都参与贸易。

第四十章

一股臭味

伦敦的臭味缭绕不散。据19世纪晚期一位加拿大作家萨拉·吉纳特·邓肯说，这些臭味“在市中心总是更臭，譬如比肯辛顿更臭”。她接着说：“倒不是某种特殊的浊气或者多种气味混合，而是一种抽象的臭味。”这股臭味被比拟为雨水味或金属味。也许是人类活动或贪婪的气味。城里下雨之时，其中有一股最特殊的气味是“涤荡过的石头”的气味，但湿漉也会导致“伦敦身躯疲惫的臭味”。这是岁月的气味，或者，更是岁月更新的气味。

在14世纪，气味多样又繁复，从焙肉味到煮糨糊味，从酿啤酒味到造醋味，烂蔬菜味掺杂油脂味、马粪味，所有这些浊气串通一气，“交融为人们必须呼吸的又厚又浓重的空气”。在我们这个过晚的时代，难以辨认这股“中世纪的气味”，尽管在某些门口或过道里，这些一股熟悉的臭败气味也许会冲进路人的鼻子。世界上有些地方，譬如说，北非的集市上，也有可能闻到类似中世纪伦敦的空气。

每个世纪都有独特的气味。在15世纪，摩尔门狗窝散发“强烈的恶臭和污染严重的空气”，再有一些人抱怨郊外石灰窑的臭味。海煤的气味尤其被等同于伦敦城本身的气味。从根本上说，让人吃不消的是贸易的气味。因此，在16世纪，洛思伯里铸铁厂的气味闹得人心惶惶。城北散发烧砖的气味，主祷文街旁的市政府散发“一种令人恶心的油脂味”。切普赛德街东边的股票交易所气味熏天，以至于在毗邻的沃尔布鲁克溪圣斯德望教堂里做礼拜的人们被烂蔬菜的臭腐味“熏坏”。不过，去教堂做礼拜的人还要冒其他嗅觉危险。譬如，在16世纪，圣保罗大教堂墓地散发的秽气惊动了休·拉蒂默，他在一次布道里宣讲：“我断然认为无数人在圣保罗教堂墓地寻死，就这一点我有亲身体验，有些早晨我去那边听布道，嗅见如此难闻、有损健康的气味，熏炽得我久久不能恢复。”事实上，墓地的恶气是这座城市最持久、逗留不散的气味，自16世纪至19世纪，怨声从来不曾间断。

然而，这里不光有死人的秽气，也有活人的浊气。16、17世纪的戏剧屡屡提及伦敦人群散发一种分明的臭味。尤其是莎士比亚在《科利奥兰纳斯》所形容的“口臭”。尤利乌斯·恺撒被臭秽的尸体熏得晕厥，这样的恶臭更是属于伦敦，而不是罗马。在18世纪，乔治·切恩在《英国的疾病》中写道：“在恶臭的呼吸和汗臭的浓烈气息前畏缩……足以毒害、感染方圆二十英里的空气。”19世纪一份社会调查报告屡次提及“底层”租赁公寓和房屋的恶臭导致调查员晕厥或呕吐。

在这样一座永在劳作与贸易的城市，首要的不便是发汗，“油腻的厨子大汗淋漓地烹煮”。伦敦类似温室，里面装满了“恶臭的烟草、汗臭的脚趾、肮脏的衣衫、粪便桶、口臭、不洁的尸体等混杂的气味”。诚然，即便在无风的日子，趣味较高雅的伦敦人也意识到其他市民的存在，而不必亲眼看见他们。人们通常用来形容的形象便是：好似居民难闻的体味和熏人的口臭从四面八方紧贴而来。外来人、游客之所以一到伦敦就感觉消失在人海里，其中一大原因便在于此：他们猛然之间意识到人类活动那股切身且令人反胃的气息，并成为它的一部分。16世纪的记载指出病弱之人躺在伦敦街头，“袒露其令人不堪目视的悲惨与痛苦……恶臭熏冲这座城市的眼睛和鼻子”。嗅觉与视觉相连，体现了一种让人无力抗拒的感官恐怖。

臭味也是一种常驻的气味。在当代的伦敦城，走下某条逼仄、恶臭的过道（城里有那么多类似的大马路支路），便是走进古时的秽巷或臭胡同。路过某个不洗澡的流浪者时，倘若靠得太近，便是体验18世纪伦敦人所遇见装疯的乞丐或普通乞丐之时的不快经历。这座城市的气味里栖息着无数往古的时代。

然而，我们不可就此断定所有市民都不洗澡。早在15世纪就有了肥皂，还有用以清新口气的糖锭，涂抹身体的油膏。一如这座城市的其他众多问题，这里真正的问题落在穷人及其公认的传染性。在17世纪，贫穷的气味侵犯高尚区域，新设计的广场附近有“臭胡同”“闷院子”。伦敦的气味是一种伟大的平均主义者。穷人家地板上铺的灯芯草窝藏“痰、呕吐物、食渣、狗以及其他动物的排泄物”。诸如贝思纳尔绿地和斯特普尼这些地区，动物种类当中包括猪。马里波恩的果园街有二十三幢房屋，住有七百居民、一百头猪，散发“熏天的臭气”。在伦敦，气味与无气味之间的差异也是由金钱决定。金钱没有气味。在这座经济城市，贫穷散发恶臭。从而，在19世纪中期，有个都市旅人走访圣潘克拉斯教堂旁阿加尔镇的贫民窟，在这里，连风雨都不能驱散恶臭，“雨天早晨的恶臭足以熏倒公牛”。

也是在那个世纪，其他地区也各自散发迥异的气味。伦敦塔街周边地区散发葡萄酒味和茶味（18世纪是油和芝士的气味），沙德井弥漫着附近糖厂传出的甜腻味。贝尔蒙德赛散发啤酒味、鞣皮革味、腌黄瓜味，还有“制果酱的水果发酵的气味”。至于泰晤士河本身，住在阿德菲排屋的托马斯·哈代被河水退潮时散发的泥浆味熏得患病。在19世纪，伊斯灵顿散发马粪味和煎鱼味，弗利特街和圣殿关显然弥漫着“烈性黑啤酒的气味”。访客回忆这座城市本身的“典型气味”是马厩味，“马车候租站预告那种气味”。然而，倘若从大火纪念碑步行至泰晤士河畔，一路上散发自“烂橙子”到“鲱鱼”等各种难以辨别的气味。

有些气味难闻，但也有宜人的气味。在17世纪，午夜时分，伦敦的面包师傅开始烘焙，使用海煤的厨房和炉灶已经熄火，“空气清爽起来，面包房烧的是木柴而非煤炭，为街坊的空气增添一股农家的田园气息”。伦敦有些街道也素以芳香著称，譬如，在16世纪，巴克勒斯伯里香草生长的时节，还有新修的蓓尔美尔街。1897年，一位日本访客称这座城市散发食物的气息，同时批评伦敦扑鼻的口臭。法国诗人马拉梅形容这座城市散发烤牛肉味，还有一种雾气，“只能在这里闻到的独特气味”。稍后年代里，普里斯特利回忆“油腻的小食店”的气味，以及“烟雾弥漫的秋日早晨的气味……似是一种火车站的味道”。所有各色形式的交通气味一向是这座城市的典型。譬如，在春天，公共汽车散发着洋葱味，冬天则是“煤油和桉叶油味”，夏天则简直“难以形容”。浓雾“似一阵阵氯气”直呛喉咙。罗斯·麦考利记得肯辛顿高街上有一条过道，“似凡士林的味道”。朗埃克散发洋葱味，南安普敦里散发抗菌剂味。20世纪的伦敦充满了各种气味，从哈默史密斯路的巧克力味，到东区切利斯普街与本地人所谓的“公厕桥”沿路一带的化学物质气味。

有些古老的臭味逗留不散，譬如，泰晤士河和酒吧的恶臭。有些地区则全然保持独特且易辨识的气息。20 世纪 60 年代末关于东区的叙述提到“一股让人简直难以抵抗的鱼腥味”和“煮白菜的气味”，混合“朽木和烂砖的霉味、陈腐的空气”。近一百年前，在 1883 年出版的《伦敦弃儿的沉痛呼告》里，也同样将这个地区描述为弥漫着“烂鱼或烂菜的恶臭”，在 19 世纪则被描述为“火柴盒晒干”的气味。

然而，20 世纪随处可闻的是公交车和汽车的臭味。1905 年，威廉·迪恩·豪威尔斯写道：“空气被它们的气息污染，如今成为‘文明’最典型的浊气。”其他常驻的臭味还有人行道上的狗屎味、快餐店的肥腻味，以及地下散出的隐隐刺鼻的气味，夹带着伦敦尘土和燃烧的毛发的焦味。但更恶劣的是早上高峰时期地铁那股缠人的气味，吸一口早晨的空气，喉咙头便残留一股金属味。正如伦敦本身的气味，这股气味既属于人类，也属于非人类。

第四十一章

你这性感尤物

在这座城市里，性向来关涉污秽和疾病，倘若不跟这两者往来，那就是跟买卖勾搭。连语言本身也体现这两者的相似程度。“Hard core”通常被用于色情作品，但其原意，在伦敦社会背景里，则是指“坚硬、似岩石的垃圾”，用来铺垫路基和屋基。有垃圾的地方，就有死亡。因娼妓出没而闻名的秣市周边地区，围绕着“一圈墓地。这是瘟疫的源头——名副其实的瘟疫源头”。

伦敦自古以来便是性活动的场所。科尔曼街挖掘一尊罗马时期的阳物模型，一条柱顶过梁雕刻着三名娼妓。吊诡的是，在稍后时代里，这里成为罗拉德派和清教徒的避难所。在罗马神殿周围，便是现今慈恩堂街和利德贺市场街所在的位置，曾有崇拜萨图恩或普利阿普斯神的性爱庆典。位于市政厅现址的圆形露天剧场旁，我们或许可以挖掘出男女娼妓兜客的游步道。有些妓院领有罗马官方颁布的执照，也有些在拱门搭建“简陋棚屋”用于通奸。伯福德在其博学的著作《伦敦：罪恶之城》中指出，有些街角立着“赫耳墨斯小石柱”，阴茎直立，“包皮涂为鲜红色”。

然而，在这座众城中最商业化的城市里，拱门和妓院的用途意味着性本身早已商业化。在丹麦人和撒克逊人占领的世纪里，年轻女人如同其他任何商品一样被买卖。撒克逊时期有一道命令：“某人以一头牛买一个少女，倘若无欺诈，买卖成交。”一千年后，18 世纪有一首童谣收录这句话：“我去伦敦城买了个老婆。”据说，直到 19 世纪，仍有一些黑市在拍卖女人，并且 20 世纪末娼妓拉客的套话也侧重经济方面："想做点生意吗?"这么说来，伦敦将其精神烙印在居民身上。伦敦致力于销售，但穷人无货可售，于是便出卖身体。因此，性欲可以自由地在每条小巷胡同游荡。伦敦一向是放荡纵淫的场所。

中世纪的编年史家一面数落伦敦的酗酒和罪恶，一面谴责强奸犯、色鬼、娼妇、鸡奸者。12 世纪有一处文献提到包德豪，这是位于圣马利亚科尔教堂堂区的妓院区。在 13 世纪，也许更早时期里，圣潘克拉斯和圣马利亚科尔教堂两个堂区交汇处有个 Gropecuntlane（摸屄巷，在 1276 年拼写为"Groppecountelane"，1279 年则拼写为"Gropecontelane"），此地名的背景与意味再清晰不过。同一时期，文献多处提到情爱巷，"年轻恋人寻开心之地"，还有女仆巷，"因此地淫荡而得名"。

史密斯菲尔德旁也有一条公鸡巷，在 1241 年被"指定"为幽会地点。在这层意义上说，这是第一个红灯区，素以娼妓出名："天一黑，她们便出家门……低劣的客栈是她们接客的地点。"这一描述适用于自 13 世纪至 19 世纪任何一个时期，并且强调了这样一个小地方如何在周围万物更迭之时继续操持同一种活动。那条巷里依然住着同一类伦敦人，诸如玛莎・金太太，"一个矮胖的女人，去年冬天以天鹅绒长袍和衬裙著称"，还有伊丽莎白・布朗太太，"十五岁起做姑娘们的鸨母，没喝下三瓶酒之前，为人十分谦卑、友善"，还有萨拉・法默太太，"扒皮好手，既无相貌，也无幽默"。在《农夫皮尔斯》（约 1362）里，朗兰也纪念了"公鸡巷的克拉瑞斯，还有那个教堂的牧师"。

14 世纪有一案宗记载控告娼妓、高级妓女、鸨母以及皮条客的诉讼。1338 年 6 月，来自达尔顿的威廉出租"已婚妇女幽会情夫的狎邪房屋"而被捕，次月，来自斯特拉特福德的罗伯特因窝藏娼妓被传讯。

次年，弗利特街的弦乐器工匠吉尔伯特被指控持有"一间窝藏娼妓和鸡奸者的淫乱房屋"，同时庭审的还有两名高级妓女，"霍尔本的艾格尼丝和茱丽安娜"，还被指控窝藏鸡奸者。这么说来，中世纪伦敦的同性恋社区十分繁荣，并且跟妓院和皮条客结盟，让人不禁想将其形容为地下世界，只是此事众所周知，并且无处不在。市府参事门、伦敦塔、比灵斯门、伦敦桥（此地有一个出名娼妓，人称为克拉瑞斯・拉・克拉特巴洛克）、阔街、奥德门、法灵顿等各堂区都有控告妓院的起诉。然而，因性犯罪而被捕的人当中，很多来自伦敦外的遥远地方，这一事实说明伦敦的性交易（及其利润）传遍了全国。很久以前，伦敦便是英格兰的罪恶中心。这个时期有一部大编年史《布鲁特》点评，"女士们……佩戴狐狸尾巴，掩盖其臀部"，其他文献记载这座城市的女士"袒露胸脯和肚皮”。事实上，当时便有等级消费法，严禁卖淫女穿戴与“王国贵妇和贵女”同样的服饰，她们被迫穿条纹衣裙，标明其职业，这条法令间接地体现了中世纪信奉天主教的伦敦所履行的宽容程度：娼妓既不受禁制，也不完全被排斥。

中世纪晚期的伦敦风化越发败坏，或者至少较19世纪或20世纪任何时期更公开。恶习如此猖獗，以致惊动了市政当局。1483年市府颁令称“骇人听闻的淫秽罪恶……日渐增长，荡妇、受误导的女人、懒散妇人、流浪者甚过往日”。继而当局企图将“受误导的女人”逐出较体面的街区，把她们圈在城墙外的史密斯菲尔德和萨瑟克区。然而，在萨瑟克区，河南岸的河畔妓院随时被当局随兴所致地恐吓，于是这些女人自发选择聚集到圣贾尔斯、肖尔迪奇（今日仍可见到她们的身影）、圣保罗大教堂旁的万福马利亚胡同等地方。也可以去切普赛德的哈利客栈和慈恩堂街的钟楼客栈找她们，城里还有二十多处stews（窑子）。“Stews”一词并非源自肥腻的肉或浓汤，而是来自法语旧词“estuier”，意为“关闭”，指人造鱼塘。梅毒的感染率愈发加剧了封闭的闷热和炖煮的感觉，自16世纪以来，梅毒成为道学家愤慨斥责的对象和讽刺作家出气的对象。

无论如何，这座城市的性生活继续进行，访客总是评价伦敦的男女关系十分随便。16世纪有个威尼斯人评道：“很多年轻女子聚集在摩尔门外，跟年轻小伙嬉戏，尽管她们不认识这些人……他们频频地接吻。”已婚妇女似乎参与同样的嬉戏，17世纪早期，泰晤士河岸德特福德外立起一根高大的旗杆，“杆上系着各色各样的号角，庆祝英国所有戴绿帽的丈夫……这些英国人在路上相遇，脱帽向彼此、向众人致敬，相互取笑、消遣。”借用17世纪早期一张招贴画的题目，这是著名的《已婚女人一案》。

娼妓无处不在这一事实，意味着她（他）们也被冠以无数绰号。克拉肯维尔夫人是声名昭著的鸨母，屡次出现在绘画和版画里。她家里养着“各种肤色的美人，从煤黑的黏人女子到欲壑难填的金卷发女郎，从睡眼惺忪的酒鬼到淫荡的手淫女”，一应俱全，她跟全英格兰各地的代理人通信，物色标致的年轻女孩。她名列伦敦最著名的鸨母。在其《妓女生涯》第一个系列里，荷加斯刻画了尼达姆母亲，她经营公园广场一家声名狼藉的妓院。但她戴颈手枷时被乱石砸死，荷加斯只得拿其母本特莱替代，她在伦敦街头也是出了名的。这些“母亲”的确是这座欲望城市之母。

这座城市的有些儿女确实相当年轻。有位德国旅人写道：“每走过十码地，就会被十二岁左右的孩子围攻，以其显著的兜揽方式，无须费事询问他们意欲何为。他们似帽贝一般黏到你身上……通常以那么一种方式攀着你不放，从我于此不着一词这一事实，你便能最清晰地理解那种方式。”

1762年，鲍斯威尔关于街头生活的日记叙述了马路上所供应的性口味。11月25日，星期四傍晚，他在河岸街搭上一个女孩，“走进一个院落，打算装甲享受（戴安全套）。但她没有……她打量着我的尺寸，说我要是跟处女上的话，必定会让她尖叫”。次年3月31日晚，“我逛进公园广场，搭上遇见的第一个妓女，不消多言，便毫无危险地进行了交配，因为安全地戴了套。她相貌丑陋，消瘦，满嘴酒气。我从没问她的名字。完事后，她就溜走了”。4月13日，“我带一个小女孩进一个院子；但想干得起劲些”。鲍斯威尔经常事后流露道学家的口吻，并不认为“小女孩”有何不当之处，这一事实表明伦敦街头到处是这样的小女孩。

托马斯·德·昆西遇见这样一个小女孩，名叫安，他数夜与她“来来回回地在牛津街上走”，但“她十分胆怯，如此地无精打采，足见悲苦如何深切地攫住她年轻的心灵”。他离开她一些时日，约定到蒂奇菲尔德街角等候。但他再没有见到她。他徒劳地在伦敦千万个年轻女孩里寻找安的面孔，称牛津街为“石头心肠的继母，你耳听孤儿的叹息，饮取孩子的泪水”。在18世纪的文献中，包括鲍斯威尔的日记，对于年轻妓女的这等同情态度极其罕见——倘若有的话。譬如说，“带一个小女孩进一个院子”那一晚，之后，鲍斯威尔又搭上一个女人，“带她到威斯敏斯特桥，然后全副武装之后，与她在这座宏观的建筑之上交战”。用当时的俚语说，这可能是“三便士直干”。“心血来潮地干这事，泰晤士河在我们下面滚滚流淌，十分挑动我的性欲。”

在鲍斯威尔眼里，她只是个“低等穷人”，根据定义，也就是不干净。因此，完事之后，她就成为怀疑和威胁的对象。与同时代的大多数人一样，鲍斯威尔总是害怕得性病。在沉思伦敦之时，约翰·盖伊警戒此等爱好：

龌龊的发带
从一盏油灯蹿到另一盏——因健康预期
疾病，短暂的欢悦预期肮脏的懊悔
日日夜夜，焦灼的痛苦。

卡萨诺瓦造访坎家客栈一个妓女之后，感染了淋病，所遭受的便是这种焦灼的痛苦。卡萨诺瓦描述，先前有一次走进另一家名叫星辰客栈的妓院，订了一家包房。他与“严肃且虔敬的房东”交谈（贴切的旁白，触及了很多伦敦妓院老板的伪善面貌），打发掉进入他房间的所有女人，“给脚夫们一先令，打发她出去”。在他第一次拒绝之后，房东这样说话：“在伦敦，我们不讲究客套。”

一个妓女在河岸街勾搭塞缪尔·约翰逊之时，也不讲究客套，他咕哝道：“哦，不，不，姑娘，这可不成。”理查德·斯蒂尔“刚抵达这座城市”之时，在科文特花园广场旁，也被这么一个女孩兜揽。她问“我是否想喝点酒”，然而，借着集市拱门隐约的暮色，他注意到她的面色“饥饿，寒冷，双眼憔悴又急切，衣衫单薄且俗丽，她的举止柔和又孩子气。这个古怪的身影让我颇感痛心，为了避免看她，我匆匆走开”。

河岸街、科文特花园，以及其中所有小巷，都是出了名的色情场所。附近有些酒吧雇佣“姿势舞者”，表演18世纪版的脱衣舞，也有一些“游乐园”专营鞭笞，还有同性恋者出入的“莫利屋”。1726年5月，《伦敦日记》记载二十家“鸡奸者俱乐部”（似乎包括林肯院的公厕），“他们在此进行恶劣的讨价还价，然后撤到某个阴暗的角落干其龌龊的行径”。霍尔本的老娘掌客栈和河岸街的塔波特院都是同性恋男子喜爱的幽会地点，老贝利还有一家男妓馆，“那里的规矩是男子互称‘夫人’或‘小姐’”。山毛榉巷的马掌客栈、河岸街的泉水客栈都是18世纪版的“男同性恋酒吧”，皇家交易所周边地区则以“觅伴”著称，用当时一句诗来说，“鸡奸者佻薄地在交易所转悠”。教皇头胡同和斯威汀胡同也都赋有同样的声名。黄春菊街的客栈或妓院的男业主都被称为“黄春菊伯爵夫人”。在老娘掌客栈，各个房间的各张床上，“每晚通常躺着三四十个小伙（甚至更多），尤其在星期天晚上”。在山毛榉巷的妓院则看见“一群男子伴着小提琴跳舞、唱淫荡的歌谣”。然而，这些乐事也有黑暗面。某个“鸡奸俱乐部”被警方突击搜查，数名被捕者自杀，其中有面料商人、布商、牧师。还有很多人被敲诈，从而这座城市提供刺激，但也很危险。饶是如此，伦敦依旧是同性恋的中心，在隐私与匿名的前提之下，他们继续追求其使命。不管怎么说，陪审团众所周知地不愿判鸡奸罪为死刑。通常的裁决是“鸡奸”未遂，罚款、短期监禁或者戴颈手枷便足够。伦敦人在不正当性行为方面尤其宽宏大量。在一座恶习与奢侈的所有形式层出不穷的城市里，还能如何对待此事？

19世纪伦敦的性氛围在淫秽方面并不逊于18世纪，纵使“维多利亚时代”宣传口号是正直的家庭道德观。1840 年，弗洛拉·特里斯坦在《伦敦日记》写道：“在伦敦，所有阶层俱堕落之极。人们年纪轻轻之时便染上恶习。”看到英国贵族和议会成员在一家酒馆“纵酒狂欢”，跟酒醉的女人嬉戏到天亮，令她十分震惊。在迥异的环境里，亨利·梅休提到伦敦街头流浪的孩子，“他们最惊人的特征是……无比淫荡”。他的观察结果令他揣测，青春期来得实则比大多数人所以为的更早。然而，他不肯详细地描述“淫秽的细节，以及种种肮脏”。即便在较体面的工人阶级所居住的地区，也惯见十三四岁的年轻男女同居、生育，而不必结婚。譬如说，贝思纳尔绿地有一座教堂，举行“伦敦佬婚礼”，“只要满十四岁，花七便士便可在此举行婚礼”。东区有个助理牧师回忆某个圣诞节早晨，他“站在那里为亵渎上帝的年轻男女举行婚礼……可怕的讥刺”。在这里，放浪的性行为缘于大众漠视宗教或无神论，而后者则是伦敦生活的又一典型象征。

然而，19 世纪都市观察家主要忧虑的是卖淫行为的范围及本质。梅休、布思、阿克顿等人的调查表示，这份关注演变为一种狂热的执念。诸如以《伦敦妓女》为题的书籍面世，或者较周详地取题为《卖淫：道德、社会与卫生角度的探讨》。还有各种表格和数据，显示妓女在何处寄宿或居住，并且加以分门别类：“穿着讲究，住在妓院”“穿着讲究，私家寄宿”“贫民街坊”“借屋”“膳宿房”。还有详尽地探讨“品性爱好与天赋”“闲时消遣方式”“道德缺陷”（嗜好烈酒）、“良好品质”（相互赋有强烈的同情心）。卖淫似乎成为维多利亚时期社会改革者最不可抗拒的关注点，跟其他致力于卫生和住房条件的社会工作者的使命相辅相成。在这层意义上说，所有这些人都在关注这份一千年以来不受约束的都市生活所残留的遗产，企图澄清或净化这种生活。

性行业与疾病之间的关系也得到晓示。威廉·阿克顿在《伦敦的妓女》一书里披露这些“搽胭脂抹白粉的生灵，描画嘴唇眉毛，戴假发，惯常出没在朗豪坊、新路某些地段，还有四分圆……市政路、兰心大剧院周边”，调查之下，通常会发现都是“一群梅毒患者”。此书也援引垃圾或废物这一典型隐喻。“正如一堆垃圾会发酵，一群无品德的女人必然也是如此。”于是，娼妓成为道德和身体传染的双重象征。19 世纪 30 年代，在八万妓女当中，据说每年近八千人死去。在伦敦医院里，每年有两千七百例梅毒病人，都是“十一岁到十六岁的孩童”。妓女的真实数目一直是无休止的揣测与虚构：七万、八万、九万，或者更高，在 19 世纪中叶，据估算，“伦敦单在这项恶习上的年均消费为八百万英镑”。在这层意义上，卖淫本身成为伦敦商业贪婪成性的象征，并且象征着同恶习与城市这股不可抵挡的增长势头相伴随行的恐惧。

在伦敦市中心，文明的堕落可以赋形为各种形式。赖恩的《伦敦的卖淫》出版于1839年，记载了其中一些形式。“玛丽亚·斯考金斯，年十五，缝制紧身胸衣的裁缝。傍晚前往父亲家的路上，被诱骗进一家罗瑟塔·戴维斯（又名亚伯拉罕斯）开的妓院，开始在街头拉客。”还有一个女孩，十五岁，“被继母卖给伦敦东城一个妓院老板”。不提防的男孩和女孩都会成为商品。利亚·戴维斯是一名老妪，有十三个女儿，“都是娼妓或妓院鸨母”。年轻人被贡祭这一隐喻，使人联想起特洛伊或俄摩拉城祭坛上的野蛮人仪式，女孩被“扔到”“赶到”“诱骗到”街头卖淫这个形象，则暗示在这样一座阴暗、迷宫般的城市里，天真的孩子很容易成为受害者、被摧毁。三个十五岁的女孩受派去引诱很多年轻人，聚集起来，“从而使得他们一齐凑出来的付款更可观”；“他们被容许进入上演腐化生活的妓院……这些场所用作盗贼、流浪者、乞丐，以及其他各种最底层人的寄寓……众所周知的，这些地方不休地犯下最邪恶的行径……在拥挤且蒙昧的人群里……男女老少，各种年纪的人，都沾染最邪恶、最卑劣的罪恶……在周围传染道德的瘴气。”这是记载异教黑暗的阴影，这道阴影并非投射在郊外或局部化的红灯区，而是落在这座城市的中心。

然而，若说伦敦娼妓的一大形象是疾病和感染，以醒豁的形式体现了这座城市或许会激发的所有焦虑和恐惧，那么伦敦娼妓的另一形象是孤立和隔绝。德·昆西所叙述的安（石头心肠的牛津街的女儿）便属于最早的洞见之一，也即从年轻妓女的困境洞悉这座城市的生存境况。她成为这座城市所有残酷的商业势力及其下所潜隐的冷漠与疏忽的牺牲品。

陀思妥耶夫斯基走过秣市之时，看见“母亲携带年幼的女儿，教导她们做同样的生意”。他注意到有个女孩“不超过六岁，衣衫破烂，肮脏，赤脚，面颊凹陷，被痛打过，破衣服下露出的身体布满了伤痕……无人理睬她”。我们在这里看到伦敦的一个苦难形象，不息地匆忙奔走的人群，无人停下看一眼伤痕累累的小孩，正如他们不会理睬一只残废的狗。陀思妥耶夫斯基在自己的国家已经见惯了恐怖与绝望，而在这幅景象里，让他震惊的是“她脸上的神情如此痛苦，如此无望……她不定地摇着头发蓬乱的小脑袋，仿佛在争辩什么，不定地做手势，摊开小小的手掌，突然间攥紧小拳头，紧紧地护在赤裸的胸前”。这便是伦敦的景象。另一傍晚，有个一身黑的妇人走过他的身旁，慌张地将一张纸头塞进他手里。他看了看纸头，上面写着基督教传道“我是耶稣复活，是生命”。可是，目睹了六岁女孩的痛苦和孤独之后，谁还会相信《新约》的教义？这座城市被形容为异教徒之城的时候，多半是因为生存在如此苦难的都市条件里，人们难以信仰一个容许似伦敦这样的城市繁华的上帝。

不过，这座城市真正的神祇赋有迥异的本性。1893 年，沙夫茨伯里纪念碑喷泉，又名爱神，在皮卡迪利广场揭幕之时，距离那个母亲携带年幼的女儿卖淫的秣市仅数码地。爱神是伦敦第一尊铝制雕像，在古老的激情与新铸造的金属混合里，我们看到跟这座城市本身一般古老又簇新的欲望的象征。自此以后，爱神一直吸引人们前来。在 20 世纪一部小说里，塞缪尔·塞尔文的《孤独的伦敦人》里有一个主角，特立尼达岛人，注意到这个广场“赋有磁力，那广场代表生命，那广场是世界的起点和终点”。

在 20 世纪自始至终，皮卡迪利广场是夜间遭遇性行为的地点，年轻人在此游荡，寻找刺激。所有道路似乎以一种无垠的混乱状态在此交汇，这里散发一种既热烈又客观的气氛。也许正因为如此，数十年以来，这里是男女娼妓出没、勾搭对象的中心。在伦敦所有地区当中，这里最容易遭遇一夜情。20 世纪初，西奥多·德雷塞描写伦敦的娼妓：“她们在固定的地点出没，其中要算皮卡迪利广场最多。”无数小说和纪实文学呼应这一看法。毕竟，爱神雕像赋有诡异的力量。这座城市本身便是淫乱欲望的一大形式，其马路和人群以无穷的方式呈现无数遭遇和违背道德的机会。正是伦敦的古怪性，以及城内连居民都依然无从得知的各种地区，提供了偶遇与巧合的可能性。孤单或独居者（伦敦生活的一大典型症状）适合成为寻找短暂陪伴的冒险者。这也是捕猎者的标志。伦敦生活的匿名与客观这两种特征，便是性欲的源泉，欲望可以无须顾及小社交圈惯有的束缚而得到满足。从而，伦敦的庞大助长了幻想和不可限制的欲望。

正因为如此，伦敦这些贪婪与欲壑难填的性行为状态一直不曾改变。今日，有脱衣舞酒吧和俱乐部表演大腿舞，无数酒吧和夜总会迎合每一种变态的性嗜好。有些马路以娼妓出名，有些公园是人们夜间寻觅性伙伴的固定地点。伦敦有些地区，一到夜里，就换上另一副面孔，从而这座城市好似某种赋有无穷生殖力的源泉，提供另一种真实和体验。正因为如此，伦敦本身也很“性感”，展示其隐秘的所在，引诱不留心提防的人。再转过一个街角，或者再多走一条小巷，也许就会碰见……谁知道是什么？电话亭里扔满了施虐狂或变性妓女的广告，有些宣称“刚进城”或“初到伦敦”，让人联想起 18 世纪科文特花园的妓女也总是声称的“初来乍到”。然而，在少年人出卖身体的伦敦，没有什么新鲜的。

第四十二章

时来运转

酒、色、赌曾经总是厮混一气，构成伦敦恶习与嗜好的三位一体。这个亵渎的三人组合，在城里各处欢快地嬉戏。在这样一座吉凶难卜的城市里，人生浮沉不定，这三者代表了轻狂与玩世不恭。

伦敦的所有商业与经济机构都是建立在一桩大赌注之上，因此，何不参与这场危险却迷人的赌博，碰碰运气看？勾搭一个妓女可能感染致命的疾病，但骰子一转，可能会让你发大财。那么，在所有这些风险和艰难处境中，你可能会借酒忘却世事。18 世纪的伦敦社会史学家多萝西·乔治评论道："饮酒与赌博的诱惑，在这个社会基本结构里交织，企及如此惊人的紧密程度，它们无疑融合了生活和贸易的不定，导致一种无常感和风波突起的负累。"很多生意人因放荡和赌博破产——版画《勤勉和懒散》所表现的便是典型的伦敦故事：一个伦敦学徒纵酒、赌骰子、嫖娼而堕落，最后在泰伯恩刑场上了绞刑架。

关于伦敦赌博的最早证迹，可以援引自罗马占领时期，考古发掘有骨头或黑玉凿刻的骰子。新门街地下挖掘出算命先生的一套烦琐装备，也揭示了当时人们所经历的不期然的人生转折。在中世纪早期，客栈和其他低贱的公众场所设掷骰子戏，还有另一种被称为台桌的骰子。中世纪的妓院也提供赌博和饮酒。赌桌上的争吵有时演得激烈，导致人命。譬如，赌了一圈台桌骰子后，"回家路上，输家拿刀捅赢家，造成致命伤"。出老千的手法也层出不穷，诸如赌盘作了记号或者骰子做了手脚。然而赌博的欲望无处不在。据《伦敦考古学家》报道，公爵地发掘出“一片中世纪屋瓦，形似筹码”，并且早在13世纪，威斯敏斯特颁布了法令，严惩身上发现携带骰子的学童。掷骰子每次“险胜”，都敲一记铁棍。

15世纪，扑克牌被引入伦敦，随即如此风行起来，以至于亨利七世在1495年“严禁仆人和学徒在圣诞节之外打扑克”。斯托记载：“从万圣节夜到圣烛节后一日，除了其他游戏之后，家家户户在打扑克，以筹码、现金、点数计输赢。”每家客栈也供应扑克牌，牌上印有各自客栈的名字。各家广泛宣传其扑克牌的好处。“最新来自维戈的西班牙扑克牌，色彩诡异，十分悦目，比沃里克巷鲍德温太太客栈一先令一副的普通扑克要好上许多。”扑克牌生意如此兴隆，据估计，18世纪中期扑克牌税入年均为五千英镑，意味着销售了“近四百八十万副扑克牌”。

早在16世纪，富勒姆便以在骰子和筹码上做手脚而出名，莎士比亚在《温莎的风流娘儿们》呈现了那里的景象：

> 因为瓜头和富勒姆有
> “高手”“低手”，骗死富人穷人。

在这里，富勒姆是指灌重的骰子。另一赌博中心是林肯院原野。在这里，男孩“赌法寻和橙子”。有个广受欢迎的赌戏叫作财富转轮，一圈数字内有一个快速旋转的指针，“奖品是法寻大小的姜饼坚果”。这些聚赌场所自然吸引了放纵的伦敦人。林肯院原野是被统称为“Mummers”（“游手好闲、凶暴的流浪者”）的公认巢窟。在这些人中间，有些是专门从事赌博的骰子手。骰子凿得如此奇诡，看似“方方正正，实则前面比后面长”。

> “他们拿什么把戏将这枚假骰子换进换出？”
> “那是个叫作障眼法的好把戏。”

这是一份题名为《侦查现形记》小册子里的对话，其中罗列了二十种出老千的骗术。另一小册子题名为《伦敦，冷眼看我》，警戒天真或粗心者须提防的骗术和伎俩。生人和外地人易受“采果手、基德、帽头、平头”等坑蒙拐骗，这些骗子的绰号似乎沿用了数个世代。在这里，描述伦敦大恶习的语言也是堕落与传染。骰子和扑克牌是“通向地狱的野路，数百种疯癫病一路相伴”。在一座深受病患、瘟疫之苦的城市，关于任何一种放纵或乐趣的隐喻就渐渐固定下来。

扑克牌狂热持续不衰。1764 年，中殿律师学院的地板里藏了“不少于一百副”骰子，过去年代的骰子在赌博时容易滑进地板缝。17 世纪中期，佩皮斯观察一家赌场的赌徒，“叫新骰子、换地方、换骰子的手法极其讲究”，他也注意到“老赌棍不似从前那样有钱下赌了，还是照旧进来坐着，旁观他人下赌”。伦敦开始称这些地方为“阴间”，佩皮斯在这里听见地狱里沉沦的灵魂的惨叫。于是“有个男子尽力想掷出七点，掷了无数次后仍不曾掷出七点，他叫到，要是再掷不出七点，就要下地狱”。另一赌徒赢了一大把，叫嚷道：“该死的，赢得这么快，两个小时后再赢这把钱倒还说得过去，该遭天谴的，我不要这么走运。”

伦敦的赌场也经常被描绘为绅士与贵族跟“较低贱者”（借用佩皮斯的话）同坐的地方。20 世纪末也有同样的评论，在赌博俱乐部里，贵族与黑社会厮混。伦敦的放荡，一如这座城市本身，是一大平均主义者。切斯特菲尔德勋爵也许震惊于这座城市的平等主义精神，曾经说道：“他宁愿跟老千赌，而不愿跟绅士赌，因为尽管跟前者赌，他赢的机会不多，但倘若赢了，前者肯定不会赖账。”

及至 18 世纪早期，城里约有四十家赌场，人称捐资房、屠宰场，以及阴间。据约翰·廷布斯的《伦敦珍奇》记载：“伦敦城里声名狼藉的场所超过世界上其他任何一座城市。”凭门口悬挂的华丽的煤气灯、走道尽头的绿呢或红呢大门，便可辨认这些地方。贯穿这个世纪，赌博猖獗地扩展开来。奇巧的是，这个世纪也是经济最不稳定、个人经济危机频发的世纪。因此，在泡沫经济和其他诸种恐慌的时代，贝德福德街王冠咖啡馆的绅士们将惠斯特纸牌打得臻极完美的程度。

官方严禁聚赌，然而尽管警方夜间突袭城市某些赌场，赌博照样兴隆起来。总是“聚集一堆混杂的人群，有绅士、商贾、生意人、牧师，以及各等老千”，准备赌骰子、赌法罗、赌百家乐、赌转盘，以及其他二十多种骰子、扑克牌游戏。到这些阴间来的有各种老千，率领一大群间谍似的人物、望风通报警察的脚夫和哨子。蓓尔美尔街一家叫作奥尔马克的著名赌场，赌徒“反穿外套，希望走好运”。他们佩戴皮腕套，保护蕾丝袖边，头戴草帽，避免强光照进眼睛，也防止头发被碰落。他们有时也“戴面具，以隐藏情绪”。在布鲁克斯俱乐部，第二十一条规矩声称“在餐厅除抛硬币决定由谁买单之外，不得赌博，违者罚为在场所有食客买单”。《伦敦纪念物》里记载了一些不那么仁道的押注。有个正要进门的赌徒突然倒在怀特赌场门前，“赌场立即开押赌注，打赌他是死了还是晕厥，人们正要替他放血，下注者不肯，干预说，这样会影响赌局的公平性”。

据一位外国观察者说，伦敦人“赋有剧烈的欲望，所有激情都追求得过度，在赌博上则挥霍得不切实际”。另一访客也作出类似的评论：“‘你肯赌什么？’即便关于最芥细之事生起最不足道的争议之时，上等人和下等人通常出口的第一个问题就是：你肯赌什么？有些较富裕的阶级，晚餐后一瓶酒下肚，也许就感觉想打赌。某人磕开一颗坚果，里头有一条蛆，另一人也磕开一颗有一条蛆的坚果，第三人旋即就提议打赌哪条蛆先爬到指定的距离。”

伦敦城无处不在的暴力游戏（抓老鼠、斗鸡、女子摔跤），当然也涉及押赌，但自然现象也成为打赌的对象。伦敦发生微震后的早晨，怀特赌场便开了赌局，“赌是地震还是弹药厂爆炸”。确实是地震，伦敦生活里较难预料的隐患风险。

利德贺市场有个工人跟人打赌，“他会在 27 小时内绕穆尔菲尔兹 202 圈；并且赢了”。国务大臣桑威奇伯爵“在一张赌桌前度过四天又二十个小时，这整段时间里，他仅靠一点牛肉，两片吐司充饥，并且不曾离开赌桌进食。这道新菜极其时尚……以发明者国务大臣的名字为菜名”。

大众的赌博传统一直持续到 19 世纪，生意兴隆的赌场诸如皮卡迪利广场的皇家沙龙、霍尔本的城堡、潘顿街的汤姆·克力布沙龙、詹姆斯街的终点、索霍广场的怀特、橙街的奥辛顿城堡、科文特花园的布里奇斯街沙龙，又名为“臭名堂”或“万恶老娘”。伦敦城另一头的东区，有些赌窝、赌场俱乐部的赌风如此猖獗，致使一名在这片地区穷人间传道的牧师对查尔斯·布思说出这样的话：“赌博跟酗酒竞比谁是眼下最大的危害……所有人都是赌得比喝得凶。”街头小丐赌一种叫作达布斯的纸牌，拿法寻或纽扣下注，赌拳击赛或赌马则通过烟草店老板、酒馆老板、卖报人、理发师做中介。查尔斯·布思在东区调查的另一线人说：“所有人都在赌，男人，女人，都要赌……男人、男孩手忙脚乱地、兴冲冲地跑出来看最新新闻，圈出赢家。”

当然，还有抽彩。伦敦在 1569 年初次设立抽彩。“对于幸运数字的狂热”燃烧了数百年。“阿列夫”在《伦敦之景与伦敦之人》提到，熟人偶遇时，不谈论天气，而是谈论“刚开或者即将开的大奖，还有幸运赢家，或者你对买哪个数字犹豫不定，或者你深信1962这个数字会中两万英镑大奖”。当时有彩票杂志、摸彩票专用手套，还有些帽商和茶叶商，你若光顾他们，会替你出一份子。蒙眼罩的慈善学校学童在市政厅抽出数字（伦敦版的蒙眼罩财富女神），市政厅周围则挤满了“娼妓、窃贼、污脏的工人或苦力、几近赤裸的小孩，脸色苍白，焦灼地等待宣布数字”。在《一九八四》里，乔治·奥威尔描绘了未来伦敦的景象，其中也有“抽彩”：“对于数百万无产者来说，彩票极可能是活着的主要理由（倘若不是唯一的理由）。彩票是他们的乐事、蠢事、止痛药、脑力兴奋剂。”奥威尔对于伦敦的理解十分透彻，在这段话里，他暗示伦敦的文明原则与赌博、欺骗的必要性之间的深刻关联。伦敦人需要刺激，需要不劳而获这个绝望中的希望。诚然，赢的概率极小，但在如此庞大且比例失调的城市里，这是理所当然的。一份赌注可以有数百万人共享，但依然不失为一份赌注。并且，人们所分享的还有期待和焦虑，从而赌博可被视为整个社区突发性地将全部精力贯注在同一件事上。

今日，女王大道、罗素广场、基尔伯恩、斯特里特姆、大理石拱门，以及其他数百个地点的赌注店和赌场人头攒动。在伦敦，人生可以被诠释为一场赌博，赢家寥寥无几。

XX

LONDON

The Biography

伦敦群像

第四十三章

暴民统治

在这样一座充满谣言、命运变幻不定、在各方面都全无节制的城市，数世代以来，伦敦的人群养成了一种有趣的病理。人群并不是在特殊场合呈现的独个整体，而是伦敦城的真实的生存条件。这座城市本身就是一个汹涌的人群。17 世纪一位观察家回忆道："朝街上观望，我们看见一个激增的人群在移动，在寻找一块休息的地方，但新来的一大批观光客乱哄哄地涌来，占走了地盘。这是一个有趣的混合：老态龙钟的老人、粗鲁无礼的年轻小伙……浓妆艳抹的荡妇和抱着小孩的底层女人。""混合"意指一场表演或一处热闹场面。在 17 世纪，画家就开始细致地研究伦敦的人群。这个混合不再是一团模糊的大杂烩，由人们站在安全的遥远距离观望，而是区别了特定人群的特征。

伦敦城总是喧嚣，总是热闹。"外面很黑，但我们感觉得到大街上挤满了人，人群的嘈杂越来越响……大约夜里八点，我们听见下面传来一片喧嚣，从大街尽头传过来，越来越响，直到我们看到真实的动静。"这是伦敦真正的声响：响亮又模糊的嘈杂，越来越响，以致喧嚣，伴随古怪的动态。"这股声浪之后，继而一阵静止，但这段空白旋即被填补，又一股浪潮袭来，如此，四五道声浪，一道淹没另一道……喉咙张开粗嘎的大嗓门。"这个声音里有一种粗糙、惊心的东西，好似这座城市赋有原始而神秘的声音。这里所描述的场面，出于托马斯·伯克的《穿越世纪的伦敦街道》，描绘的是 17 世纪晚期反天主教游行队伍走下弗利特街，"有个提着喇叭，最穷凶极恶地大喊'憎恶者！憎恶者!'”这份描述越发增添了威胁的气氛。伦敦的声音是粗嘎且不协调，但有些时候，其共同的呼吸也会充满痛苦。1649 年 1 月 30 日，查理一世上断头台之时，白厅前聚集了巨大的人群，国王的头颅落下之时，“千万人发出如此沉重的叹息，我从来不曾听过，也不愿再次听到”。

然而，对于 17 世纪的保王派来说，伦敦人群是“最亵渎的人渣、最邪恶的人类、社会的弃儿……苦力、学徒”。换句话说，人群成为显明的威胁，转变为暴民（mob 这个词创造于 17 世纪），极可能摇身变为暴民王。

这里所突出的事实是，在 16、17 世纪，伦敦扩大得不可估量，从而人群也随之激增。在宗教和政治纠纷的气氛里，政府也不会制定明文规则来约束他们。佩皮斯记载人群“嚎叫，呼喊要自由议会，要钱”。1667 年夏，“据说他们昨日确实在威斯敏斯特大街上嚷叫‘议会！议会！’并且确实相信需要付出血的代价”。次年，波普勒和穆尔菲尔兹发生暴动，克拉肯维尔的新监狱被砸破，人们拯救那些因拆毁妓院而被关押的囚犯。“然而，在这里，据说，这些闲人自鸣得意地说，他们满足于拆毁小妓院，却不去捣烂白厅这家大青楼，事情做得不公道。”这是伦敦地道的走极端、一碗水端平的口吻，近来在市中心转变为人群或群众或暴民的声音。“昨夜，他们当中有些人传开一个暗语，即‘改革与缩减’。眼见平民中间生起这种精神，令侍臣们委实不安。”

于是，伦敦变得危险。亨利・菲尔丁写道：“当一帮轿夫或仆人，抑或一伙盗贼或老千组成一群暴民，其力量便不是市府当局所能镇压的。煽动性的暴动或一般的骚乱想必是如此?”在 18 世纪的伦敦历史上，人群展现了一种渐变的情绪，对于诸如菲尔丁这样执法官来说，这股情绪殊为烦心。奚落与羞辱的矛头不再主要指着陌生人或外来人，而是转向有权势者。在 1746 年，卡萨诺瓦写道：“身穿朝服者走过伦敦城而不被暴民扔石头的情况是没有的……国王及王室成员在公共场合出现之时，伦敦人也要嘘声嘲笑。”在这种“混乱”里，一如卡萨诺瓦的描述，“最高贵的贵族困窘地混杂在最卑劣的庶民中间”，“平民试图展现独立……极贫穷的脚夫也会跟勋爵争墙界”。皮埃尔・让・格罗斯莱也作出类似的描述，“在英格兰，没有哪位权贵能够免于羞辱”，“再没有哪个民族赋有这等讽刺感或敏于舌战，尤其是平民”。有个法国人警敏地指出：“很多人仅将这种粗鲁视为脚夫和水工的幽默与玩笑，但在冗长的议会里，这种幽默与玩笑成为议员对付查理一世的主要武器。”换句话说，“舌战”和羞辱赋有政治意味。在这个背景里，也许值得指出的是，街头小混混将圣保罗大教堂外的安妮女王雕像当作掷石子的靶子。

伦敦暴民的一大特征是易怒和情绪突变，从而，只要人群里迸出一点火星，便会迅速地熊熊燃烧起来。某罪犯没有如期到七星盘戴颈手枷，人群便勃然大怒，转而把怒气撒在过往的出租马车上。他们朝马车掷秽物和粪便，马车夫一面驱车，一面被迫呼喊“好哇!”威斯敏斯特开展一场争议激烈的投票之时，“仅数分钟内，所有脚手架、长凳、座椅，以及其他一切全都被彻底地摧毁”。人群的愤怒既随意又偶发，既狂暴，也同等地豪兴。一位德国访客游览拉德门山之后写道：“我现在知道英国暴民是什么样的了。”1770 年，市民庆祝伟大的伦敦政治家威尔克斯从监狱释放出来之时，这位德国访客乘坐马车目睹了这个场景，回忆道：“半赤裸的男女老少，扫烟囱的、吉卜赛人、摩尔人、高贵雅士、鱼婆、贵妇，各色人等都纵情尽兴，狂喜、高呼、大笑。”

就好似这座城市的束缚力本身纵容不拘形态和放纵的突发欲望。商业文化强加于人的束缚，压抑得这些构成暴民的人们不堪承受，从而激发了愤怒与兴奋的瞬息变化。并且，太多人被迫挤进太小的空间，庞大且过于拥挤的人群挤在狭窄的街头，导致殊异的狂热和兴奋。正因为如此，暴民或人群的本能恐惧普遍地倾向于暴力，同时也易于感染疾病。这是惧怕接触，惧怕伦敦这种由市民传播的病态的体温，这股恐惧可以回溯到热病和瘟疫时代，用笛福的话说：“他们的手会感染他们碰触过的东西，尤其是双手汗热之时，并且他们总体上都很容易出汗。”

暴民也会把矛头指向自己，或者指向其中一员。在《摩尔·弗兰德斯》里，一声“小偷!”便让人群顿时发狠，“人群里所有不曾被挤得不能动弹的人，都跑向那边，那可怜的男孩被置于人群的盛怒之下，这种残酷，无须我多加描述”。这里有一种平地风波的感觉，好似一阵狂怒的旋风毫无预警地肆虐。在其《伦敦历史上的市政厅研究》里，利瓦·戈尔茨坦刊印一份记载知名的占星士、魔术师约翰·拉姆在 1628 年 6 月中旬最后日子的报道，题为《约翰·拉姆生平》。拉姆被在财富剧院望风的一些男孩认出，“在他离开之时尾随”。更多人加入尾随队伍，拉姆雇数名过路的水手暂充保镖。他走下红十字街，向左转进佛利街，然后左转走进摩尔巷的马掌客栈；同时，尾随的人群越来越庞大，喧嚷声越来越响。他在客栈进餐，水手们“拦住人群”。然后，他离开客栈，从摩尔门进城之时，暴民再度追来，叫嚷着“巫师”“撒旦”。眼前的情势十分危急。他急步走下科尔曼街，转进洛思伯里，躲进老犹太街角磨坊客栈一间楼上客房。他的保镖被袭击，客栈的两个出口都被急切的市民把守。他乔装逃出，但又被识破，躲进附近一家房屋，户主是律师，招来堂区四名警官保护他。“然而群众的愤怒一发不可收拾……在这些援救人员中间将他击倒在地上”，拿石头和棍棒痛打。他再不曾开口说话，被抬到堂区拘留所，次日因伤死亡。这是关于典型的伦敦人群所做行为的准确报告。

你若指望在伦敦找到“一种社区生活”，“所有外国人”会一致认为，你简直是在“大漠里找鲜花”。在 18 世纪，伦敦没有社区，也没有社区生活的概念，只有数个清晰可辨的人群。这里有数群妇女，专门攻击妓院或不良商家，有被“抓坏蛋”的叫嚷声引来的市民人群，聚众攻击当地拘留所的堂区人群，观望火灾的人群、乞丐群，最凄惨可怜的是失业或犯愁的工人群。事实上，杰出的伦敦历史学家斯蒂芬·英伍德在其著作《一部伦敦历史》里评论道，游行抗议“可说是工人与雇主之间‘集体讨价还价’的一种形式”。1710 年，织布工发起一场激烈的暴动，预示了白教堂和肖尔迪奇等贫穷城区数个年代的动乱和混乱。

有纺丝工、铲煤工、制帽匠、磨玻璃匠的暴动，还有各类手艺人蜂拥似地混进工业化进程，导致粮食价格上涨，使生存条件愈加艰难。例如，印度白棉布给斯皮塔菲尔兹纺织工造成威胁，一名妇女受到一群人围攻，他们“凶暴地撕裂、剪破、扯掉她的衣裙和衬裙，拿下流的话恐吓她，把她赤身裸体地留在郊野”。伦敦仿照其街巷的弯曲形式排放市民的能量，从而使他们显得更狂暴、更亡命。

正因为如此，城市生活的过程被视为人群中的动态。有时显得冷漠、平庸，属于“大都市”的一面，“一大群悠闲的看客，依然会聚集起来，直起双眼瞧新鲜事物”。然而在有些场合，速度和混乱才是定盘的星，正如格雷的诗歌所描述，在城市的马路上，人群“喧嚣，将同伴从我身旁卷走”。《摩尔·弗兰德斯》生动地描绘了一个界定性的形象：“我在人群中与她告别，对她说，好似急匆匆地，亲爱的贝蒂小姐，好生照料你妹妹，然后感觉人群好像将我从她身边推开。”这个客观的人群将友人分离，将恋人分离，至爱的人被滔滔的浪潮带向未知的方向。然而，这种匿名里也有慰藉。艾迪生于 1711 年 7 月在《旁观者》里写道：“因此，我将退回城里……为了能够独处，我要尽快回到人群中。”因此，人群助长孤独，也助长隐私和焦虑。

19 世纪继承了所有这些习性，但在这个无比巨大的烤炉或疔疮里，人群日益不带个人色彩。帝国时代伦敦的伟大观察家恩格斯评论道：“无论在哪里都见不到似这座大城市的人群这等残忍的冷漠，冷酷的孤立……如此无耻地不加掩饰……”他所说的这个人群，不单指大马路上冷漠的人群朝命中注定的方向挤去，并且也指这座首都普遍的人口过多现象。在这里，人口密集得令这座城市貌似一团黑色，其中生活着一些人类。恩格斯又记述道：“街上的骚乱里有某种让人排斥的东西，某种让人本能地反感的东西。各个阶级和地位的千万人相互推挤、挨挨蹭蹭……”他也提到“人人如何得体地只走在自己这边的人行道，以免妨碍迎面而来的人流，却全然不屑瞥他人一眼”。19 世纪的伦敦人群是人类历史上出现的一种新现象，正因为如此，吸引了如此众多的社会和政治改革家前来观察。例如，在恩格斯的陈述里，人群成为一种模仿这座城市经济和工业进程的机械装置，代表一种近乎非人的力量。列宁坐在公共汽车上层车厢，得以更好地观察这个古怪生灵的动态和本性。他报告说：“在一群群浮肿的、污脏的无产阶级中间，可以看见一些醉醺醺的妇人，眼圈乌黑，身穿同样乌黑的破烂的、带曳尾的天鹅绒衣裙……人行道上挤着一群群劳动男女，聒噪地购买各色食物，就地充饥。”在他的描述里，伦敦人群成为胃口和能量的凶猛化身，醉酒女人的黑眼圈和黑衣裙则暗示了黑暗生命的力量。

陀思妥耶夫斯基在人群中迷失之时，“我所见到的，在之后三天里一直折磨着我……数百万人，被从人类的宴席上驱赶出来，在犹如地下的黑暗里，彼此推挤……人行道不足以容纳所有暴民，他们涌上整条大街……一个醉酒的流浪汉蹒跚走进这个可怖的人群，被权贵推搡。你可以听见诅咒、吵闹、哀告”。他感觉这座城市本身就是一个诅咒、吵闹、哀告，在这个未知灵魂屯聚的无垠广场上，这种共同经验里的所有骚乱，既象征这座城市的能量，也象征其无意义性。这种骚乱也象征了都市生活所必需的无穷无尽的遗忘。“穷人的孩子，十分年幼，就经常跑到街上，挤进人群，最后回不到父母身边。”换句话说，他们实现了市民的终极命运——成为人群的一员。

埃德加·爱伦·坡有个短篇故事，背景设置在 19 世纪 40 年代的伦敦，题名为《属于人群的男子》。我们可以看到故事叙述者坐在一条主干道旁的咖啡馆里，研究门口进出的“两股密密匝匝、连绵不断的人流”的本质和构成元素。很多人“流露志得意满的干练……眉头紧皱，眼睛敏捷地转动，被旁人推挤之时，不流露丝毫不耐烦”。然而也出现一个“芸芸众生的阶级”，他们“行止焦躁，面颊发红，自言自语，打手势……但被推搡之时，便一再地向推他之人鞠躬道歉，流露无比困惑的神态”。那么，这里有两类伦敦人群。其一是生命和时间之流里志得意满的旅人，其一是难以融进滚滚逝水的困窘之人或迷惑者。他们为自己的困惑而道歉，然而他们仅能靠自言自语而设法达到一些交流。

叙述者留心观察身穿去年时髦衣服的低级职员、高级职员或“稳重的老家伙”，他观察扒手、公子哥、小贩、赌徒，“死神必定早已向他伸手的虚弱、面无人色的病人”，端庄的年轻女孩、衣衫褴褛的艺术家、精疲力竭的苦力、卖馅饼的小贩、脚夫、扫烟囱的孩子、“数不尽、难以形容的酒鬼——有些身上仅缠着一些破布、补丁，跌跌撞撞，语无伦次”。这里体现了19世纪伦敦人群的鲜明形象，“所有一切都充满了喧嚣、过度的活力，显得十分刺耳、扎眼”。

继而，一位老者的面容吸引了叙述者，他的神情既谨慎又歹毒，既得意又贪婪，既欢快又“无比沮丧”。于是，叙述者决定深入了解此人，便整夜跟踪他。在人潮汹涌的大街上，老人步态快捷且焦躁，而在荒凉的马路上，则显得有些“忐忑不安、犹豫不定”。他在一些荒凉的马路上奔跑，直到汇进剧院散场的人群之中，“他脸上那股痛苦不堪的神情才有所缓解”。他混进在一家酒吧门口喧哗的酒徒中间，“仿佛叹出欢喜的尖叫……在人群里来回地昂首阔步，没有显然的目标”。凌晨时分，他走到贫穷和犯罪的地区，“伦敦的放荡之流”都在这里“滚爬”；然后，拂晓，他身上散发着“疯狂的能量”，回到一条大街上，在这里“来回走动，整天不曾偏离大街的骚乱”。

叙述者终于理解自己所跟踪的是何人，或者何物。这是人群的化身，用来抵挡大街上汹涌人生的非存在。这个面露“冷静与恶意，散发强大的精神力量”的老人，就是伦敦的神灵。

有些人来这座城市，正是为了体验这个新鲜且陌生的人群生活。19世纪一位日本艺术家写道：“每当想为绘画或写作寻找灵感之时，我就投身到伯爵地或牧羊人荒野最密集的人群中，任由人群将我推挤——我称之为人浴。”门德尔松难以掩饰纵身跳进“旋涡”之时的欢喜，在无尽的人流里，他可以观看“跟人一般大的店铺招牌，装满人的驿站马车，跟在行人后面的一大排车辆……瞧那匹马在一幢房子前踢后蹄，骑马的人跟熟人交谈，再瞧那些扛广告牌的人……瞧那些黑人，瞧那些硕壮的英国人，胳膊上搭着苗条美貌的女儿。”《伦敦的身体》引用1837年关于伦敦人的一个描述，也可能形容得十分贴切。约翰·霍格写道：“首先吸引陌生人的是伦敦街上人们的外貌。本地人……大致中等身材偏小，但四肢健全，五官通常都很端正。他们体形瘦削，肌肉却颇发达，他们都是典型的结实体格，挺拔身量，赋有一股独立的气势。他们迈步稳重，通常步速快捷。五官通常尖锐分明。尤其是眼睛，流露一股引人注目的坦诚和浑厚。这种面容的总体印象赋有一种敏锐、活跃、机智的神态，将伦敦人跟他们的乡下邻居区别开来。”

19 世纪的人群也意识到自己是人类集聚的一种新形式。维多利亚时代情绪的伟大代表人物 W. P. 弗里斯不厌其烦地描绘人群，他的绘画作品转而吸引不计其数的人群。伦敦剧院里充满了情景剧，在这些剧情里，感人又暴力的故事总是以人群为典型的舞台背景。乔治·吉辛（1887）这样描绘金禧日“数百万人”连绵不断的动态：“在伦敦中心主干道上，交通已全部停止，房屋之间流动两道人类之流……不休的噔噔足音，这个单调的声响仿佛某种野兽愚蠢地、自满自足地独自低声哼唱。”于是，人群成为一头野兽，心满意足，并且驯服，穿过这座创造了它的城市。但它的行动可能会突然让人惊心。“这些大十字路口简直似漩涡，你可能转来转去，却怎么也转不出去。”所以很容易想见“这等人群有多危险”。

人群深知自己的身份，给自己发信号。克里米亚战争时期，英国军队惨败，“我们全都坐在街头——所有不管身份地位如何的人，屏息、焦虑地阅读电报（刊登在报端）……后面是一片报纸和好奇面孔的平静大海，周围弥漫着一股紧张的肃穆……人们一面走，一面悄声低语”。伦敦市民从而变成了一个整体，共享沮丧的情绪。人群活跃且警敏，同心一气。1900 年 5 月 17 日晚九点半，“梅富根城解围了”这声叫喊，也给这个整体带来同等的瞬间影响。“旋即，这声叫喊在公共汽车上传开，人们匆匆爬下车，一遍又一遍地去听新闻……有些人奔进小巷胡同，将这个消息传进偏僻深巷，同时街上人群越来越密，人们欢呼、叫嚷、歌唱。”大众的兴奋劲头，简直如同四个月前所记载的那股“紧张的肃穆”一般让人不安，这两种劲头都展现了过度与过激反应的症状，近似歇斯底里——而这正是这座城市生活的特征。

暴民的行动颇有些稚气，好似被城市的生存境况残酷化或幼稚化。14 世纪，伦敦暴民以一声“凶狠的叫喊”跟假想的敌人打招呼，五百年后，在冷浴原野召开的一次宪章运动会议上，“人群里爆发极可怖的叫喊”。这是同样可怕且坚决毫不留情的声音。1810 年伯德特暴动之时，人群“拦下所有车辆，逼迫驾驶者和乘客宣誓支持暴动”。同一时期，围在颈手枷周围的一伙暴民“酷似一群浸在死水里的野兽”。1911 年，围观西德尼街枪战的“巨大而骚乱的人群”，也激发类似的反应，《纪事报》一位记者报道：“千万个声音杀气腾腾地朝我袭来，如同野兽在丛林里咆哮。”

然而，殊为诡异的是，这座城市丝毫不为人群所动。相对于其他首都，伦敦需要城市治安的一大理由直接缘于城市之大。其规模决定平静。这座城市太大、太复杂，以至于难以回应任何局部的激情迸发，在20世纪，暴动和游行的最显著的特征是没能在铁石心肠、顽固强硬的城市留下真正的痕迹。1848年，肯宁顿公地召开一次大型会议之后，所发动的宪章运动起义失败，预示了1936年奥斯瓦尔德·莫斯利不可能带领其数千法西斯支持者走下电缆街。这简直似这座城市本身在叱责、拦截他们。20世纪80年代末，白厅和特拉法尔加广场周围的人头税暴动是另一桩范例，局部的治安骚乱不会影响城市其他地区相对的安宁。没有哪一种运动能够席卷整个都城，没有哪一群暴民能够永远将它控制。这座城市如此之大，让普通市民在它面前无能为力。在20世纪早期年代，伦敦佬身上赋有某种殊怪的驯顺、安于现状的气质，更不说还有保守的心态。跟巴黎人不同，他们不想跟城市的生存境况作对，而是乐于照旧与之共存。那种幸福的平衡不会持久。

20世纪后半叶一大不受欢迎的新花样是种族暴动，譬如其中最出名的1958年的诺丁山暴动和1981年的布里克斯顿暴动。诺丁山暴动始于个别年轻白人团伙骚扰黑人，但8月23日的事件激发了大规模暴动。在《伦敦心理地理学》这部题名贴切的著作里，汤姆·韦格描写道："数千白人男女……操持剃刀、菜刀、砖头、酒瓶等武器。"次周，庞大的人群涌下诺丁山谷，殴打所能找到的所有西印度群岛人，但最恶劣是9月1日星期一在诺丁山谷门中心地带的暴动。暴民在克尔维尔路、波维斯广场和波托贝洛路聚集，然后一路"胡作非为，砸东西，叫喊着'杀黑鬼！'……妇女探出窗外，大嚷着'小伙子，冲啊冲啊，快去揪出黑人'"。有位观察者写道："诺丁山变成了是非颠倒的世界，因为人人公认为最平常的东西，突然之间被赋予深刻的意义。牛奶瓶被当作手榴弹，垃圾箱盖变成简易的盾牌。"于是，伦敦的一个地区饱含着居民的情绪。他们的仇恨笼罩万物，令一切变形。一个文明城市的生活必需品猛然间变形为原始的武器。

一位年轻领袖评论道："为了解闷，那类小伙什么都干得出来。"而在20世纪，憋闷必须被视为任何人群行为的一大构成元素。生活在贫乏、不起眼的环境，这一纯属日常的单调，便足以挫败很多伦敦人的心气，感觉自己被困陷在城市之中，却得不到补偿或解脱。这种感觉所激发的不是冷漠，而是活跃的无聊。因此，便有了暴力。那个星期一傍晚，西印度群岛人在布莱尼姆新月街聚集，"携带的武器装备包括牛奶瓶、制作汽油弹的汽油和沙子"。白人暴民冲进这个地区，高喊"把黑鬼烧出来！"迎接他们是自制的炸弹。正当局势即将演变为彻头彻尾的种族战争之际，警察大部队开进来，有些暴动者被捕，有些自行散去。然后，奇巧的是，一场雷雨冲散了 8 月的酷热，雨水落在破瓶和木棍之间。9 月庭审之时，有些暴动者被教导："由于你们的行为，你们将时钟倒转了三百年。"然而，这只会把他们带回 1658 年，事实上，他们的所作所为如同他们中世纪的前辈，"涌向"那些所谓的敌人或异国人，通常夺取性命。

1981 年春天，布里克斯顿的年轻伦敦黑人，被当地警察的偏见和压迫激怒，迸发了街头暴动。汽油炸弹首次被用于攻击警方，辅以酒瓶和砖头等传统武器，同时大规模的火灾和抢劫导致二十八座建筑被损坏或摧毁。这次骚乱的规模与多样性，暗示了暴动的渊源远深于警察压迫这一表面原因。然而，我们或许可以从中看出有些伦敦人喜好暴动和骚乱的习性。然后，暴动成为跟结构性压迫作斗争的一种方式，街头正是因此而暴虐、令人窒息。

贫穷和失业也被认为导致偶发的暴力，诸如布里克斯顿的暴动。诚然，这两种现象印证了这座城市为监狱的特征，束缚或困陷所有生活在其中的人。因此，还有什么比怒斥这城市的生存境况及其监管人的暴力更不可避免的后果？伦敦还发生过其他种族暴动，还有反抗警察的暴动、反抗伦敦市政厅经济机构的暴动。事件之后的报道通常称之为"法律和秩序的崩溃"，以及城市治安的"脆弱基础"。然而，伦敦生活的古怪且恒常的特征实则是"法律和秩序"从未崩溃，并且即便在最严重的骚乱面前，城市治安依然得以维持。人们经常纳闷，这座城市赋有如此的多样化与让人困惑的复杂性，究竟是如何设法作为单一且稳定的有机组织运作。这座城市的各层结构，尽管屡受冲击，也以类似的方式维持下来。伦敦的暴民从来不曾占领支配地位。

第四十四章

有啥新鲜事?

人群以新闻和谣言为生。伊丽莎白一世回忆说，做公主时，她曾问家庭女教师："伦敦有什么新鲜事?"被告知谣传她将跟海军上将西摩勋爵成婚，她答道："只是伦敦新闻罢了。"这么说来，16 世纪的"伦敦新闻"被视为短暂且失实，然而，饶是如此，也是满足好奇心的东西。《李尔王》里有这样的对白："可怜的流氓/说什么宫廷新闻……谁输谁赢；谁得势谁失宠。"在《亨利四世》上篇里，莎士比亚也提到"新闻/噱头十足地新颖"，还有《皆大欢喜》里的"新宫廷里的新新闻。"人们经常提到，人们一走进咖啡馆，就会立刻开口询问："有什么新鲜事? 有什么新闻?"

这座城市是丑闻、诽谤、捕风捉影的中心。市民爱散布谣言，背后说坏话。16 世纪有传单、宣传册、大幅招贴，专门散播当时的煽动性事件。街头小贩则确保挨家挨户送去这些新闻。1622 年，伦敦出现一份每周出版的新闻手册，题为《来自意大利、德意志、匈牙利、波希米亚、普法尔茨、法国、低地国家等每周新闻》。这份手册如此风靡，带动其他很多周刊面世，标题通常都是《单页科兰特》。然而，人们以狐疑眼光看待"新闻"，好似伦敦的报道都是基于虚实难辨或糟乱的事实。这不是一个诚实的城市，《议会日常会议记录》的编辑塞缪尔・佩切被描绘为"除了嫖娼、撒谎、喝酒，无一事有常性"。换句话说，他是典型的伦敦人。

伦敦"新闻"的另一大特征没有逃过本・琼森的注意。在《新闻主食》里

(1625)，他建议说，新闻一旦刊印、发行，就不再为“新闻”。新闻的本质是咬耳根或谣传所得的信息，那种在15、16世纪能在极短时间内传遍全城的报道。对于新闻商或出版人，琼森有自己独到的看法，干这一行的人应该：

> 熟悉新闻，能够将之分类分等，
> 并且为了供应需要，还能制造新闻。

1666年，《伦敦公报》成为最赋权威的大众印刷品。时人写道：“其中不掺新闻，只有确凿事实，经常等候印证之后方才付印。”该报单面印刷，星期一和星期四发行，由称为“墨丘利女人”的小贩在街头叫卖，在康希尔、切普赛德、王家交易所一带喊“《伦敦公报》啦!”麦考利描述其内容有“一道王室声明、二三篇保守党发言、二三个晋级通告、一份帝国军队与苏丹近卫军小规模战斗的叙述……一份关于某拦路强盗的描述、一份悬赏寻找失狗的广告”。或许可以有把握地说，拦路强盗、斗鸡、失狗激发人们最大的兴趣。

伦敦的第一份日报《每日新闻》，在1702年发行，比巴黎的“日报”早二十五年，或许这一事实体现了伦敦人对新闻的胃口。及至18世纪末，伦敦有二百七十八份日报、周报、期刊。在这个惊人的数字当中，绝大多数出版地点设在河岸街、弗利特街，以及现今滑铁卢桥东与黑衣修士区西面毗邻的街道。

弗利特街典型地彰显了这座城市被地形所统治这一事实，借此，同一种活动在同一小块地区活跃了数百年。在这个范例里，这个活动主宰从业者的性格和行为，从而可以说，正是伦敦的土壤和石头创造了其独特的居民。1500年，温凯恩·德·沃德在鞋巷对面开设印刷社，同年，理查德·平森在数码地外的弗利特街角从事出版和印刷的买卖。后来，托马斯·贝尔特莱接替他成为亨利八世的王室发行人，店铺开在鞋巷对面的水渠旁。16世纪30年代早期，威廉·拉斯忒尔在圣布莱德教堂庭院开办印刷行。威廉·米德尔顿的乔治印刷行、理查德·托特尔的手与星印刷行、约翰·霍杰茨的鸢尾花印刷行，所有这些招牌都挂在这条狭窄且拥挤的马路旁。

查尔斯·奈特写道：“伦敦这个地区是流言的神殿。世界各地的谣言与流言涌进这里，然后，在这个回音室里，经过古怪修饰的回音再回荡到欧洲所有地区。”这么说来，伦敦这个地区既古老，又似一个回音，在这里，一种被称为新闻的诡异商品向四面八方传播。

在18世纪，新闻的传播大多靠咖啡馆和酒肆供应的日报和周刊。索绪尔写道："这些咖啡馆尤赋吸引力的是日报以及其他各种大众报纸。每个英国人都是新闻贩子。工人每天上工之前，习惯先到咖啡馆看新闻。我经常看到擦鞋匠以及那个阶级的各色人等挤在一起，购买一份价值一法寻的报纸。"18 世纪另一叙述出于佩基奥伯爵，关于"专门"为酒肆里的"英国工人发行的一些星期天报纸，简编本周内所有日报刊登的消息、轶事、评论"。另一位评论者写道："报纸一送到，咖啡馆旋即变得似坟墓一般寂静。人人埋头研读自己最喜爱的那张，好似他的整个人生取决于他贪婪地阅读当日新闻的速度。"

在这里，我们看到伦敦人为新闻"饕餮者"的形象，正如先前所见的饕餮饮食的形象。这里首次暗示了仅以消化或同化这一行为而体验世界的"消费者"形象。也许，就本质来说，一座城市实则是一种人为的安排，从而便创造了人为的需求。艾迪生描写"新闻贩子"这个鲜明的伦敦典型人群，"天未亮就起床去读《邮报》"，并且渴望读到《荷兰邮报》，"到处打听《波兰邮报》所登的内容"。有些人专门追读星期天报纸所登的最新强奸案和离婚案，赋有跟中世纪的前辈购买"伦敦最新最真事件"的那份热切劲头。居民生活在这样一座表面让人眼花缭乱的城市里，追求新鲜的挑逗或耸人听闻事件的欲望既强烈又恒常，唯有最新者才会被考虑。正因为如此，在这座火灾城市里，最新鲜的新闻是"烫手的"，尤其在咖啡馆里，"新闻很旺"。《旁观者》评论道："我们的新闻确实理应以最快的速度出版，因为新闻是一种冷不得的商品。"新闻必须似叫嚷"起火了!"一般地叫卖，以便吸引路人的注意。

正如沃尔特·巴杰特所说，伦敦本身便似一份报纸，"一应俱全，一切都无关联"。一系列零星的印象、事件、热闹场面，除了产生的背景之外，跟其他事物没有丝毫联系。对于伦敦人来说，看报纸实是延展对于都市生活的正常感知。他以同样消磨时光的好奇心看"报纸"、看这座城市，好似报纸印证了伦敦给他留下的世界观。这座城市的形式本身就铭刻在报刊的版面之间。譬如：弗利特街的艾弗雷特把老婆卖给长巷的格雷芬，换一只值三先令的潘趣碗（1799）；一头野猪靠食弗利特街阴沟的垃圾为生，吃了五个月（1739）；某男子被发现僵立在同一条阴沟里，喝得烂醉，摔进烂泥里（1763）；按照每年传统，面包和芝士被从帕丁顿教堂尖顶抛向百姓；理查德·海恩斯的老婆生出一个眼睛鼻子似狮子的怪物（1746）；圣墓教堂有个男子站起来，朝慈善儿童唱诗班射击（1820）；朗埃克一座礼拜堂里，某个名叫詹姆斯·博伊斯的男子走在教众面前，自称耶和华耶稣（1821）。如此这般没完没了地，"新闻"以如同街巷一般纵横交错的栏目，传递城里的意外事件和灾难。伦敦消防员深知，其工作的最大危险来自火灾现场火速涌来目睹毁灭过程的围观人群。

正因为如此，在发展和喧嚣的时期，新闻变得越发嚣张。譬如，19 世纪早期卖报纸的叫唤声噪哗动地，脚夫和蔬果贩把报纸装在帽带里，以“洪亮的嗓音，伴随一记嘹亮悠长的锡角声”，高声叫唤“血腥新闻”“恐怖谋杀！”“非同小可的宪报”等口号。蒸汽印刷机的出现，也使报纸得以效仿伦敦以所有能量和广阔所散发的“不可抵挡的力量”。这种机器每小时印刷两千五百份《泰晤士报》，查尔斯·巴比奇（现代计算机前身的发明者）注意到这个进程，说蒸汽印刷机的大滚筒“以贪婪无厌的胃口”吞噬白纸。查尔斯·奈特指出，弗利特街周围的院落“活跃地忙于”制造更多新闻，传播给更大的读者群：“排版人员手指不停，蒸汽印刷机的铿锵声不绝。”1801 年，报纸销售量总计一千六百万份，三十年后，增至三千万份，这个数字仍在上升。

在其出版于 20 世纪初的《伦敦的灵魂》里，福特·马多克斯·福特评论说，在这座都城里，“若要做伦敦同胞的合格同伴，你必须知道新闻。在这里，几乎不可能以清晰的思路思考，因为简直找不到连贯为整条思考线索的总体观点”。这么说来，伦敦人的意识观念由无数零星碎片构成。福特回忆说，在他儿时，“所有体面的报刊经销人拒售……星期天报纸”。他得走两英里路，在“某个肮脏、偏僻、隐蔽的小地方”买《观察者》。然而，星期天报纸的销售量很快便跟上日报，倘若不是更大的话。在这个世纪里，随着印刷新技术的发展，引入平版印刷术，“新闻”不但维持，并且增长了在伦敦城的霸权。不过，其中最显著的可能要属 1985 年的变革，新闻国际公司将《太阳报》和《泰晤士报》的印刷迁移到沃平。这桩突发且秘密的行动，摧毁了伦敦印刷业专属“西班牙人行业”这一限制，同时新技术促进了其他报社的扩展，这些报社搬迁到弗利特街，迁到泰晤士河南以及港区。弗利特街彻底地丧失了激荡回音的力量，但“伦敦新闻”依旧占据至高无上的地位。正如 20 世纪社会观察家达伦多夫勋爵所说，整个英国“几乎所有方面都是从伦敦蔓延出去”。

在谣言和新闻的历史之外，必须添加狂热和欺骗的历史，同样也是经由人群这个集体中介的斡旋。在这座都市里，时尚、妄想陶醉、虚假的预言向来十分风靡。市民的轻信简直亘古不变。18 世纪闹得沸沸扬扬的传闻包括南海经济灾难、意大利音乐的流行。斯威夫特写道：“政客、南海、政党、歌剧院、化装舞会所带动的趣味，导致世间盛行的风趣和机智多么恶俗。”1726 年秋天，据传玛丽·托夫茨连续产下兔子之时，“城里所有人等，男男女女都跑去看她、摸她……伦敦所有杰出的医生、外科手术师、男助产士日夜守在她身边，等候观察下一胎”。恐怕只有 20 世纪早期东区的一叶兰热，堪比 17、18 世纪西区的郁金香热。中国猫热也是发生在那个世纪早期，“随即，哪个家庭倘不养猫就不齐全”。1900 年，一只活猫被“新闻”捕捉：这只猫碰巧在查令十字街邮局舔一张邮票，引得人群想看它一再表演。这只猫成了“噱头”，用新闻从业者的话说，代表了“短暂重要性的创造”。一头名为巨无霸的大象激发了一系列歌谣、故事以及一类名为“巨无霸锁链”的糖果，尽管最终还是淡出公众的记忆。

然而伦敦的所有时尚都是过眼烟云。1850 年，夏多布里昂注意到这个现象：“正如伦敦上流社会几乎每次议会的会议上，流行词语、新造词语、发音都在变化。”他指出伦敦人如何无比迅捷对拿破仑·波拿巴先后加以诋毁、歌颂，得出结论道：“所有名声飞快地从泰晤士河畔捞得，又同样飞快地遗失。”库克夫人在《伦敦的公路和小道》里写道：“冬季在人人嘴里流行的词语，下个夏天就被彻底遗忘。”霍勒斯·沃波尔评论同一个话题：“部长、作家、幽默作家、小丑、爱国者、娼妓的新闻，都不会出现再版。博林布罗克勋爵、萨拉·麦尔考姆、老马尔伯勒这些名字都不见了影迹，除非老人跟从未听过这些名字的儿孙讲故事之时提起。”在伦敦，“不在眼前”就等于“被遗忘”。1848 年，柏辽兹写道，在伦敦，对绝大多数人来说，“新鲜事只让他们显得更愚蠢”。他们瞪着如同“铁轨边注视经过的火车头的马车夫的眼睛”，观望事件和事业的轨迹。

那么，伦敦的历史也是遗忘的历史。这座城市有那么多奋斗和冲动，都只能享有一时的满足。新闻、谣言、八卦来得那么快，从而给予它们的注意力也只能迅捷而短暂。正如城市喋喋不休地自言自语，狂热或时尚不息地前后相追。都市事件这种转瞬即逝的特征，可以追溯到中世纪时期。威廉姆斯在《中世纪伦敦》写道：“无疑，及至 14 世纪，就没有什么能在伦敦持久。”并且，遗忘本身可以成为一种传统。6 月第一个星期二，自 18 世纪后期的一次善行以来，拉德门内圣马田教堂里布道的主题是“人生若泡沫”。伦敦以这样一种永恒的方式歌颂短暂性，实在至为恰当。这是一座不断被摧毁、不断被修复的城市，被恣意毁坏，然后又被恢复，从一个个凋落的世代的短暂渴望里习染历史的气韵。这是隽永的神话，也是转瞬即逝的现实。这是人群、谣言、遗忘的舞台。

LONDON

The Biography

伦敦自然史

第四十五章

给女士买朵花吧

对于那些仅看到狭隘的街巷和无尽的屋顶的人们来说，下面这则报道可能出乎意外：根据陆地卫星拍摄的最新土地覆盖地图，伦敦“三分之一”土地区域“为半自然或修剪过的草坪、耕地、落叶林”。实则，伦敦向来如此。温斯劳斯·霍拉（伦敦最早的地图绘制者之一）也因城市与郊野这种连续性而震惊。他的《从米尔福德步道观察的伦敦地图》《从白厅步道观察的兰贝斯地图》《托特山原野地图》，都是绘于 1644 年，展现了一座被树木、草地、连绵山冈环绕的城市。他的“河川图”也表现了蚀刻版面之外隐约的旷野。

18 世纪初年，布卢姆斯伯里广场和王后广场附近都是牧地和开阔的草地，林肯院、莱斯特广场、科文特花园的建筑都被原野环绕，城墙外北郊和东郊的大片牧地和草地依然存在。威格莫尔里和亨里埃塔街直接通往原野，砖巷的路线则在一片草地前陡然而止。斯特普尼绿地旁的“世界尽头”全是田园，海德公园实则绵延到城西的空旷乡野。卡姆登镇素以“乡间小路、道旁灌木丛、迷人的原野”著称，伦敦人到此地寻找“宁静与新鲜空气”。身处城市中心，华兹华斯回想此地的黑鹂和画眉的鸣唱；德·昆西月夜在牛津街散步，凝视每条街道“穿过马里波恩中心，朝北伸向原野和树林”，感觉找到了些许慰藉。

自中世纪早期以来，救济院、酒肆、学校、医院都附带花园和私属果园。这座城市最早的编年史家威廉·菲茨—斯蒂芬写道：“伦敦市民的别墅都有美丽的大花园。”斯托记载，河岸街的华屋带有“营利性花园”，城里和各自由区则有很多“辛勤的园丁”，所栽植的“蔬果足以供应这座城市”。在 16、17 世纪，康希尔和主教门街一带尽是花园，贫穷修女会一带、古德曼原野、斯皮塔菲尔兹，以及史密斯菲尔德东部大片地带都是开阔的草地。从母牛十字道通向格雷律师学院路一带，以及鞋巷和费特巷之间，也都可以看见花园和空旷的草地。弥尔顿在这座城市中心土生土长，总是自称喜爱、欣赏伦敦的“花园房”。他在市府参事门街和小法国街的房屋都是这种建筑精美范例。据说，诗人在小法国街“敞向公园的”花园里种了一棵柳树。

今日，城里有很多“秘密花园”，老教堂庭院的残破花园散落在现代经济的锃亮大厦中间。这些城市花园，有些虽是仅数码平方的草地或灌木或树木，却是这座城市所独有的。这些花园源自中世纪或撒克逊时期，然而正如这座城市本身，它们经受了数世纪的建造与重建。如今仍留存七十三个这样沉默又放松的花园。或可说，这些地方可以被视为历史逗留的领地，譬如圣马利亚德马利、圣马利亚乌特维奇、康希山上的圣彼得花园。或者可以从史密斯菲尔德圣巴塞洛缪教堂修士雕像手捧的《圣经》里找到其中的教义。这群修士像围着华西亚的卧像，阅读《圣经》，摊开的书页是《以赛亚书》第五十一章：“耶和华必安慰锡安和锡安一切的荒场，使旷野像伊甸，使沙漠像耶和华的园囿。”

花园的形象一直萦绕着无数伦敦人的想象力。在最早的伦敦花园绘画作品里，其中有一幅是雅各布·克尼夫的《奇斯威克区河景图》。这座城市花园规模不大，坐落在很多房屋中间，绘画年代大约在 1675 年与 1680 年之间。画面上，一个女人走过碎石小径，园丁则弯腰探向地面。这两个人物倘若现身于 20 世纪，也会颇适当。在 20 世纪中叶，阿尔贝·加缪写道：“我记得伦敦是一座花园城市，清晨鸟声将我唤醒。”21 世纪的伦敦城西，几乎每幢房屋都有花园，或者享有社区花园。诸如伊斯灵顿和卡农贝利等城北地区，以及城南郊野，花园则是都市景观不可或缺的一部分。在这层意义上，也许伦敦人需要花园，是为了保持一种归属感。在这样一座以速度和统一、喧嚣和繁忙为特征的城市，很多房屋都是按照规范设计，花园也许提供了唯一的视野变化。花园也是提供消遣、沉思、满足的地方。

人称“英国植物学之父”的威廉·特纳住在拄拐修士会的教堂，1568 年埋葬在哈特街佩皮斯的圣奥拉教堂墓地。第一个确立声誉的植物学家是伦敦人这一事实并不自相矛盾，因为城墙外广袤的原野和沼泽十分肥沃。特纳遵循当时知识分子的习惯，“对于他初次记载的二百三十八种英国植物”，并不标明生长地点（菲特在其必读书目《伦敦城自然史》里指出这点）；据说其中有一种植物，也即独行菜，是在科尔曼街一个花园里发现的。16 世纪另一位植物学家托马斯·佩尼，在圣安德鲁安特沙夫住了二十五年，在穆尔菲尔兹旁采集标本。伦敦塔水渠也以水生植物著称，诸如水藻、野芹，霍尔本区有一位自然学家记载野芹“生在靠近格雷律师学院的霍尔本原野”，葶苈则“生在属于南安普敦伯爵的乔叟胡同砖墙内”。

若说城西郊野是自然学家寻觅标本的好地方，霍克斯顿和肖尔迪奇这些令人意想不到的地方则成为他们的苗床。17 世纪后期，有个霍克斯顿本地人（托马斯·菲尔柴尔德）引进“很多新奇植物”，并且撰文介绍如何最佳地订购“这类深绿植物、果树、开花灌木、花卉，以及各种外国植物，以便在伦敦花园里茁壮地成长，增添观赏性”。他的书籍题名为《城市园丁》，此后人们便如此称呼他。霍克斯顿另一本地人乔治·里基茨，就住在主教门外，在这片地区引进香桃木、酸橙树、黎巴嫩雪松。不过，在这片丰饶得古怪的地区，还有很多园丁，城北郊野夹在淤泥和碎石之中，生长着醉鱼草、银莲花、女贞。

人们总说伦敦人爱花。19 世纪 80 年代的“窗台园艺热”仅是一代又一代伦敦街景图不可或缺的窗台花箱或花盆的最显著代表。而伦敦卖花女最突出地彰显了伦敦人对花卉的激情。香味紫罗兰在街头出售，早春的报春花是“最早叫卖的”。布兰查德·杰罗尔德在《伦敦：一次朝圣之旅》里写道，对伦敦佬来说，“花卉墙纸出乎意料；十周紫罗兰是新季；康乃馨是甜蜜的阿拉伯梦”。这些都是自 19 世纪 30 年代开始在伦敦繁荣的生意。在此之前，伦敦可见的花卉（或者说，摆设的花卉）只有香桃木、天竺葵、风信子。

然后，花卉装饰的品位推广开来，尤其在伦敦中产阶级中间，花卉跟城市其他东西一样，变成一桩大买卖，城外很多郊野开始大规模种植、分销。科文特花园市场整个西北角都是玫瑰、天竺葵、石竹花、丁香花的批发商，销售给城里各家店铺和零售商。花卉也很快转变为商业投机的对象。譬如说，19 世纪 30 年早期，伦敦引进倒挂金钟，商人发了大财。不可避免地，花卉欣赏扩展到“较卑贱的阶级”，街头小贩在街角叫卖一便士一小束杂花，市场里则一篮一篮地卖洋蔷薇和康乃馨。女贩则在皇家交易所或律师院等地叫卖苔藓玫瑰。每条街巷都可见到卖紫罗兰女的身影，“游方园丁”出售的花卉以易凋萎而恶名远扬。在伦敦，交易的价格经常是死亡，这座城市从而成为大自然的坟墓。城墙外郊区大型公墓的新墓前须插鲜花，转而极大地增加了花卉需求量。

伦敦的树木也会成为象征。福特·马多克斯·福特曾说："我们或可说，伦敦边界始于树干开始发黑的地方。"正因为如此，悬铃木是伦敦土生土长的。因为这种树木赋有蜕脱煤黑色树皮的力量，从而象征了这座城市在"腐败气氛"之中强大的复兴。东区圣邓斯坦教堂墓地有一株悬铃木，大约四十多英尺高，不过，最古老的要属1789年伯克利广场种下的那些悬铃木。有意思的是，跟很多伦敦人一样，伦敦的悬铃木也是杂种：东方悬铃木和西方悬铃木先后在1562年与1636年引入伦敦，两者成功地杂交，育出伦敦悬铃木，此后便一直是伦敦市中心之树。伦敦之所以被称为赋有"肃穆的形状"和"萧瑟的浪漫"的"树木之城"，纯粹是因为这些杂交悬铃木。

那份萧瑟也会降临到伦敦的公园，从城西的海德公园到城东的维多利亚公园，从巴特锡到圣詹姆斯，从黑荒原到汉普斯特德西斯公园，无处不至。世界上再没有哪座城市赋有如此大片绿地和开旷的空间。对于那些深爱伦敦的坚硬和光辉的人来说，这些绿色无关紧要。然而这些地方召唤其他人，诸如流浪者、办公室职员、儿童、那些"在石头上"讨生活而寻求片刻解脱的人们。

公共汽车从诺丁山门驶向大理石拱门的时候，驶过海德公园，"上层车厢的人们伸手贪婪地抓一截细枝带回城"，耳听"鸸、芦苇莺、杜鹃、夜莺的叫声"。这段话引自内维尔·布雷布鲁克的《伦敦之绿》。马修·阿诺德在《肯辛顿公园赋诗》里隐示：

> 鸟雀在这些树间悦耳地歌唱，
> 穿透环绕这座城市的聒噪。

这两行诗立刻营造了松树、榆树、栗树安宁地屹立"在城市聒噪声"之中。这里的吊诡在于伦敦自身包含这份祥和，海德公园、肯辛顿公园跟博罗高街或砖巷一样，都是伦敦城的一部分。这座城市的脚步既快捷，又迟缓，既提供喧嚣的历史，也提供沉默的历史。克拉肯维尔绿地、皮卡迪利广场、史密斯菲尔德、萨瑟克曾经也有郊野绿洲。这里擅长的手工艺有脱粒、挤牛奶。这里的街名依然保存伦敦从前的田园风味。据埃克沃尔《伦敦城的街名》一书，康希尔山（Cornhill）显然源自"长满谷物的山坡"，希兴巷（Seething Lane）则可诠释为"到处都是糠……玉米脱粒场的糠皮随风扬进小巷"。燕麦巷和牛奶街透露农家气息。母牛巷不是养牛的地方，而是“母牛往返牧地所经过的巷道”。木头街上的阿德尔街（Addle Street），以及数码地外的牛奶街，则源自古英语“adela”，意为臭尿，还有“eddel”，意为流质粪肥。我们从而可以将其诠释为“到处是牛粪的小巷”。克里普门和王后码头各有一条赫金巷（Huggin Lane），早期的文献都拼写为“Hoggenlane”（猪巷）。名为“Hoggenlane”的街道不止三条，有一条在史密斯菲尔德东面，一条在诺顿弗尔门，一条在波特索肯。还可见到鸡巷、雏鸟巷、鸭巷、鹅巷、蜜巷（表示这条街曾经养蜜蜂）。奥德门附近有条巷子叫作布朗切阿普尔顿（Blanch Appleton），源自古英语“appeltun”，意为果园。

这么说来，伦敦的自然界值得歌颂。现存有沃特福德的马栗树和海格特的雪松的照片，也可见到斑尾林鸽在英格兰银行和海德公园的秣市旁筑巢。无数爬虫和无脊椎动物在伦敦的砌石里安家落户。同时，各种野生植物，诸如野芥子、臭甘菊、皱叶酸模、泽漆，在这座都城的天然栖息地茂盛地生长。白嘴鸦和寒鸦渐渐被驱出城外，斑尾林鸽和毛脚燕取而代之。伦敦城纵横的运河和水库为水鸟保存了领地。20 世纪 40 年代兴起的污水处理场，以如此不经意的技艺重新创造了泰晤士河沼泽的原始生态，吸引成千上万的候鸟每年前来伦敦城。

从喜鹊到金翅雀，伦敦地区的鸟类不止二百个物种和亚种，但最常见的可能是鸽子。据说这些野鸽全是中世纪早期鸽房逃逸的鸟雀后裔。一如其先祖鹁鸽在海边悬崖上栖居，它们在大楼的缝隙和壁架间找到天然栖息地。有一位观察者写道：“它们以小群体一同结巢，通常筑在人类难以企及的高处”，俯瞰伦敦马路，好似这些街道实是一片大海。1277 年，有个男子在圣斯德望教堂钟楼掏鸽巢摔下来；1385 年，伦敦主教抱怨“有些恶人”扔石头砸城中教堂里栖息的鸽子。这样说来，鸽子早已是人们所熟悉的景象，即便它们没有似后代这般被纵容。似乎在 19 世纪晚期开始，这些生灵得到些许善意，当时人们饲以燕麦，而不似今日的陈面包。

自 19 世纪末开始，斑尾林鸽也开始迁进城。它们很快就学会城市化，数量增大，也更加驯服。1893 年，《伦敦的鸟类生活》的作者写道：“我们经常看见它们停在屋顶，显然跟家鸽一般自在放松。”在今日，人们倘若抬头，就会看见它们在天际的“飞翔路线”，从林肯院原野飞过国王大道、特拉法尔加广场，前往巴特锡，其他路线则通往维多利亚公园和肯伍德。伦敦的天空布满了这些“飞翔路线”，追溯这些鸟群的踪迹，就是以迥异的形式想象这座城市。

天空仿佛由无数能量的大街小巷纵横相连，赋有自身的使用历史。

麻雀在公共空间铺展得极快，如今已经如此地深植在伦敦城，以至于本地人亲昵地称之为“sparrer”。他们成了伦敦佬的朋友，被称为“考克尼麻雀”，赞扬这种鸟可爱且警惕，一身灰暗的羽毛仿似伦敦灰尘的颜色。它们小小身躯很容易排散体温，从而完美地适应伦敦这个“热岛”。它们栖身裂缝、排水管或通风井后，或公共雕像内，或大楼孔洞里。在这层意义上，它们完美地适合伦敦的地貌。有一位鸟类学家将麻雀形容为“尤其依恋人类，如今觅食不肯远离人们居住的大楼”。这种友好交际基于伦敦人与麻雀之间互通的喜爱，以很多方式呈现出来。博物学家 W. H. 哈德森描述任何陌生人都会在绿地或公园发现：“数只麻雀陪伴着他……注视他的一举一动，倘若他在椅子或长凳上坐下，有几只就会靠近前来，在他跟前跃来跃去，发出悲伤的询问——你没有什么好给我们的?”它们也被形容为街头无赖（“好偷窃、张狂、好斗”），这个品性或许也值得伦敦本地人称赏。麻雀十分依恋周围的环境，极少去天际创造“飞翔路线”。跟伦敦人一样，它们生在哪里，就留在哪里。

从而，这些鸟跟环境相关联，也被赋予这个环境的特征。“伦敦塔麻雀”素有“长羽毛的毒辣恶棍”这一恶名，总是跟这幢建筑里的鸽子和椋鸟斗争，尽管它们数世纪以来一直共享这块地盘。1738 年秋，一道闪电在麦尔安德的关卡站留下一地“死麻雀”。这幅大屠杀的场面既让人觉得可怜，却也是十分壮观，仿佛它们再次象征了伦敦的精神。用《伦敦观鸟》的作者尼科尔松的话说，这些小生灵体现了“坚定不移的不可战胜的繁殖力，它们或许被不断地屠杀，从不抵抗，但数量却从来不见有所减损，这就是此物种的救赎”。从而它们“无休且无法形容的”叫声，齐声发出之时，正是集体胜利的声音。所有麻雀“都疯狂且狂喜”，在树枝间拍翅、蹦蹿，好似树木也跟着活了。

而今，海鸥也是常客，虽然它们及至 1891 年才初来伦敦。它们在寒冬进城享受城里的温暖，它们的光临很快吸引了伦敦人的注意。市民涌上桥头、河畔，观看它们俯冲、做空翻运作。1892 年，伦敦执法官下令禁止市民射击海鸥，19 世纪 90 年代，职工和劳工在午餐休息时间到桥头给它们喂食。1912 年一个星期天下午，西奥多・德雷塞走在黑衣修士桥上，只见一排男子拿一便士一盒的米诺鱼喂“千万只海鸥”。敬畏与善意相融，似乎是本地人态度的特征。海鸥从人类手里成功地觅食，于是便不断地重返，直到后来享有这座城市主要拾荒者的声誉，取代了渡鸦的位置。这么说来，城市的行为会改变鸟类的习性及其栖息地。

还有一些鸟，譬如欧亚鸲和苍头燕，在城里变得不如在乡间那般可亲、可靠。另一些鸟类，譬如绿头鸭，离开伦敦就变得胆怯。麻雀数量急剧减少，乌鸫则越来越多，天鹅和鸭子也在增多。有些鸟种则彻底消失。也许其中最引人注目的是，伦敦全然不见了白嘴鸦的踪迹，大楼建筑或伐木摧毁了鸦巢。数百年以来，白嘴鸦一直栖息在伦敦某些地区。东区圣邓斯坦的墓地、传教士院博士楼的学院花园、伦敦塔的塔楼、格雷律师学院曾经都是它们的领地。1774年，奥利弗·戈德史密斯提到内殿律师学院有一座鸦巢，最迟于1666年便已筑在此地。博教堂和圣奥拉夫教堂也有白嘴鸦结巢。它们是伦敦的贵鸟，喜聚集在老教堂和古建筑里，仿佛是当地的守护者。然而，以19世纪一首歌的歌词来说："如今白嘴鸦失去了老巢。"肯辛顿花园有一片树林，是白嘴鸦的保留地，林子里有七百棵树，形成一片野生环境，人们走在林中，耳听无尽的呱呱叫声，将城市的喧嚣全然遮蔽，实在是惊喜交加的乐事。然而，1880年，树木被伐。白嘴鸦就不再回来。

但也有些鸟纠缠不去。有些笼鸟，譬如金丝雀、虎皮鹦鹉、百灵鸟、画眉，在笼中叫唤，让人联想到伦敦人自己的处境。在小说《荒凉山庄》里，狄更斯以如此赋有象征的意味重申了伦敦的景象，弗莱德小姐的笼鸟是都市囚禁的中心象征。新门监狱的囚徒被称为"新门的夜莺"或者"新门的鸟雀"。在《巴黎伦敦落魄记》（1933）里，奥威尔提到简陋房屋或廉租公寓的居民养笼鸟，"纤小、灰暗的生灵，终日生活在地下"。他回忆其中一个"爱尔兰老人……吹着口哨召唤一只瞎眼红腹灰雀进小笼子"，不幸的伦敦人与囚鸟之类有着一种奇怪的亲密关系。伦敦塔的美丽原野塔楼石墙上，有人用铁钉刻下《金翅雀墓志铭》：

雷利在阴郁的监狱里憔悴
我欢快地歌唱，不抱怨我的命运……
然而，死亡比法令温柔，
已经赎我出了囚禁。

底下刻着"由伦敦塔狱友葬于1794年6月23日"。弗莱德小姐那些笼鸟的名字分别是"希望、欢喜、年轻、和平、安息、人生、灰尘、灰烬、垃圾、匮缺、废墟、绝望、疯狂、死亡、刁滑、愚蠢、词语、假发、破衣、羊皮、抢劫"。

当然也有笼鸟生意，圣贾尔斯和斯皮塔菲尔兹的街市专门卖鸟。最受欢迎的是金翅雀，一般设陷阱捕捉的每只从六便士到一先令不等。它们的主要好处是长寿，最长能活十五年，还有杂交繁育的可能性。苍头燕和绿翅雀也受喜欢，尽管有个摊贩告诉亨利·梅休，后者“唱得一般”。刚捕捉的百灵鸟价格六到八便士。梅休亲眼目睹“笼中的百灵鸟焦躁地晃动脑袋，好似渴望冲向天际”。然而它被困在中世纪贫民窟一只污脏的小笼里。夜莺也成为伦敦鸟商最钟意的鸟，但是又根据梅休所说，“显得极烦躁不安，拿身躯冲撞鸟笼或鸟舍的铁丝网，有时数日内死去”。

有鸟的地方，就有猫。伦敦随处可见猫的踪迹，至少早在13世纪便已如此，猫咪街这个街名便是向它们致敬。现今这条街名为格里歇姆街，在13世纪则被称为“Cattestrate”“Cattestrete”，在16世纪则被称为“Catlen Strete”或“Catteten”，都是指猫。猫被视为好运的传递者，14世纪理查德·惠廷顿及其宠猫的传奇可以为证，从而完全可以相信它们受人们的喜爱，也许被视为有用的宠物。但伦敦的猫也跟古怪的迷信相联。现存有猫祭仪式的遗迹，不幸的动物被封在壁龛内，通常保藏为木乃伊形式。1946年，皇家主祷文巷圣米迦勒教堂塔楼的飞檐后所发现的那只猫，就很能说明问题，因为这是1423年埋葬理查德·惠廷顿的教堂。因此，1694年，雷恩重建教堂之时，认为值得向这个伦敦传奇的流传献祭。

无疑，那只猫是被统称为“城里的猫”的大群队伍当中的一员。都城夜晚是其领地，它们坐在老墙头或悄然溜下颓败的胡同。它们是伦敦的守护者，巡逻街巷和区域，它们先祖曾经在这里踩着安静的爪子走过。大都会还有其他“猫街”，最出名的是克拉肯维尔绿地和圣乔治原野方尖纪念碑一带，还有德鲁里巷后面的小巷和胡同。据查尔斯·狄更斯说，这里的猫习染当地人的所有典型特征。“它们任由年轻子女无助地在阴沟里摸索打滚，自己则身形邋遢地去街角吵架、诅咒、拿爪子抓人、啐口水。”人们有时说，宠物似主子，伦敦这一动物种类也可能是由这种都市环境所造成的。

及至19世纪末，据估计伦敦有近七十五万只猫，它们的际遇当然各有不同。19世纪后期，白厅有个老娼妓（查尔斯·布思将她形容为“邋遢的、淫荡、醉醺醺的女人”）从篮里取肉喂每只路过的流浪猫。这类慈善似乎在19世纪后期越发扩展。有一位老人对布思说：“过去，猫一到贝思纳尔绿地的街头，就会被捕猎或虐待，如今罕见这样的行为了。”倘若有人撰写道德情感史，伦敦人对待动物的态度不会是最糟糕的研究主题。

狗几乎出现在所有伦敦“街景图”里，在大街上昂首阔步，喜滋滋地混在马和行人中间。伦敦每一段历史上都有狗的身影，陪伴家庭走在田野上，朝游行队伍吠叫，暴动时显得兴奋且狂热，在争夺伦敦地盘的复杂斗殴里相互咆哮、撕咬。在12世纪，一道王家法令宣布“倘若凶猛饥饿的狗咬伤王家动物”，其主子须偿命。因此，我们可以想象中世纪早期伦敦居民会如何提心吊胆地带狗到城墙外的原野和草地上游戏或消遣或打猎。然而，带到这些地方的狗必须“剪爪”，脚爪子必须剪到肉掌内，以免它们追赶鹿。

1387年颁布一道声明，“狗不得在城里逍遥游荡”，但这条法令同时在野狗或流浪狗与家狗之间作出区别。这样说来，中世纪伦敦就有“宠物”的观念。伦敦最受珍爱的狗是獒。很多獒被作为重礼送给国外贵人，16世纪一位德国旅人提到，有些狗“如此庞大、沉重，倘若作远途旅行，须为它们准备鞋子，以防磨损脚掌”。它们也被用作警卫狗，在伦敦桥的档案里，记载有支付给被獒咬伤者的赔偿金。然而，让这座城市最头疼的一直是流浪狗。伦敦塔旁新建的圣凯瑟琳码头上张贴一张告示，年代为1831年9月23日，警告“除非主人用绳索或手帕拴住狗，否则城门守卫将不放狗通行”。对于这种动物的常见控诉是破坏货物，然而贸易时代也是慈善时代，19世纪中叶，伦敦成立迷失饥饿狗家庭，这是伦敦城第一家犬类福利机构。“阿列夫”在1863年写道，“刚成立时，有被取笑的倾向。但找到了订户，这个收容所兴旺起来”。因邻里控诉噪声，1871年迁到巴特锡，如今依然兴旺，更名为巴特锡狗狗之家。

跳蚤与狗一样古老，但它在伦敦自然史里所扮演的角色被蒙上模糊的神秘色彩。臭虫于1583年首次现身公众告示，蟑螂则于1634年被报道。然而，我们或可推测，自伦敦有史以来，各类虱子和跳蚤就已经猖獗，以至于伦敦的生存境况经常被认为跟它们类似。据魏尔伦说，伦敦是“一只黑色、扁平的臭虫”。

若说伦敦的动物不曾被用于劳动或用作食物，但它们通常被当作娱乐消遣的对象。自13世纪数头狮子被关进伦敦塔内以来（一只北极熊、一头大象随后加入），动物便开始为躁动且贪婪的人群提供热闹场面。1679年，罗伯特·胡克记载伦敦街头的首次大象表演。伦敦人可以在埃克塞特交易所“观赏动物”。这是一幢三层楼建筑，位于威灵顿街和河岸街街角，在18世纪80年代被称为“皮德科克野兽展览会”。动物被关在顶楼“大小各异的兽笼内，四壁描绘异国风景，以便营造假象”。这家兽笼野生动物园换过三位老板，在一幅作于1826年的蚀刻画上，这幢老房子兀立在河岸街的街角，房屋正面的两根科林斯式大柱之间画着大象、老虎、猴子。这家生意十分兴旺，主要是因为除了伦敦塔动物园之外，这是伦敦唯一的外来动物兽笼动物园。较不凶恶的动物有时被带到街头游行，打活广告。华兹华斯提起单峰驼和猴子，史密斯在《雨天宜读之书》里描绘一头大象，“被饲养员拿两条绳索牵着走过河岸街狭隘的地段”。1826 年 2 月 6 日，这头名叫春泥的大象，不能再忍受束缚，暴怒之下，几欲冲出笼子。附近的萨默塞特府派来的一队士兵集中火力，都无法将它杀死，大炮完全射不透它。最后，饲养员以一支长矛将它刺死，死后在它身躯内找到一百五十二枚子弹。在它死后，伦敦的商业精神仍紧追不放。它的尸体被公开展览，以吸引人群，直到数日后变得恶臭，然后切割它的一万一千磅肉出售。然后，它的骨架又被展览，最后进入皇家外科手术学院的亨特博物馆。在第二次世界大战期间，春泥最终被一枚炸弹灭迹。自它在 1825 年沿河岸街漫步至 1941 年被火烧毁，春泥的故事赋有地道的伦敦风味。

伦敦的精神也解释了伦敦人对动物表演和马戏团的热情。在首都街头，老鼠跳绳索舞，猫弹扬琴。自 16 世纪至 19 世纪，无处不见黑熊表演，猴子和马的秀场则是马戏团的固定节目。18 世纪 70 年代，丹尼尔·怀尔德曼擅长头上如同戴面罩似的蒙一群蜜蜂骑马。半世纪后，动物学协会被授予摄政公园数英亩土地，用于建造各类“动物学公园”所需的场地和兽笼。两年后，也即 1828 年，这个动物公园向公众开放，很快成为伦敦的一大游览胜地。现存无数图片显示市民们欣赏囚禁动物之时的滑稽举止。事实上，娱乐需求随即赶超了严肃的科学研究。1872 年，布兰查德·杰罗尔德写道：“这里是在户外安静闲步的好地方，加上有动物作为闲谈的话题……在本季回顾里，将会胜过整个伦敦。”黑熊窝旁开了一家店铺，“出售蛋糕、水果、坚果，以及其他各色游客想买给各种动物的东西”，店里还配备一根长杆，供顾客给店旁的黑熊喂圆面包。

很多游客有偏爱的动物，有人偏爱猴子而不爱猞猁，有人偏爱河马而不爱毛鼻袋鼠，他们每周定期前来察看心爱动物的状况。但这份愉快的同情之中总是夹杂些许忧患意识，生恐这些生灵冲出囚禁，在人中间肆虐。正因为如此，狄更斯和萨克雷（除了爱看绞刑之外）也同样地痴迷笼内的蛇。怪异的是，两人都选择描写饲食场景。这是萨克雷的描写：“一条巨蚺正在吞食一只活兔。先生，吞食活兔，貌似它之后还会吞下我的孩子。”于是，在暴力、危险的城市生活里，动物园赋有象征性的重要意味。在这里，在摄政公园的绿色环境里，暴力被驯服，危险被遏止。套用史蒂维·史密斯一首诗歌，这里所坐的狮子，“红宝石般地忿怒、垂泪”。

倘若指出，这些身穿类似的衣饰、迈着同样平稳的步伐走过动物园的市民们，他们自己就是被囚禁在这座城市里，这样的话仅是陈词滥调。即便早在19世纪，这种评论便已成了老生常谈，彼时，古斯塔夫·多雷描绘猴子笼前或鹦鹉道上的伦敦人肖似这些动物——动物们转而似在观察游人。然而，从喧嚣和疯狂的角度来说，在动物园和这座城市之间确实有一种共鸣。人群里乱哄哄的声音或尖叫，经常被比拟为动物的叫声。1857年，《季度评论》形容疯人院的精神病患者酷似“动物学花园里较凶猛的食肉动物”。这个类比再显然不过。疯子也被关在笼内，好奇的人也前来观看消遣。据说，疯子的叫声听似“渡鸦、仓鸮、公牛、黑熊”，疯子则被形容为“似饥饿的渡鸦，似狼一般贪得无厌”，或者“似马一般冲劲十足”。换句话说，这些发了疯的伦敦人是动物。这个定义进一步演化，应用于人群或暴民，称他们为“野兽”。这座城市本身就成为一个广阔的动物园，园内所有的兽笼都被开启。

第四十六章

天气预报

鲍斯威尔和约翰逊在格林尼治公园享受乡间生活的全部乐趣之时，有了下面这段对话。

约翰逊："这不是很好？"

鲍斯威尔："是的，先生。但比不过弗利特街。"

约翰逊："您说的是，先生。"

1640年，罗伯特·赫里克庆祝自己从德文郡归返伦敦，宣称道：

伦敦是我家，不幸的命运虽将我遣发
到漫长、苦闷的驱逐。

生活在乡间是一种令人悲伤的流放形式。16世纪一首诗歌建议道："倘若这些是娶妻的慰藉，/保佑，保佑我免遭乡间生活。"20世纪60年代，诺丁山有个西印度群岛的年轻人被赏了去威尔特郡度假一周，被问及是否喜欢度假地时，他答道："我挺喜欢那儿的，但不能像在伦敦似的在街头玩耍。"弗吉尼亚·伍尔夫的小说《达洛维夫人》(1925) 里的同名人物说道："我爱在伦敦行走，确实比走在乡间好多了。"对于城市居民来说，乡间也许并不能让他们开阔眼界，反而感觉约束。据说，19 世纪有个东区女孩这样说："慢得讨厌透了，没有秋千，没有橙子，没有店铺，啥都没有，就是一大片光秃的田野。"

城市比乡间美，因为城里有繁复的人类历史。弥尔顿失明之时，悲伤地说他注定再不能看到"这座美丽城市"的景象。他这句话预料了华兹华斯关于伦敦的著名沉思。1802 年，他站在威斯敏斯特桥头："大地上再无胜于此处的美景。"19 世纪这位自然的伟大诗人歌颂"清晨的美"照亮"船舶，尖塔、教堂、剧院、殿宇"：

太阳再不曾以朝颜，如此美丽地
照映山谷、岩石，或山冈。

这份生动的都市见证，出自如此一位诗歌想象总是关涉自然风景的诗人，从而尤其赋有说服力。文森特·梵高在 19 世纪 80 年代写道，"当太阳在暮色薄雾里红通通地落下之时"，伦敦的郊野也"可以如此地美丽"。

这座城市的美丽和对称也呈现在另一方面，一如亚里士多德所举证的，"如果一个人由于本性而不只是由于运气而没有城市的属性，此人不是低于人性就是高于人性"，也就是说，就跟鱼属于水一样，人类属于城市。对于所有那些感受在这片土地上寻找同代人和伴侣的冲动的人来说，这座城市是自然的元素。倘若这座城市不是"自然的"，那么就让我们附和亨利·詹姆斯，说它创造了自然。他写道："正如这座大城制造了所有一切，它也制造自己的一套天气和视觉法则。"

伦敦城比这个国家其他任何地区都炎热、干燥，因为这座城市所创造的污染赋有将热气困陷在街头和房屋内的能力；吊诡的是，它同时也模糊了太阳光。很多阴暗的大楼留住热气，新建摩天大楼的垂直表面装备了更好的捕光功能。伦敦的建筑材料也适宜留住周围的热量。

然而，关于首都显然越来越热这个事实，另一解释或许是在如此相对狭小的地区聚集过多的人口。市民的体温推升了气温，以致在现代卫星地图上，这座城市变成了夹在棕绿两色中间的一个灰色岛屿。两百五十年前，17 世纪有位观察家也道出同样的看法："从河岸街到交易所一路上，男女老少、板车、马车、马匹，队伍如此汹汹，导致人们说，冬天里，这条长街与西端之间气温相差二摄氏度。"

伦敦的天气也显示其他差异。威斯敏斯特大片地区及其毗邻地段建造在原始沼泽之上，这些地方的潮气和雾气似乎比别处浓重。康希尔造在山顶，空气似乎较清新、干燥。

在16世纪，学者、炼金术士乔达诺·布鲁诺对伦敦的气候感触至深，形容道："伦敦较赤道此侧及其外任何地方更温暖。雪和热气，以及酷热的阳光，俱被从地下驱逐，开满鲜花的常绿草地可作见证，从而享有常驻的春天。"他的措辞赋有炼金术士或魔法的倾向，暗示了伦敦的形象象征着温和的化学火焰。

然而，接着会下雨。

如今，雨滴连绵，洪水降落

以《圣经》洪水威胁这座虔诚的城市

1710年秋天，乔纳森·斯威夫特如此歌颂一场"城市雷雨"。自1696年以来开始记载每年的降雨量，这些数据表明，伦敦的雷雨和洪水频率在18世纪末下降，到1815年至1844年间又开始上升。然而，即便在1765年，一位法国旅人留意到这座城市十分潮湿，"在不熏火更舒服的时节"，也须烧壁炉。他提到迟至5月，大英博物馆的房间全都烧着壁炉，"防止书籍、手稿、地图受潮"。

但这里也发过大洪水。1090年，伦敦桥被激流冲走；1236年，河水涨得如此之高，船只可以径直摇进威斯敏斯特厅中央；也是在这里，1579年，"一场洪水之后，留下很多鱼"；1547年，沃尔布鲁克溪涨为汹涌的洪流，冲走一个试图涉水过河的年轻人；1762年，泰晤士河支流河水涨得那么高，"人们记忆里从来不曾见过如此高的河水"。当时的报道这么说，"水位升高十二英尺"，"人们在大道上迷失"。即便在20世纪初，兰贝斯被泰晤士河水淹没，只能靠船只进出这片地区的房屋。所以，伦敦的空气向来满载蒸汽和雨意。

相比夏日的酷热，伦敦更习惯寒冷。伊丽莎白·鲍恩的小说《炎日》（1949）里有个人物说："一到冬天，万物尽失，便只剩伦敦。"在寒冷里，伦敦更纯粹地成为自己，更坚硬、更明亮，更残酷。1739年至1740年间的冬天，"流浪者冻死……鸟雀僵硬地从天上掉下，货摊上，面包硬得像岩石"。三十年后，据1771年2月18日《年度大事录》记载，"一个穷男孩星期二晚爬进伦敦一家马厩的粪堆避寒，尸体被马夫发现"；"一个穷妇女胸前抱着一个孩子，另一个三岁左右的孩子躺在她身旁，被发现死在旧衣市场"。

天冷得那么厉害，以致史上屡见泰晤士河冻结的记载，1620 年至 1814 年间约二十三次冻结，因为老伦敦桥妨碍水流，河水涩滞，较冷的时节，便凝滞不动。在 1281 年，“人们在泰晤士河冰面往返于威斯敏斯特和兰贝斯”；1420 年，“这是人们所见过最冷的冬天，泰晤士河结冰，一连十四个星期，人们可以在冰面上行走、驾马车”。1434 年、1506 年、1515 年，河水又结冰，板车、马匹、马车可以轻松地往返于两岸。早在 1564 年，在冰冻的河面举办的“冰节”，开展诸如射箭、舞蹈等娱乐活动。斯托和霍林斯赫德记载，1565 年傍晚，“有些人大胆地在冰面踢球，仿佛在平地上一般，当时在威斯敏斯特的各等廷臣，在泰晤士河上射靶；男男女女成群结队前往泰晤士河，多得胜过伦敦城街头的人群”。于是，在这座急剧扩展的城市里，结冰的泰晤士河变成了一条拥挤的大道。这里所强调的是兴致和娱乐，然而四十四年后，在 1608 年，伦敦贸易和商业这股大气氛连天气也不放过，前去剥削，很多人“在冰面支起售货棚，譬如水果摊，出售啤酒和葡萄酒的饮食摊以及鞋匠，还有一家剃头店”。然后在 1684 年，“伦敦的泰晤士河依然支满了售货棚，有各色各样的货物和工艺，好似在这里建造了另一座城市”。这座城市繁殖自身的复制品，赋予其自身骚乱生活的所有特征：“套公牛、马车赛跑、木偶秀、幕间剧、厨师、酗酒，还有其他淫乱的地方，从而好似水上狂欢会或嘉年华。”伦敦生活的危险性也在河面上演，数小时内，冰面解冻，冲走整场嘉年华。一个世纪后，在 1789 年，“冰面突然破裂”，导致一场祸难的“可怖场面”。

伦敦的寒冬不但妨碍河流，也妨碍贸易。1813 年至 1814 年间的冬天，蜡和浆糊在锅里凝结，令裁缝和鞋匠无法工作。丝绸在冷空气里磨损，斯皮塔菲尔兹以及其他地区的丝厂损失惨重。脚夫、出租马车夫、街头小贩、苦力，都难觅生计。煤炭和面包价格惊人地高涨。圣贾尔斯一所学校的校长报告说：“当日，他学校七十个孩子当中有六十人未曾吃早饭，直到他中午给他们一些食物。”1855 年、1861 年、1869 年、1879 年、1886 年的严冬，都爆发面包骚乱，在最后一年，失业暴民抢劫伦敦市中心的店铺。那么，在这座城市里，天气与社会动荡有直接关联。

身外与身内的天气也有关联。在冬天，“街头隐约弥漫着酒气”，因为人人“都不停地喝酒”，以抵御刺骨的寒气。酒精“刺激、怂恿底层民众不择手段，铤而走险”。这份叙述出于 1879 年，描写似泥浆一般降落的雨水、让人呼吸艰难的浓雾、昏黄的阴影，还有正午的黑暗。这段关于物理事实的描述传达了强烈的心理压力。据亨利·詹姆斯说，1876 年圣诞节的“恶毒”天气，“黑暗、孤独、仲冬的冻雨”，好似在“昏暗的巴比伦”。在伦敦，11 月是最容易自杀的月份，1940 年至 1941 年间的冬天，闪电战期间，天气比空袭更让伦敦人抑郁。

跟天气一样，伦敦的天空似乎赋有不同等级的广袤。在有些街头（类似这座城市的峡谷）天空似乎杳远得无垠。天空变成了一个遥远的前景，挤满了屋顶和尖塔。然而，在房屋低矮的伊斯灵顿这些大广场上，在西区政府公营住房区，天空似一座庞大的天棚，笼罩邻近整片地区。正如普里切特所说，在“这个低洼潮湿的城市，天空对我们赋有重要的意义”。云层意味着或下雨或不下雨，傍晚天际的蓝紫色的微妙渐变，清晰地提醒人们伦敦的独特大气。《从萨瑟克看伦敦》这幅全景图，是第一幅连带描绘天空的城市地图。飘向西方的灰云和白云赋予这幅图画无比的空间和光亮，在这份新奇的明亮里，这座城市似在呼吸。这座城市不再是黑蒙蒙的建筑，混乱地挤在一小截天空之下，而是一座空旷的城市，教堂钟楼和尖顶伸向天空。

伦敦的天空让人眩晕，日落之际，西方恍如着火一般，照映瞬息万变的云朵。2000 年 1 月某个傍晚，大约五点钟，云层是玫瑰红，隐约透出一缕缕深蓝色的天空。

然而，天空的光也反射城市的光，现代城市的辉煌则遮蔽了星辰的光芒。正因为如此，伦敦典型的天空显得低矮、潮湿、触手可及，好似属于这座城市的一部分，属于这座城市的万家灯火。居住在梅登巷的透纳，寓居汉普斯特德的康斯坦布尔，都是被这个天空激发了灵感。据 G. K. 切斯特顿所说：“所有创造了伦敦天空的力量，创造出某种所有伦敦人熟悉的东西，未曾见过伦敦的人未曾见过。”

风通常是西风或西南风。圣保罗大教堂的南面和西面呈现风雨侵袭的腐朽痕迹，砌石“被冲洗得干净、发白，显得十分沧桑”。但这些风也吹得城西的雾气或烟雾相对稀薄，但雾气笼罩在市中心和城东。事实上，东风象征厄运，因为东区工厂排放的烟雾和恶臭会随风扩散到整个都城。

伦敦曾是，现在仍是风大的城市。及至 11 世纪，斯特普尼便已建造了七座风车。在最早的地图上，穆尔菲尔兹和芬斯伯里原野都绘有风车。河岸街和皮革巷旁也都有一座风车。有一座造在白厅路，还有一座造在拉思伯恩地。秣市山顶仍有一条大风车街，泰晤士河南岸滑铁卢段、贝尔蒙德赛、老肯特路都有很多风车。1761 年 2 月，德特福德的风刮得那么紧，吹得风车“转得停不下来，着了火，被彻底烧毁，另外烧掉大量面粉”。约翰·伊夫林记载“博镇”总是刮风，缓和了大气污染。查尔斯·狄更斯则纳闷，都市的大风何以在德特福德和佩卡姆刮得特别厉害。此外，“我读到沃尔沃思更多的烟囱和屋檐被风刮落”。

然而，在这样一座奠基于极端之上的城市来说，自然也会有极端的天气。1090 年，六百幢房屋、二十座教堂被大风吹翻。博教堂的椽子捅进切普赛德石土下二十英尺深底这一奇观，不可避免地令教堂要求公众忏悔、赎罪，以免再遭上帝之怒。然而虔诚的伦敦市民躲不开历史的灾难。1439 年，“一场大风在很多地区造成严重的伤害”，大风揭去灰衣修士会的铅顶，“几乎刮落老交易所的贴锡墙面”，刮倒那么多“大树，以致马和马车无法通行”。1626 年，“一场可怕的暴雨和冰雹……轰雷掣电”，击倒圣安德鲁教堂墓地的墙壁，曝露很多棺材。这里或许多少展现了伦敦人对死亡的态度，于是“较粗鲁的人”，揭开棺材盖，“观看尸体躺在里面的姿态”。暴雨期间，泰晤士河的湍流上空浮现怪异的雾气，“相当大一团圆形，浮在水面”，最终“愈升愈高，直到最终消失”。随即便传开了关于魔咒和巫术的谣言。

佩皮斯描述 1666 年的一场大暴雨：“狂风怒号……在两三个地区，所有烟囱，不，所有房屋全被刮倒。”1703 年 11 月，一场暴雨连绵九个小时，“河上所有船只全都被冲到岸上”，大游艇在伦敦桥拱上撞碎，有些教堂的钟楼和尖塔被刮落在地上，很多地区，整幢房屋被连根拔起，再摔回到地上。“最高建筑的铅皮屋顶，似纸片一般被卷起”，二十多个“夜游者”被吹落的烟囱或瓦片砸死。丹尼尔·笛福发表《新近可怕的暴风雨》，在文中披露，狂风呼啸如此可怕，“无人敢从摇摇欲坠的房屋出来，因为外面更可怕”，“很多人认为世界末日到了”。

在接下来六十年间，伦敦遭受数次飓风肆虐，最近一次是 1790 年，林肯院新修石楼的铜贴层“被整张吹起，挂在楼前，犹如一张大挂毯或主帆”。1987 年 10 月 16 日夜，“伦敦飓风”侵袭这座都城。此前两年天气异常寒冷、多风。1987 年 1 月，伦敦高地地区积雪深达十五英寸，大本钟的烟囱被堵塞，从兰尼米德和森伯里的泰晤士河段结冰。同年 3 月，撒哈拉沙漠袭来的沙子随大雨降落在莫登区。然后，同年 8 月，城里刮起狂风。高层公寓楼的阳台坍塌，墙壁崩倒，屋顶的瓦片被揭走。市场的货棚被卷到空中，千万棵树木被狂风摧毁。

异常的气候变化在伦敦并不罕见。若说这座城市吸引瘟疫和火灾，这里也吸引暴风雨和地震。伊丽莎白一世时代（1558—1603）发生三次地震。第一次地震不曾持续一分钟，但震荡如此强烈，造成“很多教堂和房屋毁损严重，多人死亡”。这次灾难有一些附带的特征，其一是城里的大钟受震之后自行敲响（譬如，威斯敏斯特的钟“颤抖着自动撞向钟锤”），仿佛这座城市在播报自身的灾难。混乱之中似乎也呈现一些秩序。伊丽莎白一世时代另外两次地震都发生在圣诞夜，相隔四年。随后最显著的地震发生于1750年2月，相继在数小时内发生两次震动，第二次震动之前，“一连串耀眼而混乱的掣电疾驰而过”。人们涌上街头，恐怕房屋崩坏，压死他们。最威赫的自然力量可以在西区近圣詹姆斯公园一带感受到，“似乎从这里朝南北两个方向去，旋即转向市中心，伴随着疾风的戾叫”。这么说来，自然力量侵袭伦敦，在市中心肆虐。最后一次类似的自然灾难发生于1884年春天，至少后果同等地严重。接着便来了大雾。

第四十七章

雾 天

记载恺撒征战的叙述里，塔西佗便已提到伦敦的雾。这么说来，自伦敦有史以来，大雾就似幽灵般缭绕不散。最初，大雾生于自然现象，但随即城市取代自然，创造了自身的大气。早在 1257 年，亨利三世的王后普罗旺斯的埃莉诺抱怨伦敦的烟雾和污染；在 16 世纪，据说伊丽莎白一世“本人因海煤的气味和烟雾深感痛心、烦恼”。及至 16 世纪，都城上空就已笼罩着一团烟雾，伦敦富人的房子内部都被煤烟熏得乌黑。霍林斯赫德《编年史》的一位投稿人提到，16 世纪后期，私宅烟囱数量激增，据说屋内烟雾可以预防木头腐朽，也可预防疾病。简直好似这座城市颇能玩赏这份黑暗。

17 世纪初，这座深受污染的城市怨声四起。1603 年，休·普拉特赋就一曲民谣《煤火谣》，歌词说海煤烟雾损害植物和建筑，十七年后，詹姆斯一世“被圣保罗大教堂因经年遭受煤烟腐蚀几近废墟的腐朽状况促动了恻隐之心”。对于火灾的隐忧也十分普遍。在城市街头，烟雾缭绕及其气味，无疑会触发对火灾的本能恐惧。

约翰·伊夫林在《伦敦空气与烟雾之扰》（1661）这部文章中嗟叹“地狱般阴惨惨的海煤云”覆盖这座城市。这里的地狱形象十分重要，属于最早将这座城市与地下世界相联的文学表现之一。伦敦这袭黯然、阴惨惨的斗篷来自“数个大烟囱，属于啤酒坊、染坊、石灰厂、食盐和肥皂锅炉，以及某些私人作坊。单是一道大烟囱对于空气的危害，便甚于伦敦所有私家烟囱”。在这里，传染病的幽灵跟硫黄烟雾一起飘散。这座城市是名副其实的死地。当时出版的《英格兰性格》一书也营造了同样的形象，将伦敦描写为包裹在“海煤云中，恍如地上的冥界、火山的雾天：致命的烟雾，连钢铁都被腐化，毁损所有会动之物，烟雾掠过，在所有东西上留下一道煤烟渍。并且如此致命地攫获居民的肺，咳嗽和哮喘不放过任何一个人”。正是在这个时期，气象观测出现了一种“大臭雾”的现象，以及那层人称“都市青烟羽毛”的持续不散的烟层。或许可以说，这座工业城市产自这场可怕的分娩。

纵然关于往日时代大雾的文献很多，但人们通常认为这种雾沉沉的黑暗源自19世纪。诚然，维多利亚时代的雾是世上最著名的气象现象。此雾无处不在，出现在哥特式戏剧、私人通信、科学报告，以及诸如《荒凉山庄》(1852—1853）这样的虚构作品中。“我问他是否某处着了大火？因为街上弥漫着棕色的浓烟，眼前几乎看不到任何东西。‘哦，没有，小姐，’他说，‘这是伦敦特色。’我从未听见这等事。‘是雾，小姐，’这位年轻绅士说道。‘哦，是嘛！’我说道。”

五十万吨煤烟融进城市上空的蒸汽，“一半蒸汽源自破损的下水道”，生成这种“伦敦特色”，飘浮在距离地面约两百至两百四十英尺的高处。关于烟雾的颜色，人们看法各异。有人说是黑色，“就是一团漆黑，中午黑得尤其分明”。有人说是深绿色；也有人说似豌豆汤的黄色，阻止所有交通，“似乎要将人噎死”；也有人说是“橙色蒸汽”；或者“黑巧克力色的棺材罩”。不过，似乎人人都注意到烟雾浓度的变幻，有时融进日光，或者各种颜色的雾气相交融。越接近市中心，颜色就越浓重，最后在城市中央变成“一团雾蒙蒙的黑暗”。1873年有七百起“额外”死亡，其中十九起是行人径直走进泰晤士河、码头或运河。有时，雾气来去倏忽，烟雾和昏暗的颜色随疾风袭过伦敦街道，但通常一连逗留数日，阳光只能偶尔穿透冰冷的黄雾。19世纪80年代的雾气最糟糕，11月是最糟糕的月份。1855年12月8日，作家纳撒尼尔·霍桑写道：“雾浓重得甚于往日，漆黑之极，更似蒸馏的泥浆；这泥浆幽灵，空气化的地底泥土，也许是死去的伦敦市民在阴间踩过的。外面如此阴森幽暗，于是商店橱窗全都点起煤气灯，女人小孩烧起煤炭炉烤板栗，身体笼罩在一圈红彤彤的烟雾中。”于是，城市的境况再次被比拟为地狱，不过这令我们额外联想到市民们私底下颇享受（实则颇自豪）这种不幸的生存环境。

伦敦人带着一定程度的满足感，称雾为“伦敦特色”，因为这是当时地球上最辽阔、最强大的城市独有的散发物。达尔文写道：“其烟雾有一种壮丽感。”1888 年秋天，詹姆斯·拉塞尔·洛威尔写道，他生活在一团黄色雾气中，“出租马车镶着一圈光晕”，街头人们“似褪色的湿壁画”，但同时“奉承人的自尊”；住在这等极端的城市环境里，他觉得很自豪。

大雾转而营造广大无垠的形象。19 世纪一位法国记者写道：“一切似乎被控制，懈惰为一种似幻觉般恍惚的幽灵般的运动。捂住街头的声响、遮没屋顶，简直猜测不透……大街似隧道一般被吞没，因此，徒步的人群、马车似乎永远消失。”雾中的人“不可计数，似一支密密麻麻的军队，这些小小的可怜的人类生灵，为人生奋斗令他们充满活力，在雾中，他们全是清一色的漆黑，奔赴日常事务，全都使用同样的姿势”。这么说来，雾让市民成为一个巨大过程的不确定部分，而他们自己则全然不理解这个滚滚而逝的过程。

这份黑暗的另一方面严重地影响伦敦的居民。每个观察者都提到全城白天都点煤气灯作室内照明，也提到在缭绕的瘴气里，街灯好似一簇簇摇曳的火苗。然而，黑雾的氛围也笼罩了很多没有灯的街道，从而掩护了空前规模的偷窃、暴力、强奸。在这层意义上，雾确实是伦敦的“特色”，因为它加剧、强调了这座城市黑暗的特征。黑色蒸汽为疾病散发物这个思想的中心概念在于其黑暗。正如维多利亚时代社会改革家埃德温·查德威克所认为，如果“所有气味都是疾病”，那么伦敦大雾的刺鼻气味确凿地象征着污染和传染病恐慌，就好似数百万个肺将所容之物倾倒在街头传播。

这座城市的纹理和颜色也赋有雾的全部特征。早在 1810 年，《来自阿尔比恩的信》的作者就注意到，地面上，“除了房屋裸露的砖墙被煤熏黑之外，什么也看不见”；一位美国旅人也评论伦敦建筑“清一色地污脏”。海因里希·海涅是对这座城市作出最意味深长、最赋教益评论的作家之一，“劳累过度的伦敦傲视想象力，伤害心灵”（1828），他看到马路和建筑“由于潮气和煤烟，呈现偏棕色的橄榄绿”。这么说来，雾气成为这座城市的一大物质纹路，这种最异常的自然现象在石头上留下痕迹。用海涅的话说，这座城市傲视想象力，也许部分因为在那股“似乎既不属于白天也不属于夜晚的”黑暗里，世界被悬置。在雾里，这个地方属于隐匿、秘密、低语、消逝的足迹。

也可以说，雾是 19 世纪虚构作品最大的特征，人们看伦敦桥时，小说家们在看雾。“极目探出胸墙，眺望雾那边的天空，周身雾气缭绕，他们仿佛站在一只大气球里，浮在雾蒙蒙的云里。”卡莱尔称雾为“流动的墨水”之时，是在历数借助雾这个媒介描述伦敦的无尽可能性，好似唯有在这种异常的黑暗中，才能捕捉到这座城市的真正特征。阿瑟·柯南·道尔在1887年至1927年间所撰写的夏洛克·福尔摩斯的故事，描绘这座犯罪与悬案的城市，本质上就是雾的城市。在《血字的研究》里，一个雾沉沉的早晨，“一层灰褐色的面纱罩在屋顶，仿佛反射底下泥浆色的街景”。在《四签名》里，“雾气浓重得饱含雨意的潮湿、蒸汽迷蒙的空气”，华生医生很快“迷路……但从来不是夏洛克·福尔摩斯的错，他嘴里咕哝着一连串名字，出租马车经由蜿蜒的小巷，出入一座又一座广场”。伦敦成为一座迷宫。用旅人和游客的套话来说，唯有当你“浸透这大气”之后，才不会迷惑、不会迷路。

也许，关于伦敦之雾最伟大的小说要属罗伯特·路易斯·史蒂文森的《化身博士》(1886)。在小说里，改变身份和秘密人生的故事发生在这座城市“变幻、虚幻的雾中”。在很多方面，这座城市本身就是被偷换后留下的孩子，“雾被冲破，一束憔悴的阳光瞥进盘旋的雾中”之时，城市的外貌焕然一变。在这座善恶并肩、共同繁荣的城市里，杰基尔博士的怪诞命运似乎并非不协调。然后，雾气暂时消融，帷幕揭开，露出一家杜松子酒家、一家食馆，还有一家“店铺出售一到两便士的沙拉”，所有种种人生在这方黑暗的帷幕之下进行，如同一种几乎听不见的低语。然后，“雾再度降临那片地区，似棕土般的棕色，将他与流氓似的周围环境隔绝”。这也是伦敦的生活境况，“隔绝”、孤立，烟雾漩涡里的一粒尘埃。在混乱中孑然一身，也许是这座城市所有陌生人最切肤的感受。

伊丽莎白·巴雷特·布朗宁形容“这座大城杂乱无章的雾”抹除所有招牌和标记，模糊“教堂尖顶、大桥、马路、广场，好似一块海绵擦去伦敦”(1856)。对于这种隐形的恐惧积极地推进了建造和装饰的大纲，这是维多利亚城市的特征标志。1881年，《建筑新闻》探讨“雾气尽最大努力为我们最昂贵的建筑包裹一帘纤薄的煤烟……很快成为黑暗、肃重的建筑……光影效果丧失殆尽”。正是因为这个原因，建筑师决定用红砖和闪亮的赤陶土砌楼，以使建筑显眼。19世纪的建筑也许看似粗鄙或俗艳，却是努力试图保持这座城市的身份和清晰度。

当然，也有些人赞美雾的价值。狄更斯关于浓雾的描写虽悲伤，却曾称之为伦敦的常青藤。对于查尔斯·兰姆来说，他的想象力透过浓雾才能被激发、臻至完美。在一些地方，尤其是市政厅和东区，有些人只看到雾里的硫酸盐，另一些人则看到浑浊的大气“带着诗意，仿佛一方面纱”笼罩河面及周边地区，“简陋的建筑消失在昏暗的天际，高耸的烟囱变成钟楼，在夜里，仓库变成宫殿”。这段虔诚的歌颂出自惠斯勒，暮色里雾气和烟雾的画家，截然地与同时期另一段关于堤岸旁建筑大气画作的评论形成对比。“无论如何，谁会想去雾蒙蒙、让人不寒而颤栗的河水散步?”然而很多艺术家赞同惠斯勒的看法，视大雾为伦敦最伟大的品质。19 世纪后期日本艺术家牧野義雄提到：“伦敦有些建筑的真正颜色也许颇粗鄙。然在雾中，这种粗鄙的颜色却很迷人。譬如我窗前那幢房子，涂成黑黄二色。去年夏天，我初来之时，笑它颜色丑。现在冬雾笼罩，颜色和谐得十分美妙。”人们有时说，伦敦建筑在雨中最美，好似它们专门为暴雨而建造、涂饰的。那么，或许可以说，就连伦敦人的私宅，也设计得须在雾中好看。

1899 年至 1901 年间，莫奈来伦敦逗留，专门来画雾。“当时，在伦敦，我最钟爱的是雾……雾赋予这城市壮丽的广阔。在那层神秘的斗篷之下，那些巨大、规则的街区变得十分雄伟。”他是以较细腻的口吻复述布兰查德·杰罗尔德和古斯塔夫·多雷（大雾的哥特式风格画家）之间的一场对话。“我可以告诉我的旅伴，他最终看到了最著名的黑暗之一，在所有陌生人的心灵里，这些黑暗下包裹着最神奇、最赋神迹的巴比伦。”在这里，雾赋予这座城市以壮丽和崔嵬。雾也营造华贵的气派。不过，巴比伦这个典故，体现了数百年以来萦绕不去的某种原始的、本能的能量。对莫奈来说，伦敦的雾是奥义的象征或启示，在他所描绘的微妙的氛围和变幻的色彩里，总是让人感觉这座城市即将永远消融或隐匿。在这层意义上，他是企图捕捉这座城市的精髓，超越任何特定的时代。譬如，他的画作赋予查令十字街桥一种原始力量的阴森感，仿佛是罗马人建造的大桥或者未来千年将会建造的大桥。这是最阴暗、最威赫的伦敦。之所以威赫，正是因为它投下的阴影。古老的轮廓在雾沉沉的黑暗或朦胧的紫罗兰光线里隐现，然而这些轮廓随着间或投下的阳光或色彩的变幻而改变。这正是莫奈所描绘的神秘。这个被雾气笼罩的巨大充满了光。景象殊为恢奇。

20 世纪初期，雾天的频率与严重性显著地下降。有人将此变化归功于煤烟治理协会的工作，还有以煤气替代煤块的趋势，但首都的扩展本身或许自相矛盾地降低了雾气。如今，工业和人口分散在较大的范围，热气腾腾的烟雾中心的火焰不再燃烧得那些旺。H. T. 伯恩斯坦在《爱德华七世时代伦敦大雾的神秘消失》里作了出色的叙述，此文宣称燃煤与大雾并无直接关联。譬如，伦敦有些浓雾出现于工厂烟囱停工的星期天。如果雾是气象现象的一部分，那么就体现了区域性的、特有的特征，譬如，公园、河畔以及少风的地区尤其严重，也许会吞没整个帕丁顿，黑压压的摸不着路，而不到一英里外的肯辛顿却丝毫不受影响。

据说“最后一场真正的雾大约‘呈现’于1904年12月23日，‘纯白色’，马车夫领着马前行，灯笼提在公共汽车及一些客人前面导路……路过伦敦一家最大的宾馆却视而不见”。事实上，通贯20世纪20年代和30年代，“豌豆汤”毫无预警地降临。莫顿在《寻找伦敦》(1951)一书里回忆大雾，“可见度只有一码方圆，将街灯模糊为一个朦胧倒写的V字，每碰撞着什么东西，都似噩梦一般地惊惶”。这里再次暗示了大雾将恐怖置入这座城市中心。正因为如此，当东风将城里黄惨惨的阴云吹到城外之时，伯克郡的农民称之为“枯萎病”，这话也许并不让人惊讶。

其他住在较近距离的人也遭受20世纪早期的雾害。位于克里克伍德的斯托尔电影工作室冬季只得关闭，据科林·索伦森《电影中的伦敦》记载，“雾一连三个月弥漫所有工作室”。这里也体现了雾气侵扰或蔓延的特征。很多人回想起开门之时，夹杂烟味的雾气便卷进屋里，在房间角落盘旋。“伦敦永恒的烟雾”也找到其他门路，不单钻进地铁系统的通风口。阿瑟·西蒙斯观察到雾气“一团团地飘浮，在深渊上空弥漫，时或映照在惨淡的街灯下，时或一缕雾似蛇一般升腾，摇摆着甩脱纠缠，似一根黄色的黑团”。

不过，伦敦最糟糕的雾要属20世纪50年代的“烟雾”，导致数千人死于窒息和支气管哮喘。在有些剧院里，雾浓得看不见台上的演员。1955年1月16日下午，“外面一片漆黑……亲身经历这个现象的人们说，好似世界末日来临”。由于人心惶惶，政府在1956年通过《洁净空气法案》，但次年又起一场烟雾，造成无数伤亡。继而，1962年冬天，一场致命的烟雾三日内导致六人死亡，路上“可见度为零”，船只“陷于停滞状态”，火车班次被取消。有一份报纸简洁明了地报道这一事实：“伦敦空气里的烟量高于正常冬日十倍。硫黄二氧化物高于正常十四倍。”六年后，政府颁布更全面的《洁净空气法案》，这道法令终结了伦敦古老形式的雾气。电力、石油、煤气大范围地取代了煤块，同时，清理贫民窟与翻修都市这两大措施也降低了房屋密度。

然而，污染绝不曾消失。跟伦敦城一样，污染仅更换了面目。也许，这座城市大部分地区如今是“无烟雾区”，但空气里却弥漫着一氧化碳、碳氢化合物，再加上诸如气雾剂等“有毒次生污染物”，也会形成所谓的“光化作用烟雾”。伦敦空气含浓度极高的铅，再加上较清洁的空气使阳光更常见，这两者转而导致更多污染。地平面有臭氧问题，而“气温颠倒”效应则意味着诸如车辆和发电厂的排放气体无法释放出高层大气。于是，这些有害气体就在马路上逗留。塔西佗在1世纪所描述的雾，依然在伦敦缭绕。

LONDON

The Biography

夜与日

第四十八章

要　有　光

伦敦的高死亡率曾被归咎于缺乏自然光。譬如，佝偻病就被援引为这种关联的范例。沃纳的《伦敦的身体》披露，圣布莱德教堂穷人墓地里断代为19世纪的儿童骨骼当中，超过15%的尸骨患有佝偻病，其他病患则拖着“畸形四肢”长大成人。这样说来，人们一直渴望光，或者说，本能地需要光。如果找不到天然的光，那么必须人工制造出来，以便满足伦敦人的胃口。

早在15世纪，法律就规定要有光。1405年，大街两旁每幢房屋在圣诞夜必须挂一盏灯，十年后，市长下令这些房屋在10月至次年2月的黑夜张挂灯笼或灯盏，从傍晚到夜里九时。这些灯笼是透明的角制成的，而不是玻璃。然而，也许除了持火把为行人导路者或仆役持火杖为贵族、牧师开路所投下的光亮之外，中世纪伦敦依然相对地黑暗。17世纪早期，“火把童”高举的火把也成为光源。

然而，及至1685年，首都的街头照亮才焕然一新，一个名叫爱德华·赫明的灯光师“收到专利证书，授权他独家为伦敦提供照明，数年有效”。他所提出的要求是有偿地为每十户人家门前安装一盏灯，在无月的夜晚从六点到十二点提供照明。然而，赫明的专利并不尽如人意，九年后，市政委员会授权凸透镜灯光公司照亮这座城市。这家公司名称便暗示了透镜和反光片所制的较精致、繁复的灯具取代了角质灯笼。灯具成为时尚。18世纪最初年代，作为伦敦状况普遍“改善”工程的一部分，街道照亮确实至关重要。并且仍然关涉到安全问题，譬如肯辛顿路多强盗出没，早在 1694 年，这里率先引进釉光油灯。1736 年通过一条法案，准许市政厅征收照明税或灯笼税，以便所有街道每晚都有适当的照明。正如斯蒂芬·英伍德在《一部伦敦历史》中指出："此行赋予这座城市每年近四千小时照亮，相比之下，1694 年只有三百或四百小时，1694 年至 1736 年间则是七百五十小时。"郊区各堂区也开始征收照明税，于是，伦敦渐渐地被照亮，在夜间转变为一座不同于以往的城市。

在 18 世纪早期年代，观察家和外来者总是评论这座城市刺眼的强光，"白刷刷的马路"。及至 1780 年，J. W. 冯·阿兴霍尔茨叙述道："由于英国人花钱、花心思都十分挥霍，以便将所有公众的东西做得富丽堂皇，我们自然可以料想伦敦明亮良好，相应地，再无比伦敦街灯更出色的东西。"伦敦的夜似乎一年比一年亮。1762 年，鲍斯威尔写及"店铺和标牌的强光"；1785 年，另一人提到"这座惊人的城市无一街角不曾照亮……然而相比那些店铺的照明，这些不计其数的街灯仅提供微弱的光芒"。在这两处叙述里，伦敦店铺（贸易和商业的中心）照射出最明亮的光线，这是最适宜不过的。

不过，若说伦敦的一大属性是不断地变得更亮，起初以缓慢的速度，然后势头逐渐增强，直至 20 世纪后期，几乎变得太亮。一代人的明亮，在下一代人眼里是昏暗。18 世纪伦敦的灯，值得全世界称颂，四十年后，却被视同玩具。约翰·理查森的《回忆录》出版于 19 世纪中叶，他在书里说："四十年前，街头的照明来自当时所谓的堂区灯笼。这种灯笼就是一种锡制小容器，装一半最差的鱼脂……这种液体鱼脂里插上一根棉灯芯。"因此，在那个时代，点灯人成为伦敦街头熟悉的身影。荷加斯的《浪子历程》蚀刻画上就有这样一个点灯人的肖像，正在圣詹姆斯街和皮卡迪利广场街角点街灯，他的面孔显得粗鲁（倘若不说凶残的话），手里的油脂滴到底下站着的浪子的假发上。这必定是伦敦街头十分常见的倒霉事。理查森也给这些点灯人勾勒了肖像："一群浑身散发格陵兰码头的强烈气味的油污家伙，被雇来修剪、点燃这些街灯。他们装备一把可怕的大剪刀、一支涂沥青绳索点燃的火把、一架摇摇欲坠的梯子，令所有过往行人担惊受怕。油瓶和灯芯封在半透明的玻璃罩内……如此污秽，连自己所包围的些许光亮也模糊了。"这些街灯鲜少（倘若有的话）被清洗。这么说来，18 世纪伦敦的大光明似乎只是一种错觉，至少在后世伦敦人的眼里。然而，当时的居民并不觉得街头照明不佳，因为伦敦的光明完全符合其社会环境。光亮是相对于这座城市的期待和癖好而言的。

正因为如此，最大的变化始于这座帝国城市的初期。1807 年，煤气取代灯油。必治街和白十字街（就是如今巴比肯艺术中心）率先引进煤气灯；一年后，蓓尔美尔街也点起了煤气灯。罗兰德森有一幅漫画，绘于 1809 年，题名为《在蓓尔美尔街瞧煤气灯》。一位绅士举起手杖，指着一盏新街灯，解释道："烟通过水后失去实质，就烧成这样。"另一市民对此事不内行，抗议道："哦，天哪，这人要是把火引到水里，我们很快就会烧干泰晤士。"同一画面上，一名贵格会教徒宣称："相比心内的光，这算得了什么"，好似科技进步本身便是一种亵渎；一个妓女对顾客说："要是不禁了这种灯，我们就做不了生意了。不如索性关张呢。"这位顾客答道："的确，亲爱的，爱情或金钱无处寻觅黑暗的角落了。"

1812 年，威斯敏斯特桥首次采用这种新燃料照明。1817 年，在接近人生终点之时，才智出众的赫斯特·斯拉尔说："煤气灯投射如此强烈的光芒，日落之后，我不知身在何处。泰晤士河这位老父，装饰着四座美丽的大桥，几乎不记得八年前那副寒酸面目，我揣想，狂欢的人们乘坐前往沃克斯豪尔的游艇，另一艘载乐队随行，演奏亨德尔《水上音乐组曲》——完全不似从前听闻的音乐。"于是，在煤气灯的照耀之下，这条河变换了模样，让人惊奇或迷惑，"我不知身在何处"。连水上的音乐似乎也变了。

于是涌现以街灯为主题的各类绘画，巴洛克式风格和古典主义各展所长，再添加大型储气罐和曲颈瓶。旧时的点灯人受人嘲讽，新兴照明设施的缺陷也被描绘。在一组题为《伦敦的恼人事》的漫画上，一幅画描绘一个老式点灯人，站在梯上添油灯，油滴到倒霉的行人身上，另一幅画则显示药店的煤气爆炸。19 世纪 40 年代之前，爆炸的可能性正是煤气不曾大规模用于家庭生活的一大原因。然而及至 1823 年，已有四家私营公司在这个行业竞争，埋在地面浅层的两百英里煤气总管，曾经大多用于给大商家照明。

18 世纪的店铺，橱窗狭小，窗玻璃鼓凸，通常靠油脂蜡烛或闪烁不定的油灯照明。下一世纪的现代商店，四面侵袭而来的黄昏黑暗突然"预示如此一种光明，遍及连太阳也从未触及的角落和车辆缝隙。煤气灯光的大光束似流星一般钻进财富拥挤的市场"。这种新兴煤气照明不但从街头驱逐了恶习和犯罪行为，也显著地促进贸易的速度和产量，实在是名副其实的伦敦之光。弗洛拉·特里斯坦在 1840 年的《伦敦日记》里写道："伦敦，数百万煤气灯似魔法一般照亮，金碧辉煌！大街消失进远方，店铺里，灯光照亮人类工业所想象的杰作，散发无数斑斓的色彩。"她关于河岸街的描述也体现了同样的热情："店铺一片灿烂、神奇"，而在另一条大街，商店"似乎全是玻璃做的"。你若觉得这个伟大的新光明就是新兴商业的光明，大概也不算过分。

不过，对于这种新照明，也有不同的态度。有人觉得太刺眼、不自然，属于人为城市的俗艳东西。然而，也有伦敦人觉得煤气灯最能衬托其投射的阴影，营造了一座柔和又神秘的城市，黑暗和沉默环绕着劈空投下的一摊强光。于是，在一些地区，伦敦的古老存在窒息了这种新光明。阴影和神秘回归。这也许解释了伦敦何以在短时间内习惯了高强度的光明。因为当他们不被煤气灯照得睁不开眼之时，伦敦的旧存在重新呈现。《伦敦小世界》的作者描述道，在一条小巷里，“煤气灯的玻璃被恶意地砸碎，仅剩残片。火焰在夜风里闪烁，明明灭灭的微光照亮所有种种贫穷、悲惨、恶行，全都挤在一起，如同贫民窟”。在这里，煤气灯不再炽烈地驱逐恶行和犯罪，而是成为一无所有的人们所经历的一部分苦难。在其创作于 19 世纪 90 年代的诗里，阿瑟·西蒙斯有两行描述：

昏暗潮湿的人行道无规律地
被煤气灯闪烁的光斑照亮，微弱而惨淡

这明灭闪烁的火焰，再次彰显了城市照明那无常、虚幻的本质。就好似这座城市吞没了灯光，或者更是说，从根本上改变灯光的本质。譬如，在维多利亚时代后期的伦敦夜景画里，月光下城市的黑暗轮廓仅暂时被煤气灯的光束照亮。自相矛盾的是，曾经似乎是最新、最革命性的照明设施，很快就被视为负载过多的年代和历史。谁不曾（在想象里）见过雾中的煤气灯？伦敦的恒常性能够将即便最新的发明转变为古老生活的一部分。绿色白炽光取代了方形老灯里的黄色煤气，如同萤火虫在玻璃瓶内跳舞一般，但这些转而又被新的照明所取代。

1878 年，堤岸率先采用电灯，继而比灵斯门、霍尔本高架桥，以及两三家剧院跟风使用。鉴于伦敦当时是世界强国的中心，世界上第一座发电站建在霍尔本高架桥五十七号，也是最适宜不过。1883 年，托马斯·爱迪生建造这座发电站，不到十年，遵循现今已经人人熟悉的商业精神，皮卡迪利广场初次立起电力广告招牌。这座城市自始就充分利用这种新光明，人们再次开始呼唤“电灯的金色”，当“金色银色的灯光”在暮色里浮现之时，“商店重新闪耀光芒”。照明与贸易的结合似乎全然不可避免。然而，如同之前其他形式的灯光，据说电力也令这座城市变得虚幻、陌生。有个伦敦人说，在泛光灯照亮的大街上，这种新奇的灯光照得人们的皮肤“似尸体一般，人群看似可怕又丑陋”。然而，习惯了电灯的人，很快就带着怀旧的哂笑看待煤气灯，一如那些生活在煤气灯下的人们以同样的眼光看待老油灯。20 世纪 20 年代早期，阿瑟·梅琴回忆说，煤气灯的伦敦“曾经一片辉煌、闪耀”，如今“我必定会觉得那时是昏暗、阴森，阴影和黑暗的处所，闪烁不定的黄色火焰照明不善”。电流通下牛津街、肯辛顿高街、骑士桥、诺丁山。从皮卡迪利广场通过架空电缆通到摄政公园和河岸街。及至 1914 年，首都城内有七十家发电站，这座城市转变为能量和电力的发动机。

起初，照明设备的种类导致伦敦各地区的照明参差不齐，二十八个自治镇各自安排电力供应商，这就意味着在 20 世纪 20 年代，开车刚驶过一条灯光通明的街道，可能随即进入另一条漆黑的街道。但情况一向如此，因为这座对比的城市总是依赖光的对比。正如阿瑟·西蒙斯在《伦敦：角度之书》中说：“在伦敦，我们点灯随意、心血来潮，人人都自作主张，于是前脚迈过一道刺眼的强光，后脚踩着一坑黑暗。”然而，20 世纪 20 年代频发的意外，导致人们要求平衡的照明标准，这个标准转而导致灯柱标准化：柱高二十五英尺，间隔一百五十英尺。伦敦生活的这个细节，连最博学的市民也不太注意，然而大街照明的统一化也许是现代伦敦城最赋深长意义的方面。

1931 年秋，一些公共建筑首次采用泛光灯照明。这个场面激起如此大的兴趣和热闹，街头挤满了看客。好似伦敦总是呈现新面孔。然而，泛光灯照明九年后，在灯火管制时期，这座城市的夜晚又陷入沉寂的黑暗，有些地方回复中世纪的模样。菲利普·齐格勒在《战时伦敦》里记载说，有些街上“那么多人在黑暗里挪动，显得十分险恶……”熟悉的马路变成“费解的秘境”，令伦敦人恐惧、迷惑。有个伦敦人回忆说，“吓得浑身汗透、疲惫不堪”，费了好大功夫才找到目的地。暴雨很受欢迎，因为电光霍闪，人们得以瞧一眼某个熟悉的角落或十字路口。在 14、15 世纪之时，这样的迷惑与恐怖的情绪并不逊于第二次世界大战期间，但现代版的黑暗只能印证这一事实：伦敦城能够变得如何地恐怖、如何地神秘。

1944 年秋取消灯火管制之时，市民显然如释重负。“不再似墨水一般漆黑，一切照着柔和的光，亮晶晶的，小小的光束投在潮湿的街上，最是迷人。”数年后，霓虹灯、水银灯、荧光灯取代这些“小小的光束”，从而在新世纪初，这座城市照亮了数英里的天空，亮过月亮和星辰。有些人为此恼怒，好似这座人工城市污染了宇宙。然而，也有些马路依旧街灯昏暗，很多小巷一团漆黑，仍然可能穿过一条灯火通明的大道，随即转进一条漆黑的小街，让人心里发慌，一如过去三百年间的景况。

可是，伦敦有自然光吗？亨利·詹姆斯形容“阳光从云顶漏缝钻下来的样子”。也有观察家形容湿漉、氤氲的光亮，好似透过泪眼观看一切。但詹姆斯也描述“万物一旦融进这样的气氛里，随即就披上一层柔和、丰富的色调”。建筑和街道消融进远方，因此，伦敦没有巴黎或纽约那样清晰的光线。据说，世上再没有哪个地方“赋有如此变幻的光与影，如此纠缠的阳光与烟雾，如此的空气渐变与混乱”。在其启示录式小说《伦敦之后》（1885）中，理查德·杰弗里斯将这座城市描绘为瘴气迷蒙的荒原，他所欣赏的正是这种“空气渐变”，诸如黄色的落日、西南角“难以名状的紫罗兰”、夏日耀眼的光芒，还有彤红的冬阳照得街道和建筑沉浸在“燃烧的红光”里。淡蓝绿色的朝雾被视为“伦敦一日之初”的晨光，融进城市风景，使之变得柔和，公园里则盘旋着“珍珠灰的雾霭，轻柔而微茫”。然而，冬天的苍白、春天的蓝雾、夏天的霭气、“秋天的橙色日落”，都让人感觉到街头的光所散发的冷意。这股冷意源自伦敦光线所反射的广袤感，正如伊波利特·泰恩所说，当“水浪闪烁，光芒被困陷在蒸汽里，柔和的白色或粉色铺盖这片辽阔之地，为这座庞大的城市增添了一份绰约的风姿”，就转变为“人类造物的大聚集”的散发物。弗吉尼亚·伍尔夫也看见这份广袤感，将伦敦形容为“光线汹涌，罩在一袭浅黄色的天篷之下。这里有大剧院的灯光，大街的灯光，也有体现了舒适家庭生活的灯光，高挂在空中的灯光。这些灯永远不会蒙上黑暗，一如数百年以来不曾陷入黑暗”。伦敦的灯光永恒地照射。在天际，灯光照耀连绵数英里，如同一张光辉灿烂的渔网。这座城市永远不会冷却，将会永远光明炽然。然而，只要有光，也就有阴影，也就有夜的黑。

第四十九章

城市的夜

很多著作描写伦敦的夜晚，《城市之夜》和《夜生活》之类的书籍专门探讨这一主题。詹姆斯·汤姆逊称伦敦为阴森夜晚之城（1874）。也许只有在夜晚，这座城市才呈现真面目，展现真正的活力。正因为如此，伦敦的夜总让人痴迷。这迷人的效果始于傍晚，黄昏时分，那些“黝黑的烟囱、暗淡的小屋”，还有“泥泞的大街和肮脏的小巷”，用朱利安·沃弗雷《撰写伦敦》里的话来说，触手可及那“无垠城市的阴险、骇人、可怕的冷酷无情”。这些叙述俱出自19世纪，然而，以往世纪的夜间恐怖绝不会相形逊色。自古以来，这座城市的夜路从来不平安。晚上九点宵禁，理论上说，啤酒店关张，市民须留在屋内。然而，在16世纪后期与17世纪早期，戏剧、诗歌、书信、讽刺作品都开始强调城市的夜生活，所表达的主旨都如同托马斯·伯克在《穿越世纪的伦敦街道》援引的这些诗行：

惊走恶棍、唬坏娼妓，
拧断门环，转过一根根柱、一扇扇门
刁难牛奶妹，还有各色人等，
嘲弄巡夜人，叫嚣街头，
展露身手砸黑了路灯……

这些是“咆哮男孩”的恶作剧，不过相比同在黑暗里作案的流氓团伙、盗贼或强奸犯，他们仍然十分幼稚。17 世纪晚期的戏剧作家托马斯·沙德威尔，描写大约“凌晨两点，巡夜人来了，以悲凉的语调哼着曲调，比托儿所里最蹩脚的诗人还糟糕。跟着来了那些无赖，吼着粗野的叫声惊醒人们，吹起喇叭，弄出刺耳得要命的噪音，比戏院里巫婆进场时吹奏的音乐更可怕”。从戏剧和诸如此类的描写显然可以看出，城市的夜晚几乎跟白天一般喧嚣，唯一的差异是夜间的吵闹更疯狂、张狂，凌晨时分的喧嚷、尖叫、呼喊、口哨声里，夹杂着不安的副歌叠句。你若凝神细听，就会听到“谁在那?”或者“操你娘的!”或者“狗杂种，你哑了啊? 快开口!”

内德·沃德在 18 世纪初写道：“我的耳中充塞着四面八方袭来的声响，各种过往的铃铛作响，马车轰隆隆地驶过，巡夜人忧伤的小曲儿……眼里所见只有光亮，耳中听见只有喧嚣。”这里强调了伦敦夜晚的反常性，充斥着光与声响，而不是诗歌所歌颂的夜景的沉寂和黑暗。塞缪尔·佩皮斯陪同保利娜·蒙塔古夫人在伦敦走夜路，“每走一步”都让她心惊肉跳。在《关于伦敦夜行》一诗里，约翰·盖伊勾勒了她担惊受怕的原因。这首诗属于他的长诗《三岔路》，拉丁词“trivium”是指三条街的交汇点，通用于描述各种各样的大道。夜里，在“繁忙马路”上，木板、梯子、低矮的雨篷都成为挡路障。“现在，所有人行道都回荡着脚步声”，马在嘶鸣，牛在哞哞叫，马车夫互相推搡、拿鞭抽打，还有街头斗殴，“直斗得摔倒在地上，滚在泥泞里扭打”。盖伊注意到夜间交通阻塞最严重的出名地点，是位于河岸街丹麦人圣克莱芒教堂旁，这座教堂本身就是一大障碍，两旁街道没有灯柱标识马路与人行道的分界，导致马车、马、行人陷入一团混乱，再加上载货马车从泰晤士河边驰来，从狭隘的小巷驶进大道，汇进这团混乱。被卷进这群“暴民”或“人群”确实很危险。单独的行人若被推搡、诅咒，那么他的假发、细棉手帕、手表、鼻烟壶等极可能失窃。那么，夜间的喧闹声里，还要再添上“捉小偷!”的嚷叫声。行人可能被马车轮碾，或被轿夫推，但更危险的是那些货摊的敞开地窖。地面是厚厚一层泥浆，而头顶：

夜壶从阁楼窗户倾倒下来，
倘若只淋了一泡尿，
你就大有理由祝福那些温柔的星星。

最明智的是不去理会人家的斗殴或呼救。

然而，在夜里，伦敦人在屋内也并不一定安全，并非全然免于街头的焦虑和不安。1763 年 3 月 21 日凌晨两点，鲍斯威尔在威斯敏斯特王冠街赁居寓舍的蜡烛熄灭了。他下楼到厨房找引火盒，但不曾找到。“这下我心里充满了夜间各种恐怖的念头。”这样说来，外面的黑暗扩展为内心的恐怖。“我也害怕房东（此人身边总搁着两把上膛的手枪）把我当作窃贼，朝我开枪。”倘若屋主上床也须带着手枪，伦敦夜间破坏活动和偷窃行为看来十分猖獗。这类似塞缪尔·约翰逊的习惯，出门上街前总要拿上一根粗棍。于是，鲍斯威尔“上楼回到自己房间，默默地坐着，直待听见更夫叫唤‘过三点了’。于是，我叫他来敲我赁居房屋的大门。他来了，我去开门，毫无危险地去点了蜡烛。”这是伦敦生活的一段小花絮，虽然简短，却十分有趣——更夫报时、鲍斯威尔的指示，匆匆跑去点蜡烛。

19 世纪伦敦的夜晚也有不太亲密的方面。对于这样的夜晚，维多利亚时代的人既爱又怕。正是在这个时期，伦敦艺术家中间兴起“夜间绘画”这种风俗画，同时，剧院上演类似的情节剧，诸如《夜伦敦》(1845)、《夜幕降临后：伦敦生活的故事》(1868)。这个时代的诗歌也充满了黑暗城市的印象和形象，譬如，道森、莱昂内尔·约翰逊、乔治·梅瑞狄斯、丁尼生等人的诗歌。就好似 19 世纪的伦敦居民如此地被黑夜纠缠，用鲁德亚德·吉卜林回忆早年寓居伦敦经验的话来说：“在这里，黑夜第一次进入我的头脑。”

19 世纪中叶流行“夜行”。素描或散文记载独身的行人在夜间城市里穿行，一路观察通往未知目的地的旅程里各种重大的时刻和景致。对于查尔斯·狄更斯来说，夜间散步是排遣苦难的一种方式。他儿时走遍整个城市，连夜间的景象也让他觉得一种怪异的安心和宽慰。就好似无论他有多么不幸，“它”（这个被称为伦敦的东西）总是在这里，既结实又可触摸。毕竟，它是他真正的家，并且融合在他自己的存在之中。于是，狄更斯“走在啪嗒啪嗒敲打的雨中……走啊走啊走啊，眼里看不见任何东西，只看见无尽地纠缠为一团的街道，偶然街角有两个站着闲谈的警察”。这是一座受到保护与监管的城市，街角有执法官在守护，不再是 18 世纪 70 年代约翰·盖伊所记载的热情四溢的混乱城市。沉默是广袤的沉默。狄更斯走过滑铁卢桥，取出半便士交给坐在岗亭里的收费人，在这里，泰晤士河“十分可怕”，一片漆黑，倒影着光线，好似“伦敦的巨大体积在河面投下令人窒息的阴影”。这正是 19、20 世纪伦敦夜晚最显著的方面：“巨大”，一座广袤的首都朝四面八方铺展，伸向黑暗。过桥后，狄更斯路过威灵顿街和河岸街的剧院，“一张张面孔淡却，灯光熄灭，座位空荡”。这里是伦敦的缩影，如同一座黑暗的大剧院。颇有意味的是，查尔斯·狄更斯继而转到新门监狱，为了触摸“那些粗陋的石头”。伦敦既是剧院，也是监狱。在夜里，伦敦摆脱了白日的变幻莫测，展现真实的轮廓。

然后，狄更斯走到威斯敏斯特的法院，接着走向修道院。他在这里“沉思多少死者属于这座古老的大城，活人沉睡之时，倘若他们全都起身，所有大街小巷会是如何地拥挤，活人必定找不到丁点空隙。非但如此，这支死人队伍会挤满城外的山冈和山谷，围满整个城市，上帝知道会铺展得多远”。乔治·吉辛是狄更斯这份都市想象的一大继承人，也可能隐涉了这幅景象，他说：“夜伦敦！罗马相形寒酸！”正是过去的在场，或者死者的在场，赋予伦敦夜景殊异的力量。在所有城市当中，伦敦似乎最赋有死者在场感，过去世代的跫音回荡得最分明。伦敦老城并不曾完好无损地流存下来。吉辛将伦敦跟罗马比较，也是十分贴切。这座“永恒的城市”拥有那么多伟大的废墟，过去的精神找不到繁荣的空间。在伦敦，过去是一种封闭却丰硕的记忆形式。这是一座回荡余响的城市，充满了阴影，可有比夜间更适宜展现自身的时间？

19 世纪中叶另一夜行者查尔斯·曼比·史密斯，在《伦敦街头的二十四小时》里提到，即便最细微的声息，也会在高楼大厦之间激荡起回音，自己的脚步回音则好似“有个无形的同伴紧跟着我们”。他听见围墙内的老城一片沉寂，然而在白日“滚滚波涛一般的喧嚣”之后，显得愈加阴森可怕。

这体现了城市生活本质的剧变，这种变化经年间愈演愈烈，扩展到老城外。白日最拥挤的地方，如今夜间人烟最稀少。住在城中的人寥寥无几（21 世纪初则更少），古老的居住区逐渐被遗弃，人们转投城市周边。过去一百年间，这是伦敦相对沉寂、安宁的唯一重要原因。

这位 19 世纪中叶的步行者评论说：“这些显然数不清的、无尽的街道，一条条躺在无声的沉默里，被道旁两行漫长、有序的路灯分明标示。”他这句话预料了伦敦后世的环境和氛围。这个形象体现了伦敦城作为冷酷、机械化装置的一部分。“我们再不知道还有什么景象，更耐人寻味地体现了这座过大都市的巨大。死寂宰制着这些漫长、空荡的林荫大道，让心灵不由得震骇，迫使行人的想象力不断地游荡。”这样说来，在夜里，伦敦成为死者的城市，19 世纪的沉寂持续进入 20 世纪，绵延到 21 世纪。

1925 年出版的《伦敦夜晚》评论道：“相较于白日，过去更牢地把持着夜晚。”譬如，走在泰晤士河底连接南北两岸的隧道里，“你或许就是在探索数千年以来伦敦死人的坟墓”。那么，在这层意义上，这是一座无涯的城市（“伦敦是每一座城市的过去与未来”），在无限的领域彰显了人类社区的真实本性。正因为如此，这座城市最引人注目的居民是无家可归者。“冬夜，可以看见无家可归的人睡在形形色色的洞孔角落里。半毁弃的房屋废墟中间，通向高架桥的台阶上，黑墙隧道的角落，摩天高楼的凹嵌处，教堂的门廊内。”在这期间的岁月里，现实不曾改变。彼时，一如此时，纵使泰晤士河袭来寒意和潮气，河堤依然是流浪者聚集的中心。就好似这条河在夜里召唤他们。

在这个世纪，有些街道在夜里似乎从不会彻底空荡（譬如，索霍区的老康普顿街、伊斯灵顿的上街、湾水的王后大道），正如数百年以来的情景，这里也有通宵服务的餐馆，诸如圣约翰街和富勒姆路的餐馆。然而，总的来说，当代伦敦的夜景是一片乏味的沉寂。没有真正的危险感，只能潜意识地觉得可以一直走到天亮，然后再走到次日天亮，也走不到这些房屋林立的无尽街道的尽头。商场和一些大道上装备监视摄像机，从而人们不可能感觉彻底地孤单。

摄像机体现了现代伦敦已经改变这一事实。伦敦变得赋有自我意识，总在密切地监视市民，简直在激将他们抖露先辈的干劲和暴力。然而，从来没有彻底的沉默；沉默之中点缀着霓虹灯的电光声、警车或急救车的警报声。那股微弱而遥远的声息来自永不止息的过往车辆，而在即将来临的晨光里，城东的街灯变得暗淡。

第五十章

城市的早晨

"上帝赐给您美好的早晨，主子，五点了，早晨天气很好。"17 世纪的更夫如此预报黎明，这个时分，大多市民正醒来，准备开始一天的劳作。

彼时，一如此时，城市东郊比城西睡得早、起得早。市集繁忙，农作物早已从周边乡间装马车运进城。伦敦人一向抱怨总是不停地被吵醒，天未亮，水果蔬菜就被运往利德贺市场和科文特花园，一路上马车轮吱吱作响，马匹嘶叫。散文家理查德·斯蒂尔出色地描绘了菜农载着农作物从泰晤士河下来，运往城里各大市集（1712 年 8 月 11 日）："我跟着十艘载杏子的船，在九棵榆树进港，从河岸街桥上岸，搬进瓜仔地，考夫先生打发我们去莎拉瑟威尔公司设在科文特花园的摊位。"那天早上六点，他们在河岸街桥卸货，此时昨晚上夜班的出租马车夫刚下班。有些过路的扫烟囱童跟水果姑娘"打趣"，对骂"恶魔与夏娃"。但他不曾记载这段风趣话的细节。还有描写天亮时分，挽马在市场里喷气、踢蹄子跺地的模样，马车夫在麻袋上打盹，一长队脚夫往各家摊位扛水果和蔬菜。

六点，学徒已经拉开遮窗板，生起火，或者摆出货物。他们清洗店外的人行道，较时尚的住宅里，女仆已经开始打扫台阶。街头小贩、扫烟囱童，以及其他生活漂泊不定的人，随即也走上大街，随日光渐亮，街头越来越拥挤。并且，随着年月移增，街头的活动似乎也在增多。在 18 世纪，据说芝士贩"不得在靠近店铺橱窗处摆设黄油和芝士，或者将黄油桶摆在人行道，从而玷污昂贵的外套和绸裙”。这道禁令体现了城里普遍地缺乏空间。日间拥挤一向是此地城市生活的首要特征，并且有句话说“遵照宪章，剃头匠和扫烟囱童无权摩擦衣着体面者，然后提出独斗一场作赔偿”。宜当回避的手艺人还有围裙裹满面粉和面团的面包师傅、煤炭工、皮围裙鲜血淋漓的屠夫、篮里随时可能滴下油脂的蜡烛商。总有人抱怨车夫占用人行道而不是驶在马路上，抱怨工人肩头扛着梯子或木材走在拥挤大道的中央。

这么说来，跟在夜间一样，白天行走街头也须讲究一套规矩。有些规矩大家都遵守。墙“留给”女性，以免她们被推挤到马路上。引导“摸索的盲人”也被视为公民的义务。绝对别向学徒问路，因为这些年轻、活跃的伦敦人是出了名地以打发陌生人走错路为乐。最好跟店主或手艺人求助。倘若想小便，最好找个院子或“隐蔽的角落”。避开沃特林街和拉德门山，因为这些地方拥挤不堪，最好去走河岸街或切普赛德较宽阔的人行道。话虽这么说，但每条大道上：

> 都挤满奔走的小贩，气喘吁吁地叫嚷新闻，
> 店铺开张、马车疾驰、板车震荡地面，
> 所有马路响起阵阵过往的喧嚣。

19 世纪早期，随着职业和地区开始划分社会阶层，便出现了各种正式的都市典型形象。早上八点和十点钟，身穿猩红短上装的邮差在西区投递，“音乐家”和旧衣贩子则从东区往城中心去。商铺职员从河岸街走向海军部和萨默塞特府，公务员则乘坐布鲁厄姆折篷马车前往白厅和唐宁街。

这是早晨的人流。19 世纪的新闻记者 G. A. H. 萨拉十分熟悉他们。“凭他们的白帽和米色马甲，你就能认出私人银行的出纳；看他们乘坐双轮轻便马车或双联马车冲上拉德门山，你就知道他们是股票经纪人……从其艳丽的折篷马车，你就可以认出犹太人代理商……从其舒适的四轮马车，你就知道他们是制糖老板和肥皂老板”，“看他们穿的绑腿”，就知道是仓库工人。

九点和十点之间，公共马车载着成千上万乘客抵达河堤，同时，泰晤士河大群“轻捷、污秽的小汽船”在切尔西、皮姆利科、亨格福德桥、萨瑟克、滑铁卢、圣殿关载来乘客，在伦敦桥各码头卸下。泰晤士街的上街和下街，“打扮整齐的职员似蚁冢一般涌来，怪诞地混在鱼婆和码头搬运工中间”。

伦敦的早晨“如饥似渴地”等待人群，以同等的贪婪，“那些欲壑难填的

税关账房随即将他们吞噬”。随即填满的不止是税关账房，还有大都会所有的工坊、仓库、厂房。酒馆也开了店门，卖烤土豆的、摆咖啡摊的，都张罗着忙碌的生意。在西区，擦鞋的、跑生意的也忙活，附近的院子和胡同里，大群贫民涌到街头。19 世纪有句话说“简直不能把他们关在街门外”，即便在贫民区，早晨也带来“一种拼命、激烈的轻率”，好似开始一日的悲惨生活只能引来可笑的答复。

伦敦的日常生活确实有一套坚定的节奏。交易所的大门开启又关闭，伦巴底街的银行人群挤来又散尽，店铺的灯光闪耀又暗淡。在 19 世纪后期的年代里，火车和公车从郊区载来人群。然后在傍晚，这城市又吐出早晨吞下的一切，从而，人与能量总在汹涌，使得这座城市的心脏不定地跳动。夏洛蒂·勃朗特说：“看过了西区，看过了公园，看过了漂亮的广场，但我最爱市中心。在这里，这座城市似乎极诚挚。生意、繁忙、喧嚣，都是如此严肃的事，景象、声响……在西区，你会觉得挺消遣。但在市中心，你打心底觉得兴奋。”她说这番话之时，所指的正是这一点。令她“打心底觉得兴奋”是都市生活以自有的方式，实现日与夜的节奏。

傍晚六点钟声敲响，邮局闩上信箱，商人及其雇员离城，把城市留下店铺老板和日渐稀疏的住户。人潮从千万条街道退去，归返城外的家。狄更斯在《小杜丽》结尾部分说：“他们在日落和阴影里退去，吵吵嚷嚷的、急不可耐的、不可一世的、愁眉苦脸的、自负虚荣的，一路发火、恼怒，照常喧嚣。”次晨，人人都回到这里。

倘若他们在五十年或一百年后醒来，无疑照样能跟上高峰时段的本能运动。但有一个差别。如果 19 世纪的伦敦人被放置到这座 21 世纪的城市，譬如傍晚时分的切普赛德街，办公室职员和电脑操作员正下班回家，他会被眼前脚步的有序统一而震惊。他或许能认出一二典型人物，或深思或焦灼的表情，或许也熟悉那些自言自语的人，然而眼前的寂静，以及人与人之间所欠缺的接触与友好的交流，可能会让他有些不知所措。

XX

LONDON

The Biography

伦敦激进分子

第五十一章

克拉肯维尔的井哪儿去了？

在一个故事里，阿瑟·梅琴描写斯托克纽因顿某个地方偶然可以瞧见魔幻的风景，有时甚至可以走进里面。也许这个地方就在阿布尼公园附近，在阿布尼公园高街旁那个荒凉的公墓里。笛福住在这条街，埃德加·爱伦·坡百般不情愿地在这里上过学。极少有人见过这个魔幻的地方，甚或不知道如何观看。然而，那些见过的人，就会念念不忘。梅琴在20世纪30年代早期写下故事《N》，但随着岁月更迭，伦敦其他魔幻地方也相继被发现。对于那些寻找的人，这些地方依然赋有力量、引人注目。其中一处就在克拉肯维尔绿地。

这里完全不见“绿色”。这一小块地被一群大楼包围，中央立着一座废弃的公厕。两侧是狭窄的街道，街上又分出胡同或岔道。这片绿地上有餐馆、两家酒馆、商业楼、建筑师的办公室、公关咨询服务。换句说话，这是伦敦市中心一个典型场所。但这里透露着不同城市的标示和象征。绿地边缘有11世纪的圣约翰教堂和医院的遗迹，圣殿骑士团和医院骑士团的总部便在此地。教堂地下室依然完好无损。16世纪早期，教堂地下室南面数码地外建造了圣约翰门，这道门也依然驻立。在绿地北端，可以看到那眼中世纪水井的旧址，这个地区便由此得名。18世纪和19世纪早期，残破的铁泵通进一幢出租公寓楼的正墙。自此以后，几经翻修，水井被封护在一道厚实的玻璃墙后。这眼水井标志着“超越人们记忆”的数百年间上演神秘剧的舞台，事实上，数百年以来，克拉肯维尔一直以其在戏剧里的形象而恶名远扬。绿地东面的红牛客栈，其戏剧舞台以女人初次登台表演而出名。这是克拉肯维尔及其周边地区历史延续性的一个范例。不过，也许最好还是从头说起。

在克拉肯维尔绿地，考古活动发掘出史前定居地或山堡的遗迹，表明伦敦这片地区数千年以来一直有人类定居。也许似乔治·吉辛、阿诺德·贝内特等风格迥异的作家，在这个地方所察觉到的忧郁或沧桑，便源自漫长的人类定居生活，以及相伴随的操劳和忧虑所导致的疲惫。

7 世纪时，圣保罗大教堂的文献初次提到这个地方，这里成为圣保罗大教堂的主教及教士团的地产。11 世纪威廉一世将这块地赐予最成功的支持者拉尔夫·菲茨·布莱恩，以正式的术语来说，封他为克拉肯维尔的领主，以骑士采邑属斯特普尼庄园，由伦敦主教管辖。这里值得一提的是，克拉肯维尔自始就不领伦敦法，事实上属米德尔塞克斯郡管辖。

拉尔夫的继承人成为斯特普尼庄园的领主，他们转而赐地产给两大宗教机构。克拉肯维尔的圣马利亚女修道院的旧址大概在现今圣詹姆斯教堂的位置，圣殿骑士团的隐修院（人称耶路撒冷的圣约翰）坐落于绿地另一端，略靠东南角的位置。于是，自中世纪以来，克拉肯维尔便被等同于神圣或宗教场所。由于隐修院最初属于耶路撒冷的圣约翰会，从而成为十字军东征队伍的集结地点。这家隐修院逐渐扩建。同样地，圣马利亚女修道院也占据大范围面积，然而，一如既往地，城市的生活总是闯进来。

1301 年，克拉肯维尔女修道院长向爱德华一世递交请愿书：“要求国王提供赔偿，因为伦敦人在此上演宗教剧、举办摔跤比赛，糟蹋、毁损她的玉米和草地，致使她没有收益。国王若不发慈悲，她就无法寻生计，因为他们都是一些野蛮人，我们无法抵挡他们，也不能靠法律求得正义。”这是指责伦敦人“野蛮”的最早文献之一，有趣的是宗教剧属于“他们的”。这让人以全新的眼光看待早期此类戏剧所假定的神圣意味。两个世代后，圣约翰隐修院遭到更“野蛮”、暴力的袭击。1381 年，瓦特·泰勒的追随者火烧隐修院的石砌建筑。隐修院受损严重，但不曾彻底烧毁。隐修院长被当场斩首，其罪孽是充任理查二世的税务官。泰勒的追随者在克拉肯维尔绿地扎营，观望圣殿骑士团的教堂和僧寮在火中烧毁，火势殃及税关账房、酒厂、洗衣房、屠宰场，以及无数公寓或马厩。看似整个克拉肯维尔都在火中。

这片街坊间最声名狼藉的是转风车街（因靠近弗利特河一排风车得名），这条街也被称为转牛街（因为前往史密斯菲尔德的牛群须穿过这里）。13 世纪晚期，这片环境宜人的地方遭受弗利特河的“垃圾和污秽”的侵害，一个世纪后，亨利四世下令此地“澄清更新”。他也强迫当局“重建弗利特河上靠近转风车街的石桥”，后来，地铁之上那桥座的远祖在20世纪90年代再次被翻修。

然而公共工程丝毫不能影响克拉肯维尔的名声，由于这里“不受伦敦法”管辖，于是就成为社会弃儿、欲逍遥法外者的避风港。于是，这里自始便是希求与世隔绝者，以及被世人弃绝者的家园。在转风车街，1424年，造羊皮纸的威廉窝藏罗拉德派教徒约翰·奥尔德卡斯尔爵士，由于这份好客心肠，他后来被绞死、四马分尸。耶稣会士以及其他不遵奉英国国教者也聚集到克拉肯维尔，这里也是“出了名的天主教徒中心”。16世纪晚期，克拉肯维尔绿地有三名天主教徒嫌疑犯被绞死、四马分尸。在迫害的压力之下，天主教徒搬离此地。但在二百三十五年后，克拉肯维尔成为意大利人的聚居地之时，他们又顶着不同的面目回来。在此期间，其他违禁宗教团体，诸如自由派贵格会教徒、布朗派教徒、慈爱教教徒、分裂主义者，全都聚集在这片草地上。那么，这里展现了迫害与犯法的连续传统。较新近年间，共济会成员进驻此地，他们的总部设在绿地的民事大厦。

不过，若说转风车街起初是异端的罗拉德派、各种极端改信仰者的世外桃源，这里随即也有了放荡的名声。1422年，教会勒令“取缔城墙内的妓院”，将此地标为有罪，然而，由于这里实则在城墙“外”，惩戒措施并不曾触及。1519年，红衣主教沃尔西突击搜查转风车街的房屋，贴切地称之为雄鸡胡同。1600年，《欢乐男子的革命》一书的无名作者写道：“这下，永别了，转风车街，因为不再给得起慰藉。”伯福德在《伦敦：罪恶之城》重构这条街的地形，所罗列的岔道（包括胡同、院落）不少于十九条。这里的环境通常被形容为“污秽”，在16世纪伦敦这个大背景里，这个词语说明了其境况确实相当恶劣，也许是今人所难以想象的。有条小巷仅二十英尺长，两英尺六英寸宽，从而“倘若不把棺材偏转，便搬不出来”。转风车街频频作为犯罪和卖淫场所出现在市政档案里。1585年，“转风车街面包房”是出了名地窝藏“流浪者，以及各种以偷盗为生者”，七年后，宣传册《善心之梦》引用转风车街为例，说明房东“以四十先令年租出租一个小间，带烟雾腾腾的烟囱……数名患性病的未婚女子同住”。克拉肯维尔（尤其是转风车街）跟卖淫的关联并不曾在16世纪中断。1613年，琼·哥罗与另外三名“转风车街的娼妓”被判在街头装车游行、受笞刑。其中一人，海伦·布朗，躲藏在“转风车街一间妓院的黑暗地窖”之时被捕。

你若走出法灵顿街地铁站，往左走出数米，就会发现自己身在转风车街。那条街的左面如今是铁道线的外墙，便是弗利特河曾经流淌的地方，另一面是办公楼和不起眼的仓库。有一两条胡同会让人想起这里有趣的历史，土耳其人头院，曾经名为牛胡同，宽院就是曾经的煎锅院，本雅明街于1740年修筑，现今依然可见。但也可以看到更遥远过往的迹象。及至近年间，转风车街尽头仍开着一家夜总会，人称转风车，二十四小时营业，名声不太光彩。《疯子弗兰克》是伦敦一大著名黑帮成员弗兰基·弗雷瑟所撰写的一本回忆录，开头写道："《独立报》说我于1991年在转风车夜总会门外中枪死亡，这篇报道失实。那次我仅住了两天医院。"诸如此类的街巷让人联想到亨利·詹姆斯所描写的克莱文街，从河岸街延伸出来，"道上重重苦难堆积，将路面挤得一团漆黑"。如果说故事里的人生或者经验赋有延续性，那么这种延续性是否跟这个地方真实的土地和地形有关？若说有些活动或生活图式自行从这些街巷浮现，这样话是否说得过头？

克拉肯维尔绿地在其他方面也引人注目。瓦特·泰勒及其追随者侵占克拉肯维尔，便是这个地方持久的激进主义的一大范例，公众谴责绿地旁女修道院里富裕的修女，则是代表了一无所有者的心声。然而，这些行为的后果确实既丰富又复杂。伟大的民粹主义者、蛊惑人心的政客约翰·威尔克斯（"威尔克斯与自由"这个词便是对他的纪念）于1727年出生于绿地旁的圣詹姆斯十字教堂。主张平等主义的伦敦通讯协会，最初的一大集会地点是绿地东端耶路撒冷通道的牛头酒馆。1794年，"克拉肯维尔群众攻击战桥与绿地旁羊肉巷的征兵楼"，无疑，其激烈程度不亚于14世纪早期伦敦人攻击克拉肯维尔修道院的场面。1798年春，一群所谓联合英国人派的激进密谋者"在克拉肯维尔一家低俗酒馆"被捕；一年后，一些联合爱尔兰人派在圣约翰街马头酒馆被捕，这条街从绿地通向史密斯菲尔德。这里无疑是持异见者与极端分子的聚集地。

1816年，宪章运动的一大领袖亨利·昆都，号召公民普选权，站在克拉肯维尔绿地北面的梅林洞酒馆向两万人演讲。十年后，威廉·科贝特在这片绿地上演讲，反对谷物法。然后，1832年，国家工人阶级工会宣传在绿地北边的冷浴原野召开会议，预备"一场全国性集会，这是争取人民权利的唯一手段"。当日"一男子头戴簇新的白帽，背诵某本题名为《改革者》的出版物片段，鼓噪路人，高声宣告在如此危急关头，公民应当公开携带武器"。在这片街坊，数世纪以来，反反复复地听见这样的情绪。

群众会议召开了，然后发生斗殴，一名警察被杀，所有这些事迹都发生在冷浴监狱旁（这个地区的数个服刑机构之一）。在罗克的伦敦地图上（绘于18世纪30年代和40年代的），克拉肯维尔这片地方看似秩序井然，正如《地图上的伦敦史》一书的编辑所提出：“克拉肯维尔有维持治安的哨房、关押不法分子的班房、上刑的颈手枷，给过往行人开税票的旋转栅门。”作为出了名的激进活动中心，这里向来强调官方的监控。在罗克的地图上，也可以看到绿地东面隐现的克拉肯维尔监狱。

这座监狱声名狼藉，建造于1775年，地下掘有无数甬道，设有地下囚室，关押无数激进分子、分裂主义者，从而被称为“异端班房”。平克斯在《克拉肯维尔史》论及所关押的囚徒：“他们无知、迷信得令人痛心，喜欢围坐成一圈，讲述各自的冒险故事、做过的梦。他们爱讲神灵的故事。”我们在克拉肯维尔的“新监狱”看到一个名叫约翰·罗宾斯的囚徒，“自称是万能的上帝……理查德·金说他老婆怀了他的孩子，这孩子将是所有该得拯救之人的救世主……琼·罗宾斯说她怀了孩子，肚子里的孩子是主耶稣基督”。理查德兄弟自命“失落部落的先知”和“《启示录》里的被屠羔羊”，关在近旁阿什比路一间疯人院。18世纪中叶“脱光了寻找奇迹”的贵格派教徒，在圣约翰街的皮尔院集会。1830年，老圣殿修道院中心的圣约翰广场成立思想自由基督教徒的集会楼。这里也体现了传统的延续性。

1832年的暴动并未中止克拉肯维尔的激进分子历史。五年后，托尔普德尔蒙难者从植物学湾归返，最初在这片绿地上受到接待；一年后，宪章运动者在此召开大会。1842年，首相皮尔“禁止在克拉肯维尔绿地集会”；然而，同一时期，宪章运动者每周在克拉肯维尔绿地三十四号伦特咖啡馆集会。附近还有其他激进分子的会议地点，诸如诺森伯兰会在克拉肯维尔绿地三十七号集会。各大工会在这片地区的酒馆开会：银匙匠在圣约翰街的王冠与啤酒罐酒馆、木匠在圣约翰街里的亚当与夏娃酒馆、银匠在耶路撒冷的圣约翰，《工会名录》总共罗列了九大工会定期在克拉肯维尔集会。贯穿19世纪50年代和60年代，这个地方不断暴发骚乱、召开集会，游行队伍从绿地出发，此外爱国会里支持芬尼亚会的爱尔兰激进分子，曾定期在克拉肯维尔绿地北面数米外的博灵格绿巷开会。1871年，巴黎公社时期，“绿地一根灯柱上，高挂着一面戴着自由帽的红旗”。这些事件或许可以解释这个地方何以在报端、在音乐舞台上成为激进改革的同义词。

然而，这里所聚集的力量并非全是狂暴的自由主义者。约翰·斯图尔特·密尔跟一群人出资捐助成立“一个独立于被胁迫的酒馆老板、售酒许可证发放官的政治演讲与讨论地点"，他们在"素称为伦敦民主的街区"找到这样一个地方，在曾是威尔士持异见者子弟学校的克拉肯维尔绿地三十七 A 号布置了演讲厅。这间大厅后来被称为伦敦爱国俱乐部，其二十年的历史"便是激进政治问题的历史"。埃莉诺·马克思·阿韦林、布拉德洛、克鲁泡特金都曾在此召开群众大会、示威游行。不过，最意味深长的也许是最后一位用户。19 世纪 80 年代，这里成立一家社会主义报社；1902 年，弗拉基米尔·伊里奇·列宁每日从珀西广场寓舍走到克拉肯维尔绿地，编辑名为《火星报》的地下革命报纸，旨在点燃俄罗斯。也许这里值得提及的是，17 世纪克拉肯维尔的印刷商由于出版"亵渎、煽动叛乱的"读物而受到谴责。这个激进活动的传统一直延续到 20 世纪，共产主义报纸《晨星》报社便设在绿地西端的法灵顿街。20 世纪 90 年代，针对流浪与失业者的杂志《大问题》将杂志社设在绿地南边数米地外。六百多年前，正是在这同一块地方，瓦特·泰勒率领抗议者掀起暴动。

这样说来，长久以来，伦敦城这一小块地方（起初处于"法外"，然后被纳入永在扩张的首都）始终延续着同一种活动。列宁追随 17 世纪伦敦印刷商的足迹，这一事实也许只是巧合。也许只是出于习惯、惯例，或者某种集体激进的记忆，所有这些宪章运动者、伦敦通讯协会、工会都将集会和游行地点定在这里。19 世纪和 14 世纪的警方全都在这里进行突击搜查，也许这也只是巧合。《大问题》编辑向笔者肯定，他决定将杂志社开在这里之时，丝毫不知克拉肯维尔的激进历史。

然而，地域性群集活动的范例举不胜举。譬如，布卢姆斯伯里逐渐被等同于秘教和灵媒，堪可比附克拉肯维尔成为煽动者或怂恿者这一现象。伦敦伟大的神话制造者威廉·布莱克在王后大道修完学徒期之时，他雇主工坊的对面造起一间精美的共济会公寓。这个颇受争议的行家秘教，自命继承了《圣经》洪水之前的秘密知识，第一次在伦敦城设立总部。在建造这幢大宅之前，他们在王后大道的王后头酒馆集会。不到一个世纪之后，金色黎明秘教在同一条街上集会。神智学协会在卢梭大道集会，斯威登堡协会就设在这条大道街角的布卢姆斯伯里广场对面。这里可以找到两家秘教书店，17 世纪占星士聚集的七星盘也在附近。这样看来，类似的力量似乎或偶然或有意地在此交汇，在这个街区的数条街道之内活动。

某条街道，某座教堂，也会让人加深对伦敦的理解。据斯蒂芬·英伍德的

《赛艇日的哈默史密斯桥》，作者沃尔特·格里弗斯。19世纪60年代的一群伦敦人

圣保罗大教堂

意大利画家卡纳莱托作品，威斯敏斯特教堂，巴斯骑士在游行

20世纪初，乘客准备登上伦敦地铁

18世纪比灵斯门码头人群熙熙攘攘

威廉·弗里斯画笔下的19世纪伦敦

伦敦塔与伦敦桥

1752年，意大利画家卡纳莱托所作的《诺森伯兰宅邸》中伦敦的景致

意大利雕塑家拉斐尔·蒙蒂创作的《父亲泰晤士》雕像

1826年，亚历山大·纳史密斯作《伦敦景》，阿黛尔菲区

不列颠空战期间，伦敦一名志愿者观察天空，搜寻敌机

皮卡迪利广场,1949年

1952年12月伦敦的毒雾,皮卡迪利广场的能见度很低

复原的莎士比亚环球剧场，2003 年

日落后的金丝雀码头

巴比肯中心是伦敦的一处重要的表演艺术中心

2006年，伦敦市长庆典

《一部伦敦历史》记载，科尔曼街圣斯德望教堂是“罗拉德派的阵地”，在16世纪早期，这里成为路德宗的诞生地，出售异端读物。1642年，查理一世草率地企图以叛国罪逮捕五名议会成员，他们逃到科尔曼街避祸。这条街效忠清教徒党派，是“他们的阵地”。六年后，奥利弗·克伦威尔在同一条街上跟同党碰面，一如王政复辟后在休·彼得审判之时所能聚集的支持者。

> 律师：冈特先生，你能否说说科尔曼街“星星”酒馆的集会和讨论？
>
> 冈特：大人，我是科尔曼街“星星”酒馆的堂倌……奥利弗·克伦威尔，还有那个党的几个人在那个房子里开会讨论。

当时，堂区和当地教众也强烈支持清教徒。1645年，“科尔曼街附近”每周有公共演讲，由女性传教士举办，演讲后的讨论总是“一团混乱、无序”。数年后，科尔曼街上一条胡同里“秘密集会”，“狂热得危险的葡萄酒商托马斯·文纳、千禧年狂热者，向‘耶稣王的战士’宣讲，怂恿他们成立第五王国”。再洗礼派教徒起义之时，我们读到“这些怪物聚集在科尔曼街的集会地点，在这里带上武器出击，傍晚袭击圣保罗大教堂”。即便在王政复辟后，科尔曼街依旧效忠清教，那位持异见的老牧师，在1633年宣讲圣斯德望的生平事迹，共和国瓦解之后，“开办私人集会”，向“科尔曼街以及各地那些过于轻信、灵魂被谋杀的归附者”传道。我们读到“激进的独立分子住在同一街区”，其中包括“科尔曼街圣斯德望教堂的马克·霍德斯比”。

这样看来，数世纪以来，这里一直延续着同样的传统，从罗拉德派到再洗礼派，再次体现首都街道各自特定的命运或图式。在诸多评论家当中，唯阿瑟·梅琴看出“这片大荒野的石头和地面都有注定的命运，并且这些命运都得以实现”。因此，伦敦有些街区“注定成为圣所”。

因此，克拉肯维尔的秘密生活，如同它的水井一般深。这里很多居民似乎浸透了这片地区堂吉诃德式的狂热气质。似乎仅因为恰好处于伦敦的管辖权之外，古怪的生存方式便得以繁荣。路森女士终生住在冷浴广场，直到一百一十六岁去世。在19世纪早期，她依然穿戴18世纪20年代的衣裙，因此博得“路森夫人”这个绰号。她住在一幢大宅的一个房间，三十年里“偶尔打扫，但从不擦洗”。此外，平克斯在《克拉肯维尔史》披露：“她从不洗浴，因为她认为洗浴会让人感冒，或者招致其他什么疾病。她的法子是拿猪油涂脸和身体，因为这东西柔软又滑腻，然后，她爱两颊红润，就扑一点浅玫瑰红色。”她的房子插着插销、木板、铁条，防止有人闯入，她从来不往外扔东西。连“煤灰也数年不曾清扫，齐整地堆积成堆，好似特意铺成的床铺”。伦敦历史上还有很多类似“路森夫人”的人物。对很多老妪来说，时间戛然而止，她们都典型地穿白色，象征死亡或贞洁。也许对于那些被城市的动荡和残忍摧毁了人生的人们来说，这是唯一抵挡风险、变化、死亡的方式。

克拉肯维尔另一位女士，纽卡斯尔公爵夫人，也活在伦敦的时间之外，人称“疯子玛吉”。她乘坐以黑银两色装饰的马车，男仆全是一身黑，塞缪尔·佩皮斯写道（1667 年 5 月 1 日），“她还贴着很多黑色饰颜片，因为嘴上长了粉刺……穿黑色紧身外套”。这位黑衣夫人撰写创新的哲学书，最著名的是《一个新世界的描述：火辣辣的世界》。她告诉一位友人：“你会发现，我的书就像无限的自然，既无起源，也无终点。与混沌一般混乱，既无方式，也无秩序，一切相融合，无分离，就像光与黑暗。”佩皮斯读过一些之后，称她为“疯癫、自负、荒唐的女人”。

然而，倘若诸如克拉肯维尔这样一个地方能够引发特定的活动，也许单独一条街或一幢房子也会施展威力。纽卡斯尔公爵夫人曾经住过的那幢房子里，十五年后又住了一位疯癫的公爵夫人。其夫去世之后，阿尔伯马尔公爵夫人“极其富有，令她骄矜得忘形，发誓非亲王不嫁。1692 年，蒙塔古伯爵乔装为中国皇帝，赢得这个疯女人的芳心，从此把她长期困在家里”。但她比他长命，多活了三十年，虽精神错乱，却骄傲地度过余生。譬如，她令所有仆人跪侍，然后在她面前倒退退出。也许，更赋有深意的是，这幢住过两个疯女人的房子，就造在中世纪黑衣女修道院的回廊。

克拉肯维尔堂区的本顿维尔路上住着名声最恶劣的守财奴托马斯·库克，此人不肯花钱买食物，但是“走在街头之时，他会在意欲求赏金的房子前假装突然昏厥”，他一头扑了粉的假发，长褶裥饰边，看似体面的市民，于是那户人家随即将他抬进去，给他葡萄酒和食物。“数日后，他会扣准晚餐时间造访那位仁慈的主人家，表面上感谢他救了自己的性命……”据平克斯记载，他从拜访过的各家税关账房讨墨水，“信纸则在每日必去的银行柜台上偷窃”。这是地道的伦敦怪人，占都市的便宜。他的花园改种卷心菜，为了不浪费任何东西，就拿自己和妻子的粪便浇灌。1811 年夏，临终之时，他不肯花钱买过多药物，因为认定自己只能再活六天。他被埋在伊斯灵顿圣马利亚教堂，“他的棺材搁进墓地之时，有些参加葬礼的暴民朝它扔卷心菜”。然而，这个克拉肯维尔本地人，鲜少偏离堂区的边界，他的人生始终如一得近乎完美。

然而，克拉肯维尔最古怪、最著名的居民可能要属托马斯·布里顿，人称他为“爱唱歌的卖煤人”。他走街串巷卖散煤，住在耶路撒冷走廊的煤棚顶，位于克拉肯维尔绿地和圣约翰广场之间。尽管他的买卖寒碜，据沃尔福德在《老伦敦和新伦敦》记载，他“陶冶了最高雅的音乐修养，经年间身边聚集了当时所有伟大的音乐家，包括音乐巨人亨德尔”。每星期四晚上，这些音乐家到他的煤棚顶房间聚会，须爬上一架梯子，才能进入这间临时的音乐厅，布里顿的邀请函如此形容：

星期四去
吾宫，在彼处
一瘸一拐上梯来。

内德·沃德这般形容布里顿的房子：“不比金丝雀栖木高，国事活动厅的窗户略大于酒桶的封口。”在那些出色的音乐家的伴奏之下，他自己演奏维奥尔琴，然后以一便士一杯的价钱招待这些显赫的访客喝咖啡。然后，每天早晨，他背上煤包，在熟悉的街巷叫卖。一如他的人生，布里顿死得也稀奇。一个名叫蜜人或者“说话的匠人”的口技艺人，“扔出”声音，宣告布里顿若不立即背诵主祷文，就会在数小时内死亡。布里顿立即跪下祈祷，“但他的生命线被这个突如其来的打击震断”，数日后死去，时为 1774 年秋。传言说他属于蔷薇十字会（克拉肯维尔众多秘教之一），当然深信不可见的神灵的灵验。于是，口技艺人的把戏，或者说这个地方的氛围，深刻地影响了轻信的人。

克拉肯维尔另一本地人，名叫克里斯托弗·平奇贝克，也令人加深对于这片街坊的理解。1721 年夏，他自称“发明与制造了著名的天文音乐钟……用来展示恒星和星辰的各种运动和现象，当场解决数个天文学疑难”。他被称为“副炼金术士”，然而他的发明是时间的炼金术，在这邻近地区结出古怪的果实。

及至 18 世纪末，七千多手艺人（近一半堂区居民）依靠手表制造业为生。克拉肯维尔每年生产十二万块手表。几乎每条街上，都能见到私人住宅门牌标志为擒纵轮制作、芯片定调、弹簧、饰面等等。这些房子简朴却结实，工坊通常设在屋后。然而，并非所有手艺人都有如此幸运的处境，查尔斯·奈特的《伦敦百科全书》收录了 19 世纪一篇论述钟表的散文，文中说道：“我们若想认识为我们上好的钟表作出了最大努力的工人，就必须甘愿被引着穿过我们大都会的狭隘小巷，爬进某个肮脏的阁楼，在那里，我们发现一双不识字的巧手不停地工作，换取微薄的薪水。”这些小巷、储藏间、阁楼，也许可以比拟为钟表的飞轮和钟盘，从而克拉肯维尔就成了一架巨大的机械装置，象征着时间的分配。1861 年，人口普查记载这个小堂区有八百七十七个钟表制作商。可是，为什么在这里？研究钟表制造业的历史学家钻研过这个问题，却不曾找到满意的答案。查尔斯·奈特援引一位权威的话，“何以始于那个惊人的地理位置”，答案并不肯定，“看似无声的发展”。另一位权威说：“此地的居民，从事这项制造业某分支领域，想来应是最熟悉此事，然而他们所给的理由，也都不太可靠。”那么，我们可以说，钟表制造术就是在这里开始。这是伦敦无数难以破译、不可知的事情之一。一种行业在一个地方出现。仅此而已。

然而，在克拉肯维尔，我们或许学会寻找活动的更大图式。18、19 世纪的技术工是否积极地助长了极端主义事业？1701 年，钟表制造业被援引为劳动分工的最佳范例，从而或许可以说，钟表制造成为工业化资本主义的典范。在《阴间》(1889) 里，吉辛这样描写克拉肯维尔：“在这里，你会看人类如何为劳作而滋生劳作……不断地想象出消耗的方式来耗竭自己的生命。”列宁和埃莉诺·马克思都在此地找到肥沃的土壤。或者，在这个街坊，时间的分配与再分配是一尊引人注目的偶像，那些爱国的激进分子，希望回归早期的社会政策与较天真无邪的社会状态，便都来砸这尊偶像？尽管如此，钟表制造工匠仍在这里。这个地方的神秘依然如旧。

今天，我们依然可以在克拉肯维尔绿地找到马克思纪念图书馆，里面还保存了列宁编辑《火星报》的小办公室。图书馆旁有一家零食店、一家餐馆，无数年来一直属于同一个意大利家庭。及至新近年间，克拉肯维尔绿地及邻近地区仍旧保持过去那副灰暗、衰败的外貌。位于城南与城西繁忙地段外的偏僻角落，与世隔绝，类似一片荒郊。除非有非去不可的事务，伦敦人极少走到这里。一如无数世代以来，这片绿地上依然生活着印刷商、珠宝商和精确仪器工匠。圣约翰街阴冷空落，道旁林立着空荡、破旧的仓库。

然后，20 世纪 90 年代，一切都变了。克拉肯维尔成为社会改革的一部分，在此过程中，伦敦似乎再度更新。伦敦人决定不再住排屋，更愿住进公寓楼或“封闭”空间之时，便掀起这一大转变。跟巴黎人的公寓不同，伦敦的公寓楼虽也紧凑，却有不可侵犯的隐私。当时，从码头区的仓库开始一场整修和现代化运动，然后扩展到伦敦城内，由于克拉肯维尔有无数仓库和商业房产，便汇入了这场运动。圣约翰街以及周围的小巷，如今大规模地重建，旧建筑内安装了玻璃地板，新建筑迅速立起，如今这个地方简直让人难以辨认。阿诺德·贝内特的小说《赖斯曼阶梯》背景设置在20世纪的克拉肯维尔，书里有个人物说道："你压根儿想不出……但这地方曾经很时髦。"在16、17世纪，这里确实很"时髦"，因为那两位疯癫的公爵夫人可以说是此地时尚的见证，也许那个时期如今又要回来了。然而，这位人物独处之时，又有另一番领悟："这个地方无情、冷酷，没有丝毫善意。"即便在整修和重建过程之中，圣约翰街也冷清得出奇。从早到晚，大街上回荡着余音，而不是散发真正的活动或事务的能量。这不禁让人想起一桩史实：18世纪，行人通常结伴走这条路，雇上火把童在前头导路，以防被袭击或抢劫。因此，房地产商和开发展商选择这条街作为大修复工程是否明智，这个问题饶有趣味，因为这条大街赋有如此古老、暴力的历史，也许不太容易强行灌输一种新的生活方式。

因此，在伦敦历史上，克拉肯维尔一直类似阴影地带，赋有自己一种虽已模糊却依稀可辨的身份。不过，同样重要的是，我们也须意识到，伦敦城里几乎每个地方都是如此。比如，暴力也没有尽头。

LONDON

The Biography

暴力伦敦

第五十二章

围起来！围起来！

自从有史以来，伦敦便以暴力著称。譬如，1189 年，理查一世加冕典礼，导致大规模屠杀伦敦犹太人，便是这座城市残暴行径的标志性范例。男女老少被焚烧、切成碎片，这是伦敦人对外来常住人口的第一次种族迫害，但绝不是最后一次。打着农民起义这面残暴的大旗号，起义演变为伦敦暴动，学徒以及各色伦敦人扑向佛兰芒人，屠杀数百人，“杀戮者与被杀戮者的叫嚷声，日落之后，依然在回荡，将黑夜渲染得狰狞恐怖”。

但暴力不单针对外国人。譬如说还有税务员奥德门的威廉（被刀捅死）和约翰·福塔拉（被一个女人咬断手指），这些血腥屠杀的记载强调了伦敦人“鲁莽的暴力”——正如历史学家威廉姆斯在《中世纪伦敦》中所说。13 世纪伦敦法庭拉丁文卷宗生动地描述了那股暴力。“罗杰拿铁锤击吉尔伯特的老婆莫德的肩头，摩西拿其剑柄击她的脸，打落多枚牙齿。她挨到抹大拉的马利亚节后死去……他扯着窃贼去找执法官，那贼路上杀了他……他们拽着他的双脚拖上地窖楼梯，往他身上、脚底痛打，重伤他的头颅。”

到处都是暴力，有位学者用“地区性流行”这个词来形容。文献不出意外地频频记载抢劫、人身侵犯、杀人案。口角轻易恶化为致命的斗殴，街头斗殴则经常演变为群众大骚乱。街头惯见随时生起的残酷行为，而在政治危机时刻，人群呼应那声熟悉的叫唤声“杀，杀!”猛烈无比地扑向所谓的敌人。很多行业（众所周知地，诸如马具匠、金匠、鱼贩）都是出了名地容易“定期动杀念”，行会之间极好相互比拼。教派对暴力也没有免疫力。克拉肯维尔女修道院长在与人争论是否可以从属于圣巴塞洛缪修道院的田里收大麦的过程中，“带领人马、武器，执剑、弓、箭”。每个世纪的回忆录都充满了杀戮欲。

还有针对动物的暴力。一匹被数条狗攻击的马似乎得胜逃脱了，但那些17世纪伦敦的人群却“叫嚷着它侥幸逃脱，不肯罢休，威胁着要是不把马牵出来再纵狗战，直到套死，就拆了房子。于是马又被拉出来，狗再次攻击，但数条狗还是拿不下它，于是马被人拿剑捅死”。在薄饼日，男孩的娱乐项目是斗鸡，从而伦敦儿童自幼学会品尝血腥和死亡的味道。黑熊和公牛经常放在一起由狗去斗，“这种时候，你就能看出狗的搏斗精神，尽管被黑熊重创，不断地被公牛的角挂住，甩到空中，又摔在公牛角上……人们得揪着它们的尾巴，才能拉住它们，强行掰开牙关”。比起大多伦敦市民来说，约翰·伊夫林比较挑剔，讲究整洁，抱怨市民这些娱乐活动为“野蛮的残暴”，“粗鲁又肮脏”。参观河畔那家著名的黑熊公园之时，他说道：“一头公牛将一条狗甩到一位女士膝头，而她是高高地坐在远离舞台的包厢里。两条可怜的狗被杀死，一只骑在马背上的猿猴也落得同样的下场。”或许需要指出的是，每种文化、每个城市都有血腥的消遣活动。饶是如此，伦敦的暴力被视为一种内在的、独特的东西。正如17世纪的德莱顿所说：

> 大胆的布列塔尼人，在黑熊公园的勇敢斗争里，
> 激怒、挥舞棒棍，叫唤耍呀，耍呀，耍呀。
> 同时，你这恶劣的外国人，双眼愣怔，
> 暗自嘀咕，哈！野蛮人！

欧洲人确实如此看待伦敦人（视他们为野蛮人），尽管正如德莱顿的诗句所模仿的，那种凶猛可能是一种市民自豪感。19世纪一位法国旅人观察说：“倘若两个小男孩在街头吵架，过路人会停下，随即在他们周围围个圈，让他们面对面站着，来一场拳斗……斗殴之时，一圈看客兴高采烈地怂恿参战者……男孩的父母跟其他人一起给他们加油。”

“围起来！围起来！”伦敦街头常年听见这声叫喊。另一位旅人说：“底层百姓的本性残酷、粗鲁，又好斗。如果那个阶级两个男子产生分歧，不能友好地解决，两人就退到一处安静的地方，脱光上衣。旁人一见他们准备打架，旋即围上去，不是去劝架，而是看打架，因为市民酷爱看这样的热闹……有时看

得入迷了，看客还会赌哪个参战者胜出，四周围起一大圈人。”据另一位外国记者说，这是伦敦人的“天性”，看得出来，对于非伦敦人来说，街头斗殴的场面多么陌生、多么惊心。

伦敦也常见男女混斗：“我在霍尔本看见一名妇女跟一名男子打架……他狠劲打了她，旋即后退……女人乘隙扑向前，双手抓他的脸和眼睛……警察对于这些私人斗殴视若无睹。”这里的“警察”是指选区的更夫，他们对于这些斗殴见惯不怪，从而视若无睹。但事情不止这些。“倘若马车夫跟雇车的绅士发生车费纠纷，绅士提出打架决定分歧，马车夫会热切地同意。”这股好斗的劲头可能、并且通常带来灾难性的后果。两兄弟在三酒桶客栈外打架，一个杀了另一个兄弟：“他兄弟好像被马车夫惹恼了，要杀他，这家伙插进来，拿走他兄弟的剑，他兄弟就掏出刀子……捅死了自家兄弟。”

据很多报道记载，英国人的一大“消遣”是看女子打架，通常在娱乐或消遣活动的胜地举行，诸如旮旯里的豪克莱。据记载，“女人几乎全身赤裸，手持似剃刀一般锋利的双柄剑”。两名斗士频频被这种武器刺伤，暂时告退“缝”伤口，不靠任何麻药止痛，仅仗着心头的憎恨。战斗一直进行，直至一方昏厥，或者伤得过重不能再战。在一次战斗中，一方二十一岁，另一方六十岁。这种打架演变得极其仪式化，尽管无比血腥。两名女剑士向观众鞠躬，再彼此鞠躬。一人佩戴蓝丝带，另一人佩戴红丝带，各执一把剑，剑身长约三英尺半，剑锋宽约三英寸。她们手持利刃，仅凭一面柳条盾牌作掩护，彼此攻击。在一次战斗中，一名女剑士的“脖子和喉咙各划了一道又长又深的伤口”，人群朝她扔了一些硬币，但“她伤得不能再战”。

两个女人之间开战前的“摩擦”（譬如，某人宣称自己每天早晨打丈夫一顿，以免手生）也体现在战前的广告或“告示”里。“我，克拉肯维尔的伊丽莎白·威尔逊，与汉娜·哈费德言语不合，须做一个满意的了结，邀请她上台跟我拳击，赌金为三几尼，各自手握一个半克朗银币，银币先掉者为输。”手握硬币是防止参战者拿手指抓抠。对方随即贴出了答复：“我，新门市场的汉娜·哈费德，听闻伊丽莎白的决心，决不会少让她吃拳，就像我已给她喂饱了话。我的拳头不会心软，也不求她手下留情。”《伦敦日记》记载说，1722 年 6 月，“她们英勇地战斗了很长时间，令观众看得十分满意”。

男子也斗剑，另带一名“副手”，扛着一根大木棍备用，确保游戏公平，战斗也是进行到一方伤得不能再战为止。很多时候，观众也参与战斗。佩皮斯写道：“上帝啊！转眼间，整个台上都是船工，要惩罚那个犯规的人，屠夫回护自己的兄弟，虽然大多数人都谴责他。他们全都扑上去，双方各有打伤、砍伤的。看着倒有意思，可我在台中间，生怕在混乱中冷不防受伤。”这里强调市民的暴力行为所体现的近乎部落忠诚的精神。即便在最“上流”的圈子里，也可以看到这股忠诚劲。投机商“皮包骨”雇佣一些工人建造红狮场，附近格雷律师学院的律师们“看在眼里，视之为对他们的损害，率领一百多人的大批队伍前去。工人攻击这些绅士，朝他们砸砖头，这些绅士抡起砖头砸回去。于是两方展开激战”。

一群被称为莫霍克人的年轻人，也以同样让人遗憾的方式体现这座城市的部落意识，据《旁观者》报道，他们这个名号取自“北美印第安人中间有个食人肉部族，靠抢掠、吞噬周围其他部族为生”。这些伦敦年轻人挽着胳膊冲到街头，“以打架为乐，有时残害无辜行人，甚至无力的妇女”。伦敦城赋有古老的街斗历史，在以往年代里，类似的年轻人帮派被称为蒙斯、提塔特尔图斯，然后被称为赫克特、钢丝球，然后是尼克斯、豪库霸。这些莫霍克人傍晚先去喝个烂醉，然后拔出剑在街头横冲直撞。沃尔福德在《老伦敦和新伦敦》记载他们在街头寻乐的后果。“这伙野蛮人撞倒受害者，把他团团包围，剑头逼在他身上。一人在他臀部刺一剑，自然痛得他打转，然后又一人又刺一剑。他们就这样一直刺得他像瓶盖似的打转。”他们之所以被称为汗手，也是因为这个缘故。正如盖伊所描述，由于他们在更残忍的时候，喜欢“在人们脸上纹刺青，或者发明新伤口划花脸”，从而也被称为花刀手。伦敦另一位诗人以更赋有表现力的诗句纪念他们的事迹：

在奢华的城市，喧嚣的
骚动升至最巍峨的钟楼，
伤害与侮辱，当夜晚
遮黑大街，彼列魔鬼的儿孙
出来游荡，满腹粗暴和酒精。

约翰·弥尔顿如此将伦敦的暴力放置在神话与永恒的背景里。

在街头背景里，莫霍克人的暴行并非绝无仅有。18 世纪 50 年代，威廉·申斯通写道：“这个时期的伦敦确实危险，扒手曾经满足于暗偷，如今在弗利特街和河岸街，他们毫无顾忌地拿大头短棒打人，并且未到夜里八点就动手。在科文特花园广场，他们结伙而来，带着刀子，袭击成群结队的人们。”这里生动地描绘了没有足够的警力之时，伦敦城夜间会变得多么恐怖。约翰·考文垂爵士被街头流氓割开鼻子。一名叫萨莉·索尔兹伯里的高级妓女，不高兴听一名追求者的话，“抓起刀子，捅进他的身体”。她被扣在新门监狱，赢得一片赞赏。1718 年，市执法官写道：“酒馆、咖啡馆、店铺主，以及其他各行业怨声不断，抱怨天一黑，客人就不敢光顾，害怕帽子、假发被从头顶摘去，或者佩剑被从身边抢走，或者被弄瞎眼睛，被棍打，或者被刀捅。不，马车也不安全，同样会在大街上被砍破、抢劫等等。由于这等状况，城里的交通大受妨碍。”

“交通”既指车辆，也指货物。这表明有些市民的暴力习性威胁到这座城市的贸易本性。也是在这个时期，有些学徒“晚上去圣殿关，在圣殿关和弗利特街之间的人行道上叫嚷，肃清行人。这些男孩都会拳击，要是有人阻拦，其中一二人就会扑上去，当场痛打，无人去干涉他们。”

菲尔丁逝世后（1745）的那个年代，詹姆斯·鲍斯威尔敏锐地观察伦敦的马路。1762 年 12 月，他对日记本吐露道：“英国粗人的粗野实在可怕，这确实是他们拥有的自由：以流氓言辞作恐吓、辱骂的自由。”他必定多次听见“我操!”“你瞎了眼了!”这类熟悉的吼声。一个月后，他对日记本说：“回家路上，我怕得要死。现在街上都是抢劫犯。”然后，1763 年夏，他写道：“有个绅士跟侍应生吵架。大批人群围观，咆哮着‘围起来——围起来!’”也许这声吼叫隐含了“编啊编啊编花环”这句熟悉的歌谣，原是纪念瘟疫时期皮肤上出现的红点，这种斑点预示死亡。在伦敦街头，恐怖与暴力致命地融合。

在 18 世纪，很多记载叙述暴民举着火把、拎着棍棒，头领高喊某个人名或街名，将人群的暴力导向某个特定的目标。房屋、厂房、制造厂被整幢拉倒，织布机被砍碎。有时，我们听见他们高喊：“胆小鬼，干嘛不点灯？看我们抠了你的心肝出来!”现存的恐吓信的数量也十分惊人，信里的措辞也见证了伦敦人的热血沸腾与暴力。“先生，你要是每双不涨两便士，我们就打出你的脑浆来，叫你见鬼去，你要是不听我们的话，你个劣狗，我们就烧了你房子……你要是不把钱放在我们指定的地方，我们就烧了你的房子以及你所有的东西，因为我干得出来……奥百先生，我现在跟你先说了软话，但你要是不答应昨天的要求，我们就拿硬的结果了你。”

从伦敦暴力语言的背景看，很多考克尼方言直接源自拳击术，这一事实也许很能说明问题。譬如，“breadbasket”指胃，“kisser”指嘴，“conk”指鼻子，“pins”指双腿，“knock-aht”指一种知觉。还有很多指击打的词语，譬如

“hammer”“lick”“paste”“whack”“scrap”，也是源自拳击场，这些词源说明了伦敦人一贯喜用挑衅与好斗的词汇。

街头的斗殴跟街外拳击台上一样频繁。文献史料印证了“底层”酒吧和啤酒店的典型特色既是酒精也是暴力。威廉·希基记载说，他去小卢梭街德鲁里巷一家名叫韦瑟比的酒吧，“整个房间一片骚乱，男男女女爬上椅子、桌子、条凳，姿势五花八门，观看地上的斗殴。两个女魔头（因为她们简直不成人样）正在相互抓抠、扭打，满脸鲜血，胸脯袒露，身上几乎撕得一丝不挂。数分钟里，无人干涉她们，也不在乎她俩伤得有多严重，拳击比赛势头汹汹地继续进行”。这里最显著的是看客的冷漠与冷酷，可以揣测，这股冷漠也被带到他们日常工作或街头的行为举止之中。“别管它”这句话经常挂在人们嘴边。希基的叙述里还用了一个词语，“姿势五花八门”，无疑是无意的，却在描述这场血腥的战斗场面里引入性刺激和性行为的元素。在这座城市里，性和暴力交织得难分难解。

希基在韦瑟比酒吧屋角看到另一场打斗，“一名异常健壮的年轻男子，年纪大约二十五岁，似乎成为众矢之的”。很自然地，希基随即感到“急切地想离开”，却在门口被拦下。他被告知：“不，不，年轻人，我们不要游客。雏儿，没过关之前，你不能离开。”换句话说，在他付过“代价”或者钱包被偷之前。然后呢，他就会被称为“sucker”（傻瓜），这个词在人们嘴边逗留了两百多年。希基简直被囚禁在“这间十足的人间地狱”，正是伦敦为监狱的典型象征。

一部关于伦敦的传记，倘若不记载过去一千年间最暴力、最浩大的骚乱，就算不得完整。这场暴动始于游行，意在反对偏袒罗马天主教的立法，但随即演变为对政府与市政各大机构大规模袭击。

1780 年 6 月 2 日，乔治·戈登男爵在兰贝斯圣乔治原野纠集四队支持者，率领他们前向议会广场，抗议《天主教徒解放法案》。戈登是堂吉诃德式的人物，抱持一些古怪、非主流的信仰，却在接下来的五天里成功地激发伦敦人复仇的想象力。后来在囚禁中，他总是抱怨自己根本不曾打算开启暴民愤怒的闸口，但他也从来不曾正确地理解这座城市的情绪和突发的狂热。他的支持者被形容为“较体面的手艺人”，事先准备之时，戈登宣告道，前往议会示威游行，他们须举止得体，“穿上最好的安息日衣服”。然而，伦敦的人群不可能长时间纯粹，很快便掺入更暴力的反天主教分子，诸如斯皮塔菲尔兹的织工都是胡格诺教徒，他们后来也混进人流之中。

在《巴纳比·拉奇》里，查尔斯·狄更斯描写了这场暴动。这部小说源自他对暴力的莫大兴趣，对人群的过度痴迷，但也源自他对于这场暴动的深入研究。譬如，从1781年的《年度大事录》里，他可能得知那天“异常火热，猛烈的阳光照在原野上，那些扛着沉重旗帜的人开始觉得眩晕、疲乏”。然而，他们依然顶着日头，三人一排齐头并进，主队一路连绵近四英里，在威斯敏斯特汇集之时，他们齐声大吼。他们冲进议会大厦的大厅和走廊之时，热气已经冲昏了他们的头脑。人群如此浩大，“一个不知如何夹进人流中的男孩，几乎被挤得窒息，他便爬上旁边一名男子的肩膀，踩着人们的帽子和脑袋走到大街上”。这个人群威胁着政府。他们的请愿书被送进下议院，围在议院前的人群发出凯旋的尖叫狂喊。他们甚至闯进议院，正当他们撞门之时，人群里传开谣言，说政府派遣了武装士兵前来抵抗。“人群害怕在挤得难以挪动的狭窄走廊里被攻击，便胡乱地往外挤，一如先前莽撞地涌进来。”在随后的逃跑过程中，一队近卫骑兵包围了部分暴动者，押到新门监狱。从事件后来的发展看去，这一扣押极不明智。

无数谣言在城里传布，暴民四散而去，但天黑之时又聚集起来。城里门窗紧闭，紧张不安的市民在屋内准备下一步暴力行动。人群的矛头从威斯敏斯特转到林肯院原野，这里有一座出了名的“弥撒房”。事实上，这是撒丁大使的私人礼拜堂。然而，纵使施尽外交家的全部优雅，也不可能缓解暴民的愤怒。他们纵火焚烧礼拜堂、砸碎饰物。据时人记载，“撒丁大使出五百几尼，央求暴民将救世主画像从火场中救出来，出一千几尼央求他们不要摧毁精美的管风琴。这群暴民告诉他，要是让他们逮着他，把他也给烧了，然后径直摧毁画像和管风琴”。于是便开辟了摧毁的道路，这条道路很快在伦敦城铺展开来。

次日，星期六，相对地平静。然而，接下来的早晨，一伙暴民在林肯院原野附近的维尔贝克街聚集，扑向穆尔菲尔兹的天主教徒家庭。他们烧毁这里的房屋，劫掠当地一座天主教堂。星期一，暴力和抢劫继续蔓延，但现在的矛头同时指向执法官，因他们将一些反天主教徒的暴动者关进新门监狱；矛头也指向政客，因为他们开创支持天主教徒的立法。沃平和斯皮塔菲尔兹成为火海。如今这场暴动不再仅是“不要教皇”的抗议，而是伦敦人齐心协力攻击权威机构。

然而，在混乱剧增之时，他们自己也失去了秩序或有组织的安排。“他们分队奔向城里不同地方之时，都是出于即兴的建议。每支队伍一路膨胀，就像河水流向大海之时汇集支流……每条洪流以即时的形势呈现不同的面貌。”工人搁下干活的工具，学徒离开学艺的条凳，还有替人跑腿的男孩，全都汇入暴动者的各支队伍。他们以为自己的人数如此众多，不可能被捉捕。很多参与者是出于“贫穷、无知、好捣乱、想抢东西”。这是狄更斯所说的话，但他最清楚伦敦的性情和气氛。他深知，倘若这座城市的安全与保障系统开启一道裂口，便会四处破漏。这座城市的平衡无比脆弱，随时可以被震动。“这种传染性疯狂，如同一种可怕的热病一般蔓延，眼下尚未达到极点，时刻会攫获新的受害者，在他们的咆哮声音里，社会开始颤栗。”瘟热这个比喻遍布伦敦的历史。这个比喻与舞台形象（在舞台上，每个煽动性的事件都是一个“场景”）相结合之时，我们就得以领略伦敦城的复杂生活。

星期二是重新召集议会的日子，人群再次聚集到威斯敏斯特。据《乔治·戈登男爵的叙述》记载，下议院成员被告知“沃平的百姓刚抵达，手持大棍，似乎想要攻击士兵”之时，便决定宣布休会。眼下，城中到处都是暴民。大多市民佩戴蓝色帽结，表示支持暴动者，房屋挂起蓝旗，墙壁和门都刻写“不要教皇”。大多店铺关张，伦敦全城弥漫着暴力的恐怖，“前所未有的暴动，即便在叛乱的古代也不曾见过这等场面”。所有的有利地点都有驻军，但士兵似乎也认同暴民的口号和要求。市长大人觉得不能或不愿亲自下令逮捕或枪击暴民。于是，暴民在城里各处纵火、劫掠。

当时有一份叙述，出自伊格内修斯·桑乔在查尔斯街所写的一封信，落款为6月6日，便是那个星期二，收录在泽维尔·巴伦详尽的《伦敦：1066—1914》。他在信中抱怨：“身处最残酷、最荒唐的混乱之中，我坐下来为你不无缺陷地描绘最疯狂者的草图，这是连最疯狂的时代也从未见识过的……眼前至少有千万万贫穷、悲惨、衣衫破烂的暴民，年龄大抵从十二岁到六十岁不等，帽上别着蓝色花结，还有一半是女人和小孩，全都在街头、桥头、公园里游行，随时准备进行五花八门的捣乱行为。仁慈的上帝，这是怎么回事？我刚才被打断，暴民那咆哮，刀剑那可怕的哐当响。人群乱哄哄地迅捷移动，勾起我的好奇心，我走到门前，看到街头的人都忙着关闭店铺。现在正好五点钟，民谣写手们正在穷尽其音乐天才，歌颂天主教徒、桑威奇伯爵、诺斯伯爵的塌台……片刻间，两千名自由男孩大摇大摆地走过，一面诅咒，一面挥舞大棍，他们这般武装起来，打算去会合爱尔兰轿夫和苦力。所有卫队和骑兵都出去了，这些可怜的士兵，自星期五以来便在执勤，由于缺乏休息而疲惫不堪。感谢上天，下雨了。”

这封信饶有趣味，因为写得仓促又即时，譬如，值得注意的是写信人说游行者“贫穷、悲惨、衣衫破烂”，狄更斯则使用更尖刻的词语，形容他们为这座城市的“浮渣和垃圾”。这么说来，我们在这里看到一群浩浩荡荡的队伍，都是一无所有的下层人民，手持火把、心怀仇恨，扑向这座城市。若说伦敦曾经险些倾城化为灰烬，那么说的就是这一次。在伦敦整个历史上，这是最大规模的穷人暴乱。

查尔斯街信笺的信末附笔讲述了同等有趣的新闻。“大约一千个疯狂的男子装备着长棍、短棒、撬棍，正出发前往新门监狱，他们说，去解放那些诚实的同志。”火烧新门监狱与释放囚徒这些事迹，依然是伦敦历史上最惊人、最意味深长的暴行。有些法官与立法官的房屋早已被焚烧，各队暴动者扑向监狱，口中吼着“去新门!”此时出现了某种更根本的元素。领导暴动的一位头领称之为“事业”，问他这桩事业为何物，他答道：“明天的伦敦不该有监狱。”显然，这桩事业不只是企图释放数日前被关押的“不要教皇”的暴动者。这是攻击这座城市暴虐的刑罚机构，那些目睹大火的人们都感到“在这场焚尽万物的大火里，燃烧的不单是这座都城，而且所有民族都在屈服”。

从克拉肯维尔、朗埃克、雪山、霍尔本，各个队伍从四面八方而来，涌向监狱。那个星期二晚上八点前，他们在监狱围墙前会合。他们包围狱长理查德·阿克曼的房子，这幢房屋临街，位于监狱旁。一名男子站在屋顶，问他们想要什么。“主子，你班房里拘了我们几位朋友。”“我班房里拘了不少人。”只听得一位暴民首领（名叫约翰·格洛维的黑仆）吼道：“去死，开门，不然我们烧死你，放出所有人。”没有得到满意的答复，于是暴民扑向阿克曼的房屋，一个目击者（托马斯·霍尔克罗夫特）说道：“大量家具更助长了火势的蔓延，他们把家具朝窗外扔，堆在门前，纵火焚烧。火势蔓延到房子，然后从房子烧到礼拜堂，再加上暴民一路引火，整个监狱燃烧开来。”似乎正是因为眼看着这座监狱墙壁高耸、窗户封锁，暴民才被激得怒不可遏，他们的决心被激得似手中扔向监狱大门的火把一般灼热。

起初，他们的矛头指向监狱大门。狱长屋内的家具全都堆到大门外，倒上焦油沥青，随即熊熊地燃烧起来。监狱大门成为一帘火幕，烧得如此灿烂，连圣墓教堂的钟也清晰可见。有人爬上围墙，将火把扔向监狱屋顶。霍尔克罗夫特接着说：“一队警察，大约一百人，前来援助狱长。这些暴民让开道，让他们经过，直到将这些警察全都包围在中间，然后他们狂暴地攻击，砸破他们的警棍，拿来当作火把，扔向火场（蔓延得极快）未曾烧及的地方。”

诗人乔治·克拉布观看这场暴力场面，回忆道："他们砸破屋顶，揭掉椽子，搬来梯子往下爬。连奥菲斯也没有这样的勇气或好运。他们周围全是火焰，面临一队士兵，他们蔑视、嘲笑所有对手。"有四位诗人目睹这些事件，包括克拉布，还有约翰逊、考珀、布莱克。一直有观点认为布莱克在这一年绘制的《阿尔比恩的玫瑰》便体现了这群纵火暴民的蔑视和嘲笑，图上显示一年轻人伸展双臂，作出轰轰烈烈的解放状。但这个关联似乎不太可能，在所有目击者心里，那夜事件的恐怖和悲惨所激发的是恐惧，而不是欢庆。

譬如，火烧到监狱之时，囚徒们随时有被活活烧死的危险。另一位目击者，弗雷德里克·雷诺兹回忆道："监狱外暴民的狂暴的势态，监狱内的囚徒的尖叫，预料自己随时葬身火海，大片建筑如雷霆般坍塌，通红的铁条坠落到人行道上，回荡起震耳欲聋的铿锵声，那些恶魔般的攻击者每每得胜，便放开嗓门欢呼，构成一幅可怕而激荡的场面。"大门早已烧焦，但仍在燃烧，终于被攻陷；人群挤过燃烧的木头，冲进监狱。

霍尔克罗夫特叙述道："暴民的行动实在惊人。他们扯着囚徒的头发、胳膊、腿脚，或者任何抓得住的身体部位，将他们拖拉出来。他们好似生来就熟悉此地繁复的地形，轻松地砸开各道门，让囚徒逃生。"他们跑下石砌过道，兴高采烈地尖叫，他们的欢呼声里夹杂着仍关押的囚徒的嚎叫，求人救自己逃离焚烧的木头、四面逼近的火焰。暴民似乎赋有超自然的力量，轻松地扭掉插销、锁、门闩。

有些人被抬出来，已经虚竭、浑身鲜血；有些人手脚戴着镣铐、拖着脚步走出来，立刻凯旋般地被人群簇拥着，送到当地的铁匠铺，人们一路叫嚷"让开！让开！"三百多名囚徒被解放出来。有些逃脱即将来临的行刑，好似死而复生；有些在亲友的护卫之下匆匆离开；也有些习惯了监狱的生活，惊奇而迷茫地在新门的废墟中间游荡。当晚暴民也焚烧、砸开其他监狱，好似整个法律和惩罚的世界被彻底地摧毁了——至少，在那夜来说。在往后的年月里，这个地区的伦敦人回忆这场超自然的大火之时，形容那火仿佛从这座城市的砌石和街道闪耀出来。这座城市暂时变换了面目。

因此，当人群随即从监狱燃烧的废墟冲向首席法官曼斯菲尔德伯爵位于布卢姆斯伯里广场的住宅，这一举动确实合乎时宜。18 世纪伦敦的一大特征是人人皆知每一位显贵或枭雄的住址。尖矛头的铁栏杆被拆下，扔进宅内，窗户被砸碎，暴民闯进屋，进入所有房间，打破或焚烧所有家具。曼斯菲尔德的绘画、手册，连同法律书籍图书馆，都被付诸一炬。这是以一种栩栩如生的方式焚烧法律。当这座城市的所有权力和威势在火中燃烧之时，发生了一桩怪诞的插曲。在熊熊大火里，一名示威者从窗口探身，向大街上咆哮的暴民展示“一只玩偶，一个恶劣的玩具……某邪恶圣徒的肖像”。读到这段叙述之时，狄更斯立即认定，这只玩偶象征屋主所崇拜的某种信仰。然而，事实上，这个怪异地无特征、简直野蛮的东西，可以被视为暴民的神祇。

次晨，塞缪尔·约翰逊前去游览那晚的暴动现场。“星期三，我与司各特博士去看新门监狱，只见一片废墟，依然火光通红。我在路上看见清教徒劫掠老贝利的民事楼。我想大约不到一百人。但他们抢得不慌不忙，十分悠闲，无人放哨，毫无惶恐，就像光天化日下合法雇佣的工人。”他又添附一句古怪的评论：“贸易城市的怯懦便似如此。”无疑，他的意思是说，这座城市没有社区精神或市民荣誉感，可以防止或抑制这些暴行。作为一座商业城市，除了恐惧与压抑，伦敦没有任何防御措施。当这两位安全担保人被除掉之后，抢劫与暴行自然不可避免地取而代之。“贸易城市”也是强夺豪取与焦虑恐怖的代名词。塞缪尔·约翰逊比他的同代人更了解这座城市的享乐与品德，也更了解其损耗的缺陷。

然而，当时所见证的不只是法律化为焦烟的废墟。霍勒斯·沃波尔称之为“黑色星期三”。在当时，这个词语还不曾变成陈词滥调。或许也可以称之为“红色星期三”。那天早晨，关闭的店铺、百叶窗紧闭的窗户，都体现了伦敦的“怯懦”。火烧新门监狱、市政当局全然无力惩罚或逮捕暴民，让很多市民无比震惊与恐慌，在他们看来，仿佛现实活生生在眼前被撕碎。“在冒烟的废墟周围，人们独自默默地站着，不敢谴责暴动者，或者揣想不应该谴责，即便低声悄语也不敢。”在这种无法律的状态之下，还出现了一种怪诞的现象。有些刚被释放的囚徒回去寻找老看守，“宁愿被囚禁、惩罚，也不愿遭受似昨晚那样的恐怖”。更有些人回到新门监狱，在冒烟的废墟间徘徊，看从前被监禁的地方。据狄更斯说，他们被某种“难以形容的引力”吸引过来，人们看见他们在老囚室的旧址上聊天、吃喝，甚至睡在这里。这个故事确实古怪，却符合伦敦这个大故事背景。

城里到处都有驻军，但暴动者的力量与胆魄不曾显著地减退。事实上，昨夜的焚烧似乎反倒增长了他们的愤怒与憎恨。恐吓信张贴在依旧安全的监狱门外，包括弗利特街监狱和王座法庭，信中叫狱长和看守放宽心，当夜定会去烧他们。显要的立法官也成为目标。暴动的头领宣布，他们将拿下并焚烧银行、铸币厂、皇家兵工厂，他们将占领王宫。谣传说暴民也要打开疯人院的大门，从而在市民中间激起恐怖。届时，亡命之徒、在劫难逃者、精神病患者在楼房倒塌、燃烧的大街上游荡，这座城市当真会变成地狱。

那夜的情景，看似 1666 年大火复燃。暴动者在街头汹涌，“犹如汪洋大海”，他们似乎企图“将这座城市包围在一圈火焰中”。他们点燃的火场总共有三十六处（弗利特街监狱、王座法庭、克林克监狱都在燃烧），士兵朝人群开火，有时造成伤亡。有些大火就在新门监狱、霍尔本桥、霍尔本山附近，好似昨夜的毁灭赋予这个地区某种磁力，从而招来更大的报复行为。没有五官的玩偶这个形象，作为这座暴动城市无名的、来自地狱的神祇，似乎颇为贴切。

塞缪尔·约翰逊致信斯拉尔夫人：“看得见火光发自各处，照彻天空。景象可怖之极。”霍勒斯·沃波尔写道：“及至昨夜，我从不曾见过伦敦和萨瑟克着火。”据约翰逊所说，城市燃烧的景象，营造了一种“普遍的恐慌”。次日，星期四，有些地区有零星的小暴动，但前一日炽热的场面似乎耗竭了那股突如其来地席卷伦敦街头的暴行欲望。军队驻守了所有要紧的地点，同时，士兵到处搜捕暴动者。从而，及至星期五，城里一片安静。很多人担心性命，早已离开伦敦城，仍不曾归返，大多店铺仍然关闭，但叛乱迅速且普遍地平息，正如一周前以同样的势头掀起。两百人死亡，更多人重伤，或者受了致命伤，并且无人能够计算在地窖或躲藏处被烧死的人数。乔治·戈登男爵被捕，押往伦敦塔，数百名暴动者被押到不曾被火烧毁的监狱。二十五人在其犯罪地点就地执行绞刑，两三个男孩被吊在曼斯菲尔德伯爵在布卢姆斯伯里广场的住宅前。

伦敦历史上最暴力的内部斗争便如此结束。如同所有的伦敦暴力，这场斗争烧得灿烂，却很短暂，城市的平衡与现实被炽热的火焰烧得变形，但随即便复原。

1985 年，伦敦城北布罗德沃特农场公屋村骚乱，体现了一种从未被镇压的普遍的暴动本能。只消去看看政府公屋村的院落，每道墙上都画满涂鸦，窗户安装铁栅栏，门上着大挂锁，就能理解伦敦某些地区依然生活在被包围的状态。在某些城区，依然可以感受到那份焦虑；在有些道路上，压抑的愤怒与恐惧赫然在目。在贩毒团伙猖獗的地区，除这层暴力之外，更增添了不可预测的因素。

布罗德沃特农场公屋村骚乱始于 1985 年秋，发生在居民多为黑人的公屋村。数月以来，这里一直传播着“暴动的谣言”。早秋时节，发生了一系列零散的事件，使得原本就紧张的关系愈加恶化。10 月 5 日晚，据称辛西娅·贾勒特太太在警方搜查她的公寓期间死去，引发了这个公屋村的骚乱。《布罗德沃特农场调查》的官方报告（1986），收录了目击者的叙述与关于这场暴行的描述性分析。“于是我想：‘哦，上帝，他们在里面，那些孩子在那里。’”他们也用类似的方式描述警方的行为：“那边喊道‘等我们进去，看怎么收拾你……转回去，你个狗杂种，转回去！’……可能只有数个老人，才没有被硬推回去……很多人说：‘不，不转回去。我们干嘛要回去？’……一片混乱状态。有些年轻女孩带着小孩，到处尖叫，到处叫嚷。”这些叫喊可以出自伦敦历史上任何一个愤怒的人群，然而在这里是发自一群黑人年轻人，面临全副武装防暴的警察队伍，就像驱赶囚徒返回囚室，逼迫他们回公屋村。

“有些年轻人推倒汽车，朝警方投掷武器。对垒阵地不远处，有两辆汽车被推翻烧毁。他们企图推翻另一辆车，但被阻止……随后，维兰路与林荫道街角一道墙壁被推翻，有人拆下石头当弹药，投向警方。双方展开对战。”战斗以典型的方式迅速扩展，公屋村“连续发射危险的投掷物。砸碎人行道的石板，当作弹药。附近的石板用尽之后，只见年轻人奔进公屋村，拿各种容器装来各色弹药。人们向我们提起诸如购物车、牛奶箱、社区垃圾箱等都被用作容器。后来，从超市偷窃的罐头成为最常见的弹药”。这座城市共同的“现实”再次被扰乱、改变。简陋且无效的汽油弹被不断地掷向包围圈的警方。“两个人，都是黑人，开始朝其他人喊话：‘我们需要更多弹药。’立刻有五六人响应，跑到各家房屋，收集空牛奶瓶，同时另四人推翻一辆汽车倒汽油。不到五分钟，我数了，他们就制作了五十只汽油弹。”有意思的是（或许该说有意义），这段证词出自“迈克尔·基斯，牛津大学圣凯瑟琳学院的研究助理，正在研究暴动历史”。这里更印证了1985年事件的历史维度或历史回响，因为这位目击者的头脑里还装着历史上的其他暴动，也许戈登暴动为他提供了回音或范例。

很多暴动者戴着面罩或围巾，以便掩饰身份，但是正如以往历史上的暴动，骚乱之中自然会浮现一些领袖。布罗德沃特农场一位目击者说道：“就像看一大群蚂蚁，你会分辨哪些是工蚁。因为你站在高处看去。这下我看到三四个人四处走动，相互打手势……他们像一个群体那样移动。从他们的手，你可以看出，他们是白人。”关于戈登暴动的叙述当中，一大突出的特点是指控某些秘密组织者利用暴动和骚乱，图谋自己的利益。布罗德沃特农场也出现同样的现象。一位目击者解释道：“他们是外人，利用我们公屋村。”这个解释转而暗示某些人享受在城市纵火，或者将其当作影响整个社会和政治体系的手段。

正如许多人所见证的，这些陌生的组织者显然是白人这一事实，或许说明了第六纵队意欲煽动人们对这个公屋村里伦敦黑人的仇恨。

然而，人群的大动向一如既往地以受控制的混乱开展。暴动史学家评论说："大多数人因愤怒感而团结起来，这种情绪通常容易剧变为狂怒。在这种情势里，显然可见一种惊人的类型，可被视为任何社会剖面的典型代表。"这里可以看出他对暴动图式的理解，他所说的"惊人的类型"，好似这是伦敦剧院舞台的一个角落。他也提到有些人企图跟警察比拼英勇与凶猛。"更多人把时间花在给别人鼓劲，彼此开玩笑，但也时或发动突袭。"他注意到有些人试图安排有组织的行动，在初期的混乱中强加秩序。但他们不太成功。他总结道："在这个意义上，组织都是即兴的。"目睹戈登暴动开展过程的人也表达了完全一致的看法，这些看法体现了伦敦暴动的真相。

另一位目击人评论道："人们觉得他们的防线有些薄弱的时候，就从一处跑到另一处增援。他们没有指挥者。"这体现了伦敦暴动的另一特征。这些暴动没有精心的策划，人群自行呈现一些组织形式。这也许体现了伦敦城的平等主义精神，这里不可能有"指挥"或领袖。布罗德沃特农场公屋村骚乱的一位观察者这样描述暴动者："看到他们那么年轻，惊讶极了。她看到'十二三岁的小孩'。"在这里，也许我们会记得，戈登暴动结束后，儿童被上绞刑。

第一场冲突之后，双方没有连续作战，仅是断断续续的突袭。汽车被推翻，商店被抢劫。"我发现那男孩是爱尔兰人，他说他六个月以来第一次得到那么多食物，因为他失业了。"但最残暴的事件发生在公屋村汤米尔住宅区。警员基斯·布莱克洛克被派去保护在报摊灭火的消防员，路上滑倒，他身后追来一群暴民。D.罗斯在《恐惧的气氛》里继续叙述道："暴动者从四面八方包围布莱克洛克……他被踢倒在地，一次次地被刀捅。"我们在这里又看到伦敦暴民这股陡起的凶残。"用警员理查德·库姆斯的话说，暴民就像兀鹫，狂啄他的身体，他的胳膊抬起，回应他们的攻击，又无力地垂下死去。"另一目击者形容他们为"一群狗"，无意间使用一个常用以描述威胁性人群的习语。这个习语比莎士比亚的《科利奥兰纳斯》这句对白更古老："你们想怎样，恶狗"，体现了隐藏在城市秩序之下的野蛮与野性的残暴。"武器一起一落地扎到他身上。我最后看到警员基斯·布莱克洛克举手防护……布莱克洛克的双手和胳膊被切成丝带……他的头好像被扭到一边，露出脖颈。然后挨了一记大砍刀。"他就这样死去。

这是伦敦暴力史上又一段可怕的事件，所有血与复仇的仪式各得其所。汤米尔住宅区“是一幢低矮的大建筑，外观有意模仿巴比伦的金字形神塔”。巴比伦总是跟异教精神与残暴相关联。

公屋村时或响起枪声，时或见到火光，但午夜时分，暴动者开始分散。下起雨来。暴力迅速且突然地终结，一如开始得那么突然又迅疾，除了一些后果仍在延续，譬如，警方残酷对待一些未透露姓名，并且至今身份未明的嫌疑者。诚然，同样的复仇图式也构成戈登暴动的一部分后果。

若说这两次相隔两百年的暴动具有同样的特征和动机，那是荒唐话。譬如说，前者为全城大范围的暴动，后者则是区域性，这一事实说明了伦敦在这两个世纪里的扩展。前者在全城街头游行，后者则局限于公屋村的住宅区，这也体现了伦敦社会的变迁。然而，这两次暴动的背景都是反抗法律的权势，前者以新门监狱的墙壁为象征，后者以身穿防暴服的警队为象征。也许这两次暴动都反映了伦敦人对政府权力的深刻不满。戈登暴动者普遍是穷人，多半是被遗忘的伦敦市民，布罗德沃特农场公屋村的居民，据斯蒂芬·英伍德所说，主要是“无家可归的、失业的、穷途末路的”。这里或许也有一种关联。然而，在这两次暴动里，暴民都是怒火冲天，但倏忽间便耗竭。他们都没有真正的领袖。除了摧毁，他们没有真正的目标。伦敦的狂怒便是如此。

XX

LONDON

The Biography

黑魔法与白魔法

第五十三章

我遇见一个不在的人

在这座黑暗的城市里，我们期待看到何人或何物？1189 年，德威斯的理查德记载：“在伦敦城，犹太人向他们的父撒旦献祭，这场著名的秘教仪式如此长久，燔祭在次日也不曾结束。”然而，当市民扑向老犹太人区这些无辜的居民之时，这座城市倒是名副其实地变成恶魔之城。

在伦敦这个骄傲与财富的家园，恶魔一向受人惧惮。在较晚近的伦敦历史时期，斯多普福德·布鲁克的《日记》透露了目睹飞翔恶魔的场景：“1904 年 10 月 19 日，英格兰阳光灿烂，直到我们走到伦敦郊外，这里烟雾浓重。我俯瞰底下的街道，挤满了骚动不安的人群与车辆。好似看进魔窟的胡同，我好似看见无数长翅膀的恶魔，在疯狂的人群中急疾飞翔。眼看着这个景象，让我不由得恐惧。”

在中世纪伦敦，很多显贵人物埋葬在黑衣修士修道院外围区域，身穿得体的修道袍，因为人们相信穿多明我会修道袍可以驱邪。然而，也有些人经受了这座城市如此深重的打击，便自称是恶魔。某伦敦乞丐窃贼被押往泰伯恩刑场，路上被人奚落其恶行，他答道：“要是没有我这等人，撒旦找谁作伴？”在塞缪尔·罗兰兹创作于 1608 年的诗歌《看到奇怪景色的旅行者》里，旅人来到伦敦，参观了肖尔迪奇的娼妓，拉德王的雕像，“发誓说在伦敦见到了撒旦”。据说，马洛的《浮士德博士》在拉德门山的野蛮女王院上演，真实的魔鬼在一场演出里现身。

然而，据民间传说，魔鬼果真在伦敦现身之时，经常被诡诈的伦敦人哄骗、耍弄，因为他们比恶魔更不诚实、更两面派。在本·琼森的《撒旦是头驴》里，这个邪恶的魔鬼先被带去看伦敦似地狱的一面：

> 地狱之子，这不算什么！从圣保罗教堂尖顶，
> 到切普的旗帜，我给你搬一大堆来。

然而在二十四小时内，“他被骗、被偷、被棍打、被关进牢房、被判了绞刑”。

伦敦各处都可以看见撒旦在街头漫游。霍洛韦下街有一条恶魔巷，如今早已改名。自封的先知理查德兄弟声称看见撒旦在“托特纳姆院路悠闲地步行”。有人声称在殉难者的火刑柱前看见他：“哦，史密斯菲尔德，你实在是禽兽之地。”维多利亚时代伦敦午夜的街头，潘趣以古老的方式告诉老尼克说：“撒旦在长爪子的手指上戴一枚钻石戒指，衣衫上别一枚胸针，到外面散步。”撒旦的一大职责是走遍监狱。柯勒律治和骚塞想象他游览声名狼藉的冷浴监狱，称赏单独监禁的专用囚室的内部装置。拜伦称伦敦为“撒旦的起居室”。

撒旦自有他的客人和熟人。伦敦有漫长的女巫传统，譬如红帽老娘、黑帽老娘这样的名字依然出现在店铺招牌或标志上。也许最出名的是卡姆登镇的万恶老娘，她的村舍建在一个路口，如今这里有个地铁站。17 世纪中叶，她以医术和算命知名。“她满额头皱纹，嘴唇宽阔，神情阴沉、冷漠。”J. A. 布鲁克斯在《伦敦的幽灵》里讲述了她的故事。她去世那日，“数百男女老少目睹撒旦显现真身，进入她的房屋……尽管人们密切关注，要看他再出来，但没有看见他出来……次日，万恶老娘的尸体被人发现，坐在火炉前，手持一根拐杖搁在火上，一只茶壶里装满各种草药、液体”。魔鬼一路走过卡姆登镇，那该是多么壮观的场面。

“弹簧腿杰克”一事更蹊跷。19 世纪 30 年代，他在伦敦街头出现，很快就出名，人称他为“伦敦的恐怖”。据简·艾尔索普在兰贝斯街警察局的口供，这个不幸的女孩在自家门口遇见他，“转身回到屋里，拿了一支蜡烛递给此人，此人似乎裹着一领大斗篷，起初以为是警察。然而，她刚递去蜡烛，他就甩脱斗篷，将烛火举到胸前，露出极其丑陋可怕的模样，嘴里喷出大团蓝色和白色的火焰，眼睛像两只火球”。这个描述也许可被视为纯粹的狂想，然而另一受害者的口供也描述了同样的细节，“被高瘦的男子袭击，身裹黑色长斗篷。身前好像提着一盏牛眼提灯。他纵身一跃，就移到她面前，她没来得及反应，他

已经朝她脸上喷蓝色的火焰”。彼得·海宁在《弹簧腿杰克的传奇与古怪罪行》里讲述了这整个光怪陆离的故事。

简·艾尔索普的口供里还有其他同样让人不安的方面。“惊怖之余，她偷眼看了那人一眼，见他戴着大头盔，衣服似乎十分紧身，在她看来，像是白色防水油布。他一言不发，猛地伸出手，揪住她的衣服和后颈，把她的头摁到他腋窝下，开始用爪子撕她的衣裙，她能肯定那爪子是某种金属做的。”她大声尖叫，她姊妹来到门前。但是她的姊妹玛丽·艾尔索普在警方口供里说，尽管她“看到如上所描述的人影……但被他的样子吓坏了，不敢接近或前来援助”。然后另一姊妹跑来援救，把简从这个可怕的袭击者爪下拉出，但他抓得那么紧，以致“揪断了她大片头发”。她狠狠地关上门，但是“尽管已犯下这样的暴行，他还在门上敲了两三次”。这门敲得如此蹊跷，几乎不可能纯属虚构，也许可以说，是这整桩可怕事件中最让人惊慌的时刻。这敲门声似乎在说：让我进来，我跟你还没完呢。

在伦敦百姓的想象里，“弹簧腿杰克”被等同为恶魔的儿孙，目击者将他形容为头上长角，脚长偶蹄，这些事实并不出人意外。1838 年 2 月，据称有人看到他在椴树舍喷吐蓝色火焰，同年，据说他把一名妓女扔进贝尔蒙德赛雅各岛的河水里。彼得·海宁认为这个作恶者是吞火表演者，戴头盔或面具是为了保护面孔。纵身跳越等特征可能是鞋里隐藏了弹簧。金属“爪子”还不曾有完满的解释。不过，这里的重点是“弹簧腿杰克”成为伦敦真正的神话，因为他是如此荒唐、如此虚假的怪物。他的头盔、“白防水油布紧身衣”，以及喷火这些伎俩，简直似马戏团表演，他这个伦敦恶魔出奇地酷似克拉肯维尔神秘剧里的魔鬼。关于他的现身与暴行的故事迅速传遍伦敦。很多不同的地方传说看见他现身，或者据说被人看见。这个古怪的人物简直似从马路上蹦出来，就像“戈列姆人偶”，传说这种怪物生自当地的尘土。跟后世那个更恶劣的“杰克”一样，这个“杰克”不曾被捕，这一事实更加深了那种匿名感，这一点转而暗示这个怪物是伦敦本身的某种象征或代表。

因为在很多人眼里，这座城市就是一座地狱。这个比喻在 19 世纪的诗歌里成了陈词滥调。伦敦的市民类似“一大群撒旦”，伦敦的大气则是“冥界阴沉的棕色”。煤灰的硫黄味和烟雾也令人联想到撒旦，这城市里形形色色、昭然的恶行则代表了魔鬼化身的所有行径。

因此，诗歌里充满了巴别塔和所多玛的意象，但这座城市也在另一层更深刻的意义上代表了地狱。这里是堕落与绝望的终点，人们寻求孤独，以便逃避那些索取同情的人。在这里，苦难是唯一的朋友。也许在所有作家当中，乔治·奥威尔最深刻地体味伦敦这种感觉。在《叶兰在空中飞舞》里，1936 年，戈登·康斯托克审视皮卡迪利广场的灿烂灯火，说道："地狱里的灯火看起来也会是这样的。""自己是被罚入地狱的幽灵这个念头，频频回到他的脑海……一道道沟壑里，光芒邪恶的火焰阴冷地燃烧，上方一片漆黑。但是地狱里会有酷刑，这可是折磨?"

在这座城市里，苦难似乎依然在一些地方逗留不去。托特纳姆院路和豪兰街十字路口附近，有一片荒废的小花园或菜圃，孤独的人们以一种绝望姿势坐在那里。不远处，在豪兰街三十六号，魏尔伦曾经赋写了动人的诗行："Il pleure dans mon coeur/Comme il pleut sur la ville."（"我在心里垂泣，如同雨落在城里。"）阴沉的雨这个意象写尽了伦敦所有的孤寂和悲伤。位于沃平旁的霍克斯默所设计的城东圣乔治教堂的墓地花园后面，也吸引孤独与不幸的人。另一座教堂（碰巧也是出自那位建筑师），斯毕塔菲尔德基督教堂的花园，被称为"痒痒公园"。约克路街角的滑铁卢路上，有一片著名的地区，人称"穷角"。失业的演员、艺人还有音乐厅"跑龙套的"，守着渺茫的希望，在这里等候被音乐厅经纪人挖掘。这个角落依然是人们暂时驻足的无名地点，处于桥和地铁站之间，赋有一种殊异的悲凉。

有时，整片地区也可能显得愁苦或透露戾气。阿瑟·梅琴十分痴迷格雷律师学院路北端一些街道，诸如弗雷德里克街、珀西街、劳埃贝克广场，以及卡姆登镇与霍洛韦区交界的那些街道。这些街不宽阔，也不壮观，也不肮脏或荒凉。相反地，这些街道似乎包含伦敦阴暗的灵魂，在这座城市里萦绕了数百年的略带烟熏味、稍嫌暗淡的特征。他评论道："那些磨损的、神圣的门阶"，如今甚至更磨损、更神圣，"我看到伴随它们叹息声的泪水和欲望、痛苦和悲悼"。伦敦一向住满了古怪、伶仃的人，他们身处人潮汹涌的城市，关闭房门遮掩秘密。这里一向流行"寄宿"，落魄的人、匆匆的过客都能觅到一个小房间，内有一张污迹斑驳的桌子、一张小床。

真正的伦敦人会告诉你，没有必要去旅行，你身边就充满了这座城市尚未探索的奥秘。去法灵顿街或皮革巷走走，你会发现的奇事和怪事，必定不少于巴黎和罗马那些街巷里的。你可能会说："我连自己的城市都不理解，为何还要去别处寻找新奇?"在不期然的街角或未曾到过的街上，总能感受到伦敦那一股陌生的气息，正如阿瑟·梅琴所说："倘若某人不能在格雷律师学院路那些地方看到惊奇、神秘和敬畏，感受一种新世界和不为人知的国度的气息，那么此人也不会在其他任何地方发现这些秘密，即便走到非洲中心也不会找到。”

人们常说，数世代以来，有些街道或街区一直赋有某种殊异的气氛。譬如，市政府勒令修筑的那些大道，拆毁了无数伦敦老街，譬如，维多利亚街和新牛津街这些19世纪的街道，扑面是一股空洞或空虚的感觉，依然是毫无个性、凄凉的地方。国王大道穿过一片20世纪早期的古老建筑，沿路景象十分阴沉单调。埃塞克斯路，还有名字晦气的球塘路，呈现一番惨淡的气氛。经年来，牧羊人荒野绿地也一直萧瑟。在20世纪初，这里被形容为“光秃、干枯、可憎”，并且自彼时以来便一直如此。

走进一些19世纪的胡同和院落，让人顿时感觉贫困和邪恶。查尔斯·曼比·史密斯在《伦敦小世界》里说，空气“弥漫着瘴气，毒害健康，阴湿的恶臭让人反胃，残缺的窗玻璃被代以破布和褐色纸板，却蒙着如此厚重的灰尘，反而遮挡了窗户本应取用的光线”。安德鲁·麦尔斯在《伦敦弃儿的沉痛呼告》里记载：“你得爬上腐朽的楼梯，每迈上一步，梯子似乎在你脚下散架……你得在阴暗、污秽、布满了害虫的过道里摸索前进。”谁能说出这些地方在伦敦城留下什么标记？“在那个湿闷的角落里，屋顶挤缩成一堆，好似企图掩藏它们的秘密，不让旁边漂亮的大街知晓。这些地方存在如此黑暗的犯罪，如此出乎想象的悲惨和恐怖，以至于不能私下传播给旁人。”

监狱周边的地区有一股殊为怪异的压迫、秘密的气氛。也许，正因为如此，在萨瑟克和博罗这两个地方，数世纪以来整片地区都笼罩着一股恶意、凄恻的气息。这片地区有过很多监狱，其中包括马歇尔希监狱、王座法庭监狱，根据沃尔福德的《老伦敦和新伦敦》，“伦敦郊区再没有像这样的地方，看似如此杀气腾腾，如此忧伤，如此悲惨……在这些古老的院落里，弥漫着一股往年岁月的气味，就像腐烂物散发的气息——一种浑浊的湿润……所有古老的东西掉落、死去，正如它们被吹集起来，任由死去”。今天，这里依然如故，散发一股迥异于伦敦其他任何地方的气氛。东艾顿蒿丛监狱的周边地区，就是笼罩在监狱阴影之下的现代街区。

死亡会在某个特定的地方投下阴影。高架桥和十字路口也可能赋染莫名的阴森。20世纪早期一位年轻的伦敦人，理查德·丘奇，回忆巴特锡路旁泰晤士河南岸“一个叫作兰奇米尔的十字路口，这个阴森的路口总让我不寒而栗”。

还有一些街道和地区似乎散发着苦难。河堤畔一向以固定的间隔摆设铁长椅，在黄昏或夜晚，你总能看到有人孤零零地坐着，或凝视河面，或仰望天空。1908 年，赫伯特·乔治·威尔斯走过他们旁边，注意到“一个贫穷的老妪，困倦的脸上歪斜地盖着一顶破烂不堪的草帽，一个年轻的职员丧气地呆望前方，一个污秽的妓女，一个蓄胡子穿无领大衣的体面绅士。我记得尤其深刻的是一段惨白的脖子和一张往后仰的苍白面孔，似乎在噩梦里窒息”。妓女们依然在这里揽客，然而，更让人不安的是坐在这里的那些年轻人，经常带着一副似乎不属于此地的神情。有些中年男子身穿如此破损的体面衣服，他们被迫穿这样的旧衣服，就足以激起人们的同情。还有一些老妇，塑料袋里装着她们在世间的全部所有。河堤是他们的庇护所，并且继后数百年间无疑会一直如此。

德鲁里巷旁那些小巷素以苦难著称。在冬季，夏季花园的水沟里积满了冰冻的垃圾，满目一片都市荒凉的景象。这里成为水果摊贩的地盘，包橙子的纸从手推车上飞落，散满了小路。查尔斯·布思说：“有一条街上躺着一条死狗，旁边有两只猫死在一处，看似互相厮杀身亡。三具死尸都被来往车辆压扁，如同其他一切，它们都冻住了，不会害人。”这条路上还散满了残羹剩饭和面包屑，据布思看来，这是“极端贫穷遍及伦敦全城的最明确标志”。

还有最声名狼藉的白十字街，曾名为白十字地，此地的监狱给这片街坊蒙上阴影。“听说，上帝创造一切。我不信。他可没有创造白十字地。”可是，如果不是上帝，会是谁？是谁“始创这些污秽的小巷、繁殖死亡的胡同?”是谁始创法院街的克利福德院？长久以来，这里以混乱、拖延的法律程序出名，沃尔福德说：“我得说，从这一块小地方所散发的苦难，胜过英格兰任何一个人口最稠密的郡。”如今这里仅剩一道门、一条走廊。而今，有些公寓楼造在古老的中庭旧址，1913 年，弗吉尼亚和伦纳德·伍尔夫发现此地“穿堂风刮得厉害，脏污不堪……煤灰如细雨一般，整夜连绵地落个不定，从而你若坐在敞开的窗前写作，一张纸未写完，纸面早已蒙上薄薄的一层煤灰”。

圣潘克拉斯老教堂以墓地为中心，数世纪以来一直是社会弃儿的归宿。譬如，在 16 世纪，诺登告诫：“夜里别去那边。”21 世纪初年，这里被纳入铁道系统，开了数家小修车库。但大部分地方依然是荒地。史威恩巷上从海格特公园通向汉普斯特德西斯公园那座被称为“议会山”的土堆，也被视为险地。当地的报社和史学家曾研究此地的境况，却没有得出重要的成果，除了数个莫名其妙或至少未曾清楚解释的“声称”，譬如，“我在史威恩巷尽头的大门内看见一个貌似幽灵的身影”。这份报道于 1970 年 2 月刊登在《汉普斯特德与海格特快报》，数星期后，当地数名新闻记者也表达了他们的不安：“大约一年前，我和我未婚妻看见一个极不寻常的人影。看似在路上滑翔。我很高兴得知其他人也看见……据我所知，这个幽灵总是显得十分苍白，数年来一直在此地出没……有个戴帽子的高个男子，走过史威恩巷……突然间，我从眼角瞥见有东西一晃……看似从大门朝我们而来，骇得我们拼命地跑出史威恩巷……我建议如有可能，漆黑的傍晚尽量不要去史威恩巷。”

然而，也有安定和关怀。科拉姆原野有条老育婴院（早已被拆毁，但在这个旧址周围，如今立着大奥蒙德街儿童病院）。高斯维尔路与市政路之间的维克利街是一条既狭又短的道路，这条街一侧立着国家儿童福利院，另一侧立着全国犬类防御联盟。

在另一背景里，也许让人鼓舞的是得知这个事实：数个年代以来，木偶戏的戏台总是搭在同样的地点（霍尔本桥、林肯院原野、科文特花园、查令十字街、索尔兹伯里交易所、弗利特街桥），似乎被魔力控制一般，环绕伦敦中心形成一个圆圈。

坦普尔喷泉庭院位于这个圆圈的边缘，坐落在坦普尔的建筑群中央。三百年以来，这里一直有个小喷泉，出现在风格各异的作家笔下，诸如狄更斯、魏尔伦，并且，无数世代的人们体会着这片小地方的温和与安宁。这个喷泉和水池曾经围在四方的木栅栏内，后来圈着一圈铁栅栏，如今铁栅栏已经消失。无论是圈在或方或圆的栏内，还是四面开放，这个喷泉照旧吸引人们，散发着一股勾起往事的气氛。有个伦敦人，初次来到这里之时，还只是个小男孩，丝毫不知其历史或关联，却顿时着了魔似的，被这眼喷泉迷住。就好似无数善行或善言，犹如这眼小小的喷泉一般，在这里安详、宁静地涌现。在这些书页间，他终于得以记下这份恩惠。

如果说，在时光里坚持存在，就可以创造亲睦和恩惠，那么喷泉庭院数码地外的圣布莱德教堂可以说是幸运的。这座教堂地基下发掘出一座史前崇拜地、罗马神庙、木结构撒克逊教堂的旧址。如此说来，数千年以来，这同一个地点崇拜过各种各样的神灵。伦敦既受诅咒，也有神灵护佑。

第五十四章

知识就是力量

在这座城市，还有另一种方式能够开启天堂的大门。追求知识一向是这座城市的一大显著特征，纵然追求的形式有些古怪。爱德华三世时代，有个男子“以死人头行巫术被捕，押到国王法庭受审，在法庭上声称放弃巫术之后，他的各色玩意被没收，带到托特山，在他本人的眼前烧毁”。理查一世时期，约克大主教的牧师劳尔夫斯·威格托夫特，“提供一条紧身褡和一只戒指，狡猾地施了魔咒，打算以此铲除西蒙［约克的座堂主任牧师］等人，但他的信使被拦截，紧身褡和戒指在这个地方的人群面前焚毁”。“这个地方”也是托特山。这里是德鲁伊崇拜的旧址，历来在此烧毁魔术师和炼金术士的工具，无疑是因为这个地方的魔力更强大。

然而在伦敦，其他理性或机械的天赋难以同巫术区别开来。譬如，在伊丽莎白时代，来自莫特莱克的伟大巫师迪伊博士，既是工程师、地理学家，也是炼金术士。1312 年，雷蒙德·吕里慕名伦敦的科学声望而来，在威斯敏斯特教堂和伦敦塔修炼炼金术。巫师科尔内利乌斯·阿格里帕于 15 世纪末抵达这座城市，慕名前来结交城里的先知和哲学家。他与约翰·科利特（圣保罗大教堂的座堂主任牧师、圣保罗学校的创办者）结下特殊的友谊，这位牧师在意大利旅行之时，对魔法产生了兴趣。一名为休·德雷珀的炼金术士，因施巫术和邪术被囚禁在伦敦塔的盐塔。他在囚室墙壁上刻画了一幅庞大的天宫图，落款为 1561 年 5 月 30 日，然后附白说，自己亲手“创造这个星球”。

或是机遇，或是巧合，很多占星士选择住到兰贝斯。不过，也许是这个地名吸引了他们。在希伯来语里，Beth-el 用来指称神圣的地方，在这里碰巧跟上帝的羔羊相关联。埃利亚斯·阿什莫尔住在兰贝斯南部约翰·特拉德斯坎特的旧宅，此人说动约翰·奥布里信服占星术的力量。伊丽莎白时代伟大的巫师西蒙·福曼的葬地，记载在兰贝斯堂区的档案里。吕里记述道，福曼在其收藏的一册书籍里写道："我令魔鬼亲手写下这段话，兰贝斯原野，1569 年，6 月或 7 月，据我现在的记忆。"布勃上尉是福曼的同时代人，居住在兰贝斯沼泽，在此"以占星术方法解决时间难题"，这项求索最终送他去戴颈手枷。弗朗西斯·摩尔是占星士与医师，住在兰贝斯卡尔考特胡同东北角，如今凭借以其名命名的历书，进入了永垂不朽的王国。兰贝斯有很多稀罕的装置，在特拉德斯坎特收藏里，后来成为这个地区的博物馆，收集了蝾螈、"耶路撒冷宗主教的复活节彩蛋"、两英寸长的龙、两根凤羽、施洗者约翰墓上的一块石头，"落在怀特岛的血雨"（"由乔·奥格兰德爵士证实"）、一只白色黑鹂和"半只榛子、内装七十件家具"。这些曾经都是兰贝斯的名胜。

在伦敦市中心，也看得出炼金术与科学起源之间的密切关联。牛顿来到这座城市购买研究材料之时，驾着马车先去格雷律师学院路的天鹅客栈，然后再步行或驾车前往小不列颠。在这里，他从有个叫作威廉·库珀的书商手里购买炼金术书籍，诸如齐纳的《炼金术场》、伦敦炼金术士乔治·斯塔基的《瑞普利复活》。在这个过程中，牛顿结识了伦敦一个魔法师和占星士的秘密团体。皇家学会的很多创始人，后来毫不含糊地跟"现代"科学研究和知识相关联，事实上都属于这群行家"不可见的同僚"，熟谙炼金术与机械哲学。他们都属于约翰·迪伊博士所代表的那个传统，认为各种神秘学与经验知识之间无需作出悬殊的区别。

伦敦有一群实验者，意欲将理性和体系跟炼金术相结合，以便创造一种实用的魔法，塞缪尔·哈特利布是主要的动议者。他的朋友和支持者包括罗伯特·博伊尔、凯内尔姆·迪格比，还有艾萨克·牛顿。他们用代号通信，以假名出版著作，牛顿的著作署名为"Jeova Sanctus Unus"（唯神是神圣）。

不过，用麦考利的话说，一个学会从这个现象里出现，这个学会"注定成为一系列光荣的、有益的改革的主导"。皇家学会在主教门格里歇舍举行首次大会，之后迁往费特巷旁弗利特街外的鹤院。会员们聚会的夜晚，敞向弗利特街的院门便挂起一盏油灯，他们早期的工作体现了这些会议的实用主义精神和活跃劲头："预防接种……舒特斯山旁以十四英里长的铁线搞电实验……关于监狱热病的通风设备……关于卡文迪什改良温度计的讨论会。”并非所有实验者都是伦敦人，也不是所有人都住在伦敦，但这座城市成为从炼金术研究演化的实践经验哲学和实用实验的中心。在所有这些迥异的各门科学里，都必须强调伦敦科学的实用主义精神。自此以降，这股精神遍及了伦敦的求知过程。

研究者进行农业和园艺的实验，医学“成为一种实验的、进步的科学”。1665年的瘟疫，促使学会的成员开始审视“首都的建筑、排水沟、通风设备的缺陷”。威廉·佩蒂爵士创造了政治算术学，从而我们似乎可以貌似合理地声称，伦敦是统计学研究的温床。这是理解与控制人口的另一种形式。不过，在一座贸易城市，统计学也赋有经济效益。1696年，海关署向财政部呈文，“感到需要向某些基本物资征税，倘若他们须‘保持王国与世界任何地方的贸易平衡’”。牛顿本人晚年曾任多年铸币厂厂长，改进了王国的通货，使其更精良、有序。他在硬币制造之中灌注自己搞实验的精确性和彻底性，从而创造了这门至今依然流通的科学经济。他转而成为公诉人，倘有人违背他所制定的这些不可更改的法令，剪碎硬币或伪造货币，便被送上绞刑架。因此，在伦敦，科学确实是权力。

归纳和数学证明这两个领域，俱仰赖对于特殊现象的细致观察，伦敦的各路天才在这方面最有成就。据麦考利所说，约翰·瓦利斯“为整个静力学体系创建全新的基础”，埃德蒙·哈雷研究磁性的原理和海洋潮汐。如此说来，这座城市的鹤院所散发的思维，把大地联接到大海和天空。若说某个城市影响其居民的思维方式或科学，也许这样的话有些不符合事实，但伏尔泰宣称：“法国人来到伦敦，会发觉事情完全两样，自然科学以及其他任何一切……在巴黎，他们看到微妙事物的旋涡构成这个宇宙，在伦敦，他们找不到这样的东西……对笛卡尔主义者来说，光存在于空气中；对牛顿主义者来说，光以六分半的速度来自太阳。你的药剂师以酸、碱和各种微妙的物质做实验。”巴黎研究的理论精神再次跟伦敦科学的实用精神产生含蓄的碰撞。考珀问道：“哲学在何处寻找她那双鹰隼般敏锐的眼睛?”然后自己给出答案：

在伦敦：在这里，她用精确的工具
计算、计算、观察，
所有距离、运动、广度，有时
衡量一颗原子，有时衡量一个世界。

时或有人认为，18 世纪末，工业发展的氛围和步速已经离开伦敦，转向北部的制造业城镇。然而，这误会了（无疑是低估了）首都那股实用智性的力量。皇家学会的一位创始人罗伯特·胡克，便直接地启发了时间科技的进步，亨利·莫兹利便是在兰贝斯发明了那些极精细的车床。1730 年，约翰·哈里森来到伦敦，意在制作航海精密仪器，他的仪器首次计算了经度。19 世纪的机械工程师保持着这股精神，他们在兰贝斯的工作室发明蒸汽锤、自动走锭细纱机。这么说来，兰贝斯依然是改革的中心。

然而，在伦敦，追求知识并不局限于探索技术进步。查尔斯·达尔文从著名的航海旅程归来后，住在大马尔伯勒街。他写道："此地让人愁闷，但我也深怕这个真理：再没有什么地方比这个烟雾弥漫、污脏的城市更有益于自然史的探索。"环游世界之后，达尔文视伦敦为最适合做研究的地方，好似在这里可以看到、研究整个自然界的进化。他在 1837 年写下这句话，四十七年后，他的洞见得到印证：格林尼治的一条黄铜轨，定下经度零度本初子午线。

遵照地道的伦敦传统，科学也被转变为舞台，首都到处可见演讲与示范操作。19 世纪早期尤其可以见到大众对于科学知识的需求。穆尔菲尔兹伦敦研究院、黑衣修士桥萨里研究院、布卢姆斯伯里罗素研究会、多塞特街的伦敦市哲学协会，这些众多俱乐部和协会致力于传播新知识。城里到处有各种协会，创建于 19 世纪 20 年代和 30 年代，所涉及的学科诸如地质学、天文学、动物学、医学—植物学、统计学、气象学、不列颠医学。在这座城市里，发明家和理论家能够聚集一处，一同合作。《伦敦：世界之城》的"科学伦敦"章节供稿者评论说："在成立新学科方面，伦敦起着关键作用。"在这股激化的气氛里，建立新专业，便好似制造、买卖新商品。贝塞麦在圣潘克拉斯发明炼钢工艺，海勒姆·马克沁在克拉肯维尔的工作室发明机关枪。

随后，伦敦科学的实用主义和实用性传入教学领域。1826 年，布卢姆斯伯里成立第一所伦敦大学学院，抱持实用教育的宗旨。这座学院不以牛津和剑桥为模式，其目的不是培养学者和神学家，而是训练工程师和医生。这是地道的伦敦机构，其创办人包括激进分子、持异见者、犹太人、功利主义者。因此，这所学院被注入一股激进的平等主义精神，自始收取不信奉国教的学生。1836 年，这所学院晋级为大学，十二年后向女性敞开校门，自 19 世纪 50 年代以来，为伦敦工人阶级开设夜校。

这座大学也开始以单独学科教授科学，1868 年创建第一个科学系；并且也成立了医学院，所涉及的实践领域广泛得囊括了数学、比较解剖学。而激励所有这一切的正是那股进步、探索的能量。由于19世纪的伦敦处于帝国的中心，这股能量已经潜入其生活的每一个方面，便被称为帝国的能量。19世纪早期，也是根据《伦敦：世界之城》，统计学家、数学家、工程师，“视这座城市为计算的潜在的宇宙中心，从这里，贸易和机器连接不列颠权力的世界网络”。1820年，查尔斯·巴比奇跟赫歇尔等同事在大王后街共济会酒馆聚会之时，创建天文学学会。巴比奇在其工作室发明“差分引擎”，成为现代计算机的前身。从而，或许可以说，信息科技本身就是在伦敦创造的。在发明过程中，巴比奇雇佣精密工程师，自然还有熟练技工。从而，这座都城再次成为技术革新和科技进步的家园。

伦敦经常被称为黄金城。这里是金龙和金雄鸡的故乡，圣保罗大教堂顶的金十字和金球则象征伦敦的能量。夏日的早晨，当闪烁的光芒遍照雾气中的城市之时，一切安宁，然后摇身一变：“这是埃尔多拉多——实实在在是埃尔多拉多，黄金城!”一切在你眼前展现，景致尚未被探索，化作华兹华斯的诗句：

> 伟大的城市，赋有黄金期待的大百货商店。

这座黄金城源自人类社区的意志和欲望，正因为如此，在W.E.亨利的诗歌里，这座城市燃烧得如此灿烂，正因为如此：

> 特拉法尔加广场
> (喷泉凌空踢出金光)
> 如天使的集市一般闪亮。

在《间谍》里，太阳落山时，“在朦胧的夕阳里，维洛克先生脚下的人行道也似散发一丝老黄金的光芒……金粉色的光线，穿过没有影子的城市，维洛克朝西去”。在这部沉重黑暗的小说里，读者在这里瞥见一道灿烂的微光，营造了类似炼金术士用贱金属炼出金子的效果。在这样一座黑暗的城市里，炼金术和科学提供光芒和知识的种子，从而便呈现唐璜站在海格特高地眺望伦敦之时的景象：

> 每一缕缭绕的烟雾

在他眼里，都好似魔幻的蒸气
从炼金术士的熔炉里升腾而起。

德莱顿也看到同样的景象：

我以为，从这股炼金的火焰里
我看到一座出自更金贵模具的城市……
如今被神化，她从火焰里升起。

这是伦敦的魔法能量，彰显于每一次浩大的改革里，正如在大火之后，经验主义的知识和实践的天才致力于重建这座城市。这股魔法能量依然留存。

XX

LONDON

The Biography

建造热潮

第五十五章

伦敦就成了我们家隔壁

自18世纪中叶以来，伦敦遵照利润与牟利的循环，断断续续地、近乎亢奋地扩展。亨利·克特沿用了这个譬喻，在1787年写道："这股建筑流行感冒的传染……已经将病毒传播到乡间，在那里势头不减地肆虐开来……大都会显然是疾病的中心……兰贝斯的沼泽、肯辛顿的路旁、汉普斯特德山上……每日都有新别墅立起，房屋如此密集，将乡下与城市相连，切普赛德与圣乔治原野之间的分界已经消失。一个住在切普的小孩，小小的心灵被眼前的景象震惊了，说道，'要是他们再这么造下去，伦敦很快就要成为我们家隔壁了。'"他长大成人之时，这句话早已应验。

1756年，帕丁顿通往伊斯灵顿的"新路"动工，威胁到"汉普斯特德山"部分地区，这条新路作为支路，目的在于避开通向市中心的众多未铺砌的小路，曾经一度被视为北郊边界路，作为城市与乡下的交界处——或者，更应该说是城市与各种砖场、露天茶座、果园、奶牛场、晒布场、菜地，以及类似沼泽的湿地的交界处，这类土地是首都周边的一大特征。然而，城市简直一跃而起，朝另一端扩展，建造了萨默塞特镇、本顿维尔、卡姆登镇、肯迪什镇。于是这条新路就不再是在城外，而是成为城里的路，并且至今依旧如此。

"兰贝斯的沼泽"则经过精心的运筹策划，目的在于促进城内的生意效率，将首都敞向外围地区。及至1750年，泰晤士南北地区之间往来的路径只有伦敦桥，河面是所有交通的中心。然而，二十年间，威斯敏斯特桥竣工以来，南北之间的关系焕然一变。这些地方曾经偏僻，彼此隔绝，简直如同接壤的不同国度，如今建立了关联。从这座桥到兰贝斯修筑了一条约半英里地的道路，跟已有的路径交汇之时，这些小路也被扩建、拓宽，以便交通畅通，促进城市南北之间的“往来与贸易”。在此过程中，肯特和萨里山也有了往来便利的道路，从而空旷的郊野消失在街道和广场之下。

这次试验如此富有成效，于是黑衣修士、沃克斯豪尔、滑铁卢、萨瑟克随之修筑桥梁。伦敦桥上的房屋和店铺都被拆除，以便适应新时代更快捷的步速。人人都走得更快。一切都前进得更快。这座城市也扩展得更快，城里的交通越来越快，自此往后，这股势头不曾有所削弱。及至 18 世纪后半叶，伦敦的贸易能力、未来的帝国首府地位，便已昭然可见。伦敦眼看就要冲破所有边界，成为世界上第一座大都会。于是，简直好似出自本能，老地界和旧城门都被摧毁。伦敦以这个象征性的弃置行为，为未来做好了准备。

然后，“肯辛顿的道路”发现这座城市朝它们奔来。18 世纪早期，梅费尔周围地区、牛津街南面、海德公园东面都修筑了一系列的街道和广场。波特兰房产在牛津街北面的周边地区建造楼房。卡文迪什广场、菲茨罗伊广场、波特曼广场相继立起。1737 年后，格罗夫纳广场竣工，占地六英亩，至今依然是伦敦最大的住宅广场。继而，仅三条街外建起伯克利广场，从而这整片地区赋有一种统一的秩序和外观。于是，伦敦开始痴迷广场及周边街道这一理念。布卢姆斯伯里的贝德福德房产扩展到其原址科文特花园之外，1774 年建造贝德福德房广场，二十五年后，取而代之的是罗素广场、塔维斯托克广场、戈登广场、沃本广场，以及纵横贯通的排屋街道。波特曼房产也建造了多塞特广场、波特曼广场、布赖恩斯顿广场。一个又一个广场相继而起，赋予伦敦城现今我们所熟悉的外貌。

但这座城市没有在此停步。在城东往肖尔迪奇、白教堂、贝思纳尔绿地依然稳步前进，而在泰晤士河南，新修的大路旁涌现了诸如萨瑟克、沃尔沃思、肯宁顿、圣乔治原野等地区。田野上不再种满谷物，而是布满了排屋街道。人口也在迅速膨胀，以便供应伦敦的需求，1750 年，人口统计为六十五万人，五十年后，这个数字便达一百万。及至 1790 年，新生儿浸礼才开始超过葬礼数。然后，自此以后，这股上升的势头便无法抑制。1800 年后，在继而五十年间的每个年代里，人口增长率为 20%。

及至 18 世纪末，“伦敦城”成为这座城市的一部分，不再是本质上的伦敦，而是转变为伦敦城内的一块飞地。然而，其权势丝毫不曾削弱：人口分散，随之各种买卖和行业迁移，令这座城市得以将能量更狂热地聚焦于商业投机。这座城市变成纯粹的生意场，依旧保持世界经济之都的地位。为了实现这个目的，每一代人不断地重新创造这座城市。很多大同业公会重建或翻新大楼，最大型的贸易企业、私家银行、保险公司建造壮观的办公楼，模仿（或者预料）英格兰银行和股票交易所的雄伟大厦。这座城市确实成了贪婪的玛门城，这些外围区域、迷宫、神殿都崇拜这个神祇。新海关大楼、新税务局、新股票市场相继而起，为了设计这些建筑，约翰·索恩爵士和乔治·丹斯施尽“新古典主义”的才华，并且略微佐以皮拉内西风格和埃及的形式。拆毁旧城墙之后，城北外围有了较大的发展空间，在此铺设了穆尔菲尔兹和芬斯伯里圆场。医院和监狱得以重建或翻新，至于哪个机构仿效另一个，我们便不得而知。或许还可以提及宗教建筑，诸如霍克斯默设计的虽野蛮却奇伟的伍尔诺斯圣马利亚堂，只是及至当时，基督教对于这座复苏城市的前进动力或气氛的影响甚微。

然后，纵然在扩张进程之中，伦敦依然维持，并且加深了统一性。相继出台了《道路法案》《照明法案》《铺路法案》。1774 年的《建筑法案》对伦敦的影响超过其他所有法令与措施。这部法案将房型统一、简化为四类，因而在大片地区重新创造了划一的形象。若说在庞大的扩张过程中，以这种方式规定、控制伦敦的身份，代表了涤荡这座城市所有的过度与戏剧化，以便迎接未来的帝国命运，这句话也许并不太离谱。

然而，施行建筑统一性永远不可能成功。伦敦大得不可能接受任何单一风格或标准的主宰。在所有城市当中，伦敦最擅长模仿，最兼收并蓄，借鉴二十多种文明的建筑图式，用以强调自身在所有文明当中最辉煌、最庄严的地位。同一条大街上，印度式、波斯式、哥特式、希腊式、罗马式争相竞秀。这也体现了此时期发展的多样性，譬如，似罗伯特·亚当和威廉·钱伯斯这样风格迥异的建筑师，同时在相距数百码的地方工作，建造风格迥异的建筑，他们的印记依然烙在伦敦。钱伯斯建造了萨默塞特府，亚当则建造了阿德菲。阿德菲轻盈而奢华，萨默塞特府给人结实而保守的感觉。一个是天才革新的作品，另一个是学院派肃穆的作品。两位建筑师都在伦敦城找到动土的地方。

为伦敦的混乱注入统一和秩序的无数尝试里，联接城北圣詹姆斯公园和城南摄政公园的伟大方案是唯一成功且持久的项目。在修造了摄政街和滑铁卢广场之后，这里就成为大都会城市规划最重要的项目。这个项目无疑富有成效。

在这样一个机会主义的时代和城市里，兼具了天才与精明的约翰·纳什，也许是无可阻挡的。纳什构想了特拉法尔加广场，为皮卡迪利广场铺垒基础，设计了白金汉宫的重建方案，规划了摄政公园周边的排屋，铺设了牛津十字路口。1826 年，皮克勒·穆斯考亲王写道："伦敦改善非凡……如今这城市第一次赋有首府气派，不再像拿破仑说的那样，是'小店主'汇集的都会。"

然而，这股首府"气派"纯粹源自将穷人区与富人区截然隔离，富人眼前全然不见穷人的穷相和肮脏。纳什声称意欲"在贵族与绅士居住的街道和广场"与"社区的技工和生意人居住的小巷和较简陋的房舍"之间创造一条界限或屏障。

曾有人说，纳什的成就不符合伦敦的历史和气氛，但他是天生的伦敦人，也许是同性恋者，继承了一个做买卖的叔伯的遗产之后才发达起来。此人深谙这座城市的各种运转机制。他的戏剧性天才来自这些根源，譬如，据说摄政街的弧度酷似圆形露天剧场。特拉法尔加广场、白金汉宫、牛津环线的壮观设计则被视为通俗戏剧的舞台背景，在这个巧妙设计的伟大作品里综合了伦敦所有的能量和戏剧性。1811 年，纳什趁马里波恩公园产权归还王室之时，从一块不起眼的地面创造出摄政公园，他施尽舞台设计师的所有才华，设计了双重圆环，中央设置一座所谓的"国家级瓦尔哈拉殿堂"。然而，由于资金有限，这等壮观的蓝图简直不合情理，并且不可能实现。从纳什残存的雄心里打造出来的是八幢别墅，一圈排屋，这些建筑依然赋有惊人的效果，约翰·萨默森爵士形容说："奢华的锦绣风景……梦幻般的宫殿，充满宏伟、浪漫的理想"，但在这些风景背后，却是"雷同的房屋，同样的狭隘，呈现单薄的矫饰，穷空的设计"。他总结说，这个排屋公园是"建筑学的玩笑……幻想与突降的怪诞结合"。不过，在这层意义上，这些特征都传达了这座城市与纳什本人十足庸俗的戏剧性与机会主义。正因为如此，在某种意义上说，白金汉宫和特拉法尔加广场这两大旅游胜地，似乎在抓游客的笑柄。

在其他方面，贸易的压力和房产投机，彻底地摧毁了纳什的理想城市。摄政街原本纯粹为贸易而建，兼带出售道旁的最佳地段，然而生于贸易者也死于贸易：廊柱仅驻立了三十年，就被移走，理由是这些柱子阻挡了行人的视线，店铺因此没有生意。20 世纪 20 年代和 30 年代，这条街本身被全面翻新。这种废弃或毁坏行为也体现了伦敦一个更普遍的真相：大规模的宏伟工程极难成功。伦敦最好的公共建筑，譬如英格兰银行，显得颇隐匿、退避，好似不愿夸大自身的情况。同样地，宏伟的工程之所以失败，正如安德鲁·桑特在《伦敦：世界之城》所评论，是因为“除了最实用者，其他一切规划方案都注定失败”。实用主义的调子，如此内在于这座首都的知识与社会生活，在此再度响起。

19 世纪早期，“改善后的”伦敦赋有独特的动力。国家美术馆、大英博物馆、大理石拱门、威斯敏斯特宫、皇家外科医师学会、法庭、海德公园角的屏风和拱门、大圣马丁教堂的邮政总局、伦敦大学、内律师院与中律师院，以及各家剧院、医院、监狱、绅士俱乐部，彻底地改变了伦敦的外貌。伦敦有史以来首次成为公众城市。乔治·沙夫的精细素描，贯穿这整个时代，为这个变形过程提供了意味深长的记录。一架庞大的起重机停在造了一半的大理石拱门前；一个头戴礼帽的男子支在木脚手架上做笔记，一座柱廊正在立起，沙夫描绘了柱子的砖头内包裹着铁筋条；抹灰工站在木搭架上工作，另外两名工人正拉起绳索架一根梁柱。过去六百年间，在任何时期的伦敦都可以看到类似的建筑工地场景。这里总是在建造、重建。然而，沙夫强调了新伦敦的居民数量，这座城市还没有变成维多利亚时代那个不可估量的大都会。他展示市民们三五成群，而不是大群围集，看得见人们在楼上窗边说话，沙夫尤其注意一些行业、店铺或店主的名字。不过，在这个本地化、特定细节的画册里，他还是捕捉了一些前进和更新的气息。这些素描似乎赋有一股清晰的、特别鼓舞人心的气氛。画里的城市不似从前那般密集，而是重新恢复了神奇的感觉。1830 年，塔列朗阔别三十六年后重返伦敦，形容这城市“更加美丽”，另一位美国访客则认为“美了一千倍”。1834 年，有一位意大利将军说，伦敦“变成了极其美丽、壮观的城市，简而言之，它成为世界首府之首”。

只是，市民的生活是否随之有了起色？有些时人认为，两者之间的确有关联。伦敦的激进分子、民主派改革家弗朗西斯·普莱斯宣称：“礼仪和道德方面的改进似乎与艺术、制造业、贸易的改进同时进行。起初进展缓慢，但速度不断地加快……相比彼时［18 世纪 80 年代］，我们现在做人做得更好，更有教养，更真诚、善良，少些粗俗和残忍。”鉴于随后诸多风格各异的作家，如恩格斯和布思，纷纷谴责这座维多利亚时代的城市，这股热情也许让人惊讶，却不可轻视。普莱斯终生十分接近伦敦生活的真实境况，亲眼见证了群氓的暴力、公然的淫秽、日常生活里间歇发作的残暴事件明显地减少。他是道德改革家，也是社会改革家，不无欣慰地看着显著的恶行与肮脏的环境有所缓解。

事实上，“改善”及其新修的道路和交通工具的改革，对这座城市的本性施加了普遍而深刻的影响。正如伦敦历史学家唐纳德·奥尔森在《维多利亚时期伦敦的发展》所说："19 世纪见证伦敦被有计划地安排、整理为目标单一、同质、专门化的社区……严格的社会隔离是任何新规划区域成功的必备条件。"另外，"多个目标转向单一目标的社区，体现了 19 世纪思想和行动所有方面职业化、专业化的普遍进程。"这个归纳也许过于宽泛，因为在有些社区，富人与穷人依然混居，但这句话确实点出了一个重要的真理。弗朗西斯·普莱斯无意间也提到这个真理的一部分。城里不再看见穷人的恶行，因此必定有所改善。然而，事实上，新城市整治贫民窟之时，又在别处创造了悲惨的地区，恶行便都退到那些地方。在伦敦的新编戏剧里，它们转到"幕后"去了。

第五十六章

没有类似这样的东西

说起伦敦的各区，话就没有尽头。沃尔瑟姆斯托的蓬勃生机，皮姆利科和莫宁顿新月街悲伤的破败，斯托克纽因顿的混乱，布里克斯顿激烈、精力充沛的气息，沃平惨淡的阴郁，慕斯威尔山让人神清气爽的雅致，金丝雀码头的热闹，卡姆登镇的古怪，斯特普尼的恐怖，椴树舍的疲惫，所有这些都可以出现在关于伦敦的长篇演说里。每个伦敦人都有最钟意的地方，或许是哈克尼区的维多利亚公园，或许是萨瑟克起伏的长巷，尽管必须承认，大多居民极少知道或者去过本社区以外的地方。大多市民以居住区域标明自己的身份。

在《诺丁山上的拿破仑》里，切斯特顿在一段文字里描绘了这座城市那些自高自大的城区，譬如，“克拉珀姆有城卫队。温布尔登有城墙。索比顿敲钟唤醒市民。西汉普斯特德举着自己的旗帜上战场”。关于这部作品的同名地区，他写道：“世上再没有似诺丁山这样的地方。直到世界末日，也永远不会有像这样的东西。”至少，他这句话会得到印证。

今天诺丁山耸立的地方，在罗马时期有一座烽火台。兰仆林旁圣约翰代牧住所挖掘出半截罗马石棺。这个地区的名字出自一个撒克逊部族“诺塔之子”。一千七百年以来，这片地区一直是空旷的郊野，以泉水和宜人的空气著称。然而，在18世纪，烧砖工、爱尔兰养猪人显然破坏了这里的田园安宁。人们不时投诉，但不见有惩戒措施。诺丁山的一大殊异特征是毗邻伦敦，却不隶属这座城市，从而赋有一种典型的“混合”气氛，既似都市，又似郊区。因此便有这股矛盾的气息。

譬如，19 世纪 50 年代，诺丁山高街东端住着“行动鬼鬼祟祟的人、外国人、冒险者，或者西区贸易公司体面的机密雇员”。近五十年后，珀西·菲茨杰拉德抱怨说，宏伟的大排屋与房屋跟“花哨的店铺，来往人流的种种粗俗行径相混杂”。1837 年，在今日肯辛顿公园花园和兰仆林交汇的地方开了跑马场，广告说“雅士谷或埃普索姆赛马场更全面、更诱人的赛马百货公司”。这个跑马场生意没有兴隆起来，自 1840 年以来，整个地面建满了房屋和别墅。

于是，这里渐渐地呈现眼前这番模样，但其间经过一连串循环的商业投机和破产，从而使这个地区赋染了另一典型特色。1820 年，詹姆斯·拉德布鲁克企图开发这片地区，但计划落空。19 世纪 40 年代经济繁荣期间，投机商们在此作大规模的开发，19 世纪 50 年代经济崩溃之时，全都纷纷破产。19 世纪 60 年代，《建筑新闻》将诺丁山形容为“埋葬希望的墓地……赤裸的残骸、碎裂的装饰、断裂的墙壁、黏糊的水泥。所有碰触这个地方的人，都会因冒险而劳心蚀本”。自那个时期以来，衰退与复苏这个图式持续存在。譬如，在 19 世纪 70 年代，有些商业区和住宅区复苏，但接下来的年代里，这个地区有些较可观的新鲜方面便又开始衰退。都市开发拓展到伯爵宫停滞不前之时，复苏的潮流开始偏向诺丁山，在 19 世纪 90 年代势头增强。然而，及至 20 世纪早期年代，肯辛顿公园花园及其周边粉饰灰泥的大宅开始褪色、剥落。及至 1930 年，竣工不到一百年，这些大宅就已被分隔为公寓，曾经被称为“中上层阶级”的地方，住进了“维也纳教授、印度学生、租卧室兼起居室做生意的女孩”。这份描述出自奥斯伯特·兰卡斯特，在“爱德华七世时代房地产”缓慢衰退的时期，他就住在这里。

20 世纪 40 年代末与 50 年代，诺丁山破落为“贫民窟”，房东爱欺诈，出租公寓的窗玻璃破碎不堪。50 年代，正如之前的爱尔兰人，来自西印度群岛的移民聚居此地，这个现象转而导致暴动。60 年代和 70 年代初，正是因为这段混杂、多样化的历史，这里成为一些特殊群体的天堂，譬如那个时代的嬉皮士，需要声名不太光彩的轻松气氛，以便追求他们的生活方式。这里破败的街道、阴暗的阳台，再加上波托贝洛路的街市，营造了一股欢乐的荒废气氛。80 年代，这里还举办节庆。在这里，我们具体而微地看到伦敦多种文化更迭的过程。

然后，以都市生活那种殊异、本能的进程，这个地区的境况似乎在缓慢地变化。也许在 1967 年可以看出这个变化的前兆，当时，诺丁山大片地区被纳入一部《环境保护法案》的保护范围，从而19世纪40年代和50年代最初修筑的街道成为享有特权的区域，投机商和开发商不能再来染指。20世纪70年代末，这些特殊的地位再度吸引来了五十年前离去的伦敦富人。这个地区逐渐恢复原初拉毛粉饰的光鲜面貌。在2000年，走下肯辛顿公园花园，感觉就像走在一百五十年前最初铺砌的宽阔大道上。

近年来，这个地区有了某种稳固与顽强的感觉。这时不再似从前那般易变、多样化。诺丁山地处全球化程度令人眼花缭乱的女王大道（巴别塔曾经造在这里）与悲凉的牧羊人市集之间，这里如同脚踏实地的安宁都市生活的飞地。诺丁山接纳过去的历史，将其融进自己的存在，从而，诺丁山今日的夏季狂欢节确实是都市大融合的节庆。当然，这里仍有相对贫穷的地方，譬如肯萨尔地产公司的特瑞李克大楼，兀然耸立，遮蔽北面的天空，给笼罩在它阴影之下的高尔邦尔路市集渲染了一层陈旧、贫穷的集体生活气息。也是在这里，哈罗路北端的西基尔伯恩最早呈现纵横交错的街道的雏形。不过，最要紧的是，诺丁山寻回了自己的魅力与好兴致，主要是因为它终于接受了自己的命运。

向东北走，你就会遇见凄凉的帕丁顿，这里向来被斥责为中转站、短暂的栖息地。在这层意义上，这里跟其他进城的门户没有两样。譬如，国王十字火车终点站的周边地区，吸引一大群流浪汉，欺负斗胆走上火车站周围街道的旅客和游人。维多利亚火车站周边地区也是毫无特色、十分凄惨。但帕丁顿荒凉得出奇、独特。这里是多种意义上的中转站，因为这里曾是泰伯恩刑场。克莱文勋爵也捐赠了一些土地，如今修建为克莱文园，倘若伦敦再次发瘟疫的话，这里必会变成乱葬岗。料想克莱文园目前的居民没有意识到这个高尚的意旨。火车站旁的医院，原初建筑的阴暗棕色砖墙依然以独有的方式散发短暂与死亡的气息。在铁道线和医院出现之前，威廉·布莱克就说过，帕丁顿总是“悲伤，永在哭泣”，这层寓意似乎是说，我们都是过路的旅人。

倘若再朝东北走，经过1820年阴谋者聚头的卡托街，经过彼时的新路，如今称作马里波恩路，再经过尤斯顿路，走过老尤斯顿拱门崩折的石柱，走过荒凉、阴风呼啸的国王十字，走过德鲁伊祭司曾经献祭的本顿维尔山，走过部落的羊肠小道——位于天使的现代街道之下，这就到了伊斯灵顿。

在这里，罗马人抵抗布狄卡的进攻。考古挖掘出罗马人在巴恩斯伯里扎营的证迹，国王十字周边地区曾被称为战桥。这里有一条早已被遗忘的小路，叫作老妪丛巷，如今掩埋在利物浦路之下。伊斯灵顿绿地东南角有一处古不列颠定居地。撒克逊王艾塞尔伯特将伊斯灵顿赐予圣保罗大教堂的教士团（因此这里的别名为卡农贝利），据《土地清丈册》记载，教会领袖掌握这里约五百英亩的土地。菲茨—斯蒂芬形容这个地方为“田野适于放牧，草地空旷，十分宜人，河水流淌，风车转动，发出愉快的声响……田野尽头是无际的森林，点缀着树林、灌木丛，到处是为野生动物所设的兽穴、洞窟……各种野味：鹿、野兔、熊、野牛”。在这里，水这个主题意味深长，因为水资源将会主宰伊斯灵顿之后的历史，成为健康和康复的源泉。这里地处城市管辖之外，狩猎活动也是从来不曾间断，因此，数千年来，这里一直是平常困在城里的人们前来消遣、娱乐的天堂。亨利二世时代（1154—1189），“市民们在伊斯灵顿原野上玩球、骑马锻炼、逗鸟，诸如鹞和苍鹰，放狗逐野味”。16 世纪，斯托将伊斯灵顿描绘为“开放的原野，市民们在此散步、射箭等等，在清新、健康的空气里恢复疲惫的精神”。天使南面的原野上设置了射箭场，在 18 世纪的地图上，大约可以分辨出两百多处“靶子”，最出色的弓箭手被冠以“伊斯灵顿的侯爵”“克拉肯维尔的女侯爵”“潘克勒杰伯爵”等封号。

正是在伊斯灵顿，沃尔特·雷利爵士初次抽到烟草。他的住宅原址后来成为市民寻找消遣的客栈。伊斯灵顿以旅店著称，其中最著名的有三顶帽楼、哥本哈根楼、白渠楼，还有天使客栈（整个地区便是取了这家宜人的店名）。这里还有沙德勒泉、伊斯灵顿温泉、新泉、温泉原野的万神庙、洛索曼街的英格兰洞窟、伦敦温泉、梅林洞、旮旯里的豪克莱、巴尼格井、雷律师学院的恰司井、本顿维尔的皮尼佛莱泉；整片地方随处可见露天茶座、游步道、娱乐活动。1823 年，伦敦伟大且浪漫的古物研究者查尔斯·兰姆就在这里定居，据威廉·哈兹里特所说：“对‘快活的伊斯灵顿’古迹产生极大的兴趣……也拜访了古老的客栈，他在老女王头客栈抽烟斗，痛饮深棕色的艾尔啤酒。”两年后，兰姆依然感受着伊斯灵顿给他带来的这份解脱感，说道：“就像从人生转进了永恒……现在天天都是圣日，所以就没有了圣日……短暂的假日，才需要寻找乐趣，至于我，仅在人生短暂这层意义上，我的假日才算作短暂。自由与人生共存!”正因为如此，那么多歌谣颂唱伊斯灵顿，譬如《伊斯灵顿法警的女儿》《汤姆，伊斯灵顿的汤姆》等等。数世纪以来，这里一直是无拘无束的天堂。

但查尔斯·兰姆的住所科尔布鲁克村舍，开始来了新邻居，然后房舍连绵，变成了排屋，继而，随着伦敦往北扩张，他的房子被一排排的排屋淹没。

19 世纪初，科尔溪村舍周边建造了“极狭小逼仄的房子”，结果只能沦为贫民窟。19 世纪 30 年代，北安普顿房地产在空地上建造廉价的经济公寓，十六年后，帕金顿房地产在这里修筑一系列纵横交错的宽阔街道，至今这个地区依然保留这个开发商的名字。整个地区很快盖满了排屋、别墅，以及赋有伦敦扩张特色的带状发展模式。1863 年，一期《建筑新闻》称伊斯灵顿“被分拨给各建筑商的花哨地皮上，如今已立起密压压的街道和排屋”。所有那些住进新排屋的居民，每日都须进城工作。狄更斯在早期写作里提到这些人。“清晨，住在萨默塞特、卡姆登镇、伊斯灵顿、本顿维尔的职员，匆匆涌进城，脚步朝向法院巷和法院旅馆。中年男子（薪水绝对不曾随着家庭人口而上涨）迈着沉重的步伐，显然除了关税卡，眼前不见一物，瞟一眼就知道遇见或赶超的每一个人，因为过去二十年里，他们每天碰面（星期天除外），但不跟任何人交谈……办公室跑腿的伙计戴着大帽……帽匠和束身衣裁缝的学徒。”可以想见，所有这些人走向伦敦城，随着他们一路稳步走近，他们的个人特征也逐渐地消失。狄更斯对伊斯灵顿赋有浓厚的兴趣，将数个角色放置在这附近，给他们派的角色都是职员。譬如，波特斯、史密瑟斯、贾比都是在伊斯灵顿和本顿维尔工作的职员，好似跟经济与权力中心毗邻的那些地区都赋有附属的雇员职能。

当穷人朝北迁徙之时，较富裕的伦敦人则更往城外去，迁到西德纳姆或彭奇。于是，渐渐地，伊斯灵顿变得越来越穷。在早期的照片上，可以看到一排排的排屋，都是两层或三四层的楼房，污秽的拉毛粉饰映衬着灰暗的砖墙，这些屋墙似乎无穷无尽地延伸。1945 年，奥威尔形容说，这里已变成“暗淡、棕色的贫民窟……他走上一条卵石路，道两旁立着两层的楼房，门口破败，直接面对人行道，诡异地让人联想到老鼠洞。卵石间布满了污水坑。让人惊异的是，无数人在那些阴暗的门口、大道分岔的狭巷进出……街头可以看到大约四分之一的窗户缺了玻璃，挡着纸板”。这段话摘自《一九八四》，这是一部关于未来的小说，这些细节却直接根据奥威尔对于埃塞克斯路旁那些街道的观察。好似这幅荒废的景象融进了他的灵魂，他开始相信伦敦将会永远如此肮脏、污秽、丑陋。伊斯灵顿将永远是伊斯灵顿。

的确，伊斯灵顿就是以这番苦相进入战后时期。据记载，“四分之三住户甚至缺乏自来水、室内厕所或浴室”。一个居民回忆说：“我们十六人合用一只马桶。”曾经是伦敦郊外村落的伊斯灵顿，已经转变为伦敦最大的贫民窟。然后，一种熟悉的图式很快占了上风。维多利亚和乔治时代的大片排屋被夷为平地，以便建造廉租公屋和高层建筑。然而，保护的必要性很快取代了摧毁的冲动。在这个方面，伊斯灵顿也许可以作为伦敦的代表，在这里，大规模改造的时尚被取而代之，因为保存与改善的欲望同等地急切。紧接着出现了地区与房屋等中产阶级化的过程，一般来说，中产阶级夫妻被伊斯灵顿当地政府拨款的“改善补助金”所吸引，开始到这个街区定居，开始恢复或重振这里的房产。他们是19世纪30年代和40年代那批人的直接继承人。事实上，整修过的街道确实赋有其原初的特征。当然也有弊端。较贫穷的“本地人”如今聚居在伊斯灵顿公屋，或者已经分散。在这个过程之中，丧失了什么？对于这一小块土地（虽则污秽）的归属感，无疑已经消失。或许更应该说，更易了主人。19世纪80年代和90年代，穷人驱走了伊斯灵顿较富有的居民，而他们在此聚居一百多年之后，转而也被驱逐。

然而，这里也引入一个较大的图式。伊斯灵顿曾有一个根深蒂固、鲜明的社区，现在则散发更显然的过客感。跟伦敦其他地区一样，这里变得更灵活，也更冷漠。然而，在这个过程中，也出现了强调都市各区域特色的矛盾现象。在改变过程中，伊斯灵顿重新习得最重要或者原初的身份。曾经以客栈和茶楼著称，如今这里的酒吧和餐馆享有盛名。上街两旁林立的餐馆，在比例上超过伦敦任何一个地区的数目，也许除索霍区之外；因此，这里恢复了以往欢快与好客的老牌子——隶属伦敦城之前便有的名声。每一个外观的变化，都潜伏着过去的影子。

市政路从伊斯灵顿分岔出去，直通向伦敦的老城墙。这条路先穿过老街，路东是肖尔迪奇和斯皮塔菲尔兹。这些曾经荒凉的地区依然留存着过往的痕迹。17世纪中叶，肖尔迪奇“名声不光彩，是娼妓出没之地”。在今天，这两个地区交汇处商业街阴暗的另一端，妓女依然在兜客，肖尔迪奇高街则以脱衣舞酒吧而声名狼藉，招徕当地居民，也吸引城里的绅士，他们象征性地从主教门出了伦敦老城墙，出城尽情享受。19世纪晚期，“老尼科尔”贫民窟酝酿出很多残暴的街头帮派，分散在老尼科尔街周围混乱的街巷里，这些街巷也许就是以撒旦本人的名字命名。暴力依然很兴旺，谋杀或自杀案，总是唤醒不那么新鲜的记忆。

肖尔迪奇这个地名源自肖尔渠（Soerditch），乃是一条通向泰晤士河的水沟，不过也可能暗示酸臭的阴沟。后来添加“shore”一词，大概是指某种东西搁浅或搁置。斯皮塔菲尔兹这个名字则挣脱了原意“spital”（病院），转而意指“啐唾”——某物被激烈地喷射出来。因此，这里成为难民的避难所。地名的错误词源学经常相当吻合一个地区的本质。

然后，我们继续走向索霍区的狩猎场，“So-ho”或“So-hoe”原是猎人纵马驰过这片原野之时打的呼哨声。如今，这里开满了性用品商店和脱衣舞俱乐部，狩猎对象则是另一种野味。在伦敦所有地区当中，这里最完整地保存了原貌。杰拉德街也许成了唐人街的中心，但约翰·德莱顿的旧居依然清晰可见。在索霍区，每条街都是一座纪念碑：这是马克思住过的，那是卡萨诺瓦住过的；这里住过卡纳莱托，那里住过德·昆西。

这里还有更深层的延续性，因为此地成为定居地之前，就已享有烹饪的美名。1598年，斯托写及索霍原野的水渠，说道：“市长大人阁下、市府参事，以及无数贵人驱车前来水渠……按照习俗，晚宴之前，他们先去狩猎一只野兔，将它宰杀，之后前往水渠头的宴会楼进餐，内务大臣在此款待无数人士。”这样说来，这个地区向来赋有宴会和欢乐的气氛。在16世纪名流要人宴饮的同一块地面，现代旅人仍可以去“欢乐的轻骑兵”“你去何方”或者“蜗牛”等餐馆进餐。

1623年，这里设置了堂区。1636年，据记载有些人居住在“索霍区旁的砖窑”，但直到17世纪70年代，这片地区才开始繁荣，北端莱斯特原野开发之时，相继修筑了杰拉德街、老康普顿街、希腊街、弗里斯街。早在1671年4月，王室颁布一道文告，严禁“在风车原野、狗原野以及毗邻的索霍原野建造小村舍以及其他房屋”，然而，一如既往地，这座城市的社会和商业需要总是否决王室的文告。

至于索霍区如何沾染了“放荡不羁”的气氛，其中的渊源难以捉摸。索霍区东边，大圣马丁巷旁的街坊里，早已有艺人和工匠定居，为富有或时尚人士提供服务。艺术工作室和艺校也开始集中到这里，随之不可避免了开起了酒店、咖啡馆。但这些都不曾直接影响索霍区的氛围。法国人突然大量涌来，对这里的环境造成重大的影响。梅特兰说，在新港市场和老康普顿街这片街坊里，“这个堂区的很多区域住满了法国人”。及至1688年，胡格诺教徒占满八百多间空屋或新屋，他们自然将底楼改装为“地道的法国式店面”，廉价的咖啡馆和餐馆，“就像巴黎城门旁那些”。于是，伦敦这片新兴的地区渐渐地被比拟为那座法国首府。一百五十多年以来，这里一直保持那股氛围，迟到1844年，索霍区依然被形容为“类似小气的法国”。据记载，“大多店铺全然法国式，显然纯粹供应侨民。这里有法语学校、葡萄酒店、法式餐馆，倘若英国人走进去，会让店家大感意外”。在21世纪初，索霍区最著名的机构也许要属于约克堂或法式酒吧，人称“法国人”。据说，第二次世界大战时法国抵抗运动期间，这里是聚会的地点。三百多年里，伦敦城内的一小片地面（仅数条街道和一个市集）也保持了本地的传统文化。

然而，这个英国人出现会让人“惊异”的法国移民聚居地，出现了一股古怪的陌生感，转而让其他国家的移民觉得住在这里更踏实。在某些方面，这里不是英国。高尔斯华绥在《福尔赛世家》里写道：“伦敦是个古怪、刺激的混合物，在其所有城区里，也许索霍区跟福尔赛家的精神最不般配……凌乱，挤满了希腊人、犹太人、猫、意大利人、番茄、餐馆、管风琴、彩色的东西、怪诞的名字，人们在楼上窗口张望，此地距离英国国民十分遥远。”以人口统计和买卖行业的术语来说，这里自始就是混居地。据《指南手册》说：“这个地区也是伦敦的外国人聚会的主要地点，很多人在此兜售艺人或技工的业余手艺。”这里有出售来自各时代和文化的旧家具的店，出售罗马时期或哈布斯堡王朝各色古董的古玩店、乐器制造工匠、印刷品店、瓷器匠、书店，还有艺术家和文人聚会的酒馆。诸如法国人俱乐部、侨民俱乐部等这样的现代酒吧，依然吸引诗人和画家。

就某方面而言，这样一种世代转移的现象是无法解释的。也许一个地区先前的名声吸引了新住户，从而就赋有一种类似广而告之的持续性。但这个说法不适合那些无由来地繁荣又衰退的城区。或许是胡格诺教徒逃脱同胞的酷行之后，在这里创造了自由和陌生的气氛，这种氛围依然逗留未散？很多移民确实从俄罗斯、匈牙利、意大利、希腊尾随而来。索霍区的圣安妮教堂墓地有一方石碑，铭文镌刻“此地附近埋葬科西嘉国王西奥多，于1756年12月11日在本堂区逝世，依《破产法》刚从国王法庭监狱释放出狱，遵此他将科西嘉王国登记为债权人利益转让”。他于1736年3月接位，但不能募集足够资金支付军饷，于是前来伦敦，却发觉债务缠身，随后被捕、落狱。1756年12月10日，他被释放，雇了一副轿子去索霍区小礼拜堂街一个熟人裁缝家。但他次日死去，葬礼的费用是老康普顿街一个油商代付。这样说来，一位异域国王就埋葬在索霍区中心，从而强调了此地为伦敦中心的异域土地这一声誉。这位穷困潦倒的流亡者，或许可以被视为此地名副其实的国王。

这里多样化和自由的声望也涉及其他形式的放纵，及至18世纪末，这里已是寻找高级妓女的出名场所。那个行业的一位著名人物，科内利斯夫人，每周在索霍广场南首伽丽丝乐楼招待聚会。楼外贴有一张通告，告示“恳请轿车、车夫切勿吵闹，或者捅彼此的车窗”，这份请求体现了出入堂区的每个人都深受此地混乱秩序之害。伽丽丝乐楼里举办化妆舞会，据一位目击者所说，主角是衣着暴露的女士，“违反法律，毁坏所有严肃的道德伦理”。科内利斯夫人也是伦敦一大令人敬畏的角色，盗贼与贵族一概不拒，以机敏、招摇的（虽有些庸俗）仪态主持客厅宴会。她既有雄心，又很跋扈，既风情万种，又尖刻；她在18世纪60年代和70年代呼风唤雨，直到后来一项时髦计划失败，“才隐退过私人生活”。她在骑士桥卖驴奶，1797年死在弗利特街监狱。

她正是典型的伦敦俱乐部女主人，一个比真实生活更大的角色，无人胆敢顶撞她，连喝得最糊涂或显贵的顾客也不敢。19世纪60年代，凯特·汉密尔顿和萨莉·萨瑟兰掌管声名可疑的“夜店”，凯特被形容为“以爱情女王的气派主持”衣着暴露的舞者宴会。有人为她作了精彩的描摹：“体重约二百八十磅，一副主持了无数欢乐夜场的面容。汉密尔顿夫人总穿一袭低胸夜礼服，呈显惊人的气场。从午夜到黎明，她啜着香槟，雾角般的嗓音，深谙如何收纵眼前的男女。”她的店开在莱斯特广场，及至19世纪中叶，这个广场被视为索霍区不法行为的据点，她的20世纪继承人缪里尔·贝尔彻经营侨民俱乐部，这间酒店位于座堂主任牧师街。她也是以雾角般刺耳（或许不那么嘹亮）的嗓音制服顾客，擅讲淫秽的笑话，只有粗人才会误以为是风趣。

事实上，索霍区自始就跟开朗、略有些辣手的女性相关联。1641年，“有个淫荡的女人”，名叫安娜·克拉克，不知何故“威胁要烧毁索霍的房子”，被责令保证不施此恶行。查尔斯街曾有一家著名的酒馆，名叫小淘气，店招牌是一个喝醉的妓女骑在一男子背上，手举一杯杜松子酒，她身旁的标牌写道，“她醉似母猪”。及至19世纪中叶，这个地区的男妓和女妓十分出名，相比伦巴底街，或者皮姆利科，这个街坊的“异国情调”提供了更开放的性行为。并且，这里邻近圣贾尔斯等贫民窟，也意味着顾客从来不会短缺新鲜的肉体。1957年，《沃尔芬登报告》的措施实行，才勉强阻止“女孩”上街；但她们转移到同一地区的狭室和阁楼。

这里有“阿盖尔楼”、劳伦特舞蹈学校、波特兰楼，还有其他无数娱乐场所。夜店和妓院变为夜总会，一分钱小戏班和廉价戏院变为脱衣舞店，赌博俱乐部变为酒吧。然而，纵使时间和时尚主导着外貌的更改，索霍区的基调和主旨依然如故。1982年，据估计大约有一百八十五家营业场所包含性产业，较新近的立法试图减弱这门生意，然而在新世纪初，索霍区依然是卖淫行业繁荣的中心。这个地区的精神也以另一种形式展现，在20世纪80年代和90年代，老康普顿街成为“同性恋”夜总会和俱乐部的聚集地。今天，索霍区那些狭窄的街道总是人头攒动，人们寻找性伴侣、热闹或者刺激；这里保留了“反常的惊险刺激”的精神，似乎跟分别位于南北两端的蓓尔美尔街的俱乐部或牛津街的店铺是迥异的世界。

然而，这完全不出人意外。伦敦每个地区都有明确的特征，得到时间和历史的滋养；它们共同构成这座城市大运动里的千百个旋涡。我们根本不可能平静地将它们同时收在眼底，或者想象为一个整体，因为所得到的总体印象只能是冲突和对比。然而，伦敦正是在这些冲突和对比之中浮现，就像是从碰撞和矛盾里迸出来。在这层意义上，伦敦的起源跟宇宙之始一般神秘。

LONDON

The Biography

伦敦河川

第五十七章

你带不走泰晤士

泰晤士河一直是贸易之河。格雷夫森德种水芹菜的、图利街烤饼干的、搞托运的、沃平卖船具的、椴树舍搓绳索的，所有这些行业都靠泰晤士河为生。以河上贸易为主题的伟大绘画作品，都描绘仓库、精炼厂、啤酒厂、建材仓库，所有这些都印证这条河的权能和权威。它在城里的支配地位早在罗马人来临之前便已深入人心。早在公元前 3000 年，铜和锡就在这条河上运输，及至公元前 1500 年，由于河上贸易，构成伦敦的这片地方便开始支配埃塞克斯地区。也许正因为如此，宗教仪式的物件被掷进河里，从此一直沉埋着，及至新近考古才挖掘出来。

这座城市本身的特征和外观深受泰晤士河的影响。这座城市曾是“拥挤的码头和人潮汹涌的河岸”，河面不休地“划过勤快的船桨”。伦敦的动态和能量是马匹的动态和泰晤士河的能量。泰晤士河每日带进上千船队。威尼斯的桨帆船、低地国家的三桅船，争相抢夺河畔的位置。河面则挤满了驳船、渡船，载送市民过河。

泰晤士河另一大贸易价值在于渔业，我们读到，15 世纪有“比目鱼、拟鲤、雅罗鱼、狗鱼、丁鲷”，都是以芝士和板油为饵垂钓的。还有鳗鱼、大马哈鱼、鲤、七鳃鳗、大虾、胡瓜鱼、鲟。无数船只在河上做买卖。驳船、三桅船跟小舟并排行驶，还有双桨船，或者工人的划船、牡蛎船、渡船、蛾螺船。

大多伦敦人直接以河为生，或者靠河上运输的货物为生。14、15 世纪的文献记载了众多泰晤士河职业，譬如，维护河道安全的“护河员”、负责涨潮时河堤或河畔建筑安全的“潮工”等。还有船工、捕鳗人、巡警、桨帆船工、渡船工、柴船工、水手、造船工、喊号工、打桩工、敲铃工、水警、水工。据记载，捕鱼的方法不下四十九种，诸如渔网、鱼梁、围篱、柳条篮等。还有其他很多工种，譬如修筑河坝、堤防、漂浮码头、防波堤，以及修理水门、堤道、码头、河阶等。可以说，这是泰晤士河的早期阶段，作为这座城市发展和贸易的中心，一派生机盎然。

不过，这条河继而触动了诗人和编年史家的想象力。于是，泰晤士河成为一条壮丽的河流，王室和外交官视其为黄金大道。大游艇“张饰结彩，飘拂着丝绸彩旗”，其他航船“富丽地镶嵌着徽章标志”；很多船张起丝绸篷盖或帘幕，周围簇拥着划艇，满载着商贾或牧师或侍臣。正是在16世纪初这个时期，伦敦水工的船桨缠绕在河面的睡莲丛中，“伴随长笛的节奏”，那音乐令“木桨拍打的河水流淌得更快”。14、15世纪的水工们各自吆喝，泰晤士河总是跟歌谣和音乐密不可分。

外交官进城或皇家婚典之时，可以听到更正式的音乐，这乐声不是随潮汐涨退，而是跟随历史的潮流。1540年，亨利八世及其第四任妻子克里维斯的安妮婚礼当日走水路前往威斯敏斯特，护拥他们的游艇“华丽地飘着旗帜、燕尾旗、彩饰”，游艇上“乐器演奏悦耳的旋律”。在亨利八世前次的婚典上，1533年，他的第二任妻子安妮·博林从格林尼治进伦敦城，“小号、桑姆管等各种乐器，一路演奏宏伟的旋律”。她的进城典礼是史册所载泰晤士河面最壮观的盛会，市长大人的座船领航，“艇上旗帜、燕尾旗飘摇，悬挂富丽的帘幕，游艇船身装饰金属盾形徽章，悬挂在金银丝带之下”。紧跟其后的是一艘平展的船只，颇似水上舞台，“一头怒龙腾跃，龙尾蟠屈，喷吐烈焰”。在这里，泰晤士河的自由激发了奢华的场面和音乐的灵感。市长大人的座船之后，追随着五十艘行业和公会的游艇，“全都装饰彩带，华丽非凡，船上载各种乐队”。贸易在泰晤士河面奏乐欢庆，而这条河本身就是财富的渠道。

然而，泰晤士河显然既能容纳较传统的货物，也能容纳超自然的力量。这条河流一向被形容为银色，是炼金术所用的神奇媒介，是斯宾塞的“泰晤士河银川”，继而是赫里克的“泰晤士河银足”以及蒲柏的“银色泰晤士”。赫里克还引入山泽仙女和水中精灵，但他的基调是传达一种忧伤的遗憾，被迫告别这条河，离开伦敦去乡间——不再有沐浴河中的夏日甜蜜傍晚，不再能去奇蒙、金斯敦、安普敦院游赏，不再能在这里“上船、下船，或者安全地抵达彼岸”。

迈克尔·德雷顿也呼唤“银色泰晤士”，使用“最清澈的水晶之流”这个熟悉的比喻，蒲柏则形容它为“泰晤士老父”，“闪烁的银角弥漫着金光”。人们通常认为河川为伦敦城的雄性氛围增添女性气质，而泰晤士河却断无柔媚气质。它是“老父”，也许还有些可怕，或者原始，类似威廉·布莱克的“诺伯达蒂”。

从远处眺望，它似一片船桅森林；河面每日约有两千艘船只往来，还有近三千名水工，他们当时赋有十分恶劣的名声，横行霸道地把船摇向四面八方，载运货物。“伦敦塘”，也是伦敦桥和伦敦塔之间的这片地区，密密压压地、不留间隙地挤满了游艇、木桨船、大帆船，16 世纪中叶一幅地图显示，船只泊在河阶旁，这些都是前往首府的中转站。在这幅地图上，街道几乎不见任何活动迹象，而河面则一片繁荣景象。这个夸张的手法诚然情有可原，因为其意图是强调泰晤士河的首要地位。在这里，有个伦敦故事很贴切。有一位国王，由于伦敦市政府不肯资助他的冒险活动，盛怒异常，便威胁说要将朝堂搬到温切斯特或牛津，市长大人答道：“陛下您尽管从容搬迁，您的朝堂、议会，尽管搬到您圣意所向的无论哪个地方，反正伦敦的商人仍有一大慰藉——您带不走泰晤士。”

1636 年 12 月，温斯劳斯·霍拉抵达英格兰之时，从格雷夫森德乘游艇来到伦敦，他被安排住在阿伦德尔楼，紧挨着泰晤士河，从而他对伦敦的最初印象来自这条河。他的素描速写和蚀刻画充满了宽阔的河面、水面的光影、涌溢到河岸和堤防之外的水上无休的活动。河上挤满了船只、游艇，似乎在水面飞掠，两岸则连绵排列着静谧的矮房。在他描绘的城市全景图上，散发出生命气息的正是这条河流。街巷和房屋似乎空无一人，好似整个伦敦全都聚集到了河边。图上显眼地标示每个码头：“保鲁斯码头……女王码头……三鹤……斯蒂利拉……科勒码头……老天鹅。”河阶和漂浮码头上，微小的人影在忙碌奔走。各色来往船只为大片明亮的水面添赋了深度和趣味，有些标注了船名；“鳗鱼船”穿梭在装载蔬果的驳船中间，小舟载送二三乘客过河。伦敦桥下泊着很多大船，四周则是港口的忙乱景象。这幅蚀刻画的右角是一尊水神像（泰晤士河老父）手持一瓮，倒出一群鱼。这尊神像成就了泰晤士河作为权力和生命之源的意象。正如在前基督教时代，河上的天鹅处于阿波罗和维纳斯的庇护之下，这条河也被纳入神祇的羽翼。这里赋有意味的是，霍拉所描绘的古典神祇，指向“伦敦”字样的漩涡花饰，这个神祇正是贸易之神墨丘利。

霍拉的观察视角是在河南岸高处，位于伦敦桥西。这是一个真实的地点，位于圣马利亚奥弗丽教堂顶（即今日的萨瑟克大教堂），但此处后来成为常规或理想的视角。克拉斯·简斯·菲舍尔早期一幅蚀刻画也是在附近取景，但图上假设更往西的高度。这个假想的角度使他得以描绘更繁忙的河景，他更是借用伦敦城的拉丁语铭文（emporium que toto orbe celeberrimum，即全世界最著名的市场）加以强调。这幅略带虚构的地形描绘图赋有强大的说服力，深刻地影响了后世的艺术家和蚀刻画家。他们在颂扬泰晤士河为这座城市的贸易命运的象征之时，坚持不懈地相互借鉴失误、虚假的视角。正如这条河曾是16、17世纪诗歌的伟大主题，它也是伦敦绘画的中心题材。

随着商业和贸易不断地繁荣，泰晤士河的重要性随之上升。据估计，1700年至1800年间，贸易容量增长三倍，河两岸从桥到伦敦塔之间有三十八座码头，下游有十九座。据估计，即便在1700年，伦敦码头运输全国80%的进口物资，69%的出口物资。河上运送的有茶叶和瓷器，来自东印度的棉花、胡椒，来自西印度的朗姆酒、咖啡、糖、可可，北美洲给泰晤士河送来烟草、玉米、大米、油，波罗的海国家则提供大麻织物、动物油脂、铁、亚麻布。丹尼尔·笛福描写贸易之流出入伦敦之时，将这条河比喻为伦敦的生命。

极难看到不描绘泰晤士河的伦敦绘画；绘画的取景视角有在威斯敏斯特码头、兰贝斯、萨瑟克。18世纪后半叶出版了三册十分流行的河景版画集：博伊德尔的《河景画集》（1770），爱尔兰的《泰晤士河优美河景画册》（1792），博伊德尔的《泰晤士河史》（1794—1796），其中最常见的“河景”是伦敦桥西的风景，在这片地区，市容修缮一新，跟庄严、高贵的河流景象相当般配。

当然，河景画的大师是卡纳莱托，他在绘画中创造了一座志在企及壮丽的城市。尤其是他的两幅姊妹图，《从萨默塞特府河阶望泰晤士河与远处的威斯敏斯特》和《从萨默塞特府河阶梯望泰晤士河与远处的伦敦城》，将伦敦在本质上估量为一座欧洲的高贵城市。在18世纪40年代，卡纳莱托前来伦敦，似乎是专程来描绘新竣工的威斯敏斯特桥，以便在审美上正式认可这座城市的最新公众建筑。然而他画笔下所绘的是一座理想化的城市和一条理想化的河。天空不见雾气和煤灰，从而房屋清晰地在光线里闪烁。泰晤士河清澈生翠，水面闪耀奇光异彩，河上的活动如此静谧、灿烂，从而他所画的不再是贸易景象，而是怡然闲适的图画。

以18世纪的泰晤士河为题材的较直接、贴切的绘画，出自通常所谓的不列颠画派，不过，也许可以称之为伦敦画派。譬如，威廉·马洛的《淡水码头》《伦敦桥》《威斯敏斯特与阿德菲之间的伦敦河滨》，所描绘的细节为画面增添了动人的力量。淡水码头的图画展现码头上的活动，木酒桶、橄榄罐、大捆大捆的货物被接收、查验或卸下；伦敦桥北面的脚手架和围篱表示桥上的店铺和房屋刚被拆除。伦敦河滨图的细节也赋有动人的力量。在这幅图上，看得见白金汉宫街和亚当街，以及约克建筑供水公司的塔楼和烟囱。前景则显示凌乱、肮脏的河面一派忙乱的景象。身穿脏罩衣的工人正在卸煤船，一个妇女，身边摆着一堆篮子，正乘船渡河。

正是在这样一个地方，正是在这些活动中间，1775 年出生于梅登巷的透纳，将年轻的想象力投注到泰晤士河。在《现代画家》（1843）里，约翰·罗斯金描述这位画家的童年之时，说他密切地关注“城市的贸易工作，从俯瞰泰晤士河的无数仓库，到泰晤士河巷散发鲱鱼腥味的修理店，无所不及”。在这些地方，他走进驳船和船只的世界，“伦敦桥上那座神秘的森林——比树木或松树或香桃木丛更适合小男孩”。换句话说，透纳儿时从伦敦和泰晤士河汲取灵感，而不是靠观看传统的、田园式的风景画。罗斯金接着揣测：“试想他必是如何地纠缠着水工们，哀求他们允许他趴在船头，保证安静得像根木头，于是他就能在那些船只中间、旁边、阴影之下，漂向河下游，出奇地观望、兴奋地攀爬；只有这些，才是世上最美的东西。”在透纳眼里，伟大的世界尽然展现在这座城市里、在泰晤士河上。

泰晤士河在他身边流淌，赋予他光线和运动。儿时，他走出梅登巷的家门，穿过河岸街，在通向泰晤士河的无数小巷里游荡。暮年，他在契内游步道眺望河面之时去世。这中间的大多岁月里，他就住在“河畔或者轻易走到河边的不远处”。这么说来，我们必须视透纳为真正的泰晤士河之子，比卡纳莱托或惠斯勒更合适描绘它。或者更应该说，正是通过他，这条河的精神得到最清晰、最荟蔚的展现。在有些画上，他为它披上古典美，让人联想起神话中曾经在河畔出没的众神和仙女。在另一些画上，他真实地描绘水面的活动。在他的早期速写里，有一幅《老黑衣修士桥》，他把桥墩画得似乎依旧漆黑、湿漉，以便强调河水的潮汐。有一幅早期水彩画《老伦敦桥》，体现了同样专注、细致的观察。在画面上，伦敦供水公司的水轮是焦点，桥外殉难者圣马格纳斯教堂的大钟显示时间是十点三十五分整，河水逆流而上。

船只靠岸时得到指派的抛锚点，肩并肩地停泊。驳艇或小船直接靠拢河岸，方便装货，然后划到上游的各大官方码头。鉴于伦敦塘这片地区过度拥挤的境况，这个过程十分迂回复杂，显然直接导致大规模的偷盗与欺诈。然后，议会经过一系列调查，终于决议修筑合适的港区，以便迅速有效处理、保管货物。于是便展开大规模的“湿船坞”工程。1799年通过《西印度船坞公司法案》，整个狗岛逐渐变为此公司的船坞区。接着，伦敦船坞造在沃平，东印度公司船坞造在布莱克沃尔，雪利船坞造在罗瑟海特码头。这是伦敦历史上最大规模的私人投资工程。船坞区修造了堡垒式的大型建筑，安装大门和高墙，旁边是面积约三百英亩的人工湖。狗岛曾是沼泽荒原，被转变为类似牢房的优美岛屿。同时代的艺术家威廉·丹尼尔所绘的速写和凹版腐蚀版画，描绘了无数砖砌大仓库。从奥德门到椴树舍之间修了一条新路，联接船坞区与伦敦市中心，沿路拆毁数以百计的房舍，使得伦敦城东的旧貌丧失殆尽。在这层意义上，贸易路这个街名十分贴切，因为这个改变纯粹为了经济利润。西印度公司船坞的奠基石镌刻着这句铭文：“愿上帝庇护，此事业将促进不列颠贸易的稳定、繁荣、光荣。”为使船坞区联接更广大的世界，这里便修筑了摄政运河，一条航道朝西交汇帕丁顿盆地的大联盟运河带来了更深刻的变化。这座城市再次敞向更多的货物和交通。

在当时，这项工程被视为近乎幻想的事迹，成为商业成就的完美典型。沃平的烟草仓库被赞颂，“除埃及的金字塔之外，这个屋顶之下的占地面积超过其他所有公众建筑或事业”。沃平很多仓库都是出自丹尼尔·阿舍·亚历山大之手，他也设计了达特穆尔和梅德斯通的监狱。或许我们可以从中看到金钱与权力之间的本质关联。有一位建筑史家比较亚历山大的建筑与皮拉内西的建筑蚀刻画，约翰·萨默森爵士在《乔治王朝时代的伦敦》里写道：“柯勒律治翻阅《透视法作品集》之时，年轻的德·昆西则迷失于皮拉内西式的狂喜中。亚历山大将这些罗马时代的国家监狱建造为牢房和仓库。”在这里，金钱和权力被赋予幻想或神话般的潜能。

以船坞修造工程为题材的素描和蚀刻画，也展现宏大的视野和大量工人，以便强调这项事业的规模。竣工之时，围观的人群如堵；泰晤士河支流涌入盆地之间，围观的人群如堵；运河首次通航之时，围观的人群如堵。1872年，魏尔伦写道，这些事业如此宏大，类似“古代河川流域文明的水利工程”，暗示着伦敦的河道项目唤醒了人们对于古老帝国的记忆。他说道：“这些船坞非笔墨所能形容，腓尼基的名港推罗和迦太基合二为一！”他和同伴兰波一连数小时穿梭在这片广阔地区，观看数不尽的货物、数不尽的人们挨肩擦膀地奔忙。艾妮德·斯塔基在兰波的传记里写道：“他们听到陌生的语言，看到货物包印着他们所不能辨认的神秘标记。”詹姆斯·惠斯勒通常被视为召唤起泰晤士河诗歌意境的画家，描绘河水淡隐在雾气或沐浴在阳光之中的景象，然而这个看法忽略了他作为泰晤士河画家的另一半成就。在他早期以塔桥和沃平之间泰晤士河为题材的作品里，画面的焦点总是放在码头和仓库，在这些地方，劳动和贸易是伦敦持续不变的、本质的元素。事实上，波德莱尔被这些蚀刻画打动，说这些画展现了“一座宏大都城的深邃、繁复的诗歌意境”。

在这里，混乱的经验混合着神秘的感觉——感觉某种陌生的活物，在这座城市生命的中心徘徊。古斯塔夫·多雷的蚀刻画也体现了这份感觉，将码头的板车夫、脚夫、水手、苦力描绘为幽暗、无特征的人影，虔诚地照料伦敦的贸易，犹如古时的宗教献身者。正如画面前景耸立的密压压的船帆和船桅，仓库和海关楼通常也笼罩在阴影和明暗对照里。偶然看见漆黑的水面跳跃着闪光，河水浸透了“煤炭的黑、靛蓝色染料的蓝、潮水的棕、面粉的白、葡萄酒的紫，或者烟草的棕”。这些都是多雷乍看之下所见的颜色，是“你们伦敦的一大壮观景象”。他的画面也让人联想起皮拉内西的形象，帆具、桅杆、船索、陆桥、木板交融一起，形成一幅纷乱不息的图画。另一位法国观察者加布里埃尔·穆雷写道：“整个民族辛勤地给大船卸货，驳船上人群涌动，黑暗的人影轮廓模糊，有节奏地移动，填补画面的空白，赋予画面以活动的气息。在远处，在无垠的棚屋和仓库所构成的地平线上，密密麻麻的船桅犹如冬天光秃的森林，枝条优美、夸张，好似能够在地球上所有气候下生长的空气树。”

由于船坞已经成为一大造物奇迹，很多旅人觉得有必要到此一游。访客须先搞到介绍信，将自己引荐给船坞的船长，然后在河堤的河阶前雇船，趁退潮前出发。这段话摘自一个法国访客在 1810 年写下的日记：“你会看到两旁都泊着船，很多荷兰人、丹麦人、瑞典人，我揣想都是有执照的，还有很多美国人。”1787 年，有个德国人也提及同一话题：“这是一个躁动不息的地方，总是喧嚣，人群骚动……码头宽阔，大仓库壮观如同宫殿。”这位访客也评论说：“在这附近，田园乐趣似乎显得无比遥远。”在格林尼治和格雷夫森德，泰晤士河上确实曾见这些乐趣，但这座城市的贸易机制似乎已经将之彻底抹除。1826 年，皮克勒·穆斯考亲王参观船坞之时，不得不承认：“实在惊人，让人不由得敬畏英格兰的伟大和权能……一切都是宏大的规模”，“蔗糖足以使附近的盆地变甜，朗姆酒足以使半个英格兰喝醉”。他也提及每年九百万只橙子、一万两千吨葡萄干抵达港口。这位巡游大公刚参观过城里的啤酒厂，在看过船坞之后，接着去看畸形秀。这样说来，伦敦的壮观工程融进反常的变幻景象。

实际上，这些船坞的历史是泰晤士河贸易在19、20世纪的主要故事。这个故事讲的是河畔大道在一百五十年间的忙碌生活。在贸易路和泰晤士河街之间，无数小巷通向河岸，马车、板车川流不息；米勒巷、鸭掌巷、熏鲱街填满了板车、马匹、起重机、人类的喧嚣，交织着铁道上传来的汽笛声。泰晤士河畔则是一片纷乱的商业活动，工厂和仓库造得尽可能临近水面，码头、磨坊、陆桥在人类的活动之下震颤。再往上游去，在萨瑟克桥和黑衣修士桥之间，河畔的景象起了微妙的变化；这里的仓库和房屋较陈旧、破败。这些房屋跌向水面，既狭窄又倾弛，旁边则有很多小胡同的入口，可以看见一袋袋、一桶桶的货物从河边运进城。拉德门旁可以看到一座庞大的蒸汽面粉厂，河对面则是工厂林立的烟囱。这是名副其实的商贸基地，两岸都开满了金融机构。

不过，泰晤士河面也有不那么严肃的买卖。这里有票价半便士、一便士、两便士的汽船往来格林尼治或格雷夫森德、拉姆斯盖特门和马盖特门。有大船前往多佛、布洛涅、奥斯坦德、莱茵；有沿岸货船前往伊普斯威奇、雅茅斯、赫尔；有汽船前往南安普敦、普利茅斯、兰兹角。还有去基尤、里士满、安普顿院的慢船，船上配有乐队。

再者，河岸线之外还有大批商铺，仰赖泰晤士河及其潮汐为生，譬如修船厂、水手膳宿、酒馆、航海器具店、脚夫的小屋、苹果摊、牡蛎店，都在等候顾客。街头的全部活动都是迎合这条河的需要。看，一伙水手从出租马车上跳下，涌进酒馆，街头有一辆马车出了故障，随即吸引大群看客，城墙和桥头之间到处回荡着无尽的说笑声。“作兴了！”“我给它弄弄。”“它倒厉害了！”

及至1930年，伦敦的港口和船坞占地七百英亩，雇佣十万人口，运输三千五百万吨货物。另外还有近两千座河畔码头。也是在这个时期，诸如石油生产和食物加工等重工业也集中在河边，好似向泰晤士河古老的贸易历史致敬。诸如木材、化学制品等其他产业，则利用摄政运河、利河作为联接泰晤士河的渠道。

在接下来的年代里，“快节奏处理方式”以叉车和高速起重机搬运货物，急剧地提升了泰晤士河的贸易量，然而，及至20世纪60年代，工业进程里同样快节奏的改变令船坞几乎被荒废。集装箱运输这一新现象（货物装在大货柜，从船上直接搬进卡车）完全排除了仓库体系。这些货柜如此巨大，不是19世纪早期的船坞所能应付的。

如今，这些船坞一片沉寂，在记忆里，19世纪早期的大建筑变成了荒原。

1967年，东印度公司船坞关闭，仅两年之后，伦敦船坞和圣凯瑟琳船坞相继关闭。西印度公司船坞一直开到1980年，然而及至此时，这片地区活跃而忙碌的景象似乎永远地消失了。伦敦东区的经济极其枯竭，失业的居民占相当高的比例。然后，十年后，这片荒地上盖起崭新的建筑，旧仓库翻新，人称为码头区，这个现象印证了伦敦生命本质的潮解与复兴的循环。在《伦敦的公路和小道》（1920）里，库克夫人这样评说泰晤士河："没有什么似新生的能量一般摧毁古迹，没有什么似新鲜事物一般抹除旧事物。"

在圣凯瑟琳船坞的荒地上，建起了一座宾馆和世界贸易大楼。至少，世界贸易大楼这幢建筑选址十分得宜，因为两千多年来，这条古老的河流一直承载着世界的贸易。其他船坞也以类似的方式开展修复工程，不过，其中最壮观的要属塔桥与希尔内斯之间被称为东泰晤士走廊的复兴工程。

在21世纪，泰晤士河吸引金钱和企业的那股神秘的贸易能力不会有所削弱。狗岛那些写字楼的规模，只可比拟为从前西印度公司船坞在此地铺展的场面。这两大工程，一个在1806年，另一个在1986年，引人注目的都是其庞大的规模。也是以伦敦典型的办事方式，这两大工程都是投机商和商人的私人投资，附以税收优惠这一低调的政府协助，并且政府也为这两项工程配备了新的交通方式。码头区铺设了轻轨，其规模和特征类似20世纪后期版本的贸易路。18世纪晚期建造的不伦瑞克船坞，西码头耸立着一座约一百二十英尺高的船桅制造厂，无数年间一直俯瞰这片地区，象征这里的海上贸易和伦敦的海上权力。如今，在不远处，金丝雀码头大厦担负起类似的职能，作为权力和贸易的纪念碑。泰晤士河一直流淌，依潮汐起伏，或轻缓或汹涌，它那崇丽的歌声还未终结。

第五十八章

黑暗的泰晤士河

自远古时代以来，这就是一条死人的河流，当地人的尸体被托付给泰晤士河看管。切尔西发掘出来的人类骷髅数目如此之大，以至于这条河被冠名为“我们的凯尔特各各他”。正如约瑟夫·康拉德这样描绘泰晤士的另一条河：“这里也一直是地球上一个黑暗的地方。”河的名字派生自凯尔特的词语，“tamasa”，意为“黑暗之河”。在现代，鉴于我们总能看见孤独、悲伤的人们凝视汹涌的河底，岂有理由否认过去那些如此众多的影响和关联？1827年，德国诗人海因里希·海涅形容道：“黄昏时代，我站在滑铁卢桥上，低头望着泰晤士河水，心底涌起一股沉重的感觉……同时，脑海里回荡起无比悲伤的故事。”

这条河包含无数这样的故事，河两岸的“死人屋”可以为此作证。借用到处张贴的告示措辞，“被发现淹毙”的尸体被放在这些房屋里。每周有三四具自杀或意外淹死的尸体，搁到木架上，或装进木质的“壳”里，等候堂区长和验尸官抽空来查验。海涅接着宣告：“我的精神如此沉痛，热泪抑制不住地冲出眼眶。它们落进泰晤士，游向辽阔的大海。大海已经不假思索地吞没那么多人类的眼泪。”或许可以说，这条河早已吞没他们。桥上那些收过桥费的，素以乐意讨论自杀这个话题著称——譬如一日几人，如何难以阻止，还有跳下之后如何难以寻找尸身。在这层意义上说，这条河确实成为伦敦压迫的象征。它会带走人生的全部希望和雄心壮志，或者弄得面目全非之后再交出来。

河岸是城墙砌石与河水永恒交叠的标志，岸边落满了船只的残骸和都市的垃圾；在这里，你会看到金属残片、烂木板、酒瓶、罐头、煤灰、断绳以及不知有何用途或来源的纸片。这条河也影响城市的构成，在《我们共同的朋友》里，狄更斯将这种影响力形容为“水的破坏力——令黄铜褪色、木头腐烂、石头穿孔、河岸生苔”。

河边的那些小社区，成为一幅都市荒凉的图画。在19世纪，德特福德地区被称为“这座伟大城市故事里最糟糕的章节”。贸易活动撤离之后，这里记载了城市的衰败，“泥泞、让人抑郁的河岸……空荡而沉寂的荒废工场”。用布兰查德·杰罗尔德的话说，这是一片“死岸”；却又不曾死寂到周围不见居民靠泰晤士河的残渣为生的地步。他们是这条河的子民。他们也住在沙德井（Shadwell，阴影之井）。20世纪早期，在这里，“人们的房屋是四方形、漆黑、低矮”。“临对狭巷的墙壁单薄，又没有窗户。”黑暗的河水映衬着周边黑暗的建筑，使得泰晤士河变得“无形”。河对岸，罗瑟海特码头街附近就是著名的贫民窟雅各布岛，也被“运煤船的灰尘、屋顶低矮的密集房屋冒出的煤烟”熏得一团漆黑。曾经是波光粼粼的水面，倒映、照亮河两岸光鲜的建筑，而在19世纪，黑暗呼应黑暗。雅各布岛也是“伦敦无数隐匿角落当中最肮脏、最古怪、最奇特的地方，大多伦敦人根本不知有这个地方，甚至没有听过这个地名”。

这条河所包容的正是那些无名和隐密的元素。康拉德将河两岸的建筑比拟为“尚无人探索的寂静荒野上丛生的灌木和缠绕的藤蔓，这些建筑掩饰伦敦变化无穷、动荡不息的生活……在夜间，伦敦的泰晤士河畔就像森林的入口，漆黑又深邃”。有时，它变成那么黑、那么忧伤，简直不堪细看。《伦敦的夜》的作者斯蒂芬·格雷厄姆，描写自己沿着“伦敦城东泰晤士河下漫长、陌生的过道”这段朝圣之旅，“你往下走，你走回来，你身上负载着整个伦敦”。正如海涅描述自己看到这条黑暗河流之时所感觉的本能和直觉的悲伤，在斯蒂芬·格雷厄姆的书里，泰晤士河以及所有淹没其中的秘密也“在讲述一个永远捉摸不透的谜。这是伦敦的悲伤、负担、奴役的谜”。这条河给伦敦带来金钱和权力，而代价却是伦敦成为这两大阴险之物的奴隶。在其小说《下游》里，20世纪晚期的作家伊恩·辛克莱将泰晤士河形容为“疾速、循环、势不可挡。它给我们沉没、失明的慰藉：一贴黑泥敷剂，封住我们的双眼，永远不再看见人生的恐惧和痛苦……激情化作淤泥”。

难怪泰晤士河的水工以侮辱、恶劣的语言著称，从13世纪到19世纪一直如此。他们口中那些激烈、亵渎神灵的辱骂，通常被称为水话，伦敦每个人都难免领教一番。国王走水路之时，经常遭受此等谩骂，莫顿在《寻找伦敦》

(1951) 中提到："这些话倘在陆地上说了，会被当作叛国行为，而在泰晤士河上，则被视为玩笑。"据传说，亨德尔谱写《水上音乐组曲》(1714)，是为了"在新国王乔治一世首次游河典礼之时，淹没水工那洪水般的痛骂"。也许泰晤士河的古老赋予水工们某种言论放纵的许可证；在这层意义上说，这条河可被视为通常跟伦敦相关联的激进和平等主义的神髓。

然而，那层黑暗的感觉，一直浮在水面不散，也令在这里劳作的所有人变得坚韧、粗糙。纳撒尼尔・霍桑写及"泰晤士河那泥泞的潮水，倒映不出任何东西，胸膛里隐匿着数不尽的肮脏秘密——好似问心有愧，无数罪孽的溪流不断地汇入，令它十分不健康"。

塞缪尔・约翰逊令鲍斯威尔"探索沃平"，以便理解"伦敦神奇的广度与多样性"，他也许不会料到19世纪和20世纪可能会对这番话作出的古怪诠释。在20世纪早期年代，正如沙德井或雅各布岛，沃平也已破败不堪。塞纳河两岸总是畅通无阻，泰晤士河畔有些地方则威慑参观者。沃平这个地区本身便难以寻找，大街倚伏在老仓库的高墙根之下，小街巷好似努力将自己隐藏起来，缩在煤气厂和经济公寓楼的背后。这里向来没有法律，不属伦敦城管辖，但是此世纪初的荒废景象也暗示了船坞区临时工劳动体系的羞耻与浪费。待雇的人群聚在城门外，仅寥寥数人被工头拣走。余下的人群回到贫穷、酗酒、遗忘的生活。对此，查尔斯・布思、西德尼・韦布、比阿特丽斯・韦布都有详尽的记载。据亨利・梅休所说："即便是最铁石心肠的人，看到数千人争抢一天雇工的情景，也会感到心酸……看到那个饥饿人群的面孔，就是看着一个须永远铭记的情景……很多人一连数周来到这里，每天同样地争抢，发出同样的叫喊，最后还是离开，得不到呐喊哀求的劳动。"这样说来，泰晤士河这个贸易老父，也是最引人注目的港口，收容贸易原理所能施加于人的苦难。

无数世代以来，东区圣乔治教堂的荒凉墓地，一直是伦敦一大凄惨、丑陋的地方，埋葬着"水手的女人，她们从小过惯了淫荡的生活，因为疾病烂透了"。沃平的处决码头也是死亡之地，那些被指控在"公海"犯罪的罪犯，在这个船坞区被迅速处决。沃平警察局保存着一个日记本，被称为"世上最忧伤的书"，里面记载无数自杀事件，具体地叙述导致每个自杀者最终走到河边的事件和遭遇。《未知的伦敦》的作者沃尔特・乔治・贝尔，在1910年走过这片地区，看到"恶臭的酒馆，肮脏、污秽得无法形容，繁衍种种恶劣行径"，内部最拥挤的角落简直就是一个"阴暗的贫民窟"。因此，塞缪尔・约翰逊指示若想理解伦敦，就"探索沃平"之时，我们不该视之为戏言。

第五十九章

它们全没了

伦敦还有一些隐藏的河流，被包裹在隧道或管道之内，我们偶尔能够听见流水声，但它们通常默默地流淌，不为人察觉地躺在城市表面之下。下面自西向东按顺序罗列这些河的名字：斯坦姆福特溪、汪特尔河、康特尔溪、隼溪、韦斯特伯恩河、泰伯恩河、埃弗拉河、弗利特河、沃尔布鲁克溪、纳金格河、伯爵水闸、派克河、雷文斯本河。

人们总说，活埋大河换来一种魔力，然而这桩买卖可能十分冒险。“消失的河流”依然会散发臭味、潮气。暴雨时节，弗利特河依然冲出人为的羁束，一路淹没楼房的地下室；在其发源地汉普斯特德西斯公园，这条河加剧了疟疾和高热的病症。这些河流的河谷如今很多改造为道路或铁路，总是遭受潮湿和浓雾。据《伦敦消失的河流》作者尼古拉斯·巴尔顿所说，风湿病在“牧羊人市集到切尔西之间的康尔特溪两岸极其常见”，17 世纪伦敦的“疟疾”被暗示与如今沉在地下的河水、溪流有关。

消失的河流也可能导致过敏。最近就伦敦医院病人的调查显示，“四十九例过敏反应的病人当中，三十九例住在已知水道方圆一百八十码内（也即 77.5％）”，哮喘患者当中，“十九例当中十七例住在已知水道方圆一百八十码内”，大多是“泰晤士河埋在地底的支流”。至于为何作出这个古怪关联，我们依然不得而知。不过，那些深谙伦敦各地诸般力量的人，必定自有道理。然而，那股魔力（无论代表光明抑或黑暗）不曾在此终止。兰伯特的《伦敦鬼魂地理学》在1960年出版，书里报告近75%的鬼怪骚扰发生在“十分接近水道的房屋”。也许在这些地方，幽灵和沉埋河流的水声都得以发挥自己的力量。

我们也许可以将弗利特河的命运当作典型。与古老大河的身份相称，这条河有过很多名字。下游被命名为“弗利特河”，这个盎格鲁—撒克逊词语意指进潮口，上游被称为“霍尔伯恩”，中游被称为“转风车溪”。在某种意义上说，这条河曾是伦敦的守护者，自古以来就被视为威斯敏斯特与伦敦城的界线。它一向属于伦敦的防御工事，譬如，内战时期，河两岸都筑了高大的土垒。因此，在伦敦所有河流当中，关于这条河的记载最多，描述也最常见。它分享伦敦的受辱历史，收存城里被抛弃、遗忘的东西。远在北面的肯迪什镇发现一只船锚，从中或许可以看出当时即便在最上游，水面也宽阔、深邃，可通船只；不过河底收留的大多属于都市生活的本土的、贴近生活的东西，譬如钥匙、匕首、硬币、勋章、别针、胸针，以及诸如鞣制皮革等河畔行业的遗迹。河床需要不断地清理淤泥和垃圾，因此每隔二十或三十年整治河流。那些想斥责伦敦及其肮脏市容的人，总是不出所料地选择弗利特河为范例。这条河典型地体现了伦敦城污染清澈河水的方式。这条河包含每一条街的气味，十分容易辨认。河里积满了粪便和死尸。它曾是伦敦的本质。内德·沃德写道：“关于这条河的最大好处，我听闻最受益的是殡仪员，他们不得不承认混水里摸到的鱼，远多于水清之时。”跟其父泰晤士河一样，弗利特河也是死亡之河。

这条河一向不幸。曾经流过肯迪什镇和圣潘克拉斯等地区，这些地方由于受流水的影响，依然散发忧伤的气氛。流到战桥之时，它进入“名叫大绝望的游乐苑”，据威廉·霍恩所说，这里的“树木好似不会成长，经修剪的树篱似乎乐意衰落，野草在无界限的边缘虚弱地挣扎”。然后环绕克拉肯维尔山流淌，洗过冷浴监狱的砌石；经过藏红花山，这个芬芳的地名掩藏着伦敦最糟糕的贫民窟；然后流进转风车街，此地的恶名早已载入史册。接着流下雏鸡巷，后来更名为西街，数世纪以来，这里一直是重罪犯、杀人犯的巢窟。在这里，弗利特河成为抛尸场，都是在烂醉后被谋杀或抢劫的，这段河成为死亡之河。然后流到臭名昭著的弗利特监狱面前。

囚徒被河水的恶臭熏死，被河水携带的疾病感染死亡。1560年有个医生写道，在弗利特河的山谷和“恶臭的胡同里，是伦敦死人最多、感染最快、患病时间最长的，自从我熟悉伦敦以来，我就相信这是真的”。在稍后年代，《伦敦消失的河流》援引的话也见证这一点，书中披露：“弗利特河沿岸，瘟疫在每个堂区逗留不散，将之摧毁。”因此，或许有人会问，倘若不是因为这条河似乎以某种沉默的接触传染吸引某些人，这片地区何以总是人口密集。它吸引那些早已污秽、沉默、恶臭的人，好似它就是他们的天然归宿。这条河的天然状况也变化莫测。暴雨时节，河水可能突然上涨，淹没周边地区。解冻或下大雨之时，就变成可怕的洪流，一路冲毁街道和建筑。1317 年的大洪水冲走很多市民，连带冲毁他们的房屋、棚舍。在 15 世纪，圣潘克拉斯堂区居民上书乞求恩惠，由于“道路污秽、发大水”，他们无法去教堂做祷告。

清理、整治河道的每一次企图都以失败告终。大火之后，泰晤士河沿岸的码头及货物烧得精光，以砖块石头新砌了河堤，又造了四座新桥，维持大河表面的和谐。然而，新运河（当时这么称呼）的整修工程未见功效。河水又渐渐地壅滞，水质变得有害健康，周边的街道和河畔继续似往日一般，窝藏诸如偷盗的、拉皮条的、装病的等声名狼藉的人物。因此，宏伟的开发工程之后五十年内，这条河被砖头围起。它似乎代表了罪恶之流，必须避开公众的眼目。伦敦城简直活埋了这条河。1732 年，从弗利特街到霍尔本桥的河道被砖头围堵，继而，三十三年后，从弗利特街到泰晤士河的河道也被围起。19 世纪初，北面最上游河道被埋进地底，从而这条曾是伦敦伟大守护者的河流消失得不留痕迹。

然而，它的精神不曾消亡。1846 年，河道突然爆炸，困在砖头地道内的“腐烂、恶臭的气体，破墙而出，冲上街道”，三座驿站被下水道的污水卷走，一艘汽船被冲得撞到黑衣修士桥头。弗利特街水渠的水极大地妨碍了一道地铁的建造工程，因为水渠在隧道里灌满了恶臭的黑色液体，所有工程只得暂时中断。如今这条水渠仅用作雨水渠，排放口安在黑衣修士桥旁，排进泰晤士河，但它依然时常伸张自己的存在。暴雨时节，这条水渠仍会淹没道路，沿老水渠路线的建筑工程也不时被冲毁。如此说来，古老的河流和泉井的水汇聚在古老的水道里，在如今已被围困的大河那些熟悉的河床里流淌。

河流也不曾全然枯竭，偶尔也会探头露面。在斯隆广场地铁站站台，我们可以看到韦斯特伯恩河流过一条巨大的铁管。在贝克街和维多利亚地铁站，泰伯恩河也流过这样的大铁管。1941 年 2 月，有人在炸弹坑底看见泰伯恩河。韦斯特伯恩河及至 1856 年才被掩埋。《伦敦消失的河流》提到，在索霍区米德街，“一间地下室的栅格之下，可以看到有水流向南方”；这等现象颇为神秘，但据说这股水沿着 17 世纪一条下水道，流出了一条无人知晓的河道。正如尼古拉斯·巴顿所说：“一旦挖出水道，水就会不屈不挠地紧抓着这条水路不放。”那么，在这座城市的街道底下，很可能依然流淌着其他河水和支流，滋养着它们自身的地下幽灵和水精。

LONDON

The Biography

地下

第六十章

地下世界

关于伦敦的地下世界，总是流言不绝。有人报告发现了地下的暗室和隧道，有一条隧道连着圣巴塞罗缪教堂的地下室与卡农贝利，另一条则是克拉肯维尔的修道院和修女院之间的近道。在卡姆登镇卡姆登货场的地下，有密集的地下墓穴。在“地下伦敦城”还发现了罗马神庙。古代神灵的雕像破土而出，其出土状况表明，当初不知出于什么原因，这些雕像被人刻意深埋。在巴金的万圣教堂的地下，一座基督教堂的圆顶室和拱顶都是用罗马时代的材料修筑；还发现了一座砂岩的十字架，上面刻有撒克逊时代的铭文：WERHERE；这让人总是不由自主地想到：我们在此（WE ARE HERE）。在切普赛德的地下消失的“死亡基督”的塑像，直到伦敦大轰炸时才重现人世，平躺在伦敦的地层之中。还有众多时代的道路遗迹，同样深藏于黏土和卵石之下，在雷街的拐角和小藏红花山处发掘出土；一条古道深埋于地下十三英尺深处，1855 年，“工人们偶然发现了一条古道的街面，由硕大且形状各异的粗岩块铺成。对铺路石进行检查后发现这条街道曾热闹非凡，古人的脚步和车马将铺路石打磨得十分光滑”。古老的石块之下，又发现了成堆的橡木（厚重、坚硬、裹着烂泥），人们认为这是一座大磨坊的残件。而在橡木之下，还有简陋的木制水管。时光的沉重压力将伦敦的种种材料“压成坚硬且如同固体般的巨物。有趣的是，靠近这古老的地面还发现了大量钉子”。钉子之谜至今未曾解开。

《未知的伦敦》的作者曾写道：“为了发现这埋藏的城市，我走过的地下阶梯比我在城里爬过的楼梯还要多。”这或许暗示着伦敦的地下比地上更为丰富。伦敦的典型地图之一就是其水平俯视图，从房屋的屋顶到下水道的暗室，互相叠加，似乎仅凭重量，就能一层压垮一层。有本城市的历史导游书说得好：“凡是了解伦敦的人，都不会否认，该城的精彩要深入挖掘。”此话模棱两可，或许不仅指其社会角度的深度，也有地理深度之意。

另一位伟大的伦敦历史学家查尔斯·奈特曾说，如果我们去想象，“这座万城之城，变成如今巴比伦的模样，其地点已经不为人知；那么我们难免会嫉妒未来的考古学家，他们会得知，考古发现了深埋地下的伦敦。我们可以幻想，自己也能亲历发掘者的进展，看这发掘一处处地延伸，逐步展开这座伟大的，却让人困惑难解的迷宫，直至整个伦敦都重见天日，这庞杂的网络清晰入眼的那一天”。这个想法非常精彩，却也比不上现实精彩。

地下的伦敦确实存在，这里有宏伟的穹顶和巷道、排污井和隧道、管道与回廊，彼此勾连。还有宏大的燃气与供水管道，许多早就被废弃，也有的被改为数千英里同轴电缆的管道，协助管理与控制这城市。《伦敦发现》一书的作者沃尔特·乔治·贝尔曾发现，在20世纪20年代早期，邮局的工人如何在恩典堂街的槽沟内埋下陶制的电话线管，而这槽沟则是在罗马时代为修筑庄园围墙而开挖的。于是他写道，“我们的讯息”萦绕在屋宇间，在那已消失的伦敦城里，市民们曾说着异邦的语言。这里还有英国电信和伦敦电力委员会深深的隧道，导管和地沟内排布着国家电网的电缆。邮局隧道的庞大系统从1945年之后开始兴建，让这地下世界的地形更加复杂。泰晤士河床之下的隧道密度之高，胜过世界上任何其他首都的河流：这里有铁路隧道、公路隧道、行人隧道以及公用事业管道。河流之下，在整座城市之下，是大道和高速公路纵横的地下城，足以和地上的都市比肩。

可一旦步入伦敦的地下，未免有不测之事发生；空气也会变得古老和忧愁，不乏传承至今的哀伤。例如建造于1825年至1841年之间的泰晤士河隧道，就花费了巨量的劳力，历尽劫波。其历史可见理查德·特伦奇及艾利斯·希尔曼所著的《伦敦之下的伦敦》一书。马克·布鲁内尔在十一米的深度开挖泰晤士河隧道，并采用一座大“盾”来取出土方，砌砖工则不停地为隧道砌墙。土方坍塌和透水是家常便饭；工人像是“危险矿井内的苦力，无论是水或是火都让他们一直提心吊胆”。一个劳工落入主井道，他喝醉了，摔死了；有些人溺水而亡，有些则死于“打寒战”或者痢疾，还有一个或两个因“黏稠和污浊的空气”窒息而死。布鲁内尔自己也经历了一场瘫痪发作，却坚持工作。

他留下的日记就十分惊心动魄，无需另加说明："1828 年 5 月 16 日，发现易燃气体。人们很是抱怨。5 月 26 日，黑伍德今天早上死了，病号又多了两个人。佩奇明显下沉得非常快……在地下待了一会再上来，我觉得很虚弱。5 月 28 日，鲍耶今天或者昨天死了，一个好人啊。""下沉"这个隐喻在此处颇有所指，似乎地下世界的分量足以让人致命。充满幻梦、绝望和疲惫的氛围，似乎永远萦绕在这条隧道之中。"隧道壁上还在渗冷汗呢。"《泰晤士报》在 1843 年隧道开通仪式上如此报道。

据说马克·布鲁内尔是因负债被关押入狱时领悟到了其独特的隧道开挖方式；在监狱里他注意到了一只小虫，船蛆，这小虫是"天生的打洞专家"。监狱的氛围也被纳入隧道的结构中去了。纳撒尼尔·霍桑曾在泰晤士隧道竣工后走入其深处，走下"令人沮丧的漫长楼梯"直到"我们看到这样的远景，一条拱顶的走廊延伸入永夜"。忧郁的压力通过此句转变为千万砖石，"比地上伦敦的街道更加阴暗"。可有些伦敦人很快就习惯了隧道的深度和阴湿。霍桑看到，幽暗的"小摊和店铺，墙里的小门面，店主绝大部分是女人……她们缠着你不放，想做点生意"。他相信，这些地下的女人"在隧道里度过一生，我想，她们从没有见过阳光，或是难得一见"。因此他形容泰晤士隧道是个"令人起敬的牢房"。恰恰因为如此，泰晤士隧道从来就没有成为车辆或行人往来的道路；人们对其种种阴暗的联想和暗示根深蒂固，所以隧道自开通之后就很少使用，直到 1869 年由东伦敦铁路接管。从此作为铁路使用，如今依然沟通着沃平到罗瑟希的地下交通。

泰晤士河下的其他隧道则至今未能摆脱强烈的阴郁气场，伊恩·辛克莱尔在《下游》一书中写道，关于斯特普尼和罗瑟希之间的罗瑟希路隧道，"如果你想瞧瞧伦敦最坏的一面，就跟我一道沿着这条下坡走走。隧道里坠下水滴，都在警告你：不可久留"。他还说："这隧道如果无人使用，寂静无声，就算谢天谢地了。"寂静或许会让人止步：1902 年开通的格林尼治堡隧道本应比伦敦别处的隧道更加偏远和孤单，可即便这里也有些人，就像是在昏暗的泰晤士隧道中苦苦揽客的女店主一样，定居在这个地下世界里。

18 世纪一位来自德意志的旅客发现"伦敦城有三分之一的居民生活在地下"。这种风格的历史可上溯到青铜时代，当时人们在如今格林尼治天文台的位置偏西不远处挖掘了一些地下隧道。（据说当时为隧道通风挖掘的竖井和坑道本身就是观星站的原型，这再一次说明伦敦的历史是如何一脉传承，令人侧目。）这位德意志游客所说的其实是 18 世纪伦敦独特的地下室或是"地窖房"，伦敦拥有此等民居在当时就已经有两百年的历史。这些屋子只租给赤贫之人，“他们从街面沿着梯子走入竖井，夜间竖井的翻板门还会关闭”。通过对穷人生活的记录，我们能够一瞥地下的生活：“我是个修鞋匠。我住在地下室里……我是个制鞋匠。我在蒙茅斯街有个小厨房（地窝棚）……我不知道房东太太叫啥，但我每星期一付房钱。”这些潮湿阴暗的地下室也会成为藏污纳垢的所在。“我有一家公用地下室”的意思是，流浪汉、醉鬼和放荡汉能在这里暗无天日地混日子。

到了 20 世纪，到城市地下避难之事才日渐增多。此事成为惯例是在第一次世界大战期间，有三十多万伦敦人在 1918 年 2 月走入地下，在城市地面下的各家地铁站内避难。他们逐渐习惯了地下的生活，甚至乐此不疲。根据菲利普·齐格勒所写的《战时伦敦》一书，当局最担心的事中就包括人们会产生“‘深藏地下’的情结，一旦沉迷于此，就会意志崩溃”。还有人担忧避难在地下的伦敦人“会变得惊惧失常，不肯回来上班工作”。

到了 1940 年秋天，伦敦人再一次走进地下。他们涌入防空洞或者是教堂的地下室，有些人“就在地下过日子，比矿工更少到地面上来”。在深深的防空掩体内，甚至会挤下上千人，“大家挤在一处，比任何一处墓地都更无插脚之处”。地下生活中，这一幕真是司空见惯。这就像是活死人，被活埋在这座都市的下方。防空掩体中最有名的莫过于商贸路和电缆街下方的蒂尔伯里掩体，数千名东区人在此躲避空袭。

地铁站是最重要的避难所。人们在地铁站里安顿下来，亨利·摩尔在人群中闲逛，为其画作做简要的记录。“戏剧化、灯光昏暗，大群大群躺着的人在前景中模糊隐去。古旧的吊车上垂下铁链……处处都是稀泥、垃圾和杂乱无章。”尿臊味刺鼻，人体的臭味也一样：这本应是伦敦蒙昧时代的场景。仿佛进入地下之后，伦敦人倒退了好几个世纪。“我从没见过这么多躺着的人，甚至让我雕塑中的列车隧道看起来不过是小洞。在这一片黯淡之中，我看到许多陌生人变成亲密好友，孩子则在距离飞驰的列车近在咫尺处睡觉。”他将这一场面比作“贩奴船”，只不过其乘客并不是在出海远行而已。正如之前伦敦遭遇轰炸时一样，在地下生活的庞大人群让当局忧虑。迈克尔·摩考克的《伦敦母亲》这本赞美 20 世纪后半叶的伦敦的书中讲述人们在闪电战期间“曾在地铁里避难”，从此就对“遗失的地铁隧道”以及城市地下的整个世界心醉神迷。“我发现，伦敦地下隧道交错，生活着一个自从伦敦大火时代起就惯于地下穴居的民族……自从乔叟时代起，也不断有人在字里行间暗示，伦敦之下还有伦敦。”这是一部精彩的小说，只不过在20世纪40年代早期，人们真的担心“地下人”变成现实。

“我们不该让人们整日整夜地待在地下，”赫伯特·莫里森在1944年秋季说，“如果这种心态让外国人知道，我们就已经战败了。”堪忧的还不仅是战败，住在地下也会催生反权威和平等主义的精神，似乎在地下就能彻底颠覆地面上的制度。在不见天日的地方，激进主义蔓延开来；一封在地下居民中流传的公开信谴责战时当局“漠然到近乎冷漠，失职，全无心肝地忽视人的基本尊严”。地下人让依然在地面上的人们心生恐惧；这就像是古人害怕矿工一样，矿工象征着他干活的黑暗世界。这是对幽深的恐惧。

地下人因此格外重要，数个世纪以来，人们称其为耙子手、通下水的，其工作就是疏通下水管道，防止堵塞。也有在下水道拾荒的，也叫“淘士”，在下水道里游荡，寻找能卖的玩意。“人们至今还在说着那些惊人的故事，”亨利·梅休写道，“说有人在下水道里迷路，说他们在肮脏的道口徘徊（有毒的空气熄灭了他们的火光），直到精疲力尽，头昏眼花，他们倒在地上，当场断气。还有的故事说下水道拾荒者怎么被无数巨大的老鼠紧紧包围……过了几天才会发现残骸，啃得只剩骨头了。”这些危言耸听的故事证明人们对伦敦的地下路网心存恐惧，从下水道里捡拾铁、铜、绳子、骨头这些垃圾，变废为钱的拾荒也的确危险。砖面常常已经腐朽，很容易崩碎或落下，空气有毒，19世纪泰晤士河的潮汐也会横扫下水道，导致数人“惨死，遭到冲击，身体变形，惨不忍睹”。他们干活时蹑手蹑脚，悄无声息，经过街面的格栅板下方时总会关闭射灯，“要不然就会在头顶聚起一群人看热闹”。他们穿着油腻腻的平绒外套，口袋宽敞，帆布裤子很脏。有个伦敦人说：“他们真是人下之人。”这话可不是一语双关。

近些年来，也有些报告来自老实的下水道清道夫和工人，他们拿着高薪，清理下水道中的软泥和细沙。1960年，一篇报纸报道描述了直通泰伯恩河的皮卡迪利下水道中的情景，“这就像是跨过冥河，雾气追随我们从街面一路沉入地下，回旋在这一片黯淡、腥臭的水流上，如同冥王哈得斯之河”。看来下水道甚至激发了上等人神秘的想象。埃里克·纽比走下了弗利特街的下水道，通过灯笼里“若明若暗的矿工灯”和特殊灯具，看到这场景如同“皮拉内西设计的监狱”。监狱的意象再一次出现。一位通下水道工人告诉兴致勃勃走访地下世界的游客说：“你真得瞧瞧这城下头的去处。那可是中世纪的。但人家不让游客看。”同样是中世纪的风格，我们读到发现了一处“洞天……有立柱、拱顶、支墩，就像是大教堂的地下室”。这是个地下的古怪城市，最能展现其特点的莫过于一块检修孔盖板，板上原来写着：“自锁”，却被磨成了“精灵王”①。

任何关于地下伦敦的报告，要是没有写到地下伦敦自身，就不可能完整。这是一座宏伟的地下都市，占地620平方英里，有254英里的铁路连接着密如蛛网、名字古怪的隧道和车站，例如福音橡树、白城、天使和七姐妹等。

伦敦地下交通的方案最初提出是在19世纪40年代到50年代，但遭遇了顽强反对。人们担心地面交通的重压（地下交通系统正是为了减轻地面交通的压力）会压垮地面下的任何隧道，规划路径地面上的房屋也会因施工震动而摇晃和倒塌。到了1860年，一个方案终于通过。从帕丁顿到法灵顿街的都市铁路修建了三年，施工方法是“开挖和回填”，这办法大获成功。该项目是维多利亚时代中期能力和创新的伟大成就；有一张版画作品，描绘了“1863年，地铁试运行”的场面，火车在地下运行，敞开的车厢里挤满了人，男人们挥舞着大礼帽。通车日“法灵顿街人头攒动，足以媲美举办当红大戏首映式时剧场门口的人潮”。实际上地铁四射的活力和戏剧性是吸引乘客的重要原因；蒸汽火车冲入地下的壮观景象，就像是哑剧中的妖魔，足以满足伦敦人的猎奇之心。

到20世纪早期，今日伦敦的地下“网络”已经初现雏形。比如说，市内和南伦敦铁路在1890年就开通了；从威廉国王街到斯托克维尔的路线是用轨道开挖术建造而成，而不是老式的“开挖与回填”施工方法，所以成了第一条被命名为“地铁”的线路，显得非同凡响。此外，这条线路在运行了多年蒸汽列车之后，还是世界上第一个实现电气操作的；车厢里没有窗户，这合情合理，窗外没什么景致，列车上豪华的装饰倒是赢得了“软毯小车”的诨名。

这第一条“地铁”后继有人，1900年地铁中央线建成，1906年建成了贝克鲁线和皮卡迪利线，1907年建成了汉普斯特德线（或者说北线）。地铁已经不再是一个壮观的、甚至惊人的创新，倒变成了伦敦日常生活中司空见惯的一角。潜移默化地，地铁也沾染了这座城市常见的各种特点和面貌。或者不如说是在地下原样复制了地面上的城市。地下之城也有其街巷和大道，行人能轻松

① “SELF LOCKING”磨去了“E”和“LOC”，就变成了ELF KING。——译注

认路走去。这里也有小路，有十字路口，还有各自的窍门（君士威站没有自动扶梯，汉普斯特德电梯井很深，天使站自动扶梯很长）。也像在地上的城市里一样，灯火通明，熙熙攘攘的站点四周也是那些灯火惨淡、荒废已久的站点。地下的城市对地上城的节奏亦步亦趋，对于其行为方式和人口疏密也原样照搬。

和大伦敦一样，地下城的大道也各有特点及关联：北线人潮汹涌，常令人铤而走险；中央线生龙活虎，环线则有冒险和轻松的氛围。贝克鲁线则沉闷乏味，令人绝望。阴郁的兰卡斯特门坐落于繁忙的邦德街站和明亮的诺丁山站之间。在发生过惨剧的站点，例如摩尔门和贝思纳尔绿地，依然一片愁云惨雾。也有诸如贝克街和格洛斯特路这样的站点，让你精神一振。当乘客们向着伦敦最古老的核心前进时，气氛也变得不同。当环线从埃奇韦尔路和大波特兰街向着古老的城中心前进时，会深深沉入那些无名的、被人遗忘的古老地层。在环线的一条延伸线上，G. K. 切斯特顿发现了诸如圣詹姆斯公园、威斯敏斯特、查令十字街、神庙站、黑衣修士站这样的站，这“是伦敦真正的奠基石，让它们沉沦地下（如往昔一样）正是应当”，因为“它们都见证过那古老的宗教”。

这场面对于地铁这一产业再合适不过了，地铁的运行已经深入到可以触及伦敦最初所在的原始沼泽；在维多利亚地铁站地层下，发掘出了一些有五千万年历史的化石。有这样的深渊，地铁气氛古怪，让人悚然，也就不奇怪了。有人在地下看到了幽灵，或者鬼魂。也有一些“幽灵地铁站”，其站台早已被人遗忘，有些还留着早已褪色的布告栏和通告。至今有大约四十个幽灵站点依然存在（其中就有大英博物馆站、城市路站、南肯特城站、约克街站、马尔伯勒站和威廉街站），一片寂静，深藏地下。

地下也是偶遇和邂逅的所在，只不过这常让人大为惊恐和慌乱：畏惧陌生人，畏惧盗贼，畏惧那永不停息、追逐着一辆又一辆列车的疯子。可即便这样，人们还是对地下世界熟悉了起来。福特·马多克斯·福特在《伦敦的灵魂》一书中写道：“我知道有这么个人，眼看要死在距离伦敦很远的地方，突然长叹一声，想看看那一股喷出的烟气。也就是在伦敦地下的地铁站上，人们会看到白色的烟雾如羊毛般团团郁结成环形，穿过满是污垢、生锈的铁盖板，散逸到昏暗的天光中。”这可是一位真正的伦敦人，在弥留之际却想再看一次，再好好欣赏一次地铁的烟雾，就如同囚犯又一次梦见自己的牢笼一样。可地铁的掘进并未停止，随着伦敦的扩张，其地下的网络也随之增长、延伸。

如果在 20 世纪的最后几天，你坐在金丝雀码头大厦的阴影里，就会看到几百个工人正在朱比利延伸线上忙个不停；工作和噪声没完没了，闪亮的电弧光和闪烁的银色火焰充斥夜空，声势惊人，结合着当下和未来的、未知城市的力量。

XX

LONDON

The Biography

维多利亚大都市

第六十一章

多少里到巴比伦

到了19世纪40年代，人所皆知，伦敦已经成了地球上最大的城市，是帝国的都城、国际贸易和金融中心、万物争相汇集的巨大世界市场。20世纪初，研究卫生史的史学家亨利·杰夫森却对这座大都市颇有微词。“这个时代啊，”他写道，“不妨说在伦敦的历史上，从没有这样毫不关心芸芸众生生活的时代。”查尔斯·狄更斯、亨利·梅休和弗里德里希·恩格斯这三位维多利亚时代的伦敦居民，都曾向这无所不包而又耗人精力的城市高呼过：浩劫啊！当时的照片和绘画中，最惊人的题材是艰辛和苦难。女人们双臂合抱，躬身驼背；乞丐全家睡在桥下的石凳上，还有圣保罗大教堂的阴影在他们身后若隐若现。就像布兰查德·杰罗尔德所说：“单单是伦敦的老人、孤儿、瘸子和瞎子，就能组成一座普通城市。”这是一个奇特的想法，一个全部由身体不全的残疾之人组成的城市。然而伦敦正有几分是这样的城市。逆来顺受、枯坐街头的孩子和流浪汉数不胜数，同样数不胜数的还有街头小贩，将身影投在身后平淡无奇的砖墙或石墙上。

维多利亚时代城市的凄惨内景往往是一片昏暗，十足肮脏，恶臭的烧油路灯之间挂着破衣烂衫；许多居民似乎一直难见真容，那是因为他们的屋子都向着背阴面开窗，四面是年久失修的梁柱与楼梯，令人头昏目眩。无论是在屋内还是室外，许多人都弓着腰，似乎已经被伦敦城的千斤重担压垮。然而照片和绘画依然揭示了这座维多利亚时代城市的另外一面：涌动的人潮，形形色色、奋力抗争的人生就在街头上演，这对于19世纪的神话作家如马克思和达尔文就是灵感之源。擦肩而过的面孔上还有一闪而过的感情：怜悯的、愤怒的、温柔的。我们或可想象，人群四周全是冷酷的、毫不让步的噪音，就像是永不停止的吼叫。这就是维多利亚时代的伦敦。

对于一长串不断改变的生活方式，用“维多利亚时代的伦敦”实在是太以偏概全了。比如说，19世纪头几十年的伦敦依然保留着18世纪末的特点。伦敦依然是一座小城。狄更斯的《汉弗莱老爷的钟》中的叙事者写道：“在这些挤挤挨挨的屋顶上空划一个小圈，在圈内你能找到一切，而空无所有的一片白地就在咫尺之外。伦敦只有某些地方有煤气灯，绝大部分街道上只有明灭不定的油灯，还有小童持灯陪着晚归的人。”护卫他们左右的，不是警察，而是“查莱”，伦敦依然非常危险。郊外依然是农田，在哈默史密斯和哈克尼种着草莓，马车依然混在其他马拉的交通工具里往来于秣市。那些让帝国宝座生辉的华美宫室尚未兴建。常见的娱乐也依然是18世纪晚期的那一套，斗狗、斗鸡、给犯人上枷刑，当众斩首等。街道和房屋都有糊了泥、涂了彩的窗户，仿佛也参加了这出哑剧。也有小贩游来荡去，兜售廉价惊险小说，有民谣歌手歌唱着最新的“小调”；有廉价的剧院和版画社在橱窗里展示讽刺漫画，并总能吸引一群观众。这里有乐园，有和谐窟之类酒吧，有酒馆子，有逍遥场，有舞厅。当时的伦敦可比今日更古怪。当时的市民没受过什么教育，也没有人说起什么社会“系统”(系统这个词本身也直到19世纪50年代至60年代才为人熟知)。因此当时的伦敦更为变化多端，更不同凡响，甚至比日后的伦敦更让人心惊肉跳。伦敦尚且无需循规蹈矩，也没有受单调和繁荣这两个维多利亚中期的主题压制。

我们无法准确断言，这一变化是何时发生的，伦敦继续增长，也就拥有了截然不同的样貌：在北边，伦敦越过了伊斯灵顿和圣约翰林；然后又越过了帕丁顿、贝斯沃特、南肯辛顿、兰贝斯、克拉肯维尔、佩卡姆，越过了地图上的所有点。它成了世界上最大的城市，与此同时，英国也成了世界上第一个实现城市化的社会。

伦敦变得紧跟分分秒秒，只重速度，不计其余。它成了引擎和蒸汽动力之家；电磁力在这里被发现和推广。这里也成了大生产的中心，需求和供应、利润和亏损，这些冷冰冰的力量重组了卖家和顾客的关系。与此同时，也有一支由雇员及簿记员组成的大军监督着贸易和行政，他们总是一身黑制服。

这是迷雾与阴暗之城，但同时也是满目黑色之城。19 世纪初的 100 万人口到世纪末变成近 500 万人。到 1911 年，更增长到 700 万人。一切都变得更加沉暗。伦敦男人的服装，就像职员一样，从多变和鲜亮的色调变成了双排扣大衣和高筒帽那肃穆的黑色。19 世纪早期城市的优雅和鲜艳也消散了；乔治国王时代典雅的建筑艺术已经被伊丽莎白时代深具帝国派头的新哥特风格或新古典主义风格的公共建筑所取代。它们显示时间与空间尽在掌握。在此背景下，一个更为硕大无朋、控制更紧密、组织更精细的伦敦崛起了。这个大都会较之以往要庞大得多，也大大丧失了其个性；更为大众化，更精彩，却更少人性。

因此伦敦成为了之前所有帝国都会的最高峰与缩影。它成了巴比伦。在 12 世纪，有一段伦敦城墙就叫作“巴比伦”，其得名的原因不详。或许中世纪的伦敦居民从这段城墙的石头缝里看出了些异教的，或是神秘的特点。12 世纪末期位于哈克尼沼泽边的一处涂鸦则不经意间与之相呼应，涂鸦只有草草数笔：巴比伦敦。当然，也不能忘了这首神秘的歌谣：

多少里到巴比伦？六十英里再加十。
手秉烛光能到否？走个来回还有余。
谁的脚杆轻又飘，手持蜡烛就能走一遭。

尽管这首歌谣的引申和含义都不清楚，但这城市的形象却令人神往；稍加改编之后的另一首歌则用伯利恒取代了巴比伦，所指的可能是穆尔菲尔兹的疯人院，而不是什么遥远的所在。

也是在 18 世纪，伦敦又被认为是“巴比伦，不幸者的唯一避难所”，“不幸者”和避难者的哀求又让伦敦城的规模和势力别有风味，这是将伦敦比拟巴比伦的又一含义，一座充斥着各不相同又含糊不清的千万声音的城市。将伦敦称为巴比伦，就暗指了伦敦的洋洋大观。因此 18 世纪的诗人威廉·考珀说“扩张中的伦敦”比起“老巴比伦”更加丰富。

可直到 19 世纪，人们才不断地说伦敦是“当代的巴比伦”，两者之间的联系或相似之处才变得更加急切，亨利·詹姆斯称其为“昏暗的巴比伦”，而对于阿瑟·梅琴而言，“伦敦在我眼前浮现，惊人、神秘，就像是亚述的巴比伦，四处皆是闻所未闻之事和深邃的奥秘”。巴比伦是多面的，它展现出宏大和黑暗的一面，也暗示着神秘和天启。在两城宏大的融合之中，甚至公园巷的花园也被人称作“空中花园”，尽管有人会想起这里旁边就曾建立起泰伯恩刑场。

到了1870年，在伦敦城里过日子的人已达惊人之数。每一年每一天的每八分钟，伦敦就有人过世；每五分钟，就有人出生。城里有四万叫卖小贩和十万“冬季流浪汉”；伦敦城里的爱尔兰人比都柏林还多，天主教徒比罗马还多。这里的两万家酒吧坐拥五十万顾客。八年之后，伦敦有了五十万栋家宅，“房子一个接一个排列起来，可以绕大不列颠岛一周还有余”。难怪到了19世纪中期，伦敦人自己也会对伦敦心生敬畏、仰慕或者焦虑：似乎并无明确先兆，伦敦城就已扩大到如此的规模和庞杂。这怎么可能呢？没有人能说得清。弗里德里希·恩格斯在《1844年英国工人阶级状况》（1845）一书中，也觉得自己聪明的大脑力有不逮。“像伦敦这样的城市，”他写道，“人可以在城里游荡数个小时，却连城郊的边都没有摸到……这真是奇特。”这座奇特的城无法以文字形容，所以恩格斯也只有一而再，再而三地形容其巨大无限。他写到了“无数的船”、“无始无终的车流”、“混乱如麻的街道”、“成百上千的小巷和庭院”，还有“无名的苦命人”。茫茫无限的人流也让人感到无法理解，进而心生畏惧。

伦敦是如此伟大，似乎它包含了历史上所有的文明。巴比伦和其他帝国在伦敦交汇。威斯敏斯特教堂的正厅和横道被人比作开罗城外的“亡灵之城”，帕丁顿的铁路枢纽也让人想到基奥普斯金字塔。19世纪的建筑师对伦敦寄予种种幻想，他们在特拉法尔加广场和射手山上建造了金字塔，也在樱草花山旁建造了金字塔形的公墓。帝国时代伦敦的魔力，让人崇拜死亡，正如崇拜宏大一样。

在1819年亚伯拉罕·里斯的《百科全书》的描述中，伦敦的码头又一次激起了对原始时代的想象。伦敦的天气和气候让“煤灰和烟雾所书写的惊人的象形文字，浮现于其上”。伦敦的石头也在想象中变得古老。这座大都会的壮观总是会让人不禁想到那深不可测的古老时代。所谓让人“瞬间石化”，也就是变成木石一般，如今的词义虽是形容深受惊吓，但用于此处也暗自相合。

埃及之外，还有罗马，阿德菲地下的穹顶让一位建筑历史学家想到了“古老的罗马工艺”，约瑟夫·巴泽尔杰特所修建的下水道系统也常和罗马的输水道相比较。正是这庄严大气，以及帝国高歌奏凯的信念，让这座19世纪的城市极大地震撼了当时的观察者。当伊波利特·泰恩曾斗胆闯入泰晤士隧道时（这座隧道本身就被人视为可与罗马工程中最杰出的成就不相上下），他描写到，这里“如此巨大而又阴暗，仿佛是巴别塔下的腹心之地”。种种想法，还有各古老文明的痕迹，在他的脑中挥之不去。“我总是发现伦敦类似于古罗马……这新罗马正如古罗马一样，沉重地压在工人阶级的背脊上。万间宫阙，无论是巴比伦、埃及、恺撒的罗马，都是积万千之力，疲天下之民。”他还描写“罗马这台机器”如何让那些费力打造它的人最终沦为它的奴隶。将伦敦比之罗马，这依然是一个真理：伦敦将其市民变成了这台机器的奴隶。

约翰·索恩爵士选了罗马凯旋门作为通向英格兰银行金库的拱门的形制；旁边的洛思伯里庭院的墙壁上也雕刻了源自罗马神话的寓言故事。这座银行巨大的转角位于洛思伯里街和王子街之间，就奠基于蒂沃利的灶神庙之上。银行的内部装潢，正如外部风格一样，也遵循了罗马建筑的先例。其中许多厅堂和办公室，比如股息办公室和银行证券办公室的设计，都源自罗马浴室的模板；此外，银行总出纳办公室，长宽为四十五英尺和三十英尺，也是对罗马的日月神庙致敬之作。这里直接地展现了根源于罗马的拜金之风；如果说伦敦和罗马那座古城确有联系，则绝大多数是那睥睨一切的信念。

但两者之间的联系并不局限于此。魏尔伦曾说，伦敦如同“《圣经》中的城市”，必将遭受“天火”的灭顶之灾。卡莱尔则在 1824 年说，伦敦是一座“巨大无朋的巴别塔……劳心劳力之人如潮水般涌入涌出，其凶猛之势，让人胆战心摇”。可见此话中有一层含义是伦敦可与古代最伟大的文明如罗马和埃及比肩，可在另一层含义中，伦敦又被马上贬斥为一片狂暴的野地，如此蛮荒，没有一丝怜悯，不知任何收敛。卡莱尔又说伦敦像是“世界的中心”，即在一切所知之物中，最黑暗、最极端的方面均以伦敦为模范。这究竟是帝国的中心，抑或是黑暗的中心？又或者此两者如此密不可分，以至于人类的努力和劳作仅仅是表达对于权力的渴望和愤怒而已？

在某一方面，伦敦倒是一直被比作荒野或是丛林、沙漠或是原始森林。“不管什么人，只要想想伦敦和威斯敏斯特的连绵市镇，还有新近崛起的大片郊区，”亨利·菲尔丁于 1751 年写道，“想到其杂乱无章的建筑，数不清的街道、窄巷、庭院和岔道，都肯定会觉得这城市就是为藏身所设，再没有比这更能销声匿迹的去处了。这么一想，所有的一切都像是一片广大的树林或是森林，贼人尽可以放心藏身其中，就像是野兽藏匿于阿拉伯或是非洲的沙漠中一样。”他在《汤姆·琼斯》一书中也谈到了伦敦丛林的另外一面，即重点强调了伦敦生活之不易。“虽然你没有脸皮丢尽、锒铛入狱，但陌生人自然也不会给你吃穿。你很容易就会在利德贺市场成为饿殍，就像在阿拉伯沙漠里一样。”

和菲尔丁同时代的托比亚斯·斯摩莱特也有此看法。伦敦是“无边无际的荒野，没有什么人巡视，也谈不上什么监护，没有秩序，更没有警察”，这让贼人“有处可栖身，有猎物可下手”。丛林和沙漠的意象混为一谈，不过是因为两者都展现了无法驯服、不为所知的人性中的“狂野”；伦敦代表了来自洪荒的力量，或是人的本能可恣意放纵的一片土地。

到了19世纪，伦敦荒野的含义已经从不受拘束和压抑的生活，转变成了绝望的凄惨。梅休称这座城为“砖铺成的荒野”，屋顶密集的伦敦景致一变成为堆满顽石之地，“聚集着劣质廉价的房屋，挤挤挨挨，随地疯长，四处扩张”。这是19世纪的沙漠，远比18世纪的更为巨大，更为凄惨。因此詹姆斯·汤姆逊在1857年出版的《城市的末日》一书中，说伦敦是“无人的街区”，呈现出“一座地下之城所遗留的石头迷阵”。恩格斯传神描写过的那些无穷无尽的街道，在这里都被比作冰冷坚硬的顽石；所代表的并不是蓬勃生机的野性，而是毫无悲伤或怜悯之心的一片死寂。“荒野！是的，这里就是，这里就是。”《尼古拉斯·尼克贝》中的一位人物如此说。“这就是荒野，”这位老人如此动情地说，“这里也曾经是我的荒野。我是赤脚来到这里的，我永远也不会忘记。”还有小杜丽也曾高声喊道：“伦敦是如此的巨大，如此的贫乏和野蛮。”

此外，伦敦还被人比作庞贝，那也是一块布满顽石的蛮荒之地。还有一例是在第二次世界大战期间遭受轰炸之后，有人说伦敦看起来已经像“赫库兰尼姆古城一样老态龙钟”。可伦敦并没有被时光的火山灰所掩埋和消磨。其生机的丝丝缕缕终于回归。比起那些总将伦敦比拟古代的说法，有一位意大利访客或许更为狡猾，他将伦敦说成是“独眼巨人之地”。在20世纪后半叶对码头区进行的测绘中，我们发现了一处宏大的“独眼巨人码头”。还有一幅南码头的照片，也在那一区域，照片表明南码头水滨的塔顶上是一尊金字塔形尖锥。金丝雀码头的高塔顶上同样有一尊形制相似的尖锥，表明伦敦和那个帝国之间的关系从未消失。甚至码头区用于排出暴雨的泵站，包括水中的一些保护建筑，都修成了埃及纪念碑的形式。

伦敦不断被比作古老的文明，其中有一点是最为显著的：人们或是害怕，或是希望，或是期待这座伟大的帝国之都也终有一天会倒下，化为尘埃。正是因此，人们才会将伦敦与基督教兴起前的城市相比；伦敦也会陷入混乱和永夜，远古的过去将在遥远的未来重现。多雷生动地描绘了19世纪的伦敦，就像罗马或者巴比伦，伦敦也有曲终人散的那一天。画中人身裹斗篷，陷入沉思之人坐在泰晤士河畔的石头上。他看着已被夷为平地的伦敦，码头已经荒废，圣保罗大教堂的拱顶不见了，办公大楼变成一堆突兀的瓦砾。这幅图名为“新西兰人”，其灵感来自麦考利所想象的场景：一位殖民地居民回到了末日来临、惨遭摧毁的帝国都城；他写道，这位远方来客会“脚踩着伦敦桥倒塌的拱顶，速写圣保罗大教堂的废墟”。矛盾的是，这个念头会在伦敦如日中天、不可一世时浮现。

18 世纪行将结束之时，霍勒斯·沃波尔描写一位来自利马的游客如何赞叹欣赏圣保罗大教堂的废墟。珀西·比希·雪莱则远望那个遥远的未来，彼时“圣保罗大教堂和威斯敏斯特教堂之形与名俱灭，四处是无人的泥沼”。罗塞蒂则在其想象中摧毁了大英博物馆，只有未来文明的考古学家才能让其重见天日。罗斯金则想象伦敦的砖石如何从不可一世的显赫瓦解成无人凭吊的废墟。在此类想象中，城市里再无人迹，也就不用承担其名；石头却能长存，并在那想象的未来变得如同神灵。本质上这是对死亡之城的想象。然而也代表了伦敦及其拥挤的生灵带来的恐慌；这是对他们眼中大逆不道的伦敦发出的怒吼，这样的城，只有宏大的天灾，例如洪水才能将其一笔勾销。或许有一天，只有通过“灰暗的遗迹和……崩塌的石块”才能辨认出那个早已沉沦入“永夜，哥特般的永夜”的伦敦。

但即便是“哥特”这个词与伦敦的关系也绝不逊色于罗马或巴比伦、尼尼微或推罗。《伦敦步行者》的作者詹姆斯·博恩曾说伦敦城石块的形状及纹理或许表明“伦敦有一个哥特守护神，与古典时代的神灵激战不已”。那么，伦敦的地方神灵是什么模样呢？这一神灵会让人想起胡作非为、巨大无比，还有虔诚的乞请、令人仰止的崇高；它暗示着古老的虔诚和茫然无限的砖石。在 18 世纪，哥特有了恐怖的含义，恐怖又糅合了疯狂的滑稽。这一切在伦敦城中都可发现。

建造伦敦各大教堂的杰出建筑师尼古拉斯·霍克斯默曾给一种建筑样式命名为“英国哥特式”：其特点是壮观的对称和微妙的不均衡。而当乔治·丹斯在 18 世纪 80 年代末将市政厅设计为印度及哥特混合风格时，他重新树立了华丽及灵活的建筑风格，向伦敦的伟大时代致敬。如果说哥特风格是对古典风格的模仿，那也有敬仰之意。因此霍克斯默所建的教堂在其矗立的地方显得如此威严，教堂之间则是伦敦的市镇，斯皮塔菲尔兹、莱姆豪斯及格林尼治。正如一位 18 世纪的艺术家弗拉克斯曼所说，威斯敏斯特教堂内的墓地内躺着“伟大的众典范，你无法不对其全神贯注，你的思绪不但会不由自主地转向他们的时代，更会思索生命的不同意义”。因此，在伦敦，还会让人油然生起超凡脱俗的飘然之思。

当新哥特主义之风在19世纪吹遍伦敦时，哥特风格开始了其最为奢侈富丽的时代。1834年被焚毁的议会大厦重建，让该风格有了最初的用武之地。到了1860年，“所有顶尖建筑师都已经言必称哥特了。”据说哥特风格代表了“伦敦过往的影响”。因此法庭修成了哥特风格，以便时间的权威逐步渗入当代司法审议中去；也正是因为如此，19世纪中叶伦敦的教堂无一例外都是哥特式的。铁艺也是如此，郊区的别墅都被建成了所谓“温布尔登哥特风格”；圣约翰林区域更是以其空有外表、纯装饰性的哥特风格而闻名。一切时代太晚近，或是新造的东西，都会刷上一层铜锈以仿古。

因此，在19世纪的伦敦，哥特风格被人认作古风，并以此安抚人心；伦敦飞快地跨越所有熟悉的、正常的界限，在这样的城市中，哥特风格让人有虚幻的、自以为是的稳重之感。但神圣总有最奇妙的方式展示其另外一面。哥特风格的源头虽然强有力，也和异教或者野蛮相关。因此，伦敦这座帝国之城也被视为野蛮人之城。

第六十二章

城中野人

“既然有最黑暗的非洲，难道就没有最黑暗的英格兰吗……在我们自家门前，在我们的大教堂和宫殿向外扔一石的距离内，不就能看到其悲惨毫不逊色于黑非洲、直逼斯坦利在赤道丛林中所见到的场景吗?”威廉·布思在 19 世纪 90 年代如是说。他特地写道“那些矮小的、不似人形的市民，他们所遭受的奴役、他们的赤贫与悲惨”。由此看，伦敦创造和培养了城中的野人。观察家常将贫民窟里的穷人和租客比作“野人”，甚至当中产阶级普遍开始全国性的宗教复兴时，这情况依然不变。当英格兰一心成为典范的基督教国家时，伦敦的工人阶级却不去教堂。1854 年的一份报告作出结论说，伦敦的贫民“就像是来自异教国家一般，对宗教律令一无所知”，梅休也曾说“小贩们总是搞不清宗教是怎么回事”。在这样一个压抑的商业都市里，美或者尊严都极为稀罕，更不要说信仰了，又怎么会有奉献或是虔诚呢?

这座帝国与商业之城中，“在住着挤挤攘攘、愚昧无知的人群”的窝棚和公寓中，“最可怕的罪行也司空见惯”。托马斯·赫胥黎写道：“我曾见过波利尼西亚野人的原始生活，那时他们还没受到传教士、贩奴船或者海滩流浪汉的打搅。可他就算是拼尽全力，来和伦敦东区贫民窟公寓中的一位租客比较谁更野蛮、肮脏和不可救药，那就连一半都比不上。”这真是矛盾，正是这座自认要替天行道征服其他种族的帝国，在其都城，这座支撑帝国、汇通天下之城的核心有这样的一群人，比起要被征服的那些种族更加野蛮和污秽。梅休写道，有一位年轻的“挖泥工”或者说河道拾荒人，“觉得自己算是个基督徒，可他连基督徒是什么都不知道”。

最贫困的爱尔兰移民感到了这一氛围。“来到伦敦的爱尔兰人似乎将其看作是异教的城市，”托马斯·比姆斯在《伦敦的贫民窟》中写道，“立刻就变得肆无忌惮，投身犯罪。”可见凶顽斗狠实在是伦敦的特产，并且有传染性；城中的居民是在此氛围之下才会变得残忍野蛮。

魏尔伦相信，就像之前的巴黎一样，他在伦敦也是“生活在野蛮人之中”，可他这句评论却另有深意；他所指的是这座异邦之城所信仰的无非是钱与权。巴比伦之名再次出现，以指代这座异教之城。陀思妥耶夫斯基就其 1863 年伦敦之旅曾说过：“这真是《圣经》中的场景，让人想到巴比伦。天启所昭示的某些预言就在你眼前实现。你觉得，你必须重拾拒绝和反抗这一深刻和古老的传统，才能不屈从于此……才能不崇拜魔王。”他总结道：“魔王在此统治，甚至都不求人们服从，因为他确知人们必会服从，大众的穷困、苦难、哀叹和迟钝对他毫无意义。”可见，所谓魔王的异教奴隶和信徒其实是虚弱无力的，正如每天破晓时“那一成不变的，既骄傲又阴郁的精神再一次展开高傲的双翼，笼罩这座巨大的城市”。

如果中期维多利亚时代的伦敦的确如陀思妥耶夫斯基所说，是一座信仰异端、充斥异教启示的城市，那么 1878 年所竖立的纪念碑正是伦敦最恰当的标榜。这座源自埃及第十八王朝的方尖碑被装在一艘密封的船里运回伦敦；在此之前，该碑已经在赫里奥波利斯的太阳神庙前矗立了一千六百年。“它曾目睹过约瑟和雅各的会面，也曾见证了摩西的童年。”在公元前 12 年，该碑被迁往亚历山大港，却没有再次立起，而是俯卧于沙漠之中，直到被运往伦敦。这座玫瑰红色的整块大理石碑由大群的奴隶从埃及南部的采石场中开采出来，如今却矗立在泰晤士河畔，还有两座青铜狮身人面像左右护卫；碑身侧面刻有图特摩斯三世和拉美西斯大帝尊号的象形文字。这座被称为“克利奥帕特拉之针”的石碑变得犹如守护者一般。一位法国游客如此描写这一段的泰晤士河：“空气凝重；四周的压力触手可摸，头顶有力量沉沉压下，直逼耳朵和嘴巴，并在空中挥之不去。”丁尼生凝视着异教伦敦的这座异教石碑，并代其说话：“我曾见过四个伟大的帝国消亡！伦敦未有之时，我已存在！我在这里！”石碑的大理石随着伦敦雾与烟的侵蚀逐步瓦解，象形文字也开始消磨，1917 年秋季，一枚炸弹落在附近，石碑上有了“伤痕和裂缝”，却依然幸存下来。在方尖碑的地下依然埋藏着 1878 年封装的罐子，其中装有一套男式外衣和一套女装、有插图的报纸、儿童玩具、雪茄和一枚剃刀；此外，这座皇家石碑的基座之下最可观的是一整套维多利亚时代的货币。

其他异教的标志也和这座 19 世纪的城市密不可分。米诺陶就曾降临于伦敦。在异教神话中，这迷宫中的恶魔每年要得到七位童男和七位童女，既作为食物，也作为贡品。因此维多利亚时代反对贫困和娼妓的卫道士，在公共出版物上就被称为杀死米诺陶的英雄忒修斯。然而米诺陶并未安眠，1885 年《蓓尔美尔街报》的一位记者认为"伦敦夜间被献祭的处女可以比拟雅典人对米诺陶的献祭"，而且"伦敦米诺陶的胃口似乎贪得无厌"。也有人写道："伦敦的米诺陶……四处走动，穿着细平布和上好的亚麻布，如同主教一般模样可敬。"这一幕的确可怕，堪比爱伦・坡或者德・昆西笔下的场景。有异教的猛兽在伦敦胡作非为，这一想法却巧妙地回应了 19 世纪的一个想法，即伦敦已经变成了一座迷宫，足以比得上克里特岛的一切。在回应关于儿童卖淫的各篇文章时，乔治・弗雷德里克・瓦茨就曾描绘那有角的怪兽，半人半牛，如何从石墙上方俯瞰整座城市。

约翰・奥布里在其 1686 年出版的《遗迹》一书中写道："就在图利街的南边，巴纳比街靠西一点点，有一条街道名叫麦斯或者梅斯（Maze，意为"迷宫"），向东就是博罗市场（这也是迷宫的别名）。我想，这些迷宫的名字都来自我们的丹麦祖先。"一百多年后，新的迷宫又出现于伦敦。阿瑟・梅琴认为自己已经走到了城市边缘，"刚要说'我终于摆脱了那一片庞大的、石砌的荒野'，可突然之间，转过拐角，粗糙度的红色房屋成排矗立在面前，我知道，我依然身陷迷宫"。建筑理论学家伯纳德・屈米曾将伦敦这座迷宫比作一种装置："你永远也无法对其全然了知，更无法描述。你被罚困守其中，走不出去，也看不到全貌。"这就是伦敦。德・昆西曾描写他如何寻找那位他曾熟识、后来沦为妓女的女孩安，他写道，他俩"穿过伦敦一座座庞大的迷宫；彼此之间或许只有几英尺之隔，一道并不比伦敦的巷道更宽的隔墙，最后常常就是咫尺天涯！"这就是伦敦城的可怕之处。它对人类的需要及情感毫不在意，其地理面貌残酷野蛮，并对此不以为意。那姑娘几乎注定会被欺骗卖身，而这一事实又呼应了伦敦城中心有怪兽这一意象。

德・昆西说，牛津街有"无穷无尽的台阶"以及"数不清的悲叹"。这儿的街道会戏弄你，让你晕头转向。关于这座城市，他写道："陌生人会迅速迷失于这座迷宫里。"事实上，伦敦老城区就以其令人困惑的蛇形道、偏僻小巷及暗藏的庭院而闻名。H. G. 威尔斯说，“这座伟大城市里的所有市民，何其庞杂多样，何其众多，何其难以把握，”要是没有出租车，“只消一会功夫，就会彻头彻尾地永远迷路”。这是一个有趣的暗示，伦敦人会在自己的城市里走失，仿佛被条条街道和石块所吞噬。19 世纪初期的另一位作家罗伯特·骚塞则有相似的看法，他发现“想对这座千街万巷、永无止境的迷宫做到了如指掌是永远都不可能的；想想就知道，住在城市一头的人，对于城市的另一头差不多是一无所知的”。在人们的想象中，伦敦是一座永远扩张的迷宫，向着无限不断突破前进。在英格兰地图上，伦敦被视为一块发黑的补丁，或者是污渍，虽缓慢但冷酷无情地向外扩张蔓延。地图虽可以勾勒，但想象却总不能完整。感知伦敦只能通过信念，而非理性。

第六十三章

广厦千万间

19 世纪许多小说中都曾写到这一幕：主人公走上高处，比如樱草花山，或者鱼街山，被眼前伦敦城之巨大震惊得默默无言。麦考利负有走过伦敦每一条街道的盛名，可那也是到了他死去的那一年，也就是 1859 年才完成的。后来人想要再现这一步行史上的丰功伟业怕是不可能了。土生土长的伦敦人的一大焦虑正起源于此。他或者她将永远都不可能彻底地了解伦敦；伦敦不断扩张，也就总有一个隐秘的伦敦存在。

19 世纪，伦敦扩张得如此之大，以至于唐纳德·奥尔森在《维多利亚时期伦敦的发展》一书中指出："我们所钟爱的伦敦大半来自维多利亚时代，不管我们所爱的是其结构或是布局，至少也会欣赏其灵感。"可这灵感又是什么呢？1858 年的《建筑新闻》中有段文字曾加以阐释："我们的建筑学有义务将我们的个性转化为土石的建筑。"宏大的重建和扩张在前，随之而来的就是同样规模浩大的拆除故旧。这倒也是维多利亚时代的"个性"之一。城市的上升摧毁了"老派的、有山墙的商店和公寓，精巧的旅舍，有回廊的庭院，还有教堂和古怪的街道，而这本是前一个世纪生活的明证"。教堂向商业低头，窄巷也被宽阔的，甚至越来越宽的大道所取代，两边建满了新楼；大饭店、办公楼以及一栋栋公寓拔地而起，所用的是精美的石灰石、磨光的砖块及陶瓦。沙夫茨伯里大道、诺森伯兰大道、霍尔本高架桥、维多利亚女王街、查令十字街等都贯穿这座都城，到 1873 年，有位记者发现："老伦敦……我们年轻时代的伦敦……正在被另一座从老伦敦之中升起的城市所吞没。”这个令人迷惘的意象曾被人多次提起：一座陌生的城市不可避免地如同幻影般在雾中出现，所及之处，无不改变。这步调一致建造庞大伦敦城的冲动（即拓宽街道、树立新的纪念碑、建造博物馆和法庭、将大道通衢从城市的一头铺向另一头），也就意味着伦敦深陷拆除与重建的泥潭中。整片整片的区域变成工地，布满临时围墙和重型设备。霍尔本高架桥的作用是扩展弗利特谷，将霍尔本广场与新门街连接起来；伟大的维多利亚堤街工程改造了河流的北岸，并且通过维多利亚女皇街可直到城市核心；维多利亚街则改变了整个威斯敏斯特的面貌，沙夫茨伯里大街和查令十字街路则带来了人们所称的“西区”。伦敦老城本身的人口则不断减少，银行家和商人迁往肯辛顿和贝尔格莱维亚。老伦敦所留下的只有账房。“伦敦这头怪兽实在可算一座新城，”查尔斯·埃利奥特·帕斯科在1888年写道，“新的是它的生活、它的街巷，还有其中数百万居民的社会状况。居民的生活方式、习惯、职业甚至娱乐都在过去半个世纪内发生了彻底的变化，就像这座伟大城市一样。”这是19世纪所彻底展现的伦敦的又一特点；这座城市改变着其居民，无论是好是坏，还主动干涉居民的生活。因此自然会让居民有被压迫乃至囚禁之感。

但是也有人对这座城市巨大的规模满怀真正的敬畏之情，似乎这是世上前所未有的新造之城。有人所见只有贫穷和剥削之处，有人则看到智慧与工业；有人举目皆是破败和丑陋，有人则发现了贸易和商业的天赐良机。实际上，伦敦如今巨大惊人，人们对它可以有无数看法，且都能站得住脚。它是消费社会的前驱。它代表了能量、热情、奇思妙想。可它也是大熔炉，是一块可怕的肿瘤，充满了“伦敦弃儿的苦泪”。

因此，伦敦城的庞大规模还有一个特点，就是其中无所不包。亨利·梅休乘气球飞越伦敦上空时，观察到“教堂和医院、银行和监狱、码头和济贫所、庞杂的砖砌建筑群”都“模糊成一个巨大的黑团……只不过是一座垃圾堆”，堆积着“邪恶、贪婪、狡猾”，也有“崇高的理想和英勇的作为”。但在这么一座偌大的、扩张不休的都市里，“邪恶”与“英勇”也变得不再重要；伦敦城的规模让人心态漠然。如亨利·詹姆斯这样敏感的人，就会感到强烈的压抑或者是疏离感。1869年，他给自己的姐姐信中写道：“直到如今，一想到伦敦的规模之大，我都有被压垮之感（真是庞大得不可思议），让我的心灵也因此麻木……这城市在你头上压榨，在你头上沉思，在你头上践踏。”这是伦敦不可思议的规模所具有的另一特点；这城市就如同一块巨大的重物或是负担，压在每个人的生活及心头。并不仅仅是因为这座维多利亚时代的城市以其庞大的街区和庞杂的机器让市民形同侏儒，更是因为伦敦可怕的规模让其市民心惊胆战。没人能记住维多利亚时代伦敦的地图，其街巷密如乱麻，几乎无法辨认；人力不能及于此，这样一座庞大的、无边无涯的地方足以让人惊恐。它重压于心头，也会导致人们绝望，或是精力涣散。

迪斯雷利评论道，“无限”是伦敦的“特点”，然而却会导致该城变得“极其乏味”。这是矛盾之城的又一大矛盾之处。庞大的规模或许不会让人心生敬畏和仰慕，反而会使人觉得沉闷和无聊。迪斯雷利满心都是这样的意象：“乏味、沉闷、无精打采的街道”向各个方向延伸，让伦敦以千篇一律及“庞大无边的规模压倒一切”。如果伦敦是世界上最大的城市，那么也一定是最没人情味的，并将其乏味的生活散播各处。

伦敦人表情的特点就是疲惫。穿过城市就已足以让人精疲力竭；这座城市庞大到无可管理。回家一事就能让人伦敦人耗尽力气、无精打采、不问世事。可见伦敦让其市民心力交瘁，如同妖女一般吸干了人的能量。可也有人觉得，亨利·詹姆斯口中这个“毫无意义的庞然大物”是令人心醉的源泉。迪斯雷利眼中庞大而乏味的伦敦因而有了彻底相反的含义，城市没有边界也就意味着一切尽备于此；这有无穷的声色足以乱目，风景目不暇接，人物洋洋大观。

“当我来到这座大城时，”一位非洲来的游客写道，“我上看下看；前看不到头，后看不见尾。”他或许漫步走过了肯宁顿和坎伯韦尔、哈克尼及贝思纳尔绿地、斯托克纽因顿及高贝利、切尔西和骑士桥以及肯辛顿，一路都惊讶不已。在 1760 年到 1835 年之间，伦敦城的发展可与这之前两个世纪比肩。到了 1835 年时，大街和阳台公寓已经扩展到维多利亚、埃奇韦尔、城市路、莱姆豪斯、罗瑟希路及兰贝斯。又过了十六年，伦敦城已经囊括了贝尔格莱维亚、霍克斯顿、波普勒、德特福德、沃尔沃思、贝思纳尔绿地、堡路及圣潘克拉斯。到 1872 年时，以指数级扩张的伦敦又吞并了沃尔瑟姆绿地、肯萨尔绿地、哈默史密斯、海格特、芬斯伯里公园、克莱普顿、哈克尼、新十字、老福特、布莱克希思、佩卡姆、诺伍德、斯特里特姆和图庭，各地都在扩张，举伦敦之大，已非任何市政或行政手段所能控制。道路和大街未经任何议会或是中央机关的规划；因此伦敦城的扩张常被比作一种贪得无厌的本能，或是自然的增长。伦敦包围了每一座村庄或小镇，将其纳入领下，据为己有，却并不一定会改变其基本的形貌。虽然已经属于伦敦，但这些地方却能保留其更为古老的街道和建筑。其旧日风貌只能从教堂、市场和村庄绿地的遗迹中找寻，至于其名字，则作为伦敦地铁站的站名保留下来。

虽有俗语说整个英格兰都变成了伦敦，可也有人把伦敦当作一个独立之国，有自己的语言和风俗。对其他人而言，伦敦反映了整个地球，或者如一位19世纪的小说家所说，是“这个球形世界的缩影”。当如此巨大的城市释放其特有的分量和吸引力时，伦敦就已经成为庞大无朋的代名词。“如有条条引力”，托马斯·德·昆西在《伦敦这个国度》中如此写道。

凡人琐事在这一切都硕大无比的城中看似并无意义，无足轻重。“尚不可知，有没有人能第一次走上伦敦的街道就能轻松自在”，德·昆西继续写道，“无人问津，完全孤身一人的感受，与他如影随形。他一定因此感到过伤悲、窘迫，甚至还有恐惧。”没有人留意德·昆西：既没人看他，也没人听他说话。人们匆匆而过，满心都是只有自知的神秘目的地，盘算自己争分夺秒的事情，就像是带着“疯子的面具”或是“只有幻影的盛装游行”。虽说伦敦城由无数坚石筑成，但城里的居民就如同鬼魂一般轻淡，取代了别人，又被后来者所取代。鉴于伦敦的规模及历史，所有的伦敦人似乎都是暂居于此。在浩瀚的伦敦城中，任何个人都会显得无足轻重，不值一提；这实在令人烦恼，也可以解释许多伦敦人都面带厌烦和倦怠之色。总是发现个人的生活轻如鸿毛，被视为不过是沧海中之一粟，这大概会让人心生无力。

生活在这样的城中，就会体会人生的无奈。许多维多利亚时代的街头风景中，都能看到市民黯然低头独行于稠人广市之中，孑然一身，不值一提，极为坚韧地承担着各自的重担，却更见其孤独。这也是维多利亚时代伦敦的悖论之一。人群中是勃勃的生机与活力，但个人却总是充满焦虑，心灰意冷。

“伦敦城中心究竟有什么用处?”德·昆西发问道，显然，这座城市根本就没有中心。或者说，城中心无所不在。有破土动工之处，就是伦敦。斯特里特姆、海格特、新十字，都像切普赛德街或者河岸街一样，是典型的、无可争辩的伦敦。它们是这座发臭的、闪光的城市之一部分，那茫茫一片屋顶和公寓的荒野，从宏大的伦敦城中醒来，崛起于惨淡的晨光中。并非一切角落都庄严不动，并非一切角落都高贵不凡。这座不停扩张的城市还有另外一面；也有的城区经济如履薄冰。不同的阶级，阶级中不同的阶层，大体上分别聚居于不同的街区。比如说，同在河南岸，工人阶级聚居的兰贝斯和士绅所居的坎伯韦尔之间可谓天差地别。也有的城区则难以分类，上升或坠落的可能性势均力敌，变幻难测。皮姆利科就是这样的地方之一；此地本可以成为更为华丽和高贵的社区，却始终徘徊于萧条边缘。而这又反映了中产阶级的市民普遍的焦虑心态；一不小心就会坠落青云，今年的日子还算得上体面，来年或许就会苦不堪言。沃尔福德街边新修的阳台公寓会成为雄心勃勃的城市工人的住所，还是会堕落成一片出租屋？在伦敦的发展中，这是无言的疑问。

此外，伦敦无数的市民也体现着这城市的广大无限。因此 19 世纪的都市小说总是充斥着无心的偶遇和巧合的邂逅，心有灵犀的一瞥和短暂的插曲，还有 H. G.威尔斯所说的“无限众生宏大而神秘的生生不息”。伦敦十字路口的行人数量之大，速度之快，如同激流，让游客为之胆战。一位德国记者发现：“要是有一个伦敦人在街头撞到了你，你不要做梦他会向你道歉；他会扬长而去，哪管你自己晕头转向，甚至都不会回头看看被撞的你究竟作何感想。”工人曾经从伊斯灵顿和本顿维尔步行前往城区，如今他们也从德普特福德和贝尔蒙德赛、霍克斯顿和哈克尼出发。在 19 世纪 50 年代，据估计每天有二十万人步行进入伦敦。正如罗伊·波特在《伦敦：一部社会史》一书中所写的：“游移和就位是周而复始的，没有什么能静止不动，只有改变本身才是恒常不变的。”陷身于并无目标的不断增长和改变中，除了变化之外，并无一事可以确定，这真让人为难。

随着城市如此持续和如此迅速地扩张，徒步穿越这一大片地区已经不可能了，于是其他交通方式应运而生，在这洋洋大观的都市中腾挪前进。最强有力的创新是随着铁路轰然降临的。19 世纪的伦敦正处在伟大的转型之中，促使其加速改变的，是 1837 年修建的尤斯顿站，以及随后兴建的滑铁卢站、国王十字站、帕丁顿站、维多利亚站、黑衣修士站、查令十字街站、圣潘克拉斯站和利物浦街站。约一百五十年后的今天依然在运营的这整条铁路系统，从 1852 年到 1877 年之间的约短短二十五年间就凌驾伦敦之上。铁路站点本身即成为展现维多利亚时代发明与创新的殿堂，修建站点的社会则醉心于速度和运动。结果之一是伦敦城真正成了国家中心，一切涌动着生机的路线都直通伦敦。铁路再加上电报技术确立和维护了伦敦的至高无上。在一个万众奔忙，唯“铁路时间”是瞻的世界中，伦敦成了交流和商业的总枢纽。

即便伦敦城本身，随着铁路支线或南北郊区城郊铁路线的激增，对其影响也有切身体会。到 19 世纪 90 年代，威尔斯登站和沃尔瑟姆斯托站之间、达尔斯顿交汇站和宽街站之间、里士满站和克拉彭交汇站之间、新十字街站和伦敦桥站之间都有了铁路相连，铁路让伦敦的整个周边无一例外都通向城中心，河流两岸还都有标志性的石拱门。

当威廉·鲍威尔·弗里斯于1838年展出他描绘帕丁顿火车站的画作《火车站》时，要在“画作前设置围栏，才能挡住狂热的观众”；人群被画中所描绘的人群所吸引，画作展现了这条伟大铁路系统无比壮观的规模。19世纪的伦敦人醉心于自己置身其中的奇观，以及在自己名下创造的成就；伦敦的确已变成了一座新城，至少生活在其中的感受已经大为不同。庞杂沉重的城区多少已经得到控制；穿城而过的新交通路线也有助于控制其扩张，不但以时间和距离诠释了城市，还引导着城市振荡不定的生活。布兰查德·杰罗尔德写道：“在沃克斯豪尔、查令十字街，还有卡农街之间的旅行，会向一位沉思者展现最震撼人心的伦敦生活场景。他能够看到最贫穷的街区内景；能浏览无穷无尽的阳台，下方是屋后花园，妇人和孩子点缀其中。”伦敦宛然可见，因此也清晰易懂。伦敦甚至发生了铁路狂热，各家互不相让的铁路公司的股份和股票都能在伦敦卖出高价；到1849年，议会已经批准建造了1 071条铁路，其中19条位于伦敦城内。也不妨说整个国家都沉迷于铁路旅行之梦。铁路甚至以一己之利改造了伦敦的面貌：成千上万的房屋被拆迁以铺设铁轨，据估计有十万人因此搬迁。

新铁路站点的开通有众多好处。古老的郊外静谧之地如富勒姆和布里克斯顿如今也在新上班族的安家范围之内，在此之前，住在如此偏远的地方是没法上班的。市民们蜂拥而来，狭小的或者便宜的房屋正为他们而建。铁路系统的扩张实际上造就了新的郊区，1883年通过的《廉价火车法案》大大方便了老出租屋内那些更穷的人逃离伦敦，搬到诸如沃尔瑟姆斯托和西汉姆这样的“铁路郊区”定居。基尔伯恩和威尔斯登等地变得人头攒动，因此建造了鳞次栉比、颇为枯燥的排屋，至今尚存。后两个地区也有工人聚居，而他们自己又参加了更多铁路的修建。

但铁路绝不是伦敦城的唯一交通方式；1897年，在切普赛德街和新门街的一个交叉路口处，据估计“在工作时间里，每一分钟平均有二十三辆车辆经过”。如同尼亚加拉瀑布一样的车辆轰鸣紧紧包围着伦敦人。滚滚车流中包括公共马车、单马双座马车、大车和有轨电车、马匹和早期的汽车、四轮轿式马车和大客车、出租马车和四轮折蓬马车，总之都在熙熙攘攘的大理石街道上曲折前进。要是有驾马车坏了，会挡住一长列车辆止步不前；大车、四轮马车、平板马车、公共马车，首尾相接，缓慢前行，而较快的出租马车则在队伍中左右腾挪。在关于伦敦交通的早期电影中，可以看到男孩们在车流中穿梭，清理马粪，行人则在马路上长驱直入，其大义凌然、不可一世，与今日并无区别。无论在照片中，还是在电影中，这场面都充满了难以言喻的活力和混乱；其运动如同本能一样自然，视之为细菌也可，视之为整个宇宙也可。

公共马车最早于1829年出现于伦敦街头，二十五年之后，伦敦已经有了约三千辆公共马车，每辆车每天要运送大约三百名乘客。1845年詹姆斯·波拉德所绘的一副《两辆公共马车的街景》生动地再现了当时交通的场景。两辆公共马车各有两匹引马；第一辆马车上有八名头戴硬壳礼帽的绅士坐在车夫身后的露天车顶上，还可以瞥见车厢里也坐着乘客。马车漆成绿色，在车厢边上用大号字母广而告之：这辆马车属于“最爱”车队；车身后还插着一根有桩的木板，写明这辆马车往来于尤斯顿和切尔西之间，在边上还写了该马车的其他目的地。车费从六便士到一先令不等，可见这种交通方式不是伦敦的劳动阶层所乐意消费的，然而持续不断的竞争让车费一路跌到了两便士或一便士。一大早第一班车总是坐满了办公室职员，第二班则是职员们的雇主、商人和银行家；到了日中，“女士们”走上巴士，出门血拼淘货，母亲则带着孩子“出门遛弯”。到了晚上，车内又挤满了从城区返回郊区的人，若非如此，则是那些前往剧场或夜店，“过夜生活”的人们。

1853年，一位游客发现：“公共马车绝不可少，伦敦人没了它就没法过日子。”他还写道，“‘巴士’这个词正迅速地为普罗大众所认可”；他写到这些马车的亮相是如何不同凡响，刷成鲜亮的红色、绿色或蓝色，还有售票员及车夫是如何精神焕发。售票员会高喊“开路了！”并拍打车顶，示意马车即将起步。此外，旅途中他也“没有收声的时候”，一路都在大叫着目的地：“银一行！”“银一行！”

伦敦的马儿也颇堪注意和称赞，由于马儿在街头得到了训练，并且“天资聪颖”，它们可以在人潮汹涌的大街上迈着漂亮的步伐前进，还不会引起事故。一位维多利亚晚期的人回忆道，在交通阻塞的时候，他总是能看见“几百匹马”，“摇晃着脑袋，打着响鼻”，而车夫则“大嚷大叫”，互致问候，客套寒暄。

一切车辆中与维多利亚时代的伦敦关系最密切的莫过于敞篷双座出租马车。1834年最初被引入伦敦时，这种四轮马车的车厢比起老式的双轮出租马车更舒服，车夫的位置也并不和乘客挤在一起，而是在车厢后部。交通工具的改变再次反映了伦敦不断改变的文化。可尽管马车的形制有所改变，车夫的面貌和举止却依然故我。他们最出名的是“牢骚怪话”，或者是厚颜无耻，还有坑蒙拐骗。“只要有外来客莽撞地拦马车，来的可不是一辆，而是马上来了整整半打。”除了这位德国游客之外，也不乏其他人的记录，同样证明了在伦敦各地，出租马车夫的竞争是何等激烈。他们成为马路上的守护神，或者是小恶魔。尽管有法定的价格，他们还是会试着讨价还价，最常见的套话是“你愿给多少?”他们还因为酗酒以及酒后爱吵架而臭名远扬。“老伦敦人放胆与车夫争论的只会是路线如何、道程远近，因为车夫阶层的先生们可不会低眉顺眼、息事宁人；想要停止争吵，最便宜的方式倒莫过直接付钱，让他走人。”敞篷双座马车的车夫“十分吹毛求疵，粗鲁无礼，就像驾驶较便宜马车的同行一样”。这些同行所驾驶的是四轮马车或四轮出租马车，但他们更加精神高昂，“技艺更加精湛，驾驶着他们的轻便马车，曲里拐弯，见缝就钻，能穿过马车和货车挤成一团的最可怕的铁疙瘩”。伦敦的出租马车车夫是这座城市精神的缩影——脚步飞快、永不停息、大胆不羁，渴望着狂暴和酗酒。他们与屠夫以及叫卖小贩紧密相关，这三者的生计都紧扣着伦敦的生机：都是伦敦大家庭的一员。

到了19世纪末，伦敦已经有超过一万辆各种出租马车，即便是新修的大道也容不下如潮水般涌来、花样百出的车辆了。有时候拥挤得太厉害，造成交通“停滞”或者“僵死”（到了20世纪，就成了塞车）。只不过，令人称奇之处在于，这么多世纪以来，这座城市的大道通衢依然支撑着其不断增长的交通需求。21世纪初，无尽的小汽车、公交、的士和卡车依然飞驰在18、19世纪修建、交通工具完全不同的道路上。这座城市能在无声无形中重生，仿佛是真正的活物一般。

XX

LONDON

The Biography

伦敦弃儿

第六十四章

他们始终在我们左右

“安布罗斯夫人明白：贫穷毕竟不过是司空见惯之事，伦敦城有不计其数的穷人。”弗吉尼亚·伍尔夫的小说《远航》里的这句话，揭示了她所出生的19世纪的一个重大事实。

穷人永远都是这座城市的组成部分之一。他们就像砖石，伦敦就从其上崛起；他们默默承受着无边的痛苦。在中世纪时期的伦敦，年老的、残疾的、畸形的人还有疯子是首当其冲的穷人，而那些没能力工作的人会被社会拒之门外，因为在社会体系里没有属于他们的、真正而又可靠的位置。到了16世纪，伦敦城已经形成了自己的贫民区，比如东史密斯菲尔德、伦敦塔附近的圣凯瑟琳和萨瑟克区的敏特。可以这么说：出于某种本能的过程，穷人们会聚居而生，或许也可以说：伦敦总有些去处可供他们容身，无论是沿街叫卖的街头小贩，还是扫烟囱人。他们属于下层阶级，正如笛福所描述的：“这悲惨的一群啊，穷困不堪，备受煎熬。”

在18世纪的记载中，我们总是会读到这样的场景：肮脏的院子和阴冷多雨的房子，“没有人照看的邋遢孩子”和“衣衫褴褛的女人”，“污秽的、没有任何装饰的”空房间，还有困坐屋内的男人。他们“衣衫褴褛，不敢走动于光天化日之下”。那些甚至无处容身的人，只能睡在空置或者废弃的房子里，还有人睡在房子前面的空地上或者门口。在《18世纪伦敦生活》一书中，M.多罗茜·乔治估计，18世纪末，伦敦有“两万多来自不同阶级、生活悲惨的个体；每天早上醒来，他们都不知道何以度日；很多情况下，他们也不知道今夜在哪里落脚”。作者振振有词地将这种情况归罪于“生活原本就起伏不定，还有那个时代的贸易特点”。所以，我们可以说，伦敦最贫穷居民的生活状态和外表能够最明显，或者说最尖锐地呈现出伦敦的本质特点。伦敦城里的其他人害怕和排斥穷人。穷人加剧了伦敦人病态的紧张和不安。通过城市投下的阴影，就能了解城市的真容。

我们能够在查尔斯·布思于1889年绘制的“贫困地图”里找到这个阴影。在这幅地图上，黑色和深蓝色区域分别代表“底层阶层，即恶人、准罪犯”和“赤贫、失业、总是会陷入困境的人”。这些人潜伏于红色和金色的富人区中。另外一幅显示贫民区轮廓的、比例尺更大一些的地图标记出了一百三十四处穷人聚集区，每一处有大概三万人。在这张地图上，泰晤士河边聚集着一些深蓝色的贫民窟，除此之外，贫民窟都呈现出同心圆形，“同心圆中央的居民无一例外是赤贫”。这些区域带有伦敦特色，主要是在帕丁顿和皮姆利科、怀特查佩尔和沃平，还有巴特锡和贝尔蒙德赛。

旅行者发现伦敦的穷人无所不在，评论这些穷人是如何丢人，如何堕落，和罗马、柏林或者巴黎的穷人如何不同。1872年，伊波利特·泰恩提到：“正对着牛津大街的那些小巷子令人窒息，臭气熏天；一群群脸色苍白的孩子蜷伏在肮脏的楼梯间；夜晚，一家老小儿挤在伦敦大桥的长凳上，耷拉着头，瑟瑟发抖……穷困潦倒，苦不堪言。”在一座建立在金钱和权力之上的城市，那些没有钱没有权的人深受压迫。在所有城市里，这些伦敦的穷人真正是坠入泥沼，被剥夺了所有颜面。因为这座城市所追求的只是贪婪，别无他物。这就是为什么在19世纪的伦敦，穷人会在大街上过着穷困潦倒的生活，也同样解释了为什么城市的权力和规模不断扩大的同时，穷人的数量也在增加。

他们几乎代表着一座城中城，这么多穷人集群而居，是不可能无视的。约翰·霍林斯黑德于1861年出版的《衣衫褴褛的伦敦》一书显示，城市人口的三分之一居住的是“不卫生的高低床，一层又一层；居所是老屋窄室。而这些房子更建在污秽不堪、建筑不合理的院子和小巷子里”。令人嫌恶和危机四伏的气氛四处洋溢，几乎无法压制。库克夫人在1902年出版的《伦敦的公路和小道》一书中总结说：“怪异的是，在伦敦，穷人子女很多。”这就表明，对穷人的恐惧源自担心他们会无休止地繁衍下去。她所指的是萨瑟克区：这个区的穷困似乎已经发展到了不可控制的地步，以至于萨瑟克区已经完全沦陷于贫穷。不过，要说是这座城市的上百个其他地方也未尝不可。《伦敦弃儿的沉痛呼告》一书的作者称那些穷人聚集的地方像是“感染了瘟疫”，由此也证实人们有这样的恐惧：在伦敦，这种可悲的穷困和堕落某种程度上是有传染性的；无用感和绝望感会弥漫整个贫民窟，“成千上万人拥挤于恐惧之中”。

人们感到似乎正是伦敦的街道自身产生了这些挤作一团的人。1862 年的一篇新闻报道标题为“尼克尔斯大街、新尼克尔斯大街、尼克尔斯半街和特维尔大街，这些地方有不计其数的封闭院子和小巷子”。标题之所以冗长地列出一条条大街的名字，本身就足以让人想到堕落的场景，“公开的道德败坏一目了然”。于是，房子和巷子本身都对“道德堕落”负有责任。到底是城市反映它的居民，还是居民投射出城市的状况呢？居住者和居住地含糊地隐喻着彼此，如同 1903 年出版的杰克·伦敦的《深渊里的人们》一书中所描述的：“这座城市无可救药，没有任何希望，不得解脱，肮脏不堪……人们邋里邋遢，哪怕是想要收拾得干净一点，就会让他们一片哀嚎，要不就是愁云惨雾，苦不堪言……收工回家的父亲向在街上游逛的孩子询问母亲在哪里，孩子会回答说，‘就在房子呢。’”观察者的共识是：这些穷人的生活已经到了毫无希望和环境脏乱不堪的地步，甚至可以说“穷人是新出现的一个种族”，而且“这一情况如今会在很大程度上遗传下去”。如果说维多利亚时期的伦敦经历了剧变，成为一座新城市，那么城中充斥的就是这样的新市民。

恩格斯所分析和密切关注的，正是伦敦城里的万象。在伦敦的圣贾尔斯贫民窟，“肮脏的过道之破败毁坏已经让人无话可说……墙壁摇摇欲坠，门柱和窗框散落腐烂”。马克思住在几步之遥的索霍区。所以 19 世纪中期伦敦的城市状况直接激励着共产主义的两位创始人。可以说，他们的信仰萌芽于伦敦的贫民窟。这些维多利亚时代的观察者相信，无所不在的穷人最终会产生某个巨大的、惊人的新现实。现在看来，他们也并没有完全说错。伦敦的穷人的确催生了一个新的种族或者说阶级，却是在遥远的国家和文明中间。

在朗埃克街，恩格斯注意到，孩子们“病殃殃的，快要饿死了”。他承认，并不是每一个“伦敦的上班族”都遭遇着最可怕的贫困，但是“每一个上班族无一例外都可能遭遇类似的命运，虽然并不是他们的错”。贫穷是直接的威胁，而这个观点又根深蒂固地植于人心中，这就是伦敦这座城市孕育出的绝望。准确地说，这座城市的状况足以把人们逼进贫民窟。比如说，就业的不稳定性是让人们“破产”（这是 19 世纪早期用到的词）并沦为乞丐的最紧迫的原因之一。冬天一到，码头工人和建筑工人就接不到活儿，或者引用当时流行的一个短语“断电了”，这个短语本来是指关掉某种能源或者电，可是现在却用在了人的身上。把某人“断电”，是最剥夺人性、使人堕落的力量。

穷人居住的区域也被“断电了”。城市发展到如此之大，这些区域也就淹没其中了。恩格斯引用了一位牧师说的话，牧师宣称：“自从来到贝思纳尔绿地，我目睹了在其他地方见所未见的彻底贫困和一蹶不振。”他又重申说，其他伦敦人对这些地方很不熟悉，也没有来过。在这座城市的其他地方的人“对这个贫穷的地方知之甚少，就像他们不了解澳大利亚的荒野或者南海的岛屿一样”。荒野的景象再次浮现，可是现在却暗示着黑暗和不可预知。

大都市另外一个怪异的特点是：富人和穷人并肩生活着，却没有注意到对方的存在。恩格斯引用了《泰晤士报》1843 年 10 月 12 日的一篇社论，这篇社论揭示说：“在上帝之国，在最富有的城市中那些最有豪门风度的城区中，每一个冬天，一夜又一夜，人们可能都会发现饥荒、污秽和疾病。”恩格斯从这个角度观察整个伦敦，并总结说，伦敦是不健康或者不健全的。伦敦人越是挤在狭小的空间，原本就非常冷漠的他们就会越来越冷漠和无耻；他们会无视自己的邻居，只专注于自己的私事。

所以，伦敦创造了人类生存史的新阶段。它的贫困实际上困住了其中的所有人，让他们陷入疯狂挣钱和花钱。因此造成了一个“原子社会”。于是，一个新的种族就形成了，不仅是在圣贾尔斯贫民窟的公寓，还遍布整个伦敦。“这个种族的大部分人任由自己的很多创造性的能力休眠着，得不到发展，得不到利用。”恩格斯揭示说，这才是这座城市真正的贫困所在，只有通过一场革命才可以彻底根除它。

然后，19 世纪的伦敦成为地球上第一个独具特色的城市化社会。今天，我们理所当然地接受这一现象：“人们飞快地擦肩而过，似乎没有任何共同点。”可是，在那个时候，人们会很反感。如果有人感叹维多利亚时期伦敦的伟大和广阔，就会有其他人感到困扰和恐惧。在这里，在伦敦的大街上，真正的“社会冲突，所有人各自为战”都是实实在在的。它预示了未来世界的样子，就像癌症一样，不仅会在英格兰蔓延，最终会覆盖整个地球。

查尔斯·布思 1903 年出版的《伦敦人的生活和劳动》，无论在过去和现在都是对 19 世纪晚期贫困状态的最伟大的研究之一。这套书有多达十七卷，已经先后修订出版了三次。就像它所研究的这座庞大城市一样，这本书也可谓鸿篇巨著。这本里程碑式的作品充满了暗示性的细节，透着不乏好奇的同情。正是对伦敦生活场景的描述使布思的书如此重要。他描述道："那间里屋的最后一个住户是一个死了老婆的人，他是工作委员会的清洁工，是一个既不相信天堂也不相信地狱的人……七号房间住的是一个病入膏肓的马车车夫。他从自己的马车上摔了下来，腿还被碾轧了。楼上住的是一位靠慈善救济过活的穷困的老太太。即便如此，她依然很快乐，依然期待死后可以进天堂。"老太太的邻居是一位"众所周知的无神论者，总是在铁路拱桥下滔滔不绝地讲着自己的信条：如果真有上帝存在，那他一定是一个怪物，因为他居然允许世界上这样的不幸。他有心脏病，医生告诉他，有一天高兴过头时他会倒地死去。"这就是祖祖辈辈生活在伦敦的人们。"底楼住的是米克夫妇。米克先生是一位帽子商，走街串巷，用煮桶给孩子们的帽子染色，是个很可爱的人。后面住的是黑尔莫特夫人，她的丈夫以前是一个眼镜商，现在在汉威尔，患有自杀性忧郁症。"人类各式各样的经历都在这里暴露出来，快乐的帽子商和有自杀倾向的眼镜商比 19 世纪都市小说里的任何角色都更具有影射意义。

这座城市好像成了一座荒岛，岛上的人们小心谨慎地生活着。不过，虽然困难重重，另一种生活还是不断地突围而生。一名护士告诉布思："孤立无援的穷人究竟是怎么活下去的，这仍然是一个谜，但他们对彼此都非常友善，甚至是对陌生人。这就是根本的原因。"一位不信仰英国国教的布道者告诉布思："只有贫穷的人才会给予。他们很清楚地知道别人的需求，也会给他们需要的东西。"一位罗马天主教的神父告诉他："在彼此之间，他们是如此友善。"还有一个事实被所有关于肮脏和污秽的描述掩盖了。也就是共同的痛苦这个私密的体验并不一定会让穷人精神沮丧。城市生活的种种境况会让人陷入绝望、酒醉，甚至死亡。可是，当有人陷入同样严酷的、令人烦恼的境况，你至少还有可能用你的善良和慷慨向他们展现另外一种表情。

布思以一个令人难忘的段落结束了他的描述："我们一起穿越的长长峡谷里有他散落的干骨，就这样躺在我的读者面前。我希望能有一位有着伟大灵魂的人，掌握着比我更精湛和高贵的魔力，可以解释清楚那些令人困惑的话题，调停人们目标上的冲突，把各种影响力永久地融合为通过努力达成的神圣的一体，让这些骨头活过来，好让我们耶路撒冷的街道充满欢声笑语。"这是令人震惊的启示。查尔斯·布思比任何一个伦敦人都能明白 19 世纪人们所经受的恐惧和痛苦。不过，在最后，他还是援引了一个快乐的耶路撒冷人的形象。

历时十八年，布思终于完成了自己的著作。而那时，他发现最糟糕的情况已经有所缓解，可是只限于最糟糕的部分。很多贫民窟被拆除，以前住在这里的人都搬到了“模范寓所”或者地方当局在自己拥有的地产上新建的简易住宅里。环境卫生的改善，以及当局对城市卫生更广泛的关注也对很多穷人造成了些许影响。不过，没有了穷人，城市将会是什么样子呢？

20世纪20年代晚期一篇名为“伦敦生活与劳动力新调查”的调研计算出：8.7％的伦敦人仍然生活在贫穷中，而在其他文本中，这一比率可能低至5％，也可能高达21％。这就阐释了我们关于贫穷的任何一次讨论都面临的一个问题：贫困水平是相对而论的，那么是相对于什么呢？例如，20世纪30年代的经济衰退催生了那时候众所周知的“新贫困人群”，而1934年的另外一次调查显示，10％的伦敦家庭生活在“贫困线以下”。虽然没有发生饥荒，却存在营养不良的情况；虽然衣不遮体的越来越少，衣衫破败的却也不在少数。20世纪的前几十年的一个显著标志是失业者的绝食游行示威，直到伦敦开始执行失业救济金，并进步性地推出济贫法，这样的情况才有所缓解。

不过，贫穷从来没有离开过伦敦。它只是改变了存在的形式和样貌。最近一次“丈量贫穷”的研究发现：贫穷的人数量最高的地方在萨瑟克区、朗博斯区、哈克尼区和塔桥区，而这些地方正是18世纪和19世纪伦敦穷人聚集的地方。所以，匮乏或烦恼是有延续性的，会聚集在重要的地方。来自亚洲的孩子现在都在尼克尔大街和特维尔大街玩耍，这片区域开始时很喧嚣、很糟糕，后来就变得出奇地安静，就像“杰戈区”。“杰戈区”指的是伦敦的肖尔迪奇区，阿瑟·莫里森在他的《贫民窟的孩子》一书中将其命名为“杰戈区”，于是这个名字就流传下去。如今，贫穷不再像以前一样那么喧嚣吵闹，它已经成为城市内化了的、固有的一部分。没有贫穷的存在，富裕就无从说起。18世纪的伦敦军队里会有女人陪伴，与军人相比，她们是具有依赖性、手无寸铁的人，这就像一路不断进步的伦敦总是有穷人的陪伴。它创造了穷人，也需要穷人，尤其需要他们提供廉价的或临时的服务。时至今日，穷人成了这座城市的影子，寸步不离它的身边。

第六十五章

您能给两个小钱儿吗？

贫穷以游方僧和乞丐这样最直观的形象降临了伦敦。14 世纪末，有这样的争吵故事。“约翰·德瑞本人拒绝承认别人控告他的罪名。他说，在控诉中提及的那一天的那个地方，他和拉尔夫坐在一起乞讨。这时，威斯敏斯特的一位僧侣约翰·斯托走过来，给了他们两个人一个便士。拉尔夫拿到了那个便士，却不愿意把德瑞的那份分给他。于是，他们两个就吵了起来，拉尔夫还用棍子打了德瑞。”这样的场景在几个世纪前有可能会发生，几个世纪以后也有可能会发生。这些乞丐还能找到比伦敦更好的地方吗？这里到处都是人，而且传说浑身都是钱。

在这座城市里，你会看到待在伦敦主门旁边的石头凹室里的托钵僧或是隐士、街角跛脚的乞丐、关在格子间里伸出手乞求施舍的犯了罪的乞丐、在教堂外行乞的老妇人，还有在大街上乞讨的孩子。20 世纪初期，伦敦的数条主干道上排满了老老少少的乞丐。他们中间有些人蜷缩在门廊前，身上裹着毯子，抬头看着你，脸上满是乞求，千篇一律地方式对你喊道：“给点小钱吧？”老一点儿的乞丐一般都是流浪的醉鬼，浑浑噩噩，好像时间与他们完全无干；也就是说，他们与伦敦历史上几个世纪之前的同行可谓惊人的一致。

托马斯·莫尔爵士回忆说，成群的乞丐挤在伦敦修道院门口的四周。中世纪末，伦敦有这样一个习惯行为：富人家的和机构里的仆人会把一场盛宴后剩下的剩面包和肉聚拢来，分给在门口恳求赏赐的乞丐。在莫尔的一部英语作品中，他写道："威斯敏斯特门外潦倒之人甚众，此为吾亲见……吾恶其臭，舍此而取他道。"虽然他想要朝另外一个方向驶去，避开这些人的紧逼不舍，还有他们的臭味，他还是下了马车，并和其中一个乞丐说话。当莫尔赞扬威斯敏斯特教堂的僧侣慷慨大方时，那个乞丐反驳说，不需要感谢他们，因为他们的土地是善良的王子给他们的。由此看来，乞丐的生活虽然很绝望，可是他们的内心并不是没有憎恨或者清晰的道德观。所以，在伦敦这座城市里，乞丐以乞讨求生，可是很多个世纪以来，乞求又掺杂了对他们所不能享有的优越生活的痛苦或者愤恨。市民们施舍钱给他们，半是出于同情，半是出于尴尬。

那个时候的伦敦已经有"假乞丐"了，他们伪造出自己残疾或者生病的假象，不过那时候人们不会为此感到羞耻。这些"假乞丐"中，有很多人的名字从 12 世纪流传至今，比如格林家的乔治、恶魔罗伯特、长胡子威廉，而长胡子威廉更被誉为伦敦乞丐的国王，亨利二世统治期间，他因为在切普赛德街引发了骚乱，跑到伦敦圣马利亚勒布教堂避难。最终，法院的警察放烟把他给熏了出来。不过，他和早期的其他流浪汉一样，他们的贫穷是骄傲。他们这些人注定要贫穷、孤独，也就成为了无家可归者的标签。托马斯·德克尔在 17 世纪初期这样写道："我们来到世界上的时候，不是都像彻头彻尾的乞丐吗？没有片衣遮体。我们离开世界的时候，不是都像乞丐一样吗？只一条床单裹身。那么，我们为什么就不能在活着的时候，只裹着一条毯子，像乞丐那样走来走去？"如果上帝是按照自己的样子创造了人类，那么这些男人女人所呈现的又是怎样古怪而幻灭的神性呢？乞丐因此在路人的心里引起了带着迷信的敬畏。

16 世纪，伦敦首先出现了乞丐的"兄弟会"，有各种各样的名字，比如"咆哮男孩"、博纳文会、库特帮和好汉帮。他们聚集在白衣修士区、莫尔迪奇、霍克斯顿，还有林肯院原野和圣巴塞洛缪大教堂的门廊。时至今日，后面的这两个地点仍然是流浪汉会去的地方。他们所有人都吸烟斗，就像是表明身份的标志，也因为狂暴和烂醉而众所周知。在他的《前往斯皮特尔屋的大路》(1531) 一书中，科普兰德这样描写这些乞丐：圣保罗教堂东边的入口处，乞丐们一路排开，悲哀地唱着歌。其中一个乞丐还乞求他"用这个法新换你半个便士吧，为了让我们圣洁的圣母高兴"。托马斯·哈曼以小册子的形式介绍了伦敦乞丐的情况，强调了他们的感性特质和英雄事迹。他描述过一个叫作理查德·霍伍德的伦敦人："虽然他已经是八十岁高龄了，可是他能用牙齿把一个六便士的钉子咬碎，此外还是一个下流的醉鬼。"1545 年春，亨利八世发布了一道针对流浪汉和乞丐的公告，反对他们在"河岸和其他类似下流的地方出没”。他们会被鞭打、灼伤或是关在监狱，只能就着水吃面包，但什么都无法阻止这些流浪汉和乞丐。圈地运动的实施让很多人失业，无家可归；从外国战场上归来的战士更是加剧了这一动荡的境况。除此之外，还有那些生来就失业或者不能就业的人，他们被称为“无主之人”，明确暗示了在等级森严的社会结构里没有他们的一席之地。1569 年，成千上万的“无主之人”被关进了监狱，而在同一年，市民开始派人守门，不让任何乞丐进入。从格雷夫森德来的每一艘驳船，还有来自其他地方的船只都要接受搜查。也许就是在这个时期，才出现了这首打油诗：

> 听呀，听呀，狗叫啦，
> 叫花子进城啦！

一个充满财富的城市最害怕的就是穷人的暴动。1581 年，伊丽莎白一世正乘坐马车沿着参事门往伊斯灵顿区驶去，却被一群强壮的乞丐围住，“在女王面前制造了很大的骚乱”。当天，当地的法官弗利特伍德就来肃清了这个区域，逮捕了其中七十四名乞丐。八年后，一个由五百名乞丐组成的队伍威胁要洗劫圣巴塞洛缪节，与此同时，他们也有自己的节日，叫作杜瑞斯特节，专门出售偷来的东西。

截止到 1600 年，据估计这座城市里有一万两千名乞丐：这是一大群愤愤不平的人，对于其他市民，他们要不就坑蒙拐骗，要不就人身威胁。一种攻击方法是“埋怨大合唱”，就是一边敲响木质响板，一边唱着悲戚的歌曲，比如：

> 只要给点儿小钱，
> 看看我们这些可怜虫，
> 有人瞎了，有人跛了！
> 看在上帝的份儿，都给我们吧！
> 发善心的信徒啊！
> 给一个小钱吧！

其技巧主要取决于自己可怕的模样和哀叹的歌词。

不过，这座城市也容得下千奇百怪的模样和乔装打扮。17 世纪中期，托马斯·哈曼看到一个流浪汉，名字叫格宁斯，他在庙街附近乞讨。哈曼这样描述他："他的身体裸露着，头上裹着一块肮脏不堪的布，大小正合适，有一块窄窄的地方可以让他把脸露出来……从眼睛往下的整个脸部涂满了血，让他看起来好像刚刚摔伤，饱受痛苦的折磨；他的短上衣上面满是泥巴……不用说，他的样子看起来怪异而可怕。"哈曼对他的行为有些怀疑，于是雇了两个男孩子监视和跟踪他。他们发现，在庙街结束一天的乞讨后，格宁斯会回到克莱芒旅馆后面换装：囊袋里装着羊血，他把血涂到脸上，然后在胳膊和腿上面涂上新泥巴。教区的看守逮捕他后，发现他有很多钱。当他被迫洗掉脸上的血和身上的泥巴后，人们发现他很帅气，健壮，蓄着黄色的小胡须，皮肤惊人地白皙。他善于伪装的天赋让他在这座城市如鱼得水，因为这里的人很容易被怪异的现象和奇怪的容貌吸引。如果他不能尽最大可能地夸张自己的打扮，又有什么其他办法让脚步飞快的人们驻足呢？

还有一些乞丐伪装成疯子，或者以"化装隐士"著称。他们会站在街角，显露出胳膊上的标志（"ER"），这是疯人院的标志，然后乞求道："先生，行行好吧，施舍一点儿给我这个在伦敦城墙外的疯人院待过的可怜人儿吧。我在那里待了三年四个月零九天。扔一枚小银币给他吧，他感激不尽啊。"这些乞丐会把大头针和钉子插进自己的肉里，以证明自己是真得疯了；他们会大吼大叫着骂人，或者疯疯癫癫地称自己为"可怜的汤姆"。一般来说他们的打扮都一样：都是耷拉着袖子的短上衣，首如飞蓬；手里拿着一根白蜡木的棍子，棍子的上端挑着一块熏肉。他们的行为反过来暗示了一点，那就是他们的胡作非为已经成为某种戏剧化的老龙套，而伦敦大街上的他们也成了这座城市苦难场景的一个重要部分。不过，他们中间还有那些真正疯癫的人。

人们认为，16 世纪和 17 世纪早期乞丐的团体是很正式的，有自己要遵守的入会规则、仪式和流程。每一个入会的乞丐都会得到一个昵称，比如大公牛、瓦帕帕斯女士、海耶·施里夫等等，而且他需要背诵乞丐需要遵守的一系列戒律。比如，戒律里会包含这样的条款："尔应将所有施舍与众分享"，还有"尔不得泄露任何黑话里的秘密"。黑话对于伦敦人来说并不陌生，伦敦人甚至还把很多黑话术语并入了伦敦俚语，不过乞丐的黑话依然是很独特的。这些黑话是由很多语言里的称呼和术语组成的，包括威尔士语、爱尔兰语、荷兰语、伦敦腔和拉丁语，所以在某种程度上，这是一门很国际化的黑话。在这套黑话里，"pannass"指的是面包，"patrico"指的是牧师，"solomon"指的是祭坛，而"prat"指的是臀部。"Chete"一词会指代很多种不同的意思，比如"crashing chetes"意思是牙齿，"grunting chetes"意思是猪，而"lullaby chetes"指的是孩子。可以这么说，生命本身就可以被称为 chete。据说，这套黑话是 1530 年在某个地方被发明的，可是发明者还不得而知。

在所有关于乞丐的小册子和书里面，总会有关键的几个人物成为行乞人的典范或者标志，比如威斯敏斯特的伦敦麦格。她在 17 世纪早期的时候是老鹰旅馆的女侍者，后来很快就因为收购偷来的赃物和“流浪汉保护神”的称号而变得臭名昭著。她是第一批“咆哮女孩”成员。这群女孩喝酒喧闹，让人生畏；她们在流浪、偷盗和谋财害命这几种生活间左右逢源。麦格“很机敏，为人友善，慷慨大方，脾气来得快，去得也快”。她最喜欢做的事情莫过于晚上打扮成男人的样子，在伦敦的大街上闲逛，寻找冒险机会。她是真正的城市人，充满了城市才有的兴奋和精神。女扮男装只是为了强调她的功业至少有一点点粗鄙的戏剧性，而其场景也同样粗鄙及夸张。不过，有一点很明显：她的生活重点由乞讨转向了犯罪。研究这一话题的历史学家被当时的时事评论作家误导，常常分辨不清流浪汉和罪犯，所以也就加深了人们最初的错误理解，即每一个乞丐都是潜在的罪犯。

不过，目前可见的教区牧师登记表记录显示，并不是所有的乞丐都是罪犯。比如，“……把钱给了那个快要饿死的、可怜的妇人和她的孩子……给了亨特的孩子一块裹尸布，亨特就是那个瞎子要饭的……给了一个可怜的穷光蛋，名字忘记了……给了黑博先生的女儿，她还带着孩子，快要饿死了……把钱给了拉格德斯塔夫场的一处地下室的威廉·博内斯，他穷困潦倒，病入膏肓”。从统计学层面，以及个人层面来说，伦敦的贫穷和乞讨的状况在 17 世纪 90 年代已经“达到了很危急的比例”。乞丐满街都是。随着冷港、萨瑟克区或者白衣修士区都有了避难所，问题已经不再是乞丐间的兄弟情谊，倒是情势整体变得更加原始和绝望。在 17 世纪的一篇名为“关于贸易的讨论”的报道里，值得注意的是，穷人“正处于非常凄惨、痛苦的境地。有些人没有面包，饥肠辘辘，有的则天寒无衣，濒临饿死”。

也有人提出，18 世纪的工业革命扩张从物质上有助于减少乞丐的数量。具体说来，18 世纪后期，教区系统的改变以及 18 世纪 50 年代以后松子酒消耗的减少都应该有助于减少乞丐的数量。不过，没有明确的证据来证明这一点。乞讨的本质发生了变化。在 16 世纪以及 17 世纪早期，乞丐出没的典型特点是聚成很多伙、很多组或者很多个社团。不过，在他们的地盘开始出现孤零零的、特立独行的乞丐。小说中虚构的人物摩尔·弗兰德斯正是其中之一。“我把自己打扮成乞讨的妇人，用的是我能找到的最粗糙、最令人憎恶的破布。

然后，我会走在外面，偷窥路过的每一扇门、每一扇窗户。”不过，就像其他乞丐所周知的一样，摩尔很快明白，“让众人退避，甚至胆寒的不过是一件破衣服；我想，每个人都看着我，似乎他们害怕我走近，怎么都会拿走一些东西，或是他们担心自己走近我，怎么都会从我这得到一些东西”。什么东西呢？谩骂？唾沫？或者，更有可能是疾病？乞丐成了这座城市最堕落、最肮脏的代表。

虽然19世纪早期的很多报道里依然会提到有一些乞丐帮派或团队流浪在大都市里，特别是在拿破仑战争之后，不过，如同上文提到的小小转变，大众对于乞丐的理解已经开始集中于独行乞丐上。这是主流思想的一次很奇怪的逆转，在18世纪，多元化伦敦刚刚出现了“阶级”，整个社会都关注着城市的所谓“等级制度”。不过，这一过程反倒让独行丐显得更加孤立，或者从字面意思来说，就是“底层阶级”。

1817年，J. T. 史密斯出版了《行乞者：或伦敦大街上流浪行乞者轶事；配有现实生活中最惊人的画像》。画像上刻画了盲人和残疾人的动作和表情。其中一个例子是一幅名为“衬裙巷里一个没有腿的犹太流浪汉”的画像。画里面，一位上了年纪的族长戴着一顶破旧的帽子，坐在有轮子的木质手推车上。他的后面是一面墙，墙上涂抹了一个咧嘴大笑的男人，或者是一具骷髅，在一百年前，成群的流浪汉是不会让你只描绘单个人的。

四年后，法国画家泰奥多尔·热里科用两幅画描述了大街上的贫穷和乞讨的场景。那一年他刚刚在皮卡迪利大街的埃及大厅展出了画作《美杜莎之筏》。他天性里的所有悲悯都展现在这两幅画里。一幅画的名字是《可怜可怜这个双脚乱颤、走到你门前的可怜老头吧》，另一幅是《瘫痪妇人》。在第一幅画里，老人依靠在墙上；身边跟着一条狗，脖子上一条古旧的拧成麻花的绳子被老人攥在手里给老人带路。在乞丐的黑话里，狗叫作“布弗”。在伦敦，流浪汉的身边总是跟着狗。所以，狗的存在不仅暗示了一种流浪的生活，更标志着一种没有朋友的孤立状态。在这个贫乏的世界里，狗成了乞丐唯一的伙伴。同样地，这也可能暗示了乞丐是盲人，生活困苦。在第二幅素描里，热里科描绘的场景是：一位年轻的妈妈和她的孩子正回头张望一位瘫痪的妇人，眼睛里充满了怜悯和恐惧。画面再次强调了妇人的孤独，与“乞丐兄弟会”里的团结和快乐很不一样。这种孤单还有另一个层面，那就是，没有人愿意靠近她。人们对感染的恐惧太过强烈。不过，不单单是疾病的传染，人们也会感染恐惧和担忧：如果我变得像你一样，怎么办?

19 世纪街头生活的记录里满是对这些如幻影般往事的回忆和追思。梅休有一次写道："也许我的读者中有些人曾看过这样的场景：在滑铁卢桥靠近萨里的那一边，有一个模样凄惨的年轻人，在地上用粉笔写着'我很饿'。他蜷缩着躺在那里，又冷又饿，看上去像是已经半死了；单薄的牛仔夹克全是破口，可以看到裸露着的脖子和肩膀；他没有穿鞋子或者袜子。"《伦敦的公路和小道》一书的作者回忆说，有位老人总是待在牛津大街的某个拐角处，"他身体虚弱、消瘦，看上去很可怜的样子。他拿着一个空空的黑色袋子，在我面前展开，想要吸引我的注意力。我没有看到袋子里是不是有东西，不过我经常会给他一个便士，只是因为他的可怜真得没有办法用言语形容。现在，他已经去世了，他待过的地方也没有人认识他。可是，他还是一直萦绕着我的梦"。还有一个残疾的乞丐一直坐在特拉法尔加广场的画廊下，"他虚弱的身体全靠有衬垫的拐杖支撑"，还用"瘦弱的手指拨弄着古旧的手风琴"。

约翰娜·叔本华，就是那位哲学家的妈妈，于 1816 年出版了她关于伦敦的记录。书里，她描述了一个很了不起的乞丐，应该是女演员西斯登的姐妹。她因为时运不济，或者是因为疯癫而沦落。不过在伦敦的大街上，她总是受到某种奇特的敬重，"她宁愿生活在大街上，靠着陌生人的施舍生活。我们经常会看到一个古怪的幽灵，因为她总是会戴着黑色的丝绸帽子，清晰地露出脸部和五官；她身上穿一件绿色的羊毛裙子，围着一条大大的雪白色围裙，还拿着一方白色的手帕"。她支着两根拐杖，从来不乞求或者讨要任何东西。可是，路过她身边的人会感觉"有义务，甚至不得不给她一些东西"，好像她天生就来自这街道上，是一个守护神，所以人们不得不把东西奉献给她。

19 世纪 20 年代，查尔斯·兰姆撰写一文，名为"对都市乞丐之腐坏的投诉"。这篇文章评论了市政当局周而复始、徒劳无功的"肃清街道"工作。几个世纪以来，通知和政策不绝于耳，可是乞丐总是会再回来。然而，兰姆还是满怀哀婉之情，预言乞丐正在消失。他说："这座伟大城市里，流浪汉是城之风景。而我将再也不能如昨日般将伦敦城的哭喊施舍给他们。没有他们，伦敦的街角将永不完整。他们如游吟歌手一样不可或缺，他们奇特的装扮上，如饰品般挂满了老伦敦的标志。"乞丐一定程度上代表了一个城市，也许因为他或者她是一种永恒不变的身份，就像孩子们玩的游戏，唱的儿歌，循环往复，无休无止。如兰姆所说："宇宙间唯有他无需担心容颜，这个世界的起起伏伏也与他无关。"他超脱世界飞速改变的容貌之外，代表着永恒不变的身份。所以，乞丐就是“站着的箴言，是徽章，是遗物，是座右铭，是麻风病院里的布道，是儿童的课本，是苦口良药，是脑满肠肥、如狂如醉的市民之潮中的休止符——只需你看上那穷人和破产者一眼”。破产的例子是很适合的，因为在一个埋头追逐金钱的城市，赤贫中也可感受到一份尊严，衣衫褴褛的乞丐倒像是对“衣冠楚楚者”活生生的指责。

到了19世纪中期，城市里的各色人等都要经过严格的审查，于是乞丐就成了研究和记录的对象。维多利亚时代中期，伦敦增强了社会管制和系统的建构，比如，其中就包含了对乞讨这一现象的管理。红狮广场就建立起一个“济贫社”，大都市里的所有乞丐都在“济贫社”里划分并记录。查尔斯·狄更斯在很多方面都算得上是穷人的慷慨施主，可他一看见有人假装乞丐讨钱，或者是写募捐信的家伙，就会马上向“济贫社”汇报。

分析机的发明者、“电脑之父”、《对数表样本》的作者查尔斯·巴比奇对伦敦的乞丐做了一个系统的研究。他记录道，每当他“离开热闹的晚间聚会”，走路回家，就经常有一个“衣不蔽体的悲苦女人”，不顾“毛毛细雨”，跟在他身后。女人怀里抱着一个孩子，有时候身边还跟着一个刚刚会走路的孩子。她恳求巴比奇施舍一点儿，而巴比奇问了一些关于他们现状的细节，就发现他们在撒谎。还有一次，在大雾中他被人带去见“一个面容憔悴的男人”，据那个普通公寓的房东说，“在过去的两天里，他什么都没有吃，只是从街对面的水管里喝水”。巴比奇给了他一些衣服，还有一点儿钱。这个年轻人说，他已经打算好，答应“去做一个小个子西印度人的管家”。不过，他也在撒谎。“他以前一直在另一个区的各家旅馆里醉生梦死，总是喝得烂醉。”查尔斯·巴比奇就带他去见治安法官，然后他就被扣留了一个星期，接受适当教育，然后就回家了。

我们举这些乞丐的例子是为了说明什么呢？他们是这座城市的流浪者，人们第一次见到他们，也许是在毛毛细雨中，或者是在泛着铅味或石头味道的浓雾里。他们是边缘人，而且无一例外都是一副注定早死的模样。除了这个憔悴和酗酒的年轻人之外，还有众多人前赴后继。他们不断地撒谎、骗人，因为他们和巴比奇所代表的有秩序的、舒适的世界毫无关系；他们的生活朝不保夕，也没什么可以失去。他们有另一种人生。只有伦敦能够庇护他们。

人们之所以对这些乞丐做调查和统计，是因为有一种恐惧触动了他们最原始的神经。万一乞丐不断增加，最终失控了，怎么办？一位19世纪晚期的作家写道：“粮食的增加一直与人口的增长同步。”这就是人们恐惧的来源：这座城市会出现一个新的群体，它紧紧依附着伦敦，以至于没有办法把它区分开来，或者抹掉。人们同样害怕的是：城市社会的改变也会让乞讨自然地发生改变。所以，就像布兰查德·杰罗尔德所说："骗局发展了；流浪汉成了老谋深算的旅行者；乞丐有上百个故事可以讲，而放在过去，就连老流氓都做不到这一点。"比如说，伦敦有所谓"灾难乞丐"，包括"失事船只上的水手、被炸飞的矿工、被烧伤的商人、被撒旦遗弃的人"。伦敦人对不幸的水手"更加熟悉，他们会自然联想起那些拙劣的绘画，内容要么是船只失事，更常见的是北海的鲸鱼如何摧毁了一艘小艇。乞丐们会把这样的一幅画铺在路上，挂在墙角，如果当天起风了，他们会用石头把画的四角压住"。这种场合下，一般会有两个乞丐一起，大多数时候其中一个乞丐是失去了一条胳膊或一条腿。很有趣的是，19 世纪乞丐的工作要点与 16 世纪的非常相似，两者都强调乞丐除了他或者她最喜欢使用的花招和欺骗手法的全套本事外，还应当有夸大其事的本领。这看起来几乎就像是一个独立的种族找到了办法让自己永续发展。

如同本地居民一般，这些乞丐有自己特定的生活区域，这些区域也成为识别他们的标志。比如，有"派伊街乞丐"和"圣贾尔斯乞丐"，他们彼此有自己的"生活规律"，比如 19 世纪 50 年代，一个盲人乞丐对一位调查员说："我只待在托特纳姆场路的这一边，从来不去街的那一边。连我的狗都知道这一点。我要到那去，那是史涅斯街。哦，我能分清楚方向的。下一个路口向右转，就是阿尔弗雷德街，再下一个路口左转是弗朗西斯街。等我走到那条街的尽头，我的狗就会停下来。"所以，你看，单凭乞讨之路，就可以画出伦敦地图了。

乞丐还把握住了城市居民的性格品行，比如，富人和中产阶级从不施舍，因为他们认为所有乞丐都是骗子。这当然是官方和准官方报道中所讨论的话题，而富人和中产阶级的人们欣然接受。一个开始受系统管理的城市里，也出现了系统化的偏见。《小偷和骗子》一书的作者约翰·宾尼这样写道："如果人人都有推理的能力，那么就没人能当职业乞丐了。"颇为富足的商人也不会对乞丐开恩，可是，乞丐在"出身中产阶级的商人和贫穷的工人中间最能吃得开"。他们最特别的捐赠者是工人的妻子，这也证实了其他人的说法：伦敦的穷人对那些比他们更贫苦的人会非常慷慨。这一点同样推翻了大众的看法，揭示了并不是所有乞丐都是冒充的；有一些乞丐的遭遇确实能唤起人们的同情。

19 世纪末，乞丐们抱怨说，他们的生活和事业正被新警察和"济贫社"

两股势力威胁着，不过也没有调查方法可证实乞丐的数量是不是大为减少。当然，当时的统计数据和各种描述依然认为，引用一个时髦术语，乞丐们仍然“麇集”在大都市里。事实上，人口基数越大，乞丐的数量越多，这也是合乎情理的。

20世纪初期的研究报告没有记录乞丐团伙或是其群体，不过记录了一些独行的乞丐，通常以卖火柴或者润喉糖为幌子，实际上是为了乞讨。他们必须持有“叫卖许可证”，费用是一年五个先令，然后他们可以选择自己的区域。有一个乞丐在西区巷和芬奇利路的拐角处拿留声机放音乐来乞讨；另外一个乞丐游逛在考比恩路上，手里只有一盒火柴；还有位名叫“矮子”的街头管风琴师，曾经在怀特查佩尔和商贸路上班；还有位马休曼先生曾坐在芬奇利街地铁站外，还带着一个“小贩包裹”和一个锡制的杯子。这些都是独行丐，而他们却展现出两次大战之间伦敦的样子。《伦敦的地下世界》的作者托马斯·霍姆斯写道：“太令人同情了，我真受不了，有时我感觉自己和他们生活在一起，流浪在一起，睡在一起，吃在一起。我成了他们中的一个。”这给人一种眩晕感，一种被吸引到悬崖边好一头栽下去的感觉。成为他们中的一员，心甘情愿地坠落，一定很容易。这是伦敦所提供的另外一个可能性。如此一来，人们不用再担心俗世的牵绊，所以，所有证据都显示：很多乞丐其实很享受到处流浪，阅尽大千世界。

到了21世纪，那些卖鞋带和火柴的人不见了，取而代之的是睡在门廊的“无家可归之人”。他们挟着毯子，作为身份的象征。其中有些人具备其前辈的所有特点：他们或是迟钝，或是宿醉，或者因为其他原因不能过“正常人”的生活；另外一些人精明、机智，总是乐意玩诈骗的老把戏。不过，能这样做的乞丐也许只是少数。其余乞丐发现自己的确没有办法应对城市生活的需求；他们太害怕这个世界，或者说很难在这座城市获得朋友、建立关系。那么，伦敦这个世界对他们来说还算什么呢？古往今来那些一无所有、无家可归的人们所感受的并无不同：这是一个疑心重重、欺压良善、让人于细微处备遭侮辱的迷宫。

流浪汉们每时每刻都得忍受伦敦人的冷酷和漠不关心。詹姆斯·汤姆逊在他的诗歌《前往圣保罗教堂的道路》中写道，他被焦虑的人群推搡着，这些人的

心灵和大脑，

都被钱财所吸引，

谁也挤不出时间抬头看——

抬头看什么呢？看那些倒在路边的人。塞缪尔·约翰逊揭示说，这样的事情只发生在“像伦敦一样的大城市里”，因为“在这里人人陌路”。

21世纪早期，这个隐藏的世界依然存在，只是改变了它的外形。斯特普尼地区拥挤不堪的出租屋已经消失，取而代之的是高楼大厦；那些“生下来就没事干”的人如今则在寻找“救济金”；伦敦城市里的收容所已经成为一无所有的人们的家。如同霍诺尔·马歇尔在《暮光伦敦》一书中描述的，这些人的典型标志是“精神混乱，家庭分裂，特别是婚姻破裂”。还有一些人“患有慢性疾病，频繁犯罪，卖淫或者酗酒”。在威尔克鲁斯广场设立了济贫会，目的是庇护“那些没有人要的”、不被理睬的、已经被遗弃的人，不然这些人就只会消失街头。消失是因为根本没有人会看到他们。伦敦也有些地方很繁忙，比如，查令十字站前面的空地上，人们排队等着从一个名为救世军的移动餐厅处领汤。可是，对于那些匆匆经过的人，这些排队的人好像根本就不存在。一个乞丐一动不动地躺着，酒吧外那些喝酒嬉戏的人距离他只有咫尺之遥，却对此一无所见，毫不在意。于是，这些一无所有的人就渐渐失去了与外部世界的全部联系。在伦敦，消失匿迹比去这个国家的任何其他地方都要容易。最近，对伦敦中部的一处夜间收容所进行的调查报告，在S.兰德尔名为《无路归家》一文中刊出。报告表明，五分之四的年轻人来自伦敦外围，而且都是最近出现的；这座城市一如既往地大门敞开，让很多乞讨的人进入。这些人中的四分之一已经“有点问题”，一半的人“就地睡觉”，而接近四分之三的人“不知道下一站要去哪里”。他们的典型特征是：健康状况糟糕，没有足够的衣服和钱。这一处夜间收容所位于中心广场，紧邻着老贫民窟圣贾尔斯；从前移民到伦敦来的人，正是在圣贾尔斯过着衣不蔽体的生活。

第六十六章

他们人多势众

伦敦会把一些伦敦人逼疯。20 世纪 70 年代的一项精神病学的调查显示，伦敦东区出现抑郁症的频率比英国其他地区高出三倍。精神分裂症也普遍存在。

早在 14 世纪，伯利恒的圣马利亚医院已经开始接收那些精神方面有问题的人。“可怜的、赤身裸体的贝特莱姆，汤姆冷着呢！”“万能的上帝保佑你的常识吧，汤姆冷着呢！”在巴金的圣马利亚医院也能听到这样的喊叫声。那里的医院里收容的，“神职人员和伦敦市民，男女都有，都感染了疯癫病”。通过伯利恒医院，伦敦总是与疯癫密不可分。托马斯·莫尔说，难道这座城市本身不是一座巨大的疯人院吗？这里到处是受了感染、心烦意乱的人。所以，伯利恒医院就是伦敦的缩微或者浓缩版。1403 年的记录显示，九个住院病人之外，医院还有一个主管、护工和护工老婆，还有几个仆人。可是，病人的数量在稳步增加。1450 年编著的《伦敦编年史》里提到了有一座叫作“疯人院的圣母教堂，那里有很多发疯的男人。说实话，他们应该被关在那个地方。有些人可以在这里找回自己的理智和健康，而有的人却一辈子被关在这里面，因为他们有可能会疯到人力无法回天的地步”。

有的病人可以请假离开这个众所周知的“疯子拘留所”，到大街上行乞流浪。他们左臂上的徽章标明了他们的身份，人们给他们起了各种诨名，比如“上帝的吟游诗人”或者“小丑”。他们四周充满了担心和迷信，还有怜悯。在这座城市的大街上，他们也许就会被看作是城市疯癫的标志。他们是漂泊的灵魂，有时流落不堪，有时又貌似预言家，有时忧郁，有时激烈。在这个以自己的狡猾和文明为荣的城市里，精神病人却让人们转目关注赤裸裸的生活惨景。

16 世纪早期的伦敦地图上可以看到主教门公路旁边就有一扇“疯人院门”。打开这扇门，走进庭院，这里有好几座小小的石头建筑；有一座教堂、一座花园，三十一个疯人挤在一个原本只能容二十四个人的地方。这个小小的地方充斥着“哭喊、尖叫、吼叫、喧闹、晃动链子的声音、咒骂声、焦躁和怒吼，如此可怕，如此剧烈；足以让一个本来正常的人失去理智”。在这里，通常的治疗方法是鞭打和锁拷。这家疯人院的一份存货单子上面写着“六条有锁和钥匙的链子、四对铁手铐、五根铁链子、两对足枷”。也在这个世纪，托马斯·莫尔写道，有个人“被送往伯利恒医院，借矫正之力，其理智重光矣”。所以可以推测，惩罚或者“纠错”在当时被认为能治疗疯癫。可见当疯子也得无所畏惧。

17 世纪早期以前，疯人院是唯一一处用来监禁“疯子”的医院。这些人里面的大多数是“流浪汉、学徒和仆人，只有少数学者和绅士。十五个流浪的人里面，有十一个是妇女”。有些在伦敦大街上流浪的人也会被当作疯子，然后被扔进监狱过一个晚上，不过他们一般被放任自流。疯人院收容的人中女性流浪者占很大比例，约三个人里面就会有一个女的，这一点也多少揭示了伦敦大街上的生活境况。

其中一个例子是一个叫作埃莉诺·戴维斯女士的流浪者。她在 1636 年的冬天被监禁起来，因为她宣称自己是一个预言家。她被关在管事的房子里，而不是普通的病人区。可是，她后来抱怨说，疯人院这个地方本身就“像地狱一般，亵渎神灵，吵吵闹闹”。那里“咒骂声没完没了”，她还抱怨说，管事和他的老婆“喝得酩酊大醉的时候”就会虐待她。所以，疯人院所展现的，比最糟糕的伦敦生活还要雪上加霜。这就是 17 世纪早期疯人院被搬上舞台的原因。在很多的剧目里，疯人院成为暴力和阴谋上演的场所，收容的病人们在舞台上

> 傻里傻气，极尽疯狂，
> 没让你伤心，却让你大笑。

这些台词选自托马斯·德克尔 1604 年所写的剧本《诚实的妓女》，这是第一部将疯人院作为场景的戏剧。

伦敦有英国唯一一处疯人院，这就足以让剧作家起意了。在韦伯斯特的剧作《马尔菲公爵夫人》里，城市中的种种职业都可能变得疯癫，比如，一个裁缝“头脑发疯”地研究最新的流行时尚。这再次暗示了城市里的生活会让你发疯。这是伦敦和精神错乱之间最重要的联系。约翰·弗莱彻于1612年创作的剧作《朝圣者》还揭示了另一个重要联系。这部剧所关注的并非病人，而是看管员的精神是否正常。如果疯人院看管员和监狱长都疯了，那么授予他们任务和职责的社会也疯了。

到了17世纪中期，这家古老的疯人院已经污秽不堪，成了伦敦的丑闻。于是，1683年，伦敦决定在穆尔菲尔兹建造一座巨大的现代建筑。这座建筑模仿了法国的杜伊勒里宫，还有花园和柱子装点，用时三年才完成。在门口的上方，雕刻家西伯制作了两尊光头、半裸的雕像，一尊叫作“狂躁疯癫”，一尊叫作“忧郁疯癫。”他们成为伦敦最伟大的景点之一，堪比伦敦早期的城市守护者高格和马高格。也就是从这个时间开始，伯利恒医院声名鹊起，参观者、外国游客和作家都蜂拥来到这里，看一看关在里面的疯子。让人们看到疯狂已经得到了管理和控制，对于这座城市和其当局而言都非常重要。这是伦敦在遭受大火和黑死病之后，推行的伟大“理性”运动的一部分。大火和瘟疫已经让伦敦无数的民众发疯，失去了理性。丹尼尔·笛福记录了1665年发生的一系列事情，当时，有太多的市民“疯狂烦乱，他们常会残酷地虐待自己，从窗户跳出去，开枪打自己，还有的母亲在疯癫中杀死了孩子。有的因彻底的忧郁奄奄一息，有的无缘无故就担惊受怕，莫名惊恐，还有的因惊恐而陷入绝望和忧郁的疯癫”。伦敦人偏好疯癫，也许疯癫才能说明他们在这座城市里的生活如何。

可是，似乎是为了在道德上标明疯癫是没有尊严的、荒诞的，疯人院里的病人便被公开示众，就像动物园里的野兽一般；他们就像是贪婪的动物，必须得用镣铐锁起来或者绑起来。疯人院里当时有两条走廊，分为楼上楼下。每一层楼都有许多小隔间，还有扇铁门隔开了男女病人。从外面看，这座建筑像一座宫殿，实际上，里面宛如监狱。门票费用是一个便士，据称“那些可怜的病人，他们的胡作非为，疯疯癫癫却能莫名其妙地让那些莽撞的观众乐不可支，开心大笑；病人可怕的吼叫声，野蛮的动作，好像也让他们很开心。不但如此，有些人是多么的无耻和没人性啊……他们为了看好戏，故意激怒病人”。塞缪尔·理查德森的这封家书展示了18世纪中期的悲惨场景，对此其他资料也有过详细记载。

另外一位目睹过这些场景的评论员说："英国最疯狂的人不是待在疯人院的人，而是疯人院外面的人。"这才是最奇怪的一点：穆尔菲尔兹的这座病院让来访者和病人都会举止荒唐疯狂。处处都是"狂行躁动"（有人认为这很性感）和"可怕的吼叫"，众人迷失了身份和角色，混乱到不可思议。妓女甚至会在走廊里闲逛，寻找主顾，因为据说疯子的古怪举动或许会让人性欲大增。有人甚至半开玩笑半认真地建议应当再修一座收容所，把那些来模仿和嘲弄这些疯子的家伙也给关进去。因此，疯癫好像从穆尔菲尔兹传染到了整个城市。

于是，这个时期的文学作品中，"疯人院"就成了伦敦所有罪恶的鲜明隐喻。蒲柏的诗篇就将疯人院的影子投在了格拉勃街，在那里，贫穷和失落让许多人发疯。特拉赫恩这样写道：

> 世界就是疯人院，或是更加巨大的疯人穴，
> 疯狂地咆哮，永无休止。

约翰·洛克把短暂疯癫比作在陌生城市的大街上迷路。许多伦敦的观察家都引用了这个暗含深意的比喻。比如，在斯摩莱特的《亨佛利·克林克历险记》一书中，麦特·布朗博如此评论伦敦人："一切都吵吵闹闹，匆匆忙忙；你会觉得这都是因为伦敦人的大脑已经紊乱了，可是，他们倒睡得很香。我不得不设想，他们一定是被某种更荒诞、更有害的精神给控制了，这种精神比我们在疯人院内见到的一切都更加荒诞和危险。"在这座沾染了精神紊乱的城市里，穆尔菲尔兹的收容所高高耸立。伦敦市民的生活表现出反常的活力和骚动：他们住在没有灯、空气不流通，脏兮兮的房间里；他们满脑子都萦绕着生意和赚钱的念头；围绕着他们的是淫欲和暴力。他们就生活在疯人院。

到了 18 世纪末期，伯利恒医院已经显出衰退和颓败之迹。1799 年，某个委员会形容它"沉闷、低劣、忧郁"，好像建筑本身也感染了住院者忧郁的疯癫。其实，附近的区域本身就暮气沉沉，医院"四周围满了脏兮兮的房子"，以及很多做旧家具生意的商店。所以，1807 年，政府同意把医院搬到泰晤士河对面的萨瑟克区。伦敦历史上的第三家疯人院终于得其所在，因为萨瑟克区一直以来都是监狱和其他机构的所在地。

新的医院大楼和原来的一样宏伟，门廊是用伊奥尼亚式的圆柱装饰，还有

一个巨大的穹顶。不过，内部的情况还是像以前的一样简陋，似乎这栋建筑唯一的目的就是精心设计，以便再次戏剧化地表明伦敦如何战胜了疯狂。那两尊象征着疯癫的石刻依然放在门厅，不过现在大家都称它们是“无脑兄弟”。

对疯人的治疗方法仍然很严苛，大多数时候还是依靠肉体束缚，曾经有一个病人被链子锁了十四年。直到 19 世纪中期，医院才开始采取一种更文明的治疗方法。当时，有两份调查严厉批评了医院的管理体制，于是医院开始实施一种“道德疗法”，即给病人安排工作或者活计，同时也用三氯乙醛和强心剂等药物进行治疗。

这是与外隔绝的小世界。医院里用的水取自地下自流井，如此一来，病人就不会受到肆虐的霍乱和痢疾的影响。而且，医院每一个月会举行一次舞会，让病人们结对跳舞。很多旁观者认为这个活动虽感人也挺古怪。与此同时，那个关于疯癫的问题依然挥之不去。有一天晚上，查尔斯·狄更斯路过医院，有感而发：“我们这些病院之外的所有人，每天夜里入梦之时，和病院里的疯人又有几分区别呢?”

19 世纪末，伦敦人的疯癫率已经翻了三倍，所以，又有其他收容精神疾病患者的机构建立起来，最为人所知的也许是汉威尔和科尼哈奇。1930 年，伯利恒医院搬到了乡村，邻近贝肯纳姆，不过那时候伦敦已经遍地庇护所。然后这些机构又变成了精神健康中心或者“信托中心”，病人变成了“消费者”。

在最近几年里，精神病患者经过治疗后，会被“送回社区”。如果你在伦敦的大街上看到路人飞快地自言自语，有时候还粗鲁地比划着，不要大惊小怪。在大多数主干道上，你都会看到有一个孤独的人绝望地蜷缩着，或者眼神空洞地盯着什么东西。偶尔甚至还会发现某个路人会对另外一个人大吼大叫甚至动粗。曾有句名言如此描述伦敦的生活：

> 走你的路！让我走自己的路。

或许还可以添上一句，

> 我去发疯，你去吃饭。

XX

LONDON

The Biography

妇女与儿童

第六十七章

女权主张

人们普遍认为伦敦是，或者曾经是男性的城市。在伦敦利德贺街和切普赛德街底下都发现了铜合金的阳具生殖崇拜物，在科尔曼街还发现了阳具雕像。那座形似阳具的巨大建筑物金丝雀码头大厦现在也仍然俯视整个伦敦。同时，该建筑还象征着伦敦成功的经济投机，从而集伦敦的两大重要特征为一体。大厦附近的建筑物都有砂石块"紧密围绕在周围"，这是又一个石制阳具。伦敦一直是男性时尚的中心，权力结构很典型地以男性为主导。世上的河流通常和女神联系在一起，可是伦敦的河却被命名为"老父亲泰晤士河"。可在这一切当中，却有一处与众不同：伦敦大火纪念碑就笔直地矗立在伦敦桥旁边，纪念碑的底座上，将伦敦刻画成一个哭泣的女人。大火让伦敦衰落，大火改变了伦敦的性别。

早期的文字记载显示，女人只能在商业交易上才能获得社会地位和身份。例如，中世纪伦敦寡妇的角色就揭示一个将交易、婚姻和虔诚不分彼此的世界。丈夫去世后，寡妇有权分得他的一半财物；同时，与英国其他城市的法律不同，伦敦的寡妇可以占有夫妻共有的房子，直到她离世，使用权才被取消。她可以成为城中的自由女性，也大多会继续丈夫生前的生意。比如，在14、15世纪，有名的寡妇都是手工艺人的遗孀，她们无一例外继续做丈夫的行当。行业得到持续，这对于市政当局至关重要，但这也暗示了在伦敦，女人一样可以位高权重。她们还可以加入行会或者同业会，根据科尔曼大街的圣斯蒂芬教堂圣三一同业会的记载，该同业会有一个捐款盒，“每一个季度，每一位同业会的兄弟姐妹要放一个便士进去”。此外还有富有的寡妇同样在城市生活中呼风唤雨，虽然相比而言只是少数。另一方面，14 世纪的史料记录还显示，“有一些女人担任外科医生”。显然有一些“聪明的女人”在伦敦的某些教区里当医生，不过我们还发现，女人们还经营杂货商店，做珠宝商人、香料商人和糖果商人。可是，在 14 世纪的记录里，每二十或三十个纳税人里，只会出现一个女性。

人们对女性的普遍印象是守规矩、顺从、讲体面、懂礼节，伦敦的女人也不例外。很多个世纪以来，伦敦的未婚女性不戴帽子，已婚女性则要戴帽或裹头巾。打老婆没什么问题，让“牢骚怪话”的妻子的脑袋浸浸水有时也被认为合情合理。教会的权威总是谴责女人在脸上涂红锑颜料和其他化妆品，谴责她们用铁钳子卷头发，或是穿着太珠光宝气。她们一如既往，总是让这城市里闪烁着异彩。与此相反，巨大的修道院出现于伦敦，一直到“废除修道院”为止，也展现了退隐教堂的女人形象。理论上来说，这些女人至少属于上帝之城，而不是男人之城。因此，如果要描绘伦敦的女性形象，我们也只能老生常谈，让女人从属于一个等级森严的父系社会。在一个追求权力和财富的城市里，她们是无形的贤内助。

不过，伦敦的女性也因为其他的特点卓尔不群。稍微富裕一点的家庭的女儿，以及出生在商人阶层家庭的女孩都被送到小学。所以，我们可以推测，有相当数量的女人是有读写能力的，或者有自己的手抄本书籍；尽管理论而言或许并不平等，但女人在实际生活也能和自己的丈夫平等地处理家里事务。有一本由 C. M.巴伦和安妮・F. 萨顿编辑，名为《中世纪的伦敦寡妇，1300—1500》的著作，内容是对遗嘱和誓约的研究，它这样描绘当时的遗嘱：“冗长、爱操心、没条理、深情脉脉、家长里短。”此外还在关心着远方的亲戚，明确地表达了对仆人的钟爱。这些遗嘱还揭露了，遍布伦敦都有“女人之间互相友爱、忠诚不渝的人际网”。

早期对伦敦女性的描述大部分都表明，她们是这座城市里很重要的一部分。15 世纪，一位来自德意志的旅行者走进一家伦敦酒馆，一个女人，大概是房东，深深地吻在他的唇上，还在他耳边低语：“只要你想要，我们什么都可以做。”这可不是父系社会里女性应有的顺从持重形象，但也有其他史料表明，有些女人似乎周身洋溢着伦敦的一切热烈与放纵。

戏剧里面塑造的女性形象，从泼妇到挪亚的妻子，都表现得咄咄逼人、乐于动武。我们前面提到过，在 1428 年的《伦敦编年史》中，记录了一个叫作布莱顿的伦敦人的命运，他谋杀了一个寡妇，“其人途经彼时作孽之地，彼教区之妇人尽出，执石块及牛粪，将其殴毙于大道之上。彼时巡捕及男子唯旁观而已，众恶妇捉其人，驱其伏于长官前；此等妇人，百千云集，曾无一丝恻隐之心”。这一场景“无头无尾”，因此是在今日的白教堂大街，故事颇为有趣：一个女人的被杀激怒了其他一大批女人，她们压倒了或者吓退了那些围在杀人犯身边的男人，然后用石头把这个杀人犯活活打死了。因此伦敦的女人不仅仅是遵规守矩，听命于人，某种同甘共苦或者说姐妹平等的女性精神也存于心中。这些女人同样“曾无一丝恻隐之心”，这反过来也说明，在伦敦的生活让她们变得凶悍，或者说心如铁石。

16 世纪早期的记载揭示，“在伦敦，女人能拥有的自由比在任何其他地方都多”。前文提到的那位德意志旅行者还报道说：“而且这些女人知道怎样利用这一点。于是，她们出门的时候总是穿非常华丽的衣服，全部精力都放在了自己衣服和配饰上。据我所知，就算家里已经穷到连一片干面包都没有，她们也会毫不犹豫地穿着天鹅绒衣服走在大街上，这实在是司空见惯。”16 世纪有这样一句谚语：英国，或者我们可以简单地用伦敦来代替，是马的地狱、仆人的炼狱，却是女人的天堂。这个时期引人注目的形象之一是爱丽丝·莫尔夫人。她责怪自己的丈夫托马斯·莫尔先生愚蠢到不肯接受国王的好意。她的言语总是很尖锐，有时甚至冷嘲热讽，但他总能坦然接受。也许只有在伦敦，男女平等这一强烈的意识才能够维持下来。

当然，这种对待生活的方式是富人或者有关系的家庭的特权。自由的概念，对于在大街上流浪的人，意味不同。那位德意志旅行者说：“伦敦有很多女巫，她们能召唤冰雹和暴风雨，造成巨大的灾难。”他之所以这么说，似乎是为了激发人们对女性的无端恐惧，伦敦城本身也曾助长这一畏惧不安的情绪。17 世纪的史料记载显示，这个让人困扰的念头依然在大行其道。一个初到伦敦的人写道，他有时会在大街上遇到一个女人，“手里拿着一个稻草编的男人形象，男人头顶巨大的双角，前有鼓声开道，后面有乌合之众尾随；他们敲打着铁钳、铁架、煎锅和煮锅，尖锐刺耳。我问身边的人她们在做些什么，他们解释说，这个女人刚刚痛打了她丈夫一顿，因为他诬陷她给他戴了绿帽子”。这只是女性暴力的一个例子，另外一个是：“我们伙伴中有些人看到一个邪恶的女人对着一个应该是西班牙大使馆人员的人大发雷霆。她让旁边的人动手，为了领头示范，还亲自举着白菜帮子痛打他。”同时，另外一篇报告说：

“英国人似乎很害怕有女人相伴。”伦敦的女人是“世界上最危险的女人”。这种说法或许正确，或许错误，不过，伦敦的女人不仅严厉，也很会找乐子。另外一位旅行者记录说：“让人尤其感到惊异的是：女人与男人一样，或者说事实上比男人更经常去酒吧或者啤酒馆找乐子。她们觉得要是有人带她们去这些地方，还能喝点加糖的酒，那太有面子了；如果男人们只邀请了一个女人，她就会带上另外三到四个女人，然后互相推杯换盏。”

当然，也有不那么幸福的场景。只需观察每一位主妇或者商人妇，就可以看到一幕幕女人几乎沦为伦敦奴隶的场面。

伦敦的传统是，女人去卖易腐坏的东西，比如水果和牛奶，而男人一般卖可以长久使用的，或者说坚硬的物件。这也许模糊地反映了一个事实：在这座城市里，女人本身比男人更容易衰老。马塞勒斯·拉龙在17世纪80年代所绘的街头小贩形象精彩地展现了城市的三教九流。比如，一个卖草莓的商贩戴着一块松松垮垮的头巾，看上去总有些闷闷不乐；一个卖鱼的瘸女人有着一张无法言表的、疲惫的脸庞，虽然拉龙的编辑和评论家肖恩·谢思格林评论说：“她的打扮时髦到有些怪异……她很在意自己的容貌，甚至到了吹毛求疵的地步。”伦敦奇妙地融合了夸张和哀婉。卖“大鳗鱼”的那个商贩很活泼，时刻留神；她的表情一脸好奇，眼观六路，一面穿街过巷，一面时刻留神着自己的所见所闻。单身女士肯定更容易受到人们的关注甚至骚扰。比如，那个卖蜡的女人就可以“当做忧郁的样本来研究，她表情冷漠，近于愚蠢，如木头一般机械地迈步前进”。她的衣服“破破烂烂，陈旧不堪，到处打着补丁，袖口破成布条”。这就是一个被城市生活折磨到冷漠、无心他顾的女人。比如，那个卖苹果的女商贩脸上带着一副古怪的冷笑，好像是在表示她对顾客或者对这份工作的不屑。“快乐的挤奶工”看来一点儿都不快乐。那个卖鲭鱼的女人已经风烛残年，脸庞瘫痪，眼睛周围布满了皱纹；她是一个典型的伦敦城市人，伦敦的样子都刻画在了她的容颜上。那个卖樱桃的女人也是如此：她脸上聪颖的表情说明她在伦敦的大街小巷和各个市场如鱼得水。

另外一个城市类型是客栈女老板，这一形象曾无数次出现在畅销故事书里和舞台上；桂嫂塑造了永垂不朽的客栈老板形象，不过这一形象也一直被颠覆和更新着。“只要去海德公园，那些窑姐们肯定会坐在马车里。停下马车和她们一块到菲利普斯酒馆喝几小杯，有趣的是，这些女人真是随意，她们随时准备吃定看到的任何一个家伙，可是她们却认为除了自己，其他女人都生活放荡。”这可真是极具特点；16 世纪和 17 世纪的文字作品似乎不约而同地认为，伦敦对女人的观念开始变得更严苛，或者说更尖刻。

伦敦的生活导致了很多转变：喜欢生气的变得温顺，喜欢挑剔的变得顺从。可是，女人们的生活却在一路变糟。伦敦不是一个适合女人的地方。那些与伦敦达成了协议或者合同的女人被视同堕落。比如，最早出现在舞台上的女演员被认为是“厚颜无耻，肮脏不洁”。这一定适用于埃莉诺·格温。引用麦考利的话，吸引查理二世的，是埃莉诺“直率的活泼”。她是一个真正的伦敦人，按《英国传记大辞典》的记载，她“坦率，不多愁善感”。她的行为被指为不光彩，她的话语也经常是“尖刻而不体面的”。她曾经宣称：“我是一个新教的妓女。”她出演的戏剧中有一幕著名的场面，背景是一栋几乎空无一物的房子，而她一个人站在舞台上咒骂。她“轻率”而又“野性”；“她一笑起来，就连眼睛都看不见了。”和其他女人一样，她所销售的产品是易损坏的，所以她年纪轻轻就死去了。

玛丽·弗里斯，又以“窑姐扒手”为人们所知，是伦敦的另外一个象征性的人物。她于 1589 年出生在伦敦巴比肯，很快因为自己疯狂的怪癖为人所知。而她的画像也成为米德尔顿和德克尔所著的《咆哮女孩》一书的封面插画。这本书真实反映了城市生活，书里面把她描写成一副女扮男装、叼着烟斗、配着剑的形象。事实上，现实生活中她确实总是穿着男装，而且她洪亮的声音也很有名。在 21 世纪，这也许被看作性别身份的一个标志，不过，当时这是城市人的象征，因为她的行为展现了伦敦城女性生活中最复杂但是最重要的一个方面。女扮男装让她明白了伦敦的权力掌握在男人手里，这就是为什么她表面上把自己打扮得比任何一个男人都要雄性张扬。不过，这种追求也许也掺杂着焦虑或者痛苦。玛丽·弗里斯说：“当我了解这个时代所倡导的女性礼仪和传统时，我发现自己为此气得发狂，对这些规矩如此陌生，好像我是出生在地球另一端的澳大利亚和新西兰。”这奇妙地与阿芙拉·贝恩的话产生了共鸣。贝恩于 1689 年在离玛丽·弗里斯出生地不远的一处阁楼里去世。她这样评价自己的一生：“我的整个一生，无非是极端。”今天，人们认为她是文学中女性意识崛起的先驱，她创作了数量巨大的小说、戏剧、小册子和诗歌。不过《英国传记大辞典》显示：“她曾经尝试过一种写作手法，希望让人们觉得作者是男人。”正因为如此，人们才会批判她作品内容的“猥琐”、“粗糙”以及“不体面”。不过，她别无选择，因为这就是伦敦的风格。借用当时流行的一个词汇，她们必须要成为“无法无天的女人”，才能让自己的身份或者天赋存活下来。

在18世纪的伦敦，守规矩的女人的命运没有发生根本变化。她们完完全全就是这座城市的仆人，因为人们大概估计过，有工作的伦敦女性中，四分之一的人是从事家政服务的。另外一些女性从事服装行业，或沿街兜售物品，或是看店，还有洗衣服。她们经常加班加点，可是工资收入微薄。所以，她们在城市里的生活道路往往有一个套路：等到她们日渐年迈，她们的社会阶层就会再一次下降，沦落于贫穷和不幸。那些没有被伦敦弄死的人，会变得更加坚强。不过，单身的女性中间还有一些是寡妇或者被遗弃的妻子，还是成群地来到伦敦，因为只有在这里，身无长技的她们才能被人雇佣。这一时期也是伦敦的商业蓬勃发展期，这并不是巧合。随着商业和工业的增长，男性的地位变得更加重要。于是，女人就成了商业发展的目标：要让她们穿上某某材料，价格是多少多少，或者让她们变得“更有女人味”和“更漂亮”。17世纪晚期那直截、惨淡的女性形象被18世纪中期完美的女性形象所代替。1750年，伦敦开始出现女性指南类的书籍，而且在18世纪80年代达到了顶峰。书中的文章不断鼓励女性保持谦卑和顺从的品德，题目大都是《一位不幸的母亲给在外女儿的忠告》，以及《对女性责任的调查》，这些指导书的目的是限制或者削弱女性生来就有的力量或者本能，因为在这座城市里，这一力量已经很明显地显现出来了。为了达到这一目的，人们经常会把城市里的妻子和农村里的妻子作比较，强调说，城市妻子常没有农村妻子身上体现出来的顺从和忠诚。

在18世纪，人们对女演员的偏见已经淡去，她们不再被认为是“粗俗的”和“堕落的”。不仅如此，像吉蒂·克莱芙和普里查德夫人还被接纳进如由霍勒斯·沃波尔组织的男性团体。18世纪出现了很多大名鼎鼎的女性，比如玛丽·沃特丽·蒙塔古夫人、特雷莎·科内利斯、汉娜·莫尔和玛丽·沃斯通克拉夫特。的确，汉娜·莫尔的影响力与中世纪早期伦敦的女修道院院长并无二致，她的宗教虔诚让她得以免受种种诟病，但其他有名的女人的事业却备受流言和诽谤的攻击。例如，沃波尔这样描述玛丽·沃特丽·蒙塔古夫人：“她被整个城镇的人嘲笑。她的穿着、贪心和粗鲁让所有人都大吃一惊。她顶着一头脏兮兮的的乱发，任由几绺油腻腻的头发垂下来，从来不梳也不卷；她穿着一件旧旧的深蓝色外套，裂开了大口子，能看见里面的帆布衬裙。她的脸一侧肿得很厉害，只有用白粉来遮掩。而她买的这种化妆品又实在太便宜，粗糙得连洗烟囱都不能用。”玛丽·沃斯通克拉夫特曾在托特纳姆法院路一侧的施托雷大街的寓所里写出了她那篇别开生面、发人深省的《为女权辩护》。可是，她却被人辱骂为亵渎神明，是娼妇。人们把她对女性平等的要求当作"悍妇"的长篇大论，嗤之以鼻。终其一生，她都受到孤立，郁郁不乐。正如威廉·圣克莱尔在《戈德温与雪莱家庭传》一书中所写的，"在'玛丽·沃斯通克拉夫特'这一条目的最后（引自《反雅各宾派杂志》一书），让读者去参见'卖淫'的条目"，可是在那个条目的下面，只有一条索引，那就是"参见玛丽·沃斯通克拉夫特"。

在人心惶惶、经济低迷的时代，控制女人的欲望就会变本加厉，这或许并不是什么奇谈。我们应该还能够记得，那时社会中弥漫着改变迫在眉睫、骚动不安的气息，法国和美国革命的苗头威胁到了整个英国政体或曰"老腐朽"。玛丽·沃斯通克拉夫特所著的《为女权辩护》本身就折射了当时的热潮，这也就解释了为什么 18 世纪的最后几十年里女性所遭受的嘲笑空前绝后。这本身也是城市控制的另一方式而已。

19 世纪的伦敦女性同样也被边缘化，处处束手束脚。换句话说，她们被迫接受别人设定的角色，还得努力适应。这一时期文化中的形象无非是圣人和罪人、天使和妓女、纯洁的人和堕落的人。在整套牢不可破的表达体系中，这只是一个方面。比如，小说所描写的常是那些苦苦走过伦敦大街小巷的挤奶姑娘或者卖花姑娘如何纯真和娇弱；然而读者之所以痴迷于这种纯真，特别是在 19 世纪中叶的几十年间，正是因为他们觉得纯真必将遭到蹂躏。在狄更斯的作品《汉弗莱老爷的钟》里，当叙事的人看到一个还没有到青春期、名唤小内尔的小女孩流落街头时，他忧心忡忡，担心"这个孩子遭大罪"。1841 年的伦敦人读到这段文字时，都不会质疑，最有可能遭的罪就是被迫成为"站街女"。儿童卖淫这个行业很是猖獗。若说这种交易不是在当时的伦敦城发明的，至少也在这里得到了滋养，我们可以说这种交易就是在伦敦发扬光大的。所以，人们为小内尔之死所掬的眼泪，对于那皎然易污的纯真所抱有的一腔遗憾和同情，其发生的背景，其演绎的城市，正是维多利亚时代的人亲手打造的。他们为那些被大都市所欺骗的姑娘们洒泪，如此描写纯真，也就自有一种不可或缺的残忍或无情。只有纯真被摧毁，城市本身才能生存并繁荣。

引用维多利亚时期的两个最典型的用词，伦敦是"求生之战"或者"生存竞争"的竞技场，女人们却不是战士。这就是为什么中产阶级女性和在家女性不得不承担的角色是炉边天使，是家中之神；女人作为妻子和母亲的角色至关重要，不可或缺。丈夫从战场上回到家时，她要服侍他，还要保护自己的孩子免遭城市的蹂躏。伦敦的家庭变成了一个私人的、与外隔离的所在。就维多利亚时期的家居而言，有重重枪炮保护，外面的世界对此无可奈何：有厚厚的帘子和蕾丝内窗帘遮蔽其光线，花格的墙纸隔绝其噪音，靠背的长椅、垫脚软凳和古董架子将其拒之门外，蜡制的水果和蜡烛对其百般嘲弄，伦敦那象征性的和真实的黑暗都被电灯泡和枝式吊灯所赶跑。这样的房子才符合女人的规矩。

那些孤立无助、没法逃避19世纪伦敦城市生活的女性不得不努力地工作才能生存。她们成了“血汗”工业的一部分，“血汗”的意思是白天黑夜地待在摩肩接踵的阁楼或者小房间里不停地缝缝补补。有些人埋头做着家政服务这个苦差事，其他工作还包括当厨师和洗衣服。有的人终于受不了这工作的压力。1884年，进入伯利恒医院的病人里，有三十三个仆人、七个女裁缝、四个缝帽工，还有六十人是“商人的妻子、遗孀和女儿们”。

在这座城市里，人们还有其他的逃避方法。据说，维多利亚时期“下层阶级”的女人酗酒“比男人更厉害。她们之所以酗酒，是因为唯有如此才能挨过一天的工作……女人这方面比男人更糟糕，这得怪她们不得不被拴在洗衣池边卖命”。酒精是工人阶层女性的祸根，这正是因为她们一辈子都得无休无止地干体力活。如果醉酒的家伙闻起来一股杜松子酒或者啤酒的味道，那也正是城市的味道。

魏尔伦曾经描写过某些女孩的举止，她们可能是妓女，“你很难想象，这些姑娘们每个夜晚都将老绅士骂成‘老淫棍’，这究竟有什么乐趣可言”。咒骂和亵渎神明的话在每个角落里都不绝于耳，但在这个无法无天的社会里，又有什么可怪的呢？那些细致观察伦敦街头的人，比如查尔斯·狄更斯和阿瑟·莫里森，都注意到贫穷的女人往往会恶语伤人，甚至对人拳打脚踢。从19世纪晚期伦敦女性的照片里可以看出，她们都疑心重重地盯着镜头。特别是世纪交替之时，照片中最常见、最有深意的就有卖花女的照片。照片里所展现的并不是油画般纯真、朝气蓬勃，喜气洋洋的姑娘，如今街头上已经见不到这些姑娘，照片里所见的只有阴沉的、年老的女人，人手一顶草帽或者是男帽，用帽针儿固定住，身上还围着披肩和围裙。她们聚集在皮卡迪利广场的爱神喷泉周围，装着紫罗兰和康乃馨的篮子摆在身边。这些卖花人被称为“卖花女孩”，从没人叫她们“女人”，这个词语的变化中却蕴含着伦敦众多的典故。一位观察伦敦的人把这些卖花的女人称作“伦敦东区维斯塔贞女”，虽然她们也许并不是贞女。她们很快就成为伦敦的女性代表，聚集于代表爱欲的雕像周围。可她们自己已经年老色衰，她们所卖的花代表着易逝的美貌，但她们自己则枝叶飘零。就在伦敦城的正中心，年轻及欲望与年老及贫穷面面相对，鲜明地告诫着人们城市生活是多么空虚无趣、催人衰老。她们一直坚守岗位，直到 20 世纪 40 年代早期才随着伦敦许多静悄悄的转型而消失。

20 世纪最初几十年里，普遍存在的女性形象仍然是辛苦劳作的女性。即便有人描写迷人的、富有阶层的女性，但那些在旅馆里“做牛做马”的女人、商店职员以及打字员必定不会缺席。电影《圣诞节以外的每一天》描绘了一个真实的人物，诨号“老爱丽丝”，她是伦敦科文特花园市场最后一批女搬运工，推着堆满鲜花的手推车。这部电影拍摄于 1957 年，足见有一些行当延续了相当之久。

不过，有一些女性职业是新兴的。两次世界大战从根本上改变了劳动力的性质。当年轻男人被派去第一次世界大战的战场时，女性第一次得以进入以往男性独占的行业。她们开始在重工业，特别是军需和工程行业从事“战时工作”。当时伍利奇兵工厂雇佣的女劳工数量从 125 人暴增到 2.8 万人。威尔斯登老旧的贫民习艺所成了皇家公园区的众多工厂中女工的住所。那个时候，伦敦已经有了女公交车司机和地铁司机，而且还有很多女性稳步进入行政或商业岗位。虽然第一次世界大战以后女性没有继续在重工业领域工作，但她们继续从事着办公室工作。伴随而来的还有另外一项巨大的转变：第一次世界大战以后，原本从事传统行业，如制衣和家政服务的女性数量有了明显的、快速的下降。取而代之的是，女性开始进入银行业和商业中，或在当地政府担任职务，或从事零售业、开商店和做生意，或是成为公务员及市政人员。

“工厂女孩”正是其中一个独具特色的团体，1888 年夏天，她们迎来了解放的那一刻：一千五百名在堡区的布莱恩特与梅火柴公司工作的女孩停止工作，走出工厂，要求更高的工资；一定程度上这是由费边主义激进分子安妮·贝赞特所组织的，她们的成功令人印象深远。就是在那一年，女性被允许参加伦敦当地选举；妇女参政论的源头和诉求当然也来自伦敦。伦敦历史上第一次，女性可以品尝到伦敦的平等精神，追求自己的利益。

1913 年，西尔维亚·潘克赫斯特建立了“东伦敦妇女社会与政治联盟”（“妇女社会与政治联盟”则是她的母亲在 1903 年成立的）。这个联盟的诞生地是堡路上的一家烘焙店，离布莱恩特与梅火柴公司不远。西尔维娅后来写道：“我认为东伦敦的觉醒是非常重要的……于贫困深渊中诞生在东伦敦的女性运动将会是一声呐喊，是召集令，呼唤我国各地的同志行动起来。”所以，通过女性的努力，伦敦又重新成了激进异见者的家。这是恰到好处的回应，鼓舞了女性的精神，而正是她们，曾经被人称作“醉鬼”或是更加不堪。

妇女参政论的历史不仅和西尔维娅·潘克赫斯特相关，它还与东伦敦的历史有紧密联系，因为它真实地表达了该区人民所关注的问题。人们在波普勒、布罗姆利和堡区召开会议；游行示威队伍以维多利亚公园为起点或是终点；印刷工人在罗马路的房子里印刷妇女参政论的相关材料；老福特街还开设了妇女会堂。妇女运动地理分布的重要性从来没有得到充分分析，不过有一点很清楚：伦敦东部各地区让妇女运动获得了力量和威信。第一次世界大战期间，老福特街开设了一处济贫所，专门帮助那些无法分得丈夫的收入、要被赶出家门的女人。西尔维娅·潘克赫斯特在罗马路组织起一家合作制的工厂，提供日间托儿所服务。老福特街和圣斯蒂芬街的交叉口还开了一家免费的药店兼托儿所。这里原本是一家小酒馆，原先被称为“枪炮商纹章”，不过后来被改名为“母亲纹章”。一方面是充满关怀的女权主义，另一方面则是女性开始担任原来男性的工作角色，正是这双重运动稳步提高了女性在伦敦的道德地位与社会地位。

今天的伦敦肖尔迪奇区仍然还有女摔跤手；霍洛韦监狱里的犯人一般都犯有虐待儿童、卖淫或贩毒的罪行；还有许多穷困的妇女饱受打击，不得不逆来顺受。根据材料记载，在20世纪后期，开始有旅社和庇护所收容“生病的和受虐待的女人”。在伦敦，这一点千真万确：相对的痛苦依然时有耳闻，未曾改变，而在其之上，则是显著的、整体的改变。所以，最新的统计学数据显示，1986年以来的十年里，伦敦的女性劳动力增加了超过6%，而男性比例却下降了。据现在估计，伦敦有44%的女性在从事有薪职业。所以，这座城市对女性已经变得很友好，因为女性已经渗透到了经济结构的每一个部分和每一个机构。现在，伦敦已经有了女出租车司机和女高管。正像20世纪早期这座城市正变得越来越明亮、越开放，建城两千年以后的今天，它也在慢慢发现自己的女权主张。

第六十八章

男孩女孩们都出来玩

伦敦孩子们的历史有众多材料可供人们深思。无论是他们的高尚，或是凶狠，或是对游戏发自内心的喜欢，都能揭示这座城市的伟大力量。最早的物件稀少而令人费解：有小皮鞋和拖鞋的碎片，还有青铜玩具和骨哨。孩子从游戏或者玩耍中得到了极大的欢乐，古今皆是如此。罗马时期小孩子的墓碑仍然矗立，其中一处是为了纪念叫作“阿尼西姆”的孩子，他是一个“好帮手”，一个“真正的好孩子”；另外一块墓碑则是献给“善良的德克西乌斯，戴奥提摩斯之子”。孩子的夭折贯穿伦敦历史的始终。在许多方面，年轻都无法在城市之内长存。

在家禽街的地下深处，人们找到了一尊婴儿的小雕塑，代表了婴儿的神光和圣洁。有记载报告说，某些孩子是先知以及预言家，比如，一个伦敦的孩子“蒙神的恩宠，获得了老师没有教给他的知识”。我们还读到，一个男孩和“另外两个来自教会学校的男孩”被“赋予使命”去守卫威斯敏斯特教堂。还有记载说，在12世纪早期，有一些孩子提着装了沙子和碎石的篮子，到史密斯菲尔德帮助华西亚修建圣巴塞罗缪大教堂。

孩子们与伦敦宗教圣地的庇护，甚至和建造宗教圣地之间的关系至关重要；城市从孩子们的身上获得活力与纯真，这与建立庙宇和桥梁时在地基上杀死小孩祭祀并没有多大不同。一般来说，孩子总是民间仪式或者宗教仪式的中心。有人写道，“在圣尼古拉斯日、圣凯瑟琳日、圣克莱芒日和圣婴日的时候，人们习惯让孩子穿上黑缎袍、白罩衣，伪装成主教和神父的样子，有人唱歌跳舞带领着他们，挨家挨户地给人祝福”。直到16世纪，也就是在宗教改革之前，“一个穿成教皇模样的孩子走遍了伦敦的大多数地方，唱着某种古腔古调的歌”。在1516年的伦敦市长大巡游中，队伍里还有“十六个裸体的男孩”。对于这座城市，对于康希尔街和切普赛德街的行会游行来说，孩子都是必不可缺的。我们同样可以注意到，人们对孩子有某种古怪却顽固的迷信。在共和政体时期，“人们总是专心致志地聆听孩子的预言”。占星学家雇佣孩子当“占卜者”或是“预见者”。有一本关于巫术的书认为，“当鬼魂出现时，只有那些十一二岁的孩子，或者真正的处女可以看得见”。在一个已经堕落或正走向堕落的城市里，纯洁这一概念力量惊人。

孩子们作为法律和商业个体的地位也得到了确立。在1066年征服者威廉一世写给伦敦人民的宪章里，三条规则中的第二条是，“我有令，在父亲去世以后，孩子将成为继承者”，长子继承制由此形成。一套异常复杂的监护人制度也同时制定，以防止父母过世的孩子被诱骗从而失去继承权。伦敦孩子的商业价值可见于一首古老民谣的字里行间，故事讲述一对夫妇“送儿前往好伦敦，做个学徒好当差”。目前现存的，关于伦敦年轻学徒的最早记录可以追溯到1265年。孩子们所干的另外一项行当是乞讨，可是他们自己也常因金钱被抢劫、绑架和谋杀。一个叫作塞尔斯伯里的爱丽丝的女人被判戴枷，“因为她绑架了杂货商约翰·奥克希科的女儿玛格丽特。她把玛格丽特带走，扒光了她的衣服，以免被她的家人认出来，这样就能让玛格丽特晚上和自己一起去乞讨赚钱”。这种拐孩子的事情在伦敦的街头时有发生，一直延续到19世纪，被称为“拐孩子”。富裕人家的孩子尤其容易成为猎物，因为他们容易被诱骗，而且孩子的衣服和身上的珠宝还能卖掉，有许多孩子当场就被杀死，因为罪犯担心他们哭喊出声或是今后会指认罪犯。对孩子来说，伦敦真是危机四伏。

威廉·菲茨—斯蒂芬想要强调伦敦年轻人的精力和活泼，强调他们多么喜欢斗鸡和“著名的足球游戏”，踢的球是吹胀了的猪膀胱。在夏天的宗教节日里，孩子们玩着跳蛙、摔跤的游戏，还投掷标枪比赛远近。冬天里，他们尽情地掷雪球和溜冰，可是，他们用的是动物长长的胫骨，而不是20世纪末的溜冰板。菲茨—斯蒂芬煞费苦心地强调这些游戏里包含的竞争和对抗元素，对伦敦的英勇精神做了补充表述，正是这种精神让伦敦有别于其他城市。“市民们不谙世事的儿子们成群结队地冲出门，然后开始模拟战斗，练习军事对抗。”年轻的孩子们会经常得到弓和箭，以便用来练习自己的技能，因为，也许有一天他们会被要求去保卫自己的城市。他们已经是“伦敦人”，有很强烈的城市认同感和自豪感。同样地，学校还教他们怎么与别人辩论，进行语言上的对抗。“来自不同学校的学生还会通过诗歌进行较量，针对语法的原则，或针对完成时和将来时的规则展开讨论。”在很有名气的公共场所，比如史密斯菲尔德的圣巴塞洛缪大教堂的教堂院落，孩子们会爬上搭建起来的舞台，进行长篇大论或者背诵比赛。这里是伦敦戏剧的发源地之一，不过，就像菲茨—斯蒂芬说的，壮观的演出以及精彩的故事中也融入了对抗和挑衅等元素。在这个方面，伦敦的孩子们忠实地反映了伦敦的形象。

一位 14 世纪的主教曾经对在书的边缘乱写乱画的“鲁莽青年们”大加谴责，与此同时，罗伯特·布雷布劳克在 1385 年 11 月 9 日的《教会逐出信》里抱怨说：“这些男孩儿们的傲慢无礼和无所事事会让他们毫无用处；他们被邪恶的思想驱使着，忙于做坏事，而不是好事。”“他们对着白嘴鸦、鸽子和其他栖息在教堂的墙上和柱子上的鸟儿投石头、射箭，扔其他东西。而且，他们还在教堂里里外外打球，玩其他各种破坏性的游戏，有时候会打碎，或者严重毁坏教堂的玻璃窗和石雕像。”

一个在烘焙店工作的男孩挎着一揽子面包走在斯特兰德大街上。当他经过索尔兹伯里主教的宫殿时，主教的一个仆人偷了一块面包。这个男孩大喊了一声，接着就聚集过来一群孩子、学徒，还有其他的市民，事情几乎演变成了一场大规模的暴动。换句话说，孩子们让这个动荡的城市更加动荡不安。14 世纪的行政人员报告中记载了一些关于孩子的故事：“一个男孩爬上檐槽去捡球；一群男孩坐在一堆木头上玩，有个孩子掉下来，摔断了腿；一个男学生吃过晚饭后，通过伦敦桥返回。可是，他偏要爬到桥的外侧，一只手抓住桥一侧的支架，然后就掉到水里淹死了。”这些孩子们还玩“蒙眼捉迷藏”的游戏，现在被叫作捉迷藏。还有一种游戏叫作“玩榛子”，也就是现在的“康克戏”。

伦敦学生的手册间接地展现了这座中世纪城市里童年生活的精华。规则手册里包含一些禁令，比如：“不可以跑，不可以跳，不可以讲话或者玩耍，不可以拿着棍子、石头或者弓，不可以戏弄路人；当别人阅读或者唱歌唱得不是特别好的时候，学生不可以大笑或者偷笑。”同时，有一些由学生创作的，关于老师的打油诗保存下来。比如：

老师变成兔子才称我心……
他死了我照样满脸笑盈盈。

在一座人人都渴望别人注意的城市里，孩子们也会大叫大嚷。不过，他们好像深受吸引，去探索伦敦的禁区，好像在公然挑衅其威慑。这就是伦敦孩子天性中一直很鲜明的精神：冒冒失失，无法无天。在 20 世纪 50 年代和 60 年代，孩子们会玩一个叫作“最后的跨越”的游戏，就是说，他们特意横穿马路，哪怕随时会被车撞倒。年轻人以这样的方式来直面伦敦，击败伦敦。

15 世纪 80 年代，当托马斯·莫尔从他位于牛奶街的家步行到位于针线街的圣安东尼学校时，这座城市给他留下了永生难忘的印象。比如，他会路过切普赛德街的斯坦达德，这个地方被用来执行公开的、血腥的死刑，连孩子都不得不来观看犯人的横死；他路过座座教堂，看到许多圣人的画像、鱼贩和屠户的摊子；他没准儿会看到乞丐，有些年纪和自己相仿，还会看到很多妓女和小偷，二流子在市场里晃悠。他像大人们一样，穿着紧身上衣和紧身裤，因为在人们看来，孩子与大人们没有什么不同，只不过年纪小了一些。在学校里，托马斯·莫尔曾学习音乐和语法，还有实用的谚语，比如：“善行应得善报……众人拾柴火焰高……欲速则不达。”他也接受过辩论的训练，曾经和其他的孩子一起在圣巴塞洛缪的教堂院落里比赛练习自己的雄辩技巧。不过，重点在于，他接受这些训练仅仅是为了日后在伦敦的司法管理部门任职。毋庸置疑，他所受的主要是公民教育，要他尊重秩序与和谐。日后他在任期间，花了很多时间致力于介绍他从小就在街头巷尾学到的这秩序与和谐。不过，街头生涯也让他像所有其他孩子一样，变得更为强硬。他的作品里到处是街头常听到的俚语和俗话；他个性里的强硬和夸张，还有他的聪慧和桀骜，都源于自己具有伦敦特色的童年。

因此，伦敦的孩子们不得不面对严酷的现实。如果出身贫穷，这些孩子就会被送去做苦工，跟大人们一样每天要工作很长时间；如果出生在富裕的家庭，孩子们就会被更富裕的家庭或更有名望的人看成是自己人。比如，年轻时候的托马斯·莫尔就得到了坎特伯雷大主教的赞助。孩子们必须工作，不然就会被惩罚。感化院的记录显示：这里将近一半的孩子是因为在大街上流浪而被抓进来。在感化院里，他们和流氓、乞丐、妓女和小偷挤在一起，接受惩罚。其惩罚之严酷可见于两个伦敦人的评论文章，他们分别是 15 世纪晚期的威廉·卡克斯顿和 16 世纪早期的罗杰·阿谢姆。卡克斯顿在他的文章里抱怨说：“我曾见小儿生于本城（伦敦）中，兢兢于敛财致富，较之其父老，相去远矣。”阿谢姆评论说：“忘记纯真，抛下廉耻，年轻傲慢。”随着长江后浪推前浪，这样憎恶的话语可以看作老人对年轻人永远抱有的仇恨和不满。不过，有趣的是，此时适逢伦敦不断扩张的时期。1510 年到 1580 年间，伦敦人口从五万人增加到十二万人，城市一直动荡不安、骚动不稳、冲劲十足。所以，年轻孩子们以最明显的、让老年市民忧心忡忡的方式代表了这种精神。

城里一些无法无天的年轻学徒就是此方面鲜明的例子。于是，市政当局拟定了严格而有系统的劳务和纪律条例。任何情况下都不允许破坏商业的和谐。学徒们受这些条例的约束，“必须遵守条例规定。既然我已经下定决心为我的师傅老实服务七年，我就必须竭尽全力完成这一承诺，帮我的师傅从方方面面赚到钱。我赞美这座让王子也能变成手艺人的城市”。最后这句话的意思是说，即使是出身贵族的人，也可以成为某个行业的学徒。人们有强大的商业本能。学徒不能在大街上集聚，不可以到酒馆喝酒，也不可以穿很引人注目的衣服。除此之外，他们只允许留“小平头”。与此类似，孩子们依然依照传统，跪在父亲面前，接受他的祝福，然后才能开始做当天的事情。他们往往在一张单独的、小一点的桌子上吃饭，而且是在大人开动以后才能用餐；吃饭的时候，父母还可能会询问今天做了什么，或者在学校的学习情况，或者让他背一首诗或一句谚语。不听管教的孩子常常会挨鞭打，而且鞭子上沾了“白桦树汁”。这种树汁，“如果你抹上两三次，会对伤口愈合有奇效”。

孩子们唱的歌，发出的呼喊和哭叫声都是这座城市中声音的一部分。“回家，回家，市场收摊了”这样的歌一定能和“哦，圣诞夜，我翻翻烤肉叉”以及“圣马太、圣马克、圣路加和圣约翰，保佑我的床吧”等古歌分庭抗礼。1687 年，约翰·奥布里写道：“小孩子们有一个习惯，会在下雨天唱歌，或者是为了把雨赶走。因此，他们就一起开口唱这样的歌：‘雨儿，雨儿，快走吧，星期六时再来吧。’”有很多歌曲和旋律都明确地以伦敦为背景；不过这也许没什么可怪的，毕竟在英国，后来甚至在整个世界上，伦敦都有最庞大的儿童人群。儿童事务专家艾奥那·奥佩和彼得·奥佩证明道，大部分的歌曲都可以追溯到 1600 年。当然，这些歌谱的源头都是当时伦敦的印书商和出版商们，其中一位更被人们戏称为“劲头十足的 B 先生，家住鞋巷”。

不过，这些歌曲具有更重要的城市特征。它们都源自伦敦街头的叫喊和歌谣；它们的背景是口头俚语。有一些歌间接指向战争或者政治事件，而另外一些涉及城里的新闻，比如泰晤士河上的“冰展”，或者 1633 年“伦敦城里一座桥”被烧毁。剩下的歌曲源自伦敦的剧院，比如《快乐的磨坊工》以及《我是小小男孩，我帮妈妈洗碗》。《杰克盖的那座房》这首歌得名于伦敦的一部哑剧。事实上，那时候的伦敦有许多哑剧和滑稽表演，比如《老妈妈哈伯德和她的狗》《丑角和小汤姆·塔克》以及众多其他的剧目，其数目之多，让我们不妨说，伦敦人自己已经变得像小孩子一样了。

位于主祷文巷的鞋巷以及其他地方的印书商出版了一系列故事书和歌本，以其出色的商业头脑再次俘获了年轻的读者，他们的故事里也满满的都是发生在伦敦的场景。比如，“O 是一个卖牡蛎的女孩，我们走街串巷”出自一本编于 18 世纪的拼写字典，而这只是描写伦敦贸易和生意人的众多诗文或歌曲中最普通的一首。流传下来的儿歌还有一些是关于伊思灵顿的挤奶女工和切普赛德街的无赖，还有裁缝、烘焙师和烛台制造工人。有一些歌曲的开头是这样的：“我正走在伦敦桥上。”这是一个伟大的暗喻，形容一个人正春风得意。当然，最古老、最为人们所熟知的，还是那首神秘的歌曲：

伦敦桥要塌下来，
塌下来，塌下来，
伦敦桥要塌下来，
我美丽的淑女。

这首十二行的诗文描绘了一座不断被摧毁和重建的桥，于是就出现了如下的意象：“木头和黏土会被冲走……砖块和灰浆也留不下……铁和钢会压弯头……银和金会被偷走。”为什么这些奇怪的感想会出自伦敦孩子之口呢？恐怕与那种古老的信仰有关吧？只有把一个小孩献祭给河神，才能安抚它，保住那条违背天意、横跨河上的伦敦桥。艾奥那·奥佩和彼得·奥佩暗示说，“这首歌是为数不多的，或许是唯一一首揭示古代曾有那个黑暗而可怕习俗的歌曲”；他们接下来还描述了献祭孩子与架建桥梁之间的联系。所以，唱歌的孩子这一意象其实是暗指在伦敦城内孩子所面临的可怕命运，或许还暗示着伦敦只能靠献祭孩子来保全自己。

在另外一首名为《橘子和柠檬》的伟大歌曲里也不乏对杀戮的描述。在这首歌里，伦敦古老教堂里的祈祷随着以下诗文才算进入高潮：

这一根蜡烛，照你躺下来；
这一把斧头，砍下你脑袋。

同样地，这首歌的创作背景也是一个谜。有人认为这首诗暗指的是：一个已经被定罪的人正走向断头台，伦敦的钟声则伴随着他的脚步。某种程度上，这首歌还纪念了亨利八世血腥的婚史。不过，这首歌之神秘力量在于，歌中如巫术般对各大圣地做了祈祷，那些地名听起来就像咒语，比如“在怀特查佩尔摇响你的钟……在奥德门摇响你的钟”，歌中还提到了圣凯瑟琳、圣克莱芒、老贝利街、弗利特沟、斯特普尼和圣保罗。一座神圣且喧嚣的城市就这样被唤醒。可以这么说，那时候，伦敦孩子们的脑海中总离不了死亡之事，就像这首歌里面唱道的：

> “行行好，请告诉我时间，因为我自己的表坏了。”
> “哦，绞刑时间已经过去了半个小时，是时候重上绞刑架了。”

在模仿口头歌谣的一首书面歌谣中，“绞刑”变成了“亲吻”，当然了，绞索本来就有个外号叫“亲吻”或者“骗子”。

歌曲和谜语的目的是为了锻炼孩子的洞察力，好让他们学会如何在困境里生存下去。正因为如此，伦敦的年轻人身上总有尖锐和鲁莽的气质。有一次，温斯顿·丘吉尔在唐宁街上遇到一个吹口哨的男孩并请他不要再吹了，可是那孩子回答说：“我为什么不能吹？你把耳朵捂起来不就得了？”就像狄更斯、梅休，一直到爱奥那·奥佩和彼得·奥佩一样，奥布里和斯威夫特也收集了很多伦敦街头孩子的俏皮话和妙语。狄更斯笔下的“藏猫猫能手”可能也只不过以任一个有“街头智慧”的伦敦孩子为蓝本，稍作夸张描写而已，这些古怪的小恶魔，似乎以他/她小小的身体，继承了伦敦一切公正和平等的精神。

《呼声》这部电影拍摄于第二次世界大战刚结束时，讲述了一个男孩如何靠自己机智的观察打败了一个犯罪团伙。有人问他：“那么你一定就是那个能在伦敦街头预见未来的男孩吧？”这问题本应该出现在中世纪早期的伦敦。在这个电影的高潮部分，犯罪分子被一群孩子追逐着，穿过闪电战期间遭纳粹轰炸的地方和建筑废墟。这也是伦敦城儿童生活的永恒场景之一。有很多照片，还有很多记录表明伦敦的孩子如何面对劫难。布狄卡发动进攻时，以及伦敦大火肆虐时，孩子们曾被送往安全的去处，不过，孩子们爬过废墟的场景却更令人印象深刻。无论是撒克逊的孩子在罗马时代伦敦的废墟上玩耍，还是 20 世纪的孩子们在第二次世界大战时期遗留下来的空袭遗址上跳跃，这些都代表着永恒的再生和不可战胜的活力，这正是伦敦这座城市的特点，就像下面的文字描述的一样：

男孩女孩，快出来玩，
亮如白昼，月如银盘。
别忙吃饭，别忙睡觉，
快些加入，街头伙伴。

《撒迦利亚书》第八章进一步描述了街头满是孩子在玩耍的神秘场面："城中街上必满有男孩女孩玩耍。"孩子们会聚集在特定的地方玩耍，比如埃克斯茅斯市场、商贸路、象堡路口的南面和西面，以及格斯韦尔路沿路。当然，还有很多散布在伦敦各个地方的小公园和游乐场。有一些特定的地方看似很吸引孩子在此玩耍，似乎有了孩子会让这些地方变得柔和，让这里更宜居。比如，孩子们总是会聚集在奥德门水泵的东面。

1931 年，诺曼·道格拉斯出版了一本名为《伦敦街头游戏》的学术书籍。也许是因为感到世界正在经历转变，他才希望通过这本书保留一些记忆。这本书生动地记录了伦敦孩子的创造和活力，而且隐约地展示出伦敦街道如何让他们有地方玩耍，如何庇护了他们。书里面记载了女孩子玩的游戏，比如"妈妈，我漂在水里"，或者"转动妈妈的烘干机"，还有名为"尼布甲尼撒"和"月亮之上"的跳绳游戏。她们的声音应和着轻敲地面的脚步声：

查理·卓别林，温柔又和善，
别家孩子的六便士，偷到手里面
孩子哭翻天，
查理·卓别林说了再见。

这座城市自身的结构就为玩耍提供了许多机会：水沟里可以滚弹球，铺路石用粉笔做了标记，可以玩跳圈游戏。孩子们还利用了墙壁，将"香烟纸卡片"贴在墙上，让"最靠近墙的卡片赢"或者"最靠近且翻过来的卡片赢"。有人评论道，这些游戏"让男孩子的手变得非常敏捷，所以，如果他们以后从事像制作手表这样的行业，这个本事一定会有用武之地"。那时候还有一些"接触"游戏，其中一个叫作"伦敦"。在当时的伦敦街道上，特别是郊区，有一个很受欢迎的游戏，叫作"追随我的领袖"。这种游戏包括：惊险地横穿马路，沿铁路线走路，或者猛敲临街民宅的大门。还有一种晚上玩的游戏，叫作"尼克午夜"或者"亮起你的灯"。就像一个顽皮男孩说的："你一定要晚上玩，因为白天玩火把没什么意思。”孩子们之所以可以在夜晚的街道上玩游戏，是因为“当没有人旁观时，游戏才最好玩的”。这也就是为什么旧隧道、荒废的铁路、破败的公园和小墓地会成为玩游戏的好去处。似乎孩子们就要躲在伦敦的视线之外。当他们预先藏好身，这些吵吵嚷嚷的孩子就可以嘲讽路过的大人，或者朝他们扔东西，或者大声辱骂，比如“我要把你的牙齿敲掉！”城市的空气中因此常常萦绕着与生俱来的残暴和凶猛。

某些伦敦孩子最辛酸的记录可以追溯到17世纪和18世纪。现在，人们还可以在霍尔本和威斯敏斯特看到福利院儿童的雕像，比如，在罗瑟希的圣马利亚教堂边有小学生的小雕像。1613年，这里曾建立过“为某贫困渔民的八个儿子特别开设的一所免费学校”。除此之外，主教门外的圣博托尔夫教堂外面放了两座用科德石雕成的小孩像，其徽章分别标着“25”和“31”；圣布莱德学校里这样的雕像则高三英尺六英寸，这个高度代表的是伦敦孩子的平均身高。哈顿花园、卡斯特顿大街和文特纳宫也有小孩子的雕像，其中一些雕像的穿着打扮几乎可以追溯到三百年前，比如蓝色外套和黄色的袜子（很显然，之所以这么穿，是为了吓走老鼠），若是没有这些雕像的永久提醒，人们很容易就会忘记伦敦儿童生活的那些细节。而这些又都和城市中其他石质或木质的儿童形象相关。吉尔茨伯大街上的“胖男孩”，圣保罗教堂旁边的布莱德市场上的零钱男孩，劳伦斯庞特尼希尔的门口玩弹球的孩子，还有在神庙场挥舞电话的孩子，所有这些形象都来自城中的孩子们。可现在，正如在过去一样，他们已经不再受时间的影响。在这一意义上，他们代表了童年本身的永恒。

不过，伦敦这座时间之城仍然让孩子们堕落。16世纪晚期的一位作家写道：“多有稚气可爱之孩童，无论男孩或女孩，上下徘徊于街头，在波勒斯闲荡；暮则容身于树篱、货摊之下。”1661年春，佩皮斯在日记里写道：“在有些地方，我问女人们能不能把自己的孩子卖给我；这一点所有的妇人都拒绝了我，但她们说，若是我也情愿，可以送给我一个孩子替她们养。”另外一个17世纪的日记作家塞缪尔·柯温有一日正走在霍尔本的街上。他注意到一群人围着一辆挤满孩子的马车，这些孩子都六七岁的样子。塞缪尔在日记里写道：“这些年轻的罪人们惯于在晚上游荡，只要他们脏兮兮的小爪子能够得着，不管什么东西都会被他们偷走、夹走、捏走。现在，他们将受到正义之手的管制。”这些孩子中的大多数都被自己的主人或父母抛弃，不得不沦落街头。据17世纪晚期的郡档案记录，本杰明·科利尔和格蕾丝·科利尔夫妇“偷偷带着自己的钱物跑路了，留下孩子们孤苦无依”。还有一位萨拉·雷恩博在位于小穆尔菲尔兹长巷的一家啤酒馆干了九年活，“受尽了艰辛，后来还被无缘无故地关在拘留所一个月。此外还有各种惨不忍言的折磨，她终于无法忍受了”。于是，1676 年，她和两个哥哥一起逃走了。后来，其中一个男孩儿以五先令的价格把自己卖到了一艘开往拉丁美洲国家巴巴多斯的帆船上，而另一个男孩则从此不知所终。

有一些绘画作品描绘了这些孩子们如何在大街上卖东西、乞讨或是小偷小摸。他们“几乎赤身裸体，其惨况无以复加，爬满了寄生虫，穿得破破烂烂，以至于单凭穿的衣服，根本没有办法分辨出他们是男孩还是女孩”。当时的一些插画都证实了这种悲惨的处境。有一幅画里是一个街头流浪儿，穿的是破破烂烂的大人衣服、破烂的厚大衣和撕裂的马裤，看着让人心酸；他的帽子和鞋子都太大；他随身还带着一只大锡碗，用来喝水和吃饭。他似乎并无年龄，又好像是处在任何年龄，而身上那套被人扔掉的大人衣服更让他的年龄难以辨别。这些游荡的孩子和这座城市一样老，又或许一样年轻。

18 世纪关于教区孩子的记录中充满了让人们忧伤深思的场景。教区收容这些弃儿的时候，通常以弃儿来自的地方命名。所以，科文特花园教区的登记簿上到处是这样的名字：彼得·广场、玛丽·广场和保罗·广场。那些遗失或者被遗弃的孩子则被称为“躺大街的孩子”，这个名字本身就足以触景生情。教区的官员每收容一个孩子会得到十英镑，每当这时他们就会举行一次宴会，诨名叫“备好烤肉叉子”。因为官员们认为“被收容的这个孩子活不了多长时间，所以这笔钱也许就可以用来供他们寻欢作乐”。这是城市中的仪式展现出其异教本性的又一例，值得关注。那时候普遍流行的一种观点是，“被教区收容的孩子只有八个月或九个月的价值”。看来似乎有人刻意让他们尽快死去。1716 年的一份议会报告显示：“很多出身贫穷家庭的婴儿和被人发现的私生子都因为受到保姆残暴的虐待而悲惨地死去。”在威斯敏斯特的某个教区，五百个“躺大街的孩子”中只有一个最终存活了下来。

即便能活下来，穷孩子也会被困在教区的济贫所里。这里本质上是简陋的工厂，厂里的小孩子从早上七点一直要工作到晚上六点，卷羊毛或者亚麻，或者织袜子。他们每天花一个小时学习入门知识，花在“吃饭和玩耍”上的时间也是一个小时。这些济贫所一般都肮脏不堪，拥挤惊人。比如，肖尔迪奇区的圣莱纳德教区济贫所“不得不让三十九个孩子挤在三张床上”。这里既像是工厂，又像是监狱，因此也作为特别的城市机构而得以存生；“身体的不适”和各种传染性疾病会在孩子们中间互相传染，最后都被推给医院。于是，伦敦监禁四重奏的所有要素都齐了：济贫所、工厂、监狱和医院。

孩子们之所以被关起来，是因为如果孩子们能随心所欲，无拘无束，他们就会被视作无法无天。他们常常“半裸着或者穿得破破烂烂，互相谩骂着……在泥地里或者阴沟里打滚，或者在码头和关隘偷东西”。“我们的监狱里每天都充斥着这样一些‘性情乖僻的牲畜’，泰伯恩刑场也因为杀不胜杀而呻吟抱怨。”很少有社会观察家来讨论这一问题：到底是否是因为伦敦本身的社会状况让孩子们变得残暴或者没有人性。而现实太过于强烈，太过于鲜明，让人们只能推断出这是因为人本身的兽性和野蛮，而无法得出其他更有说服力的结论。比如，一旦流浪儿童接受了培训，并开始在教区的济贫院工作，他们就“与原来的自己截然不同，就像牲畜在驯服后和野生状态下的区别一样”。不过，这个情景倒也适用于伦敦这座商业丛林的其他各处。“主人可以像老虎一样凶残地对待那可怜无辜的孩子，他可以殴打、虐待、扒光他，让他挨饿，或者做任何他想做的事情。很少有人会关注此事，而官员们更认为孩子的事情无足轻重。”这里的引文讲的是一个被卖作学徒的“教区孩子”。虽然狄更斯于1837年在《雾都孤儿》一书中对这种情况作出了永垂不朽的文字描述，不过孩子从事的这类职业所遭受的痛苦与艰难在18世纪尤其突出。

不妨来看看扫烟囱的苦痛，这类学徒被称为“爬烟囱男孩”。他们一般七八岁的时候就跟着自己的师傅。还有一种情况也很普遍，酗酒或者一贫如洗的父母在孩子四岁的时候就以二十或者三十先令的价格把孩子卖掉。身材小很重要，因为伦敦房子烟道的典型特点是狭窄弯曲，所以即便是孩子也很容易被烟灰窒息，或者被卡在烟道里。年轻的“爬烟囱男孩”被人戳进或者推进狭小的烟道里；那些害怕或者反抗的男孩会被大头针扎，或用火烧，好让他们爬得更快。有些孩子因为窒息死去，还有很多人则被号称“煤烟瘤”的阴囊癌长期折磨，直至死去。更有些孩子成人后身体畸形。一位社会改革家描述了一个刚结束自己短暂职业生涯的“爬烟囱男孩”：“他现在十二岁，跛脚，拄着拐杖，身高只有三英尺七英寸……他不断地对上帝祈祷。”这些被城市的煤烟和垃圾染成黑色的孩子几乎没有洗过澡。他们被涂上了伦敦的色彩，象征着伦敦会给其年轻人带来怎样可悲的生活。有一个场景是大家都很熟悉的：孩子们走街串巷，用他们尖利的童音喊道：“要不要扫煤灰！”这被叫作“当街叫”。

“爬烟囱男孩”的生活环境很不幸，可是，他们很少得到别人的同情。恰恰相反，周围的人指责他们是小偷，是业余乞丐，是“伦敦各行各业直通泰伯恩刑场的最大号温床”。在伦敦总是有很多惊人而夸张的仪式，每年一度，这些孩子们可以参与其中的一个：在5月1日，孩子们被用谷物的粗磨粉和发粉涂抹得雪白，用当下的话说，他们“白如百合花”，他们挤满了各个街道，边走边喊“洗刷，洗刷”。在城中游行时，他们还可以把自己的刷子和爬烟囱的工具敲得震天响。这样的反转让我们看到了伦敦的生活有困难，也有快乐：在他们并不快乐的生活中，值得庆祝的事情少之又少。可是，一旦他们有机会玩耍，就恢复了孩子的本性，虽然只是一年一度。

不过，这种戏剧性的仪式有其深意，并与伦敦孩子的神秘之处相关。仪式上，“爬烟囱男孩”一般都会穿着金箔金叶，系着丝带，就像中世纪时期孩子参加盛会时的打扮。从这点上来说，孩子又一次代表了神圣和纯洁，虽然这一习俗的形式不免庸俗了些。同时，他们沿街敲打赖以谋生的工具，成为那一天狂欢的主人。人们因此再次强调了这些孩子的野性，而这本身就会对伦敦城造成威胁，只能通过仪式和规矩使其变得正式，并俯首听命。所有这些，例如顽皮、单纯和野蛮，汇总到一起，共同塑造了伦敦的孩子。

彼得·厄尔在《万人之城》中写道，18世纪初期的伦敦为年轻人“提供了很多诱惑”，特别是城中充斥着“狐朋狗友、赌博、喝酒、无所事事、小偷小摸，还有‘淫荡的女人’”。所以，伦敦的孩子从小就处于一个不利于成长的环境里。孩子们会藏身烈酒铺里，“他们饮酒作乐过了头，想要走出酒铺都很难”。同样，在荷加斯的版画作品中，孩子们也通常被刻画为伦敦满怀恶意或者恶作剧的象征；他们的脸庞扭曲，因为在遭受痛苦或者是嘲讽他人；他们习惯嘲讽或者模仿大人的行为和表情。《浪子历程》的第四幅画描述的是：一个坐在污水沟里的男孩，他一边用一支小烟管吸烟，一边专注地读着《法辛邮报》；向远处的圣詹姆斯街看去，可以看到怀特赌场的标志；画的前景则是五个在玩骰子和牌的孩子。其中一个孩子是擦鞋工，显然把自己的衬衫给输掉了，另外一个孩子是卖烈酒的，还有一个人称“墨丘利”的卖报小贩。此外，人们还发现19世纪的街头男孩“赌瘾很大，他们沉湎其中，放手一搏，毫无保留”。同样，20世纪早期的几十年里，依然有很多非常小的孩子因为玩“纽扣”之类的街头赌博游戏而被抓。伦敦的孩子与赌博相关，或者以赌博为特征，这情形已经至少存在了两个世纪。既然城市生活如此风云莫测，那么为什么不当一个赌徒呢？在上面提到的荷加斯的那幅画里，远离画面前景位置，另外一个男孩正在偷那个浪子的手绢。这其实就是18世纪伦敦孩子的缩影，他们起劲地尝试所有大人所做之事和种种街头生活。他们也注定被人看作贪婪无止，好像某些地方的守护神一般。在《早晨》《中午》《傍晚》和《夜晚》这一系列的版画作品中，孩子们扮演着很重要的角色。其中一些孩子穿着和他们的长辈一模一样的衣服，所以他们如同侏儒或者畸形人一般；其他一些孩子是穿得破破烂烂的淘气鬼，在排水沟里争食物，或者在木头货摊下面挤作一团，权且取暖。

因此，衣衫褴褛的街头流浪儿已经是特征鲜明，一眼可识的。19 世纪的照片则让他们变得更容易识别，更加凄惨，因为他们不再是塑造出来的角色或者漫画人物，而成了有几分相识的熟悉面孔，或温和或哀怨，或悲伤或迷惘。据说，18 世纪末期，人们的慈善本能已经开始变得更为宽厚，不过，伦敦的实际情况并无改变。19 世纪中期，狄更斯对一位记者说："伦敦这个大都市的犯罪率、饥饿程度之高，赤贫及遭受形形色色苦难的人数之多，实在出乎意料。"之所以出乎意料，是因为饥饿和苦难所影响到的，是最年幼和最娇弱的孩子。1839 年，伦敦几乎半数以上的葬礼都是为十岁以下的孩子举行的。早期的摄影师也颇有奇思妙想，在城市墓地的众多墓碑间拍摄小孩子的身影；这展示了维多利亚时代的纯真所暗含的残忍。

在另一种风格的照片里，三个小小的女孩坐在大街上，她们坐于平整的石砌路面上，脚耷拉在排水沟里。其中一个小女孩惊讶地看着镜头，最引人注目的是她们暗暗的、已经褪色的衣服。整个色彩看起来就像她们在模仿周围灰暗开裂的石块，好让自己可以隐身于其中。人们经常会忘记维多利亚时期的伦敦多么死气沉沉，肮脏不堪；街道上到处都是垃圾，空气中充斥煤尘和油脂的味道。狄更斯曾写道："令人作呕的气味，成堆的垃圾，摇摇欲坠的房子中产生肮脏的东西，也会流到黑色路面上，无论是活的还是死的，所有这些东西混合在一起，有几个住在伦敦的人会相信自己呼吸的是这样的空气？"

另一张照片里是七个小男孩，很明显，摄影师事先给他们排好了队形，不过，画面中最明显的是贫困。所有的孩子都光着脚，其中一个孩子戴着一顶破帽子，毛衣旧得像破布，已经耷拉到了膝盖。他们是如何活下来的，依然是一个谜；他们看上去忧心忡忡，不过还不至于饿死。在一张很有名的照片里，一个男孩在卖布莱恩特与梅牌火柴，只见他拿起一盒火柴，脸上一副庄严的蔑视，好像在说，管你买不买，我总是能活下去的。

19 世纪早期，赫尔曼·皮克勒·穆斯考亲王看到一个八岁的孩子在争先恐后的众多马车中驾驶着自己的车。他评论说："这样的事情也只能在英格兰看到，在这里，八岁的孩子已经自立，到十二岁就会被绞刑处死。"实际上的确有此事，在 1826 年一位旅行者做了一段有名的旅行记录，他说有一群十二岁的孩子被关进了新门监狱的死囚监狱里，“全部被判了死刑，却快乐地一起吸烟玩耍”。1816 年，伦敦监狱里有一千五百名十七岁以下的牢犯。据《新门监狱编年史》显示：“其中一些只有九岁或十岁光景。孩子们刚会爬就开始偷东西了。还有些案件的被告人是只有六岁的小娃娃。”当时的孩子们会组成正式的团伙，“每个团伙会选出自己的队长，然后轮班在一定的区域上工，白天一个人，晚上一个人”。这些团伙最喜欢的伎俩就是当扒手，或者到商店行窃。如果有必要，一个年轻的小偷会把窗玻璃“砸成渣渣”，然后大家又是砸又是抢。再就是打劫醉汉，此时“女孩子负责袭击他，然后男孩子会把他抢得什么都不剩”。

19 世纪的街头流浪儿被称为“小阿拉伯人”，用这种好战挑衅的术语暗示了这些流浪儿如何热爱野蛮。由此而论，也许人们还需要注意一点，富裕家庭叛逆的孩子被称为“小极端分子”，似乎是为了表明造成社会不安定的根源正是年轻人旺盛的精力。19 世纪 70 年代和 90 年代出版了三本不同的书，但是书名都是《孩子们的呼号》，由此证实了当时人们对这个社会现象的担忧；呼号可以理解为出于痛苦，但也可被视作是战争中的怒吼。托尔斯泰于 1860 年来到伦敦，他评论说：“当时，我看到这些脏兮兮、穿得破破烂烂的孩子，有着明亮的眼睛和天使一样的脸庞。我内心感到恐惧，好像在我面前的是快要被淹死的人。怎么才能救他们？又应该先救谁呢？其实，正在慢慢被淹死的，是这些孩子身上最珍贵的精神火花。”查尔斯・布思偶遇一群“伦敦阿拉伯人，一群外表粗野的小孩子”。布思建议他们晚上这个时间最好待在家里，上床睡觉。可是，其中一个大约八岁光景（而且身体比八岁的孩子还要瘦小）的女孩粗鲁地用过于早熟的言语替自己和同伴讲话：“去你的！俺们正待在俺们自个的街区里呢，这块就是俺的街区。”另外一个女孩也说道：“没错，那边就是我的街区。”她的话引起了周围其他孩子的哄堂大笑，接着他们开始假装可怜地乞求道：“大老爷，给我们一个便士吧，可以吗？”

伦敦的孩子是有利可图的资源。1892 年，《穷人家的孩子》一书的作者写道：“任何投资都比不上对穷人家孩子的投资带来的回报。”一些年轻的孩子成为“跑差”或者送啤酒的；有些孩子穿上红色的制服，被雇佣去清理繁忙大街上的马粪。他们会帮那些想买马的人牵马；他们往返于火车站，搬运行李箱，或者替小型公共马车的乘客搬运包裹；有些孩子站在剧院和一些公共场所的门外，准备着为需要的人喊出租马车，特别是在下雨的晚上；有些孩子会帮助任务繁重的门房，或者喝得晕晕乎乎的马车车夫。你可以想象这样一个充满孩子的城市，在这座城市里，在大街上做各种活计的孩子大概在一万到两万人之间；他们时刻留意着工作机会，如果有人主动要求帮助，他们会急切而敏捷地接受任务。这就是真正的伦敦人的后代。

还有一些孩子成为街头小贩，有各自的绰号，显得与众不同，有的叫“雄麻雀”或者“勤快鸟”。他们常遭到那些“没有工作的小娃娃的嫉妒，因为在这些孩子的眼里，能够受命提上一篮子水果，送到什么地方去，这是自立的象征”。这也是孩子们的有趣幻想之一：哪怕拥有一种最简单的谋生方法，你就能成为街道的男女主人公，街道就任你漫步。年幼的男孩女孩被称为“包跑腿”，他们被叫卖小贩或者小商人雇佣去卖存货、拿佣金。每个孩子都得交回一定金额的货款，此外赚得的“油水”可以自己留着。刚一破晓，孩子们就聚集到了各个街边市场。某个男孩会跑到叫卖小贩的手推车边，乞求说：“杰克，雇了我吧？”或者“比尔，需要个帮手吗？”他们会在街边市场待一整天，看看“是不是有人雇他们”。如果幸运，他们也会成为某些小贩“御用”的帮手。经常有男孩被雇佣沿街叫卖，还和东家一起推着手推车。这听上去可能是一个有趣的景观，可是，“我们发现，孩子自然的嗓音在很小的时候就被完全毁掉了，因为叫卖商品时，他们得用刺耳、嘶哑、发自喉咙眼、令人生厌的嗓音说话”。这段话清晰描述了伦敦生活给人们身体造成的影响，伦敦让年轻人的声音都变得疲倦，把尖嗓子变得沙哑。

伦敦孩子的另一种工作是为市民提供轻松的娱乐。比如，很多小男孩会陪着有轨电车一道前进，“他们不光双腿飞快，而且时不时地翻个跟斗，脚翘到空中，用双手走上几步（也算是走吧）”。孩子们最喜欢在贝克街玩这个充满活力的项目；他们表演手翻跟头，希望“吸引人们的注意力，希望能得到潜在雇主的青睐；结束表演的时候，也希望有人会欣赏自己的敏捷而施舍半个便士”。这种街头表演也是伦敦戏剧化的一个方面，不过也要付出沉重的代价。梅休看过一个表演翻跟头的孩子的双手，他注意到，“手掌有肉的地方硬得如同鞋底，硬得惊人，其实就像这孩子的脚底，因为他是光着脚的”。所以，伦敦让街头流浪儿在每个方面都变得更加坚硬。更雪上加霜的是，有人说，他们的面容同样“冷漠而毫无表情”。

当孩子们“自个儿”工作时，有些东西是他们不能卖的。没有哪个孩子精通专利药品的销售，因为他们没有欺骗大众的经验，他们也不会熟练地出售“临终遗言”的小册子。不过，更让人奇怪的是另一个明显的事实：这些街头流浪儿不卖小孩子玩的东西，比如弹球或者陀螺。原因或许很深刻：这些东西代表着童年特有的纯真和乐趣，谁会愿意从那些根本享受不到天真欢乐的流浪儿那里买玩具呢？

街头流浪儿有属于他们的便宜小剧院，通常被称为“低级”小剧院。这些小剧院为街头流浪的人们做业余的戏剧表演，其表演以淫秽和低级闻名。出生富裕家庭的孩子看的是另外的戏，其中最主要的是戏剧玩偶。这套玩意的出售价格是：没有颜色的一个便士，彩色的两个便士。剧中的人物用纸剪出来，贴在硬纸板上，然后用胶水粘在铁丝或者木头上，最后将其搬上木质的或者硬纸板的舞台上。演剧实际上是伦敦的娱乐方式。它极好地结合了两种表现形式，一种是伦敦的漫画或者讽刺作品，这在伦敦每个画商的橱窗里都有，另一种形式则是伦敦的戏剧或是哑剧。

最早的儿童戏剧玩偶在 1811 年始创，很快变得极受欢迎。每当乔治·克鲁克香克拖延戏剧玩偶的售卖时间时，“男孩子们就会来到他的店里，破口大骂，指责他总是拖延”。戏剧玩偶是伦敦戏剧历史的一部分，换句话说，它起源于哥特式故事和幻灯剧。它还模仿了伦敦舞台剧的幽默和内容多样，加入了滑稽和插科打诨。于是，《维特之烦恼》成了《水，或着爱、酒精和疯癫的烦恼》。

伦敦在很多方面可以说是一座戏剧之城，年轻人热爱表演和吟诵。伦敦学校里每日的诵读课文之一就来自戏剧。年轻的男孩和女孩们都强烈地“渴望表演”。在《名利场》（创作于 1847 年至 1848 年）中，萨克雷就塑造了两个特别热爱“画剧中人物”的伦敦男孩。另外一个伦敦人在他的 19 世纪 30 年代早期的作品中写道：“几乎每一个男孩都拥有一套戏剧玩偶。”

《夜晚的潘趣》是一幅完成于 1898 年的画，画里描绘的一群小孩子正抬着头，惊讶地看着被煤油灯照亮的、名为“潘趣与朱迪”的表演摊。有些孩子光着脚，还有一些穿得破破烂烂，可是，他们站在粗糙的石头上，灯光照亮的脸庞上满是渴望和专注；或许，在这个黑暗的伦敦之夜，光亮正是从他们身上散发出来的。还有一段描写伦敦街头孩子如何玩耍的文字，同样给人以相似的神圣感。德国作家特奥多尔·冯塔纳在描写圣贾尔斯贫民窟的春天时写道：“孩子们拿出了他们唯一的、让人心酸的玩具，一个自家做的毽子，来到街上。于是，不管你往哪个方向看去，都会看到处处都是这些过早成熟、有明亮的黑色大眼睛的孩子。毽子上下翻飞，如同一群鸽子般熠熠闪光，阳光在它们白色的翅膀上滑落。”从穷人肮脏不堪的房子里爆发出的幸福和欢笑让人心生惊奇和感到神秘。这与是否纯真，是否世故无关，因为这些孩子并不纯真，不过，人类的想象力在某种程度上战胜了这座城。即使身处污秽，他们依然有快乐的需要和权利。

这种人性的渴望同样见于对街上跳舞的孩子的描写。在 A. T. 卡姆登·普拉特的《不为人知的伦敦》中，有对 19 世纪晚期霍利威尔街的一段描述："我惊讶地看到，街头街尾都有孩子在马路上排队，随着似乎永不停歇的手摇风琴音乐跳着舞……值得注意的是，他们跳得都是同样简单的步调，不过其中一些破衣烂衫的女孩却跳得如此优雅。"这种舞好像是某种仪式舞蹈，是城市之舞，伴着似乎永远不会淡去的音乐。伊芙琳·夏普在《伦敦的孩子》中记载说："有时候，他们会齐舞，有时又组成伴舞队，领舞的是一位裙子飞旋却光着双脚的小首席女舞者；他们因此表明，自己不愧出自那些三教九流的大众，那些人总是会在野地里伴着手风琴的旋律跳舞。"街头手风琴再一次显得无处不在，似乎其演奏的是砖石之声。孩子们简单的、形式化的舞步在为野蛮与"荒野"开路；他们沉湎于遗忘和昏沉。因为，当尽情跳舞的时候，他们可以无视日常生活需要面对的境况，他们是在含蓄地抵抗这座城市：如果我们能如此跳舞，你还能拿我们怎么样呢?

1894 年的一首诗塑造了"一座城市里的孩子，半是女孩，半是精灵……她不停地自言自语"，一边还在圣保罗教堂前的台阶上玩着跳房子。伦敦"徒劳地怒吼着"，想要"抓住她漫不经心的耳朵"，可是，她压根没有抬头看一眼那高高耸立的教堂。这段描述赞扬了伦敦儿童的自尊和自足的能力，毫不关心围绕着她的尽是权力和商业的象征。她看上去与身边街头的氛围十分相配，可是她内心的某种东西却让人无视那场景。19 世纪晚期的诗人劳伦斯·比尼恩的诗作中也有同样的神秘感。诗人刻画的是小巷子里的两个孩子，同样跟着街头手风琴的音乐在跳舞，面对面地注视着对方，"他们的眼睛发亮，因极其快乐而显得庄严"。他们的开心和对彼此的理解已经超越了环绕在四周的、利欲熏心的物质世界。在乔治·吉辛的小说《赛扎》（1887）里，当吉尔伯特·格拉伊拐进兰贝斯大街时，"附近一处酒吧门前响起街头手风琴的声音。格拉伊走近一些，看到一群孩子在跳舞，他驻足看着他们。你懂得那种晦涩的音乐吗，孩子们正是随之起舞的? ……你会被梦想不到的悲伤所触动，在其中，你将发现隐蔽伦敦的秘密"。这秘密属于那些曾生活在这座城市阴暗中心里的人，这是奋起反抗，也是漠然遗忘，两者彼此交融。这就是伦敦的舞蹈。

就像如今伦敦的大部分地区一样，现在的兰贝斯区比以前要安静。街上好像没有孩子，不过萨拉曼卡街上一处名为佩得勒公园的小小绿地被划分为“孩子们玩耍的地方”。过去整个伦敦都是“玩耍的地方”，而现在人们为了这个目的，划出特定的区域。兰贝斯街曾经是原兰贝斯区的中心，现在被改成了步行区，两边则建起了三层的青砖市政廉租房。这条街通向一个购物中心，不过已经破败失修，沿街有一个醉汉摇摇晃晃地边走边咒骂，街道两边的商店都用木板围着，有一些已经被遗弃了。不过，购物中心墙上倒是有以孩子为主题的壁画，其中一幅画的内容是位于新港街的兰贝斯贫穷儿童免费学校，壁画中注明年代为 1851 年。另外一幅是关于孩子的，画里面的孩子露着腿，追着一辆洒水车兴高采烈地跳舞。这幅壁画取材于威廉·威芬于约 1910 年拍的一张照片，一群小男孩在洒水车喷出的水波中玩耍。此刻是 1999 年 7 月 1 日，突然走出四个年轻的女孩，拿出了一根跳绳，开始在兰贝斯街中央玩了起来。

XX

LONDON

The Biography

源远流长

第六十九章

你有时间吗？

在伦敦，时间有着神秘的性质。它似乎并非在一个方向上持续前行，而是会向后跌倒乃至隐身而退。与其说是溪流和河水，它倒更像是从源头不明的火之源头流出的熔岩。有时它稳定向前，突然又弹跳跃进；有时它缓步而行，偶尔还漂移不定、止步不前。在伦敦的一些地方，即使你认定时间停止了，也不会引人侧目。

在中世纪文献中，古代伦敦的习俗被称作是“源于记忆出现之前，不存在任何与之相反的人类记忆”；又或者，一个物品可能会被按照“在它现下所在的地方存在了很长时间，以至于任何评判者都回忆不起”的标准归类。这些仪式化、或者说标准化的习语，暗示着最早用来度量时间的，是人类记忆本身。有一首作者为无名氏的中世纪诗歌，讲的是圣俄肯沃的生平故事，里面有一些诗句涉及 14 世纪圣保罗教堂的重建。他们在这座教堂的古代地基中发现了一座大型坟墓，里面躺着一位异教法官未被损坏的尸体。这位法官如是说：“始自己被忘却的时日，我就已躺在此地。那是如此之久远，以至于无人能给出一个长度。”但即使在那么久远的时间之前，伦敦已然是“它一直都是的大都市和要镇”。这具尸体受了洗礼，灵魂得到了拯救，到诗歌结尾处，“伦敦所有的钟一起洪亮地响起”。

因此，除了由人类记忆所度量的时间之外，还存在一种被这些钟声所召唤的神圣时间。圣巴塞洛缪教堂里的圣母马利亚画像，或者威尔斯顿教堂的马利亚圣坛神迹，表明伦敦还曾是永恒所在的港湾。这些钟提供了一种弘厚，让神圣和世俗的时间得以相遇。但是很多世纪以来，随着伦敦的事件标记出一部并不精确但却实用的年表，一种共有记忆的形式也开始变得普遍："在猛烈的大霜冻中……在近期骇人的暴风中……自瘟疾之年以来……疾风之后两三天。"公众集会也能测量伦敦的时间，比如"布道时间"或者"商人们在皇家交易所集合的交易所时间"。还有人类活动的度量衡，比如城中通过测量光影以作为时间的一个索引："大约在晚上点蜡烛的时间"或者"在黄昏左右"。

这座城市的灵魂，也居住在这装点它的标志物中。在圣殿教堂中，有四个"墙体日晷"，其中一个刻着"去忙你自己的事吧"的铭文，这可说是伦敦真正的警世明言。在水泵院的日晷上，铭刻着"吾等身为影，如影相分离"。在林肯客栈，装有两个神圣时间的象征物。在老建筑的南面山墙上，镌写着"Ex Hoc Momento Pendet Aeternitas"，意思是说"此刻驻永恒"；在它的旁边，则是"Qua Redit Nescitis Horam"，意指"吾等不知其归期"。这些铭文，就像是文字形式的教堂之钟，在这座城市的街道中荡响。中殿上另一个日晷的补充性箴言重申了伦敦真实的本性："时光与潮水不等人"，以及"Vestigia Nulla Retrorsum"，意思是"时不复兮"。所以即使是太阳和光芒，也被城市活动那匆忙的节奏所掌控着。

这样的环境下，时钟时间在这座城市的支配性定位就可以被理解了。雷恩的伦敦教堂设计都把时钟考虑在内。日晷无疑是曾经被敲响的大钟的一个替代品，但还有一个说法，认为是因为时间本身成了一种需要被崇敬的神。18世纪早期，当位于切普赛德路六十五号的本内特钟表店把高格和马高格的画像置于门前空地上时，其店主是在表达一个普遍的真理；这些伦敦的守护神曾习惯于在整点敲钟，以确认时间和这座城市的身份。对于一座奠基于工作和劳动、权力和商业的城市，时间成了重商主义的一个方面。

那就是为什么这座城市会因时钟（从圣保罗大教堂上的钟，到威斯敏斯特的圣斯蒂芬塔上的大本钟）闻名，并因钟表匠而享有盛誉的原因所在。比如像弗利特街上的查尔斯·格雷顿和约瑟夫·安特兰姆，汉诺威广场的约翰·约瑟夫·默林和圣约翰巷上的克里斯托弗·平奇贝克这些巧匠，就常常被外国旅行者拜访，而他们自己也是引人注目的伦敦名人。平奇贝克开设了一家关于钟表制作和钟表作品的美术馆来展示他的技艺，默林则拥有他自己的机械博物馆。对时间的测量，以及在人工器械上的慧心巧思，让伦敦人着了迷。在一座不停地行动，一直在制造的城市，对测量过程的关注也是对它自己的能量和伟大的关注。那就是伦敦之所以能成为世界钟表制作中心的原因。到 18 世纪末期，举例来说，在克拉肯维尔区有超过 7 000 位工匠在组装钟表，每年能完成 12 万块。这其中 60％都出口了。伦敦几乎就像是在生产时间本身，然后将它散布到世界上其他地方。其制造方式的本质（让不同的工匠在不同的区域制造装配组件的一小部分），意味着克拉肯维尔本身就可以被看作是一台面朝着天空、极其精准的机械装置。

格林尼治在子午线上的地位众所周知，但在这个有名的地点，还矗立着一个时间信号球，一个直径为五英尺的木质或皮质的球体，被一座直流电动钟举起和扔下。这个装置被认为是“世界上最奇妙的钟”，它调控着“伦敦所有的钟表”。特别地，“这一小笔花费，将保证伦敦城每一座建筑都拥有真正的格林尼治时间”。这样，时间和交易得以同时行动。另一座伟大的时钟于 1870 年被设立在圣马丁大道的邮局。它被称作“电动报时器”，通过沿电报传递的“时间流”，控制着“这个帝国中最重要的十六座城市”的时间。伦敦设置并支配着全国的时间。由于格林尼治的中心位置，它甚至还可以被认为掌控了世界的时间。还有一种叫作“铁道时间”的现象，即那些从伦敦驶出的火车头，在经过地方车站时为当地设定了时间。

在 21 世纪的伦敦，时间仍然快速向前，其印记随处可见。它悬挂在霓虹板上，在办公大楼的正面闪亮。时钟比比皆是，而在大部分市民的印象中，时间还被系在他们的手腕上。甚至可以说，总体上伦敦让人着迷的特征，就在于时间本身。那就是为什么这里所有的商业运作都被设计为可在能达到的最短时间下进行和监测，就好像只有即刻获得的信息才重要一样。一项行动或者交易被报道得越快，它所具有的意义就越大。14 世纪那些首先把大立钟陈列在家里的富裕伦敦人，正位于伦敦捕捉并推销时间之进程的起点。这座城市压迫着它的居民，而这压迫的证据则可以在它所强加的时间中找到：该是吃饭的时间了，该工作了，该动身去上班了，该睡觉了。这代表着物质主义和商业在这座城市的全面胜利。

而很久之后，其后果才在伦敦的行动和形象中显现出来。一位 18 世纪观察者评论道，在伦敦，人们“很少说话，我猜测是因为他们不能浪费时间”。相似地，这里没有讨价还价一说，这种设定固定价格的习惯“并不是完全由竞争和自信产生的结果，它还来自节省时间的必要性”。伦敦人走路速度之快，常常被人说道。如果这种焦虑的速度有一个原因的话，它很可能是来自根深蒂固地认为时间就是金钱的本能。

有一句古老的伦敦铭文："时光如金缕，缕缕有善价。"时间绝不能被"浪费"。夏多布里昂注意到，伦敦人之所以对于艺术和一般文化无动于衷，正是因为被困于时间："他们赶走对拉斐尔的思考，因为它只会让他们'失掉时间'。"值得注意的是，夏多布里昂将这一点同对工作的需求联系在一起：他们"如果在某一刻忘记了工作，就会永远站在饥饿悬崖的边缘"。在伦敦的意识里，时间和工作的确被紧密地糅合在了一起，它们一刻都不能被分割开来。从这种混合物中，生出了疯狂且不间断的行动。就像机器人一样，市民们变成了伦敦这台可怕大钟里的零配件。然后，时间就真正成了监狱。一本伦敦的小册子中，有一则问"我是什么"的谜语：

我把一只鸟儿锁进笼子，
它从早到晚歌唱不停；
当其他鸟儿已沉入梦乡，
它唱出的音符仍令人欢欣。

答案是什么？"我是一座钟。"甚至绞刑架也被时间的寓意所环绕。一个受绞刑的犯人在他最后的演讲中说："男人们、女人们、孩子们，我来到这里，将像钟摆挂在钟上一样被吊起来，只因为我竭力揽财的脚步太过迅速。"新门圣墓教堂的大钟则控制着绞刑的时刻。

时间当然是可以被控制的。内德・沃德留意到，17 世纪早期的"音乐店"有一个店员，当客人们跟随管乐器和小提琴起舞时，他会"在柜台上打着节拍"。这当然是一个古老但仍然让人感到熟悉的场面，它暗示着在时钟时间的统治下，伦敦人的永恒庇护所就在歌唱和舞蹈中。还有一些地方，时间有可能不复存在。比如在伦敦的监狱犯人中，"时光一天天滚着向前，但是他们的处境却还无改变……每一个时刻都充满痛苦，但是他们仍然希望那一个时刻能延长下去，因为害怕在接下去的时间里会有更严苛的命运"。在第二次世界大战期间，哈罗德・尼科尔森记录道："人是活在当下的。过去是太过悲痛的回忆，未来则是太过悲痛的失望。我前往伦敦。我晚饭后走回圣殿。"他走过的是一个没有时间的城市，在灯火管制期间被丢弃到黑暗中；而直到现在，伦敦仍然有一些区域，时间在那儿仿佛到了尽头，或者不停地重复自己。

这个现象在斯皮塔菲尔兹特别明显。过往的一代又一代人曾居住在同样的建筑中，进行着同样的纺织和染色的工作。值得提及的是，在斯皮塔菲尔兹的市场旁，考古学家发现了连续性的人类活动，时间可以追溯到罗马占领时期。

但在肖尔迪奇和莱姆豪斯，时间也会移动得很缓慢。这些区域已经成了定局，没有什么新事物能够繁荣起来。切普赛德和斯托克纽因顿的时间飞速前进从不停歇，而霍尔本和肯辛顿的时间则时断时续。乔纳森·拉邦在《温柔的城市》中已经说过："伯爵宫的时间和伊斯灵顿的时间相去甚远。"他意指这些地方居民的生活节奏是独特、可识别的。有一些街道展现着人们熟悉的老旧时光，这一点在克拉肯维尔区域，以及从少女巷下去的通道上非常明显。但另一些地方，比如托特纳姆院路和长亩，则存在于一种不断创新和陌生化的状态中。

伦敦也有不同形式的永恒。流浪者或是孩子，同他们在拥挤的大道越过的其他人相比，有着不同的旅程。

第七十章

角落里的树

想想在伍德街和切普赛德街拐角的那棵梧桐。没人知道它已经在这个地方伫立了多长时间（那里曾是1666年大火中被焚毁的圣彼得教堂墓地），但在现有的文献中，它被称作“古代的”；几个世纪以来，它的存在都被人们所熟知。举例来说，在1799年，这棵树位于伦敦中心的景象曾赋予华兹华斯以灵感，让他作诗一首，自然世界在想象的壮观中穿透了切普赛德：

伍德街的角落，日光乍现；
画眉鸟挂树梢高歌，已然三年；
可怜的苏珊，走过这地方，
在清晨的寂静中，听到了鸟儿的歌唱。

然后魔力控制了苏珊，她看到

一座山峰耸起，林木郁郁葱茏；
团团明亮的水气，在洛思伯里飘动，
切普赛德的溪谷，有河水穿流而过。

这也许可以被诠释为华兹华斯对这座城市幻想破灭的一个例子，以及想要它消失在“自然”名义之下的愿望；但这也可能代表了华兹华斯对其原初的过去的想象。这棵树召唤出它远祖的形象。伍德街这个角落的每一件事物都暗示着连续性。它的名字（Wood）甚至都与这棵树相关联。木材的确曾在这里出售，但这棵树本身也受到保护，无论如何都不能被砍倒。在1850年的春天，白嘴鸦来到它的树枝上休憩，再次把伦敦和这些黑色鸟儿的关系建立起来。英国梧桐在伦敦的烟雾和尘埃中繁茂着，而伍德街角落的这棵树已成为这座城市自身的一个象征。它现在的高度已经接近七十英尺，并且仍然在健壮成长。

在它的下面依偎着一些小店，将近六百年来，它们一直是这个角落的一景。在1401年，一家被称作“长店”的商店首先在教堂墓地的墙后修建起来，其他店铺也陆续涌现。在伦敦大火之后，它们于1687年被重建。这块地只有几英尺深，每家小店仍然包含地上一层和地下的一层箱状门面。在这里进行过的交易多种多样（卖银器的、做假发的、法律文件代书人、卖腌菜酱料的、卖水果的），所有这些人都映射出首都的商业生活。外貌可能有所变化，但是形式一直没变。在晚一些的时代，这儿有过一家衬衫裁缝店、一座乐器仓库、一家甜点坊和一家礼服定制店。出生在圣潘克拉斯、从来没有离开过伦敦的花商卡丽·米勒曾于第二次世界大战刚结束时在这里接受采访，她说：“我很幸运，找到了伍德街这棵名树下的这家小店铺。在我来之前，这里是一家玩具店。伦敦城现在已经流淌在我的血液中。我不会去这个世界上的任何其他地方。”所以这小小的一块地，这一隅，为每个层面（人、社会、自然、社区）的延续性提供了印证。如今，这个地点有一家衬衫制造店L.与R.伍德尔森，它为自己打出的广告是“在树下”；有一家报刊亭，招牌上写着“伦敦生活指南”，还有一家叫作“新鲜选择”的三明治店。

这些关于延续性的线索可以在伦敦的任何地方找到，有一些还非常古老。希斯罗机场建于一个铁器时代营地之上的事实便能让人想到这一点，而且在如今机场“跑道”的西侧，是一条延伸两英里的新石器时代小道。在城市里的部分区域，伦敦城街道在罗马时代的原初模式遗存了下来，没有改变；切普赛德、东切普和克里波门仍然沿用着古代的道路。在牛奶街和五金道，连续七代的建筑都使用着完全相同的地点，虽然在这期间，街道本身的高度上升了大约三英尺三英寸。

除了物质上的延续之外，还有精神上的延续。霍尔本圣安德鲁教区的一位历史学家C.M.巴伦曾指出：“在从新门向西延伸的罗马时代街道上，有带状发展的丧葬区。”这又与死刑犯从新门监狱走到泰伯恩刑场的赴死之路相呼应。

这条死亡之道仿佛是一早就被准备好了。同样地，我们可能会注意到，也是在这圣安德鲁教堂，还有着异教徒火葬的遗迹、罗马坟墓和早期基督教礼拜的遗存。在这个无疑是圣地的区域，多层次的宗教活动从一处辐射到另一处。针对位于利德贺街和冠冕街之间的圣凯瑟琳·克里墓地的一次考古调查，对这种持续的占地情况提供了有趣的证据。根据《伦敦考古学家》所述，这儿曾有一系列“补丁般的罗马城区”，里面有被切成“以石棺和砂浆棺埋葬的坟墓，很可能是东边发掘的撒克逊晚期墓地的延续……直到现在，这个区域依旧被用作墓地，墓葬则采用木质和铅制棺材；同时地表高度在稳定上升”。

伦敦人好像本能地意识到有些特定的区域保留着某些特性或者力量。延续性本身可能就代表着最强大的力量。伦敦所在区域早期部落（特别是爱西尼人）的铸币上，使用的是狮鹫像。现在的伦敦市同样用这吝啬而贪婪的鸟作为其象征。从出现到如今已经过去了两千多年，狮鹫依旧守卫着这座城市的边界。

在这城市中，由选区构成的行政网络历史悠久。这些区域政府单元可以回溯到 9 世纪早期，而直到 21 世纪初，和当时完全一样的划分仍然被沿用。人们对这个概念可能太过熟悉，以至于它显著的独特性经常被忽视。地球上没有任何其他城市能展示出这样的政治延续性和行政延续性；各种真实有形的元素使伦敦成为一个充满回音和投影的地方，而这独特性便是其中之一。

这座城市的质地也异乎寻常地连贯。彼得山和泰晤士上街是在 12 世纪规划的。其他街面和街道空地也有相似的历史，其地产权的划分几百年来都保持原封不动。即便是伦敦大火带来的毁坏也没有将古代的巷道和界限抹杀掉。在相似的延续性之下，那些大火后重新规划的街道也刻意地坚守原状。举个例子，五金道在将近三百三十五年来都一直保持同样的宽度。那个宽度是十四英尺，最初这足够让两辆马车比肩而过，不至于出现阻碍或堵塞。这是延续的伦敦历史的另一面，它的结构可以让自己适应差别巨大的交通工具。

乔治·沙夫曾画下一家正好位于摄政街东边、泰勒街和国王街角的 19 世纪初牡蛎店。彼得·杰克逊是沙夫作品最晚近的一位编辑，他这样解释这家店的狭窄：“泰勒街北侧的所有房屋都沿着一条中世纪建筑线延伸。这条线按一个角度延长，使得房屋越来越逼仄。”这些街道已经被重新命名为福伯特路和金利街，但即使是现在，“这个地方的建筑物仍然维持着同样的比例”。

公园巷西边稍远一点，还有一个更显著的过往印记。那条街道较低的一头，从伍德马厩公寓往下一直到斯坦霍普门，以不规则性为标志。这些街道每一条都比前面的要推后几英尺，所以“正面”都不是直线。这却并不是意外产生的情况，也不是出于建筑学上的安排，因为“厄布里大人的地图或基址图”显示，这块区域曾被农地覆盖，上面有按亩划分的旧式线条，而这些街道事实上就是沿着它们规划的。这些老线条属于撒克逊时期的村庄社区体系，而公园巷的不规则性则标记着它们延续的存在和影响。正如撒克逊时代选区在这座城市里保持着它们的能量和力量一样，撒克逊农业体系帮助创造了这座现代城市的结构和地貌。与之类似，如今有常青藤餐厅入驻的西街，其路径弧线完全复制了曾经位于那里的乡村道路的线条。

16 世纪一位名叫蒂斯维尔的测量员给如今伦敦西区的土地绘制了一幅地图。在那时，它包括一片农地，上面的小径在圣贾尔斯和查令村之间蜿蜒。然而，一幅加在伊丽莎白时期规划之上的当时地图所展现的主要大道和大部分显著地貌特征都与其一致。这可能会令人惊讶，但它更该是个奇迹。一旦从这个角度来看，这座城市的很多秘密就开始显现。这种持续的回音般的效果随处可见。因此，20 世纪描绘伦敦的伟大作家之一，斯蒂恩·艾里尔·拉斯穆森在他的《伦敦：绝无仅有的城市》中提到了典型的伦敦住宅：“这些小房子成千上万，它们只有十六英尺宽，这很可能是自中世纪以来一块地的常规尺寸。”他继续写道：“这些房屋的同一性是自然而然形成的，并非被强行要求。”因此，这些房屋的出现是基于一种本能，它来自某些古代的规则，它们就好像是人体内的细胞组织。1580 年，伊丽莎白一世宣布了一条法令：一栋房子应该属于一个家庭。她表达了伦敦生活的另一个真相。同时，正如拉斯穆森指出的那样，伊丽莎白一世的宣令或规划“在接下去的几个世纪被一次次重申”。这些房子所在的很多街道的名字也被证实有古老的来源。同样地，伦敦的广场也与这座城市的中世纪庭院相关联。20 世纪 30 年代沿着西大道进行的“带状发展”遵循着 16 世纪 30 年代白教堂大街带状发展的增长过程。这四百年的跨度在不可动摇的伦敦法则面前，可以忽略不计。

近期由 K. 霍伽尔特和 D. R. 格林完成的一项伦敦人口学研究《伦敦：一种新的都市地理学》得出了这样的结论，“伦敦的一些人口特征已经存在了五百年乃至更久”，其中包括城郊的产生，“青少年和年轻人的庞大数量”，以及“被边缘化的赤贫下层阶级之存在”和“海外移民，宗教、文化和族裔上的少数派的突出表现”。也就是说，伦敦生活的任何一个片段或瞬间，都大幅地反映出此前和之后的数个世纪。从来都没有本质上的变化。

伦敦的各行各业也是连贯的。加工贸易的优势和如今的服务行业便是一个例子，同时另一种延续性还可以在对小型作坊产品（而非工厂）的依赖上找到。在15、16世纪，市议员曾抱怨公共资金的缺乏。这种抱怨几乎在每个世纪的每个十年中都会被重提。斯蒂芬·尹伍德在他的《伦敦史》中就曾这样评论："对于一个担任首都的城市来说，伦敦政府的运营不善，令人惊奇。"也许这其实并不该让人吃惊，这可能正是伦敦的本性及其有机生命的一个部分。

这些都是在宏观上展示伦敦生活的延续性本质。但是它们也能在本地的具体生活方式中得以一瞥：一个偏离常轨的物件或者看法，能在突然间显示出伦敦之存在的深厚历史。15世纪初，理查德·惠廷顿在沃尔布鲁克河口附近修建了一个巨大的公共厕所，被称作"惠廷顿的长屋"。约翰·斯科菲尔德在《伦敦的建造》中曾写道："几个世纪之后，这个地点现在由公共清洁部门的办公室占据。"

在恩德尔街，曾发现过一座"古代澡堂"，年代已不可考。它的"用水来自一处优质的清泉，被认为有医疗效果"。在19世纪，这个澡堂房子较低的部分曾被木材和垃圾堆满，以至于"泉水不再流淌"。但是它并没有完全消失，只是用另一种方式涌出：在恩德尔街有一处桑拿浴室，同时在它的角落还有一个叫作"绿洲"的公共游泳池。

17世纪时，人们聚集在巴尼特的疗病之井，以获得治愈。这个地方现在则是一家医院。海格特山的山脚微微向霍洛韦倾斜，在15世纪70年代这里曾创办过一家重要的麻风病院。它已在17世纪中期倒塌，但是此地所承载的精神并未减损。1860年，这里修建了天花和预防接种医院；现在，这里是惠廷顿医院。帮助衰老虚弱者的救济院曾设立在里克尔庞德场；如今则有皇家自由医院覆盖这片区域。在奇斯尔赫斯特场地上曾有一个老济贫院，建于1759年；今日，这里圣米迦勒孤儿院。

在利德贺街和格蕾丝教堂街交叉口，一根有名的五月柱曾被竖立在那里，它远高出城里的其他建筑。15世纪，圣安德鲁康希尔教堂曾被重命名为"柱下的圣安德鲁"，这正是因为它实际上正位于这柱子之下。这根壮观的五月柱本身，则贮存在柱子巷的一侧。如果不是因为同一地点现在高耸着熠熠生辉的劳埃德大厦，讲起这个故事恐怕就只像是对中世纪的一点怀旧感念。

福尔尼尔街和砖石巷角落一处建筑物的历史，也有着奇特的暗示性。它建于1744年，是当时胡格诺教徒纺织工人的教堂；但在1898年到1975年间，它又被用作斯皮塔菲尔兹地区犹太人的会堂；现在，继犹太人之后，它成了孟加拉穆斯林使用的伦敦伽姆玛斯吉德清真寺。潮水般的一代代移民都选择把这个地点保留为一处圣地。

也有可能，一种不愉快或者悲伤的气氛会像恶臭一样在空气中持续不散。人们已经注意到，关于有些街道（比如位于今天的法灵顿街附近的雏鸡巷、野地巷或者黑孩弄），“有一个奇怪的事实：它们的劣性从很早之前就开始存在了，而且持续了非常久的时间”。至于皮卡迪利大路外的考文垂街道，在1846年就被描述为“现在这附近有大量的赌场，所以这地方的恶劣品性起码已延续了两个世纪，或者自从这个区域开建以来就一直这样”。也就是说，修建行为本身就可能会永久地决定一个区域的特性，仿佛这些石头自身就承载着命运。所以我们虽然也能从砖石中看到时间的跨度，但是观察到那不间断的延续性，才是洞察伦敦本质的关键所在。这种延续性并非属于玄秘的永恒，要超越物体本身以一瞥事物之灵魂；相反，正因为它囿于沙土和砖石之中，生命的真实质地和历程才获得了某种恩典。伦敦的延续性，正是生命本身的延续性。

ⅩⅩ

LONDON

The Biography

城东与城南

第七十一章

发臭的一堆

人们常说伦敦东区是在 19 世纪被创造出来的；当然，“东区”这个词本身直到 1880 年才出现。但是事实上，东区一直都作为一个单独且特殊的实体存在着。陶尔哈姆莱茨、莱姆豪斯和堡区位于一片单独的砾石地上，它是大约一万五千年前最后一次冰川期火山喷发造成的一片泛涝平原砾石滩。我们可能很难确定这长久的历史是否对东区独特氛围的形成起到了任何作用，但是在任何对这个于 19 世纪末期被称为“深渊”的区域的分析上，东边相对于西边在象征意义上的重要性绝不能被忽略。罗马人在朗蒂尼亚姆的部分墓葬就正好位于今天的东区，它们都采用头部倾向西边的方式入葬；相同的行为方式可以在基督教早期的墓葬仪式中找到，也是在伦敦的领域之内，这暗示着某种深刻相似性的存在。这似乎也是出于直觉的行为，属于最早被记录的伦敦历史所涌现出的区域灵魂。举例来说，考古学证据显示，5、6 世纪入侵的撒克逊人定居在沃尔布鲁克河的西边，而被击败、丧失士气的罗马—不列颠原住民则居于东岸。这种居住模式一直持续下来，影响深远。

东区有一个有趣并且很有意义的特征，暗示着一种可以回溯到罗马时期之前的生活传统。在 19 世纪晚期和 20 世纪早期，这里曾发掘出一堵巨大的“墙”，从泰晤士河东岸延伸到埃塞克斯河滨，以保护土地不受河水潮汐的破坏。这堵墙由木材堆和土方建构而成。在埃塞克斯区域，靠近如今布拉德维尔水岸（即便在两千多年的变迁之后，这仍可以被译作“宽墙”）的墙尾处，曾发现一处罗马堡垒的土方工程，以及一座更晚些的叫作“墙上的圣彼得”的小教堂遗迹，它后来成了一座谷仓。其他当地古物研究者还在“大东墙”区域附近找到了一些小型教堂或祈祷堂。除了一些当地历史学家还知情，这面墙几乎已被人们遗忘。当时，通过挡住河湾的潮水，通过帮助东区的湿地排水，它创造出了东区，或者说伦敦黑暗的一面。每一座城市肯定都有一个这样的区域。

那么哪里是“东区”的起点？根据一些城市权威，转折点的标记是阿尔盖特泵，它是一处修建在芬丘奇街和利德贺街交汇处的井水旁的石质喷泉。现在的喷泉位于原喷泉西边数尺之外。其他古物研究者认为，东区真正的起点位于白教堂路和商业路汇合的地方。不管采用谁的观点，早在中世纪晚期就已经很明显的贫穷迹象，都是逐渐扩展开去的。斯托曾观察到，在 1550 年到 1590 年间，这儿曾有“一条延续不断的街道，或者说像是一条肮脏的峡道，几乎要延伸到老鼠崖；沿街修建着狭小的廉价公寓和简陋的小屋……”从阿尔盖特喷泉到白教堂区的教堂这段路上，直到现在还排列着商店和小公寓，而与之毗邻的北边场地则“被陋屋和小巷侵扰”。类似地，还有“不断建起的狭小低矮的公寓，其中大部分竖立在”从主教门到肖尔迪奇的一段路上，甚至在这段路之外更远的地方，还有破败的建筑一直延伸到金斯兰德和托特纳姆。到 16 世纪末，这座城市的东边区域被定义为“低矮”和“肮脏”；即便有申令和国会法案出台，污秽和恶臭还是从这里冒出来。于 1660 年到 1680 年间沿着更为规整的路线规划出来的斯皮塔菲尔兹区，很快也拥有了贫穷和拥挤的名声。这里的房屋小而窄，同时街道本身也常常仅有十五英尺宽。那种收束，或者说紧压的感觉现在仍然存在。房屋如此，里面的居民也同样如此。1665 年的一份报告描述说，这种过度拥挤是由“可怜、贫困、懒惰和散漫的人”造成的。所以在斯托的报告里，这些“肮脏的小屋”住满了“肮脏”的人。这就是伦敦的故事。

东区的产业也渐渐变得肮脏。它的大部分商贸来自河水，但是在 17 世纪这段时间，这个区域变得愈来愈工业化。在利河磨坊附近，引入了恶臭扑鼻的工厂。1614 年，当地法庭记录到：“陪审团指控了最近在斯特拉特福朗索恩的淀粉生产者兰斯洛特·甘布林，因为他非法制造淀粉，每天不断地排放出难闻的废气。”又过了不到五十年，威廉·佩蒂爵士为“整个东区的烟雾、蒸汽和恶臭”发出哀叹，而且事实上，数百年之后，这个“东区”成了“恶臭产业”的大本营。各种腐败和恶臭都在那儿被制造出来。它是伦敦对腐坏和疾病之恐惧的聚焦点。这些恐惧也并不是完全无中生有：人口统计调查显示，在伦敦东边区域，肺痨和“热病”的出现概率都要高得多。

所以向西边的迁徙一直持续着。从17世纪以来，街道和广场的规划不可阻挡地朝那个方向转移。出身优渥、富裕而时尚的人们坚持要居住在被纳什称作“城市西区体面的街道上”。这种地域区分，或者说对西边而不是东边的执迷，可以在微小的细节中看到。当杰明街在1680年竣工时，《伦敦百科全书》有如下观察：“这条街道的西头比东边更加时尚。”另一条分割线从索霍广场穿过，正如一位美国游客所说，在那儿“每向东移动一分，优雅风度就会减少一分；愈往西边，则风雅愈增”。新建起的摄政街则被这样形容：“这条大道的东侧有很多广场，也有一些好的街道，但是高官名流似乎都会躲开它们。”

人们早已认识到，西区拥有金钱，而东区拥有尘土；西边可享闲情，东边劳力辛苦。然而在19世纪前几十年，东区还没有被单独划为最为绝望的贫穷和暴力源头。它主要因船运和工业闻名，所以是贫穷工人的住地。事实上，工业愈加密集，贫穷也稳步加剧；染坊和化工作坊、粪肥厂和灯烟子厂都簇拥在堡区、老福特和斯特拉特福德区。几个世纪以来，利河都是工业和运输集中地，但是在整个19世纪它被进一步滥用，每况愈下。一家火柴厂给河水增添了一股尿液的味道和成色，同时整个区域的气味都变得令人讨厌。自然，我们在所有这一切中，看到的是16、17世纪状况的延展和加剧。就好像这个进程是由其自身的动力驱动持续着。在利河和巴金河之间，坎宁镇的工业区银镇和贝克顿被创建出来，而贝克顿的污水流散体系尤其臭名昭著。伦敦的所有污秽都向东边蔓延。

然而，到19世纪80年代的某个时期，污秽达到了一个临界量。它内爆了。东区成了“深渊”或者“阴间”，充满了奇怪的秘密和欲望。这里的穷人比伦敦其他任何地方都要多，在贫穷的聚合之中，涌现出关于邪恶和败坏、野蛮和无名恶习的报道。在托马斯·德·昆西的散文《作为一种艺术的谋杀》中，他将1812年老鼠崖大路谋杀案发生的地方称作“最混乱”和“最危险的地区”，是一个充满了“各种流氓习气”的“险恶区域”。也许，对于作家来说，用这种方式来题写伦敦东区是很重要的，因为它耸人听闻的名声，在很大程度上拜记者和小说家所赐，他们觉得自己有责任召唤出黑暗和恐怖的景象，用来体现伦敦自身的阴暗面。当然了，把“东区”永久地标记下来，并为其创设出公共身份的决定性轰动事件，要数在1888年夏末初秋发生的、被归罪于开膛手杰克的系列谋杀案。这些突如其来的杀害的残忍程度，很快就给这个区域标记上最不可忍受的暴力和堕落，而同样重要的是，这些罪行本应当在恶臭的小巷中发生。杀手从未被抓捕到的事实，似乎仅仅加深了一个印象：这血腥是恶臭的街道自己创造出来。而东区就是真正的开膛手。

如此一来，所有对于这座城市的担忧都与东区关联起来，好像从某种特殊的意义上来说，它已经成了伦敦黑暗生活的缩影。出现了一些书，它们的书名就代表了它们的主题：《伦敦弃儿的沉痛呼告》《深渊里的人们》《衣衫褴褛的伦敦》《在伦敦最暗处》《阴间》。在最后这本小说中，乔治·吉辛这样形容："被虫害侵蚀的伦敦东区，在阳光下闷得发热；而阳光的存在对这儿来说，只不过显示出了它和可憎恶习有多么亲昵。跨越一座被诅咒者的城市数英里，在我们的时代之前从来没有过这样的想法。在街道之上，挤满了潮涌般的无名者，被空中诡异的光芒残忍地曝光。"这就是地狱之城中作为炼狱的东区景象，而且这并非仅限于小说家笔下。《校长和诗人约翰·马丁》中自传性叙事部分的背景就设置在19世纪的莱姆豪斯附近，"要有以阴暗、愤世嫉俗的视角去看待事物的头脑，并习惯于夜晚的可怕景象，才能用复杂、无畏的眼睛来注视这些令人作呕的恐怖和绝望"。

1902年，当杰克·伦敦最初想要前往伦敦东区时，托马斯库克集团切普赛德分部经理告诉他："我们不习惯带旅行者前往东区。没人会要求我们带他们去那边，而且我们对那个地方根本就一无所知。"也许，他们是对那里一无所知，但其实每个人都知道它。在《贱街故事集》（1894）中，阿瑟·莫里森宣称："根本就没必要说它是伦敦的东区。东区本身就是一个大城市，它以自己的方式声名远扬，就如其他任何人造杰作一样。但是谁又了解东区呢?"

在白教堂区和斯皮塔菲尔兹区有十万犹太移民，他们的存在仅仅强调了这个社区明显的"异族"性。他们还强化了其他一些附着于东区之上的区域迷思。因为东区的确延向东方，它和更大的、在基督教领域之外、威胁着欧洲边界的"东方"联系了起来。对街上无家可归的孩子的称呼（"街头阿拉伯人"）就可以佐证这一论断。在这个意义上，东区意味着终极的威胁和终极的神秘。它代表了黑暗之心。

但是也有作为传教士进入这片黑暗之中的人。早在19世纪60年代，就有男人和女人由宗教和博爱的动机所驱动，在东区创设会厅和小教堂。一群理想化的年轻男女曾尝试在物质上帮助那些生活于窘迫和危机中的东区人，这被称作"安置工作"，白教堂区圣朱德教区的神父塞缪尔·巴尼特在其中起到过关键作用。阿诺德·汤因比在他对贝思纳尔绿地居民的一次演讲中宣称："你们必须原谅我们，因为我们错怪了你们，对你们犯下了严重的罪行……我们将为你们服务，将把生命奉献给你们，此外我们什么也不会做。"部分出于他的范例，也因为他的口才，各种"布道所"被创建，其中就包括贝思纳尔绿地的牛津堂和狗岛上的圣米尔德雷德堂。汤因比话语中恳求的调子或许也可被解释为一种担忧：那些被恶劣对待的人可能会反抗那些背叛了他们的"罪人"。

东区的确有很多激进的活动，包括18世纪90年代伦敦通讯协会成员和19世纪30年代的宪章运动者，他们聚集在白教堂区以及其他地区的啤酒屋和酒吧里，推动他们的革命事业。宗教上以及政治上（如果这两者真的可以被区分开来）的激进平等主义和反权威异见精神总是从这个区域兴起。在18世纪，霍克斯顿的古老自然神论者拥护千禧年和平等化宗旨，还有迹象显示喧嚣派教徒和马格莱顿教派信徒、贵格会教徒和第五王国派教徒也促成了整体的异见氛围。在20世纪早期的数十年，东区的政治道德被"市政社会主义"所主导。乔治·兰斯伯里与"过度济贫主义"的运动产生了特别的联系；这是民粹主义的一种变体，1919年掌控该区的当地劳工党正是借此将失业救济水平设置得比中央政府所许可的还要高。一度出现了对峙状况，波普勒的议员短暂入狱，但是兰斯伯里的核心要求最终被满足。

东区从未像城市权威担忧的那样"造反"过，从这个意义上来看，这件事是一段独特的插曲。权威总是认为东区是个潜在的暴动发生地，如同奥斯瓦尔德·莫斯利和他的追随者在20世纪30年代展示的那样；但类似于伦敦其他区域，它太大、太分散，难以制造出任何激烈的震动。更为重要的革命性影响，实际上来自移民人口。德国及俄国群体的共产主义和无政府主义运动是伦敦东区对人类意识之影响的重要见证。朱比利街上有着著名的无政府主义者俱乐部，其成员有克鲁泡特金和马拉泰斯塔；伦敦医院的对面，俄国社会民主劳工党的第五届代表大会在沿白教堂大街的一间会厅里召开。在菲尔德盖特街的一家旅社，约瑟夫·斯大林是受欢迎的客人。列宁多次到访白教堂区，并且前往无政府主义者俱乐部，同时托洛茨基和李维诺夫也是这个区域的常客。在这个意义上讲，东区可以被认作是全世界共产主义运动的一个主要据点。

无疑，那种声望主要是由欧洲政治流放人员造成的，但是这个区域盛行的氛围可能也对此有所暗示。在19世纪70年代，布兰查德·杰罗尔德曾评论过这一事实："古怪、肮脏，被贫困压迫，排列着畜栏的街道上，间或浮现出市场、货栈和商店；其中可以发现那些雇佣最贫穷劳工的富人。"在同一片土地上，"富有"和"赤贫"之间令人瞠目的反差已经被揭示出来。东区也是这整个世界的映象，有"德国人、犹太人、法国人、印度人、皮肤黝黑的斯皮塔菲尔兹本地人和不怀好意的矮小盗贼……以及数不清的一群群衣衫褴褛的小孩"。国际共产主义在国际背景之下兴起。

但别的来访者看到了另一种现实。捷克斯洛伐克的剧作家卡雷尔·恰佩克在20世纪早期对东区进行了第一手的观察，他指出："这庞大的数量让他们看上去不再像拥挤的人群，而像是一种地理形态……由煤烟和尘土堆积而成。"这是呆滞的非人格力量，是轮船和工厂的煤烟中汇集的劳力和苦难。这个区域本身似乎就散发出一波波挫败感和无力感，在这层意义上，也许它确是一种"地理形态"。19、20世纪之交，汉弗莱·沃德夫人注意到东区如下的乏味性："长长的矮房子（总是两层，或者两层加上地下室）由同样发黄的砖建成，全都因同样的烟尘而积垢，每个门环都是同样的样式，每扇百叶窗都以同样的方式悬挂，以及街道每侧同样的'公共'角落，远处的烟光若隐若现。"乔治·奥威尔在1933年也注意到这点，他抱怨道，白教堂区和沃平之间的区域比巴黎的同样贫穷的区域还要"寂静和阴沉"。

这是为人熟知的、重复出现的抱怨，但是它更容易由外来者发出。东区人自己的自传式回忆并不会深入讨论其单调和困苦，而是详述娱乐、会所和市场，以及当地的商店和"人物"，它们构成了一个个社区。正如波普勒的一位老居民在由W.G.拉姆齐主编的一本该区近代史《东区的过去和现在》中所说："我从不曾觉得我和我的兄弟姐妹身处穷困之中，因为对于从没拥有过的东西，你永远也不会有所念想。"对于那些生活其中的人，这就是东区和伦敦其他所有贫穷地区的体验；明显的剥夺和单调从没有被意识到，因为它们并没有触及那些注定会受其影响的人的内在体验。当地居民的"欢乐"或者"快活"不断被提及，任何对于东区之单调和乏味的强调，不管怎样都已因此被大幅削弱。布兰查德·杰罗尔德搬出一篇关于在东区街道上发生的忧伤传奇故事的连祷文，然后他评论道，其中有着"英勇的充满力量的快活，处处都引人大笑"。他还观察到："拥有急智的人会用上他的篮子，而迟钝的小贩仍然交叉着手臂。"

由此涌现出了伦敦佬的形象，他曾代表整个伦敦，但是在19世纪晚期和20世纪，它越来越多地与东区密切联系在了一起。这就是V.S.普里切特所听到的发出“哀嚎般的元音和破损的辅音”并有着“如坚硬下巴给人的印象那般不屈不挠性格”的角色。创造出那种活跃而足智多谋的刻板印象，可以在某种程度上归因于音乐厅，它是对东区的单调性的另一种反衬。白教堂区、贝思纳尔绿地和其他一些地方的生活状况可能让其中居民天生就适合暴力的娱乐；低级杂耍场和灯火通明的酒吧，以及与它们紧密关联的暴烈和粗糙就证明了这一点。但是同样重要的是，东区容纳着比伦敦其他任何区域都要多的音乐厅，白教堂区的“吉尔伯特”、贝思纳尔绿地的“东边”和“阿波罗”、肖尔迪奇的“剑桥”、威尔克洛斯广场的“维尔顿”、波普勒的“皇后”、麦尔安德路的“老鹰”，当然还有哈克尼区的“帝国”，这些只是众多音乐厅中最为知名的，它们成了东区的特征，就和血汗工厂与教堂布道所一样。到 19 世纪中期，大致上包含现在的陶尔哈姆莱茨区的这一片地方就容纳了一百五十间音乐厅。查尔斯·莫顿在 1851 年创建“坎特伯雷”而被普遍地误认作“音乐厅之父”，他就恰好出生在贝思纳尔绿地。从某种意义上来讲，这座城市的东边区域只是在重申它古老的身份。前面已经提到过，伦敦最古老的剧场中，有两个（“剧院”和“幕帘”）在 16 世纪就已经被建造在肖尔迪奇的空地上了；屋院墙外的整个区域成了从茶室到摔跤比赛和套熊的各种流行娱乐的天堂。所以，东区的音乐厅代表了这个地区的另一种延续性，和它的陋舍以及“发臭产业”一样。

然而在另一种意义上，这些音乐厅又代表着 19 世纪东区生活的延展和强化。通过加入音乐闹剧以及各种各样的表演和剧场音乐，它们很多在 19 世纪 50 年代涌现并繁荣，老鹰茶室、艾芬汉姆和威尔顿都属于那个时代。在这儿表演过的有“狮子喜剧”、阿尔伯特·万斯和乔治·雷伯恩，他们唱过诸如《啪砰，我们又来啦》和《香槟查理》之类的伦敦佬方言曲。特别是万斯，他因为自己用考克尼方言写的“小贩”歌曲而出名，其中包括《小贩乔》和《奇卡里瑞湾》，幽默和虚张声势在这些曲子中轻易地就被混合在一起。像这样的歌曲成了东区的民谣，被每个社区的悲苦和多样性赋予生命，装载着整个区域的状况和现实。因为充满对这个地方的真实感受，它们一直都是强有力的，就像炮兵巷或者罗瑟希隧道一样触手可及。当查尔斯·科伯恩在麦尔安德的帕拉宫唱出《两只可爱的黑眼睛》时，他回想起“情同手足的一群群女孩和女士，手臂挽着手臂站成一排，用最大的声量喊出我的合唱声部”。表演者和观众的认同感至关重要，所以当生动的莉莉·伯南德在波普勒的“皇后”唱到穷人持家的内容时，她涉及了一个人们熟悉的主题：

不要忘记果酱罐的半便士……

房东将在早上来到

他分毫必究……

在这个例子中，认同感来自把果酱罐送回商店以换取半便士的重要性。常见的匮乏和贫穷的元素被提升到另一个范畴，被共通的喜剧和同情所触及；这样至少在一瞬间，苦难被超越了。事实上，这样说并不是有所夸大：这些音乐厅提供了一种喧闹且必需的俗世弥撒，让观众自我认同为整个集体中的成员并受到振奋。

20 世纪早期的回忆录也将东区的那种生活记录下来，事后看来，仿佛将所有已失却的事物都精确地保留下来。霍勒斯·索罗古德在《奥德门东》中写下，沿着波普勒大街，曾有“各种形状、高度和尺寸的小店”，间杂着“门上有磨光的黄铜号码”的小房子。这里可能会看到“鹦鹉笼商店、乐器店”，以及特征鲜明的“一排排一层高的小房子竖立在铁轨后几尺远的人行道上”。在沙德井，孩子们光脚行走、衣衫褴褛，但“那只是爱尔兰式的不修边幅，他们并不缺少食物”。在 20 世纪最初的几十年，东区的酒吧“一大早就开门，一直开到午夜过半”，里面杜松子酒的价格是四个半便士每四分之一品脱，“啤酒是一便士半品脱。女人会在早上七点到，一直待到下午三点”。东区也因它的市场而出名（迷迭香巷、斯皮塔菲尔兹、克里斯普街、沃特尼街），当大路上“挤满了人，以及晚上闪耀着石脑油灯时……你可以踩着人头从商业路一直走到卡伯街”。

在那些年代里，一种强烈并具有保护性的身份认同感让东区与众不同。莱姆豪斯的居民把西边的人叫作那些“桥上”的人，而且因为对区域的忠诚，还出现了大量的“近亲繁殖”。波普勒的里茅斯路旁有一个孤立的角落，根据《东区的过去和现在》所述，在 20 世纪 20 年代那里的人口有“大约两百名男人、女人和孩子”，他们“属于不超过六个家族的家庭成员，其中姓拉明斯、斯坎兰斯和杰弗里斯的人口最多。这些家族倾向于在自己的圈子内通婚……这个社区有自己的学校、两座酒吧和一爿小杂货店”。同时被注意到的，还有佩尼菲尔兹的华裔，他们会与霍克斯顿的女孩结婚，而不是波普勒的女孩。据 20 世纪 30 年代的一位观察者所言，“波普勒人反对异族通婚”。我们或许可以猜测，因为霍克斯顿与城区以及伦敦其他地区更近，从而得以免于属地感和偏狭心。

当东区人变得富足之后，他们就会搬出东区。举例来说，19 世纪的政府文员就利用正在发展的运输系统迁移到了更加理想的秦福特或者森林门区域。米德尔赛克斯的人口在十年中增长了 30.8%；文姆布雷的人口增长了 552%，哈罗则增长了 275%。只有贫穷者才留在东区老旧的中心部位，他们的命运越来越绝望，他们的数量越来越多。这反过来又正好确立了那种未被驱散的孤立、怨恨的感受。

伦敦的劳力成本非常之高。东区倾向于比伦敦其他区域醒得更早，到黎明时分，这个地方就变成了一片由冒烟的烟囱组成的平原。工厂不断入驻，以寻找便宜的劳工，到 1951 年，这里已经容纳了整个伦敦 10%的劳动人口。在 20 世纪早期，霍勒斯·索罗古德遇到过东区一处位于铁路下的"小木屋"，他在里面"看到一家六口住在木屋的一个房间里，它的窗子必须保持关闭，否则火车的火星就会飞入，点燃床单"。

第二次世界大战的影响超越了这些令人不快的火花，东区大片的土地被毁坏；斯特普尼、波普勒和贝思纳尔绿地大约 19%的建筑区域被夷为平地。东区又一次因它的工业而严重受损；德国轰炸机搜寻到了利河谷附近港口和工厂区域，并且还利用东区的居民作为"定位目标"。1945 年第二次世界大战胜利日庆祝后，国王和王后立即访问了波普勒和斯特普尼，这暗示了东区在整个战争过程中的重要性。这可能是一种控制或者确定该区民众心情的方式，自 19 世纪以来他们就被认为是难以理解的。

晚至 1950 年，这整片区域都仍然以"炸弹区"为特征；野草在这里生长，孩子在这里玩耍。一个暂时性的房屋项目批准了尼森棚屋和单层预组装住宅的修建，但是很多这些组装住宅二十多年后仍然在被使用。还有其他一些安置东区居民的方案，特别是阿伯克朗比教授的《大伦敦规划》，他希望将众多城市居民重新安置到新建的绿化带之外的一些卫星镇上去。这个方案计划把哈克尼、斯特普尼和贝思纳尔绿地的大量居民分散，但是伦敦的整个历史显示，这样的城市规划工程只取得了部分成功。重建和重新规划被破坏的东区也受到了同样的重视，仿佛它的个性可以被彻底改变。但是想要毁坏三百多年的人类居住地，是不可能的。

尽管东区在 20 世纪 50 年代和 60 年代经历了所有这些再建设项目，你只需要转到一个角落里，就能遇到一列 19 世纪 80 年代或者 90 年代建造的排屋。

这里还有乔治王时代的房屋，以及20世纪20年代和30年代布局良好的“庄园”。战后的东区是其历史的重写稿。对于那些有心寻找的人，这里有黑暗的沟渠和煤气厂，老旧的小道和生锈的桥梁，它们都发散出健忘和衰败的气息；这里有被杂草和垃圾掩盖的一块块废地，以及废弃的工厂和似乎不能通往任何地方的台阶。我们仍然能找到黄砖小房子组成的老街，这些房子有着典型的结构，有小前厅，有通道从面街大门穿过前厅直接通向厨房，从厨房望出则是一个小后院，两个小卧室在楼上，一个酒窖在地下。沿着巴金路有大量的小街（莱迪史密斯道、金伯利道、马弗京道、麦考利路、撒克里路和狄更斯路形成了一个序列），其间是一排排郊区住宅，不过它们比贝思纳尔绿地或白教堂区的要高一个等级，轻易地便将19世纪末的气氛带入了20世纪60年代。

哈克尼区是发展和异质性的缩影。出版于1991年、书名充满暗示性的《穿过废墟之旅：伦敦最后的日子》把达尔斯顿巷作为调查的中心。作者帕特里克·赖特在这里发现了“一个被遗忘的市政服务机构的街角”，作为公众健忘性的象征。但是它旧时的能量依然保留着，“达尔斯顿巷是一个居民、商贸和工业活动混杂的地方”，里面有各种工厂、服装业者、商店和小生意。

当代东区最令人惊讶的一点，是它在很大程度上维持着与19世纪小作坊相当的经济生活。一些主要街道，从哈克尼路到罗马路和霍克斯顿街，坐落着从电视维修到新闻机构、室内装潢到水果店、橱柜制作到货币兑换的门面生意。在土地和房产价值向来就比西边低的东区，过去数十年的遗迹通常都被放任衰败。

东区还有一些有趣的地方，也许能一瞥其他方面的延续性。在正好位于高街东边的沃尔瑟姆斯托，一些幽灵似的图像或者乡村的气氛突然弥漫了教堂山；这实在是奇怪的感受，因为所有相近的街道，包括高街、马克豪斯路和科帕米尔路，都体现着东区市郊的典型形式。不过，这个街区曾经是农村，这种古老的状态看来是来自这个区域本身。在那种意义上，很多区域都维持着它们的身份。比如，巴金有一种冷酷的感觉，让它与沃尔瑟姆斯托有所不同；在这里，带着某种阴冷或者坚硬态度的当地人似乎一直延续存在。那种气氛从未因部分残存的古代修道院而有所消减，一条大部分居民都曾借之得以营生的古老小溪将其强有力地延续着。它仍然是一片出奇孤立，或者说自言自语的街坊，这里的伦敦腔似乎特别地浓重。在佩尼菲尔兹，马来人和华人在一百多年前就曾居住在此，现在则有很多越南人。二手色情作品在肖尔迪奇的斯科拉特街上出售，这里一直是红灯区。东汉姆区格林街上的市场让人回想起中世纪伦敦自身的能量和精神。事实上，这座城市古老的商业生活已在西汉姆、斯托克纽因顿、斯皮塔菲尔兹和雷顿斯顿等各不相同的地区再次苏醒（如果它确实曾入睡）。

绕某个东区街坊一圈，将会看到一两栋现在被转化为市议会办公室或者社会保障中心的乔治王式房屋，它们可能还附有一些大型的维多利亚中期建筑；还将看到19世纪晚期留下来的房屋和20世纪20年代和30年代的市政统建住房；酒吧、彩票公司和无处不在的小杂货店以及报刊亭；出租车公司和专门经营打往非洲或印度的长途电话的商店；各种各样的市政大楼，那些最古老的庄园和20世纪80年代的低层建筑以及同一时期的十九层高楼站在一起。此外还有一个开放的空间，或者一个公园。在东区的一些区域，数不清的铁轨桥下方的拱门会被用作汽车维修或者储物的空间。

不过这些地方当然也已有所变化。波普勒大街曾是一条拥挤的大道，每一侧都有众多的商店、货摊和肮脏的建筑；现在，它是一条开放的街道，沿线是五层楼的市政统建房、黄砖酒吧和商店。人群蜂拥和买卖的声音，现在已经被一阵阵车辆杂音所替代。东区的大部分都是如此。那些曾经有着一堆风格各样的商店和房屋的地方，现在则是材质和尺寸都千篇一律的“街区”；大路则替代了一列又一列的排屋。改变后的街坊不知怎地似乎更“轻”了，也许是因为它们已经与自己的历史失去了联系。波普勒大街的最西头，就在佩尼菲尔兹过去一点，曾有着以牛排、腰子、肝和培根为标志的约瑟夫·奈廷格尔咖啡室，和詹姆斯·麦克伊文的马肉店相接；而马肉店又在乔治·阿布拉尔德理发店的旁边。这些建筑的门前空地各有特色，高度也各不相同。近年来，那个角落已经被三层高的红砖市政统建房所占据，一条叫作盐井街的小通道从中穿过。莱姆豪斯的鸦片区现在被一家中餐外卖店取代。曾有一条叫作比克摩尔的街道，一幅现存的于1890年拍摄的照片显示，一群群孩子在街旁众多弓形窗的店面外摆姿势；今天，这个地方是一个娱乐场的一部分。

或许可以得出这样的结论：生活中凌乱的琐事和撞击的杂音已经从这些地方离去，即使它们在东区的其他地方还存在着。还可以说，那些重建或者重新翻修的街坊邻里与伦敦的其他地方别无二致；举例来说，波普勒的政府房产，就和绍索尔或者格林福特没有太大区别。所以对城市满足感的追求已带来了区域特性的减少。1890年到1990年间的照片显示，最显著的反差在于街上人群的减少。东区的生活已经在内缩。是电话还是电视影响了这种变化，并非主要问题；明显的事实还是在于街道上人们生活的丰富性和激烈性已经大幅下降。不过，重要的是不要伤感于这种转化。如果说东区看起来更加光秃秃，那么它同时也是一个不再那么贫穷的地方；如果说它更加冷漠，或者缺乏人气，那么它同时也更加健康。没有人会情愿把市政统建平房换成贫民窟公寓，即便这贫民窟充满了集体的精神。你不能向后退。

第七十二章

南边的场所

在南边修筑一段河岸墙以与北边相配，是萨瑟克（Southwork，意为南方工事）得名的缘由。然而它的起源，仍然是个谜。沿着老肯特路，在和鲍尔斯路的交叉口，发现了一处古代定居点的残存物：人造的打火石工具。“在风化砂中，”一名研究员在《伦敦考古学家》中报告道，“有着与史前人类活动相关的众多发现。”无疑，若能把长久的人类定居史与这附近弥漫的衰竭且虚耗生命的气氛联系起来，将是非常新颖奇特的。毕竟，还有着另一种解释：南边的道路被墓地纪念碑所装饰，这些重要的标记可能部分导致了与这片社区所关联的转瞬即逝的感受。三块相邻的土葬墓地被发现，其中第一个就沿着现在的博罗高街。它们的重要性在于非常稀有，相似的墓地只有在伦敦塔附近才有，在它们东南方向几码地之外，还发掘出两处性质相似的罗马墓葬地。事实上，萨瑟克的整个区域有很多罗马墓葬地；在现在的博罗高街位置，曾有斯塔恩街和沃特林街在那里分叉，这个地方曾经有着一众土葬墓穴；这些街道的线路至今犹存，被叫作纽因顿堤道和老肯特路。另一处墓葬群可以在西北边找到，在另一条通往跨河桥的罗马大路旁边。那就是为什么旅行者在萨瑟克汇聚的原因，他们从这里能继续往南旅行；而且，它当然也代表着乔叟所讲述的坎特伯雷朝圣旅的起点所在。这儿一直有着客栈和小旅馆，让那些路过的人受惠；医院也在这儿聚集，也许是对那种短暂性致以隔代的敬意。

罗马定居点还留下了其他的遗产。一把角斗士的三叉戟在萨瑟克被发掘出来，触发了这附近可能曾建造过一处竞技场的推测；而16世纪晚期，“天鹅”和“环球”剧院曾在这里繁荣兴盛。因此，南岸一直都与消遣娱乐相关联，而且它最近的化身包括了新近兴盛的环球剧院以及由皇家节日大厅、国家剧院和泰特现代美术馆所主导的整个区域。

圣马利亚奥弗丽教堂（后来的圣救世主教堂，以及再后来的萨瑟克大教堂）成了那些城市司法的逃逸者偏爱的庇护之地。所以萨瑟克获得了一种不良的声誉。到17世纪，这个区域有七间监狱（其中最有名的是克林克监狱，基本上成了类似机构的代名词），却仍然持续出现暴动和混乱。这个社区由各种不同的宗教权威占据，其中包括坎特伯雷大主教和居住在贝尔蒙德赛修道院的克鲁尼雅克，但它却仍然因放荡而声名在外。河岸区的妓女在温切斯特主教的“许可权”之下从事着营生，她们被称作“温切斯特鹅”。所以这里存在着一种在自由与约束之间的奇特震荡；也许，在覆盖整个伦敦的普遍的矛盾模式之下，它根本就不奇特。

在1558年的温格尔德地图上，泰晤士河南边的区域通过各种协调的线路与北边紧密相连，与如今的地铁线路一样通向并且越过伦敦塔桥。一排连续的房屋沿着泰晤士河南岸延伸了差不多一英里长，从巴黎花园楼梯直到图雷街东边靠着皮克赫林楼梯的大“啤酒店”。也许值得指出的是，在莎士比亚的福斯塔夫（Falstaff）登上环球剧院舞台的一个多世纪前，其命名来源的约翰·福斯托夫（John Falstolfe）爵士在离这里一小段路之外的地方拥有“四间啤酒屋”。类似地，在进入乔叟的《坎特伯雷故事集》之前，塔巴尔德旅馆的哈利或“赫利”·贝利也是一个真实且为人们熟知的萨瑟克人物；也许萨瑟克的空气中有某种东西，催动着现实和想象之间的交易。在16世纪60年代的阿加丝地图上，显示着池塘、水车、冒烟的工厂、动物园、休闲花园和饭店，例如非常知名的“霍普旅馆上的城堡”如今更名为安可酒吧依然存续着。

在某种意义上，这座城市害怕这些愉悦去处携带的传染病。16世纪的一份市政告示命令船夫在晚间要把船停泊在北岸，他们的职责是将市民摆渡到河对岸的妓院，而这道命令是为了确保“小偷和其他行为不轨者不会被载往”南岸。这座城市对南边的不悦还表现在，即使“桥外区”已经成为伦敦市的第26个选区，“其居民仍然不被允许选举他们自己的市议员”，而是由指定者担任。萨瑟克已经成了一块总督辖地，这使得它直到接近20世纪末期，都仍然是一个相对落后并且受到蔑视的地方。然而，它并非必然受到不善的管理。正如一直以来的那样，富人或“中产阶级”监管着穷人，确保游荡的乞丐受到劝阻。教区委员会收集地税并且分发穷人救济，而当地的法院则全面监管商贸活动。这意味着城南相对来说自给自足，这一观点也被一份近期历史调查印证，其结论是这个特别的教区以及其他类似地方，其人口相对稳定。萨瑟克的居民在同样的房屋中居住，并且在同一片街坊中通婚，与这座城市整体的特点相符。

这些结论倾向于支持如下观念：整个伦敦及其周边区域都饱含一种富于生机并易于辨认的公共精神。这种精神历经这么多个世纪仍然存在，以至于现在的罗瑟希社区仍与德特福德和贝尔蒙德赛大相径庭。使某个特定区域富有生机的正是其本土原创的精神。如今的伦敦南部包含数个不同的区域，包括兰贝斯和布里克斯顿、坎波威尔和佩卡姆，它们并肩携手一同发展起来，并且通过某种共生的形式，形成了一种清晰可辨的大环境。

然而，对于其他地区的伦敦人来说，南区除了孕育忧患外便籍籍无名了。作为可以让伦敦打发污垢和垃圾的边界区域，南岸履行了“东区垃圾堆”的某些职责。因此，在18世纪早期，它成了被伦敦市区驱逐的“发臭产业”的集中地。比如，制革厂被交付给贝尔蒙德赛，而兰贝斯成了喧闹的木材场、制醋业、染料生产、肥皂和油脂制造等产业的所在地。据当地新闻报道：“兰贝斯的确存在一个以人为商品的行业……挖掘死者尸体：他们用脂肪制作蜡烛，从骨头中提取易挥发的碱，并且把肉作为狗食卖出。”这些听上去像足了危言耸听，可当杜撰；但是毫无疑问，南伦敦已经有了难以恢复的坏名声。这个区域的一位菜园种植者在1789年决定到其他地方去做生意，因为“这些烟尘……不断地包裹我的植物……生意无人知晓，前来的道路恶劣，还有周围沟渠的恶臭不时地令人非常难受”。南伦敦，或者至少那些与这座城市其他区域紧密联系、可以被看到的部分，被认为是一个贫穷且声名狼藉的附属物。这里总是受到伦敦城的歧视。

这也就解释了为什么这附近有那么多监狱，以及被弃女童救助机构和穷人庇护所；疯人院也是在兰贝斯建立起来的（1815）。伦敦把它所有困苦或容易带来麻烦的市民都交付给了南区。这个地区还因为可疑的客栈和不明不白的娱乐花园而声名在外。像阿波罗花园这样的地方受到市政审查，并且不时因“混乱无序”而被当局关闭。整个兰贝斯区域被认为是一个“品德不良甚至为人所不齿的角落”。沿着横穿圣乔治原野的小道来到与兰贝斯路交叉的路口时，我们便能看到“花神庙”与“狗和鸭子”客栈，它们“无疑是城市及周边最糟糕可怕的地方……从女人身上找乐子，不仅包括最低等的妓女，甚至还有中产阶级女性”。南伦敦再一次展现了它作为性自由避风港的古老身份。慈善家弗朗西斯·普莱斯回忆道，18 世纪 80 年代的强盗在这些南边的场地上准备策马时，有“俗丽的女人在黄昏出现，向盗贼道别并祝他们成功”。众所周知，激进的暴动者曾在这个区域被搜寻到，因为人们认为他们会在各种腐化的酒吧里进行密谋计划；正如 19 世纪中期的音乐厅明星会往南移至布里克斯顿，那些像异装癖者希瓦利埃·迪昂一样声名狼藉的人，已在一个世纪之前就搬到了兰贝斯。这里从任何意义上来讲，都是一个垃圾倾倒场。

但是这里脏污或者破败的景象，并没有阻碍伦敦往南边发展；正如在粪堆上生活的甲壳虫，这些“令人难堪的”气味和声音甚至可能激发了它进一步消耗能源的力量。1750 年威斯敏斯特大桥的建成，以及十九年后黑衣修士桥的竣工，标志着南伦敦开始了真正的发展。公路干线从新建的大桥开始，通往肯宁顿和象堡；除此之外，空地上修建了街道，把主要干道连接起来。这些新路带来了新的工业发展，陶器厂、石灰窑和涂料厂得以加入制醋厂和染料厂的行列。到 1800 年，兰贝斯已经呈现出贫民窟的所有特征。

在往后的岁月里，这个地区毫不停歇它前进的脚步。它扩张并发展，同其他蜿蜒向南的带状发展区一起，渐渐成形。这个过程在 19 世纪的第一个十年中获得了不可抗拒的势头：三座收费大桥在此间竣工。萨瑟克桥、滑铁卢桥和沃克斯豪尔桥为更大范围的修建项目打开了大门，这些项目打造出南伦敦现今的模样。伦敦人口的增长，以及新型产业力量的发挥，不断加速地将伦敦城带往泰晤士河南岸。圣乔治广场附近的居住人口迅速变得稠密，房屋把附近的所有田地都覆盖了起来；很快，商店、房屋和生意开始沿着这片社区辐射出来的各条道路往南延伸。纽因顿、肯宁顿和瓦尔沃斯受到了直接的影响，到 1830 年，如今南区的整片地域都被道路和房屋所覆盖。郊区发展很快延伸到佩卡姆和坎波威尔、布里克斯顿和克拉彭，甚至远至达利奇和赫恩山。不久之后，西顿汉姆和诺尔伍德、森林山和光荣橡，都成了这座城市离散人口的居所。

有些人把自己坐火车从南边进入伦敦时感受到的印象记录下来，他们注意到那片无边无际的远景，由红色和棕色的屋顶、没有生气的墙以及忽闪而过的小道组成。这种景象被比喻为一片大海或者一片沙漠，两者都代表着某种人类无法抵挡的无情力量。H. G. 威尔斯的《多诺邦盖》中有一个角色，他在 20 世纪初沿着东南铁路线旅行，“经过奇斯尔赫斯特不断增长的别墅群之后，迎面而来的是倍增的房屋……不久，这些拥堵的房屋愈加密集，堆叠成廉价小公寓：我越来越为污秽之众构成的无限世界感到惊奇”。还有一种主要的感受是恐惧。它是对单调性的本能恐惧，也是对那座造成这种单调性的首都的恐惧。

随着火车愈发靠近位于卡农街的终点站，乘客“呼吸到的工业气味，有的来自皮革，有的来自酿造”，像是从看不见的炼狱里飘出的硫黄臭味一般流散出来。因为向南岸的迁移定居完全是被工业扩张和开发所带动，所以工业味道弥漫在这片区域也算是合情合理。这儿有胶水工厂和羊毛仓库，而查尔斯·奈特的《伦敦百科全书》记录到：“每隔几码地，就有烟囱往上冒烟，高耸在这片红色房顶的迷宫之上，为这个区域烟雾弥漫的环境作出自己的贡献。”这个区域曾经有许多小修道院，现在则因变幻莫测的特质而出名；“根据我们身在南区何方，它可被认作是工厂区、菜市场、批发区，或者是航海业地区”。贝尔蒙德赛拥有多种多样的行业，也混杂着各种各样的气味。“一条街上，炽热而强烈的气味让你意识到有草莓果酱；另一条街上，则是生兽皮和皮革；还有一条，是胶水；而在另外一些道路上，鼻子会遭遇到这三种混杂难闻的气味。”在1916年到1920年间，伦敦的小说和散文家V.S.普里切特曾在一家皮革制造厂工作；他也曾回忆起贝尔蒙德赛的气味：“伦敦的这个区域，有一种白日下的昏暗。你可以吸入沉重、有药味儿的啤酒花气味，同时还有另一种靴子和狗粪的气味……腌菜厂里飘出刺激性的醋味；还有从金刚砂磨坊飘下来的烟尘……间杂的贫民窟小房子里，贫穷散发出刺鼻的恶臭。”最后这一种味道自然是所有气味中渗透性最强的、最为重要的，让南伦敦整体的臭名更加昭著。

伦敦东部和南部的相似性很明显，但是也有着重要的差异。相比于南区，东区的社区更为紧密；比如，它拥有更多的开放市场，以及更多的音乐厅。南区与伦敦其他部分的联系也更少。如果仅仅考虑距离远近，东区可以更多地分享老城的能量和活力；毕竟，它已经靠着老城墙存在了几个世纪。但是大片的河水总是把南边孤立起来，给予它一种荒芜的特征。那些把南伦敦表述为一片独特的陌生之地的评论，反映了这种状况。

举例来说，乔治·吉辛用令人难受的气味来描绘萨瑟克。“一种邪恶的气味游荡在肉铺和鱼店里。一间酒吧用酒精的烟气毒害整条街；从下水道的栅栏内，升起让人不得不屏息的瘴气。”一位伦敦记者曾在1911年评论道，走过伦敦桥就是穿过了“那条天然的人群分界线”；这是一条有趣的评价，暗示出伦敦人对河水的返祖式尊敬：是这条河改变了两岸地域的性质。然后他问道，穿过那条重要的界线之后，是不是“同样的街道也会以某种微妙、无意识的方式，变得更加污秽；商店会否变得更加厚颜无耻——甚至人也变得更加卑贱?”

如果说伦敦包含了整个世界，那么这里的南北就代表了这种世界性。“北边”和“南边”种族的区别自古以来就有，北边人比软弱且喜欢感官享乐的南边人更加清心寡欲，也更加强壮。这是达尔文强调过的区别，在他于伦敦建立的自然选择理论的语境下，达尔文宣称“北边的各种形态有能力战胜南边更为虚弱的各种形态”。“南边的各种形态”更为虚弱，可能是因为它们来自太过细弱的源头，这大概可以回溯到中石器时代和新石器时代。那些讨厌的气味可能部分包括了古代历史的气味。那么那些享乐呢? 1911 年的一位记者所说：“甚至这些‘水上’人的戏剧欣赏力，现在也被认为是原始的；而‘大众化戏剧’则与伦敦北部的高级品位形成对比，代表了十分粗陋的情节剧。”然而，南边剧院这种哗众取宠、引人注目的形态可能折射出那些曾经从南岸获得满足的16 世纪口味。

如果你今天站上河岸，你会看到全新的泰特现代美术馆，它于 2000 年开放；在泰特现代美术馆附近，还有以其 16 世纪形式重建的环球剧院。一小段路之外的博罗高街上，乔治旅馆的遗迹让人想起萨瑟克在那几个世纪里的氛围：那时它还是旅行者前往或者离开这座伟大城市的旅途中转站和庇护所。在近处的圣托马斯街，一座 18 世纪教区教堂的阁楼上发现了一间老手术室。有一则关于这处奇怪遗迹的报告写于 1821 年，里面记录到，“很多手术器械仍然和罗马时代使用的那些非常相像”。三千年前就开始使用的环钻技术，仍然是这处遗址上最为常见的手术操作。因此，当病人被蒙住双眼带到这里，限制在小木桌上时，当医生拿起他的手术刀时，这种手术大概从新石器时代和罗马人定居时代起就在同一片土地上进行着。

南伦敦相对孤立或狭隘的后果之一，就是让这些关于过去的象征或者标志保留了它们的力量；据 A. A.杰克逊在《半独立伦敦》中所言，甚至在 20 世纪 30 年代，“伦敦人罕有过河”，因为河那边仍然是“一片异土，有着一种相当陌生、差别迥异的交通系统”。当然，很多古旧建筑都已经被拆毁了（萨瑟克斯多尼街上的一排伊丽莎白风格房屋就为了让大桥能接通卡农街火车站而被拆除），但很多东西以另一种面貌残存了下来。17 世纪时，托马斯·德克尔曾观察到，众多的小酒店让博罗高街成了“一间连续的酒馆，连一家店面都看不到”，现在这些酒吧仍然簇拥在通往伦敦大桥的道路上。甚至到 19 世纪早期，仍然会有古物爱好者以及夜间客前往曾经被称作“战袍”的塔尔博特酒店；在它的入口上方，有“这是杰弗里·乔叟、奈特，以及二十九位朝圣者在1383年前往坎特伯雷途中暂住过的地方”的铭文。时尚和强势的商业需求都未曾影响过南伦敦的质地。这解释了它的魅力，以及它的荒寂。

然而，南岸的复兴，包括为了从圣彼得山横跨到河岸区而于2000年建造的步行桥，它将带来巨大的改变。南伦敦在过去的几个世纪中没有得到充分的发展，但是这种忽略让它得以不费力地改造自己。看看泰晤士河沿岸那些正进行大量重建的区域，就可以证明这一点。在北岸，街道和巷路被商业房屋挤满，近乎爆裂，因此如果不加以彻底的破坏，其商业外观或者发展方向的任何进步都是不可能实现的。与之相反，泰晤士河南边相对来说尚未发展的大片地带可以孕育出充满活力、富于想象的转变。

在这条河北岸的昆希斯和暗房径之间行走，可以感受到一种隔离的体验；蜿蜒于旧码头和防波堤的“泰晤士河畔步行道”，不会令人产生与他人，或者与城市相连接的感受。这些码头的存在感，并不比河畔那些互不相接的各种商行总部多多少。泰晤士河的北岸，用当代的表达方式来说，已经被“私有化”了。而南边，则有着交流和活力；从新的泰特现代美术馆到环球剧场，再到安可酒吧，宽阔的人行道通常都充满了人群。南边自古以来的好客和自由再一次涌现；在21世纪，即便不说是最受追捧的，它也将是最为精力充沛和多样化的伦敦生活中心。所以南岸已能以胜利的姿态重振它的过去。重建的河畔电站，上层像一个流光溢彩的盒子；它和大主教码头以及新修的环球剧院连成一线，三位一体地召唤着这个区域的精神。五个世纪都被包含在这唯一而简单的认同之举中，无疑会引发惊奇。这就是伦敦力量的一部分。过去所存在的地方，未来也会兴盛。

LONDON

The Biography

帝国中心

第七十三章

也许因为我是个伦敦人

伦敦一直都是座移民城市。它曾被称作“众国之城”，艾迪生也曾在18世纪中期评论道：“当我考虑这座城市的若干社区或者分区时，我把它看作一个由各个国家组成的聚合体，这些国家因各自的习惯、风俗和兴趣而相互区别。”同样的评论也可以适用于过去两百五十年来的任何时期。彼得·莱恩博在《绞死的伦敦》中这样评价18世纪的伦敦，“这儿是全世界各种体验的中心”，有被排斥者、难民、旅行者和商人在这里寻找“庇护所、信息源，以及生死相搏的竞技场”。是这座城市本身召来了他们，就好像只有去经历这座城市，他们的生命才能有意义一样。它的人口被比作18世纪的“众国”饮料，由各种烈性酒瓶底的残留物组成；但是这并没有完全展现出来到这座城市的各个移民人群的能量和进取。他们并非渣滓或者残余；事实上，伦敦的活力和进取心似乎经常入侵他们，除去一两个例外，这些各种各样的群体兴起并且繁荣起来。这是一个持续的、永无止境的故事。常常有这样的评论，在其他城市里，一个外国人要被接纳，必须要等很多年过去之后；在伦敦，只需要几个月即可。诚然，你也只有把自己当作一个伦敦人，才会在伦敦感到快乐。这就是成功同化的秘密。

一个个新的世代，带着他们的歌曲和习俗，至少早在罗马定居时期就到来了，那时伦敦被开放为一个欧洲市场。在这座城市工作的居民可能来自高卢、希腊、德意志、意大利、北非，这是一个多语言社区，所有人都说着各种粗糙或通俗的拉丁语。到7世纪，伦敦崛起为一个重要的港口和市场，当地人以及移民人口则更彻底地混杂在一起。还有一种更普遍的变化。已经再也不能区分大不列颠人和撒克逊人了，而9世纪北方人入侵之后，丹麦人也进入到了这座城市的混合种族之中。到10世纪，威尔士布立吞人和比利其人、高卢军团的残余、东撒克逊人和莫西亚人、丹麦人、挪威人和瑞典人、法兰克人、朱特人和盎格鲁人移居到这座城市，他们混杂在一起，并且持续相互混杂，形成了一种独特的"伦敦人"部落。一篇叫作《埃塞雷德四世文献》的文本提到，那些在诺曼人定居前"经过了"伦敦的人，"来自佛兰德、蓬蒂约、诺曼底和法兰西岛"，以及"皇帝之从属：德意志人"。

事实上，伦敦一直都是一座饥饿的城市；很多个世纪以来，它都需要持久的外国移民流入，以弥补其高死亡率。他们也有利于商业，因为移民特定地与伦敦商贸的迫切性联系在一起。外国商人在这里混杂并通婚，因为它是全世界最重要的市场之一。在另一个层面上，当故乡拒绝承认商贸自由时，移民便来到这里继续他们的买卖。而且，还有其他来到这座城市的移民，已经准备好可以接受任何类型的雇佣，完成那些"伦敦本地人"（考虑到这个用语的相对性）不愿意做的事情。在任何情况下，移民都对应着雇佣和盈利；那就是为什么把伦敦理想化地描述为"开放城市"有点太过感性和虚伪。它实则默认了移民的浪潮，因为本质上，正是他们帮助它繁荣起来。

不过，间或也有批评的声音。"我一点也不喜欢这座城市。"德威斯的理查德在1185年这样抱怨道，"来自天底下所有国家的各种各样的人拥挤在这里。每个人都把自己的恶习和风俗带到了这座城市。"在1255年，僧侣编年史家马修·帕里斯为伦敦"充溢着普瓦图人、普罗旺斯人、意大利人和西班牙人"的事实而哀叹。因此，人们在20世纪晚期抱怨伦敦被来自非洲、加勒比海或者亚洲的人群"淹没"是可以预期的。而就13世纪这位编年史家的例子来说，认为某些本土人被其他人种替代的观念，是返祖和错误的。然而在他对外国人的抨击中，还有其他一些动力；他并不全然赞同资本的商业本能，并且感到自己被异化，或者说被从它多样化的生活中排挤出去。因此，单独把外国商人拎出，是一种中和或者挑战这座城市之商业性质的方式。那些抨击移民的人，实际上是在抨击需要有持续的新贸易和新劳力流入的商业道德。这类抨击并未成功；它也从来没有成功过。

1440年至1441年的移民流入在种族和文化反差方面为我们提供了引人入

胜的研究材料。在《伦敦历史研究》中，有西尔维娅·L.思拉普的一篇论文《15世纪伦敦城里和附近的外国人》，它提供了一些与其他时期的有趣比较。大约90%的人被归类为“多舒人”，这是一个包括佛兰德人、丹麦人和德国人的总称，但实际上有超过半数来自荷兰。他们的遗嘱留下佐证，显示出他们的共同特征是“力求虔敬，并通过诚实的工作和团体内的互助获得财富增长”，这个评论同样可以适用于一些更近期的迁入人口，比如来自南亚的移民。这些15世纪的移民倾向于投身那些更为确切的行业，比如金器业、裁缝业、男装业、钟表制作业和酿酒业。他们也因印刷业而出名。其他人融入更宽泛的城市社区，成为啤酒商、篮子编织工、细木工匠、宴会承办人和伦敦家庭或酒店中的仆从。行业工会和存世遗嘱留下的证据也“表明英语成了这类群体的交流方式”，这仍然是任何移民群体都有的一个特征，学习英语对他们来说往往是很直觉的反应。在城里的行政区中，意大利人组成了“商业和金融贵族阶层”，虽然这个群体内部有着区分。还有法国人和一些犹太人，以及“希腊、意大利和西班牙医生”；不过那个时期的下等阶层好像是冰岛人，他们通常被雇为仆佣。

在15世纪50年代，伦敦曾怀疑过它的移民，那时意大利商人和银行家因放高利贷而被谴责。但没过太久，这段纠葛也结束了，只留下一些流言，作为伦敦人对商业上的两面三刀特别敏感的证明。1517年发生了“邪恶五月”暴动，外来人的商店和房屋被一群学徒攻击；但暴动被同样迅速地平息，没有给外国群体留下任何持久的影响。很多个世纪以来，这已经成了这座城市的习惯；尽管有因煽动和金融恐慌引发的暴力行为，这座城市的移民群体总体上得以安居乐业，并同邻居们进行交易和教区工作，采用英语作为母语，互相通婚并且把孩子作为伦敦人养大。

然而，在16世纪60年代中期的一次移民潮中，受天主教迫害的胡格诺教徒前来寻找庇护，这激发了普遍的惊慌。在1567年2月17日，“伦敦城中有大规模的值夜……因为担心会出现暴动，提防这些处于城中和附近的众多陌生人”。胡格诺教徒被指控在他们中间进行秘密交易，并且参与囤积居奇等非法商业活动。他们“占据了城里最好的房屋，将其分割以配合各种用途，[并且]带进若干房客和居住者”；因此，他们要为伦敦的过度拥挤直接负责。更有甚者，如果这些移民的孩子“出生在这个范围内，根据法律被认作英国人”，他们也因“其倾向和同类之情”而仍被当作外国人。又是这熟悉的语句，显然是本土人再度对那些“外来者”的存在感到不安。还有一些指控说他们推升了伦敦地产的价格。

在金融衰退或者萧条的时期，责任便不可避免地落在了那些破坏公平的“外来者”的商业活动身上。可是在增长和扩张的时期，同样的贸易者却是因为这座城市的宽宏大量和财富多样才受到欢迎。艾迪生在看到皇家交易所的多语言人群时评论道，它“满足了我的虚荣，因为我作为一个英国人，看到这么多同胞和外国人聚在一起商讨私营的人类事务，并让这个都市成为整个地球的商业中心”。在这份记述中，既没有对犹太人的排斥，也没有对法国人的恐惧。

在 1850 年，威廉·华兹华斯叙写他早年居于伦敦时，想起他在这座城市的人群中找到了：

> 每一种特征的形体和脸庞：
> 瑞典人、俄国人；
> 来自温和南方的法国人和西班牙人；
> 来自遥远美国的狩猎的印第安人；
> 摩尔人、马来人、东印度人和中国人，
> 以及穿着白色长袍的黑人女士。

他还提到了“意大利人……土耳其人……犹太人”，所以可说是提供了一份关于移民人口的综合调查。它提供了现在已经为人所熟悉的关于这座城市之特征的洞见：它于自身中容纳了很多国家；但是在 19 世纪，出现了一种抵制宗教难民的新生政治运动。卡莱尔作出如下评论时，就注意到他们在伦敦的身影：“可以用相继到来的各类流放者标记岁月和时代，他们走在伦敦的街道上，用一种阴冷寂静的方式要求我们怜悯并反省。”俄国革命者克鲁泡特金把伦敦作为全世界政治难民的庇护所来歌颂，而且也确实有这样的宣称：到 19 世纪快结束时，这座城市已经成了散播各种政治观念，创造政治意识形态和发布政治理想的最为重要的竞技场。所以，在索默斯镇有西班牙难民，“你可以看见一群五十个或者十个庄严肃穆的悲剧性人物，穿着骄傲而破旧的外套；他们大部分人紧闭嘴唇，巡行在尤斯顿广场宽阔的人行道上和圣潘克拉斯新教堂附近的区域里”。他们在 1825 年变得引人注目，然后，和其他很多这样的组织一样，突然出现又突然消失了。在 1829 年春天，据一位当时的日记作者所写，“伦敦的法国人数目出现了突然的增长”；政治煽动和民众起义的激烈程度波荡起伏，法国人的数目也随之变化。伦敦成了整个欧洲的政治晴雨表。加里波第和马齐尼来了，同样还有马克思和恩格斯；在 1851 年，赫尔岑和科苏特到来，一个是俄国人，一个是匈牙利人；同样还有来自波兰和德意志的政治难民。英国，特别是伦敦，是流放者最受欢迎的地方。

任何一个群体的历史都能引发后人深厚的兴趣。在罗马定居时代，这儿有犹太人、非洲人，以及欧洲大多数种族的代表。说他们的生活从那时起就开始萦绕在伦敦，并不是过分的断言。关于差异和压迫的秘密上演了很多个世纪，这涉及定义自己或者其种族的需要，并且牵连到“本土”人口的骄傲和敏感。在很大程度上，这种叙事都被构想为一种接受和同化，但是任何一段已知的人类历史，都不可能没有受害者。

犹太人很早就经受了偏见和残忍暴行。来自鲁昂大屠杀的难民在 1096 年到达这座城市，但是最早的关于犹太社区的记录证据出现在 1128 年。他们不被允许参与正常的商业活动，但是可以出借钱财，这是基督教商人被禁止进行的“高利贷”行为；然后，他们自然因为这市政当局施加给他们的交易而受到指责。1189 年，在他们的地区出现了一次暴行，当时“房屋被咆哮的人群包围……因为这些发疯的人没有工具，就用火点燃了屋顶，很快就发生了一场可怕的大火”。很多家庭被活活烧死，其他逃到老犹太区和格雷沙姆街的狭窄通道中的人则被棍打或者拳打脚踢至死。1215 年还有另一场大屠杀，在某些情况下，犹太人到伦敦塔避难，以躲过暴徒的劫掠。他们还要忍受那些欠债的贵族家庭，而且，仿佛是对后来命运的奇怪预见，他们还被要求在衣服上佩戴一个标志以识别其种族。那个标志并非大卫星，而是一块板，形似那块被刻上《十诫》的石板。

在 1272 年，数百犹太人因为被怀疑铸造假币而受到绞刑，然后过了十八年（在意大利和法兰西金融家到来之后，他们不再有什么用处），在大规模地从伦敦城退出的过程中，所有犹太人都受到驱逐、暴打、唾弃或者被杀死。看来即使是在伦敦这座大都会和商业城市，这个流浪的民族也不可能找到永久的庇护所。伦敦反而成了都市剥削和侵犯的典型模式。但是在接下去的两三个世纪中，一些犹太人伪装成基督徒，悄无声息地回来了，几乎无迹可寻；在 17 世纪，查理一世对他们的金融技巧和资源加以利用；不过，是对《圣经》有着更深厚学养的克伦威尔，在“希伯来人谦卑地请求居住在伦敦市”之后，许可了他们的定居。他们要求，“让我们可以在自己特定的房屋中聚会进行私人的宗教供奉，不用畏惧我们的人身、家庭和地产受到骚扰”。这些是西班牙系犹太人，就如其中一位请愿者伊萨克·洛佩斯·奇利翁一样，他们从西班牙和葡萄牙前来；但是在17世纪后半期，从欧洲中部和东部到来的德系犹太人则不那么富裕，教育程度也更低，他们受到各种描述，比如“被蹂躏者”和“穷苦人”。查尔斯·布思曾形容道：“老一代的定居者远远地避开这些新移民，把他们当作只适合接受救济的低等阶层。”

这儿还涌现了移民人口的另一种面貌。这些新来者并不必然会被接纳，他们不是商人或者医生，而是流浪的外人、卑下的难民，只适合“出售旧衣或者沿街叫卖水果、珠宝和刀具之类东西”的移居者。德系犹太人是所有穷困的流浪人口的代表，交替着被本地居民剥削和虐待。

经过18世纪几次大事件之后，更多的德系犹太人到达这里；一次次的迫害、隔离和围攻使得他们成群结队地投奔伦敦的同教友人，这里在1722年就建立了第一间德系犹太教堂。但是他们并没有受到欢迎，主要是因为他们很穷。据称他们会“让这个王国被破产者、高利贷者和乞丐淹没”；这里再一次出现了非理性却来自本能的对被“淹没”的恐惧。他们还被指控从伦敦本地人手中抢走了工作，虽然，因为犹太人不能成为信基督教师傅的学徒，这对他们夺走现有工作机会的担忧是无中生有的。但是在伦敦，这样的恐惧一直都被广泛地宣传和相信；在一个金融需求和不安全感于劳动人口中流行的社会里，任何对不公平用工做法的暗示都能引发大规模的不满。这样，在18世纪50年代和60年代，虐待犹太人成了一种“娱乐，就像扔棒掷鸡、斗牛游戏，或者向戴枷示众的女巫投掷东西一样”。

还有另一个问题，有证据显示早在17世纪，移民就被贴上了难听的标签。“就如法国人喜欢莽撞，佛兰芒人喜欢喝醉一样”，托马斯·德克尔在1607年写道，“爱尔兰人［喜欢］当小贩”或者说沿街叫卖者。用现在的话来说，这是一个“刻板印象”的问题，它折磨着所有的移民。当然，讽刺的是，有一些特定的群体似乎无法逃出这张由错误的预期和误解所形成的大网。举例来说，伦敦的爱尔兰人就一直被定性为最穷的穷人。到1640年，教会记录中出现了“一个穷苦的爱尔兰人……一个来自爱尔兰的痛苦的人……一个死去的爱尔兰人的寿衣……一位因爱尔兰的城市大火而被毁了的可怜先生……他的东西在从爱尔兰前来的路被抛弃了……可怜的爱尔兰人被抢劫了”。所有这些以及更多的例子，都来自圣贾尔斯，让人想起了可悲的移民史上最初的几步。然而这还不是真正的开始。在此十一年前，一项法令已经宣布：“这个区域近期被大量的爱尔兰乞丐烦扰，他们无所事事地生活在这里，带来危险，并且对本地人来说是不好的例子。”这一直都是反对伦敦移民的一种呼喊：他们懒惰，像乞丐一样以伸手要饭为生，并因此提供了闲散度日的坏榜样；他们还接受了救助和慈善施舍，而荒谬的是，这些是本地人宣称属于自己的权利。近些年来，同样的抱怨被用在了整个白教堂区，以及陶尔哈姆莱茨区的孟加拉人身上。

伦敦也发生了针对爱尔兰人的暴动，同样源于如下盛行的假设：他们允许自己被用作廉价劳动力，“他们愿意做所有种类的平庸劳动，”罗伯特·沃波尔写道，“价格比英国劳力便宜很多”。有一些师傅收下他们，“每天能省下三分之一以上的劳务费”。很少有评论者会停下来考虑一下其贫穷和绝望的程度，以至于促使他们接受这处于饥饿边缘的薪水；相反，有的是针对他们的公开敌视和暴力，由“在萨瑟克、兰贝斯和泰伯恩路出现的”暴徒施行。陶尔哈姆莱茨、克莱尔市场和科文特花园发生了对爱尔兰人的攻击。1780 年的戈登暴动中，在“抵制罗马教会”的飘摇呼喊之下，爱尔兰人的居所和酒吧被不加区分地攻击和拆毁。这些针对移民的行动中有另一个为人所熟悉的要素：人们普遍相信，移民中很多都曾是罪犯，来掠夺毫无戒心的伦敦人。1753 年，一位地方法官提出，“大部分抢劫以及随之而来的谋杀都是由这些来自爱尔兰的流浪者所犯下的”。就如犹太人是受施者一样，爱尔兰人则是小偷。伦敦是危险或堕落的移民“寻找避难处和藏身地的庇护所”。那么“庇护所”的意义，可以微妙地从避风港转变为藏污纳垢之所。

在这些暴动和惊恐中，还有另一个移民群体：如果说他们很少引来暴行，那他们激发的同情就更是少得可怜。他们就是印度人，那些 20 世纪到达英国的人们被遗忘的祖先。他们作为仆佣或者奴隶来到伦敦；一些仍然被雇用，而其他一些则被草草地遣散，或者跑掉而开始流浪生活。公开的报刊上有“追捕警示”的广告：出一个金币，要求“抓获一个黑人男孩，印度人，大约十三岁，从帕特尼的第八间客栈跑掉，脖子上有一个项圈，刻着‘布伦菲尔德小姐的黑人，位于林肯客栈场’”。还有其他一些广告，要求寻找一个“茶褐色的东印度人”或者“逃走的孟加拉男孩”。另一些亚洲仆人在从印度返回伦敦的路上伺候完雇主之后，就被“放走”或者“抛弃”，他们因此落魄到街上生活。一位来访的印度人写信给《泰晤士报》，抱怨印度乞丐的存在是“对公众的一大烦扰，而对于前来英国的印度绅士来说，这烦扰尤甚”。《公共广告》在 1786 年评论道：“那些不幸的人每天都在讨钱以便返程，这证明了那些把他们带到这里的人大多在不再需要其服务之后，就都把他们扔下任其自谋生计。”这些是并不情愿的移民。

尽管在整个19世纪，欧洲移民的数量总体上有所增长，犹太人和爱尔兰人仍然是公众羞辱的靶子。他们是被嘲笑和嫌恶的对象，因为他们住在自我封闭的社区里，被广泛地认为是肮脏的；普遍的观点还认为，他们以某种方式将凌乱和不卫生的状态一起输入进来。前往爱尔兰贫民窟的慈善家看到了“不可想象的肮脏和悲惨”。不知怎地，这些状况被认为是移民自身的问题，他们在故土习以为常的并不比这里好。伦敦本身真实而肮脏的性质，以及爱尔兰人或者犹太人遭到的社会排斥，却没有人提及。他们还可以去其他什么地方？这个问题没有被提及。类似地，移民愿意接受最严酷、最卑贱的工作，也被当作另一种歧视方式，暗示他们没有其他用处。然而，犹太人成了“血汗劳工”制度的一部分，以赚取足够的钱能够离开他们被置于其中的悲惨境遇。他们并不比到访的慈善家更欣赏白教堂区恶臭的环境。他们的贫穷成了怜悯和嫌恶的对象，而他们企图超越的尝试却又遭遇了敌视和讥笑。

针对另一个亚裔群体的普遍歧视很有代表性。到19世纪晚期，居于莱姆豪斯及其周围的华人被认作是对本地人口的一种特殊威胁。在报刊中，他们被描绘得既神秘又险恶，而晚一些时候，（他们所吸的）鸦片那危险的烟雾从萨克斯·罗默、柯南·道尔和奥斯卡·王尔德的书页中升起，然后强化了一系列联想。伦敦人认为这些特别的移民会“污染”附近的城市人口，好像外来人群的存在就可被认为是疾病的标志一样。作为一个人口过多的城市，伦敦在其整个历史中，对传染病都有着焦虑的恐惧感，而那种恐惧只是简单地改变了它的形式；对污染的恐惧变成了关乎道德和社会而非生理和医疗。事实上，中国人是一个小型而且总体上守法的群体，肯定不会比环绕在他们周围的居民更加无法无天。他们还因其“被动性”而受到轻视，东方人有吸食鸦片习惯的幽灵再度复苏，但事实上，犹太人也曾被描述为蔑视和侮辱的“被动”接受者。似乎伦敦本地人的暴力倾向不知怎的是被那些在日常交往中回避暴力的人所激发或点燃的。华人群体的封闭性质反过来激发出一种神秘感，以及邪恶的嫌疑；人们尤其担忧他们可能在“邪恶的洞穴”中放荡交媾。这再一次显示出对移民和外来居民的普遍畏惧感的一些特征。它们引发了20世纪初期对俄国犹太人、世界大战中对德国人、1919年对“有色人种”的攻击。这些焦虑被指向20世纪50年代和60年代的英联邦移民，相应地，接下来又有对20世纪80年代和90年代亚洲和非洲移民的敌视。这种模式的对象有所改变，但是其形式却没有变化。

然而在某些情况下，尊重也紧跟着恐惧而来。不同的移民保留着对某种特定宗教或者正统观念的忠诚，这个事实引起的勉强的关注，最能证明这一点。他们引入的信仰与伦敦本地人口在总体上对教会的脱离或者公然的异教倾向形成了如此鲜明的对比，以至于常常成为谈论的话题。犹太人的信仰，举例来说，就被认为给东区提供了强大的道德存在感和延续性；讽刺的是，这也被看作他们忍受其他伦敦人攻击和羞辱的一种方式。胡格诺教徒的新教信仰、克拉肯维尔区爱尔兰人和意大利人的天主教信仰、德国人的路德宗信仰：这些宗教实践也被认为有救赎的特征。“然后他会看见一位留着胡须、身穿黑衣、值得尊敬的老犹太人，”G. 查尔斯的《交叉点》中有一段如此叙述东区，“在这个区域，［这样的人］现在很少见了，但偶尔看到时，他会心受鼓舞，生发出一种强烈的怀旧感，仿佛通过这样的人，他仍然能够触碰那些直面众多应许的早期移民的那种确定性和活力，以及他们粗砺、清白、雄心勃勃而拥挤的生活。”这一段话在伟大而势不可挡的伦敦背景下，唤起了移民生活中那些常常被忽视的其他方面；既有对笃信古老信仰的“怀旧感”，也被塑造当代多民族城市的“活力”和“雄心”所深深吸引。

有着特立尼达起源的诺丁山狂欢节在8月中下旬举行，就和过去史密斯菲尔德的圣巴塞洛缪节完全一样。这是一个奇怪的巧合，它强调了伦敦生活的延续性，同时也让真相水落石出，这关乎黑人和白人在这座城市的背景之下，遭遇对方身份的神秘性时所发生的一个奇怪故事。在16世纪戏剧《荒野》中，黑人常常猥亵好色，易受非理性感受的影响，而且很危险。黑人在舞台上的形象自然是他们进入伦敦的一个后果，在这里，肤色成了最为明显和最为重要的差异标志。在罗马帝国时期，这儿是有非洲人的，而且在撒克逊和丹麦占领时期，他们的后继者无疑通过异族通婚继续居住在这座城市。但是16世纪与非洲的贸易，以及1555年第一批黑人奴隶来到伦敦，标志着他们突然闯入了这座城市的意识。如果他们是异教徒，他们拥有灵魂吗？或者说，他们是否在某种意义上并非人类，而皮肤就是他们与人类渊薮相隔的标志？那就是为什么他们成了恐惧和好奇的对象。尽管相对来说人数很少，大多数黑人都作为家庭奴隶或者契约仆从而受到看管和控制，他们依然成了焦虑的一个来源。在1596年，伊丽莎白一世寄了一封信给市政当局，抱怨“近来有各种黑人被带入这个地区，而这样的人已经太多了”。几个月之后，女王再次表达了她的感受：“这些人种太稠密了，很应该遣散一些。”五年之后，一份皇家公告被发布，其中命令“在这个区域蔓延的大量乞丐和黑人”离开。

然而，就如所有涉及伦敦和伦敦人口的公告一样，它收效甚少。贸易推动的力量更为强大，特别是与加勒比海诸岛之间的贸易。非洲人作为伦敦种植园主的奴隶来到这里，或者作为自由身或非自由身的水手，又或者作为送给富有的伦敦人的“礼物”。此外，随着与非洲贸易往来的增加，伦敦的港口提供了开放的入口，让很多黑人船员得以在东边郊区找到暂时的居所。黑人仆从也在贵族家庭中变得流行并且时尚。他们的人口因此得到增长，到17世纪中期，即使仍不是城市社区中为人熟悉的身影，他们至少也已不再引人注目。他们中间大多数仍然是契约仆役或者奴隶，而且，根据詹姆斯·瓦尔文的《黑人之存在》所言，“其身份乃是一种物质财产”；因此，他们在伦敦存在的证据限于“腐朽的墓碑、弹指即碎的教会注册表中原始的数据、隐晦的广告”。这当然也是大部分伦敦人的命运，而且可以说，这些黑人移民（以某种倒影的形式）象征着伦敦本身施加的痛苦经历。

在1659年8月11日，《墨丘利政报》上的一则广告涉及“一名黑鬼男孩，大约九岁，身穿灰色奴隶装，头发很短，于8月9日星期二晚上从伦敦的圣尼古拉巷走失”。那些“走失”或者跑掉的人，将直面伦敦街道的生活。一位德国评论者提到，在1710年，“事实上有如此多的黑人男女……我以前从没见过这么多。男性和女性频繁地出来乞讨”。然而，最严重的虐待，发生在那些传统的雇佣工身上；迟至1772年，当著名的萨默塞特奴隶案件裁定奴隶身份不合法时，他们仍然是为主人做工的奴隶。1717年，伦敦法庭会议报告过一个案例，一位黑人移民约翰·凯撒和他的妻子已作为奴隶为白教堂区的一间印刷厂工作了“十四年而没有薪水”。晚至1777年，仍有广告涉及一位穿戴“牧师大衣、蓝色马裤、白色巴斯法兰绒马甲、黄色镀金鞋扣和白边獭皮帽”的“大约二十四岁、叫作威廉的茶褐色皮肤黑人奴隶”。他跑掉了，而且，尽管其衣着看上去像是时尚的典范，这则广告提到“他也是其主人的财产，在一侧肩膀上有L. E. 的烙印”。这印记无关耻辱名声，却代表着非人性；它是标示黑人比白人劣等的一种方式。在一座商业城市，他们成了动产的一部分。这样，在18世纪，有大量的广告将他们出售，“待售的是一位十一岁的黑鬼男孩。请到针线街的弗吉尼亚咖啡馆问询……他的价格是二十五镑，若非其主人即将歇业，他是不会被出售的”。

而伦敦的状况再一次见证了他们的命运。这些商业交易由富人或者权贵承担；无疑，那些购买和出售奴隶的“绅士”是很高兴看到伦敦的“底层”主要从事这类苦役的。在那个意义上，黑人奴隶的命运代表了一个更大范围内的制度压迫。那就是为什么伦敦群众在对待黑人人口时，有一定的同情和同感。它是那原始平等主义的清晰表达，已经被定义为伦敦生活中令人动容的一种精神。一位名叫比利·沃尔特斯，被昵称为“乞丐之王”的“黑人独腿小提琴手”的生平，显示出那种在贫穷和不幸的人群中最见深厚的平等主义。据说，“每一个伦敦的孩子都知道他”。我们常常能看到那些认为伦敦会发生种族冲突的预言是如何被证明为错误的。20 世纪 60 年代晚期和 70 年代早期的那些为厄运哭喊的声音，从那之后便销声匿迹。也许在对 18 世纪受虐待黑人移民的普遍同情中，我们能找到黑人和白人之间相对和谐和包容的原因。

不过，随着他们的增多，伦敦城内对“黑”的焦虑也在增加。18 世纪中期的一位伦敦地方法官约翰·菲尔丁表示，他们从到达这座城市起，就成了一种破坏性的元素，特别是在意识到白人仆佣也承担着和他们一样的工作时。换句话说，黑皮肤并非与奴役不可分割。所以“他们把自己和其他仆佣置于同一立场上，为自己的自由而痴狂，变得执拗倔强……以让自己得到释放”。当他们被“释放”入伦敦之后，接下来呢？他们“让每一个来到英格兰的黑人奴仆的心都变得堕落和不满”。其他一些人想办法来到了已建立黑人社区的僻静街道和小巷。因此对于市政当局来说，所谓的“黑人之存在”，造成了双重的威胁。那些本来习惯于做仆役的人被激发出愤怒或者抱怨，同时小规模的移民聚居群出现在沃平、圣贾尔斯和其他一些“低等”地区。

到 18 世纪末，“赤贫黑鬼”的数目还在增长。特别是那些在美国独立战争中为英国出战的入伍黑人，他们一到达后，就被彻底忽略了。这是移民的另一个侧面，移民的拥入是由主国的行为直接导致的。在那个意义上，这些前黑人士兵创造出了一脉可识别的血统，延续到 20 世纪那些离开帝国废墟的迁移者。1784 年发行的一本小册子称，成千上万的黑人“穿过这城市，裸露肢体，身无分文，几乎食不果腹”。结果，他们被认定对社会秩序造成了威胁。这些非洲人、美洲黑人或者西印度群岛人（只要他或她的皮肤有着一定的色调）总是被直觉地认作一种“威胁”。随着那种恐惧感一起到来的，还有异族通婚的可能性，因为在伦敦较为贫穷的区域，混血婚姻并不罕见。在这里，16 世纪“摩尔人”和淫荡之间的关联再一次被唤醒，黑色的皮肤仿佛就是一个标记，意味着“黑色”的欲望正潜伏在这种人的表皮之下。“英格兰的下层妇女特别钟爱黑人，”据报道，“其原因说出来的话就太过于残酷了。”一个“贫穷黑人救助委员会”被成立起来，唯一目的是协助他们退籍。它并没有成功。在估计为一万到两万的黑人人口中，登上离境船的人少于五百，这也许指出了一个事实，伦敦仍然是他们选择的城市。不论生活是多么痛苦和贫困，大部分黑人移民还是希望留在一个于日常商贸中仍有着机会和转折的地方。

那些人口变得习惯于新的环境，尽管仍然受到种族性嘲弄，那是19世纪伦敦街上常见的场景。他们已经成了“社会底层”的一部分，并且很少被与之区别开来；作为人行道清道夫，作为流浪汉，或者作为乞丐，他们已经接近隐形。在这座巨大的城市里，他们的数目还不够大，不足以博得公众的注意和关心；他们并没有参与工作岗位的竞争，因此没有威胁到任何人的生计。他们很少出现在小说或者故事中，除了作为应景的怪人之外；而且他们普遍的命运，似乎就是在城市穷人中栖身。

然而20世纪40年代后期，加勒比海诸岛的移民开始到来，这激起了一连串为人所熟悉的忧惧，其中就包括白人失业、异族通婚，以及总体人口过多的可能性。在1948年的夏天，“温德拉什帝国号”带来了四百九十二位来自牙买加的年轻移民。这标志着一个将会改变伦敦人口统计，影响公共生活各个方面的过程开始了。西印度群岛人之后，又有来自印度、巴基斯坦和东非的移民，所以到21世纪初，据估计伦敦容纳了接近两百万的非白人少数民族。尽管偶有种族因素激起的攻击，尽管某些少数民族会因警方的表现感到焦虑，有力的证据显示，伦敦平等主义和民主的天性已经将恐惧与偏见边缘化了。移民是伦敦如此不可或缺的一部分，甚至它最近、最具争论性的那些表现，最终也成了移民人口的稳定特征。这一点很明确，即使在1958年诺丁山暴动之后，特别是一位名叫凯尔索·柯克兰的年轻安提瓜木匠被杀害之后。伦敦生活的一项基本的要素又回来了。“在早些时候，通常，你知道，”一位年轻的西印度群岛人告知《温德拉什》（一部关于20世纪来自加勒比的移民的研究）的作者，“每当什么事情出现在报纸上时，你总能坐上公车去一试其冷热。人们会很有敌意。而这个事例中，在那场葬礼之后出现了一个转折点。你能够感受到一种变化。人们更为友好。人们开始以一种不同的方式去应对和应答。”在过去的二十年里有过暴动和谋杀，但是没有人能怀疑，伦敦城核心和根本的趋向是吸收和同化。这是其历史固有的一面。

这座城市本身，在这个过程中有所变化。《温德拉什》的作者，迈克尔·菲利普斯和特雷弗·菲利普斯，为这种转变提供了一个有趣的背景。他们提出，来自牙买加、巴巴多斯岛和其他地方的工人，并非是简单地“移民到不列颠”。“召唤他们，并且他们也开始渴望得到的，是这座城市的生活”，他们实际上是因此才移民到了伦敦。在20世纪，这座城市有效地创造出现代工业和经济生活的条件；因此对于新移民来说，到伦敦的旅程，是“与现代性那宽广的激流相接合”的唯一途径。这本身就是一项重要的观察，而且也对过去一千年来所有的移民往来作出了启发性的阐释。他们被这座城市本身所吸引。伦敦召唤了他们。来这里定居，在某种间接和直觉性的意义上，就是成为那要进入未来的当下时刻的一部分。这座城市内的时间的重要性已经被概说过了，但是，对于第一代移民人口来说，这座城市代表着时间本身的移动。

然而他们的活力和乐观反过来又把能量带回了这座城市。举例来说，据称在整个20世纪60年代，移民自己促进了其所居住的街道和房屋的“重塑和现代化过程”。比如布里克斯顿和诺丁山这些地区，它们“从19世纪以来就在不断衰退破败”，但是新来的人“让大片的城内区域得以升值”。“升值”这个词语的使用，显示了移民在经济方面的效率，但是从黑人移民到黑皮肤伦敦人之间的转变还需要用到其他资源。加勒比人“必须经历一系列根本性的转变，以在这座城市生活和繁荣”；就像之前的犹太人和爱尔兰人一样，他们必须获得一种城市身份，既可以保持他们的传承，同时也能使其顺利地通入这庞大复杂但总体上欢迎他们的伦敦有机体。城市环境看起来可能隐姓埋名，或者有敌意，或者令人害怕，但实际上它正是加勒比海人以及其他移民锻造新身份的最合适的竞技场。

由此，《温德拉什》的作者提出，“这座城市的本能是……把选择均等化”，并且“消除消费者和生产者之间的差别”。这种新的平等主义，又转而均衡了构成它的不同种族间的区别，因为“这座城市的根本任务就是把人放到一起”。而相应地，“这座城市的性格……定义了这个国家的身份”，而且，一座多种多样、成分混杂的伦敦的存在，对英国风格本身之概念或者性质的重新定义起到了助益。现在，哈克尼区住有蒙特塞拉特人，斯洛有安哥拉人，帕丁顿有多米尼加人，汉默史密斯有格林纳达人。曾经，在索霍区住着瑞士人，霍尔本住着塞浦路斯人，现在则有巴巴多斯人住在诺丁山，牙买加人住在斯多克维尔。南厅住有旁遮普人，哈姆雷特塔有孟加拉人，斯托克纽因顿有土耳其人，雷顿有巴基斯坦人。在更广泛的伦敦之背景下，每一个社区都复制了其独立性，因此这座城市再一次于其自身中呈现出整个世界的面貌。这座城市，那“众多国家之地球”，在生命这场伟大的竞赛中担当着范式和先行者的角色。

第七十四章

帝国之日

到19世纪最后几十年，伦敦已经成了帝国之城。公共空间、铁路总站、酒店、大码头、新干道、重建的市场，都表明这是一座拥有无与伦比力量的巨大城市。它已经成为国际金融中心和帝国动力的引擎；它充满了生机和期望。它的一部分优雅和多样性已经消失；它那乔治王时代的紧凑和熟悉感也已不复存在，被更大规模的新古典式或者新哥特式建筑所替代。不知怎地，这倒也配得上这个更大型、更自治的城市的抱负。1843 年建造的特拉法尔加广场纳尔逊之柱，是以罗马帝国战神庙中的一根柱子为模型构思出来的，而同时期白厅沿线的新建筑，则采用经过调整的古典主义风格。根据乔纳森·施内尔的《伦敦 1900》所述，伦敦的建筑歌颂了“战场上的不列颠英雄主义、外国土地上的不列颠主权、不列颠的财富和权力，简而言之，就是不列颠帝国主义”。如果说它是一座更为公众的、更有力量的城市，其实它也已成为一座更不人性的城市。花了约十三年的时间修建，最终在 1894 年完成的伦敦塔桥是一个有代表性的象征。它是工程学上非凡的壮举，但其规模似乎也带有一种没有人情味的、有些令人生畏的刻意。通过其巨大和复杂性，它反映出这座城市本身的运作方式。

19 世纪晚期的伦敦是在金钱的基础上建立起来的。伦敦城获得了它追求了将近两千年的历史性命运。它已经成为整个世界的商业先驱和信用载体；伦敦城维护着英格兰，就如同帝国的富裕也让这座城市焕发青春一样。早期移民的海上贸易已在过去几个世纪结出了意料之外的果实，因为到这个世纪初，全世界几近一半的商业海运都直接或间接地由伦敦城的机构所掌控。在20世纪前几十年，新办公大楼成了常见的存在；新的银行、企业总部、保险办公室被大规模地修建起来，带来了密集且戏剧性的建筑效果。举例来说，佩夫斯纳最新版本的《英格兰建筑》中关于伦敦城的部分，就提到英格兰银行如何像力场一样将其他企业吸引到自己周围。“在它的周围，簇拥着清算银行的总部和重要分行，其中有很多都在20世纪头十年末期通过合并和收购而大幅增长。”在这里，伦敦本质上的戏剧性元素再一次涌现，但却奇怪地混合着利润和权力的原则。金融机构的“合并和收购”倾向，反映在一种要创造越来越大型的机构的普遍性运动中。新闻报业、邮局的大规模增长，保险公司的大幅扩张，都促成了一种感受：这座城市增长之快，几近反常。

伦敦在其他方面也不自然。19世纪90年代电灯的问世（1887年，在罗姆巴尔德街劳埃德银行的经营场所中，它第一次用于室内），无可避免地意味着自然光不再是室内工作的必要条件了。由此，城市工人的大潮到来了；他们在冬天早晨的黑暗中前来工作，然后在晚上离开，终日不见太阳。这样，伦敦促成了人类精神上的巨大灾难。此外，新技术的使用，特别是加固的混凝土和钢筋，以及乘客升降梯的引进，无情地拔高了建筑。伦敦的发展势必伴随着奇特的共生关系，而商用空间的扩张必然引来就业人口的大幅增长。据估计，1871年伦敦工作人口的数目是二十万，而到1911年则是三十六万四千。成千上万的文书构成了一本旅行指南中所称的“文书之城”，而霍洛韦的布里克菲尔德排屋里“桂冠”建筑中的查尔斯·普特，就是这些文书的一个虚构变体。“我的孩子，二十一年来我在办公室中勤勤恳恳，并严谨地专注于上司的兴趣，因此我已经被奖励升职，薪水也增加了一百磅。”格罗史密斯的喜剧创作在一百多年间深受公众的喜爱，这一事实恐怕就证明了其故事有着直觉上的准确性。普特的生活平凡无奇，他也由此被看作是一种新型的城市人，或者城郊人。他忠心耿耿，他天真质朴，正是伦敦维持其自身所需要的那种市民。

但伦敦不仅仅是一座文书之城。随着工程师、会计、建筑师和律师不可避免地迁入这帝国之城，伦敦已经成了新“职业”的工作场所。这些富裕的“消费者”转而又创造出新“百货公司”和新餐厅的市场；出现了一个复兴的、更为舒适健康的“西区”，有着由欧文和比尔博姆·特里这样的演员兼经理来主持的剧院。由此也出现了更精致的乐趣。维多利亚时代中期的伦敦公园、博物馆和美术馆被一群相对富裕、流动性更大的新市民发现。伦敦有了更好的图书馆，以及极多的出色或专业展览，以满足一种新的寓教于乐的城市品位。它也是费边主义之城，以及“新女性”之城；它是“世纪末”颓废思潮的故乡，在公众心中，它可以很容易地与奥斯卡·王尔德在伦敦的惊人壮举联系起来。

但那老城也从未消失。在19世纪80年代，大约四百名男女曾睡在特拉法尔加广场上的喷泉和鸽子中间。正如H.P.克拉恩在《伦敦面貌》（1932）中提到的那样：“这些人中仅约三分之一有着固定的工作或者职业，其他人从童年起就只是尽最大努力混一天是一天，他们也很难解释自己是怎样得以生存了这么长时间的。”在那个十年中，每一年都有大约“两万五千人因在街上醉酒和妨碍治安而被起诉”，部分原因在于酒吧被允许通宵开放。也许居于世界上最富有和最强大城市的压力对市民们也带来了一些影响。它是一个反差鲜明的城市。直到19世纪70年代晚期，莱斯特广场上都随处乱扔着“锡罐、水壶、旧衣服、丢弃的鞋子、死猫和死狗”。

街道上充满了永无休止、持续不断的车流，有马拉的、电机驱动的以及蒸汽推动的。双轮有篷马车、响声轰隆的雇车、小货车，以及“庞然大物”或者说公共汽车的平均速度，保持在约每小时十二英里。老女人蹲在街上出售香料、苹果、火柴和三明治。有一群衣衫褴褛的赤脚儿童，人数不定，睡在小巷子里或者桥下。有小贩带着推车，叫卖包括从煤块到鲜花、从鱼类到松饼、从茶叶到瓦罐的任何东西。还有以令人吃惊的速度和凶蛮之力传播的瘟病，穿透了起伏不定的城市人口。但不知怎地，也许只是出于事后之明，穷人的生命和角色似乎在19世纪晚期伦敦的庞大和复杂中逐渐消减；在无休止的车水马龙中，他们的声音愈难被听到；在文书和“专业人士”的大军之间，在这座城市倍增的总人口之间，他们的努力杳无踪迹。

这座城市的庞大和复杂，这么多喷涌而出的财富和权力，也为当局造成了各种问题。都市工程委员会及所有的教区委员会该怎样才能监管或者控制这座世界上最大、最重要的城市呢？结果，伦敦郡议会在1888年成立，以管理大约一百一十七平方英里的区域。它覆盖了整个伦敦，包括城内城外，从北边的哈克尼到南边的诺尔伍德。尽管没有人道明，但人们担忧伦敦会变成一座过分强势而唯我独尊的城市，所以伦敦郡议会没有被授予控制警方和公共设施的权力；然而它的设立依然是伦敦发展史上一个有着重大意义的事件。西德尼·韦布认为它是一场奔向“自我管理型社区”的运动，这间接地唤起了那些拥有围墙和军队的中世纪“公社”的记忆。伦敦伟大的宪法史学家劳伦斯·戈姆成为伦敦郡议会书记，对他来说，议会代表着“中世纪宪章民主精神的再生，以及跟伦敦的撒克逊和罗马源头那样古老的公民传统”。1899 年，通过对教区和区域委员会进行重组，伦敦创制了二十八个都市行政区。虽然意图是为了阻止郡议会的任何中央集权冲动，这些行政区也有着某些返祖的气息。在 1912 年夏天的一次“皇室检阅”上，每一个行政区都召集了一个营的人马在乔治五世面前游行。它可能是第一次世界大战的先兆，但是来自富勒姆和旺兹沃斯、斯特普尼和坎波威尔、波普勒和巴特锡的军队让人回想起从早期的围城和辖区生发出来的古老的地区性忠诚。

伦敦郡议会开始热情饱满、生气勃勃地履行其市政职责。首当其冲的要务是清除贫民窟、发展公共住房。现在回头去看，它似乎用象征性的姿态宣称了对贝思纳尔绿地的“杰戈”区的主权。在阿瑟·莫里森笔下永世流传的肮脏小巷和廉价公寓于 19 世纪晚期被清扫一空，同样的地方建立起了“绿色边界宅区”。伦敦内城的其他区域也受到清扫，但是由于伦敦仍然在身心上具有“扩张”的迫切需求，所以东阿克顿和海耶斯这些地方建立起了“木屋庄园”。

在 1904 年，郡议会取得了对伦敦小学教育的控制权，并且拨款建立了一套奖学金体系，让聪明的孩子有可能从寄宿学校转到文法中学。这种创新直接影响了伦敦人的生活。在人们记忆中，城市政府第一次对市民生活产生了冲击。伦敦的管理部门不再是某种遥远的、几乎无法辨认的存在，不再像是马修·阿诺德在另一种语境下描述的那样，如同一声“忧郁、遥长、远去的号叫”；它已经成为了转变和改善的力量。

伦敦再次成为一种年轻的、充满活力的精神的化身，它好奇而富于进取心的气息，充溢在城市编年史家（比如 H. G. 威尔斯）的书页中。艰辛吃力而错综复杂的世纪末之城，似乎已经消失了，连同这个时期回忆录中独具的那种沉重而无精打采的气息。就好像这座城市随着新世纪活了过来一样。随着“电影剧场”和“电影院”的出现，这也是大众影院的第一个时代。地下交通已经抛弃了蒸汽火车，到 1902 年，整个路网都已经电气化。机动公车、有轨电车、卡车和三轮车让这整体的势头更加强劲。用这个时期的一个短语来形容，伦敦“走在了前面”。在 19 世纪晚期，《伦敦街道》的作者写道，“它已经优渥富足、行之有效，它变得圆滑精巧、敏捷入时”。伦敦最为显著的持久特征之一，就在于它让自己重焕青春的能力。也许它可以被比作某些能够蜕去老旧皮肤以获得重生的有机体。它是一个有能力在自己的灰烬上起舞的城市。所以，在爱德华七世时代伦敦的回忆录中，有着关于下午茶舞蹈、探戈、华尔兹和蓝色匈牙利乐队的记述。在中心区域内有十二座音乐厅和二十三间剧院，还有四十七间位于其外。商店和餐厅的规模得到增长，同时小茶室成了“茶馆”和“会所”。伦敦有了职业拳赛、冷饮店、咖啡馆和时事讽刺剧，它们更增添了这座城市“繁忙”的气氛。

不能说1914年到1918年的第一次世界大战阻碍了这座城市的增长或者它本质的活力。伦敦总是能量充足、强大有力，足以支撑自己对抗痛苦和灾难。1914年8月是第一次世界大战前最后一段和平的日子，赫伯特・亨利・阿斯奎特听到了一阵“遥远的呼号”。他写道：“战争或者任何看起来有可能导致战争的事情，在伦敦暴民中总是很受欢迎。你记得R. 沃波尔爵士的评论，‘现在他们正敲响自己的丧钟，几周之后，他们将拧断自己的双手’。”伦敦习惯了暴力和潜伏的凶蛮，其暴民尤是如此；而且对很多人来说，混乱和破坏的景象是伦敦休养生息的补药。大城市的居民总是最为血腥的。而且，伦敦也确实在战争年代有所扩张。就如在之前的几个世纪里，它所杀死的多过它所照料的，在现下的冲突中它似乎也借由杀戮繁荣起来。随着众多的年轻男性赶赴前线，这座城市的经济受到了充分就业的刺激，而作为结果，生活标准改善了。当然也有局部的危机和困难。建筑工事被暂停了，而到晚上，这座城市只有部分地区有灯光照明，这些灯被涂成深蓝色，以防备齐柏林飞艇的突袭。公园和广场被用作菜园，同时酒店成了政府办公室或者招待所。由于国外流亡者纷至沓来，外国餐厅和糕点店比任何时候都多，同时舞厅和音乐厅里宾客满座。首都遭受了生命的损失（在战后早已被重建的建筑墙体上找到纪念该地遭受齐柏林飞艇突袭的饰板，至今仍然不是罕见的事情），在四年的战争中大约有七百人遇害。作为对比，据估计有将近十二万五千伦敦人在战场上死亡。然而，伦敦并不吝惜它的生命。

1918年战争结束，迎接它的是狂欢和群情激昂的景象；这总是不时地出现在伦敦的历史中。斯坦利・温特劳布在《全球同此寂静：第一次世界大战的结束》中描述了这番情景。“街道热火朝天，人群云集。旗帜像是被魔法变出来一样。男男女女的人潮从堤岸区奔涌而来……在最后一记钟声静下来之前，那些被严格控制的、受战事约束的伦敦街道已经变成了一片胜利的混乱海洋。”在这番描述中，这座城市再次生机勃勃，它的市民“潮涌”如同血液，又一次在它的大动脉中奔跑起来。行人“在人行道上起舞”，而大量的人群汇集到所有的公共场地，集体情感正在这些场所萌芽，而它也将成为未来城市的一大特色。市民也确实合成一具躯体，拧成一道声音。乔治五世驾车“穿过欢呼的人群波浪”，用大海的图像来表达大众情绪，这再次召唤出奇特的非人格性和不可阻挡之势。奥斯伯特·西特韦尔回忆道，他最近一次看到这样的人群：“是在 1914 年 8 月 4 日，他们在白金汉宫外为自己的死亡欢呼；大部分参与其中的人现在都已经死去了。”

在这里，狂欢离凶残非常之近，同时有一种野蛮的胜利在伦敦的街道上放纵开来。随着人们“时而汇合，时而携手，如海中浪涛一般朝着特拉法尔加广场的四周冲击过去”，“羊群之神”已然接管了他们。庆祝将会不停歇地持续三天。荒谬的是，人们欢庆和平，却引发了暴力和骚乱，同时有位观察者将它描述为“一种犹如野性狂欢的欲乐，一种几近残酷的享受。它令人害怕。我感受到，如果有任何德国人在附近，这些女人将会冲向他们，将之撕成碎片”。当然，在这些人群于战争刚开始时的欢快中，同样的残忍也曾显而易见。在詹姆斯·希尔顿的《鸳梦重温》（一部记录下这些事件的小说）中，这些场景代表着“一种共通的尘俗之触，一种与过去的暴民之间骚暖而淫猥的关联”。这疯狂朝着不可预料的方向散布开来。有一个故事讲述了柴郡芝士酒馆里那只著名的鹦鹉，“在 1918 年休战之夜的喧嚣声中，它用鸟嘴持续不停地拔出了一百个酒塞，然后就昏厥跌倒了”。这座城市对这几个冬日的关注胜过整场战争，这可能有些反常，但是在那短短的几天里，这座城市的自身特色却更为浓郁和显明。

那场战争也孕育出新鲜的活力和目标感。截至 1939 年，大伦敦地区的人口已经上升到八百六十万；这是它至此所达到过的最高水平，也恐怕是有可能达到的最高水平。整个不列颠人口中，每五人就有一名伦敦人。这座城市在每个意义上都已经发展扩张，新的双车道和辐射状公路计划通达切斯杭特和哈特菲尔德、切尔赛和斯坦恩思。就如它向外扩展一样，它的内部构造也得到了更新。新的银行和办公室建筑在城市里拔地而起，同时英格兰银行也重建了。一座新的兰贝斯大桥正在兴建。通过教育和福利方面的新倡导，以及住房和公园的再发展计划，伦敦郡议会维持着这座城市发展的动力。H. P. 克拉恩在 1932 年撰写的《伦敦面貌》中提出，“新的伦敦正在历史悠长的地基上兴起，带着不可抗拒的能量”。这既不是第一次，也不是最后一次复兴；伦敦的古老恒久不变，但它又总是重现新姿。不过，1931 年秋天，这座首都最重要的公共和商业建筑第一次用泛光灯照明，这成了其整修翻新的合适标记。

它新颖的光亮吸引了各种强大的势力；通常被称作“都市中心化”的进程引来了政客、行业工会拥护者和广播电台。就这样，安置于伦敦中心的BBC，也就成了“国家之声”。电影和新闻产业，连同众多的广告公司一起，迁移到这座大都会，并在这个过程中，为把这首都的形象和愿景传播到整个国家提供了助力。同样地，工业也经历了大规模的迁移。《伦敦郡规划》的作者提到，很多商业领袖被“众多工厂兴盛的景象，以及与大伦敦相关联的繁荣气息”所吸引。再一次，伦敦恢复原状，并成为安乐之乡，或者黄金之城。

20世纪30年代已被特别地剖析为焦虑的年代，经济萧条、失业和发生另一场世界大战的前景对这座城市的性情造成了实质的影响。然而历史学家和记者在讨论这个主题时，有着各自热衷的问题；伦敦足够大、足够多样化，可以反映出任何心情和话题。它能够掌握或涵盖任何事物；从那个意义来讲，它必然会在根本上保持着不可知性。

举例来说，J. B. 普里斯特利就目睹了大转变的迹象。他描述了一种新的城市文化，在他周围全面生发，是一个“有着主干线和侧路，有着犹如展示厅的加油站和工厂，有着大型影院和舞厅及咖啡馆、带小车库的平房、鸡尾酒吧、伍尔沃斯商店、无线机动大客车”的地方。每件事物都变得过于庞大，这种为人所熟的伦敦感受再一次出现了。比如，据1932年的报道，达格南的人口在十年之内增长了879%。在1921年它还是一座小村庄，满是小木屋和玉米地；十年之中，两万幢房屋拔地而起，容纳了数量庞大的工薪阶层。乔治·奥威尔在描述一座新城市时提到过达格南，在那里，市民居住在“一片由玻璃和砖块组成的大荒野上”，在那里，“人们用不同的方式过着同样的生活，简易的平房和政府公屋座落在水泥街道两侧”。他与普里斯特利描述的是同样的现实，“绵延数英里的半独立平房，都有小车库”。他们两人都在回应过去一百五十年里伦敦生活最为重要的一个变化。他们都在谈论着郊区。

XX

LONDON

The Biography

第一次世界大战之后

第七十五章

郊区之梦

郊区和这座城市一样古老；它们曾经是这座城市外溢和涤荡出来的东西，不幸而肮脏。“郊区”所包含的，正好就是那些被市区禁止的事物（“发臭”的工业、妓院、麻风病院、剧院），所以墙外区域在某种意义上都充满威胁，并且无法无天。它既不是城市，也不是乡村；它代表着伦敦前行道路上被抛弃的东西。

不过，到16世纪，那些多样化的墙外区域（比如沃平和霍尔本、麦尔安德和贝尔芒赛）开始在人口、贸易和房屋等方面展现出增长的迹象。1657年，《都市伦敦》的作者写道：“的确，伦敦的郊区比城市要宽广很多，于是人们将其比喻为耶稣的帽子，帽檐要比中心部分大多了。”在同一个时期，西班牙大使评论道：“我相信很快就没有伦敦城了，因为它将完全奔向城门外的郊区。”然而，这个过程既不可阻挡，也同样不可避免。就如火山口流出的熔岩无法阻止其喷涌，伦敦也无法终止其增长了。

但这个过程复杂而充满变数。伦敦并非某种经过压缩的物质，它不会永久性地扩大其边缘，也不会在所有方向上都向外扩展。它朝着不同的方向螺旋展开，利用已经存在的道路或者贸易通道，并对一些乡村或教区的承受力加以测试，以支持其重量。举例来说，斯特普尼南边看上去像一座“河滨之城”，是最早的工业郊区之一，但是它的北边仍然是“有着乡村面貌的教区”。伦敦有机地移动着，换句话说，总是在寻找它能够生存并繁荣的生态环境。斯皮塔菲尔兹在不到六十年间扩大了五倍，这“唾沫之地”的名字来源，可能就是蜘蛛令蛛网不断扩张的白色分泌物。

但是，这自然出现的建筑和人口过量，也激发了厌恶和惊慌的感受。它似乎威胁到这座城市的身份。从技术层面来讲，当局不再能监管商贸、生产，或者价格；在一种更不易察觉的意义上，法律和权威的守卫者逐渐失去了控制权。权利的丧失引发了焦虑。因此，举例来说，查理一世就把白厅的暴民骚动归咎于“卑鄙且不守法的郊区人”。同时，在斯蒂芬·尹伍德的《伦敦史》中，郊区被描述为“一座充满粪堆、发臭工业、血腥比赛、绞刑架、低级客栈、妓女、外国人、小偷、穷人和强盗的地狱”。

然而有一段时间，郊区似乎仍然有可能从这城市的残害下逃脱。到 18 世纪末，佩卡姆有“很多漂亮的房屋……大部分都是伦敦富有市民的乡村别院”。在肯蒂什镇，“空气非常健康，很多市民都在此修建了房屋；对于那些经济条件不允许这种开销的人，他们借宿有家具的房屋来避暑”。在富勒姆，也有“很多属于伦敦绅士和市民的不错的建筑”。这个过程并非混乱的初步发展阶段，而是人们有意要到周边乡下定居。在后来的命名系统之下，克拉普顿、汉普斯特德和达利奇等村子成为了“郊区村庄”。

早在 1658 年，纽因顿格林旁边就出现了以伦敦排屋为模板的成排房屋。三十年之后，肯辛顿广场也是按照类似的方式布局的，而根据克里斯·米尔在《郊区伦敦》中所述，“没有对这个地方的乡村特性作出任何明显的妥协”。通过某种奇怪的炼金术，这座城市跨越到遥远的郊区进行了重组，默默地标记着将要到来的时代。通过相似的过程，郊区庄园在曾经的乡村地区涌现出来，几乎完全仿照伦敦西边的庄园。肯辛顿新镇、汉斯镇和卡姆登镇是微型的城市，被安置在主要道路旁方便而有利可图的地点。郊区如同伦敦的其他部分，是按照商业利润的原则建立起来的。

正如汉默史密斯和坎波威尔等地区既非城镇亦非乡下，成为兼具两者特定的所在，它们的居民也是混合而矛盾的。笛福已经注意到这些“中间类型的人，他们通过商贸致富，仍然有着伦敦的品位；一些人同时居住在城里和乡下”。混合的建筑形式，也开始从这些混杂的景象中出现。举例来说，在 18 世纪 50 年代和 60 年代，别墅作为标准的郊区居所涌现出来。它们很快在伊斯灵顿和穆斯维尔山、伊灵和克拉彭、沃尔瑟姆斯托和南肯辛顿变得常见。据说，它们的例子直接影响了后来更为广泛存在的郊区，被约翰·萨默森形容为“维多利亚风格房屋建筑的大潮，‘别墅世界’的洪流”。可以说，这种描述本身就带着某种仍被采取的，对 19、20 世纪郊区的轻蔑态度。不过从 18 世纪中期的别墅，已能预见到后来郊区生活的氛围和质地，这不仅仅在于其建筑风格。举例来说，它们体现了伦敦推崇隐私性的本能特征，而城市已经无法再提供这种隐私性。移往郊区这一趋势（包括在其早期和晚期形式之下）背后的动机之一，就是要避免紧靠在其他人和其他声音旁边。现代郊区街道上的安静，也许不能等同于卢汉普顿或者里士满德别墅土地上的寂静，但是排他性的原则仍然是相同的。别墅最初当然是被设计为单一家庭的居所，使其受到环绕和保护，免于城市的掠劫。一个家庭占有一个单位的观念，的确也是后来郊区发展的核心所在。在这里，对安全性和对隔离生活的相对匿名性的渴望，同样非常强大。别墅是“分隔独立的”。对于人口更密集的地区，更低廉的版本则转而按照半独立的形式建造。

有些人可能会把这看作撤退或者衰退，这带来了社会性和审美上的后果。最初的别墅曾是体面身份的可观标志（引用当时期一份小册子所说，“事关愉悦、优雅和精致”），而这种象征体面身份的景象在郊区继续保持了两个世纪。“保住体面”这个用语也许就是为郊区生活创造出来的。但是最初的别墅，却引导出了一种虚伪的形式。它们并非任何古典意义上的“别墅”（肯定与曾经遍布南英格兰的罗马式别墅毫不相像），而且那乡村生活的幻觉，仅仅是由坚定的决心和大量巧妙创新维持的。19 世纪和 20 世纪郊区还被牵扯到一种复杂的假扮游戏中，被暗中假设它们完全就不是城市的一部分。事实上，它们和新门或者托特纳姆院路一样是伦敦的一面，但它们的主要吸引力仍然是基于它们免受城市中有害的污染性影响的假设。

然而，这种快乐的虚构并不能维持很久，大众交通工具的出现加速了伦敦历史上最大规模的出城逃离。很快，其形式变得很清晰，更多富裕的市民搬到更远的地方，前往更为广阔的土地和山丘。这个现象和这座城市本身一样老，也一样新。查尔斯·曼比·史密斯在《伦敦小世界》中对一条位于伊斯灵顿郊区、被他命名为草莓街的虚构街道在 19 世纪 20 年代到 50 年代之间的发展进行了观察。它的修建过程持续了两三年，有“两排双层居所”；最初它“固执地坚持其乡村性的联系和特征”，以避免“被吞噬在巴比伦的怀中”。它属于上流社会，是从事专业工作的绅士及其家人的住所，有“文员、经理和受雇于这座城市的值得尊敬的人”。但然后它就开始变化了。“从事专业工作的女士们和先生们渐渐地往北迁移，他们的位置被一个新的阶层补充替代：商人的文书、工头、作坊监工”，这些人全天候工作，并且出租房间来帮助支付房租。很快，

“相互间隔不超过二十英尺的长排简陋小屋，像蘑菇一样在东边的废地上涌现出来。它们一旦被建好，就立即有人入住”。附近建起一家锯木厂，而且这条街上出现了各种店铺；一位木匠、一位细木工、一位蔬菜水果商加入到老居民中来，因此“在几年之间……道路两侧的街道，除了还有少数几幢房屋之外，被整个转变成了三流商业街”。锯木厂兴旺了起来，并且“在它周边聚集了众多的加工产业”。啤酒店、酒馆和咖啡厅连同作坊和工场，一起涌现了出来。所以不到三十年，这条街道已经“从喜欢安静和休闲的精英住所”转变为“做着苦活、奋力拼搏的劳苦大众所在地”。

还有另一种典型的城市进程：沿着干道发展，就像1885年的《建筑商》所说，以致“核心区的发展非常之快，只余下了些许缝隙的空地”。到19世纪50年代，城市人口开始流失，迁往北边（如加农布里）和南边（如瓦尔沃斯）地区。便宜的“工人车票”的出现，意味着靠近火车站的区域将很快被占据；这样，出现了像托特纳姆和东汉姆这样的“工薪阶层”郊区。这种趋势不断加速，到19世纪60年代，文员和店主渴望拥有的，无非是“城外”的一间小别墅。1862年，一位观察者停在樱草山顶上，他注意到，“这个都市已经甩开了它的手臂来拥抱我们，虽然还不至于带来让人窒息的紧箍，但也已太过紧密、凶多吉少”。这个比喻暗示出某种外来的威胁或者入侵，而且当然，它们代表了一种熟悉的（若非想象中的）对伦敦的态度。这座城市向乡下的扩张充满噪音、毒害和破坏。然而也同样可以辩论说，这座城市把能量和活力带到了那些它所覆盖的区域，而且通过创建郊区，它创造出了一种新的生活。它带来了繁荣，而且对于那些在新地产上定居下来的人来说，它还带来了一种满足感。

因此，在19世纪中间的几十年，伦敦周围的所有区域都进行着没完没了的建筑工事。“盖得越快越好”是一个口号，不过，若把所有郊区都描述为劣质建筑或者临时规划的例子，则是错误的。举例来说，非正式的圣约翰林庄园和温布勒登公区或者汉普斯特德花园的郊区，就与沃尔瑟姆斯托或者巴金的工薪阶层排屋大相径庭。组成阿加尔镇的一排排小房子与布里克斯顿更为上流社会的大道有所区别。覆盖了被称作乔尔克农场区域的伊顿学院庄园，与七姐妹庄园差别迥异。沉闷的伊斯灵顿与枝叶繁茂的克劳奇角颇为不同。在布罗姆利郊区长大的H.G.威尔斯对该地失望，指责它“偷工减料修建起来的无法改变的房屋”，以及“毫无规划，让所有生活在伦敦的人身受其害”。然而，就在年轻的威尔斯被不幸地安顿在布罗姆利的十年之后，年轻的W.B.叶芝正享受着贝德福德公园那截然不同的林荫乐趣。这两者都是伦敦的郊区。

然而，从最为宽泛的视角来看，也许能识别出三种不同的郊区类型。第一等的郊区仍然处于这座城市最外层的边界；像瑟尔比登、希德卡普和奇斯尔赫斯特这些区域，以更为富丽、在高地上建有花园的别墅为特征。在距离最近的火车站附近，有少数的“小屋”和店铺，但是乡村的幻觉仍然能得到维护。在第二等的郊区，比如帕莫斯格林和克劳奇角这些区域，居住着“中层经理、监管人和薪水较高的文员”，他们从低廉的地面铁路车票中获益，找到了一个安全且相对安静的隐居所，免于“巴比伦”的咆哮。第三等的郊区提供给工薪阶层，在像雷顿和东汉姆这些住宅区，毫无特色且无法区分的低价排屋住房覆盖了每一块可用的空地。这后者通常位于城市的东边。古老的区域性要求，终究也仍是郊区特征和质量的一个决定性因素，那些位于东部和东北部的明显要比西边的更低劣。南边的郊区则比北边的更为开阔，更为安静。

到 19 世纪 80 年代，人们一致同意，伦敦“就其大部分区域来说，是一座新的城市”。用 1900 年的《建筑新闻》的话来说，它已经成了一座“庞大的、过度增长的都市”，很大程度上由“小型房屋的大潮”构成。这是一种悖论，一座巨大的首都，可以由很小的个体单位建成。以某种奇怪的直觉行为来看，伦敦几乎就像是呈现出了正在萌芽的社会民主的可见形态。大众交通的新形式，比如深层的地铁系统，促成了一座新城市的创建；现在，那座城市转而又在创造着社会变革的环境。“伦敦会在哪里结束?”1870 年的《建筑商》这样发问，对此唯一的回答是，“天知道”。也许在过去六个世纪的任何时间，都可以如此发问，并得到相似的回答。在 1909 年，C. F. G. 马斯特曼也描述过郊区的发展（作为一个伦敦的话题，它存在于每个人的脑海中），“绵延数英里的小红房子位于狭小安静的街道上，它们的数目可蔑视任何想象力”。对他来说，这代表着“一种有保障的生活、一种可坐着工作的生活、一种有体面的生活”。晚些日子，乔治·奥威尔在《向加泰罗尼亚致敬》中用类似的方式评论了“庞大而平和的外伦敦荒野……在英格兰深而又深的沉睡中安眠”。

然而，对于这些描述中不曾明示的贬抑，以及有限的轻蔑之情，在郊区生活的人并无同感。安睡和体面也许正是一代代新伦敦人需要的状态。很多个世纪以来，这座城市的人口已经以暴力和急躁、酗酒和疾病为特征。郊区代表着一种新的城市文明，其繁荣兴盛无需任何这些为人所熟悉的城市属性。20 世纪初，伊尔福德作为给文员和技术工人准备的中等郊区被开发出来，当时，投机商不允许在其附近修建任何酒吧。他们的考量在于，要使这个新郊区尽可能地与伦敦相异。在同一个时期，伦敦郡议会将其工作重点从对“内城”的重修和改建，转移到了在伦敦边缘区域修建“小屋住宅区”。在这个过程中，小房屋这一观念本身被大幅滥用，但是带小后院双层排屋的推行，转变了政府公屋的名声，并且在实际上改变了伦敦人的形象。伦敦佬并不一定就是贫民窟的产物。

在20世纪30年代中期，据估计每一天都有二百五十万人在伦敦穿梭。那就是为什么私人性质的郊区和公共性质的郊区都出现了大幅增长的原因。那是“都市郊区”的时代，它萌生于里克曼斯沃斯的雪松庄，然后向外蔓延，纳入了温贝里公园和瑞斯利普、艾奇维尔和芬奇里、爱普森和普尔雷。“都市郊区”这一概念是由都市铁路公司创造的，并得到了伦敦地铁的大力支持，这一事实强化了交通运输在引发这场大扩散中的重要性。它们的小册子和广告强调了那些宏伟住宅区的绝非城市的面貌。

“都市郊区把我们召唤出来，前往巴克斯满是榉树的小路”（根据对郊区地形有着固执却又稍微模棱感情的约翰·贝奇曼所说），是为了“有山墙的哥特房子”和“新栽种的松树”，为了“克罗伊敦花园里的梨子和苹果”以及“郊区轻快的夜晚”，那里广袤而舒适的安全感，是多么令人渴望。在一首题为《米德塞克斯》的诗作中，贝奇曼召唤出永恒的另一种形式（“让我们失去的乐土保持活力——还是米德塞克斯的乡村”），而都市铁路和伦敦地铁的宣传者利用了这种对持续性和可预见性的渴求或欲望。根据这些宣传册（再次依照贝奇曼所言，展示着“皮纳那林荫小路上的红褐景色”），郊区的新居民将会居住在“有夜莺歌唱的满是荆棘的野地”旁边。伦敦地铁准备的一则广告展示出三排灰暗悲戚的排屋，下面写着“离开这里，迁往艾奇维尔”。一处森林景观的展示伴随着一句来自17世纪诗人亚伯拉罕·考利的引文，而诗人自己就在1660年的王政复辟后退隐到了切尔赛。他用一句话表达了愿望：“我也许能成为一座小房子和一座大花园的主人，连同它们一起的，还有适度的便利。”再一次，郊区的新远景与伦敦自身未被明言的好古趣味相一致，通过迎合那不很明确、难以解释的过去而寻求依靠。

同样形式的文化怀旧在新郊区的建筑风格上也显而易见，最突出的模型是“仿都铎式”，或者被称作“证券商之都铎”或者“都铎—伊丽莎白—詹姆斯式”风格。其欲求是要把延续性的感受与传统手艺和设计带来的满足感结合在一起。对于这些已经把自己放逐到城市中心之外的新伦敦人来说，它是传达实在性的一种方式，是对尊严的一种丈量。

伦敦已经创造出，并且容纳了一种新的生活。再一次，它的发生不曾被预料到，没有一致的或者集中的规划，而是由短期的商业需求引导的。因此，郊区成了购物广场和大型影院，符合审美的地铁站和华丽的火车站的所在之处。这是莫里斯工艺品和福特汽车的时代。新复式行车道的沿线工厂如今正在制造这一新文明的家用设备——洗衣机和电冰箱、电锅和收音机、加工食品和吸尘器、电暖炉和人造革家具、“再生”的桌子和卫浴配件。

在《看不见的城市》（1975）中，意大利作家伊塔洛·卡尔维诺思考了以楚露德和彭塞西利亚为化名的郊区的本质。我们可以用阿克顿和文姆布雷公园来替换。书中的叙述者被告知，他可以游历自己选择的任何地方，“但是你会到达另一个楚露德，与前一个完全相同，每个细节都一样。覆盖这个世界的，只是一个楚露德，它不会开始，也不会结束”。但这一直就是伦敦的定义，它既没有开始也没有结束。在那个意义上，郊区只是分享了它这无限的本性。老城里的酒馆让位给了20世纪30年代光芒耀眼的电影院，客栈被位于要道交叉口的“路边酒店”或者仿都铎式的酒吧代替，街边市场被购物广场和百货大楼代替。在两次大战间的年代里，郊区大幅地拓展了伦敦的生活和外延，但本质上，仍是对其进行了更详尽的阐释。在卡尔维诺的小说中，叙述者询问彭塞西利亚的地点所在，而居民们“作出了一个意义宽泛的手势，既可以指‘这儿’，也可以指‘再远一些’，或者‘你周围的全部’，甚至‘在相反的方向’”。因此，为了卡尔维诺，到访者开始询问：“彭塞西利亚是否只是它自身的外围。这个现在开始啃噬你头脑的问题更为痛苦：在彭塞西利亚，还有一个外部存在吗？或者，不论你从这座城市出发走了多久，你只是从一处过渡区走向了另一处，永远都无法离开它？”

伦敦是如此地无所不在，以至于不能在一个具体的地点找到它。其郊区异乎寻常的增长强调了这一事实：因为它并没有被限定的、或者说明确的中心，所以它的圆周可以位于任何地方。

XX

LONDON

The Biography

闪电战

第七十六章

战争的消息

伦敦遭受的空袭始于外围。克罗伊敦和温布尔登最先受到袭击，然后在8月底，有一次偏离常轨的空袭，针对克里波门区域。然后，在1940年9月7日下午5点，德国空军进入，攻打伦敦。六百架轰炸机一大波一大波地集结，将它们的炸药和高爆燃烧弹扔向伦敦东部。贝克顿、西汉姆、伍尔威治、米尔沃尔、莱姆豪斯和罗瑟希燃起熊熊火焰。加油站和发电站受到了袭击；不过码头是主要的攻击目标。“电线杆开始冒烟，然后从底座燃烧到顶部，虽然最近的火苗还有好几码远。然后，路面在灼热的高温下燃了起来。”消防员必须飞奔着通过火焰和持续的爆炸，以到达几乎“不受控制”的大火地点。“火势如此之大，我们所能做的，只是无力地尝试去扑灭它。整个仓库就是狂暴的炼狱，映衬出一群群弱小的消防员的轮廓，他们正把无效的喷嘴对准火焰之墙。”这些报道来自《勇气高扬》，是萨利·霍洛韦撰写的伦敦消防史。一位志愿者就位于河边，在那儿，“萨里河岸半英里都着了火……燃烧的驳船在各处漂流……这场景就像是一条地狱里的河”。在堡区教堂的地下室里，“人们跪着呼喊、祈祷。那是最可怕的一晚”。

第二天晚上，德国的轰炸机再次回来，此外还有下一个夜晚。斯特兰德被轰炸了，圣托马斯医院和圣保罗教堂、西区、白金汉宫、兰贝斯宫、皮卡迪利、下议院全都受到了袭击。对伦敦人来说，这真像是一场针对伦敦的战争。在9月和11月之间，接近三万枚炸弹被扔向这座首都。在这场猛攻的最初三十天，有近六千人被杀死，还有两倍的人受了重伤。在10月15日的满月之夜，“看起来似乎世界末日已经到了”。有人把伦敦比作一种史前动物，带着创口和烧伤，不理会其攻击者，只是大步地往前走；这比喻基于这样的直觉：伦敦代表着某种无情且古老的力量，可以忍受任何冲击或者伤害。还有其他一些比喻也被使用（其中包括耶路撒冷、巴比伦和庞贝），它们带来了一种危险的感受，并最终一语成谶，预示了这座城市的苦难。

根据《大众观察》和其他一些有关方面的报道，人们最初的反应混杂而不相协调。一些市民歇斯底里，充满了压倒性的焦虑感，还有若干自杀的案例；另一些人怒火冲天，固执地决定要继续他们的日常生活，即使面对非同寻常的危险。有的人试图保持愉快，而另一些人则成为对自身周围一切破坏有强烈兴趣的旁观者；不过，很多人的情绪中都充满了英勇的反抗精神。如同伦敦史选编者A. N. 威尔逊说过的那样，这个时期的记录显示，即使“面对横死那迅即而刺眼的存在”，仍有“活力、玩笑和歌声”。

我们很难全面地定义那种具体的精神，但要尝试描述伦敦的本性，这至关重要。菲利普·齐格勒在其权威性研究《战时伦敦》中提到过，“伦敦人刻意地让自己看起来满不在乎、无所畏惧”。但这自我控制可能是一种必需，也是一种不愿散布传染性恐慌的本能。要是这八百万人口的城市沦落至歇斯底里的境地，该怎么办？那正是伯特兰·罗素在小册子《何路致和平?》中所预测的命运，他预计伦敦会成为“一个巨大的喧闹场，医院会被猛烈袭击，交通会停止，流浪者会为和平尖叫，这座城市会陷入大混乱”。有可能普通的市民比此前那些“精英人士”有着更为精确的本能；他们知道，绝不可以允许这样的事情发生。因此“伦敦人的冷静以及逆来顺受的决心”就是给局外人留下深刻印象的品质。在它所有周期性的危机、暴动和大火中，伦敦出人意料地保持了稳定；它有过倾斜、有过歪倒，然后又自己站直。贸易和商业在其结构中深刻而重要的存在，也许能部分地解释这一点：对商贸的追求能够度过任何障碍或者灾难。温斯顿·丘吉尔有一句战时用语，“照常买卖”，没有什么口号能比这句更适用于伦敦的状况了。

然而，在1940年的秋冬，伦敦人的冷静和决心还显现了另外一面，这源自某种深层的感受：这座城市在过去遭受了灾难，并且已经以某种方式挺了过来。当然，没有什么能等同于闪电战的威势及其带来的破坏，但单是伦敦那穿越时间的坚韧和延续，就能带来一种安全感，这种感受非常亲近，但在当时恐怕还无法被识别。然而，伦敦总是有着关于最终的复活和重建的暗示。诗人斯蒂芬·斯彭德在伦敦北边一次空袭之后讲述道："伦敦确然黑暗的广大给予我安慰之感。"这是牢固感的另一个来源。这座城市是如此之大，如此之复杂，如此之重要，以至于无法被摧毁。然后，他意识到"基尔伯恩的粗粝、臭气和灰色似乎突然成了一种精神力量（贫穷的巨大力量），它制造出了狭隘但却强烈的在其他时代生活的伦敦佬的景象"。这有着启示的"精神力量"，因为斯彭德似乎得出一个结论：贫穷和苦难以某种方式制造出了一种坚不可摧，甚至能抵挡这个世界最猛烈的攻击。"我们可以承受它"，那些被炸离自己家园的人们说的这句话，常常被记录下来，它后面还有一句没被明说出来，"我们已经承受了所有其他的"。

自给自足的态度总是伴随着一种骄傲的元素。"每个人都绝对地坚决，"一位观察者汉弗莱·詹宁斯写道，"暗中为有阻挠希特勒的殊荣而高兴。"根据齐格勒所说，这儿有"一种奇特的轻快心情……伦敦人觉得自己是精英"。他们为自己的苦难而骄傲，就像早几代的伦敦人对他们的毒雾、街道上的暴力以及其城市全然的匿名性和巨大性，有着一种近乎归属感的热爱。在某种意义上，伦敦人相信他们自己是为承受灾难而被特别甄选出来的。这也许又有助于解释这一明显的事实，"令人毛骨悚然的夸大成了很多伦敦人对话的标记"，特别是在死伤者的数目上。伦敦生活固有的戏剧性提供了一种解释；已有这样的说法，"在这座城市的历史中，从没有任何冲突能够比得上第二次世界大战这幕剧"。伦敦消防员声称，他们有一半的时间都花在驱散兴致勃勃的旁观者人群，而不是与大火相斗。如果不是因为疲惫和苦难那全然空白的单调性，以及弥漫其中的对炸弹的恐怖，伦敦人几乎有可能从破坏本身中感受到快活或者高兴。

最初几个月，还有着其他的意象。其一是大停电，它让这个世界上最为明亮耀眼的城市突然陷入了彻底的黑暗。伦敦再一次成了可怕的夜之城，并且随着曾经熟悉的大道隐没在黑暗中，它激起了一些居民几近原始的恐惧感。伊夫林·沃的一个角色提到，"时间有可能后退了两千多年，回到了伦敦还是一丛丛由栅栏围起的棚屋的时代"；很久以来，城市文明已经被建立在灯光之上，而当它缺席时，所有习惯的确定性都消失了。自然，有些人利用黑暗达到了自己的目的，但是对其他很多人来说，最主要的感受是惊恐和缺失。地下庇护所的吸引力已经被讨论过了，市政管理者还忧心伦敦会繁衍出一个"穴居人"的种族，永远都不愿意上到地面。但事实却更加严酷也更加乏味。只有4%的城市人口曾把伦敦地铁用作晚上的庇护所，很大程度上是因为他们会在那里遇到过度拥挤且不卫生的状况。伦敦无声地遵从了自己分门独户的城市传统，绝大部分市民选择留在自己的房屋里。

他们在天亮时出来后可能会看到什么？“离我们家三十码地的房子在凌晨一点被一颗炸弹击中，完全毁了。广场上的另一枚炸弹还没有爆炸……房子还在慢慢燃烧。有一大堆砖头……衣服的碎片悬挂在仍然立着的裸墙上。我想是有一面镜子在摆动。就像一颗被敲出的牙齿——切得很整齐。”弗吉尼亚·伍尔夫的描写表达出了几近生理冲击的感受，仿佛这座城市真的是活着的存在，能够遭受伤痛。“查恩瑟里小路的最上方有一个大缺口。还冒着烟。有一些大商店被全部摧毁了：对面的酒店像是个空架子……然后就是几英里又几英里的有序的普通街道……街道是空的。一张张脸上表情凝固，一双双眼睛视线模糊。”看上去似乎没有什么能抹去这“几英里又几英里”的街道，伦敦就像它一直以来那样，能吸尽任何惩罚，然而其市民并没有这么强壮；疲惫、厌倦和焦虑一波又一波地袭过他们。在接下来的一个月，1940 年 10 月，伍尔夫前往她曾住过的塔维斯多克和梅克冷伯格广场。她经过了一长列带着包和毯子的人群，为了能够进入瓦伦街地铁站的夜间庇护所，他们在早上十一点半已排成长队。在塔维斯多克广场，她找到了自己老房子的残余：“地下室全是瓦砾。仅存的遗物是把柳条椅……其余都是砖块和木头片……我刚好看到了书房的一面墙还站立着：我写了那么多书的地方，剩下的都是瓦砾。”然后还有尘土，仿佛是被抹去的经历的柔软的残余。“又全是垃圾、玻璃、黑软的尘土、塑料粉渣。”

当时，人们注意到所有事物都被蒙上了一层细腻的灰烬和煤渣，这促使人们进一步将伦敦和庞贝进行比较。个人历史的丢失是城市轰炸的另一面；有时，墙纸、镜子和地毯被刮得光秃秃，悬挂在废墟的空气里，伦敦人的私人生活似乎突然成了公共财产。这激发了一种集体感受，并且成为显而易见的勇气和决心的主要来源。

第二次世界大战还创造出了一种关怀的气氛。举例来说，为了保护孩子，从城市向乡村大批撤离成了一个需要考虑的问题。在 1939 年 9 月 3 日战争爆发之前的几个月，伦敦曾制定出一条自愿撤离的政策，以应对将近四百万妇女儿童的迁移，然而伦敦奇特的磁力开始发挥自己的作用。不到一半的家庭愿意撤离，或者说决定要离开。那些将要被送至乡下接收区域的孩子很不情愿地启程了。达格南区的儿童坐船出发，《达格南的危险》的作者约翰·欧利里记录道：“可怕的寂静。孩子们没有歌唱。”作家伯纳德·科普思曾是斯特普尼儿童撤离队中的一员，他回忆道：“这是我们出生的地方，我们成长的地方，我们游戏和歌唱的地方，我们欢笑和痛哭的地方。而现在，我们所经过的所有灰暗面庞都在哭泣。那是一种怪异的安静。”到达乡村后，他们看上去格格不入，事实上也的确如此。一小部分孩子不洗澡，长了虱子，四处捣乱。古老的野蛮图象在这里强有力地显示了出来。其他人“不肯吃有益健康的食物，而是吵闹着要炸鱼和薯条、糖果和饼干”。他们是一个非自然城市的非自然后代。此外，“有孩子拒绝新衣服，他们为了又旧又脏的东西争斗，不顾一切地要紧紧抓住它们”。伦敦孩子“肮脏”而悲惨的形象在这里得到了强化。然后，几周之内，他们就开始返家。到 1939 年冬天，已经有大约十五万名母亲和孩子回家；到第二年头几个月，一半的撤离者都已经回到了城市。“对于我来说，伦敦是流放后的回乡，”在齐格勒的伦敦史中，有个人这样说，“我的宠物猫在门口迎接我，邻居们欢迎我，阳光灿烂。”这里面有一种可触及的归属感，这是伦敦人最为强烈的感受。

1940 年的夏天，德军开始攻克欧洲时，孩子们（特别是那些东区的孩子）再次向农村迁移。十万儿童被撤离，但是两个月之后，每周都有两千五百个孩子返回。这代表了一种最奇怪，也许也是最悲哀的本能，即回到城市的需要，即使它成为火光和死亡之城。奇怪的事实在于，即使是空袭期间，孩子们也被证明比大人“更有韧性”。就像很多个世纪以来的那些前辈一样，就像 18 世纪霍格斯描绘的那些孩子一样，他们似乎在苦难和穷困中狂欢作乐，并且部分地再现了属于上个世纪街头阿拉伯人之标志的半野蛮状态。一次空袭之后，斯特普尼的一位到访者注意到，孩子们“从外表看上去很野蛮原始，而且满面尘垢，但却充满活力和激情”。

在沃平之外的沃森码头，一帮孩童以“死角孩子”之名聚集在一起。W. G. 拉姆齐编撰的《东区的过去和现在》讲述了他们的故事。他们是东区的非官方消防员。“其中一些孩子非常贫困，穿着便宜的衣服……他们分作四组。每一组负责沃平岛的一个区域。”他们拥有铁棍和一架手推车，以及沙桶和铁锹，来协助他们工作。他们把定时炸弹捆起来，然后扔进泰晤士河；他们把伤员从火灾现场抬走。有一晚，沃平的猛烈轰炸把他们引了出来，据一个目击者说，“一瞬间，十个男孩奔上了楼梯，看起来像是准备好了要‘吞掉’大火”。他们进入一栋燃烧的大楼，以把一些陷入其中的马匹导出，等出来的时候，“有些男孩的衣服……冒着烟”。他们中有一些死在大火和爆炸中，但是，当他们有成员因伤亡而损耗时，其他人会很乐意来补充其位置。这是一个最不同寻常的故事，它通过生动而强烈的细节突出了伦敦儿童生发出的坚强和自主。来自象堡区的一个小女孩被问及是否希望回到乡村，她回答说，“不怕”。不怕，那就是他们自控和无惧的关键。

这里还有了另一种社区性。伊丽莎白·鲍恩在她关于战时伦敦的小说《炎日》里提出，那些在大火和毁灭中死去的人没有被忘记。“这些无名的死者让残存者蒙羞，并非因为他们死去（那只会被分担），而是因为他们的无名，此时这已经无法弥补。”战争显示出了这座城市孤独和匿名之状况的本质。“既然从没有人关心他们曾活过，那谁又有权利为他们哀悼?”结果，市民们作出了“消除冷漠”的尝试，并且在某种程度上忽略或者减轻了伦敦生活通常的限制。“随着生和死之间那堵墙的变薄，生者之间的墙也变得不再那么牢固了。”所以，当陌生人在晚上相互走过时，会说“晚安，好运”。

还有一种显著的、弥漫的虚幻感，就好像这座城市的轮廓突然改变了面貌，变得未知或者无法确定了。“每个人以及所有熟悉的事物和工作，看起来都如幻影，”有人回忆道，“我们相互说话的方式甚至也变得不同，就像马上要分开一样。”在这所谓的“被围之城”中，这种脆弱或者转瞬即逝的感受，促成了其氛围的形成。有一位在乡下短暂停留过的伦敦人声称，“不受威胁的建筑、不可推倒的山峰”让他自己感到吃惊。他的经历导致了这样的结果：“所有的恒久都令人惊讶。他自己的生活是如此反常，以至于大自然似乎不属于他，他也不属于大自然了。”这座城市一直都被返祖的道德家认作是“反常”的，但现在，那种感受也为市民所共有。聚集到一个会有炸弹落下的地方，是反常的；成为一个如此巨大而明显的标靶的一部分，是反常的。然而，这就是他们生活的状态；也许，这就是作为人的状态。

所有空袭中，最为人所知、也最臭名昭著的那场发生在1940年12月29日，星期日；而1940年的轰炸，就结束于此。警报在晚上六点稍过的时候响起，然后，燃烧弹像“暴雨”一样落下来。这次攻击集中在伦敦城。“伦敦大火”再次来到。从奥德门到卡农街，切普赛德和摩尔门全区都陷入火焰之中。英格兰银行房顶上的一个观察者回忆道：“整个伦敦都像被点着了！每一个方向上，我们被火焰之墙围在了里面。”十九座教堂被烧毁了，其中有十六座是克里斯托弗·雷恩在第一次伦敦大火之后修建的；三十四处行业会馆中，仅有三处躲过一劫；整条主祷文巷都燃了起来，烧毁了差不多五百万本书；市政厅损毁严重；圣保罗教堂被大火环绕，但是幸免于难。“目睹伦敦被烧，天穹仿佛骑在火海之上，”威廉·肯特在《伦敦遗失的珍宝》中写道，“没有人能忘记他们当晚的情绪。”这座城市有接近三分之一被烧成了灰烬和瓦砾。不过，有个奇怪的巧合，损失以老城在历史性和宗教性面貌上所受的破坏为主；像康希尔和罗姆巴尔德街这些商业通道，相对来说仍然保留了原状。同时，没有一处大型金融中心受到损坏。这座城市的神明保护了英格兰银行和证券市场，就如同精心守护其财宝的伦敦狮鹫。

空袭后第二天从废墟中走过的人回忆道：“空气感觉像烤焦了一样。我在呼吸着灰烬……在我们走过时，空气本身就有着燃烧的味道。”有很多关于弹坑、被炸开的地窖、粉碎的墙、倒下的砖石建筑、着火的煤气总管道、尘土和碎玻璃覆盖的人行道、古怪的残砖以及被悬起来的破楼梯的记述。据詹姆斯·波普—亨尼西在《战火下的历史》中所说，“教堂的墙好几天都冒着水汽和烟尘”。然而，这座城市的工人和临时居民却回来了。空袭之后，随着文员、秘书和办公室勤杂工在废墟中迂回前往他们的目的地，“整个城市似乎都在流浪”。很多人到达后，发现他们的工作地点的内部都已被焚毁；然后第二天早上他们再次回去，“只是因为没有更好的事情可做”。他们的行为，让伦敦城的力量显而易见；他们就像新门监狱里面的囚犯，在监狱被戈登暴徒焚烧之后，又回到自己牢房的废墟上徘徊。

这座城市已经变成了陌生的领域。切普赛德的圣马利亚勒布教堂到圣保罗教堂之间的区域退回成了荒地。叫作古革、星期五街、面包街和沃特林街的受损道路穿过丛丛长草。有着这些以及其他街道名称的路标被钉了起来，以防止人们迷路。这座城市的颜色甚至都已经改变了；混凝土和花岗岩已经被“烧成了棕赭色”，而教堂的废墟变成了“铬黄色”。塞西尔·比顿在12月空袭之后拍了一些出色的照片。主祷文巷是一堆破瓦砾，在砖石之间，有一些零碎的铁制品非常显眼。三十家出版商的场址被毁掉了。在上一次大火中，主祷文巷也同样受损，而且据佩皮斯所说，“所有大书商都被毁了”。在克里波门区的圣贾尔斯教堂外，一颗炸弹爆炸，把弥尔顿的塑像从基座上炸了下来，但是教堂的塔楼和墙壁如同四百年前一样，幸存了下来。据记载，1545年9月12日，“圣盖勒思教堂烧毁掉了，满目疮痍，只剩下残壁、阶梯和破洞，为什么会这样，只有上帝知道”。现在，几近奇迹，它们再次得以幸存。有很多被毁的教堂内部的照片：纪念碑倒下，屏风摔成碎片，小天使像的头部散碎一地；有被毁的市政厅的照片、被轰炸的中殿照片、弹坑和倒塌的房顶的照片。这让很多人觉得，如果荣耀可以一夜消失，那么伦敦有形有质的历史就毫无意义；它太易碎、太脆弱，不足以依靠。存活下来的，是伦敦那无形无质的精神或者存在；在这被摧残的日子里，它以某种方式兴盛了起来。

然而，也有一些意料之外的发现。隐藏了数百年之久的罗马墙的一部分，被克里波门的轰炸揭开。在圣马利亚勒布教堂的圣坛下，显露出一处由瓷砖铺就的地下房间，而在福斯特巷的圣韦达斯特教堂被轰炸后，里面一处“被阻塞的哥特式门道”得以重现。罗马遗迹被奥斯汀·弗莱尔斯找到，其中有一块瓷砖，上面是一只狗在追逐一只猫时留下的爪印。全圣教堂的管风琴后部一直都被镶板封住，在炸弹炸开镶板后，发现了一道由罗马瓷砖构成的 7 世纪拱门。教区牧师这样描绘：“从连接拱门的墙体上，跌落下大块的碎片，至少八百年来它们都作为顶石镶嵌在当时牢固的诺曼式柱子上。这些石头中，有的极为引人注目……它们代表了一个我们没有其他任何资料的工艺流派。它们构成了一个宏伟十字架的一部分，它曾经在塔山上昂头矗立。”这处发现的象征意义毋庸置疑；德军炸弹偶然揭开了一处代表着反抗入侵者的撒克逊十字架。因此，那些相信这座城市的历史可以被轻易毁掉的人，是错误的；在一个更深的层面上，出现了隐形的保障：就如这古老的十字架一样，伦敦自身也会再次振兴。甚至还有一个自然的类比。自然史博物馆中植物标本室所受的空袭损坏，让一些种子变得潮湿，包括 1793 年从中国带来的含羞草。在昏睡一百四十七年之后，它们再次开始生长。

还有一种有趣的间断，自然世界用另一种方式得以重申。当时有人这样描述：“在这座世界上最有名的城市中，人类疯狂的忙碌和活动着的大片区域，转变为长满色彩鲜艳的花朵和野生生物的神秘的荒芜地区。”这种转变“影响深刻”。在面包街和牛奶街上，有狗舌草、铃兰、白色和淡紫色的丁香绽放。“安静的巷道通往一片片野花和灌木丛，而它们自亨利八世时期以来就在这里杳无踪影。”这确实与 16 世纪有关系，当时伦敦的这片区域上，布局着花园和小道，但是这座被轰炸的城市还可以回溯到史前湿地时期。《伦敦自然史》的作者 R. S. 费特提出，战后“在被轰炸过的场地上能看见的大量野花、鸟类和昆虫，现在已经成了伦敦景观的一部分”；他提及有“二百六十九种野花、草类和蕨类，三种哺乳动物，三十一种鸟类，五十六种昆虫和二十七种其他的无脊椎动物”出现在 1939 年之后。在被轰炸的克里波门教堂旁的荒地上，养了猪，种了蔬菜；这片土地已经被建筑物覆盖了超过七个世纪，但是它天然的丰饶仍然复苏了。也许这间接地证明了伦敦的力量和能力，得以在危险中保存下这份“丰饶”。这座城市和自然，各凭其力打了一场不对等的战役，直到城市受了伤；然后，花草和鸟儿回来了。

在 1940 年 12 月底的大火空袭之后，德军的进攻变得更为零散，但仍然致命。1941 年 1 月发生了空袭，2 月有一次短暂的停战，但 3 月又开始激烈起来。在 4 月 16 日，这座城市遭遇了德军所称的“有史以来最大规模的空袭”；三个晚上后，轰炸机再次回攻。受袭区域分布广泛，包括霍尔本和切尔西，在每个轰炸的晚上，都有上千人被杀死。伦敦变得混乱而畸形，同时焦虑和失眠显示在伦敦人的面容上。虚幻和无意义的感受在现在最为沉重，把人压垮；毁灭连同疲惫一起，在人群中制造出了一种头晕目眩的感受。“俯冲轰炸机飞得如此之低，”有目击者回忆道，“我第一次把轰炸机错当成出租车。”最为激烈和持久的空袭发生在 1941 年 5 月 10 日星期六，炸弹落在国王大道、史密斯菲尔德、威斯敏斯特和整个城市，将近一千五百人被杀害。大法院和伦敦塔受到攻击，下议院只剩下了个空架子。圣克雷蒙丹思教堂被摧毁得如此严重，以至于其教区长“因为震惊和悲痛”而在一个月内离世。他的妻子也在四个月后死去。和这些年人们受到的所有灾难相比，也许这只代表了一小部分痛苦，但是它也标记了和伦敦之损毁相关的一个方面；一些人会变得如此执着或者牵连于某些建筑，以至于建筑受毁就会引发死亡。也许是好，也许是坏，这座城市和它的居民已经缠结在了一起。空袭后第二天，“燃烧的味道从未像那个星期天早上那么明显”。到那时，这座城市似乎已经无法再忍受更久的猛攻。一位美国记者拉里·鲁注意到，伦敦城中的男性员工不刮胡子就前往办公室。“我开始意识到，”他写道，“5 月 10 日的突袭，是多么深刻地震惊并动摇了伦敦人之存在。它就是压垮骆驼的最后一根稻草。”然而，它也将是此后三年间最后一次大规模的袭击。

德军对俄国的入侵，间接地让这座城市免于更多的破坏，接下来则是一段相对和平的时期。然后，“生活”继续下去。这座城市，连同其邮递员、公车司机、送奶工和勤杂工，似乎重新走上了正常的轨道，但是在闪电战造成巨大毁坏之后，这里出现了一种最为奇怪的倦怠或者沮丧之感。菲利普·齐格勒在《战时伦敦》中将其描述为“让人无力的沉寂”。当战争发生在其他城市、其他地区的天空中时，“伦敦人觉得自己已经被留在了局外，感到厌倦和沮丧”。那些仍然使用地下避难所的人，已经建立起一个友谊和同志情谊的网络，不过这种地下精神是伦敦总体状态的一种奇怪象征：在伊丽莎白·鲍恩所称的“地下通道的黑暗中央”，忍受着一场无力控制的战争带来的难受和不利。市民对生活的匮乏感到沮丧和厌倦。而这又影响了伦敦本身的气氛和性格。人们衣衫褴褛，而且，出于本能而密切的相通性，他们的房屋也变得破旧寒酸。窗户破裂了，石膏剥落了，墙纸显现出了渗水的痕迹。随着外表变得更脏、更衰败，这座城市的公共建筑也显示出了疲劳和消沉的迹象。气氛是悲哀的，这座城市和它的居民之间有一种奇怪的共生状态，这暗示着（就如笛福在伦敦大瘟疫期间发现的那样）一个活着的、受难的有机体之存在。

然后，在 1944 年初，炸弹回来了。但是这些所谓的“小闪击”，是未完之事的不幸结局；总共有十四场突袭，最激烈的在 2 月和 3 月，针对一座因长时期不确定的战争已经疲倦不耐、某种程度上士气消沉的城市。乔克·克尔维尔注意到，“伦敦似乎为这些突袭感到不安，不再如 1940 年至 1941 年间那样精力充沛”。

接着发生了其他一些事情。在那年的 6 月，无人喷气机带着一种被称作 V1 号，又名狮蚁、飞弹、嗡鸣弹或者机器弹的炸弹，开始出现在伦敦上空。可以根据其引擎尖锐的嗡鸣声来识别它们，随后引擎停止、炸弹落地，有一阵突然的寂静。它们白天出动，偶有间隔，恐怕是最难忍受的东西。“人们会一动不动地聆听飞弹经过的声音，”当时有人写道，“屏住呼吸，祈祷它们会继续前行……伦敦的氛围已经改变了。回到了大闪电战中。空气里弥漫着恐惧。夜间的公共汽车一半是空的。街上的人明显减少。成千上万人已经离开，很多人很早就前往掩蔽所。”小说家安东尼·鲍威尔正在消防队值班，他看到 V1 飞弹在空中穿梭，飞向不知名的靶标，“随着一阵令人颤栗的高速移动……火花如阵雨般从尾部射出”。他把它们看作“龙”，而且“在想象中，你闻到了硫黄的气味”，如此而来，这座受威胁的城市再次成为幻想和神话之地。十个月之内，大约有两千五百枚飞弹落在这座首都：“嗡鸣的东西无情地朝你而来，密集而快速，日夜不停。”这些武器常常被比作大型的飞行昆虫，它们的非人格性加重了恐惧。受害者当然也被非人化了，所以这座城市的生存状态，就是非人的状态。根据西里尔·康诺利所言，伦敦人“变得越来越如惊弓之鸟，乖戾难处；就像癞蛤蟆，每一只都在自己特定的石头下面出汗颤抖”。总体的情绪“紧绷、疲惫、恐惧而沮丧”。“让我离开这里”是每一张疲倦而焦躁的脸上无言却明显的愿望，但同时伦敦的居民也继续着他们习惯性的工作和职责。机制继续运作，但现在是以一种远为非人格的方式在进行；整个世界已经变成了一台机器，要么在毁灭，要么在疲惫地生存。

1944年秋天，飞弹的频率才开始降低，V2飞弹就瞄准了这座首都。战争史上第一次，一座城市受到了以大约每小时三千英里速度飞行的远距离火箭的攻击。没有声音可以预警。没有反攻。第一颗炸弹击中了奇西克，爆炸可以在七英里外的威斯敏斯特听到。它们的力量如此强大，以至于"随着它们落下，所有街道都被炸平"。伊斯灵顿的一位居民记录到："我以为世界末日已经到了。"在此前，伦敦历史上出现危机或者可怕大火的时刻，这个用语已被反复用过。将近一千枚颗火箭弹瞄准了这座首都，其中一半击中了目标。曾经是街道的地方，成了空地。一颗火箭弹击中了史密斯菲尔德市场，另一颗击中了新十字架区的一间百货商店。切尔西的皇家医院被袭。"我们是不是永远都不会免于伤害或死亡了?"一个伦敦人抱怨道，"五年时间，对于任何一个必须要受难的城市，也一定够长了吧?"

这是很多年来最寒冷的一个冬季，而炸弹继续落下。贯穿了伦敦多灾多难之历史的疾病，此刻在空气中蔓延，随之而来的还有关于瘟疫和死亡增长的传言。不过，也有一种漠不关心的态度开始散播。V2飞弹是如此随机而不可预测，以至于唤醒了伦敦人的赌博精神：他们睡到床上，不去了解自己第二天早上是否一定能起来。

然后，突然之间，一切都结束了。1945年3月，一颗火箭弹落在斯特普尼，另一颗落在怀特菲尔德区托特纳姆院路上的临时住房。但接下来，空袭停止了；火箭发射场被占领了。天空晴朗了。伦敦的战役终于获胜了。几近三万伦敦人遇害，超过十万间房屋被完全摧毁；伦敦城的三分之一被夷为平地。

1945年5月8日，欧洲举行惯例的胜利庆祝活动——第二次世界大战胜利纪念日，尽管绝没有1918年那样张灯结彩、歇斯底里。在经历了五年断断续续的轰炸和死亡之后，参与者比二十七年前在同样街道上的前辈更为疲惫，而且，针对日本的战争仍在继续（战胜日本的日期为1945年8月15日）。然而伦敦也发生了一些变化。借用那个时期的用语来说，"馅料"已经被"打掉"，这个比喻暗示出一种更单薄、更枯竭的现实。显然，伦敦已经失去了大部分能量和勇气；它已经和它的居民一样寒酸褴褛，而且和他们一样，也需要时间来痊愈。

LONDON

The Biography

再造城市

第七十七章

设计之外的命运

我们该怎样重建伦敦？这是 C. B. 珀德姆写的一本书的书名，它描述了战后的城市："在如此广泛的乏味、单调、愚昧和凄惨之下，变得沉闷迟钝，让人被痛苦压倒。"那种在 20 世纪 50 年代伦敦记忆中如此典型的乏味或者说"灰暗"，其问题在于贫困。第二次世界大战后紧接着的时期，大部分商品都被定量供应。但在另一种意义上，它则是暮色的灰暗。如果战后的一种自然反应在于创造"新世界"的欲望（如同城市规划者希望的那样），那么另一种反应则是重建旧世界，仿佛什么特别的事情都没有发生过。因此，当罗伊·伯特在《伦敦：一部社会史》中用"在酒吧里抬膝"和"心满意足的通勤者"这样的用语来借指 20 世纪 50 年代时，他是在谈论伦敦的返祖倾向：把所有那些在遭到不幸的冲突扰乱之前做的事情继续下去。然而这无法成功，也没能成功。在改变后的环境里，强加上一些旧时熟悉的情况的欲望，只能导致一种压迫或者紧缩的模糊气氛。

战后伦敦的两场定调戏码是 1951 年的英国节和 1953 年的伊丽莎白二世加冕仪式。伦敦是一个成功而激情澎湃的社区，这种感受在战后奇迹般回归，并且因正统价值观和传统活动的复兴而得到了强化。青年组织兴盛起来，比如童子军和幼童军；对伦敦东部和南部的男孩俱乐部来说，那是一段很棒的时期。足球比赛的参与人数再次上升到了战前水平；影院也人群拥挤，据那时的一个伦敦人回忆，也许是因为"没有什么其他特别的事情可做"。轻微压迫的氛围，就像经历战时兴奋之后的宿醉，被一种想要重新定义在战争时期大幅松懈的性道德和社会道德的共同欲望所强化，即使这并没有被明说出来。女性相对的性自由、不同阶层之间被迫产生的亲密的平等性，在过去是被严格限制的。那转而又导致了更进一步的不安，即使还并不很清晰，特别是在年轻人当中。20世纪30年代的标准被再次引入到一个已经大相径庭的社会。被称作“国家服务”的两年期强制性兵役的施加，仅仅强调了总体上的压迫氛围。它是这个新形成的“福利国家”中，不那么有利的一个方面。

所以，那时的伦敦很乏味。与其他大城市相比，比如罗马、巴黎和纽约，它丑陋而凄凉；在其历史上，它第一次成了一种尴尬的存在。然而，也已经有了变化的搅动，来自出人意料的角落。象堡区，以及伦敦南部其他地方的“泰迪男孩”，连同切尔西一群“青春贵族”、索霍区的“垮掉的一代”，成了道德愤慨的对象。也许，重要的一点在于这些不同的群组都与这座城市的某些区域紧密相关，仿佛局部的历史力量也在起作用。他们认为，那些仍然以过时的阶层和信仰体系为模板的城市生活沉闷而千篇一律，并都企图逃出去。瓦尔沃斯或者阿克顿、伊斯灵顿或者斯托克纽因顿的死寂区域，就是确立的证明。他们的区域性精神，也在他们的穿着中显而易见。泰迪男孩及其继任者“摩德派”的服装通常是他们仅有的身份标识。泰迪男孩实际上借用了萨维尔路和杰明街上更体面的裁缝的“样貌”，而那些裁缝正试图在他们的男性客户中宣传“爱德华式”的高雅形象。爱德华变成了“泰德”，并且创造出了一种新的混合物。作为那些19世纪晚期、20世纪早期的衣衫褴褛、头上戴一顶布料制服帽的劳动阶层青年形象的替代，出现了一群身穿天鹅绒夹克和紧身裤的男孩的画面。闪电战中那些孩子已经显示出的莽撞和自由，在这里仍然非常明显。在18、19世纪，衣着是在贸易螺旋线中从一个阶层到另一个阶层“传递下来”的，但在此时，下等阶层主动地推动这种交易。这是伦敦本土平等主义的另一个特征，伴随着自中世纪学徒以来就很明显的沉着和进犯性。事实上，泰迪男孩自己就是学徒。

而伦敦再一次的年轻化更是强化了这些态度。20世纪50年代，伦敦上升的出生率和加速的繁荣促进了一个更年轻社会的形成，这个社会希望给自己脱卸掉战后首都的限制和约束。换一种说法，向“摇摆的60年代”的转变并非突然。在索霍区，有咖啡厅、咖啡酒吧和爵士俱乐部；切尔西区有服装店和小酒馆，那个年代是时装店和迪斯科舞厅进入全盛期之前几年。伦敦慢慢地恢复了活力，到20世纪60年代中期，据称总人口的40%在二十五岁以下。这近似于罗马时期的伦敦，那时只有10%的人口能活过四十五岁，我们可以由此推断出类似的性能量。这也与这座城市在16世纪的人口比例相符，那时所有的迹象都显示出伦敦时尚欲望的一次早期复兴。如果这些条件都大致相同，那么城市态度也将重现。

“在闪电战之前，”拉斯穆森在《伦敦：绝无仅有的城市》中已经写过，“伦敦人把他们肮脏的街道当作一种既成事实，是不可避免的命运之所为。”但是整列排屋都可以被一颗炸弹夷平时，他们开始相信即使伦敦也很容易被摧毁，并且能够有所改变。它肮脏，也破败；它是创造了两次世界大战的文明的一部分。一份伦敦报纸《旗帜晚报》要求炸弹来得更猛烈些。即使在战争结束之前，区域规划者帕特里克·阿伯克朗比就已经准备好了两份方案，《伦敦郡规划》和《大伦敦规划》，它们会给伦敦带来“秩序和效率、美感和开阔”，并结束那些“强烈的竞争激情”。有一种无休止的向往，或者说妄想，觉得通过除去所有那些它曾借以兴盛的元素，这座城市就会被迫以某种方式改变其本性。

然而，阿伯克朗比计划确实在地方志上产生了巨大的影响。它们需要在市内进行一次人口大转移，以“创造平衡的社区，每一个都包含若干邻里单位”；被炸后的伦敦的重建将会以“密度区域”为基础，这将把迄今过于拥挤的邻里分散开来。房屋、工业开发和“空地”将达到一种平衡状态，重要的交通道路会把各种一体化社区连接起来。三个案例可以作为众多情况的代表。贝思纳尔绿地的大部分人口都被迁到伦敦郡议会认定的“低密度”住宅区中，比如埃塞克斯的伍德福特；波普勒的炸后区域被重建为大型兰斯伯里住宅区，混合了大楼和独立住宅的风格。在伦敦内城，布里克斯顿建起了拉夫伯勒住宅区，其宏伟的建筑有十一层高。伦敦的元素被重新分配，让它们更明亮、更透气。老街道被不同程度地认作已“过时”或“落伍”，“狭窄”或“受限”，它们被抹去，以给现代、宽阔而整洁的住宅区让位。不过，市政府对这座城市大片地块控制权的获得，并非没有坏处。它转化了伦敦的现实，减弱了它增长和改变的自然法则。小生意（这座城市的生命和血液）无法继续兴盛。“伦敦内城委员会”试图忽略，或者说颠覆这座城市已经运行了将近千年的自然倾向。不可避免地，伦敦老城会宣传另外的设想，在它自己的计划中，规划者建议要在“任何可行的地方保存传统和考古学意义的特色”，以及维护“街道名称中带有的传奇和历史”。但是他们关于谨慎再开发的提议与现代创新精神和大规模城市规划并不相符；他们被国家管理部门拒绝，伦敦郡议会则应邀对圣保罗教堂、伦敦塔和现在的巴比肯周围的区域进行重新开发。

阿伯克朗比计划的其他元素也得到了落实，最值得一提的是在1947年的《城乡法案》中。他建议，伦敦可以成为一个由四个环体（城市内环、郊区环、绿化带环和外围乡村环）组成的“环状内陆城市”。这是一种遏制“内城”的方法，就好像它是某种危险的有机体，不可以被允许增长。在大部分地图上，它被涂成黑色。把工业和人群从这黑暗内部移出也同样重要，似乎这样做就可以让它变得不那么危险。为了加速迁移百万人口，阿伯克朗比报告的另一部分建议，在外围乡村环开发新的“卫星城镇”。八座卫星城市被建起，并且繁荣起来，但是这对伦敦本身的影响并没有完全落入预期和规划之中。任何伦敦历史学家都可能会这样告诉各个城市理事会：没有任何计划或者管控能够抑制这座城市。有人建议，通过把新的产业安置在“卫星城镇”而中止伦敦的工商业发展，但是伦敦的商业繁荣仍在战后复兴。汽车、公车、卡车和飞机制造增长到了史无前例的水平；伦敦港处理着数量破纪录的各类货物，并且雇用了三万名员工；“办公室经济”让伦敦城得以恢复，使它经历了一次地产繁荣期。在很多居民被分散到郊区和新城镇之后，首都的人口有轻微下降，但是这效应被出人意料的生育力突增所减轻。没有什么可以抵得过这座城市让自己重焕活力、持续增长的能力。

新的“卫星城镇”，比如斯蒂文尼奇、哈洛和巴西尔登，成了这段历史进程的一部分，这段历史进程的力量是如此之强大（如此发自本能），以至于难以再被“逆转”。伦敦一直都通过占领毗邻的小镇或者乡村而扩张。自11世纪以来，这就已经成了其发展的一个特征。因此，它很快就占领了这些新创造出来的城镇。

这一历史进程是如此地势在必行，以至于帕特里克·阿伯克朗比及其同事直觉地设计出了与17世纪布卢姆斯伯里和科文特花园建筑商相同的模式。这些“新城镇”不可避免地成了伦敦的一个部分，就如它们的前身一样；战后的规划师并没有限制这座城市的规模，反而让它无约束地扩展，直至整个东南区域都成了“伦敦”。都市外围区代表了城市生活最新的展现，以无尽的变动为其特征。不过，那一直以来就是伦敦的状态。不论何时，只要有机会和地点，它就会复制其特性。在那个意义上讲，这是一种盲目的力量，不易被规划者或者政客的哄诱所影响，除非他们提供进一步增长的前景，就像我们已经看到的那样。

绿化带并没有担当起城市生活的障碍物或抑制者的角色；在某些方面，它仅仅成了被偶然置于都市外围区的一大片空地。但它确实产生了一种效果，就是阻止了内城及其毗邻郊区的有形发展，它们必须要越过这片绿地才能继续发挥其势在必行的生机。然而，作为这种现象的一部分，有趣的是这座城市同时也自食其果。它对自己产生了反作用。失去了任何可供在本地就近扩展的空间，它开始重新探索自己的模式和可能性。大型伦敦内城住宅区的建造、重燃的修复老旧居所的兴趣、“中产阶级化”进程、“阁楼式”生活的发展，这种对革新的整体性强调，是绿化带带来的直接后果，它强迫伦敦和伦敦人向内而非向外看。

这对伦敦历史的必然性有着更进一步的影响。战后规划者还设想了一个大型绕城环形路网，其目的和意义，大致与伦敦大火后雷恩和伊夫林提出的宽阔干道方案相同。但是，与早期那份设计一样，什么也没有实现；它们被政治压力、经济限制和局部的强烈反对击败。在所有英格兰城市中，独有伦敦抵抗住了理性规划者的命令和“交通要道管理”；成功地让任何整体性的宏伟计划受挫，这是伦敦固有的能力。整体上的结构变化没有发生，也无法发生。自从关于“城镇规划”的第一份都铎公告被忽略起，这座城市就保留着自己的特性。

但在当时，这一点并没有被人们普遍理解，同时，20 世纪 60 年代的伦敦健忘性尤重。美国《时代周刊》在其封面上宣称，“伦敦——这摇摆的城市”。它的充裕显而易见；战后二十年以来，伦敦的实际收益上涨了 70%，同时和平年代最初几年的高出生率带来了一种这座城市由年轻人主导的印象。国民服务部在 1960 年被废止这一事实本身，就代表了一种字面上和象征意义上的解除限制，特别是对男性青年来说。所以，音乐和时尚以一种前所未见的规模回归。设计师玛丽·匡特曾提到，她希望创造出“更适合生活、更适合真实的人、更适合年轻和活力”的衣服。因此，时装店在伦敦一些定位明确的区域步入了全盛时期。伦敦很看重什么是“新的”或者“在新闻中出现的”，卡纳比街由此成了一身摩德潮装的年轻男子的活动中心，同时切尔西的国王路成了想要紧跟潮流的年轻女性的目的地。音乐也随着谁人乐队、奇想乐队、小脸乐队和滚石乐队这些团体从伦敦散放出来，他们中的很多成员来自伦敦的艺术学校和学院。那些来自这座城市之外的乐队，比如甲壳虫乐队，也必然会迁移进去。设计师也受到了这种主流情绪的影响。特伦斯·康兰回忆道：“我总是相信，好的设计应该能提供给整个人群，它不应该是一种精英性的东西。我认为，这种想法与很多受过高等教育、对事物现状不满的人相一致。”因此，更多人得以接受高等教育，这一点在康兰所称的“不满气氛”中发挥了作用，它主要是对战后世界的等级制度和压抑感的不满，但也是对伦敦那破败和沉闷的即视感的不满。它是一种让周遭变得更明亮的方式。这座城市真实的本性和身份不再有任何重要性。相反地，在这几年，它成了“风尚之城”，音乐和时尚吸引来了杂志出版、摄影、广告、模特、广播和电影制作等附属性产业，创造出一座光亮的新城市。

不过，“摇摆的伦敦”自然一点儿也不“新鲜”。这座城市为人所熟悉的本能从来都没有停止运行。举例来说，这城市生活的商业驱动力，已在刚刚重焕活力的年轻一代中找到了“市场”，这转而又可以被聪明的企业家利用。比如，音乐产业的商业性基础建设已经就位。在这场青少年反抗运动的所有方面，事实上包括年轻人自身，都被巨大的商业计划所利用。这完全就是一项伦敦式事业。20 世纪 60 年代的这个现象根本上是戏剧性的，其实质也是人造性的；和众多的伦敦炫示一样，它从这座首都内层的本质生活上滑步而过，并且作为一个整体，涵盖了它的所有现实。

举例来说，时装店和迪斯科舞厅的时代，同样也是摩天大楼、破坏公物和犯罪增加的时代，这一点很有意义。它们并非相互无关。关于 20 世纪 60 年代的摩天大楼，已经有很多著述。它们已成为受美学以及社会原因驱动的规划者和建筑师用来解决问题的手段。它们似乎提供了一种新城市的远景；很多乔治式和维多利亚式排屋被市政当局夷为平地，为城市生活的新试验让位：这项试验有可能锻造出一种新型的垂直社区。高楼的流行（在 20 世纪 60 年代后期，伦敦建造了大约四百栋）也被经济原则驱动。它们是标准化的，因此可以被快速而廉价地组装起来。房屋等待名单上，或者说住在被认为不适合人类居住的“内城”的人是如此之多，在当时，“高层住宅”似乎是把市民从相对肮脏转化为相对舒适状态的唯一有效且可负担的方式。

那是属于地产开发商的年代，他们用开发区土地从伦敦郡议会手上换取敏感地点的建筑许可，能从中获取巨大的财富。它们的名称众多（中心广场、伦敦墙、尤斯顿中心、象堡区），整个伦敦似乎都已经变了规模，再难识别。这是政府和市政当局乐意默许的一种破坏公物的形式。在这个过程中，伦敦的大片区域消失了。印刷房广场、卡勒顿尼安市场、圣路加医院、皮卡迪利的部分区域、伦敦城的外延都被拆除，以给所谓的“全面再开发”让路。它代表的是一次故意的抹除和遗忘行为，这与伦敦其他地区那些“摇摆的一代”的情绪和气氛并没有太大差别。仿佛时间和伦敦历史，全部都由于实用性原因而不复存在。为了追逐利润和即时的满足，过去已经成了一个陌生的国度。

20世纪60年代的三个事例足以说明问题。公园巷的伦敦德里庄在1962年被拆除，以给伦敦希尔顿酒店让位；伊斯灵顿区帕金顿住宅区的乔治时期街道在1966年被摧毁，为市政公屋提供空间；在1963年，作为一项“现代化”方案的一部分，尤斯顿拱门，即尤斯顿车站的门廊被推倒。就像对“潮流”的兴奋感已经驱动了音乐界和时尚界一样，对过去之否认和摒弃决定了建筑和市政规划。“摇摆的伦敦”是一个整体，而且这摇摆的大部分都由实施破坏的那些施工队完成。

伦敦一直都是一座丑陋的城市。那是它身份的一部分。它总是在被重建、被摧毁、被破坏。那也是它的历史的一部分。古老的信条（“让移除老地标的人受诅咒”）从来就没有在这座城市得到遵守。事实上，几个世纪以来，伦敦规划者和建造商的一大特征，就是毁坏这座城市之过去的那份鲁莽。在之前几个世纪，甚至有关于这个主题的歌谣：

哦！伦敦将不再是伦敦
因为它已被完全推倒
我该唱一首葬礼的歌谣……

这首歌或许可以由20世纪60年代的维多利亚车站、骑士桥，或者圣贾尔斯环道来唱诵。

今日我们沉醉其中的地方
明早就会消失掉
它们一个接一个被扫去
也没有一点征兆……

13世纪60年代，在桥区的整体再开发过程中，所有过去时代“倾圮的”建筑都被清除掉。18世纪60年代，城墙下的中世纪大门被摧毁，理由是它们“阻挡了空气的自由流通”；在同一个十年的“改善”项目中，超过十一个区的房屋被拆除，给新的街道让路。那是伦敦大火以来，这座城市最大规模的单次巨变。然后，在19世纪60年代，《有俸圣职合并法案》加速了十四座城市教堂的毁灭，其中有雷恩在伦敦大火后建立的教堂。19世纪60年代事实上是关于毁灭的重要时期，用加文·斯坦普在《都市变迁》中的话来说，当时“一半的伦敦都在被重建……这座城市一定是一场关于尘土、泥浆、脚手架和混乱的噩梦”。维多利亚女王街和霍尔本高架桥正在修建中，给伦敦最古老的区域带来了大幅的破坏，与此同时，各处铁路网络的轨道和车站令城市风景面目全非；举例来说，伦敦查山姆与多佛铁路穿过了拉德门山，挡住了圣保罗大教堂的视野。在20世纪60年代，人们再次因为大教堂景致遭受的破坏而指控地产开发商，所以这样看起来，对伦敦的毁灭从没有停止过。

这些破坏的大潮出现在每个世纪的60年代只能是巧合，除非你相信某些关于周期性再现的理论可以适用于城市发展。假若如此，我们也许能预期，2060年将标志着众多20世纪建筑的毁灭。

回顾来看，20世纪60年代的其他方面也都相互一致。犯罪率的增长非同寻常，而且的确史无前例：在1955年后的十二年里翻了三番，到20世纪60年代后期都没有任何减弱的迹象。关于及时行乐以及青春能量的文化，在鼓动不富裕的年轻人进行偷窃和入室抢劫上必定起到了很大的作用。但是摩天大楼、地产投机商和炫丽的时尚，也都促发了或含蓄或露骨的侵略性情绪。办公室建筑和规划申请中已经撤掉了“控制台”，不过，“控制”也被从伦敦之存在的所有方面移除了。青年抗议运动的后期浪潮，从20世纪60年代晚期的“嬉皮士”和“花童”到20世纪70年代的“朋克”，仅仅显示出了一个高度不安的城市社会中的混乱和焦虑。

伦敦的城市性存在，就如同水下的巨兽，继续其势不可挡的扩张。1965年，由三十二个行政区组成、覆盖六百一十平方英里地域的大伦敦议会成立；就像一直以来那样，在伦敦政府里，它代表着一种政治妥协以及位于不同层次的市政府之间的一个权力分支。也许这样的决定可以证明其混乱：大伦敦议会将对“都市道路”负责，交通部为“干道”负责，而行政区则为“当地”道路负责。然而，说到伦敦管理部门的根本状况，混乱或许是一个错误的用词。相互竞争的道路职权部门，与相互竞争的教区委员会、教区和都市当局之间异常地相似，它们曾在19世纪初的数十年负责照明和卫生。伦敦从来都是一团混乱；那可能就是它得以存活下来的原因。不过，在这座城市能通过某种方式满足公务员、政客和规划者的意愿的错觉之下，大伦敦议会被授予为伦敦设计一项新“开发规划”的职责，包括分配人口、就业、交通和再开发。然而，即便在它起步之初，大伦敦议会就不足以控制或监管这座城市的扩张，它在人口和就业规划方面包括了英格兰整个东南部。其行政管理区域已经不合时宜，而且其规划毫无目的。不可能有别的结果。

但是，这个阶段也发生了一些没有人能控制的事情。贸易在削减。制造产业迁离或者关闭了；失业率快速上升。最重要的转变发生在水上，人们开始认为伦敦的码头是冗余而无用的。它们不够大，无法停泊新型的集装箱轮船，而且不管怎样，英联邦国家的贸易都在快速减少。东印度码头在1967年停止了活动，接着就是两年后的圣凯瑟琳码头和伦敦码头。萨里商业码头在1970年关闭，此后持续有码头关门，直至泰晤士河岸变得光秃秃、空荡荡。发出回音的仓库和垃圾场，是这座城市曾经光荣仅存的残余。从撒克逊时代开始就有着持续历史的昆希斯码头，在1971年春天被拆毁，给一间奢侈酒店让路。从某种意义上讲，它是伦敦趋势的缩影：一种行业必须要让位给另一种。码头区域曾是这座城市的商业中心和基准，这里的空地，才是更大意义上20世纪70年代伦敦的象征。

20世纪60年代曾被一些评论者描述为“天真”的时代（虽然犯罪和公物破坏程度可能会转变这一印象），但是在接下来的十年中，随着伦敦所有老问题的再次出现，任何尚存的“天真”都零落消失了。20世纪60年代晚期的经济繁荣之后，接着就是70年代中期的衰退。伦敦失去了它的活力以及大部分能量。贸易和商业的突然衰退，在一座投身于此的城市中，引发了高度的失望和焦虑。有一段时间，它的生命仿佛都停止了。这转而又让那些城市管理者感到担心。伦敦病了，并且需要一种通往生命和商业的新途径。

高楼大厦和住宅区的漫长实验走到了尽头；1968年罗南角大楼发生了结构性事故导致数人死亡，给这一实验画上了句号，但是这一时期的精神（事实上也是伦敦的精神）也转而与之相悖。现在的重点被放在了“高密度”和“低层”地产，这在某种意义上是试图再现老排屋街道的氛围。同时，复兴伦敦中心区域的措施被提了出来，其中包括保护环境和提高公共交通速度的方案。拆除维多利亚或者乔治时代房屋的政策被推翻，相反，还有了拨款可供“改善”老旧失修的住宅。这座城市再一次被安慰、被巩固，而不是被摧毁。接着就开始了被称作“中产阶级化”的进程，中产阶级和专业人士夫妻迁入了破败的房屋或者区域，以改造并更新它们。伊斯灵顿和斯皮塔菲尔兹此前是两个“贫穷”的地区，它们从这次所有权和发展方向的转变中受益。绿化带让这座城市转而依靠自己。大伦敦的边缘现在是如此之远，让伦敦人开始治理市内那些离家更近的地区。这座城市在变得坚固；也许它就要释放其潜力了。

在衰退和预期降低的时期，也有人担忧它可能会成为社会冲突的地带。因此，保护和治愈这脆弱的城市，成了管理部门的任务。于是，在20世纪70年代晚期，大伦敦议会拨款给新的社区项目，并把重点放在脆弱或者边缘阶层身上；特别地，少数族裔和非主流性取向者被给予帮助。这是对伦敦民主与平等天性的一种肯定，但它也是困难时期必需的治疗。在被忽略或者利用了许多年头之后，这座城市真正的需要得到了满足。在改善拨款和中产阶级化的时期，公众非常关心伦敦的保护，而且关注度还在不断增加。围绕伦敦的“高速公路框”方案被放弃；根据交通流和步行层次重修科文特花园的提案，在受到当地的竭力反对后被抛弃。到20世纪70年代中期，有大约二百五十个“保护区”位于这座城市的各个区域，证明了对伦敦的构造材质和社会历史的一种新认识。对这座城市的敌对情绪终于结束了。1986年大伦敦议会被废除，伦敦不再拥有一个统一的权威当局，但它对此似乎并未察觉；实际上，伦敦将它古老的生活重新继续了下去，让行政区去确认各自清晰且独特的特征。在这个过程中，这座城市获得了古老的动力。为伦敦选举市长和议会，并不会对其性质或者发展方向产生实质性影响。去控制这些元素本身，会更加容易。

这一点在“码头区”的构想和创造上最为明显。码头区开发公司在1981年成立，以恢复或者重建伦敦码头被关闭后留下的空地；沃平、罗瑟希、狗岛、银镇、北伍尔威治和贝克顿位于其界限之内，还有一些商业开发区（免租免税的招商区）被划出，以吸引特别关注。伦敦城市机场、码头区轻轨以及延长了的朱比利地铁线是预定的交通方式。但是，就如大部分的伦敦开发项目一样，其结果很大程度上都不在计划和预期之内。在那个意义上讲，金丝雀码头的命运很有象征性。它的主要特点是一座八百英尺的高楼，顶端是一个金字塔状结构，内部有大约一千万平方英尺的办公空间。最初的开发商撤出了这个方案，他们的替代者奥林匹亚与约克公司在高楼就要完工的时候破产了。第三批公司接管了这个项目，虽然首都其他区域办公空间的过量供应削弱了它的初期成效。然而，不知怎么回事，它成功了。找到了租客，整座金丝雀码头大楼都兴旺起来。

码头区自身也经历了同一种命运。城市经济的疯狂波动让它在多次的成功和灾难之间保持平衡。它的公寓楼群第一年还很时髦，第二年就落了伍；有人抱怨其交通设施很简陋，并且缺少商店，但不管怎样，这里有了持续的发展。迈克尔·赫伯特在《伦敦》中已经评论过，这儿“少有关于会发生什么的先入之见”，而且这种“不插手的方式制造出了一种奇特的零碎环境”。

而在那方面，它沿袭了伦敦发展中最常见的模式，这无疑是它成功的原因。码头区“在建筑的集中和规模上，或者在公共空间的布局上，没有什么总体原则”，但那就是为什么它成了伦敦自然且能被认可的延伸的原因。这整片区域被指责“欠缺美学上的连贯性”，并且“由市场驱动，无视社会政策”，但这些正好就是这座城市得以扩张和繁荣的条件和环境；它不理解其他任何关于生命的原则。

那就是俯视伦敦地平线的金丝雀码头摩天大楼所处的环境，用赫伯特的话说，它“立即赢得了伦敦人的接受和喜爱”。这宏伟的高楼，与这座城市的整齐队列是如此一致，以至于已作为伦敦的象征，与纪念碑以及大本钟相媲美。它也代表着很多个世纪以来城市地形学上最重要的一次转变；一直以来，商业和社会的压力都在向西缓缓移动，但是码头区开启了所谓的伦敦“东向走廊”，从历史性和结构性的角度来说，它在伦敦经济与欧洲大陆的联系越来越紧密的时期，为其提供了通向欧洲的道路和入口。有一种怀疑认为伦敦城（以及新近迁往码头区的银行和中间商）会主导欧洲共同体的金融市场。在这稳步向东前进的过程中，我们也许可以感受到伦敦对财富和商业的那种本能的、几乎原生性的追逐。

在这里，我们应当提及 1986 年秋天转变了这座城市的“金融大改革”；那场改革把股票交易所变成了国际股票交易所，让银行和证券公司得以合并，终结了固定佣金体系，并且引入了“电子交易”。它并不是这座城市成功学的开端；被称作“雅皮”的年轻都市专业人士现象在 1984 年就被第一次注意到：用这一时期的短语来说，这是一个希望在“筋疲力竭”之前“快速富起来”的群体。但是 1986 年的系列事件预示着伦敦城在地位上的巨变。它的外汇市场现在是全世界最为高端和复杂的，处理着大约三分之一的全球交易；有六十万人受雇于金融及其相关服务，它已经成了世界上最大的交易所。再一次，伦敦实现了它的历史使命，挽回了它在 18、19 世纪已经达到的卓越地位。在不止一种意义上，这都是一次历史性的成就，正如赫伯特已经解释过的那样，“很偶然地，一座有着两千年历史的城市中心的紧凑感，正好与全球化金融服务中心的运营相适应”。不过，它是否全属“偶然”是另外一个问题，因为这座城市的真实天性，似乎独被商业精神占据。这里有过繁荣也有过破灭，但它维护了自己的支配性力量。

不过，新的商业活动需要新的建筑形式。那就是伦敦城改变的方式，但同时又保持了其特性的完好无损。这是对大面积开放性空间的需求，以适应数英里长、与电子活动相连接的电缆，并且容纳成千上万在持续压力下工作的雇员。毕竟，这种全新的交易途径也有人力成本。在20世纪80年代后期，伦敦城增加了四百万平方米的办公空间，尤其是布罗德盖特楼群的开发。感光百叶窗和蓝绿色棱晶玻璃保护着那些献身金融的人，他们没日没夜地进行着交易和业务。伦敦城所有的神明和狮鹫都在保护他们。

这些神明是谁？谁说的出来？1986年，《这座城市的信仰》中一篇由坎特伯雷大主教资助的报告提到，是“穷人承受了衰退的冲击，既有失业者，也有低薪工人。然而，也是这些穷人，被某些人看作妨碍经济复苏的‘社会保障索取者’或者国家的负担。这是一个残忍的指责受害者的例子”。这是伦敦生活中不曾间断的强烈悖论之一：在这座富裕的全球化城市里，包含着关于贫困和穷苦的最恶劣的例子。但也许那正构成了伦敦的“意义”。也许它的命运就是要代表人类状况的矛盾，既作为案例，也作为警醒。

这份报告还描述了政府公屋，它们“有一种相当不同的社会和经济体系，几乎全部在生存层面上运行，全部依靠公共部门……众多此类地区的衰退，在现在是如此迅速，以至于它们事实上成了我们社会和经济生活主流之外的‘分离的区域’”。那些研究过几个世纪以来伦敦社会地形学的人，会对这些情绪感到很熟悉；举例来说，查尔斯·布思的1889年“贫穷地图”也许能引发一种类似的分析，而且那时并没有什么公共部门去支持贫困不幸的人。再一次，这里所描绘的，是伦敦本身的状况。如果这座城市能够发声，它可能会说：总会有失败或者不幸的人，就像总会有无法应付当今世界的人，但是我可以包含他们所有人。

举例来说，目睹“雅皮”之涌现的那十年，也目睹了街上乞丐和“粗鲁地”睡在街上或门口的流浪汉的复出；在一百五十年的间隔之后，林肯客栈场再一次被无家可归者占据，同时滑铁卢桥和堤岸区这样的地区成了所谓的“纸板城市”的背景环境。尤其是斯特兰德，它成了破产者的大通道。尽管有市民和政府的相关提案，他们仍旧在那里。现在，他们也有了自己的位置；他们是伦敦人，加入这无尽头的游行中。或者，坐在边线上的他们，也许在提醒其他每一个人，那是一次游行。

然而，做一个伦敦人，现在这到底指什么？这座城市的地图已经被重新划定，以包括“都市外围区”以及“大”伦敦和“内”伦敦；英格兰整个东南部已经（自愿或非自愿地）进入了它的影响范围。那么，伦敦是否只是一种心理状态呢？它的界线越加模糊不清，它的身份越加变化多端，现在它是不是已经成了一种态度或者一套偏好了呢？在它的历史中，它不止一次被描述为整个世界乃至众多世界的合集。现在，它已经被归类于“全球性城市”，用赫伯特的话来说，就像“一个有着自己规则的宇宙，已经名副其实地冲破了国家界线”。所以，它的确包含着一个“宇宙”，中心部位像是在暗暗旋转的浓密云体。但这就是为什么数百万人都把自己称作“伦敦人”的原因，即使他们与内城相距数英里。他们之所以把自己叫作伦敦人，是因为他们被一种归属感所充满。人们在伦敦持续居住，已经超过两千年；那是它的力量，也是它的魅力。它提供了持久永恒、根基坚固的感受。那就是为什么流浪汉和破产者在它的街道上睡觉的原因；那就是哈罗区或者克罗伊敦的居民把自己称作“伦敦人”的原因。它的历史召唤了他们，即使他们并不知晓。他们在进入一座远见之城。

LONDON

The Biography

伦敦预言家

第七十八章

虚幻的城市

它一直都是一座拥有远见和预言的城市。布鲁图斯获赐预言之梦后，伦敦才得以建立，在那些古典诗人的想象中始终存有一座伟大的城市，位于“一个陌生却更为苍翠的国度”。正如奥维德在他的《变形记》中所写：

就在说话间，我看到我们的命运
这是属于我们子孙万代的城
比我们所知的任何城市都更伟大
也超过人类所有已知或未知之城

它的远见性或者神话地位让它显得存于一瞬且难以捉摸。用艾略特的话说，它已经成了一座“虚幻之城”，它的整个历史都充满了神话的产物。在它的河流沿岸，有人看见仙女，而在砖石的迷宫中，可看到牛头怪。它同尼尼微和推罗、所多玛和巴比伦结盟过。在大火和瘟疫的年代，那些城市的轮廓在它的街道和建筑中出现。这座城市的地形是一份擦了又写的旧手稿，上面可以识别出这个世界上所有最为壮丽或丑怪的城市。力争上风的天使和魔鬼都曾以它为家园。它曾是神迹的所在，但也曾是野蛮异教的港湾。谁能测出伦敦的深度？

乔叟在《声誉之堂》中做过的预示之梦（“我梦见我在一座玻璃建造的寺院之中”，里面有“众多金属之柱”）被应用于伦敦很多宏伟的建筑，但最令人敬畏的预言，还是那些真相的揭示和末日的启示。在市府参事门的北侧，刻有这些词句："然后，将从这座城市之门进入，国王和王子坐在大卫的宝座上……这座城市会永远存在。"即使对于其居民来说，它也是一座《圣经》之城；它的历史，"超出了人类的记忆"，证实了它的神圣性。然而其居民也曾被其他形式的远景触及。乔叟笔下的朝圣者行走在前往坎特伯雷的博罗高街上，威廉·布莱克说他们"包括了所有年代和民族"。每一个种族或部落或民族，每一种信仰或外貌或语言，都在这座城市得到理解。整个宇宙都可以在伦敦的细微生活中找到。圣巴塞洛缪大教堂的"天堂之门"，位于史密斯菲尔德的屠宰场旁。但它若是一座神圣之城，那也是包含了悲惨和苦难的神圣之城。上帝脱下裤子，往伦敦头上拉屎。

最为凄惨的贫困或破败，可以出现在流光溢彩的财富和繁荣旁边。而这城市需要它的穷人。要是只有穷人死掉或者被剥削，才能让这座城市生存下去呢？那将会是所有对比当中最为怪异的一种。生与死相遇又相离；不幸和好运握着手；苦难和幸福住在同一个屋檐下。"没有对比，"布莱克曾写道，"就没有进步。"他通过持续观察这座城市而触及这个真相。差距或分裂本身制造着一种催化创新和发明的酵素，这一点亘古不变，又历历常新。也许是新的在保护老的，或者是老的在守护新的，然而就在它们共为一体的事实中，伦敦的个性光芒穿越时空。

然而在这座城市里，不管你往哪儿走，都会不断地受到差异的冲击，而且可以推测出，这座城市简直就是由对比构成的；它就是各种差别的总和。事实上，正是伦敦的普适性让这些对比和分离得以立足，它于自己之中包含了人类生活的所有方面，也因此历久弥新。不过，富人和穷人居住在同一座城市吗？也许，每一位市民都在他或她的头脑中创造出了一个伦敦，所以在同一时刻，存在着七百万个不同的城市。有时人们能观察到，即使是伦敦本地人，如果来到这座城市的陌生区域，也会体验到一种恐惧感。这在一定程度上是对走失的恐惧，但它也是对差别的恐惧。然而，一个如此充满差别的城市，是不是因此也充满了恐惧呢？

这关于总体、关于生命之完整的图景，也可以通过一种乐观的方式投射出来。鲍斯威尔指出："高知者在通过其所有不同的形式来理解整个人类生活时，会被伦敦所吸引，这种思考永无止境。"当他在1763年早期沿着秣市乘车而行时，就获得了这样的图景："我充满了关于伦敦的丰富想象……我无法把这解释给大多数人，但我对此感受强烈，并且心醉其中。我的血液炽热，我的心被幸福搅动。”伦敦的完满性引发了他的幸福感；所有不同种族的人、所有不同才智的人、所有不同命运的人汇集于此，释放出了充满期待和兴奋的强烈气氛。

伦敦展示出了人类的所有可能性，并因此成为这个世界本身的一种愿景。斯梯尔是一位“伟大的人类热爱者”，而对康希尔来说，“看到这兴旺而幸福的人群……我无法自已，沿着面颊流下的热泪表达了我的欢欣”。一个世纪之后，查尔斯·兰姆写道：“在颜色混杂的斯特兰德，我常常为这众多生命的完满的欢乐而落泪。”众多的群体引发了奇迹；他们不是不相干的一团聚集物，或者一堆不相容的元素，而是一个流动着的多样化群体。

英国戏剧和小说，正是从伦敦的这种状态中涌现出来。在琼森、斯摩莱特和菲尔丁笔下，街边的诗歌找到了其圆满所在。它们是一种与乔叟或者布莱克的诗歌一样丰富的远见性想象力，但却是一种特别的伦敦视野，充满了关于剧院和监狱，关于商业和人群，关于完满、贪婪与健忘的图像。

从伦敦的图景中，涌现出了一种特别的感性。在一座于金钱和权力之阴影上建筑起来的城市中，所有这些作家（以及更多同侪）都将注意力集中在光与暗之上。在一座充满精力充沛的人和机构的城市中，他们都对这优美壮观的景象入了迷。他们理解伦敦的活力，他们理解它的多样性，他们也理解它的黑暗。所以，他们倾向于喜爱壮观的场面和惊险的剧情。作为城市里的艺术家，他们更关注外在生活，那里有着人群的涌动，有着人类精神所共通的壮观剧情。对于能量和辉煌、仪式和炫示，他们有一种独特的感受，这与伦理判断及道德意识的运用可能没有什么关系。人群在伦敦来来往往，他们也在一定程度上分享了伦敦那极端的冷漠。不论它看起来有多么坚硬、多么戏剧化，它都是这个世界的一种真实图景。用一句众所周知的话来说，伦敦成就了我。但是那样的话，它就不可能完全坚硬；它让斯梯尔和兰姆流下了眼泪。

那么，与之相适，这儿也应该有关于灾难的图景，关于废墟中的伦敦，或者被自己的烟尘窒息的伦敦。法国作家米尔博呈现出了一座“关于噩梦、关于梦想、关于神秘、关于大火、关于熔炉、关于混乱、关于浮动的花园、关于不可见之物、虚构之物……”的城市，“这座庞大城市的特殊本性”。熔炉的图像常常在伦敦的图景中浮现出来。在布莱克的《耶路撒冷》中，“樱草山是这熔炉和铁门之口”。在阿瑟·梅琴的《我在伦敦的青春岁月》中，则有这样一个时刻，“往回看，你会发现伦敦所有的大火都被依稀地映现在天空之中，似乎在远方，可怕的熔炉之门已被打开了”。它被称作“烤箱”，仿佛那不自然的高热之感，引出了其居民正在被烹煮食用的奇怪图像。然而，它也被称作“拜火信徒之寺”，所以，也许这些市民崇拜他们的毁灭者。

19世纪有观察大雾的人注意到，太阳作为一种“神秘而遥远的微光，似乎在尝试穿透这静止的世界”。这是这座城市的另一种真实图景，在它所有的嘈杂和喧闹都已经消失之后。当它安静平和地躺着，顷刻之间所有的能量都暂停活动，这看起来就像是某种自然力量，会比所有人类活动都更为长久。它硕大无比、怪异可怖，并且正因为其巨大，它也有些原始。诗人汤姆·摩尔写过一段叠句：

> 就算去到我们想去的地方，休憩在我们想休憩的地方，
> 永恒的伦敦仍然将我们缠绕。

永恒或许有很多侧面。其一就是没完没了的重现，所以这座城市的人会谈论同样的事物，或者在同样的街道上使用同样的手势。既然没有人会把一个角落，或者一段大路看上几百年，那么这真相就永远不会被发现。不过，有些活动似乎属于一些特定的区域或邻里，这一点似乎已经很清楚，就好像时间本身是被某种来源不明的力量所移动或者摇摆。然而，如果这看起来太异想天开，“永恒的伦敦”还有另一个侧面。它是永久的。它是持续不断的。从其本质上来说，它是恒定不变的。它是这个宇宙的一种状态。就如《伦敦的夜晚》的作者所写，“伦敦是每座城市曾经的样子，也是每座城市未来的样子”。因此，华兹华斯在拉德门山看到：

> 一个想象中的场景——一段街道
> 在早晨的安静中展开，
> 深远空洞、畅通无阻、虚位以待、光滑平缓……

这寂静，是永恒的寂静。当所有经过的世世代代都曲终人散，这座城市安静的生命仍然在继续。在没有居民的情况下看伦敦，的确是一种“想象中的场景”，因为那时，另一种存在会自我显现。那就是为什么有如此多的关于废墟中伦敦的图景。在图画中或者雕刻中（甚至在电影画面中），它就像是某块遗失的陆地，或者一座刚刚从大海中浮现出来的城市。它并非巴比伦或者罗马的废墟，而是亚特兰蒂斯或者其他神话中的风景。它们是某些不朽的渴求或者抱

负的象征。

然而，从中我们还是能看到走过的一代又一代人。伦敦之所以“永恒”，是因为它包含了他们所有。当艾迪生拜访威斯敏斯特教堂的墓穴时，他受到感动并且深思：“我读着这些坟墓上的日期，其中一些死于昨日，一些则死在六百年以前，我想到那个伟大的日子，那时我们将全都是同代人，并且一起出现。”也许在所有城市中，独有伦敦会激起这样的思考，因为死者似乎在紧紧追逐生者的脚步。对于一些人来说，这是一个充满希望的图景；它指示出一种和谐，这座城市所有明显的差异，包括富有和贫困、健康和疾病，都会于其中获得寂灭。它们彼此无法相离。所以透纳在伦敦码头的肮脏和污秽中，看到了“伦敦世界的整个范围里，最为天使般的存在”。

有些人坚信另一种不同的图景。据杰弗里·格里格森所言，伦敦“代表着进行时，至少，它代表着开始”。布兰维尔·勃朗特在哈沃斯做牧师时，收集了他能找到的所有描绘“其巷道、贫民窟和捷径”的伦敦地图；根据朱丽叶·巴克在《勃朗特一家》中所写，他“研究得如此仔细，以至于把它们全部背了下来”，这样他就能显得像是一个“老伦敦”，“对于这伟大的巴比伦之城的里里外外，知道的比很多在其城墙里活了一辈子的人都多”。对他来说，对伦敦的集中研究，是解放的一种形式；这些地图代表着对一种新生活的全部希望和抱负。他就像是在研究自己的命运。但对其他人来说，当伦敦的全部重量压下来的时候，这个梦也许会变得过于狂热。《荒凉山庄》的末尾，在伦敦迷宫的挽歌声中，理查德·卡尔斯顿在他不幸的一生快要结束时发问：“它全是一场苦恼之梦吗?”对于很多人来说，那也是这座城市的一种真实图景。

创新和改变的元素微妙地混合在一起，还连同着作为众中之一的纯粹的兴奋感。一个人可以成为任何人。伦敦有一些关于取得了新身份、新个性的人的伟大故事；从头开始、更新自我，是这座城市的伟大优势之一。这是其无穷尽的戏剧性生活的一部分。毕竟，是有可能进入那些经过者的生活和情感的，即使只是一瞬。这种集体性体验又可以成为兴奋的来源。那就是弗朗西斯·汤普森在他的想象中感知到的：

> 雅各的梯子上人来人往
> 它被搭在天堂和查令十字街之间

这是百万金色灵魂在天堂和这城市之间移动的魅力，它们全都独一无二，全都受到祝福。这是那些已经听过伦敦音乐的人获赐的图景，音符按照模式在某种伟大的旋律中升起又落下，所有的街道和大路都在和谐中移动。然后，这座城市形成了“一种超越自然，变得形而上的地理，只能用音乐或者抽象的物理学来描绘”，迈克尔·摩考克在《伦敦母亲》中这样写道。一些居民听到了这音乐（他们是梦想家和古玩家），但其他人只能断断续续、时有时无地感知到它。它可能在一个突然的手势中，在一句偶然听到的话语中，在记忆的一个瞬间里。伦敦充满了这样破损的图像：曾听到过的笑声，曾看到过的一张布满泪水的脸，一条不知名却又熟悉的街道。

第七十九章

我将再起

如果你穿过金丝雀码头高楼所在的狗岛，走过珐琅镶板和喷雾花岗岩，走过镀银和曲面的玻璃墙，也许能偶遇其他的现实。四处仍然零落散布着维多利亚时代晚期的酒吧，点缀着原本破败的街道。有20世纪30年代的市政公寓，还有70年代的市政房屋住宅区。间或会有一排19世纪的排屋像幽灵一样浮现出来。换言之，狗岛代表着伦敦的模式。有些新的开发本身会被装饰得像是维多利式仓库，或者乔治式排屋，或者20世纪郊区居所，从而增强了混杂感和对比感。这也是伦敦的一部分。这就是为什么有人说，实际上有好几百个完全混杂的伦敦。

这座城市有不同的世界和时代；白厅和西汉姆、白城和斯特里特姆、哈林盖和伊斯灵顿，这些地方都互有区别、独一无二。然而在20世纪最后的几年，它们加入到伦敦的整体性光辉中。如果光是以波动来传播的，那么从内核向外散布的革新和活力重焕就犹如一种涟漪效应。伦敦已经打开了；似乎有了更多的空间和空气。它在光明中得到了发展。在伦敦城里，高楼覆盖着银蓝色的反光玻璃，以至于天空和建筑之间的区别被抹去了。在克拉普顿和谢泼德布什，房屋正在被修整和重新粉刷。

如果伦敦有生命，我们可以说它所有的乐观和自信都已经回来了。在每一种文化意义和社会意义上，它都再一次成为“所有首都中的首都”。世界向它聚集，它再一次成为一座年轻的城市。那就是它的命运。“我将再起。”这是雷恩开始其圣保罗教堂工程时，在一块散落的破碎石头上发现的一句话；他把它放在了其设计的中心。

20 世纪最后一个秋天，在布罗德盖特开发区的交易广场上，一支卡利普索爵士乐队正在一片为演出而设计的开放空间表演；一些城市工人在回家之前，正在附近的一间酒吧小酌。一个男人和一个女人随着音乐的旋律，在交易楼大拱门的投影上起舞。在他们之下，有浅浅的小瀑布不停地流动，在其侧面斜倚着一座名为“布罗德盖特维纳斯”的雕像。在广场之下我们可以看到利物浦街车站的平台，有火车入站出站，同时在交易大楼后面的地平线上，圣莱昂纳多肖尔迪奇的尖塔清晰可见。在这一小片地方停驻着多少不同的时代，这个问题要靠猜测：这里有 19 世纪的铁道时代，但也有音乐的时代。这里有水流无止无息，但也有舞蹈的韵律。斜倚的裸体大雕塑在所有这些活动中显得异常静止，享受着与远方的圣莱昂纳多教堂相似的宁静。然后，还有手中拿着眼镜的办公室白领，那一刻他们与其前辈一样，在时间之外漫步。所以，傍晚时分的布罗德盖特容纳着很多时代，就像气流一样不留痕迹地混合在一起。

在同一个夜晚，我向东走了大约两百码，到达了伦敦的另一处所在。就在斯皮塔菲尔兹的老市场之外，考古学家发现了中世纪医院圣马利亚斯皮塔的遗址。在这一小块地上，他们发掘出一口 4 世纪罗马女性的石棺，一处 14 世纪的停尸房和坟墓，市政要员于其中聆听过“斯皮塔布道”的一家 15 世纪美术馆，一处 16 世纪炮兵基地的遗迹，17 世纪的伦敦要塞，18 世纪的居所，以及一条 19 世纪街道的一部分。随着时间的继续，还会有更多涌现出来，尽管在这样一个地方，时间本身的气氛也更厚实、更重叠。不同世纪的层次都紧凑在一起，显示出伦敦的历史密度。然而，这古老的城市和这现代的城市确实是彼此相依的；没有其一就无法想象其二。而这正是这座城市巨大力量的一个秘密。

过去的这些遗迹变成当下的一部分而继续存在下去。包含所有一切，是这座城市的天性。所以，当被问及有着这么多穷人和流浪者的伦敦如何能成为一座胜利的城市时，只能说，他们一直都是伦敦历史的一部分。也许，他们也是其胜利的一部分。伦敦逾越了一切界限与陈规。它包含了所有观念与愿景，所有行动与姿态，所有或粗鄙或高尚的话语。它不可穷尽。它就是无限的伦敦。

参考文献简述

如果伦敦是没有止境、不可穷尽的，那么关于它的书籍和文章也是如此。由希瑟·克雷顿编撰的 *The Bibliography of Printed Works on London History*（London，1994）列出了 21 778 种不同的出版物，包括从伦敦历史期刊到战事纪念。任何研究这座城市的学者，不论是多么热切、多么野心勃勃，都不可能吸收所有这些资料。我自己穿越这迷宫的线索是由热情和好奇心所捻成的，在这种情况下，它相当粗糙，但是也还够用。

关于总体性的研究，我推荐 M. Biddle and D. Hudson 的 *The Future of London's Past*（London，1977），J. V. Elsden and J. A. Howe 的 *The Stones of London*（London，1923），F. M. Ford 的 *The Soul of London*（London，1905），E. Ekwall 的 *Street Names of the City of London*（Oxford，1954），H. Bayley 的 *The Lost Language of London*（London，1935），W. Whitten 的 *London in Song*（London，1898），James Bone 的 *London Echoing* 和 *The London Perambulator*（London，1948 and 1931），S. Rubinstein 的 *Historians of London*（London，1968），C. Mackay 的 *Memoirs of Extraordinary Popular Delusions*（London，1841），E. J. Burford 的 *The Synfulle Citie*（London，1990）和 W. Kent 的 *London Mystery and Mythology*（London，1952）。要注意的是，这些书籍并无一定的时间或主题顺序，从这个角度来看，它们就如同这座城市本身的图像，零落的感受在这座城市留下自己的印记。接下来，我们有 T. Burke 的 *The Streets of London Through The Centuries*（London，1940），W. O. Hassall、C. R. N. Routh、T. Charles-Edwards、B. Richardson 和 A. Briggs 编撰的四卷本 *They Saw it Happen*（Oxford，1956－1960），J. A. Brooks 的 *The Ghosts of London*（Norwich，1982），W. Stewart 的 *Characters of Bygone London*（London，1960），C. J. Thompson 的 *The Quack Doctors of Old London*（London，1928），F. Barker 和 R. Hyde 的 *London As It Might Have Been*（London，1982），C. Harper 的 *Queer Things About London*（London，1923）。G. M. Davies 的 *The Geology of London and South-East England*（London，1939）和 E. Robinson 的 *London Illustrated Geological Walks*（Edinburgh，1985）相对应；同样地，J. Timbs 的 *The Curiosities of London*（London，1855）可以放在 J. H. Jesse 的 *Literary and Historical Memorials of London*（London，1847），W. G. Bell 的 London Rediscoveries（London，1929）和 M. Brentnall 的 *Old Customs and Ceremonies of London*（London，1975）旁边。

R. Ash 的 *The Londoner's Almanac*（London，1985）中包含了一些很特别，而且有时很有趣的事实，比如“伦敦出租车司机的二十句俚语”；W. Kent 的 *London in The News Through Three Centuries*（London，1954）收入了关于闹鬼、盗尸和死亡的令人惊诧的故事。对于那些感兴趣于伦敦历史中的封闭方面的人来说，J. M. Matthews 和 C. Potter 编撰的 *The Aquarian Guide to Legendary London*（Wellingborough，1990）是不可或缺的读物，与此同时，A. Werner 的 *London Bodies*（London，1998）则是在比较生理学方面的一部引人入胜的作品。J. Schofield 的 *The Building of London*（London，1984）对发展中的城市结构和质地提供了很多有价值的洞察，而 C. H. Holden 和 W. G. Holford 的 *The City of London*（London，1947）则关注二战之后的重建任务。关于所有被伦敦历代建造者毁灭或者破坏的东西，H. Hobhouse 的 *Lost London*（London，1971）是必读的作品，即便它有些尖锐，而包含了很多已消失或者被遗忘的城市的迷人照片的 G. Stamp 的 *The Changing Metropolis*（London，1984）则可以对其加以补充。A. E. J. Hollaender 和 W. Kellaway 编撰的 *Studies in London History*（London，1969）是一部能够吸引所有识字的伦敦人的文集，其中包括了从真实的理查德·惠廷顿，到诺尔曼征服前伦敦大桥的各种文章。同样宝贵无价的，还有 M. Gallinou 和 J. Hayes 编撰的 *London in Paint*（London，1996），它从关于伦敦的最早的油画，一直延及近来可以被松散地称为“伦敦学派”的表达。类似地，M. Warner 编撰的 *The Image of London: Views by Travellers and Emigrés 1550 – 1920*（London，1987）收集了包括惠斯勒、莫奈、卡纳莱托在内的画家作品，为伦敦提供了图形概要。C. Sorensen 的 *London on Film*（London，1996）在电影方面作出了类似的功绩。R. Cross 的 *Curious London*（London，1966）可以说充满了奇特的事物；叹一口气，我们可以用 W. G. Bell 的 *Where London Sleeps*（London，1926）来结束这一部分复杂的选择。

在这里列出关于伦敦的文学作品是不合适的，仅仅因为在很大程度上，这还代表了英格兰的文学；很少有未被伦敦触及或感动过的小说家、诗人或者戏剧家。我也能列举出乔叟、莎士比亚、蒲柏、德莱顿、约翰逊和其他无数的作家，他们构成了一个与众不同、独具特色的伦敦世界。那会是另一本书的内容。在这里，我能做的全部，就是列出我受惠和赞同过的具体作品，特别是那些在我的叙事过程中出现过的作家和书籍。我理所当然地感到受惠于 T. S. 艾略特、托马斯·摩尔、威廉·布莱克和查尔斯·狄更斯，他们帮助塑造出了我眼中的伦敦；我从托马斯·德·昆西、查尔斯·兰姆、阿瑟·梅琴和其他城市朝圣者那里受到了特别的恩惠。特别地，在这本传记中我还间接提到了弗吉尼亚·伍尔夫、亨利·詹姆斯、阿道司·赫胥黎、约瑟夫·康拉德、乔治·奥威尔、H. G. 威尔斯和 G. K. 切斯特顿；托比亚斯·斯摩莱特、丹尼尔·笛福、本·琼森和亨利·菲尔丁在各自时代写作伦敦的作品，是我持续的慰藉和鼓励。我特别提到了 Samuel Selvon 的 *The Lonely Londoners*（London，1955），Michael Moorcock 的 *Mother*

London (London，1988)，Iain Sinclair 的 *Downriver* (London，1991)，Arthur Morrison 的 *A Child of the Jago* (London，1896) 和 Elizabeth Bowen 的 *The Heat of the Day* (London，1949)。一些文学研究作品起到了巨大的帮助。有很多综合性的作品，比如 W. Kent 的 *London for the Literary Pilgrim* (London，1949)，Andrew Davies 的 *Literary London* (London，1988)，W. B. Thresshing 的 *The London Muse* (Georgia，1982) 和 A. St. John Adcock 的 *The Book Lover's London* (London，1913)。被我直接引用的有 J. Kimmey 的 *Henry James and London* (New York，1991) 和 D. Brewster 的 *Virginia Woolf's London* (London，1959)。M. Byrd 的 *London Transformed* 主要涉及了 18 世纪的文学版图。我受惠于 J. Wolfreys 的 *Writing London* (London，1998)，特别是他关于卡莱尔和恩格斯的敏锐评论。

伦敦的早期历史以推测和争议为标志。其中很多都蒙盖着神话或者传奇，其魔力在 L. Spence 的 *Legendary London: Early London in Tradition and History* (London，1937) 和 E. O. Gordon 的 *Prehistoric London: Its Mounds and Circles* (London，1914) 中可窥一斑。F. J. Stuckey 的 *The Holy Groves of Britain* (London，1995) 也非常引人入胜。N. Merriman 在 *Prehistoric London* (London，1990) 中提供了一份更为冷静的叙述，F. G. Parsons 的 *The Earlier Inhabitants of London* (London，1927) 则可对其加以补充。伟大的古文物研究者和学者、约翰·斯托真正的继任者 Laurence Gomme 完成了 *The Governance of London* (London，1907) 和 *The Making of London* (London，1912)，以及 *The Topography of London* (London，1904)。若想要更深入的背景介绍，我推荐 C. Thomas 的 *Celtic Britain* (London，1986) 和 S. Piggott 的 *The Druids* (London，1968)。关于较晚期的城市，R. Merrifield 的 *London: City of the Romans* (London，1983)，以及 R. Merrifield 和 J. Hally 合著的一份较简短、名为 *Roman London* (London，1986) 的研究是必须阅读的；推测性更强的叙述则可以在 M. Harrison 的 *The London That Was Rome* (London，1971) 中找到。然后，更晚期一些，由 J. Campbell 编撰的 *The Anglo-Saxons* (London，1982) 是最好的综合性叙述。*The Journal of the London Society* 里的论文和文章对于研究早期伦敦非常重要，但 *The London Archaeologist* 仍然是主要的考古信息来源。

中世纪的城市已是很多研究的对象，而且所有英国通史著作都会调查其状况。当代的文献有时会提供令人难忘的细节，它们可以在 C. L. Kingsford 编撰的 *The Chronicles of London* (Oxford，1905)，J. T. Appleby 编撰的 *The Chronicles of Richard of Devizes* (London，1963)，F. J. Furnivall 编撰的 *Fifty Early English Wills* (London，1882)，H. M. Chew 和 M. Weinbaum 编撰的 *The London Eyre of 1244* (London，1970)，A. H. Thomas 和 P. E. Jones 编撰的 *Calendar of Pleas and Memoranda Rolls of the City of London* (London，1924－1961)，以及 H. T. Riley 编撰的 *Liber Albus of 1417*

（London，1861）中找到。晚期历史研究包括 G. A. Williams 所撰、不可不读的 *Medieval London: From Commune to Capital*（London，1963），E. Ekwall 的 *Studies on the Population of Medieval London*（Stockholm，1956），S. Thrupp 的 *The Merchant Class of Medieval London*（London，1948），C. N. L. Brooke 的 *London 800 - 1216: The Shaping of a City*（London，1975），C. Pendrill 的 *London Life in the Fourteenth Century*（London，1925）和 G. Home 的 *Medieval London*（London，1927）。尤其要提到的是 L. Wright 的 *Sources of London English: Medieval Thames Vocabulary*（Oxford，1996），它直接把读者带到了散发恶臭的河水边。

16 世纪伦敦的叙述当然以 John Stow 的 *A Survey of London* 为主导；C. L. Kingsford 的版本（London，1908）仍然是最为权威的。更近期的研究包括 M. Holmes 的 *Elizabethan London*（London，1969），S. Rappaport 的 *Worlds Within Worlds: Structures of Life in Sixteenth-Century London*（Cambridge，1989），D. C. Coleman 和 A. H. John 编撰的 *Trade, Government and Economy in pre-Industrial England*（London，1976），S. Brigden 的 *London and the Reformation*（Oxford，1989）和 I. W. Archer 的 *The Pursuit of Stability: Social Relations in Elizabethan London*（Cambridge，1991）。

约翰·伊夫林和塞缪尔·佩皮斯的日记对于理解 17 世纪伦敦当然是至关重要的。而 Macaulay 的 *History of England from the Accession of James II* 的可读性仍然非常高。但也有非常相关的专门性著作，其中包括 S. Porter 编撰的 *London and the Civil War*（London，1996）和 T. F. Reddaway 的 *The Rebuilding of London After the Great Fire*（London，1940）。P. Earle 的 *A City Full of People: Men and Women of London, 1650 - 1750*（London，1994）是一座令人着迷的矿场。L. Picard 的 *Restoration London*（London，1997）提供了一份关于日常生活的剧情概要；S. Shesgreen 编撰的 *The Cries and Hawkers of London: The Engravings of Marcellus Laroon*（Aldershot，1990）中的图像可以作为补充，能让人直观了解 17 世纪晚期的街道和人群。我还利用了 R. Godfrey 的 *Wenceslaus Hollar*（New Haven，1994），它提供了有所区别，但却同样有趣的图像。E. Ward 的 *The London Spy*（London，1697 - 1703）于那个世纪的末尾问世，却并非伦敦“底层生活”素描这一丰富传统的终点。

18 世纪的伦敦充满了原始资料，从约翰·盖伊的诗歌和戏剧到威廉·霍格斯的版画。任何塞缪尔·约翰逊或者威廉·布莱克的传记中总体和特定的情境，都能助我们一睹这座城市的面貌。不过，可以特别提到由 F. A. Pottle 编撰的 J. Boswell 的 *London Journal 1762 - 1763*（London，1950）。艾迪生和斯梯尔的世界可以从 A. Ross 编撰的 *Selections from the Tatler and the Spectator*（London，1982）的书页中找到。这段时期最好的综合调查是 M. D. George 的 *London Life in the Eighteenth Century*（London，

1925），与此同时，J. Summerson 的 *Georgian London*（London，1945）将澄清读者心中关于建筑方面的问题。George Rudé 的 *Hanoverian London，1714 - 1808*（London，1971）仍然是一部重要的作品。更为具体的相关著作是 L. D. Schwarz 的 *London in the Age of Industrialisation*（Cambridge，1992），同时 M. Waller 的 *1700: Scenes from London Life*（London，2000）提供了一幅紧贴日常生活的图像。在 18 世纪伦敦，犯罪、死亡和惩罚似乎浮现出来，成了关注的对象。专注这些方面的书籍中，有 P. Linebaugh 的 *The London Hanged: Crime and Civil Society in Eighteenth-Century London*（London，1991）和 J. Landers 的 *Death and the Metropolis*（Cambridge，1993）；与之相关的有 I. McCalman 的 *Radical Underworld*（Cambridge，1988）。W. H. Irving 的 *John Gay's London*（Cambridge，1923）准确而且信息丰富，同样如此的还有 J. Uglow 的 *Hogarth: A Life and a World*（London，1997）。后者这部传记可以连同由 R. Paulson 编撰的注释版 *Hogarth's Graphic Works*（London，1989）一起阅读。W. St. Clair 的 *The Godwins and the Shelleys*（London，1989）提供了关于激进伦敦的更有趣的一手资料，而 S. Gardner 的 *The Tyger，the Lamb and the Terrible Desart*（London，1998）则提供了一幅布莱克式的图景。

19 世纪的伦敦从该世纪伊始就已经成为人们兴趣盎然的研究对象。主要的文本自然是亨利·梅休和查尔斯·布思的作品。梅休的 *London Labour and the London Poor* 从 *Morning Chronicle* 中选出文章，分四卷在 1851 年到 1862 年之间出版；它用非常典型的 19 世纪中期风格把轶事和数据混合在一起。然而它仍然是关于 19 世纪穷人之行为和语言的最为重要的单部著作，梅休对细节的关注堪比狄更斯，让它们栩栩如生。布思的 17 卷本 *Life and Labour of the People of London*（1891 - 1902）也许在色彩上没有那么丰富，但是一样富于同情。这也是历史迷和古文物研究者编著出伟大的伦敦历史著作的世纪。其中主要的作品有 W. Thornbury 和 E. Walford 编撰的六卷本 *Old and New London*（London，1883 - 1885），它将各个区域细细道来，就像目光极其敏锐的观察家，还有 C. Knight 的六卷本 *London*（London，1841），它提供了一系列按照主题排列的长篇论文，从监狱到啤酒酿造再到广告。Blanchard Jerrold 和 Gustave Doré 的 *London: A Pilgrimage*（London，1872）包含了有关帝国伦敦的野蛮及其工业方面的让人难以忘记的图像。*George Scharf's London*，有 P. Jackson 撰文的那个版本（London，1987），提供了在色泽和风格上与 Doré 有所不同的 19 世纪早期伦敦图像。有很多关于维多利亚时代穷人的书籍，但我发现最为有用的包括 T. Beames 的 *The Rookeries of London*（London，1850），D. M. Green 的 *People of the Rookery*（London，1986）和 J. Hollingshead 的 *Ragged London in* 1861（London，1986）。在这个语境下，F. Sheppard 的 *London 1808 - 1870: The Infernal Wen*（London，1971）也具有很高的指导性。若想要关于这座城市的更为浪漫的图像，那么 O. J. Morris 的 *Grandfather's London*

(London，1960）值得一看，同时 *Dickens's London: An Imaginative Vision*（London，1991）包含了很多这个时期的罕见而独特的照片。从作为 *Archive Photograph Series* 的一部分的 G. Bush 之 *Old London*（London，1975）中，还可以找到更多。也有通史作品。H. J. Dyos and M. Wolff 编撰的 *The Victorian City*（London，1973）非常宝贵，连同 D. J. Olsen 的 *The Growth of Victorian London*（London，1976）；后者关于该时期建筑工事的叙述特别有意思，高潮在于乔治式伦敦的部分毁灭和大规模新住宅区的增长。*Tallis' London Street Views，1838 - 1840*（London，1969）有助于完善这一图景。Celina Fox 编撰的 *London World City 1800 - 1840*（London，1992）包含了一系列很有价值的从科学到建筑的论文。G. Weightman 和 S. Humphries 的 *The Making of Modern London，1815 - 1914*（London，1983）也应该加以研究。

还有很多 19 世纪和 20 世纪早期的记叙，它们现在几乎都已被忘记，但仍然是关于这座城市已知和未知部分的让人印象深刻的综合性叙述。有一些轶事、游记和随笔，诸如 H. V. Morton 的 *The Spell of London*（London，1926），C. W. Heckthorne 的 *London Memories and London Souvenirs*（London，1900 and 1891），E. L. Apperson 的 *Bygone London Life*（London，1903）和 E. V. Lucas 的 *London Revisited*（London，1916）。A. Hare 的两卷本 *Walks in London*（London，1883）既让人着迷，又知识丰富，同时 W. G. Bell 的 *Unknown London*（London，1919）是城市知识之秘密的仓库。更早期的作品有 C. M. Smith 的 *The Little World of London*（London，1857）以及 Aleph 的 *London Scenes and London People*（London，1863）；E. T. Cook 的 *Highways and Byways in London*（London，1906）提供了类似的怀旧愉悦。A. T. Camden-Pratt 的 *Unknown London*（London，1897）覆盖了新门监狱、羊毛交易以及其他各种主题，而 E. B. Chancellor 的 *The West End of Yesterday and Today*（London，1926）的内容则如其题目所示。R. Nevill 的 *Night Life in London and Paris*（London，1926）属于类似的范畴。A. V. Compton-Rickett 的 *The London Life of Yesterday*（London，1909）对多个世纪都稍加触及。但特别应该提及另一位伟大的伦敦历史学家 Walter Besant，他出版了很多部关于这座城市的生活和历史的作品。他的 *South London*（London，1899），*East London*（London，1901），*London*（London，1904），*Medieval London*（London，1906）和 *London North of the Thames*（London，1911）提供了一幅城市史的透视画；在泰晤士河旁、诺森伯兰大道的对面，能找到他的半身雕像。

在 20 世纪初集中出现一些关于这座城市之闭塞和黑暗面的书籍，似乎是正合时宜的。B. Kennedy 的 *London in Shadow*（London，1902）可由 T. Holmes 的 *London's Underworld*（London，1912）加以补充，后者是关注 19、20 世纪之交的流浪者和破产者的众多研究之一。能引发高度共鸣的 S. Graham 的 *London Nights*（London，1925）加深了这种气氛，P. Norman 的 *London Vanished and Vanishing*（London，1905）则让

这气氛辛酸深刻。C. H. Rolph 的 *London Particulars*（London，1980）提供了一份关于20世纪前几十年的充满细节又一点也不怀旧的记叙，同时 J. Schneer 的 *London 1900*（New Haven，1999）提供了一份转变时期社会和文化发展的"概述"。更为乐观的城市评述版本出现在 H. P. Clunn 的 *The Face of London*（London，1932），H. Wheeler 编撰的 *The Wonderful Story of London*（London，1949）和 A. Bush 的 *Portrait of London*（London，1950）中。最伟大的20世纪叙事之一，仍然是 S. E. Rasmussen 的 *London: The Unique City*（London，1934），它似乎证明了为人所熟的那句谚语：外来的观察者把伦敦看得更清晰。M. Ash 的 *A Guide to the Structure of London*（Bath，1972）很好地述及了战后规划的错综复杂。A. Cox 的 *Docklands in the Making*（London，1995）是一个关于复兴的泰晤士河岸的生动介绍，并作为跨越百年编撰而成的伟大的 *Survey of London* 的一部分，在其中占据了应有的位置。类似地，由国家统计署出版的 *Focus on London 97*（London，1996）是可靠的信息来源。S. Humphries 和 J. Taylor 的 *The Making of Modern London*（London，1986）是必读书目，它尤长于郊区的发展。S. Harding 的 *London*（London，1993）可以同 K. Hoggart 和 D. R. Green 编撰的 *London: a New Metropolitan Geography*（London，1991）一起推荐。H. Marshall 的 *Twilight London*（Plymouth，1971）是若干专注于当代的贫穷和无家可归问题作品中的一部，其他的还包括 B. Mahony 的 *A Capital Offence*（London，1988）和 G. Randall 的 *No Way Home*（London，1988）。G. Fletcher 的 *The London Nobody Knows*（London，1962）是关于伦敦生活中较神秘方面的可读性很高的叙述，而 P. Wright 的 *A Journey Through Ruins: The Last Days of London*（London，1991）将达尔斯顿和哈克尼周围的地区打开，让公众注视。我还推荐 V. S. Pritchett 的城市备忘录 *London Perceived*（London，1974），连同 J. Raban 的 *Soft City*（London，1974）。

有若干部20世纪晚期的伦敦研究，其中最好的是 S. Inwood 的 *A History of London*（London，1998）和 R. Porter 的 *London: A Social History*（London，1994），前者是从这座城市最早期开始的真正的综合性学术著作，后者的意图更重争论性，但同样可读。S. Jenkins 的 *Landlords to London: the Story of a Capital and its Growth and The Selling of Mary Davies*（London，1975 and 1993）的价值不可估量。F. Sheppard 的 *London: A Social History*（Oxford，1998）精练而严肃，同时 M. Hebbert 的 *London*（Chichester，1998）色彩丰富、与众不同。关于伦敦城建筑的最重要的指南仍然是佩夫斯纳系列；Simon Bradley 和 Nikolaus Pevsner 编撰的 *London 1: The City of London*（London，1997）已经将其更新。然后，当然是 B. Weinreb 和 C. Hibbert 编撰的 *The London Encyclopaedia*（London，1983），它是研究调查和参考引用方面极为出色的成果。还有城市选集，其中包括 P. Bailey 编撰的 *The Oxford Book of London*（Oxford，1995）和 A. N. Wilson 编撰的 *The Faber Book of London*（London，1993），若不是这些

选集，里面出现的那些散文和诗句就可能在被遗忘的昏暗角落暗自憔悴了。W. Scott 和 S. Scott 编撰的 *The Pride of London*（London，1947）也很有用。必须特别提及 X. Baron 编撰的三卷本的 *London 1066 – 1914*，*Literary Sources and Documents*（London，1997）。这里有兰姆和德·昆西、恩格斯和陀思妥耶夫斯基、德克尔和盖伊，连同其他一百位伦敦的观察者和编年史家；这几卷书是穿越数个世纪的重要且不可或缺的伦敦指南。

在这本传记中，我把一些空间专门留给了外国旅行者的观察，其中一些来自二手资料。因为不断为同样的材料做脚注是费力且多余的，所以我在这里提及。三卷本的 *London 1066 – 1914* 已经被述及。和它们一起的还有 J. W. B. Rye 编撰的 *England as Seen by Foreigners*（London，1865），F. M. Wilson 编撰的 *Strange Island: Britain Seen through Foreign Eyes*，*1395 – 1940*（London，1955），W. Kent 的 *Mine Host London*（London，1948），M. Letts 的 *As The Foreigners Saw Us*（London，1935）和多人共同编撰的 *Coming to London*（London，1957）。C. Mackworth 的 *English Interludes*（London，1956）主要关注了 19 世纪法国诗人在伦敦的居留，可以同 N. Cronk 编撰的 *Voltaire: Letters Concerning the English Nation*（Oxford，1994）相比较。还有 V. Lucas 的 *Tolstoy in London*（London，1979），G. Sieberling 的 *Monet in London*（Seattle，1988），A. W. Gaaz 的 *Berlioz in London*（London，1950），E. Starkie 的 *Arthur Rimbaud*（London，1938），R. L. Renfield 翻译的 *Fyodor Dostoyevsky: Winter Notes on Summer Impressions*（London，1985），*The Life of Olaudah Equino*（New York，1971），Yoshio Markino 的 *A Japanese Artist in London*（London，1911），L. Edel 编撰的 *The Letters of Henry James*（London，1987）和 J. W. Hulse 的 *Revolutionists in London*（Oxford，1970）。早期旅行者的回忆录被收集在 G. W. Groos 翻译和编撰的 *The Diary of Baron Waldstein*（London，1981），P. Razzell 编撰的 *The Journals of Two Travellers in Elizabethan and Early Stuart England*（London，1995），P. J. Grosley 的 *A Tour of London*（Dublin，1772），W. D. Robson-Scott 的 *German Travellers in England 1400 – 1800*（Oxford，1953），W. H. Quarrell 和 M. Mare 编撰的 *London in 1710 from the Travels of Zacharias Conrad von Uffenbach*（London，1934），Madame van Muyden 编撰的 *A Foreign View of England in the Reigns of George I and George II: The Letters of Cesar De Saussure*（London，1902）中。丰富的评论就此展开。

关于伦敦的实用主义，最重要的研究是 E. Lovett 的 *Magic in Modern London*（Croydon，1925）。

关于声音和寂静的问题，没有比 B. R. Smith 的 *Acoustic World of Early Modern England*（Chicago，1999）更为合适或者有趣的作品了。

关于地图和整体地形学的问题，有 H. Clout 编撰的 *The Times London History*

Atlas（London，1991），以及 F. Barker 和 P. Jackson 的 *The History of London in Maps*（London，1990）。还有一套出色的老地图系列，联合伦敦地形学协会和市政厅图书馆出版，用“A 到 Z”的字母作为整体标注，包括了伊丽莎白时期、王政复辟时期、乔治亚时期、摄政时期和维多利亚时期伦敦。

还有若干关于伦敦佬方言的研究：M. Macbride 的 *London's Dialect*（London，1910），W. Matthews 的 *Cockney Past and Present*（London，1938），E. Sivertsen 的 *Cockney Phonology*（Oslo，1960），以及最重要的，P. Wright 的 *Cockney Dialect and Slang*（London，1981）。

L. C. Loveless 的 *St. Giles-in-the-fields*（London，1931）和 J. Parton 的 *Some Accounts of the Hospital and Parish of St. Giles-in-the-fields*（London，1822）揭开了圣贾尔斯教堂的历史。*Survey of London*（London，1912）第三卷中关于那个区域的内容也很重要。

关于其他刑法和犯罪的问题，有很多部著作。我参考过的包括 R. Fuller 的 *The Beggars' Brotherhood*（London，1936），D. Rumbelow 的 *Crime within The Square Mile and The Triple Tree*（London，1971 and 1982），D. Campbell 的 *The Underworld*（London，1994），M. Fido 的 *Body Snatchers*（London，1980），以及 J. S. Cockburn 编撰的 *Crime in England 1550－1800*（Princeton，1977）。关于伦敦的监狱，尤其是新门监狱，有若干重要的著作。A. Babbington 的 *The English Bastille*（London，1971）是最近的著述，但 A. Crew 的 *London Prisons Today and Yesterday*（London，1933）和 H. Dixon 的 *The London Prisons*（London，1850）很有价值。A. Griffiths 的 *The Chronicles of Newgate*（London，1884）和 N. Birkett 编撰的 *The Newgate Calendar*（London，1951）当然是必需的记录。

关于可怕的谋杀，M. Fido 的 *Murder Guide to London*（London，1986）是一部方便的入门手册，它应该和 B. Lane 编撰的 *The Murder Club Guide to London*（London，1988）一起参考。C. Wilson 和 R. Odell 的 *Jack the Ripper: A Summing Up and Verdict*（London，1987）是关于那段古怪的历史的便利的总结。P. Haining 的 *The Legend and Bizarre Crimes of Spring-Heeled Jack*（London，1977），就像可以预料的那样，是决定性的著述。

关于伦敦的食物，G. Dodd 的 *The Food of London*（London，1856）就足够，至多再结合 19 世纪和 20 世纪的回忆录。

关于垃圾和公共卫生，最权威的现代研究是 S. Halliday 的 *The Great Stink of London*（London，1999）。其他我参考过的著作有 M. V. Melosi 的 *Garbage in the Cities*（Texas，1941），J. L. Horan 的 *The Porcelain God: A Social History of the Toilet*（London，1996）和 G. L. Sutcliffe 的 *The Disposal of Refuse from the City of London*

(London，1898)。H. Jephson 的 *The Sanitary Evolution of London*（London，1907）同样不言自明。

关于伦敦大火和伴随的火灾，A. Hardwick 的 *Memorable Fires in London*（London，1926）信息丰富，同时 W. G. Bell 的 *The Great Fire of London*（London，1923）是一部准确的著述。不过，G. Milne 的 *The Great Fire of London*（London，1986）是最新而且最为权威的著作。R. A. Aubin 编撰的 *London in Flames*，*London in Glory*（New Brunswick，1943）是一部非常有意思的选集。另一部重要的研究是 S. Holloway 的 *Courage High: A History of Fire Fighting in London*（London，1992）。

关于费特巷，我参考了 C. M. Barron 的 *The Parish of St. Andrew，Holborn*（London，1974），以及其他传记和历史作品中的很多引用。

关于这座城市的鸟类和蜜蜂，我的主要资料是 R. S. R. Fitter 的 *London's Natural History*（London，1945），R. S. R. Fitter 和 J. F. Lousley 的 *The Natural History of the City*（London，1953），E. M. Nicholson 的 *Bird Watching in London*（London，1995），N. Braybrooke 的 *London Green*（London，1959），W. H. Hudson 的 *Birds in London*（London，1924），J. T. Tristram-Valentine 的 *London Birds and Beasts*（London，1895）和 F. Finn 的 *Familiar London Birds*（London，1923）。

关于伦敦的天气，最重要的论述被包含在 P. Brimblecombe 的 *The Big Smoke: A History of Air Pollution in London*（London，1987）中，同时 M. Davison 和 I. Currie 的 *London's Hurricane*（Tonbridge，1989）给这个主题吹入了一些新鲜的空气。

克拉肯维尔区的性质和历史在若干部著作中被涉及，最重要的是 H. J. Pinks 的 *The History of Clerkenwell*（London，1865）。J. Adlard 的 *In Sweet St. James's Clerkenwell*（London，1984）可以被推荐，连同 C. Harris 的 *Islington*（London，1974）以及 A. Forshaw 和 T. Bergstrom 的 *Smithfield Past and Present*（London，1980）。

关于所有对地下世界的思考，我受惠于 R. Trench 和 E. Hillman 的 *London Under London*（London，1985），W. T. Hill 的 *Buried London*（London，1955）和 N. Barton 的 *The Lost Rivers of London*（London，1962）。

关于伦敦的疯狂，M. Byrd 的 *Visits to Bedlam*（Columbia，1974）和 R. Reed 的 *Bedlam on the Jacobean Stage*（Cambridge，1952）值得参考；不过，最重要的著作是 D. Russell 的 *Scenes From Bedlam*（London，1997）。

关于儿童这一主题，有 I. Opie 和 P. Opie 撰写的所有著作，特别是 *The Lore and Language of Schoolchildren*（Oxford，1959）和 *Children's Games in Streets and Playgrounds*（Oxford，1969）。其他资料包括 N. Douglas 的 *London Street Games*（London，1931），D. M. Stuart 的 *The Young Londoner Through the Ages*（London，1962），P. Hunt 编撰的 *Children's Literature: An Illustrated History*（Oxford，1995），

E. Sharp 的 *The London Child*（London，1927）和 J. Rusher 的 *The Cries of Banbury and London*（London，1820）。M. Chamberlain 的 *Growing Up in London*（London，1989）是一部出色的回忆录，而与此同时，若不提及 G. Speaight 的重要作品，任何关于伦敦儿童状况的叙述都将是不完整的。我特别用到了他的 *The History of the English Puppet Theatre*（London，1955），*The History of the English Toy Theatre*（London，1946）和 *A History of the Circus*（London，1980）。

关于涂鸦，我仔细检阅了三部作品：R. G. Freeman 的 *Graffiti*（London，1966），E. Abel and B. Buckley 的 *The Handwriting on the Wall*（London，1977），Hurlo Thrumbo 的非凡之作 *The Merry Thought or the Glass Window and Bog House Miscellany*（London，1732）。

关于移民，我参考了 I. MCauley 的 *Guide to Ethnic London*（London，1993），R. Viscram 的 *Indians in Britain 1700－1947*（London，1986），L. H. Lees 的 *Exiles of Erin*（Manchester，1979）和 M. Phlips 和 T. Phillips 的 *Windrush*（London，1999）。

关于郊区的章节，我受惠于 A. Saint 撰写介绍的 *London Suburbs*（London，1999），A. A. Jackson 的 *Semi-Detached London*（London，1973），G. R. Williams 的 *London in the Country*（London，1975）和 P. Vaughan 的 *Something in Linoleum*（London，1994）。

关于二战的章节，我受惠于 P. Ziegler 的 *London at War*（London，1995），W. Kent 的 *The Lost Treasures of London*（London，1947）和 J. Pope-Hennessy 的 *History Under Fire*（London，1941）。

关于说明和总体上的编辑问题，我受惠于 Penelope Hoare 和 Stuart Williams。

译名对照表

Agrippa, Cornelius 科尔内利乌斯·阿格里帕
Alfred the Great, King of Wessex 阿尔弗雷德大帝，韦塞克斯之王
Angles 盎格鲁人
Arnold, Matthew 马修·阿诺德
Arthur, King 亚瑟王
Aubrey, John 约翰·奥布里
Austen, Jane 简·奥斯丁

Bank of England 英格兰银行
Barking 巴金区
Bartholomew's Fair 圣巴塞洛缪节
Bell, Walter George 沃尔特·乔治·贝尔
Besant, Sir Walter 沃尔特·贝赞特爵士
Bethlehem Hospital (Bedlam) 伯利恒医院（疯人院）
Bethnal Green 贝思纳尔绿地
Billingsgate 比灵斯门
Blake, William 威廉·布莱克
Boleyn, Anne, Queen 安妮·博林，王后
Booth, Charles 查尔斯·布思
Boswell, James 詹姆斯·鲍斯威尔
BrontTNR, Charlotte 夏洛蒂·勃朗特
BrontTNR, Emily 艾米丽·勃朗特
Bunyan, John 约翰·班扬

Caesar, Julius 尤利乌斯·恺撒
Canary Wharf 金丝雀码头
Carlyle, Thomas 托马斯·卡莱尔
Charles I, King 查理一世，国王
Charles II, King 查理二世，国王
Chartism 宪章运动
Chaucer, Geoffrey 杰弗里·乔叟
Chesterton, G. K. G. K. 切斯特顿
Churchill, Sir Winston 温斯顿·丘吉尔爵士
Cockneys 伦敦佬（考克尼）
Coleridge, Samuel Taylor 塞缪尔·泰勒·柯勒律治
Conrad, Joseph 约瑟夫·康拉德
Cornhill 康希尔山
Cromwell, Oliver 奥利弗·克伦威尔
Crystal Palace 水晶宫

Dee, John 约翰·迪伊
Defoe, Daniel 丹尼尔·笛福
Dekker, Thomas 托马斯·德克尔
de Quincey, Thomas 托马斯·德·昆西
Dickens, Charles 查尔斯·狄更斯
Docklands 码头区
Dostoevsky, Fyodor 费奥多尔·陀思妥耶夫斯基
Doyle, Sir Arthur Conan 阿瑟·柯南·道尔爵士

East End 东区

Machen, Arthur 阿瑟・梅琴
Marlowe, Christopher 克里斯托弗・马洛
Mary I, Queen 玛丽一世，女王
Mayhew, Henry 亨利・梅休
Mill, John Stuart 约翰・斯图尔特・密尔
Milton, John 约翰・弥尔顿
More, Sir Thomas 托马斯・莫尔爵士
Mozart, Wolfgang Amadeus 沃尔夫冈・阿马多伊斯・莫扎特
Museum of London 伦敦博物馆

Napoleon I (Bonaparte), Emperor of France 拿破仑一世（波拿巴），法兰西皇帝
Nash, John 约翰・纳什
Newgate Prison 新门监狱
New Oxford Street 新牛津街
Normans 诺曼人
Notting Hill 诺丁山

Orwell, George 乔治・奥威尔

Paddington 帕丁顿
Paine, Thomas 托马斯・潘恩
Parliament Hill 议会山
Pepys, Samuel 塞缪尔・佩皮斯
Piccadilly Circus 皮卡迪利广场
Pope, Alexander 亚历山大・蒲柏
Popla 波普勒
Portland stone 波特兰石

Raleigh, Sir Walter 沃尔特・雷利爵士
Richard I, King 理查一世，国王
Richard II, King 理查二世，国王
Richard III, King 理查三世，国王
Royal Society 皇家学会
Russell, Bertrand 伯特兰・罗素

St Giles-in-the-Fields 圣贾尔斯教堂
St Paul's Cathedral 圣保罗大教堂
Saxons 撒克逊人
Seven Dials 七星盘
Shakespeare, William 威廉・莎士比亚
Shaw, George Bernard 乔治・萧伯纳
Shelley, Percy Bysshe 珀西・比希・雪莱
Shipton, Mother 希普顿，修女
Shoreditch 肖尔迪奇
Smithfield 史密斯菲尔德
Smollett, Tobias 托比亚斯・斯摩莱特
Soho 索霍区
South Bank 南岸
Southey, Robert 罗伯特・骚塞
South London 南伦敦
Southwark 萨瑟克
Spitalfields 斯皮塔菲尔兹
Stalin, Joseph 约瑟夫・斯大林
Stephen, King 斯蒂芬，国王
Stevenson, Robert Louis 罗伯特・路易斯・史蒂文森
Stock Exchange 股票交易所
Stow, John 约翰・斯托
Stowe, Harriet Beecher 比切・斯托夫人
Swift, Jonathan 乔纳森・斯威夫特

Tacitus 塔西佗
Thackeray, William Makepeace 威廉・梅克皮斯・萨克雷
Thames 泰晤士

图书在版编目（CIP）数据

伦敦传／（英）阿克罗伊德（Ackroyd, P.）著；翁海贞，杜冬，何泳杉译．—南京：译林出版社，2016.4（2018.7重印）
书名原文：London: The Biography
ISBN 978-7-5447-6044-7

I.①伦… II.①阿… ②翁…③杜…④何…
III.①伦敦－历史 IV.①K561

中国版本图书馆 CIP 数据核字（2015）第 295941 号

著作权合同登记号　图字：10-2012-387 号

伦敦传 ［英国］彼得·阿克罗伊德 ／ 著　翁海贞　杜　冬　何泳杉 ／ 译

责任编辑　陶泽慧　陆大鹏
责任印制　单　莉

原文出版　Anchor Books, 2003
出版发行　译林出版社
地　　址　南京市湖南路 1 号 A 楼
邮　　箱　yilin@yilin.com
网　　址　www.yilin.com
市场热线　025-86633278
排　　版　南京展望文化发展有限公司
印　　刷　江苏凤凰通达印刷有限公司
开　　本　718 毫米 × 1000 毫米　1/16
印　　张　43
版　　次　2016 年 4 月第 1 版　2018 年 7 月第 6 次印刷
书　　号　ISBN 978-7-5447-6044-7
定　　价　118.00 元